제3판

International
Logistics

국제물류론

이충배 · 김종칠 · 윤영길

박영사

제3판 **머 리 말**

국제물류론의 초판에 이어 제2판이 나온 지도 7년이란 시간이 지났다. 그 동안 국제물류 전반에 걸쳐 많은 변화가 일어났으며 기존의 이론과 데이터가 최근 현실을 반영하기 어려운 상황이 되어 개정판인 제3판을 출간하게 되었다.

개정판에서 중점을 둔 분야는 최근 국제물류에서 이슈가 되고 있는 디지털 물류, ESG 경영, 위험관리 등이다. 디지털 물류는 로지스틱스 4.0으로 대별되는 IoT, 클라우드, 인공지능(AI) 등의 기술을 물류와 공급사슬관리에 활용한다. ESG 경영은 물류기업에서도 지구환경, 사회적 역할 그리고 지배구조를 고려한 경영전략의 추진을 다루고 있다. 그리고 위험관리는 코로나−19와 같은 외부적인 환경변화와 기업내부에서의 안전문제에 대한 대비와 대책에 대한 접근이다.

제3판에서 수정과 보완이 중점적으로 이루어진 내용은 다음과 같다.

첫째, 물류환경에서 최신의 경영경제 현황과 변화로 갱신하였다.

둘째, 국제무역실무에서는 Incoterms 2020의 내용을 갱신하였다.

셋째, 물류에서의 플랫폼과 로지스틱스 4.0의 활용성을 추가하였다.

넷째, 전자상거래 물품의 배송을 위한 택배운송을 추가하였다.

다섯째, 물류기업에서 ESG 경영을 사례를 중심으로 추가하였다.

여섯째, 공급사슬과 물류에서의 위험관리를 추가하였다.

일곱째, 공급사슬관리를 독립된 장으로 보완하였다.

국제물류의 복잡한 측면들을 체계적으로 다루고 있는 이 책은 독자들이 글로벌 무역 환경에서 물류와 공급사슬의 중요성을 이해하고, 현대적인 물류 시스템을 효과적으로 관리하는 데 필요한 지식의 토대를 제공하고 있다.

본 교재는 국제물류를 공부하는 학생, 전문가, 그리고 글로벌 물류의 실무자에게 유용한 자료가 될 것이다. 각 장마다 중요한 개념, 이론, 현황 분석, 그리고 사례 연구를 통해 국제물류의 복잡한 세계를 이해하는 데 도움을 주고자 한다.

본 저서의 개정 작업에 도움을 준 중앙대학교 대학원 무역물류학과 류희찬과 이영신 선생 그리고 해양수산부에 감사의 말씀을 전하고자 한다.

2024년 3월
저자 일동

제2판 **머 리 말**

인간의 경제활동은 필요한 재화를 효율적으로 생산하여 소비하는 데 있다. 초기 문명시대에서 인간은 필요한 재화를 획득하기 위해서 여러 장소를 옮겨 다녀야 했을 뿐만 아니라 생산시점에 소비해야만 했다. 문명이 발달하여 인간의 소비생활이 보다 다원적으로 진행되면서 생산활동의 시공적 범위도 확대되었으며 이로 인해 재화의 이동과 보관활동이 더욱 활발하게 일어났고, 이를 지원하는 기술도 발전하게 되었다. 또한 이러한 물류활동의 활성화는 인간의 문명발전에 크게 기여하였다.

18세기 후반에 일어난 산업혁명과 이후 국제무역의 증가는 국제물류의 수요를 폭발적으로 증대시켰을 뿐만 아니라 이어진 정보통신과 물류기술의 발전은 국제무역을 촉진시키면서 상호작용이 확대되어 나갔다. 전 세계적으로 재화, 서비스, 정보, 자금의 이동 촉진은 세계 경제성장을 이끌어가고 있으며, 세계 경제성장 역시 이들의 이동을 더욱 확대시키고 있다.

국제물류는 물류활동의 범위가 세계적으로 진행되는 일련의 경제·경영 활동의 한 부분이며, 국제분업의 확산과 소비자 기호의 다양화, 신속한 대응의 필요성의 환경변화에 대응한 기업활동에서 중요한 경쟁수단이 되고 있다.

글로벌 기업들은 경쟁우위를 확보하기 위해 전 세계를 대상으로 한 생산·디자인·마케팅·판매 활동을 전개해 나가고 있다. 이를 통해 저렴한 비용으로 고품질의 생산과 전 세계 시장을 판매처로 활용함으로써 매출 증대와 수익성 제고를 도모하고 있다.

글로벌 기업들이 글로벌 전략을 추진하기 위해서는 전 세계적인 물적·인적 자원의 이동이 필수적으로 수반된다. 기업이 이러한 활동을 직접 수행하기 위해서는 막대한 인프라, 네트워크가 필요할 뿐만 아니라 복잡한 프로세스를 거치게 된다. 따라서 대부분의 기업들은 원자재와 상품의 이동과 보관을 외부업체에게 의뢰하는 아웃소싱

전략을 추진하고 있다.

이와 더불어 전 세계적으로 산재되어 있는 경영자원의 효율적 활용을 위해서는 기업활동의 각 기능들 간의 협력적·통합적 관계가 구축되어야 하는데 이를 위해 글로벌 공급사슬관리(Supply Chain Management)가 이루어져야 한다. 기업들은 경쟁우위를 확보하기 위해 아웃소싱전략과 글로벌 공급사슬관리를 동시에 추진하고 있다.

기업의 경쟁력에서 물류와 공급사슬관리가 차지하는 위상이 증대되고 있다. 글로벌 기업인 월마트, 델, HP, 자라 등은 최적화된 물류와 공급사슬관리를 통해 세계적인 생산, 조달, 유통, 판매 등을 효율적으로 달성하여 세계적인 기업으로 성공할 수 있었다. 미국의 아마존과 중국의 알리바바는 세계적인 전자상거래업체지만 그들의 경쟁력은 자체적으로 보유하고 있는 효과적이고 효율적인 물류관리를 통해 나오고 있다.

이와 같이 기업들의 경쟁력은 물류와 공급사슬관리의 차별화를 통해 나오고 있으며, 따라서 물류관리능력에서 뒤떨어진 기업이 세계적인 기업으로 성장하는데 많은 한계를 가질 수밖에 없다. 이에 글로벌 기업들의 물류 및 글로벌 공급사슬관리에 대한 과감한 투자와 혁신을 지속적으로 추진해 나가고 있다.

화주인 생산업체들의 요구에 대응하여 해운선사, 항공사, 철도 및 트럭 운송업체, 물류업체, 국제특송, 프레이트 포워더들은 최신의 정보통신 및 물류기술을 활용하여 저렴, 신속, 편리, 안전성을 두루 갖춘 물류서비스를 제공하기 위한 노력을 진행하고 있다. Maersk, UPS, FedEx, DHL 등의 글로벌 물류업체들의 성공은 첨단 물류기술과 신속성에 기인하고 있다. 또한 개별적 화주에 특화된 맞춤화 서비스의 제공과 부가가치 물류서비스를 개발하여 제공하고 있다.

이 책은 총 5부 17개장으로 구성되어 있다. 제1부는 3개장으로 구성되며 국제물류의 기초를 다루고 있으며, 국제물류에 대한 기본적 개념, 환경변화, 물류시스템에 대하여 전반적으로 기술하고 있다.

제2부는 2개장이며, 글로벌 경영과 물류관리를 논의하고 있다. 국제물류는 글로벌 경영을 지원하는 활동이다. 전 세계를 대상으로 한 생산·유통·판매 등을 이루기

위해 물류활동을 어떻게 진행하고 있는지를 설명하며, 또한 국제무역 실무에 대하여 살펴본다.

제3부는 7개장으로 구성되며 글로벌 물류의 개별 기능인 운송·보관·하역·포장· 정보·보안 및 환경물류 등을 다루었다.

제4부는 3개장이며, 글로벌 물류전략과 관리기법을 다루고 있다. 기업은 물류 효율화 방안으로서 다양한 전략을 구사하고 있는데 1960년대 이후 경영 및 기업의 물류전략들을 소개하고 있으며, 특히 최근 정보통신기술을 활용한 첨단 물류관리 기법과 활용사례들을 살펴본다.

제5부는 2개장으로 구성되며 물류성과와 정책을 다루었다. 물류관리를 효율적 으로 관리하기 위해서는 성과측정이 필수적이다. 성과측정이 이루어져야만 개선해야 할 부분을 발견할 수 있기 때문에 정규적인 물류성과 측정 및 관리는 물류활동의 연장선으로 볼 수 있다. 그리고 대외적으로 물류정책도 물류기업에게는 중대한 영향을 미친다.

본 교재는 해양수산부의 '해운·항만전문인력양성사업'의 일환인 교재개발사업에 의거해 3년간(2007~2009)의 집필을 통해 완성되었으며, 이번에 전면 개정한 제2판을 출간하게 되었다. 해양수산부의 지원에 감사를 드리며, 본 교재의 오류는 전적으로 집필진의 책임이다.

2017년 1월
저자 일동

차 례

제1부 국제물류의 기초

제 2 부 글로벌 경영과 물류관리

제3부 글로벌 물류관리

제4부 글로벌 물류전략

제 5 부 물류성과와 정책

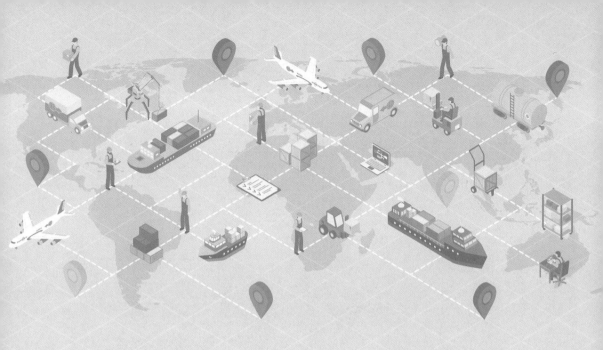

제 1 부

국제물류의 기초

제1장

국제물류관리의 기본개념

제1절 국제물류의 의의

1. 물류의 개념과 특성

1) 물류의 정의

경제발전에 따른 상거래 활동이 증가하면서 재화의 이동 수요가 많아지고 있다. 재화의 흐름과 관련된 제반활동을 물류(물의 흐름)라고 한다. 물류 용어에 대한 정의는 관련협회, 업계 그리고 학계 등에서 다양하게 기술하고 있는데 가장 포괄적으로 기술하고 있는 정의는 미국물류관리협회(The Council of Logistics Management)에 의해 이루어졌다.

"물류(logistics)란 공급사슬관리의 일부로서 고객의 요구를 수렴하면서 원지점에서 소비지점까지 재화, 용역 및 관련된 정보의 효율적이고(efficient), 효과적인(effective) 흐름과 보관을 계획, 실행 및 통제하는 과정이다." 물류에는 고유의 기능으로 예측, 고객서비스, 운송, 창고관리, 재고관리를 포함한다.

M. Christopher(1998)는 "물류관리는 주문의 비용효과적인 이행으로 현재 및 미래의 수익성이 극대화되도록 조직과 마케팅 채널을 통해 자재, 부품, 완제품 재고의 조달, 이동 및 보관과 관련 정보의 흐름을 전략적으로 관리하는 과정"이라고 정의하였다.

우리나라의 물류정책기본법(2007. 8. 3 개정)에서는 '물류(物流)란 재화가 공급자로부터 조달·생산되어 수요자에게 전달되거나 소비자로부터 회수되어 폐기될 때까지 이루어지는 운송·보관·하역 등과 이에 부가되어 가치를 창출하는 가공·조립·분류·수리·포장·상표부착·판매·정보통신 등을 말한다'고 정의하고 있다.

2) 물류의 목적과 특성

물류관리는 정확한 제품을 정확한 수량으로 적절한 비용으로 정확한 위치와 정해진 시간에 전달하는 것을 의미한다. 따라서 고객에 대한 서비스 품질과 비용 요인이 가장 중요하다. 즉 높은 품질의 서비스와 저렴한 비용으로 재화를 전달하는 것이 물류의 핵심적 목적이며 보다 구체적으로는 〈표 1-1〉과 같다.

표 1-1 ⟨ 물류의 목적

▪ 신속한 반응능력	▪ 배송품의 혼재
▪ 변동성의 최소화	▪ 높은 서비스 품질
▪ 최소 재고비용	▪ 제품수명주기 지원

물류서비스의 주요 목표로서 7Rs을 강조하기도 한다. 즉 정확한 물품(right product), 적절한 비용(right cost), 정확한 고객(right customer), 정확한 수량(right quantity), 적절한 상태(right condition), 정확한 장소(right place), 정확한 시간(right time)이다.

현대 경제시스템 하에서 세계적 또는 지역적으로 재화의 이동이 증가하고 있다. 이러한 변화는 양적인 변화뿐만 아니라 구조적인 변화로 인식할 필요가 있다. 생산의 지리적 분포와 제조시스템에서의 변화와 운영상의 변화는 재화의 이동과 유통지리의 변화와 밀접한 연관성을 가진다. 이러한 다양한 변화는 물류의 변화를 가져오고 또한 물류의 변화는 생산과 유통에서의 변화를 견인해오고 있다.

초기에는 물류(logistics)가 군사적 업무수행에서 비롯되었지만 현재는 생산, 유통 그리고 소비에 많은 영향을 미치고 있다. 재화의 교환행위는 인간의 끊임없는 경제활동을 의미한다. 물류활동의 발전은 유럽의 중상주의 경제부흥을 가져왔으며 산업혁명 시기 대규모 경제활동과 더불어 더욱 발전하였다. 특히 철도의 접근성이 개선되면서 산업활동의 위치와 생산활동의 지리가 변천되어 왔다. 노동의 분업화와 대량생산, 유통체제 그리고 마케팅 활동과 더불어 물류활동은 더욱 규모가 커졌을 뿐만 아니라 운송빈도도 훨씬 증가하였으며, 또한 지리적으로도 더욱 범위가 넓어지면서 부의 창출을 가져왔다.

3) 물류의 범위

물류는 기업활동의 일부이며, 세부적으로 마케팅과 유통활동에 포함되기도 한다. 마케팅 활동의 4Ps에서 유통(Place)은 생산자로부터 소비자에게 재화 및 서비스가 사회적·물리적으로 이전되는 경제활동을 의미한다. 유통은 생산된 최종 재화를 소비자에게 이전하는 활동이며 거래의 제안, 판매, 대금지급 등을 통해 소유권이 판매자에게서 구매자에게 이전이 이루어지는 상적유통(commercial distribution)과 생산자로부터 소비자에게 물리적으로 이전되는 활동인 물적유통(physical distribution)으로 구분된다. 물류는 물적유통의 줄인 말로 원재료 또는 중간재의 구매활동 그리고 생산활동에서 발생한다. 이런 의미에서 물류의 개념을 확대해 정의하고 있는데 이 경우 조달, 생산, 판매에서 발생하는 포괄적인 물류를 일컬어 로지스틱스(logistics)로 정의한다.

물류는 각 기능에서 발생하는 재화의 흐름을 의미하기 때문에 [그림 1-1]에서 보는 바와 같이 세 부분으로 나누어진다. 외부공급업체로부터 원재료, 부품, 중간재의 조달을 의미하는 조달물류(inbound logistics), 조직 내에서의 물류활동인 생산물류(production logistics) 그리고 유통채널을 통해 완제품이 소비자에게 이동되는 물류활동인 판매물류(outbound logistics)이다.

물류(物流)란 '물적유통'을 줄여 만든 용어이며 '물(物)의 흐름'에 대한 개념이 범위적으로 확대되면서 로지스틱스란 용어가 등장했다. 로지스틱스에 해당하는 용어는 군사적 사용되는 병참(兵站)이 있지만 일반 사회에서의 사용에 대한 거부감과 영어 발음에서의 까다로움 등으로 인해 물류란 용어가 확대된 개념의 로지스틱스(logistics)와 혼용해 사용되고 있다.

그림 1-1 물류의 프로세스와 범위

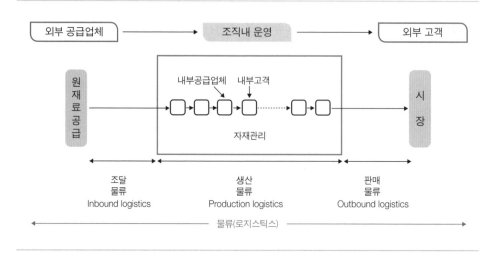

2. 물류개념의 변천

1) 물류의 기원과 변천

물류의 개념에 대한 역사는 인류문명사와 괘를 같이 한다고 할 수 있다. 고대 문명의 발상지가 인간의 생존에 필요한 물을 구할 수 있는 강 주변에 형성된 것은 그 당시 물류의 기술과 기능이 제한적이었기 때문이었다. 즉 필요한 물자를 옮길 수 있는 능력의 한계로 주로 물을 포함한 생필품 생산지 주변에 거주할 수밖에 없었다. 그러나 문명이 발달하고 물류관리 능력이 향상되면서 인류는 생활의 거주지역을 점차 넓혀나갈 수 있게 되었다.

물류(logistics)란 용어는 logistikos라는 그리스어에 기원을 두고 있는데 이것의 의미는 '계산에 능력이 있다'는 것이다. 이후 고대 그리스 마케도니아 왕국의 알렉산더 대왕(BC 336~BC 323)이 군사적으로 필요한 식량, 의복, 군수품 등의 조달과 관련된 모든 절차를 의미하는 용어로 사용하였다. 군사적으로 물류는 전시에서 군대에 물자를 공급하는 것뿐만 아니라 이를 지원하기 위한 인프라, 생산시설의 능력, 군대의 배치와 이후의 지속적 물자공급까지를 포함하는 의미이다.

전쟁의 역사를 통해 볼 때 물류의 활용 능력이 전쟁의 승패를 좌우하는 경우가 많은 것으로 알려져 있다. 12세기 몽골고원에서 탄생한 징기스칸은 유목민 특유의 기동력을 통해 정착민을 정복하고 고려에서 헝가리에 이르는 대제국을 건설하였다. 그들은 속도에서의 경쟁력 확보를 위해 말을 활용하고, 군사 장비와 식량 등을 경량화하여 원거리를 빠르게 이동하였을 뿐만 아니라 전쟁터에서 오랜 시간동안 주둔할 수 있는 능력을 극대화하였다.

18세기 나폴레옹(1771~1821)이 러시아 침공을 계획했을 때 러시아군과의 전투에만을 집중하였다. 그러나 침공과정에서 러시아 현지의 혹독한 기후, 형편없는 인프라, 농민들의 저항, 게릴라전, 초토화 전략 등으로 인해 군수품 공급의 재앙을 맞이하여 결국 대패하고 후퇴하여야 했다. 이러한 결과는 원거리 전방 침투에 따른 물류 지원을 상대적으로 간과함으로써 초래된 것이었다.

물류의 기능은 전쟁에서뿐만 아니라 인간의 경제 발전과 맥을 같이 하였다. 유럽에서의 신대륙 발견, 중상주의의 발흥과 이후 산업 혁명시기에서 물류활동은 이 시대의 발전에 주도적인 역할을 하였다. 산업활동 지역과 생산활동의 지리적 영역은 특히 철도에 의한 접근성 증대로 그리고 글로벌화는 해상과 항공운송의 발전이 원동력이 되었다.

2) 제2차 세계대전 이후 물류의 변천

제2차 세계대전(1939~'45)에서는 전 세계에 걸쳐 전쟁이 치러졌고 따라서 전쟁터가 본국에서 멀리 떨어진 곳에서도 수행되었다. 따라서 필요한 물자를 적시적소에 공급하는 능력이 전쟁수행의 핵심요소가 되면서 물류의 중요성이 강조되었다. 물류관리 능력의 우위는 연합군이 승리하는 데 결정적인 요인이 되었다.

근래의 전쟁으로는 1991년 걸프전쟁시 다국적군이 사우디를 근거지로 해서 쿠웨이트를 탈환할 수 있었던 것은 물류의 신속한 지원(병력, 무기, 장비, 식량과 물자보급)이 결정적이었다고 할 수 있다. 전후 다국적군 사령관인 슈왈츠코프(Norman Schwarzkopf) 장군은 "걸프전을 승리로 이끈 것은 로지스틱스다"라고 역설하였다.[1]

3) 기업 물류의 변천

물류의 개념이 기업경영에 활용된 것은 1960년대 초반부터라고 할 수 있다. 이

---

1) It doesn't matter how brilliant your vision and strategy are if you can't get the soldiers, the weapons, the vehicles, the gasoline, the chow—the boots, for God's sake!—to the right people, at the right place, at the right time.

시기에 시작된 규제완화, 경쟁의 심화, 정보기술, 글로벌화, 수익성 요인 등이 대두되었다. 기업관리자들은 군사적 기술이 경영과학에 적용될 수 있을 것으로 확신하여 전략이란 개념과 더불어 물류를 경영에 도입하기 시작하였다. 경영학의 대학자인 P. Drucker(1962)는 물류(physical distribution)를 '경제의 암흑 대륙(Economy's Dark Continent)'이라며 이제까지 물류는 아주 무시되어 왔으며 가장 전망이 높은 비즈니스 영역임을 강조하였다.

물류개념의 도입 초기단계인 1960년대에서 물류는 기업의 생산과 마케팅 활동을 지원하는 각 기능들이 분산되어 관리되고 있었다. 그러나 1980년대 이르러 생산을 지원하는 물류영역인 자재관리(materials management)와 유통 및 마케팅을 지원하는 완제품의 물리적 유통(physical distribution)영역으로 구분되어 기업을 지원하는 서비스업으로 인식되었다. 자재관리는 공급사슬에 걸쳐 생산의 모든 단계에서 제품의 생산과 관련된 활동으로 인식된다. 여기에는 수요예측, 구매, 자재소요량계획, 생산계획 그리고 생산품의 재고 등이 포함된다. 반면 물류관리는 생산에서 판매와 소비의 최종지점까지 재화의 이동과 관련된 모든 활동을 포함하는데 여기에는 운송, 재고관리, 창고, 하역, 주문처리 및 고객서비스 등이 있다.

1990년 이후 자재관리와 물류관리를 통합하는 로지스틱스(Logistics)란 개념이 등장하면서 관리적 차원의 물류관리 개념이 도입되었다. 이로 인해 물류에 대한 계획, 운영, 평가 등 경영관리 및 조직 내 통합최적화에 초점을 둔 적시의 물류관리 개념이 정립되었다.

1990년대 중반에 이르러서는 물류의 흐름을 기업 외부의 구성원, 즉 공급자, 생산자, 유통업자 그리고 최종소비자까지로 확장하여 관리하였다. 또한 재화, 정보뿐만 아니라 자금의 이동까지도 포함하는 공급사슬관리(supply chain management)라는 개념이 등장하였다. 이로 인해 기업물류에 대한 초점이 단순 물류의 응용에서 공급자 및 고객 사이의 접점관리의 관점에서 업무프로세스의 개혁 및 낭비요소의 제거로 확장되었다. 특히 정보기술의 지원과 마케팅 활동 등을 통합하여 기업 전략의 중요한 요소로 다루어지게 되었다. 기업의 글로벌화로 공급사슬관리는 더욱 중요해지면서 기업의 성패를 좌우하는 경쟁우위가 물류 프로세스에서도 나타날 수 있다는 인식이 증대되었다. 이에 따라 물류기능을 하나의 전략적 기능으로 해석해야 한다는 움직임이 대두되었다.

| 그림 1-2 | 로지스틱스의 진화(1960~2000년대) |

자료: Hesse and Rodrigue, 2004.

3. 국내물류와 국제물류

1) 국제물류의 개념과 특성

국제물류는 물의 흐름을 관리한다는 측면에서 일반적인 국내물류와 큰 차이는 없지만 국가간 재화의 이동과 보관에 관련된 업무를 진행하기 때문에 국경을 통과함으로써 발생할 수 있는 제반 사항들을 고려하여야 한다. 따라서 정책, 제도, 관습 등의 다양한 요소에 의해 영향을 많이 받는다고 할 수 있다. 기업들이 국경을 통해 재화와 서비스를 받아들이고 국별로 계획을 수립하기 때문에 높은 수준의 복잡성을 가진다.

미국의 물류관리협의회(NCPDM)에서는 국제물류(International Logistics)를 "완제품과 생산원료를 외국의 소비자에게 가장 효율적으로 이전시키는데 있어 직·간접으로 관련되는 제 활동"이라고 정의하고 있다.

국제물류의 특징을 살펴보면 첫째, 원료조달, 생산가공, 제조판매활동 등이 생산지와 소비지가 동일 국가가 아닌 국경을 초월하여 2개국 이상에 걸쳐 행해진다. 둘째, 물류의 주요 활동내용은 국제운송을 중심으로 하여 보관, 하역, 포장, 유통가공 및 정보 등의 제 활동이 수행된다. 따라서 국제물류는 국내물류보다 훨씬 복잡하고 상대적으로 다양한 위험에 노출되어 있다.

2) 국내와 국제물류의 특성상의 차이

국내와 국제적으로 물류체인 관리에서 주요 차이점은 지리적 거리, 국가간 규정, 비즈니스 업무의 계획수립의 복잡성, 검품 및 검수 등이 있다. 또한 글로벌 물류관리의 어려움은 상이한 환율, 거시경제상의 위험, 인프라의 차이, 환경보호 규정, 다양한 표준뿐만 아니라 문화적 차이 등에서 일어난다. 기업운영의 규정 및 관행의 국가간 차이로 인해 상품의 이동에 관련된 수출입 수속, 통관, 수출입 경로 및 방법, 운송방법 및 절차 등이 다양할 뿐만 아니라 원거리를 포괄함으로써 위험에 더욱 많이 노출되어 있다.

(1) 서류(documentation)의 복잡성

국제물류는 국내물류와 달리 수·출입절차와 관련하여 다음과 같은 사항을 고려해야 한다.

① 수출입업무에 수반되는 상업 및 금융서류들이 많으며 까다롭고 중요한 사항이 된다.

② 서류작성에 많은 관계 당사자(화주, 운송회사, 보험사, 공인검량업체 등)들이 존재한다.

③ 완전한 서류를 작성하기 위해서 요구되는 자료의 양이 많으며, 이를 위해서는 이 분야에 대한 전문적인 기술과 지식을 필요로 한다.

④ 국제상거래에서 사용되는 관련서류는 잘못 작성 또는 발행 시에 분쟁이 발생할 소지가 높다. 수출에 관련된 주요 서류들은 선하증권 또는 항공화물운송장, 상업송장, 수출신고서, 원산지 증명서, 보험증권 등이 있다.

(2) 중개인의 존재

국제물류에는 여러 중개인이 개입되는데 대표적으로 화물운송주선인(freight forwarder)을 들 수 있다. 화주와 운송인 사이에 개입하여 화주에 대해서는 운송인으로 운송인에 대해서는 화주의 역할을 수행한다. 운송주선인은 화주를 대신하여 운송화물의 집화, 대행기능 뿐만 아니라 서류의 취급, 운송업자 선정, 보관, 통관수속 등의 기능도 수행한다.

(3) 주문절차의 복잡성

수출주문은 현지 판매나 마케팅 담당 해외자회사나 대리인에게 위임되므로 본사의 생산 공장과의 주문절차 및 처리가 복잡하고, 평균주문 규모도 국내보다 크기 때문에 주문상 어려움이 있다.

(4) 통관절차

국제물류는 국제화물의 수출입 과정에서 통관을 거치게 된다. 통관절차는 보세구역반입, 검사체제, 보세운송, 신고제도, 품질검사 등이 복잡하여 신속성이 요구되는 물류에 어려움을 가중시키고 있다.

(5) 다양한 운송수단

국제물류는 국경을 넘어 물류활동이 연장되기 때문에 운송거리가 길 뿐만 아니라 다양한 운송수단을 활용해야 하는 경우가 많다. 이로 인해 다양한 운송수단과 운송업자를 활용해야 하며 이로인해 운송수단간 통합과 조정이 중요하다.

(6) 위험성

국제물류는 2개국 이상에서 물류활동 및 운영이 이루어지면서 업무 파트너, 금융·결제, 환율 변동, 국제해상규정의 준수, 정치·경제적 변동 등 다양한 부문에서 위험에 노출될 가능성이 높다.

표 1-2	국제물류 특성
특성	내용
서류의 복잡성	수출입에 관련된 신용장, 선하증권, 상업송장 등의 서류가 관련되고 전문적인 기술과 지식 필요
중개인(intermediary) 존재	국제물류의 경우 화주를 대신하여 서류취급이나 운송업자 선정, 보관, 통관 등의 주요 업무를 중개인이 수행
주문절차의 복잡성	수출은 생산과 주문처리가 복잡하며, 주문규모도 크므로 이로 인한 어려움이 존재
통관절차	화물의 국제적 이동과정에서 수출/수입통관절차를 이행
다양한 운송수단	주로 원거리까지 운송이 이루어지기 때문에 다양한 운송수단과 운송업체 개입
위험성	정치·경제·사회·문화·제도 상의 변동성, 각종 금융·결제, 긴 조달시간 등으로 위험성이 높으며 이로 인해 전문성 요구됨

3) 국제물류의 기능별 차이

(1) 운송

국내물류의 경우에는 배송활동에 중점을 두기 때문에 화차를 이용하여 화물을 이전시키거나 자사의 유통센터나 타 화물 자동차업체의 운송 및 배송망을 통하여 고객에게 화물을 운송하는 경우가 많다. 그러나 국제물류에서는 선사, 항공사, 트럭운송사, 운송주선업자 등을 통하기 때문에 최적운송을 위해 육·해·공을 연결하는 복합일관운송이 이루어지고 국내물류는 마지막 단계의 보조운송으로서 역할을 하게 된다.

(2) 보관

국내물류에서 창고는 화물을 시간적·장소적으로 이전시키기 위하여 일시적으로 보관하는 기능과 유통창고나 유통센터로서 수·배송을 위한 기지로서의 기능을 한다. 반면 국제물류에서 창고는 수출지에서 수입지까지 화물운송에 필요한 수출자의 창고 및 공장, 창고나 내륙거점 또는 트럭 및 화차터미널, 그리고 항만이나 공항 등지의 보관기능이 우선하게 된다. 즉 화물을 집화하여 이를 조립, 포장, 분류하여 배송하는 유통창고로서 국내물류기능보다는 보세구역이나 보세구역 이외의 지역에서 화물을 일시 보관하여 운송하는 것이 국제물류의 주된 기능이 된다.

(3) 하역

국내물류의 경우에는 유통 및 배송센터의 자동창고로부터 지게차(fork lift)와 같은 기기를 동원하여 트럭에 상·하차 작업 정도를 수행한다. 반면 국제물류에서 하역은 화물의 컨테이너 적입(vanning)에서부터 철도역 또는 트럭터미널 등의 내륙거점이나 공항 및 항만에서의 하역작업을 포함하기 때문에 다양한 하역차량 및 포크리프트, 겐트리 크레인(gantry crane) 등의 장비가 사용된다. 또한, 원재료일 경우에는 기초 하역시설 등 많은 하역기기가 동원되어 항만 및 공항의 창고시설과 연계되어 처리된다.

(4) 포장

포장기능에서는 국내물류가 포장의 생산성, 편리성, 경제성을 염두에 두고 포장의 기계화, 간소화, 자동화에 중점을 둔다. 반면 국제물류에서는 운송상의 포장단위가 중요해 짐에 따라 컨테이너(container) 및 팔레트(pallet)의 활용과 이들을 복합운송에서 어떻게 효율적으로 이용할 수 있느냐가 중요한 과제가 된다.

(5) 정보

국내물류의 경우 대부분 국내유통에 중점을 두기 때문에 물품이 생산자로부터 중간상인 도·소매업자를 통하여 소비자로 이전되므로 수주, 재고, 생산지시, 출하 등의 물류정보는 물류관리정보시스템에 의하여 그 흐름이 통제된다. 그러나 국제물류의 경우에는 항만, 공항 등의 특정 터미널을 통하여 여러 가지 운송수단을 조합하여 화물이 운송되기 때문에 국내 화주로부터 해외고객에 이르는 과정의 정보 흐름이 필수적이다. 따라서 국제물류는 국가적인 차원에서 세관, 공항, 항만 등에서의 정보시스템과 연계하여 선사, 물류업체, 공·항만, 포워더, 고객간에 전자문서교환(EDI: Electronic Data Interchange)으로 정보가 교환되고 화물추적시스템이 구축되어야 한다.

4) 운영 및 제도상 차이

운영과 제도 면에서 국제물류는 다음과 같은 점에서 국내물류와 차이가 있다. 첫째, 비용 면에서 국제물류의 규모가 월등히 크다. 둘째, 운송방식에서도 국내운송이 단일운송수단을 주로 이용하나 국제물류는 다양한 운송수단을 연계하여 운송서비스를 완성한다. 셋째, 국제운송은 다양한 중개인이 개입된다. 넷째, 위험성 예를 들어 재무적, 화물자체의 손상 및 멸실 위험이 높다. 다섯째, 운송과 통관 등의 서류작업이 복잡하다.

표 1-3 국내물류와 국제물류의 차이점

구분		국내물류	국제물류
운용 및 제도	비용[1]	미국 GDP 대비 약 9%	전 세계 GDP의 약 10.8%로 추산
	지리	짧은 거리와 균일한 영역	먼 거리와 대륙과 해양 포함
	운송방법	트럭이나 철도	해상이나 항공으로 연계 운송
	재고	짧은 조달시간으로 낮은 재고수준	긴 조달시간, 대규모 수요, 운송의 불확실성으로 높은 재고수준
	대리인	철도에만 약간 이용	운송중개, 통화, 관세에 중개인 이용
	재무위험	적음	환율과 인플레 위험이 크고 손해발생시 약속이행 및 강제가 어려움
	화물위험	적음	장기운송, 잦은 화물처리, 다양한 인프라 수준으로 화물위험이 높음
	정부기관	위험물, 하중, 안전상의 문제에만 관여	여러 기관(관세, 상공, 농림, 교통)에서 광범위하게 관여
	서류작업	적은 서류작업(구매주문, 송장 등)	많은 서류(신용장, 선하증권, 포장명세서, 원산지 증명 등)
	커뮤니케이션	전화, 인터넷, EDI 이용, 동일 언어와 문화	전화, 인터넷, EDI 이용, 상이한 언어, 문화
	제도/법	동질성으로 차이가 적음	국가별, 지역별 다양한 차이 존재
기능	운송	배송활동에 중점을 두고 물류거점을 이용한 공로운송	공·항만을 이용한 복합일관운송(해상운송, 항공운송, 복합운송)
	보관	물류센터나 집배송센터 중심의 보관 기능 및 유통창고의 기능강조	항만, 공항, 복합화물 터미널, 보세구역 등에서의 보관작업으로 많은 재고
	하역	물류센터나 집배송센터에서 지게차 등으로 작업	항만, 공항, 터미널에서 크레인, 포크리프트 등으로 작업
	포장	포장의 경제성, 편리성, 간이성에 중점	운송의 연계성(복합운송)에 중점(팔레트, 컨테이너 단위)
	정보	화주, 운송업체, 운송주선업체 등 주로 개별적 정보 이용	국·내외 화주는 컴퓨터 네트워크나 인터넷으로 연결과 위치추적 가능

1) Armstrong & associates, inc., 2021
자료: Robeson and Copacino(1994)에 근거하여 일부 수정.

제2절 물류의 중요성과 기능

1. 물류의 중요성

1) 경제적 관점

세계 경제에서 물류활동은 원료 및 부품의 전 세계적 조달을 가능하게 하고, 노동의 분업화(division of labour)를 촉진시킨다. 저렴한 생산지에서의 생산과 전 세계 소비자들에게 접근을 용이하게 함으로써 세계 경제를 활성화시키는 데 중요한 역할을 한다.

저렴한 물류비는 수출품의 가격을 낮춤으로써 수출경쟁력을 제고시킬 수 있다. 뿐만 아니라 물류비의 등락은 소비자 물가에 많은 영향을 미치는 데 저렴한 수입물류비는 소비자의 상품 소비를 다양하고 윤택하게 한다. 일반적으로 무역의존도가 높은 나라일수록 물류산업이 잘 발달되어 있는 데, 이는 물류를 수출입경쟁력을 제고하기 위한 수단으로 활용하기 때문이다. 예를 들어 무역의존도가 높은 네덜란드와 싱가포르는 양호한 지리적 위치, 인프라, 제도 그리고 물류인력의 양성 등을 통해 물류산업을 국가의 핵심 산업으로 육성하고 있다.

2) 경영의 관점

Simchi-Levi et al.(2003)은 소매업, 컴퓨터와 프린터 생산과 같은 정보통신 산업에서 물류와 공급사슬관리는 기업의 성공을 결정하는 데 가장 중요한 요소라고 주장하였다. 정보기술, 의류, 소매산업에서 월마트(Wal-Mart), 자라(Zara), 휴렛-팩커드(Hewlett-Packard), 델(Dell Computer)과 같은 기업들은 물류와 공급사슬관리를 기업 전략의 핵심적인 요소로 인식함으로써 우월하고 지속가능한 성과를 거두면서 세계적인 기업으로 발전하였다(Bhatnagar & Teo, 2009). 물류는 기업의 경쟁력 제고에 다음과 같은 측면에서 중요한 역할을 한다.

(1) 유연성 제고

제품의 다양화와 제품수명주기의 단축 등으로 인해 물류의 유연성과 신속성이 더욱 중요해지고 있다. 생산기술의 발전, 소비자의 기호 변화 그리고 경제의 글로벌화는 제품의 다양한 생산과 소비를 이끌고 있다. 제품과 소비가 다양화되면 이에 적합한 물류서비스를 제공하여야 한다. 물류의 유연성은 물류서비스의 다양화에 기여한다.

물류센터는 이제 단순히 물류 프로세스를 중계하는 역할에서 벗어나 센터 내에서 다양한 부가가치 물류작업을 수행함으로써 소비자의 니즈에 맞는 제품으로 변형시키는 역할을 한다. 지연전략(postponement)은 재화의 최종 완성단계를 가능한 한 지연시키는 방법을 말하는데, 예를 들어 공장에서 표준화된 중간단계의 완성품을 생산하여 물류센터로 보내면 물류센터에서는 고객의 최신 기호에 맞추어 제품을 가공·완성한 후 고객이 원하는 시간과 장소에 배송함으로써 제품 생산과 물류의 유연성을 확장해 나가는 것이다.

(2) 차별화

공급사슬상의 물류서비스는 기업 차별화전략의 중요한 요소가 되고 있다. 오랫동안 비즈니스가 대량생산과 대량판매에 의한 규모의 경제(economies of scale)에 기초하여 소비자에 대한 대량 마케팅 구현으로 물류는 큰 관심을 받지 못했다. 물류기능은 비즈니스를 지원하는 활동에 머물고 있었다. 물류는 특히 생산과 판매에 종속되어 기업의 비즈니스 활동의 보조적 기능만을 수행하였다.

그러나 기업의 환경 변화 특히 소비자들의 욕구에 신속하고 효과적으로 대응하는 기업만이 극심한 경쟁과 시장의 변화에서 생존할 수 있는 상황으로 전개되면서 고객서비스의 중요성이 증대되었다. 고객서비스의 한 요소로서 물류는 고객 요구의 대응력을 증진시킬 뿐만 아니라 차별화할 수 있는 영역이 되고 있다. 차별화된 고객서비스의 중요 부분으로서 물류서비스는 이에 따라 전략적 중요성을 띠게 되었다. 특히 시장이 성숙함에 따라 제품차별화가 한계에 부딪히면서 차별화된 물류는 매출 증대에 크게 기여하게 되었다.

(3) 비용의 절감

물류서비스는 유통비용을 줄이는데 큰 효과를 가지고 있다. 저가 전략은 항상 기업마케팅 전술의 중요한 부분이 되어 왔다. 원자재 생산과 노동비에 영향을 미치는 다양한 물리적 요인에 추가하여 물류는 서비스 요소로서 비용에 심각한 영향을 미친다. 물류는 유통의 효율성을 개선할 뿐만 아니라 기업의 수익성을 제고할 수 있다. 따라서 몇몇 대형 소매상들은 자체적으로 설립한 물류시스템을 활용하여 재화의 조달과 공급에서 물류비용을 줄이거나 제3자물류의 활용, 적시물류체계(JIT) 등을 통해 경쟁력을 높이고 있다.

(4) 통합에 의한 시너지 효과

물류서비스는 공급자, 생산자, 도매업자 그리고 소매업자와 연계하는 중요한 수단이다. 현대 경제의 글로벌화와 네트워킹의 발전과 더불어 경쟁은 개별 기업간의 경쟁이 아니고 네트워크간 경쟁이 되고 있다. 그러므로 비즈니스 네트워크의 구조는 오늘날 경쟁전략의 중요한 요소이다. 물류서비스는 공급사슬 구성원간의 장애를 제거하는 중요한 수단이다. 이를 통해 재화를 획득하게 하며 전체 프로세스의 흐름을 효과적으로 촉진하고 생산에서 최종소비자까지의 원활한 흐름을 제공한다. 다른 한편으로 자체적 시스템 설비를 갖춘 물류서비스는 공급사슬의 전체 프로세스에서 기업들간 제품에 관련된 정보를 공유하게 한다.

(5) 고객만족도 증대

효율적인 물류서비스는 고객의 충성도 확보에 중요한 수단이 된다. 물류서비스는 고객서비스는 적시 배송, 주문 정확성, 제품 상태, 추적 및 가시성, 유연한 배송 옵션, 비용 효율성 등을 통해 고객 만족도를 높여 준다. 이러한 물류서비스에 대한 고객 만족도는 고객 유지율(customer retention)을 높여 재구매로 연결될 수 있다.

3) 글로벌 경제와 물류

글로벌 경제와 물류는 상호 작용을 한다. 즉 글로벌 경제의 성장은 물류의 활성화를 가져오며 마찬가지로 물류의 촉진은 글로벌 경제성장의 견인차 역할을 한다.

(1) 글로벌화가 국제물류에 미치는 영향

글로벌화의 진전으로 전 세계는 하나의 시장으로 발전되어 비즈니스가 상호 연계되고 글로벌 공급사슬체제로 변화되고 있다. 오늘날 치열한 경쟁에서 생존하기 위해서 기업들은 국경을 넘어 경영활동을 전개해나가고 비용을 통제할 필요가 있다. 비용의 통제는 수익성이 없는 경영 단위를 축소하면서 핵심 사업에 집중화하는 것을 말한다. 그러므로 가치사슬상에서 생산시설을 해외의 저비용 국가로 이전하거나 물류와 같은 부수적인 활동들을 아웃소싱하고 있다.

글로벌화의 물류에 대한 영향은 특히 1970년대 이래 중요해졌는데 이는 기업활동의 무대가 전 세계로 확산되었기 때문이다. 이러한 경향에 힘입어 글로벌 물류의 규모는 점차 증가하였다. 세계 컨테이너 무역은 연평균 5%로 증가하여 2020년에는 8억 2천만TEU에 달하였다(UNCTAD, 2021). 글로벌화의 영향은 해상운송에 그치지 않았다. 스마트 폰과 태블릿과 같은 제품 수요의 폭증은 항공운송의 규모와 운임을 증가시켰다.

글로벌 물류와 공급사슬시스템 관리는 국내 네트워크보다 훨씬 복잡하다. 물류관리자들은 국제환경 분석에 의한 적절한 계획의 수립과 절차에 대한 정확한 통제 그리고 해외시스템의 성패에 대한 검토가 이루어져야 한다. 전 세계 공급사슬을 구축하고 공급사슬관리를 실행하기 위해서는 현지국의 정치적, 법률적 시스템, 경제상황, 기술, 사회적, 문화적 환경요소들을 고려하여야 한다.

국제 비즈니스, 물류 그리고 공급사슬관리를 수행하는 기업은 비용을 최소화하면서 고객이 수용 가능한 서비스 수준을 제공해야 한다. 국제물류는 운송거리의 증가, 서류관리 비용, 높은 재고수준, 추가적인 포장과 컨테이너화, 장기 주문주기시간 등으로 인해 일반적으로 국내물류보다 더 많은 비용이 소요된다.

글로벌화는 많은 선진기업들이 개도국 등에서 생산, 판매, 서비스 활동을 전개하는 경우가 늘어나는 것을 의미한다. 이들 국가들에서는 고객 요구수준의 꾸준한 증가, 수요의 높은 변동성, 인프라의 문제 등으로 인해 물류의 신뢰성과 성과를 높이는데 많은 제약을 받고 있기 때문에 이를 극복할 수 있는 노력이 배가되어야 한다.

(2) 국제물류가 글로벌화에 미치는 영향

글로벌 경제가 물류에 영향을 미치는 것과 마찬가지로 물류 역시 글로벌화 촉진에 중요한 역할을 한다. 세계 경제에서 효율적 물류시스템은 무역을 통한 자원의 효율적 배분으로 국가간 상호의존성을 높이며 이를 통해 생산의 효율성을 높여 인간의 높은 삶의 수준을 제고한다. 토지와 이들 소유자가 동일한 생산성을 가지고 있는 것은 아니다. 생산의 특화 면에서 한 지역은 종종 다른 지역보다 더 큰 강점을 가진다. 효율적 물류시스템은 특정 지역이 다른 지역보다 높은 생산성을 가진 재화에 특화함으로써 고유의 강점을 활용할 수 있게 한다. 물류시스템은 제품, 양륙지 비용(생산과 물류비용), 품질 등의 우위를 더 경쟁적이게 한다. 국가간 특화의 예는 한국과 일본의 전자산업, 미국의 농업, 정보기술, 항공산업 그리고 석유, 금, 보오크사이트, 크로미늄과 같은 원자재의 주 공급처인 다양한 국가들이 있다. 이들 특화된 원자재 및 제품들은 물류시스템에 의해 상호 교환이 효율적으로 이루어질 뿐만 아니라 특화의 수준을 더욱 높일 수 있도록 한다.

물류의 활동이 전 세계적으로 전개되면서 이제 기업들은 조달, 생산, R&D, 마케팅, 판매, 서비스를 글로벌하게 운영할 수 있게 되었다. 또한 이러한 각 기능들을 상호간 적절히 조정 및 통합함으로써 보다 효율적인 공급사슬을 구축할 수 있게 되었다. 기업들은 경쟁력을 높이기 위해서는 세계 어느 지역 또는 국가든 강점이 있는 곳에 조달, 판매, 생산시설을 운영하여 경쟁력 제고를 가능하게 하였는데, 이를 뒷받침하는 기능이 물류 또는 글로벌 공급사슬관리라고 할 수 있다.

2. 물류의 역할과 활동

1) 물류의 역할

물류활동은 근본적으로 지역간에 제품 또는 서비스의 가격차이가 존재하기 때문에 발생한다. 재화는 높은 가치를 창출하기 위해 가치가 낮은 곳에서 높은 곳으로 이동하는 경향이 있는데 물류가 이를 실현시켜 준다. 다시 말해 재화는 생산지에서 소비가 일어나는 곳으로 물리적으로 이동되지 않으면 소비자가 추구하는 어떤 목적에도 기여하지 못한다. 또한 재화는 필요한 시점에 소비할 수 있도록 제공될 수 있어야 한다. 이때 수송기능은 공간적·장소적 효용(space or place utilities)을 창출하며, 보관기능은 시간적 효용을 창출(time utilities)한다.

물류는 재화의 가치를 높임으로써 최상의 고객만족을 실현하는 데 기여할 뿐만 아니라 최소의 시간과 비용으로 신속한 배송을 통해 공급사슬에서 재고보유 수준을 완화시켜 준다. 또한 재고보유, 자재관리, 운송과 기타 유통과 관련된 비용의 절감을 가져온다. 요약하면 효율적 물류시스템은 고객서비스를 제고하고 비용의 절감을 가능하게 한다.

2) 주요 물류활동

기업은 인적·물적, 금융, 정보 등의 자원을 투입하여 경영활동을 전개하여 재화를 생산하며, 물류활동은 공간적·시간적 효용 창출을 통해 고객이 원하는 수량, 장소 및 시간에 재화를 획득할 수 있도록 한다. [그림 1-3]은 물류의 주요 활동을 나타내 주고 있는 데 운송, 보관, 하역, 포장, 정보활동 등은 물류 고유의 활동이며, 그 외 예측, 고객서비스, 주문처리 등은 물류와 밀접한 관련을 가지는 지원활동으로 볼 수 있다.

그림 1-3 물류의 주요 활동

자료: Ballou, 2003.

표 1-4	물류의 세부 활동
물류영역	활동 내용
① 고객서비스	고객의 요구사항에 부합하기 위해 제공하는 고품질의 서비스와 지원
② 수요예측	시장 수요에 대응하여 관련 데이터를 활용한 제품의 수요 예측과 계획
③ 재고관리	고객의 요구 및 생산부문의 요구를 수용하면서 재고비용 최소화
④ 물류정보교환	전체 물류프로세스를 연결하고 고객이 요구하는 정보 제공
⑤ 하역	특정 장소에서 물건을 싣고, 내리고, 쌓고, 분류하는 활동
⑥ 주문처리	수요 충족을 지원하는 작업으로 신속성, 확실성이 중요
⑦ 포장	물류활동의 출발점으로 보관, 수송, 하역 등의 물류활동 효율성에 중요
⑧ 부품·서비스지원	잠재고객 확보위해 판매 후 부품의 교환과 서비스 활동
⑨ 공장·창고 입지	물류시설의 수, 위치, 규모 등을 고려한 시설물의 입지 결정
⑩ 조달	조직이 필요로 하는 제품과 서비스의 매입
⑪ 역물류	소비 후 공급처로 재순환하는 활동
⑫ 교통 및 운송	수송수단의 선택, 업체 선정 등의 의사결정
⑬ 창고관리와 보관	창고나 물류센터의 관리 및 보관활동

(1) 고객서비스

고객서비스는 고객과의 접점에서 이루어지는 모든 요소를 통합하고 관리하는 고객지향적 철학이다. 고객서비스는 모든 물류관리활동의 통합된 힘으로 작용한다. 고객만족은 통합된 부분 중의 하나로 기업의 전반적 마케팅 노력이 성공했을 때 나타난다. 물류시스템의 모든 요소가 고객의 물류서비스에 영향을 미칠 수 있다. 그러므로 최소의 비용으로 요구되는 고객만족을 제공하기 위해 통합된 물류관리 개념을 적용할 필요가 있다.

(2) 수요예측

수요예측은 미래 특정 시점에서 고객이 요구하는 제품과 서비스를 결정한다. 정확한 예측은 기업 운영, 즉 마케팅, 생산, 물류 등에서 중요한데 마케팅에서는 판매촉진전략, 판매원의 배치, 가격결정, 시장조사활동 등에서 그리고 생

산에서는 원자재의 조달과 생산 규모의 결정에 중요한 역할을 한다. 물류관리
에서는 운송량에 따른 물류자원의 투입 규모와 보관수요량 결정에 활용된다.

(3) 재고관리

재고관리는 고객의 니즈(수요)와 효율적 생산(공급)에 중요하다. 재고관리는 보
관, 투자금, 고객서비스, 재고수준, 주문량, 주문 시점 등 많은 요소를 고려해야 한
다. 원재료, 부품, 재공품, 완성품 등의 재고를 위해 물리적 공간인 창고뿐만 아니
라 소요시간과 투자금 등이 필요하다. 재고에 묶인 자금은 다른 곳에 사용되지 못
하기 때문에 자본에 대한 기회비용이 발생한다.

재고관리에서는 고객의 주문에 대응하고 재고로 인한 비용 재고보유비용,
창고비용, 진부비용 등에서 상충관계가 나타나기 때문에 고객만족도와 비용 요
소를 고려한 재고 수준을 결정해야 한다.

(4) 물류정보교환

정보교환은 전체 물류과정을 상호 연결시켜줄 뿐만 아니라 고객과도 연결을 가
능하게 한다. 따라서 정확하고 시의성 있는 정보의 교환은 성공적 물류관리의 핵심
요소이다.

(5) 하역

하역은 원자재, 재공품, 완제품을 공장 또는 창고 내에서 이동시키는 모든
활동을 말한다. 제품은 기업내 한 장소에서 필요한 장소로 하역시마다 비용이
발생한다. 하역활동 자체는 제품에 가치를 증가시키지는 않기 때문에 최소로
유지되어야 한다. 낮은 단가의 제품에서 하역비의 비중은 중요할 수 있다.

(6) 주문처리

물류는 고객의 주문에서 시작되며 모든 활동은 고객 수요를 만족시키기 위해
발생한다. 주문과정에는 운영, 통신, 결제 등을 포함한다. 주문과정의 속도와 정확
성은 기업이 고객에게 제공하는 고객서비스 수준에 영향을 미친다. 주문과정 주기
(order process cycle)는 고객이 기업과 상호 접촉하는 핵심영역이기 때문에 고객의
서비스에 대한 인식과 만족도에 커다란 영향을 미칠 수 있다.

(7) 포장

포장은 두 가지 기초적인 기능 즉 마케팅과 물류를 지원한다. 마케팅에서 포장은 판매촉진과 광고를 지원한다. 크기, 무게, 색상, 인쇄정보는 고객을 유인하며 제품에 대한 정보를 전달한다. 물류에서 포장은 두 가지 역할, 즉 보관, 운송 중 제품의 파손으로부터 보호와 제품의 보관과 이동을 용이하게 함으로써 하역비용을 감소시켜준다.

(8) 부품 및 서비스 지원

물류의 책임은 제품이 고객에게 전달될 때 종료되는 것이 아니다. 기업의 마케팅 활동의 일부로서 고객에게 판매 후의 서비스를 제공하는 데 있다. 이는 제품의 손상과 고장시 부품교환 활동을 포함한다.

(9) 공장 및 창고 입지선정

공장과 창고의 전략적 위치는 기업의 고객서비스 수준에 영향을 미친다. 시설물의 적절한 위치는 공장에서 창고, 공장간, 또는 창고와 고객 사이에 제품의 이동에서 운송비용을 낮출 수 있게 한다.

(10) 조달

기업내 재화의 흐름는 조달부서에서 공급업체에게 구매주문서를 발송하면서 시작된다. 조달에서 고려사항으로는 적합한 공급업체, 조달조건, 가격, 수량, 품질, 조달시점, 배송, 보험과 결제 등 다양하다.

(11) 역물류

반품의 처리, 폐기물 회수와 폐기활동은 역물류의 일부이며 물류의 중요한 기능 중 하나이다. 구매자는 제품의 하자, 진부화, 선적 실수, 진부화 등으로 인해 제품을 반환하게 된다. 이 경우 일반적으로 정방향의 물류에 비해 훨씬 많은 비용이 소요되기 때문에 효율화 필요성이 더욱 강조된다.

(12) 교통 및 운송

물류 프로세스의 주요 기능은 재화를 원지점에서 소비지점까지 이동시키는 것이며 또한 반품도 포함한다. 운송은 다양한 생산단계를 거쳐 최종적으로 소비자에게 제품을 운송해 주는 물류가치사슬에서 핵심적인 활동이다. 공급사슬상에서는 제조업체에 원부자재의 투입과 관련한 인바운드 운송과 완제품의 유통업체와 소비자에게 배송하는 아웃바운드 운송으로 구분된다. 교통과 운송활동에서는 운송수단과 업체의 선정, 특정 경로의 선택, 관련 법령의 준수, 국내외 선적 요구사항 등을 고려하여야 한다. 운송은 물류과정에서 가장 많은 비용과 시간이 소요되므로 보다 효과적으로 관리되어야 한다.

(13) 창고관리와 보관

제품이 생산된 시점에서 이후의 판매와 소비를 위해 공장이나 창고 등에 보관한다. 일반적으로 생산과 소비 간의 시간이 길수록 재고량은 늘어난다. 창고관리와 보관활동은 재고를 보유하고 유지할 필요가 있는 공간에 대한 관리를 말한다. 특정 보관활동에는 창고시설의 자체 소유, 리스 또는 임차의 결정, 보관시설의 배치와 설계, 제품 믹스의 고려사항, 안전과 유지보수의 절차, 인력훈련, 생산성 측정 등을 포함한다.

전통적으로 창고의 역할은 불확실성에 대비해 재화의 공급을 유지하는 데 있었지만 최근에는 경제적, 서비스의 관점에서 다루어진다. 경제적 편익에는 혼재(consolidation), 산재(break-bulk), 크로스 도크, 가공/지연, 재고비축 등이 포함되며, 서비스의 편익은 현물 보관, 분류, 혼합, 제품지원, 시장진출 등이 있다.

제3절 기업경영과 물류

1. 기업경영에서 물류의 역할

일반적으로 기업은 필요한 원재료, 부품 등을 조달하여 가공한 후 유통채널을 통해 완제품을 소비자에게 제공함으로써 가치를 창출하여 이익을 실현하는 조직이다. 이를 위해서 기업은 조립 및 가공을 위한 최적의 지점까지 자재의 조달을 어떻게 운송하며 그리고 최적의 경로를 통해 고객에게 어떻게 상품을 배송할 것인가를 결정하게 된다. 물류는 원재료, 부품, 완제품의 보관 및 이동을 수행한다. 이러한 관점에서 물류는 제품의 조달, 생산, 마케팅과 유통

과정에서 필수적인 기능이며 이를 통해 가치가 창출되기 때문에 기업의 핵심
적인 활동 중의 하나라고 할 수 있다.

[그림 1-4]에서 보는 바와 같이 물류는 기업의 생산과 마케팅 부문과 밀접
한 관계를 가지고 있다. 물류는 생산과의 관계에서 제품계획, 공장위치, 구매활
동 등을 공유하며, 마케팅과의 관계에서도 고객서비스, 포장, 유통경로, 정보의
흐름 등에서 중첩된다.

> 그림 1-4   생산, 물류, 마케팅과의 관계

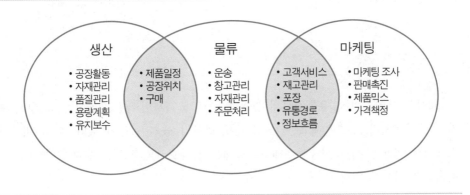

자료: Ballou, 1992.

1) 마케팅 지원

물류는 공급업체, 중개인, 최종고객 등의 만족을 이끌며, 마케팅 믹스의 4가
지 요소인 제품(product), 가격(price), 유통(place), 판매촉진(promotion) 등을 연
계시켜 주며, 이러한 활동을 통해 최소의 비용과 수익의 극대화를 이끄는 역할
을 한다. [그림 1-5]는 물류와 마케팅 개념의 세 가지 핵심요인인 고객만족, 통합
노력, 적절한 기업이윤과의 관계를 나타내고 있다.

그림 1-5 마케팅과 물류관리의 개념

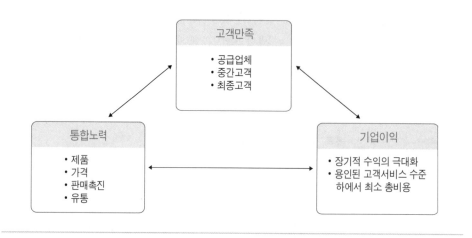

물류는 마케팅에서 유통경로의 활동을 통해 고객서비스를 제공하는 것이며, 여기에는 주문처리, 운송, 재고관리, 창고, 정보관리 등의 활동이 있다. 이들 활동에 소요되는 비용은 서로 상충관계에 있기 때문에 상호간의 조정을 통해 전체 비용을 최적화할 필요가 있다([그림 1-6] 참조).

마케팅은 고객의 니즈와 욕구를 만족시켜 구매로 이끄는 일련의 활동이지만 물류의 기능인 적절한 장소로 물건을 전달하지 못한다면 고객의 불만족으로 인해 기대한 마케팅 성과를 달성하지 못할 것이기 때문에 마케팅 지원으로서 중요한 역할을 한다.

그림 1-6 마케팅과 물류에서의 비용간 상충(trade-offs)관계

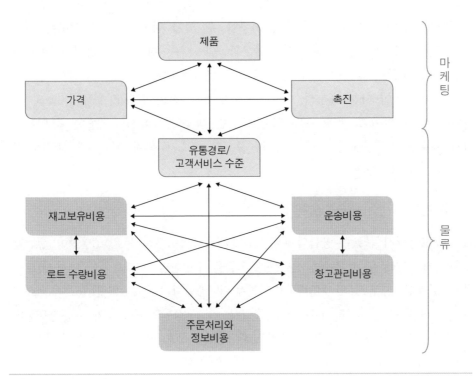

자료: Lambert, 1976.

2) 생산 지원

대부분의 기업들은 다른 공급처로부터 자재를 공급받아 가공활동 등을 통해 완제품을 공급사슬의 다음 단계로 이전해 주는 활동을 통해 부가가치와 수익을 창출한다. 생산활동으르 위해서는 적절한 시간에 적당량의 자재 공급이 필수적이다. 이를 위해 조달물류는 원·부자재 및 부품의 공급을 통해 생산활동을 지원한다. 또한 수요의 변동성에 좌우되지 않고 규칙적인 생산활동을 유지하기 위해서는 생산된 제품의 보관활동이 요구된다. 물류와 생산 기능간의 이러한 관계로 인해 생산계획, 공장의 위치선정, 조달 등의 활동은 밀접하게 상호 연계되어 있기 때문에 공동의 의사결정이 요구된다.

3) 고객서비스 지원

고객이 원하는 제품과 서비스를 가용할 수 있게 하고, 고객이 원하는 제품을 적절한 시간에 인도하는 것이 물류활동의 본질이다. 또한 공급사슬에서의 중단(disruption)에 대비해 예비부품의 재고를 보유함으로써 부품교환서비스를 제공하고, 수명이 다한 제품의 회수 및 폐기 등과 같은 활동도 물류서비스의 일환이다. 이와 같이 고객 만족을 위한 다양한 활동이 물류서비스를 통해 이루어지기 때문에 물류활동은 고객서비스의 중요한 요소가 되며 이는 곧 기업의 경쟁력 증대를 지원한다.

4) 기업의 내외부적 통합

기업활동에서 물류는 공급업체로부터 원재료 또는 부품 등을 조달받아 생산활동을 통해 완제품을 고객에게 전달하는 역할을 수행한다. 이러한 과정에서 물류는 생산, 마케팅, 재무 등의 기업활동과 연계 및 통합시켜 주는 역할(cross-functional integration)을 한다. 또한 외부적으로 공급사슬의 구성원인 공급처와 유통경로상의 도·소매업자와의 물적 이동과 정보의 교환을 통해 상호 연계 및 통합시켜 주는 역할(cross-organizational integration)을 수행한다.

2. 고객서비스와 물류

1) 물류고객서비스의 개념

제품과 고객서비스간의 경계가 모호해지면서 고객서비스는 제품에 부수적이라기보다는 제품의 일부분으로 인식되고 있다. 고객서비스에는 고객에 대한 친절 및 봉사, 제품 사용법, 판매 후의 지원 등이 포함된다.

고객서비스는 '조직이 고객의 기대에 부응하고 고객의 편익이나 만족을 제공하기 위해 수행하는 총체적 활동 및 노력'으로 정의된다. 이를 물류서비스에 적용하면 물류고객서비스란 물류활동의 결과물로서 고객과의 관계를 유지 및 향상시키고, 물류 활동과 서비스 수준을 관리하는 프로세스와 기능을 말한다.

물류고객서비스의 기능적 역할은 물품이나 서비스를 이전함으로써 시간과 장소의 효용(time and place utility)을 창출하는 것이다. 즉 제품이나 서비스는 고객이나 소비자의 손에 들어가기까지는 아무런 가치가 없기 때문에 제품이나 서비스를 이용 가능(available)하게 하는 것이야 말로 물류기업의 중요한 역할이라고 할 수 있다.

물류에서 고객서비스는 일반적으로 기업이 자사 제품을 다른 회사의 제품과 구별하게 하고 고객의 신용을 유지하며, 판매를 증가시키고 수익을 향상시키는 수단으로 여겨진다. 고객서비스는 물류와 마케팅이 연계되는 방향이고, 그 자체로는 기업의 전체 물류관리 노력의 결과물을 의미한다.

2) 물류고객서비스의 구성요소

물류고객서비스는 다음과 같은 활동을 포함한다.

① 주문 처리: 고객 주문을 효과적으로 처리하고 모든 주문이 정확하게 출하되도록 하는 것을 의미하며 여기에는 주문입력, 유효성 검증 그리고 확인 등이 있다.

② 배송 및 반품 관리: 제품의 배송 및 반품 절차를 관리하고, 고객이 제품을 반환할 때 처리 및 환불을 제공한다.

③ 재고 및 주문의 추적: 재고 수준과 주문 상태를 추적하여 고객에게 실시간으로 공급사슬상의 배송화물에 관한 상태와 위치를 관리하고 업데이트한다.

④ 정보 제공: 고객에게 운송과정에서의 물류 및 주문 진행 상황에 대한 실시간 정보를 제공하며, 배송 추적과 주문 상태 업데이트 등과 관련하여 개방적이고 효과적인 정보를 상호 교환한다.

⑤ 맞춤형 서비스: 신속한 배송, 특수 하역, 통관 포장 등과 같은 고객의 요구사항에 대응하여 맞춤형 물류서비스를 제공한다.

⑥ 문의와 문제 해결: 고객의 질문에 응대하고, 배송 지연, 제품 손상 또는 주문 오류와 같은 클레임을 해결하며, 고객의 의견을 지속적으로 피드백 받아 고객서비스 개선에 반영함으로써 고객의 만족도를 유지 및 향상시킨다.

거래단계에서 물류고객서비스는 거래 전(pre-transaction), 거래 시(transaction), 거래 후(post- transaction)로 구분되며, 〈표 1-5〉에서 보듯이 거래의 각 단계에는 다양한 요소가 있다. 직원에 대한 훈련은 고객서비스의 모든 분야에 영향을 미친다.

표 1-5	거래단계별 물류고객서비스의 요소	
거래 전	**거래 시**	**거래 후**
▪ 명시된 회사정책 ▪ 회사에 대한 고객의 평가 ▪ 회사조직 ▪ 시스템의 유연성 ▪ 기술적인 서비스	▪ 재고품절 수준 ▪ 백오더(back-order) ▪ 이용가능성 ▪ 주문주기 요소들 ▪ 시간 ▪ 환적(transship) ▪ 주문의 편리성 ▪ 제품의 대체성	▪ 설치, 보증, 변경, 수리, 부품 ▪ 제품의 위치추적 ▪ 고객클레임, 불만 ▪ 제품포장 ▪ 수리도중 일시적인 제품 　대체

자료: Londe and Zinszer, 1976.

Gogoll(1996)은 다른 측면에서 서비스 품질을 구분하였는데 잠재성, 과정, 성과 3가지이다. 이들 요소에서 잠재성은 거래 이전, 과정은 거래 시 그리고 성과는 거래 후의 요소와 유사하다고 할 수 있다.

표 1-6	물류서비스 품질의 기준과 분류	
잠재성	**과정**	**성과**
▪ 배송 유연성 ▪ 배송능력 ▪ 지원의 전문성 ▪ 자산의 상태 ▪ 직원의 자격	▪ 선적 지연의 선 공지 ▪ 문제발생시의 대응 ▪ 불만사항에 대한 조치 ▪ 수행과정의 정확성 ▪ 직원의 서비스 지향성	▪ 약속한 날짜의 준수 능력 ▪ 조달시간 ▪ 정보의 가용성 ▪ 신뢰성

자료: Gogoll, 1996; Kersten, 2008에서 재인용.

3) 물류고객서비스의 성과 측정

물류고객서비스를 제공하기 위한 고객서비스 프로그램을 작성할 때 각 활동에 대한 성과의 기준과 성과 측정을 명확히 하는 것이 필요하다. 기본 프로그램에서 물류의 운영적 측면과 조직이 고객에게 7Rs을 확실히 제공할 수 있도록 해야 한다. 7Rs에는 정확한 제품, 수량, 시간, 장소, 상태, 가격, 정보가 있다.

물류고객서비스의 성과 측정은 서비스의 품질 개선과 비용의 절감에 중요한 역할을 한다. 물류서비스 전략을 수립할 때 서비스 수준을 높일 때 얼마만큼의

비용이 소요되는지를 고려하여야 한다. 예를 들어 높은 재고의 가용성을 달성
하기 위해서는 많은 계획과 비용이 소요된다. 그러므로 재고와 시설에 대한 전
체 투자를 최소화하면서 가용성을 높일 수 있는 방안을 마련해야 할 것이다.

물류고객서비스의 성과 측정에는 다양한 요소가 있는데 대표적으로 ① 제
품 가용성(product availability), ② 주문주기시간(order cycle time), ③ 유연성
(flexibility), ④ 일관성(consistency), ⑤ 유통시스템(distribution system), ⑥ 정보시스템
(information system), ⑦ 판매 후 제품지원(post sale product support) 등이 있다. 이
중 가용성(availability)과 주문주기시간(order cycle time)은 가장 중요한 요소들인데 그
이유는 이들 요소에 의해 고객의 대기시간이 결정되기 때문이다.

한편, Lambert(1994)는 거래의 단계별로 고객서비스의 측정 변수를 [그림 1-7]
과 같이 제시하였다.

그림 1-7   고객서비스 성과의 측정요소

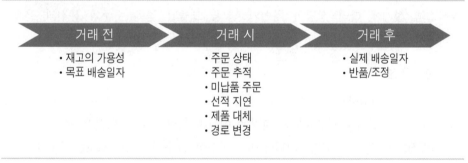

자료: Lambert, 1994.

(1) 가용성

가용성(availability)은 특정 제품 또는 자원이 필요한 시간과 장소에서 사용
가능한 정도를 나타낸다. 따라서 가용성은 재고 가용성, 시간 가용성, 장소 가
용성으로 구분한다. 재고 가용성은 주로 백분율로 나타내며 가용성이 95%란
5%의 주문에 대하여는 고객요구에 응대하지 못한다는 것을 의미한다. 가용성
은 다양한 방법으로 구현될 수 있는데 가장 일반적인 관행은 고객 요구의 기대
만큼 재고를 비축하는 것이다. 적당한 수량, 위치, 창고의 보관정책 등은 물류
시스템 설계에서 가용성에 영향을 미치는 기본적인 요소이다. 가용성의 성과

측정요소로는 품절횟수, 주문충족률, 주문적재완료율 등이 있다.

품절횟수는 고객의 주문에 대응한 재고가 없을 확률이다. 주문충족율은 시간에 따른 품절의 중요도와 영향을 측정하는 것이다. 그리고 주문적재완료율은 고객이 주문에 대해 제품의 재고를 적재 완료한 횟수의 측정이다. 이러한 세 가지 가용성 측정요소는 기업의 재고전략이 고객의 요구를 어느 정도 수용할 것인지를 설정하기 위해 서로 연계된다. 또한 기업의 기본적인 물류서비스 프로그램과 연계하여 적절한 가용성의 수준을 평가하는 기초가 된다.

물류에서 가용성을 높이기 위해 정확한 재고 관리, 운송 및 배송 계획, 재고 최적화, 그리고 신속하고 효과적인 생산 및 물류 프로세스가 필요하다.

(2) 주문주기시간

주문주기시간(order cycle time)은 주문에서부터 탁송물이 도착할 때까지 경과된 시간이다. 이것은 주문의 전달, 주문 프로세싱, 주문 조립, 배송의 절차로 구성된다. 주문주기시간은 성과시간이라고도 한다. 성과주기의 완료시간은 물류시스템 설계에 따라 상당한 차이가 난다. 오늘날 높은 수준의 통신과 운송기술하에서 주문주기는 며칠 또는 몇 주만큼이나 짧아지고 있다.

(3) 유연성

운영의 유연성(flexibility)은 이례적인 고객서비스의 요구를 처리할 수 있는 기업 능력을 말한다. 기업의 물류 역량은 예상치 못한 환경을 어떻게 잘 처리하느냐와 직접적으로 관련이 있다. 기업에서 유연성이 요구되는 영역으로는 〈표 1-7〉과 같다.

표 1-7	유연성이 요구되는 영역
• 독특한 판매와 마케팅 프로그램의 지원 • 신상품 소개 • 기본 서비스 약정에 대한 변경 • 제품의 단계적 철수	• 공급의 붕괴 • 제품의 리콜 • 시장이나 고객에 대한 서비스 수준의 맞춤화 • 가격책정, 믹스, 포장과 같은 물류시스템에서 수행되는 제품의 변형과 맞춤화

대부분의 경우 물류의 수월성은 유연성의 능력에 달려있다. 다시 말해 기업의 물류역량은 중요한 고객 요구사항을 만족시키기 위한 '추가적인 이행' 능력에 달려있다.

(4) 일관성

물류에서 서비스 속도는 중요지만 대부분의 물류관리자는 서비스의 일관성을 더 강조한다. 일관성(consistency)이란 '다양한 성과 주기에서 배송 예상시간에 서비스를 수행할 수 있는 능력'을 말한다. 일관성 유지의 실패는 지연배송에 대응하기 위한 안전재고량 보유를 늘리게 한다.

(5) 유통시스템

유통시스템(distribution system)은 상품의 신속·정확한 유통을 위해 유통활동의 효율화와 합리화를 도모하여 비용의 낭비를 막고 유통활동을 촉진시키기 위한 시스템이다. 유통시스템에는 물류활동을 수반하며, 물류활동의 성과 역시 유통시스템에 많은 영향을 받는다.

(6) 정보시스템

정보시스템(information system)은 물류정보의 흐름을 원활하게 하기 위해 물류관련 당사자들을 정보 네트워크로 연결하여 하나의 시스템으로 관리한다. 물류 흐름은 정보의 흐름을 수반하기 때문에 물류정보시스템은 물류의 효율화에 필수적인 요소이다.

(7) 판매 후 제품지원

판매 후 제품지원(post sale product support)은 판매자에게서 구매자에게 판매가 종료된 후 제품과 관련된 지원활동을 말하며 주로 물류에서는 예비부품의 지원활동이 포함된다.

4) 적정 물류고객서비스의 수준

[그림 1-8]에서 보는 바와 같이 고객서비스의 수준이 높아지면 매출과 수익은 증가되고 비용 역시 증가하는 반면 낮은 서비스 수준은 그 반대의 현상이 발생하기 때문에 고객서비스 수준과 비용간에는 상충관계(trade-off)가 발생한다. 따라서 적정 서비스 수준은 수익을 극대화할 수 있는 지점에서 결정되어야 한다.

| 그림 1-8 | 적정 고객서비스의 수준 |

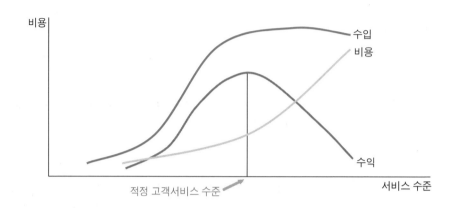

고객에 대한 물류서비스 수준을 결정하는 중요한 요소로는 품절, 주문조달시간, 물류서비스 품질유지, 부가가치 물류서비스 등이 있다.

(1) 품절

품절(stockout)은 물품에 대한 수요와 요구가 현재의 재고로 주문 충족을 할 수 없는 상황을 말하며 결품(shortage of stock)이라고도 한다. 품절은 고객의 재구매에 심각한 영향을 미쳐 판매 손실로 이어지는데 이를 품절비용(cost of lost sales)이라 한다. 품절비용은 지연, 노동시간의 낭비, 생산감소비용(lost production cost) 등과 같은 내부비용과 판매상실에 의한 이익 손실, 선의의 상실에 따른 미래 이익의 감소와 같은 외부비용으로 구성된다.

(2) 주문조달시간

고객이 요구하는 시간 내에 상품을 배송해 주는 업무는 물류 고유의 역할이다. 주문조달시간(order lead-time)은 주문한 이후 주문품을 인도받을 때까지의 시간을 말하며 주문주기시간(order cycle time)이라고도 한다. 최근 고객의 요구가 다품종·소량·다빈도 형태로 진전되는 물류환경 속에서 주문조달시간 내 배송의 신뢰성 유지는 물류의 보증체제가 된다.

(3) 물류서비스의 품질유지

물류관리의 목적은 적정한 물류서비스 품질을 보장 또는 유지하기 위한 물류시스템을 구축하고, 그 시스템을 원활하게 가동시키기 위한 물류관리체제를 만드는 것이다. 그런데 물류서비스와 물류비용간에는 상충관계가 존재하기 때문에 어떻게 상호간의 균형을 유지해 나가느냐가 무엇보다도 중요하다.

(4) 부가가치 물류서비스

부가가치 서비스란 '기업의 기본적 서비스 역량에 효율성과 효과성을 증진시키는 특유/특정의 활동'을 말한다. 부가가치 서비스는 고객에 특정되어 있기 때문에 일반화하기 어렵다. 부가가치 서비스는 차별화에 중요한 요인으로 작용하기 때문에 기업간 경쟁이 치열해지면서 지속적으로 진화해 왔다. 부가가치 서비스는 상호간 협업을 강화시킬 뿐 아니라 고객과의 유대감을 강화시키는 데 기여한다.

고객 요구 수준의 증대와 다양성이 확대되면서 물류서비스에서의 부가가치 서비스(VAL: value-added logistics service)에 대한 요구 역시 높아지고 있다. 고객인 화주의 요구에 따른 맞춤화 또는 주문형 물류서비스의 개발과 제공이 중요해지고 있다. 물류업체의 입장에서 부가가치 물류서비스에는 특수 제품포장, 맞춤형 라벨, 특수 벌크포장, 편리한 구매를 위한 정보서비스, 제품 가격결정, POS 단말기 구축서비스 등이 있다. 또한 화주들은 점포직배송 및 크로스 도크 실시 또는 고객의 가치를 지속적으로 창출할 수 있는 여타 서비스를 요구하고 있다.

제조업자와 유통업체간의 관계에서 제공되는 VAL은 〈표 1-8〉과 같다.

표 1-8	공급사슬에서의 부가가치 물류서비스
▪ 사전출하 통지	▪ 내부 포장
▪ 포장	▪ 생산자 직송
▪ 다양한 점포용 팔레트	▪ 판매시점에 제공
▪ 특수 포장	▪ 점포 직송
▪ 정확한 배송시간	▪ 신속한 지속보충

제4절 **공급사슬과 물류**

1. 물류관리기능의 통합

1) 물류관리기능 통합의 개념과 의의

물류관리는 기업의 생산에 필요한 원·부자재 또는 반제품을 공급하는 한편 완제품을 유통채널을 통해 소비자에게 전달하는 기능을 담당한다. 그러므로 기업활동의 기능적 측면에서 조달, 생산 및 판매를 연결하는 중추적 역할을 수행한다.

초기의 기업활동은 기능 중심으로 업무가 추진되었기 때문에 상호간의 연계 수준이 낮은 단계에 머물렀다. 물류의 기능도 다른 기능과 마찬가지로 기업의 기능적 영역에서 분리되어 있었다. 그러나 치열해지는 경영환경과 정보기술의 발달로 인해 각 기능들간의 업무 통합화가 시장 환경에 대응력을 증대시킬 수 있을 뿐만 아니라 이를 위한 각 기능간의 커뮤니케이션을 원활히 가져갈 수 있는 업무 기능의 정보화 및 네트워크 기술의 발전으로 인해 통합화의 진행이 가속화되고 있다.

물류관리의 통합단계는 물류와 관련된 기능의 통합화에서 기업 내 다른 기능과의 통합화로 그리고 외부 공급자 및 유통업체와의 통합화로 진행되었을 뿐만 아니라 국내 수준에서의 통합에서 해외업체와의 통합으로 지리적 범위가 확대되어 진행되어 나가고 있다.

2) 물류통합의 유형과 효과

(1) **물류통합의 유형**

물류발전 초기에는 기업 내 물류를 구성하고 있는 운송, 보관, 하역, 포장, 정보활동들은 상호 분리되어 운영되었다. 그러나 물류서비스의 수행은 이들 각 기능들의 통합적 결과물이기 때문에 더 나은 성과, 즉 비용의 절감과 양질의 서비스를 제공하기 위해서 이들 기능간의 통합이 이루어져야 했다. 기업의 물류관리자는 이들 각 기능간의 조정과 협력을 통해 통합적 물류서비스를 제공할 수 있는 체제로 전환해 나갔다.

내부통합은 기업 내 기능의 영역을 통합하는 것을 말하며 통합적 물류(integrated logistics)라고 말한다. 내부통합은 기능적 하위 시스템의 최적화에 의해서라기보다는 통합시스템으로서 물류 프로세스를 운영하는 기업에 의해 실현되며 비용편익을 증대하는 데 초점을 맞추고 있다. 내부통합의 정도는 물류활동이 타 기능과 얼마나 상호 작용을 하는지 또는 분리되어 있는지의 수준을 말한다. 예를 들어 기업 내 타 기능과 물류활동간에 조정과 통신이 증가되고 전체 비즈니스 전략에서 물류의 중요성의 증대 그리고 물류와 기업의 다른 활동과의 공식적 구분이 불분명해지는 것이다(Bowersox & Daugherty, 1987).

외부통합은 물류활동과 기업영역간의 통합을 말한다. 외부통합은 개별기업이 아니라 전체 공급사슬을 포괄하는 것이다. 공급사슬은 효과적으로 경쟁하기 위해 일련의 기업군으로 전환되어 일관된 객체로 활동하여야 한다. 이를 위해 제조업체는 통합의 특성상 변화뿐만 아니라 기업간 운영적 상호 작용이 이루어져야 한다.

물류활동은 이들 기업간 운영적 상호 작용에서 중요한 요소이다. 외부통합은 기업의 물류활동이 공급자와 고객의 물류활동과 통합의 정도를 반영한다. 예를 들어 조립업체와 부품업체간에 상호 물류가 창출되며 이들간 커뮤니케이션을 위해 전자문서교환(EDI)이 활용된다. 높은 수준의 외부통합에서는 ① 공급업자와 고객과의 물류관련 통신의 증가, ② 생산자, 공급자, 고객간의 물류활동 조정 확대, ③ 생산자, 공급자, 고객간의 물류활동을 위한 조직 구분이 불명확해지는 것 등이 발생한다.

(2) 물류통합의 진전

A.T Kearney의 3단계 물류통합에 따르면 1단계는 물류기능인 운송, 보관, 하역 등의 개별 기능의 통합이며, 2단계는 기업 내 기능의 통합으로 물류와 기업 내 다른 부서 예를 들어 생산과 판매와 물류의 통합(cross-functional integration), 3단계는 공급사슬 구성원간의 통합(cross-organizational integration)이다. 이 구분에 따르면 1단계와 2단계는 내부통합단계이며, 3단계에서 외부통합이 이루어진다.

그림 1-9 　물류관리의 단계별 통합

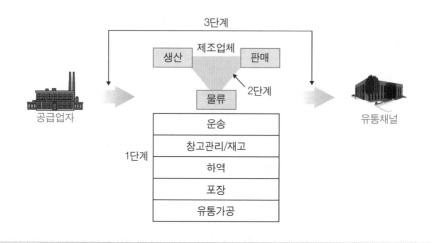

　　물류의 통합단계를 4단계로 나누기도 하는데 1단계는 일반적으로 '물적유통 관리의 혁명'으로 간주되며 1960년대 초 미국에서 시작되었으며 완제품의 판매유통과 관련된 단일의 기능으로 통합되는 것이다.

　　2단계에서는 물류의 범위를 자재, 구성품, 준조립품의 조달물류까지 적용되는 '자재관리'로 확대시켜 나간다. 1970년대 후반까지 많은 기업들은 제품생산에 원자재를 공급하는 상방향과 하방향으로 제품의 이동, 보관, 하역에 대한 전반적 책임을 지닌 '물류부서'를 설립했다. 이를 통해 더 높은 수준의 시너지를 활용하고 조달과 판매 흐름간의 물류자산의 활용을 공유하고 물류의 원칙을 기업 전반에 걸쳐 더욱 일관되게 적용할 수 있게 했다(Bowersox, 1978).

　　3단계는 물류기능 내의 통합이 높은 수준을 이루면서 많은 기업들은 물류를 다른 기능과 더욱 밀접하게 조정해 나가는 단계이다. 대부분의 비즈니스는 생산, 구매, 마케팅, 판매의 각기 자체적 목적과 예산을 가진 일련의 분리된 기능의 조합으로 설정된 '수직적' 구조를 지니고 있었다. 이러한 기능은 종종 '사일로(silo)' 또는 '스토브 굴뚝(stove chimney)'으로 표현된다(Christopher, 1988). 고급관리자는 기업 전체의 수익성 이전에 그들 기능의 이익을 우선했다. 그러나 1990년대 초반 비즈니스 프로세스 리엔지니어링(BPR)의 등장과 더불어 물류와 관련된 기능간의 관계는 재조정되었다.

4단계는 공급사슬을 통합시키는 단계이다. 이제까지의 통합활동인 기업 내에서의 통합에서 확장되어 공급사슬 최적화를 이루기 위해 공급사슬 내의 다른 기업들과 업무를 조정하고 정보의 교환과 공유를 통해 공급사슬 전체의 효율성 예를 들어 재고를 최소화하는 데 초점을 맞추었다.

물류통합에 따른 편익은 〈표 1−9〉에서 보듯이 다양한 부문에서 나타나는데 정보통합을 가속화시켜 채찍 효과를 줄이고 공급사슬의 문제를 조기에 감지하여 빠른 대응을 가능하게 하며, 프로세스에 동시화 계획 수립을 통해 최적 용량을 활용할 수 있게 한다. 또한 작업의 조정을 가능하게 함으로써 효율성과 정확도를 향상시키고 새로운 비즈니스 모델의 창출을 통해 새로운 서비스 제품을 개발할 수 있다.

표 1−9 공급사슬통합의 요인과 편익		
	요인	편익
정보통합	▪ 정보 공유 및 투명성 ▪ 직접 및 실시간 접근 가능성	▪ 감소된 채찍 효과 ▪ 조기 문제 감지 ▪ 빠른 대응 ▪ 신뢰 구축
동시화 계획 수립	▪ 공동 계획, 예측 및 보충 ▪ 공동 설계	▪ 감소된 채찍 효과 ▪ 낮은 비용 ▪ 최적화된 용량 활용 ▪ 향상된 서비스
작업의 조정	▪ 조정된 생산 계획 및 운영, 조달, ▪ 주문 처리, 공학 변경 및 설계 ▪ 통합된 자동화된 비즈니스 프로세스	▪ 효율성 및 정확도 향상 ▪ 빠른 대응 ▪ 향상된 서비스 ▪ 조기 시장 진입 ▪ 확장된 네트워크
신 비즈니스 모델	▪ 가상 자원 ▪ 물류 재구성 ▪ 대량 맞춤화 ▪ 새로운 서비스 ▪ 온라인과 오프라인 모델	▪ 자산 활용 개선 ▪ 높은 효율성 ▪ 새로운 시장 침투 ▪ 새로운 서비스 제품 개발

2. 가치사슬과 물류

1) 가치사슬의 개념

기업의 경쟁우위(competitive advantage)는 단지 경쟁사와 견줄 수 있거나 이들을 뛰어넘는 것을 의미하는 것이 아니라 고객이 원하고 예상하는 수준을 뛰어넘는 만족도를 제공할 수 있을 때 나타난다. 세계화의 진전과 더불어 지역간, 국가간 무역 장벽이 낮아지고 재화와 서비스에 대한 접근성이 높아지면서 고객은 세계 어디에서든 가격에 부합하다면 자신이 원하는 최상의 제품과 서비스를 획득할 수 있게 되었다. 그러므로 기업의 경쟁우위는 소비자 만족에서 우위를 점하는 것이 더욱 중시되고 있다.

기업이 경쟁우위를 창출하기 위해 어떤 전략을 구사할 지 또는 기업의 가치활동 부문들 중 어느 부문을 재구성할 것인지를 파악해야 한다. 만일 기업이 원가우위 전략을 선택하면 구체적으로 '기업의 가치활동 중 어느 부문에서 원가를 절감할 여지가 있는가?'를 먼저 찾아내야 하는 데 이러한 분석의 틀로서 가치사슬 모형이 유효하다.

Porter(1985)는 경쟁우위의 원천을 분석하기 위한 중요한 도구로서 '가치사슬(value chain)'이란 개념을 제시하였다. 그는 가치를 '기업이 제공하는 것에 대해 고객이 기꺼이 지불하고자 하는 수치화된 대가'로 정의하였다. 가치사슬의 핵심적인 논리는 기업이 더 많은 가치를 창출하면 더 많은 이익을 획득한다는 것이다. 즉 더 많은 가치를 창출하여 고객에게 전달하면 경쟁우위가 실현된다는 것이다.

가치사슬은 기업 내에서 고객에게 가치 제공을 위해 협력하여 운영하는 활동, 즉 9가지의 본원적 부가가치 활동의 조합으로 개념화한 것이다. 기업은 전략적으로 중요한 이런 활동을 경쟁자에 비해 더 저렴하고 우월하게 수행함으로써 전략적 우위를 달성할 수 있다. Porter는 가치시스템의 형성을 위해 기업간 가치사슬을 상호 연계시켰으며 아웃소싱과 협업의 현시대에서는 가치창출 과정에서 다수 기업의 연계가 보편화되어 있다고 주장하였다. 가치사슬의 핵심은 고객 편익에 맞추어져 있으며 가치의 창출과정에서 상호의존적이다.

기업의 가치창출을 위한 9가지 활동은 [그림 1-10]에서 보는 바와 같이 5가지의 본원적 활동(primary activities)과 4가지의 지원활동(support activities)으로 분류할 수 있다.

그림 1-10   가치사슬의 프로세스

자료: Porter, 1985.

  본원적 활동(primary activities)은 이윤을 창출하는 활동을 말한다. 여기에는 자재의 구매 및 재고관리 등과 같은 생산투입 자재의 조달물류(inbound logistics), 원자재를 완제품으로 변환하는 생산(manufacturing), 제품의 보관과 배송하는 판매물류(inbound logistics), 마케팅과 판매(marketing & sales), 그리고 고객서비스와 대리점의 지원활동인 서비스(service) 활동이 포함된다. 지원활동(supportive activities)은 본원적 활동을 지원하며 조달, 기술개발, 인적자원, 기업 인프라로 이루어진다. 기업 인프라는 일반관리, 기획, 법률업무, 재무/회계, 경영정보시스템(MIS: Management Information System) 등과 같은 기능을 포함한다.

  가치사슬분석은 고객이 인지하는 가치의 중요성을 측정하는 전략적 도구로서 비용의 행위자(고객)와 차별화를 위한 기존 및 잠재적 원천을 이해하기 위해 기업전략에 관련된 활동들을 각각 분리시킨다. 이를 통해 가치사슬 각 단계에서 부가가치 창출의 핵심활동 규명, 강·약점 및 차별화 요인, 활동단계별 원가동인(cost drivers)을 분석한다.

표 1-10	기업의 가치활동

활동		내용
본원적 활동	조달물류	생산에 투입하기 위한 인도, 저장 및 배송 활동으로 하역, 재고관리, 창고관리 및 공급업자와의 계약 등
	생산	제품을 창출하기 위한 생산활동으로 기계에 의한 제조 등
	판매물류	생산된 제품을 소비자에게 공급하기 위한 보관 및 배송 활동으로 창고관리, 주문처리 및 차량 일정계획 등
	마케팅 및 판매	고객의 제품구매와 이를 촉진하는 수단의 제공과 관련된 활동으로 광고, 통신, 판매, 가격책정, 채널관리, 거래 및 판매촉진 등
	서비스	서비스의 제공 또는 제품의 가치를 유지하는 활동으로 설치, 보수, 부품 공급 및 훈련 등
지원 활동	조달	원자재, 공급품, 기타 소비재, 자산 등의 구매활동
	기술개발	제품 및 생산공정 뿐만 아니라 전문기술, 절차 및 시스템 등의 개발
	인적자원관리	직원의 채용, 훈련, 개발, 승진, 보상 제공 등의 활동
	기업 인프라	일반관리, 기획., 재무, 회계, 법률, 대정부관계, 품질보증 등의 활동

자료: Peppard, 1993.

2) 가치사슬에서의 물류

Porter는 기업의 경쟁우위는 디자인, 생산, 마케팅, 배송 및 제품에 대한 지원 등 기업이 수행하는 여러 가지의 활동으로부터 비롯된다고 주장한다. 이러한 활동들에 의해 기업의 상대적 비용의 수준과 차별화의 기반이 조성된다. 예를 들어 원가우위는 저비용의 물류시스템, 높은 효율의 조립 과정, 판매 경쟁력 등으로부터 발생한다. 이러한 제 활동들을 묶어 하나의 가치사슬(value chain)로 간주하여 경쟁우위의 원천을 분석하는 틀을 구성한다.

가치사슬에서 물류가 중요한 것은 5가지의 본원적 활동 중 두 가지 활동, 즉 조달물류와 판매물류를 포함한다는 점이다. 또한 서비스 영역에서 제품설치, 예비부품 교환 등과 같은 활동은 물류에서 주로 지원하는 활동이다. 따라서 물류활동이 가치사슬에서 차지하는 비중을 고려할 때 기업의 경쟁우위 달성에 핵심적인 역할을 담당한다고 할 수 있다.

가치사슬을 구성하고 있는 본원적 활동들은 상호의존적일 뿐만 아니라 때로는 상충관계를 유지하고 있다. 예를 들어 적시 배달을 위해서는 생산, 배송, 서비스 활동 모두가 순조롭게 진행되어야 한다. 긴밀한 협조체제는 재고비용의 증가 없이도 적시배송을 가능하게 한다. 연계는 기업 내 기능간의 가치활동을 서로 연결할 뿐만 아니라 가치사슬의 외부 구성원인 공급자, 유통업자 등의 가치사슬과도 상호의존적 관계를 가진다. 기업은 이러한 외부와의 연계를 최적화하고 조정하여 경쟁우위를 확보할 수 있다.

3) 스타벅스의 가치사슬 사례(Bajpai, 2014)

스타벅스(Starbucks)는 1971년 미국 시애틀에서 최초로 점포를 개장하였다. 2020년 기준으로 약 3만 2천여개의 매장을 운영하여 약 235억 달러의 매출을 기록한 세계 최대의 커피전문 체인점이다. 고품질 추구, 사회공헌, 직원에 대한 대우, 광고가 없는 마케팅, 직영점 체제 등의 전략을 추구하고 있다.

조달물류의 측면에서 볼 때, 스타벅스는 남미, 아프리카, 아시아의 커피 생산농장으로부터 최고 품질의 원두를 직접 조달한다. 이를 볶아 포장한 후 보관 창고로 운송되며 직영 또는 외부 물류업체에 의해 유통센터로 운송된다. 높은 품질기준을 확보하기 위해 커피 원두의 선정단계에서부터 조달부문은 직접 관리하고 있다.

스타벅스는 65개국에 걸쳐 직영 또는 라이선스 점포의 형태(개수 대비 51%:49%)로 운영된다. 직영에 의한 매출이 약 80퍼센트에 이를 정도로 본사의 역할이 중요하다. 스타벅스는 적극적인 마케팅보다는 고품질과 서비스 수준향상에 주로 투자한다. 고품질의 커피와 고객서비스를 제공함으로써 고객 충성도를 높이고 독특한 스타벅스의 경험을 제공한다.

보조활동에서 인프라는 기업의 점포 운영을 유지하기 위해 필요한 경영, 재무, 법률과 같은 부서를 보유하고 있다. 스타벅스는 잘 설계되고 즐거움을 제공하는 점포를 통해 탁월한 고객서비스를 지원한다. 스타벅스는 일관성 있는 맛과 품질의 커피를 제공하고 자유롭고 무제한의 와이파이(Wi-fi) 서비스를 제공하여 많은 사람들이 사무실이나 미팅 장소로 활용하도록 한다.

조달 면에서 고품질의 커피를 제공하기 위해 스타벅스 대리인들이 아시아, 남미, 아프리카에서 고품질의 원두를 조달하기 위해 돌아다니고 있으며, 또한 공급자와의 전략적 관계와 파트너십을 구축하고 있다. 이는 고품질의 기준이 최상의 원료인 커피 원두의 선정단계에서 직접적으로 개입함으로써 유지될 수 있다고 확신하고 있기 때문이다.

그림 1-11   스타벅스의 가치사슬

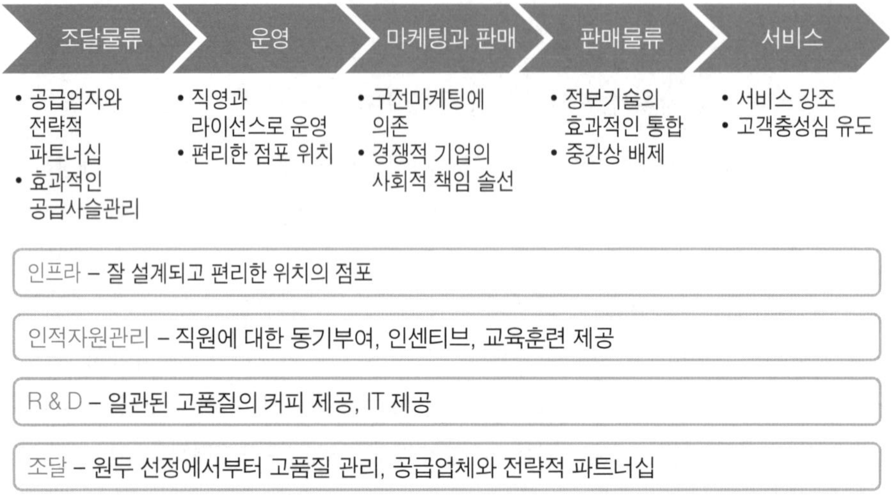

조달물류	운영	마케팅과 판매	판매물류	서비스
• 공급업자와 전략적 파트너십 • 효과적인 공급사슬관리	• 직영과 라이선스로 운영 • 편리한 점포 위치	• 구전마케팅에 의존 • 경쟁적 기업의 사회적 책임 솔선	• 정보기술의 효과적인 통합 • 중간상 배제	• 서비스 강조 • 고객충성심 유도

인프라 – 잘 설계되고 편리한 위치의 점포

인적자원관리 – 직원에 대한 동기부여, 인센티브, 교육훈련 제공

R & D – 일관된 고품질의 커피 제공, IT 제공

조달 – 원두 선정에서부터 고품질 관리, 공급업체와 전략적 파트너십

3. 공급사슬과 물류

1) 공급사슬상의 물류 기능

기업활동의 범위의 확장과 복잡성이 증대되면서 물류관리는 점차 공급사슬 전체의 효율화를 지원하는 기능으로 접근이 이루어지고 있다. 이에 따라 국제 물류는 글로벌 경영에서 공급사슬의 효율성을 향상시키는 데 중추적인 역할을 하게 되었다.

물류는 원재료의 투입과정부터 완제품을 최종소비자에게 인도하는 일련의 프로세스를 말하며 물류관리는 이러한 프로세스를 계획, 실행, 통제 및 피드백을 이행하는 것을 의미한다. 이에 비해 공급사슬관리(Supply chain management)는 원재료의 공급자들과 생산자들 및 완제품의 판매자들을 하나의 프로세스로 인식하고 협력과 사전의사소통을 통해 이들 간의 정보공유 및 표준화를 달성하고 이를 통해 전체 공급사슬을 효율화하는 것이다. 이를 위해 공급사슬관리는 공급사슬에서 기업 간 활동의 중복성과 비효율성을 제거하여 효율적인 프로세스를 구축하여 이를 계획, 실행, 통제 및 피드백하는 활동을 포함한다.

2) 물류와 공급사슬관리의 관계

미국 물류협의회(Council of Logistics) 정의에 의하면 '물류는 공급지와 소비지 간의 제품, 서비스, 관련 정보의 흐름을 관리하는 공급사슬관리의 한 분야'로 정의된다. 물류는 공급사슬 내의 물류 프로세스의 원활한 흐름을 관리하는 반면 공급사슬관리는 물류뿐만 아니라 공급사슬에서 자금의 흐름과 제조공정의 스케줄 등을 포함한다. 이를 위해 공급사슬관리는 구성원간의 조정과 협력을 통해 공급사슬 전체 시스템의 최적화를 추진하며 보다 전략적인 접근이 이루어진다고 할 수 있다. 보다 구체적으로 차이를 구분해 보면 다음과 같다.

첫째, 물류는 기업의 내부적인 관점을 가진 반면에 공급사슬관리는 기업 간 활동에 보다 집중한다. 공급사슬관리는 공급사슬의 구성원들은 내부적 효율성이 달성된 이후 구성원 간의 표준화와 정보공유를 추진하게 된다. 둘째, 공급사슬관리는 물류보다 훨씬 넓은 기능적 범위를 가진다. 물류는 기업 간 조달물류, 판매물류와 같은 기업 간 관계에서 기능적이고 운영적 관계에 적용될 수 있지만 공급사슬관리는 전략적 관점에서 접근할 수 있다. 다시 말해 물류관리는 기업 간 기능의 협력에 해당하지만 공급사슬관리는 기업 간 목표를 설정하여 사업부 전략을 상호 협력하고 조정하는 단계에 해당한다. 셋째, 공급사슬관리는 공급사슬 리더에 의해 이행되지만 물류관리는 기업의 개별적 물류활동에 의해 관리된다. 공급사슬관리는 전체 공급사슬에서 존재하는 표준화와 정보공유를 공급사슬 리더를 통해 이행한다.

| 표 1-11 | 물류, 공급사슬관리, 가치사슬의 비교 |

구분	물류관리	공급사슬관리	가치사슬
범위	운송, 보관, 하역	물류활동+소싱, 생산, 유통	물류활동+소싱, 생산, 유통, 마케팅, A/S
시간	단기	장기	장기
이해관계자	기업내 또는 기업간 상품의 이동	외부적 구성원인 공급업자, 생산업체, 유통업체, 고객	공급업자, 생산업체, 유통업체, 고객
목적	상품의 효율적이고 비용－효과적인 이송	전체 공급사슬의 효율성, 비용절감, 고객서비스 향상 등	비즈니스 프로세스의 각 단계에서 창출되는 가치 극대화
의사결정 수준	일상적이고 운영적 접근	전술과 전략적 접근	운영과 전략적 접근

제2장

국제물류환경변화와 글로벌 물류산업

제1절 국제무역의 환경변화

국제물류는 국제상거래인 국제무역의 파생수요이다. 국제무역의 증가로 인해 물류수요가 늘어나며, 그 반대의 경우 물류수요는 위축된다. 따라서 물류수요는 무엇보다 국제무역의 변화, 다국적 기업들의 생산 및 경영활동 등에 많은 영향을 받게되는 반면 물류서비스의 공급은 물류업체들의 활동 능력을 의미한다. 물류서비스 공급은 물류서비스의 능력을 결정짓는 인프라, 운송기술 및 장비, 물류서비스 제공업체의 경영활동 등에 의해 많은 영향을 받는다.

1. 물류수요측면

1) WTO체제의 정착과 글로벌 무역의 발전

세계경제의 통합화는 우루과이라운드(UR) 협상의 타결에 따라 1995년 세계무역기구(WTO)를 출범시킴으로써 기존의 국가간에 존재하던 무역에 관한 인위적인 규제의 장벽이 제거되고 있다. 이는 국가간 그리고 기업간 상거래 활동이 무한경쟁체제로 전환된 것을 의미한다. 국가간의 경제교류를 제약해 온 각종 물리적·경제적·규제적·사회문화적 장애요인들이 점진적으로 제거 또는 완화됨에 따라 국경을 초월한 경제활동이 더욱 용이해지고 있다. 이로 인해 국제경영, 국제무역 및 투자가 증가되고 있다.

1947년 GATT(General Agreement on Trade and Tariffs: 관세 및 무역에 관한 일반협정)의 탄생과 더불어 국제무역은 지난 70여 년 동안 비약적인 성장을 거듭해 왔다. 국제무역은 국내총생산과 상호 영향을 미치면서 세계 경제의 성장을 주도해 왔다. [그림 2-1]에서 보는 바와 같이 지난 수십년간 국제무역은 세계총생산량(GDP: Gross Domestic Product) 보다 높은 변동성과 성장세를 유지하여 왔다.

그림 2-1 세계국내총생산과 상품교역량의 증가율 추이(1990~2022)

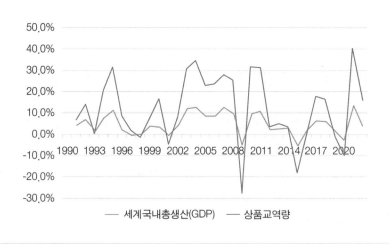

자료: The World Bank.

경제의 글로벌화 진전에 따라 물류관리의 글로벌화도 가속화되고 있는데 이를 촉진시키는 요인은 무역과 해외투자의 증대뿐만 아니라 시장의 글로벌화, 정보통신기술의 발전, 비즈니스의 규모의 경제, 물류의 혁신, 운송비용의 감소 등이 있다. 이러한 요인들은 세계 무역과 생산의 세계적 특화를 촉진시키고 있다. 지역 또는 국가의 제품 생산에서의 특화는 세계 무역거래를 증대시켜 물류수요의 변화에 큰 영향을 미치게 된다.

2) 지역주의 확산과 역내교역 확대

세계화와는 별도로 세계경제가 지역적으로 연대함으로써 지역주의화되고 있다. 경제의 지역화는 지역적으로 근접한 국가들간에 협정을 체결함으로써 역내에서의 상품, 자본, 노동, 기술의 이동을 자유화하는 반면 역외권 국가에 대하여는 차별적인 정책을 실시하여 역내 경제교류 활성화를 도모하는 것을 의미한다.

경제의 지역주의화(regionalization)는 역내권에서 기업간 경쟁을 가속화시킬 뿐만 아니라 역내권 국가간의 표준화를 진전시켜 기업간 수평적 분업화를 더욱 심화시킨다. 경제의 지역주의화 형태는 지역무역협정(RTAs: Regional Trade Arrangements)이 주를 이룬다. 여기에는 상호간 무역특혜제도(PTA: Preferential Trade Agreement)에서 경제 제반사항에 대한 통합을 도모하는 경제동맹(Economic Union)에 이르기까지 그 형태가 다양하다. GATT/WTO의 회원국들은 지역무역협정에 대하여 보고하도록 되어 있는 바 2020년 2월 기준으로 전체 협약 수는 496개에 이르며, 이 중 419개가 발효되었다. 이들 협정 중 자유무역협정과 부분적 영역의 협정이 90퍼센트를 차지하는 반면 관세동맹은 10퍼센트에 불과하다.

유럽에서는 초기 6개국으로 출발한 유럽경제공동체(EEC: European Economic Community)가 1995년 유럽연합(EU: European Union)으로 발전하면서 회원국 수가 27개국에 이르며 상품 및 생산요소의 이동뿐만 아니라 화폐통합으로까지 확대·심화되고 있다. 이 외에도 북미지역에서의 북미자유무역협정(NAFTA: North America Free Trade Agreement, 1994, 2020년 USMCA로 발효), 남미지역에서의 남미공동시장(Mercosur, 1995), 아세안자유무역지대(AFTA: ASEAN Free Trade Area, 1967) 등의 출현과 더불어 세계 각지에서 경제의 지역주의화(regionalisation)가 가속화되고 있다.

이와 더불어 지역주의화의 광역화 경향도 두드러지게 높아지고 있다. 기존의 아·태협력체(APEC: Asia Pacific Economic Cooperation, 1989), 아시아·유럽회의(ASEM: Asia Europe Meeting, 1996)에 이어 최근에는 보다 실질적인 광역 자유무역협정인 환태평양경제동반자협정(TPP: Trans-Pacific Partnership, 2005, 2018년 CPTPP)이 타결되었다.[1] 아세안 회원국과 동북아의 한·중·일, 인도, 호주, 뉴질랜드, 페루 등 16개국이 참여하는 역내 포괄적경제동반자협정(RCEP: Regional Comprehensive Economic

---

1) 미국과 일본이 주도하며 태평양 연안의 12개국이 참여하는 세계 최대 규모의 다자간 자유무역협정이다. 전 세계에서 차지하는 비중이 37%에 달해 유럽연합보다 크며, 협정문에는 농산물, 제조업 등 상품 분야 관세장벽의 철폐뿐만 아니라 지적재산권, 노동, 환경, 서비스 등 광범위한 분야의 국제통상 규범이 포함하고 있다. 2018년 미국이 불참한 가운데 CPTPP(Comprehensive and Progressive Agreement for TPP) 발효되었다.

Partnership)는 2018년말 발효되었다.

그림 2-2   세계의 지역경제 통합체

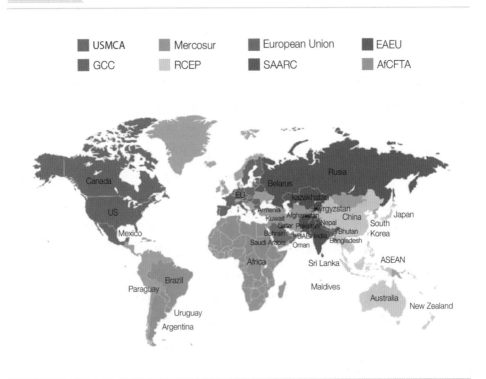

자료: SILK ROAD BRIEFING, March 2021.

　　세계경제의 지역주의화는 비록 역외권 국가와의 물류수요에는 부정적이지
만 역내권에서의 물류수요의 증대를 가져올 뿐만 아니라 물류서비스의 경쟁을
가속화시키고 있다. 경제통합체의 효과적인 운용 및 효율성을 극대화시키기 위
해서는 역내권에서의 재화의 이동을 가능케 하는 물리적·제도적인 장벽 제거
가 필수적이다.

　　세계경제의 글로벌화와 블록화가 동시에 진행되면서 교역규모가 늘고 기업
간 경쟁이 심화되면서 이를 지원하기 위해 신속성과 부가가치 물류에 초점을 맞춘
국제물류서비스의 필요성이 증가하고 있다. 특히 FTA(Free Trade Agreement) 추진으
로 인하여 관세 및 비관세 무역장벽의 철폐 및 해소에 따른 국가간 무역량의 증가

는 물류산업에 큰 영향을 미치고 있다.

전 세계의 FTA 확산으로 글로벌 물류기업의 제3자 물류시장 진입이 가속화되고 있고, 대형화와 전문화 그리고 해외진출이 확대되고 있으며, 물류기업간 경쟁 역시 심화되고 있다. 글로벌 시장에서 생존하려면, 기업들은 생산 및 유통에서 글로벌 네트워크 구축을 통한 효율적 경영이 필수적이다. 다국적 기업들이 신규로 시장에 진입하여 투자를 확대하고, 권역별 시장에서의 설비 및 기능의 재배치를 활발히 추진하고 있다.

3) 생산과 기업경영의 글로벌화

교통 및 정보통신기술의 발달과 더불어 해외에서 경영활동이 용이해지면서 기업들은 경영 및 생산활동을 전 세계로 확산시켜 나가고 있다. 적어도 2개국 이상에 걸쳐 경영활동을 전개하는 기업을 다국적 기업(MNC: Multinational Corporation 또는 TNC: Transnational Corporation)이라 하는 데 이들 MNC가 전 세계 경영활동에서의 역할과 비중이 높아지고 있다. 2018년을 기준으로 약 6만개의 MNC와 500,000개의 해외법인이 전 세계적으로 활동하고 있다.

표 2-1   해외직접투자 관련 지표(1990~2020)

(단위: 10억 달러)

	1990	2007	2012	2019	2020
FDI 유입	205	1,397	1,403	1,708	962
FDI 유출	244	1,423	1,284	1,401	732
누적 FDI(유입기준)	2,198	13,894	22,073	35,971	41,919
해외법인 매출액	4	723	21,469	34,741	40,144
해외법인 수출액	1,444	4,976	7,469	31,049	30,260
해외법인 고용자수(천명)	20,625	53,306	69,359	79,927	79,979
세계 국내총생산	22,327	51,799	73,457	87,284	84,895
상품과 용역의 수출액	4,332	14,927	22,407	24,817	22,483

UNCTAD, World Investment Report, 2015-2023.

4) 고객서비스의 요구사항 증대와 외주 확대

과거 소비자의 제품 수요는 획일화되고 대량 소비를 근간으로 하고 있었으나 이제 그들의 욕구는 다양화·개성화되고 있다. 소비자들은 가격적인 요소를 중시하던 단계에서 품질과 서비스 요인을 더 고려하게 되었다. 시장에서의 힘이 판매자 중심(seller's market)에서 구매자 중심의 시장(buyer's market)으로 전환되고 있는 것이다.

유통망에서는 JIT 배송 요구가 증가되고 있는데 이는 고객이 원하는 시점에 상품을 구입하거나 인도받을 수 없다면 기꺼이 대체품을 받아들이는 특성이 반영된 것이다. 고객의 요구가 다양화, 개성화, 고품질화 등으로 전환되면서 생산자 및 유통업자들의 대응체제도 수요패턴에 맞추어 그들의 생산 및 유통채널이 더욱 다양화되고 있다.

한정된 고객을 대상으로 글로벌 기업간 경쟁이 심화되고 있으며, 고객들의 기업에 대한 서비스 요구 수준도 점점 높아지고 있다. 고객의 요구 증대로 인해 기업의 비즈니스 구조가 점점 복잡해지고, 다양해지면서 기업 내부의 프로세스상 고객과의 최접점에 있는 물류서비스 요구의 변화에 대한 압력도 증가하고 있다. 이에 따라 기업들은 기 구축된 물류시스템에 추가적으로 투자하거나 새로운 프로세스를 도입하는 등 적극적으로 대응하고 있다. 그 형태가 어떠하든 기업 입장에서는 고정비를 증가시켜야 하는 상황에 직면해 있다. 이러한 상황에서 하나의 대안으로 등장한 것이 물류서비스를 외부업체에 위탁하는 물류외주(outsourcing)이다. 물류 아웃소싱은 비용 절감, 전문 지식에 대한 접근성, 확장성, 위험 관리 등 다양한 이점을 제공할 수 있어 많은 기업에서 경쟁력 제고를 위해 활용하고 있다.

5) 전자상거래 확대

정보통신기술(ICT: Information and Communication Technology)의 발달은 전자상거래 성장에 중요한 동인이 되고 있다. 특히 인터넷은 소비자가 유용한 정보를 획득하고 제품과 서비스를 구매하는 새로운 수단이 되고 있다. 더구나 스마트 폰의 대중화는 전자상거래 시장 활성화의 또 다른 촉매제가 되고 있다. 전자상거래는 유통채널의 다원화를 가져왔는데 기존의 오프라인 방식의 전통적 유통채널을 크게 변화시키고 있다. 기존의 제조업체-도매업체-소매업체로 연결되던 채널은 이제 제조업체와 소매업체를 바로 연결시키거나 더 나아가 제조업체와 소비자가 바로 연결되기도 하고 대형 도매유통업체와 소비자가 연결되므로써 유통비용을 크게 절감시키는 효과를 가져왔다. 이에 따라 다양한 유통채널 활동을 지원하기 위해 택배 또는 국제특송과 같은 다양한 형태의 물류시스템이 구축되고 있다.

전자상거래를 지원하는 물류서비스는 신속함과 편리함이 핵심 경쟁요인이 되고 있으며 이를 위해 위해 풀필먼트 센터, 종단운송 시스템, 가시성 확보, 역물류 등에 대한 대규모 투자를 요구하고 있다.

2. 물류공급측면

1) 규제완화

1980년대 이후 유럽과 미국 등의 국가들에서 상업적 효율성을 증진시키기 위해 산업의 규제완화와 자유화가 촉발되었다. 이러한 조치는 우편, 통신 및 수송산업에도 적용되었는데 특히 미국의 경우 항공운송과 트럭운송사업법의 제정으로 그 동안 연방정부에 의해 엄격히 유지되어 왔던 진입규제, 운임규제, 사업영역 규제 등이 철폐되고, 새로이 시장에 참여하는 경쟁자의 수가 증가하였다. 이런 변화를 통해 미국 내 시장에 국한되어 있던 물류업체간 경쟁구도가 세계시장으로 확대되는 계기가 되었다.

미국은 규제 완화 후 1980년 후반부터 화주의 운송수단, 운송업체 그리고 노선의 선택 옵션, 효율성, 경쟁 등이 증대되었다. 또한 화주기업과 물류업자 상호간에 서비스 개선을 위한 새로운 비즈니스 모델 개발이 가능해졌다. 결국 새로운 물류서비스를 창출하려는 물류기업들과의 이해관계가 일치하면서 화주를 대신하여 제3자로서 물류개선을 추진하는 제3자물류 비즈니스가 출현하였다.

2) 기술의 발전

물류에 영향을 미치는 기술로는 물류기술, 교통기술 그리고 정보통신기술 등이 있다. 이러한 기술의 발달로 인해 재화 및 생산요소의 이동비용이 감소하고 국가간 교역의 물리적 장애가 해소되고 있다. 또한 소비수요가 세계적으로 동질화되는 경향이 거세게 나타나고 있다.

　기업들은 교통 및 물류기술 분야에 투자를 확대하여 물류 및 공급사슬관리의 효율성을 높여 기업 경쟁력 제고와 수익성의 증대를 도모하고 있다. 기업들은 자동화와 기계화된 유통센터, 컴퓨터화된 재고시스템의 활용을 통해 물류 및 공급사슬시스템의 효율성을 개선시키고 있다. 해상 및 육상운송에서의 통합시스템은 조달시간의 감소, 빠른 재고회전, 재고수준의 정확한 예측, 운전자본 이용률 등을 개선시켜 효율적인 공급사슬관리를 가능하게 하고 있다.

　정보통신기술(ICT: Information Communication Technology)의 발전은 물류 및 공급사슬관리의 효율화에 커다란 기여를 하고 있다. ICT는 운송, 창고 및 재고관리는 물론 주문처리 등에 적용되고 있다. 운송관리와 스케줄 관리에 ICT를 활용하여 조달시간의 단축과 고객서비스를 제고하고 있다. 예를 들어 글로벌 위치추적(GPS: Global Positioning System) 기술은 정시 수송과 가시성 향상에 활용되고 있고, 창고관리시스템(WMS)은 창고 및 재고관리를 효율화시키며, 자동피킹시스템(DPS)은 피킹의 정확도와 시간을 단축시키는 데 활용되고 있다.

　최근에는 디지털 혁신 기술(digital transformation)의 도입이 확산되고 있다. 여기에는 IoT, 클라우드 컴퓨팅, 인공지능(AI), 블록체인 기술, 자율주행차 등을 포함하고 있다.

3) 글로벌 공급사슬관리와 통합물류서비스 제공

　글로벌 경영체제를 통해 경쟁력을 확보하려는 기업들은 경영활동의 기능적·지리적 확대를 추진하고 있다. 글로벌 기업들은 기능적 확대와 통합을 통한 시너지 효과와 전세계를 대상으로 한 디자인, 원자재 조달, 생산, 판매를 통해 비용절감과 규모의 경제 효과를 통해 경쟁력 확대를 추구하고 있다. 이에 따라 기존의 물류관리체제 하의 통합에서 글로벌 공급사슬관리로 범위를 확대해 나가고 있다.

　이에 대응하여 글로벌 물류기업은 공급사슬관리 전반에 걸쳐 화주와 직접 연결하여 통관, 포장, 수출입절차, 선적서류 등을 처리해주는 기존의 물류서비스에서 정보기술, 컨설팅, 금융 등으로 서비스영역을 확대해 나가고 있다. 글로벌 물류기업은 이제 물류와 공급사슬의 여타 요소들을 통합하여 서비스를 제공하는 공급사슬관리의 통합자(integrator) 역할을 수행하는 단계로 발전해 나가고 있다.

4) 인수합병과 전략적 제휴

환경변화에 대응하기 위해 글로벌 기업들은 전략적 제휴, 인수합병(M&A) 등을 통한 규모의 경제 실현 및 경영의 글로벌화를 추진하고 있다. 또한 전세계 어디서든 경쟁력있는 소싱과 조달, 생산체제의 구축과 글로벌 소비자를 대상으로 한 유통 및 판매활동을 추진하고 있다. 이를 지원하기 위해 글로벌 물류업체들은 글로벌 네트워크의 구축과 국제복합운송시스템 강화를 위해 인수합병과 전략적 제휴를 활발하게 진행해 나가고 있다.

전략적 제휴(strategic alliance)는 기업 상호간 독립성을 유지하면서 두 조직간의 협약을 통한 공동 이익을 도모하기 위한 약정으로 경쟁기업 또는 경쟁제휴그룹과의 경쟁을 유리하게 가져갈 수 있다. 전략적 제휴의 대표적인 형태 중의 하나가 물류 아웃소싱 파트너십이다.

5) 제3자물류

기업은 비용절감, 핵심역량 집중, 효율성 제고, 전문성 강화, 공급사슬의 통합적 관리 등 다양한 이유에서 외주(outsourcing)를 하게 되는 데 물류는 아웃소싱의 대표적인 영역 중의 하나이다.

최근 정보통신기술의 발전, 기업간 치열한 경쟁 그리고 글로벌 공급사슬관리의 도입 등과 같은 환경변화는 화주기업의 물류 아웃소싱을 더욱 촉진시키고 있다. 또한 물류 외주는 공급사슬의 다른 분야 또는 기업과의 물류활동과 연계 및 통합에 유리하기 때문에 전체 공급사슬관리의 측면에서 통합적 시너지를 가져올 수도 있다. 향후 경영환경의 추세를 고려할 때 물류 아웃소싱의 수요는 더욱 증가할 것이다.

6) 첨단물류관리기법의 도입

물류서비스의 중요한 속성으로 신속성, 신뢰성, 유연성 등이 있다. 기업들은 이러한 요소들을 향상시키기 위해 선진화된 물류관리기법을 적극적으로 도입하고 있다. 수요적인 측면에서 고객서비스 제고의 압박과 공급적인 측면에서 정보통신기술을 근간으로 한 물류관련 기술의 발달은 다양한 첨단물류관리기법의 탄생과 활용을 촉진시키고 있다.

첨단물류관리기법들은 전체 공급사슬의 효율성 제고와 타 기업과의 차별화 도구로 활용될 수 있기 때문에 기업전략의 주요 경쟁요소로 인식되고 있다. 최근 많은 기업에서 도입하고 있는 물류관리기법에는 전사적자원관리(ERP), 창고관리시스템(WMS), 운송관리시스템(TMS), 공급사슬관리(SCM) 등이 있다.

7) 지속가능물류 중요성의 증대

지속적인 산업화로 인한 탄소배출의 증가로 지구 온난화(green house effects)가 가속화되고 있다. 지구 전체뿐만 아니라 지역의 건강한 환경을 미래 세대에게 전달하는 것이야말로 우리 사회의 가장 중요한 자산 중의 하나이다. 그러므로 물류활동도 환경과 조화를 이루는 데 우선권을 두어야 한다.

물류관리 실행에서 환경 부담 예를 들어 지구 온난화, 대기오염, 폐기물, 소음과 진동 등을 감소시키면서 지속가능한 사회(sustainable society)로 이행할 수 있도록 해야 한다. 이는 물류업체에게 추가적인 비용 부담과 더불어 운송의 지연 등으로 이어질 수 있다. 따라서 보다 나은 환경개선과 운영시스템을 개선하기 위해 운송 수단의 전략적 활용, 자재의 선정, 폐기물 처리방법 그리고 재사용과 재활용 등에서 관점을 넓혀나가야 할 필요가 있다. 이와 더불어 환경개선의 노력은 공급사슬의 한 부분의 노력으로 개선될 수 없기 때문에 공급사슬 전체에 걸친 조정과 협력이 중요하다.

8) 위험관리와 물류보안

지진, 해일, 팬데믹과 같은 자연재해뿐만 아니라 전쟁, 소요, 테러 등의 발생으로 인해 수송로의 붕괴가 발생하면 그 지역으로부터의 조달과 물류서비스가 불가능해지면서 전체 공급사슬이 붕괴되는 경우가 발생한다. 이는 적시공급체제(JIT)로 연결되어 있는 공급사슬상에서 물류의 지연 또는 중단으로 이어지면서 조달, 생산 및 유통판매가 불가능한 상황으로 전개될 수 있다. 2020년 초에 확산한 코로나-19는 글로벌 공급망의 중단으로 커다란 교역 감소로 이어졌으며 이에 대응해 기업들은 공급망 탄력성 및 다각화와 디지털 혁신을 가속화하였다.

2001년 미국에서의 9.11테러는 물류에 대한 보안의 강화를 가져왔으며, 2011년 동일본 대지진으로 일본 동북부 지역의 물류시스템이 붕괴되어 엄청난 피해를 입었다. 이러한 사태는 예측이 불가능하기 때문에 기존의 JIT체제에 심각한 문제를 일으키게 된다. 따라서 비상사태에 대비한 대책으로서 공급선의 다변화, 비상 재고 확보, 비상 수배송 확보 등의 조치가 필요하며 이는 추가적인 물류비용의 상승요인이 되고 있다.

3. 글로벌 물류의 미래 이슈와 트렌드

1) 글로벌 물류의 미래 이슈

미래에 글로벌 물류에 영향을 미치게 될 요인들은 지금도 중요한 이슈가 되고 있는 요인들과 더불어 현재 그 영향력이 낮지만 향후 강도가 높아질 요인들을 살펴보면 다음과 같다.

(1) 글로벌 사업의 지속적 확장

경제의 글로벌화는 비즈니스에서 사업영역의 분야별, 지리적 확장으로 이어지고 있다. 이는 규모의 경제를 통한 효율성 증대와 통합서비스 체제에서 오는 효과성이 경쟁우위 달성의 기회를 제공할 수 있다. 또한 시장의 글로벌화가 가속화되면서 지리적으로 확대된 영역에서의 생산과 판매 활동을 전개할 필요성이 증대되고 있다. 글로벌화에 가장 신속하게 대응할 필요가 있는 부문 중의 하나가 물류활동인데 이는 전 세계적인 비즈니스와 소비 활동을 지원하는 기능이기 때문이다.

향후 경제 및 기업의 글로벌화는 경쟁력 제고 차원에서 지속적으로 추진될 것으로 예상되기 때문에 물류에서도 글로벌 물류서비스를 제공할 수 있는 체제로 발전해 나갈 것이다.

(2) 환경문제

1992년 리우회의에서 환경문제가 본격적으로 전 세계적인 문제로 제기된 이래로 지구환경에 대한 경각심이 지속적으로 고조되고 있다. 대량 생산과 소비로 인한 각종 공해 물질의 배출은 지구 환경을 더욱 위태롭게 하고 있다. 물류서비스가 대량 소빈도에서 소량 다빈도로 전환되면서 운송 수요의 규모가 증가하고 있을 뿐만 아니라 글로벌화로 인해 수배송 거리의 확장, 신속한 배송서비스에 대한 욕구 증가에 따른 속도 증가 등과 같은 요인은 가스배출량을 증가시키고 있다. 따라서 환경

문제에 대한 세계적인 이슈는 더욱 부각되면서 물류에서 발생하는 탄소배출량의 규제와 더불어 물류기업들의 환경친화적 물류활동이 더욱 중요한 과제로 부상하게 될 것이다.

(3) 기술의 발전

물류의 수행과정에서 수많은 정보들이 다양한 경영 구성원들과 기관 사이에 교환된다. 정보의 원활한 교환과 공유는 물류활동의 촉진에서 중요한 매개체이다. 따라서 이러한 정보기술을 어떻게 수용 및 활용하느냐가 기업 경쟁력에 중요한 요인이 된다. 물류 선도 기업들은 예측 분석기술과 실시간 상황의 처리와 같은 데이터 관리시스템을 구축하고 있으며, 비구조화된 정보로부터 식견(insights)들을 추출해 내고 있다. 빅데이터(big data)가 물류서비스에 도입되면서 대규모 데이터는 물류경영의 효율성 제고에 활용되고 있다. 물류산업에서 위험평가, 회복탄력성 계획(resilience plan), 실시간 경로 최적화를 통한 예측 네트워크에서 클라우드 기반 집하(cloud-based pick-up)와 배송관리까지 빅데이터의 활용은 더욱 확장되고 있다.

선박, 항공기, 하역기기 등의 장비부문에서도 기술발전이 가속화되고 있다. 기술의 발전은 선박, 항공기의 대형화를 이끌고 있을 뿐만 아니라 정보기술과 연결하여 창고와 하역부문에서 기계화, 자동화, 정보화를 더욱 촉진시키고 있다. 정보기술을 응용하여 클라우드 기반의 배송 모델을 구축하고, 드론(drone)과 같은 무인 항공기(unmanned aerial vehicles)는 신속성과 더불어 개인 맞춤형 운송서비스를 더욱 강화시키고 있다.

인터넷, 모바일 기술, 인공지능, 차량 및 장비, 자율운행차량, 경영관리기법 등의 발전은 향후에도 물류에 커다란 영향을 미치게 될 것이며, 이를 얼마나 능동적이고 효과적으로 채택하여 활용하느냐가 물류산업과 물류기업의 경쟁력에 중요한 요소가 될 것이다.

(4) 소비자 니즈와 보호

이미 오래전에 시장은 판매자 주도(seller's market)에서 소비자 주도(buyer's market)로 전환되었지만 향후 이러한 경향은 더욱 강화될 것이다. 즉 고객을 만족시킬 수 없는 기업은 시장에서 생존이 불가능하게 되기 때문에 고객의 니즈 또는 보호 등은 더욱 중시될 것이다. 기업들은 고객 맞춤화된 제품과 서비스를 창출하고자 할 것이고, 소비자에 대한 서비스 기능 역시 더욱 강화될 것이다.

고객과의 접점에서 서비스를 제공하는 물류 역시 더 높은 관심영역이 될 것이며, 물류서비스는 고객 가치를 우선할 수 있는 서비스의 형태로 변화될 것이다. 이와 더불어 고객 보호, 즉 고객의 불만을 어떻게 처리하느냐, 고객의 피해를 어떻게 배상 또는 보상하느냐에 물류기업들의 관심은 더욱 높아질 것이다.

(5) 글로벌 불확실성에 따른소싱전략의 변화

글로벌화로 전 세계적으로 분산된 공급사슬로 인해 많은 시설, 인프라, 공급업체, 생산의 변동성, 다양한 판매 경로, 규제와 운송보안에 대한 요구사항은 증가되고 있다. 글로벌화는 경제활동간에 상호의존성의 증대를 가져와 공급사슬의 한 부분에서의 문제는 전체 시스템에 큰 파급효과를 가져오게 된다.

국제적으로 활동하는 기업들은 비록 낮은 확률이지만 재앙의 발생을 가정해야 한다. 작은 위험도 오지에서는 공급사슬에 예상치 못한 영향을 미치고 장기간의 붕괴를 초래할 수 있다. 글로벌 불확실성과 변동성의 증가로 인해 유연한 자산관리, 고정비용의 감소, 네트워크의 탄력성, 신축성 있는 규모조정 등이 필요하다. 최근 많은 글로벌 기업들은 불확실성과 위험으로 인해 시장 또는 고객에 근접한 지역으로부터 소싱과 생산시설을 위치시키고 있다. 즉 글로벌 기업들은 아웃소싱, 역외 생산을 통한 저비용의 생산 능력제고, 지능형 소싱, X-위치의 생산과 같이 더욱 개별화된 전략으로 전환해 나가고 있다.

(6) 개별적 맞춤형 물류서비스

전자상거래의 발전과 고객 니즈의 다양화·개성화와 더불어 유통채널은 더욱 다양화되고 있다. 이러한 다양화된 유통채널은 물류의 배송시스템에도 많은 변화를 불러오고 있다. 배송은 다양한 경로를 통해 분산되어 배송되어야 하며 또한 개별 고객에 맞춤화 서비스의 제공 또는 종단 배송서비스(last mile delivery)가 필수적이게 된다(DHL, 2014). 향후에도 고객서비스의 요구 증대와 맞춤화의 이점으로 인해 맞춤화 물류서비스 기능은 더욱 중시될 것이다.

Supply Chain Digital(2014)은 향후 물류에 영향을 미칠 12개의 요소를 〈표 2-2〉와 같이 제시하고 있다. 여기에서 글로벌화, 고객서비스, 유통경로, 환경, 기업의무 준수, 파트너 관계 등의 중요성이 증가될 것으로 예상하고 있다.

표 2-2	미래 물류의 경향
요인	세부 내용
성장 패턴	향후 물류성장 경향은 더욱 분산화되고, 예측이 어려우며, 변동성이 강하게 일어날 것이다. 인프라가 성장의 주요 결정요소가 될 것이다.
유연성	다수의 지점, 복수의 운송수단, 상이한 시점에서 고객 요구로 인해 예상치 못한 변화와 환경에 쉽게 적용할 수 있는 유연한 공급사슬이 요구된다.
글로벌화	국제화, 성숙화, 신흥시장은 대다수 기업의 비즈니스 성장전략의 일부이다. 국제화가 대세이며 물류솔루션 제공업체는 이를 지원해야 한다.
근거리 조달	아시아에서의 인건비 상승과 운송비 증가로 많은 생산업체들이 최종소비지에 근접한 곳으로부터 조달이 증가하고 있다.
다중 경로 소싱	최종 소비자들은 순수 제조업체에서 전자상거래에 이르는 다양한 경로를 통해 소싱하고 있다. 물류산업은 고객의 다중경로 전략을 지원해야 한다.
정보기술	공급사슬에서 복잡성과 역동성이 증가하여 첨단 정보기술 솔루션 요구가 높아질 것이다.
연속성	시장으로의 속도를 높이고 지연의 위험을 줄이기 위해 대안적 운송수단과 노선이 물류서비스 아웃소싱 경향을 지원하여야 한다.
지속가능성	고객은 사회적, 경제적, 환경적 영향을 최소화하고 긍정적인 영향을 미치면서 '정확한 방식'으로 조달 및 생산된 제품을 더 선호한다.
의무준수성	다국적기업들이 글로벌 소싱에서 어려움을 무릅쓰고 부패가 심한 국가로부터의 수입을 원치 않기 때문에 뇌물방지와 반부패법안이 공급사슬에 미치는 영향이 커지고 있다.
파트너십	제조업체들은 물류서비스 제공업체와의 지속적 파트너십을 통해 공급사슬의 혁신과 이익을 추구하고 있다.
종단간 가시성	전체 공급사슬에서 완전한 가시성은 조달, 공급, 용량, 수요 변화에 효율적으로 대응하면서 실수요에 의한 계획의 달성을 지원한다.
복잡성	조달 지역이 갑자기 바뀌고 소량·다빈도화로 공급사슬의 복잡성과 역동성이 증가되고 있다.

자료: http://www.supplychaindigital.com, 2016. 9. 16.

2) 글로벌 물류의 트렌드

독일의 DHL사가 물류 트렌드를 분석한 보고서에 따르면 최근 물류 트렌드는 주로 기술적인 혁신에 맞추어져 있다. 특히 로지스틱스 4.0을 구현하기 위한 기술들의 활용을 통해 물류혁신을 추진할 것으로 전망되고 있다. 보고서는 두 가지 부분, 즉 사회 및 비즈니스 동향과 기술 동향으로 구분하고 있다.

그림 2-3 물류 트렌드 레이더

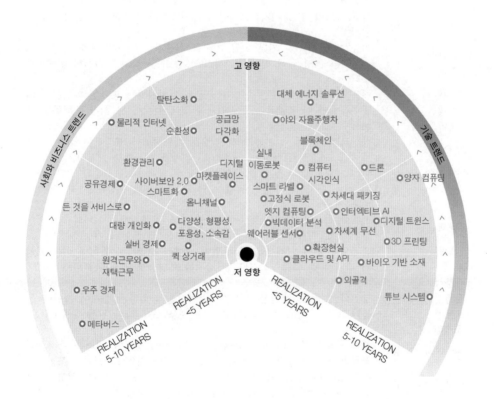

자료: DHL, 2022.

표 2-3		사회 및 비즈니스 동향
핵심요인	시기	정의
탈탄소화	N	대기 중 이산화탄소(CO_2)의 양을 줄이는 방향으로 나아가는 움직임이며 실천 방안으로는 탄소회계 및 추적, 차량 전기화, 탄소포집, 운영의 최적화 등
물리적 인터넷	E	물리적, 디지털, 운영적으로 초연결된 전 세계적인 개방형 네트워크를 구상하는 새로운 물류 패러다임
순환성	N	전체 제품수명주기를 사전에 고려하고 공급망에서 회수될 각 품목과 구성품을 설계하고 활용하여 낭비와 오염 제거
공급망 다각화	E	탄력성, 민첩성, 대응성 및 경쟁력을 높이기 위해 공급업체 생태계를 확장하고 제조 및 유통 네트워크를 확장하기 위해 공급망의 재구성
환경관리	N	환경 파괴를 최소화하고 보호를 극대화하기 위해 산업, 정부 및 사회 전반에 걸쳐 집단 및 개인 수준에서 주요 행동 변화
공유경제	E	사용자(기업 및 소비자)가 자산이나 서비스를 구매하고 소유하는 대신 일시적으로 공유 또는 임대하는 생태계
사이버보안 2.0	E	인공 지능(AI) 및 기타 고급 기술을 활용하는 차세대 솔루션, 프로세스, 표준 운영 규칙 및 규정, 시스템, 정보 및 장치를 사이버 위협으로부터 보호
디지털 마켓 플레이스	E	제품 및 서비스에 대한 수요와 공급을 일치시키는 통합된 디지털 중개 플랫폼이며 이 플랫폼은 공급업체와 고객에게 더 큰 시장에 대한 접근 제공
스마트화	N	아날로그 자산을 센서와 무선 기술로 개조하거나 생산하여 이를 '스마트'하고 연결시켜 아날로그-디지털 격차를 해소하는 프로세스
모든 것이 서비스로 (EasS)	E	이 모델에서 고객은 제품의 일회성 구매 약속 대신 사용된 시간, 생산된 제품 수 또는 수행된 작업 수와 같은 단위당 기준으로 지속적으로 비용 지불
옴니채널	E	고객이 접근할 수 있는 모든 제품의 판매, 유통, 반품 채널의 점진적인 동기화 및 결합을 의미하며 고객이 원하는 채널 선택 가능
대량 개인화	E	대규모로 개별 고객을 위한 상업적 경험을 창출하는 것이며 이는 개인과 집단 수준 모두에서 패턴을 감지하고 맞춤형 제품과 서비스 제공
다양성, 형평성, 포용성, 소속감	N	조직의 효율성, 생산성, 역동성, 창의성을 강화하는 동시에 개인이 동등한 기회를 갖고 가치 있다고 느낄 수 있도록 하기 위한 개념군
실버 경제	E	증가하는 노인 인구의 전문적인 요구와 필요성이며 이러한 추세에는 공급망 운영에 종사하는 고령 근로자를 위한 지원 및 서비스 포함
퀵 상거래	E	온디맨드 배송(On-Demand Delivery)이라고도 하며 편리하고, 정확하고 빠른 배송을 특징으로 하는 차세대 전자상거래
원격근무와 재택근무	N	직원이 집, 다른 직장 및 다른 곳에서 일할 수 있다는 개념
우주 경제	E	과학, 통신, 자원추출, 제조, 관광 등 다양한 이유로 우주를 탐구하고 이해하고 활용하고 관리하는 모든 활동
메타버스	N	사용자가 아바타를 채택하여 디지털 삶을 경험하고 살아가는 물리적 현실과 평행하게 존재하는 가상 세계

표 2-4	기술의 동향	

핵심요인	시기	정의
대체 에너지 솔루션	N	재생 가능하고 고갈되지 않는 에너지원으로의 대체하는 데 있어 에너지의 활용, 저장 및 사용하는 다양한 기술과 관련 인프라를 포함
야외 자율주행차	N	육지나 해상 외부에서 작동하는 다양한 자율주행 로봇
블록체인	E	네트워크에 분산된 디지털 기록원장의 개발, 구현, 사용 및 관리이며 기록을 직렬적으로 통합해 사용자에게 단일 정보 소스 역할
컴퓨터 시각인식	N	카메라를 활용하여 사진이나 동영상을 촬영하고, 인공지능(AI) 알고리즘을 적용하여 디지털 이미지에서 추출된 데이터 분석
드론	E	사람이 탑승하지 않고도 다양한 형태의 항공기를 개발하고 활용하는 것을 말하며 대부분 조종사가 원격으로 제어
실내 이동로봇	N	작업자의 직접적인 입력 없이 주로 시설 내부에서 작업을 수행하는 다양한 유형의 휴대용 로봇
양자 컴퓨팅	E	양자 기술을 활용해 기존 슈퍼컴퓨터보다 수백만 배 빠르게 전례 없는 수준의 처리 능력에 도달하는 컴퓨팅 패러다임
스마트 라벨	N	실제 라벨에 인쇄된 것보다 더 많은 정보를 디지털 방식으로 캡처하고 전달할 수 있는 특수 지능형 인레이(Inlay) 기술
차세대 패키징	E	1차, 2차, 3차 포장에 사용되는 소재 변화와 기술이며 이를 통한 포장은 환경 변화와 포장 내용물의 변화의 감지와 반응
고정식 로봇	N	바닥, 천장, 기타 표면과 같이 고정된 위치에 부착된 로봇 팔 형태
엣지 컴퓨팅	N	IT 아키텍처의 분산화를 말하며, 컴퓨터 처리를 센서 및 기타 데이터 소스의 근거리에서 데이터를 처리하는 분산 컴퓨팅 패러다임
인터엑티브 AI	N	텍스트, 음성 등 인간 사용자 입력을 처리하고 합리적인 응답을 제공할 수 있는 인공지능(AI) 알고리즘
빅데이터 분석	E	대량의 데이터를 분석해 과거의 패턴을 밝히고, 현재 상황의 실시간 변화를 조명하며, 미래에 대한 예측
디지털 트윈스	E	물리적 개체 또는 프로세스가 나타내는 프로세스의 실시간 조건과 동작을 정확하게 반영하는 가상 모델
웨어러블 센서	N	신체 움직임이나 생체 기능을 추적할 목적으로 인체에 착용하거나 인체 가까이에 착용하는 센서
차세대 무선	E	혁신적인 무선통신기술과 지원 인프라를 개발과 구현이며 다양한 주파수와 대역폭을 활용하여 모든 사람과 사물을 어디에서나 연결

3D 프린팅	E	일반적으로 물리적 재료를 함께 추가하거나 층별로 에칭하는 디지털 모델 파일에서 3D 물체를 제작하는 생산 프로세스
확장현실	E	증강현실(AR), 가상현실(VR), 혼합현실(MR) 등 다양한 경험 기술
클라우드 및 API	E	웹 기반 소프트웨어 서비스를 사용하여 온라인으로 데이터를 저장하고 교환하는 클라우드 컴퓨팅의 운영의 통합이 확대되는 것
바이오 기반 소재	N	현대적인 생합성 공정뿐만 아니라 전통적인 지속 가능한 바이오매스에서 파생된 물질로만 생산된 모든 소재
외골격	N	인간의 신체적 능력을 지원하거나 향상시키기 위해 특정 움직임을 감지하고 반응할 수 있도록 제작된 웨어러블 장치
튜브 시스템	R	튜브 또는 튜브형 시스템을 통해 한 장소에서 다른 장소로 방해받지 않는 운송을 제공하는 차세대 등급 분리 운송 네트워크

주: E- Existing Trends, N - New Trends, R-Returning Trend
자료: DHL, 2022.

제2절 세계 무역과 물동량 현황과 구조변화

1. 세계 무역의 발전과 현황

1) 세계 무역제도의 발전

1947년 미국과 유럽의 주도하에 설립한 GATT는 무역라운드 협상을 통해 관세율을 인하함으로써 무역의 발전을 도모하고자 하였다. 그 결과 무역은 경제성장을 견인하면서 지속적인 성장세를 유지하여 왔다. 그러나 1960년대 이후 미국 경제의 위축과 더불어 세계 각국간의 무역분쟁이 격화되고 무역을 저해하는 각종 장벽들이 만들어져 세계적으로 보호무역주의가 팽배해졌다. 특히 1970년대 2차례의 석유위기로 인한 세계 경제의 침체는 보호무역주의를 강화시켰고 이는 다시 세계 경제를 위기로 치닫게 하는 악순환을 가져왔다.

1980년대 미국과 유럽에서 규제완화, 민영화, 신자유주의의 등장과 더불어 무역의 자유화는 세계 무역량은 회복세를 나타냈다. 1990년대들어 추진된 우루과이라운드(1987~1994)는 무역자유화에 중요한 계기를 마련해 주었는데 농산물과 같은 1차

산품과 서비스인 3차산품을 무역자유화에 포함하였으며, 1995년 세계무역기구(WTO: World Trade Organization)를 탄생시켰다. WTO는 자유무역과 공정무역을 기조로 한 국제무역질서를 확립하고자 하였으며, 이는 세계무역의 확대를 가져왔다.

WTO체제의 정착으로 인하여 무역, 투자 등 국제통상 각 분야에서 관세 (tariff) 및 비관세 장벽(non-tariff barrier)의 축소 또는 폐지, 공정경쟁 체제 및 세계 교역의 자유화의 무역질서가 재편되고 있다. 세계 경제는 국경의 개념이 점점 사라져 세계무역과 투자가 자유화되고 경제와 경영의 글로벌화가 가속화되면서 경쟁력이 기업의 생존과 성장을 좌우하는 결정요인이 되고 있다. 이제 세계 최고 의 경쟁력을 갖춘 기업만이 생존할 수 있는 무한경쟁시대로 접어들게 되었다. 글로벌 기업은 전 세계를 하나의 시장으로 인식하고 글로벌 시장의 확대를 위해 새로운 경영 및 마케팅 전략을 추진해 나가고 있다.

2) 세계 무역현황

〈표 2-5〉에서 보는 바와 같이 1960년 세계 수출규모는 1,240억 달러에 불과하였으나 2000년에는 7.8조 달러 그리고 2020년에는 22.5조 달러에 달하였다. 2020년의 무역규모는 1980년 대비 약 11배 성장하였는데 이는 동 기간 세계총생산량의 7배 성장과 비교될 수 있다. 세계 총생산 대비 수출의 비중(수출의존도)도 1960년 약 9% 에서 2020년 26.4%로 큰 폭으로 증가하였다.

표 2-5 ▷ 수출과 세계총생산의 추이(1960~2020)

(단위: 10억 달러)

구분	1960	1980	2000	2010	2020	연평균증가율 (1960~2020)
수출	124	1,986	7,981	19,150	22,483	9.05%
세계총생산	1,367	11,154	33,846	66,620	85,215	7.13%
수출액/세계총생산	9.07%	17.81%	23.58%	28.74%	26.38%	

자료: The World Bank.

2. 세계무역구조

전후 1960년대까지 세계 무역은 미국, 유럽, 일본 등의 선진국에 의해 주도되었다. 그러나 1970년대 이후 동아시아 신흥경제국가(NIES: Newly Industrialized Economies)들이 세계 시장에 진입하면서 다원화된 양상으로 변하여 갔다. 1970년대 후반 중국의 시장개방 그리고 1990년대 이후 중국, 러시아, 동유럽 국가들의 시장경제로의 전환, 그리고 브라질과 인도 등 신흥국의 경제발전과 더불어 세계 경제의 다원화 현상은 더욱 심화되었다.

최근 세계 수출이 변화되는 추세는 첫째, 선진국 중심에서 개도국의 비중 증대이다. 둘째, 지역적으로는 북미와 유럽에서 아시아로 비중이 증대되고 있다. 셋째, 자유무역협정 체결의 증대로 자유무역 역외권 국가간 무역이 역내권으로 전환되고 있다. 넷째, 미가공 또는 저부가가치 상품의 교역상품의 비중이 가공 또는 고부가가치화되고 있다. 다섯째, 상품무역의 비중이 감소하고 서비스 무역의 비중이 증가하고 있다. 여섯째, 수출입 품목이 더욱 다양화되고 있다.

1) 권역별 교역구조

권역별 수출입 규모를 [그림 2-4]를 통해 살펴보면, 1993년 세계 전체 수출에서 유럽이 차지하는 비중은 수출입 모두 45%에 달했으며 다음은 아시아로 수출은 26%, 수입은 24%에 달하였다. 2022년도에도 유럽은 수출입 모두에서 여전히 주도적 역할을 하고 있는데 수출 35%, 수입 36%였으며, 아시아의 비중이 높아져 수출은 37%, 수입은 34%의 비중을 차지하였다.

| 그림 2-4 | 지역별 수출입 비중 추이(1993, 2022) |

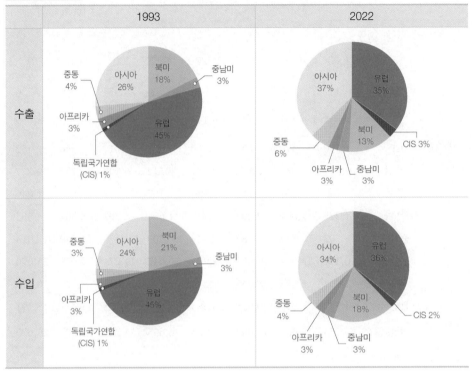

자료: WTO.

〈표 2-6〉에서 대륙별 그리고 경제발전 수준에 따른 수출입 규모를 살펴보면 2022년을 기준으로 대륙별로는 유럽의 비중이 36.1% 아시아의 비중이 33.7%를 차지하였다. 역내외 무역의 의존성 면에서는 유럽의 역내 무역의 비중이 68.4%로 가장 높았으며, 아시아는 약 62%, 북미는 48.4%로 상대적으로 낮게 나타났다. 이는 유럽과 아시아에서 근거리 무역의 비중이 상대적으로 높다는 것을 의미한다.

수출입 규모를 살펴보면 2022년을 기준으로 전 세계에서 선진국의 무역비중은 57%, 개도국은 43%였다. 그룹별 무역에서는 개도국간의 무역 비중은 59%로 선진국간 무역비중(64%)에 비해 낮은 것으로 나타났다.

| 표 2-6 | 대륙별/경제발전도에 따른 무역액 추이(2000~2022) |

(단위: 10억 달러)

		수출				수입			
		2000	2007	2014	2022	2000	2007	2014	2022
대륙별	아프리카	147	437	565	665	130	377	650	736
	아시아 및 오세아니아	1,835	4,141	6,444	9,119	1,678	3,819	6,333	8,659
	CIS	130	470	677	778	67	315	446	452
	유럽	2,647	5,862	6,878	8,701	2,712	6,103	6,775	9,277
	중동	268	767	1,260	1,586	167	488	821	1,046
	북미	1,225	1,841	2,494	3,242	1,684	2,702	3,301	4,585
	중남미	202	514	682	836	209	470	749	914
	합계	6,454	14,032	19,000	24,926	6,647	14,274	19,074	25,670
경제발전도	개도국	1,905	5,022	8,045	11,243	1,771	4,429	7,624	10,379
	선진국	4,547	8,999	10,955	13,683	4,884	9,805	11,451	15,291
	합계	6,453	14,021	19,000	24,926	6,655	14,234	19,074	25,670

자료: The World Bank, UNCTADstat

2) 경제통합체별 무역구조

세계 경제통합체의 무역규모를 〈표 2-7〉에서 살펴보면 2022년 기준으로 가장 높은 비중의 지역무역협정(RTAs: Regional Trade Arrangement)은 아·태경제협력체(APEC)로 전 세계의 49.7%를 차지하였고 다음은 유럽연합(28.9%)이었다. 역내포괄적경제동반자협정(RCEP) 국가들의 비중은 32.8%를 차지하고 있다.

2000~'22년간의 무역 점유율 변화를 살펴보면 선진국으로 구성된 유럽연합(EU)의 비중은 2000년 33.1%에서 2022년 28.9%로 4.2% 감소하였고, 그리고 북미자유무역협정(NAFTA)의 비중도 6.7% 하락한 반면 신흥 산업국으로 구성된 BRICs의 비중은 약 11.5% 상승하였다.

표 2-7	경제통합체의 무역구조(2000~2022)(단위: 10억 달러, %)			
	2000	2007	2015	2022
전 세계	13,102	28,306	33,291	50,596
ACP	226	629	775	1,090
	1.73%	2.22%	2.33%	2.15%
APEC	6,453	12,701	16,639	25,155
	49.26%	44.87%	49.98%	49.72%
ASEAN	811	1,640	2,265	3,839
	6.19%	5.79%	6.80%	7.59%
BRICs	892	3,580	5,702	9,238
	6.80%	12.65%	17.13%	18.26%
CACM	42	99	135	205
	0.32%	0.35%	0.41%	0.41%
CIS	197	785	755	1,229
	1.51%	2.77%	2.27%	2.43%
EFTA	262	561	733	1,131
	2.00%	1.98%	2.20%	2.23%
EU28	4,342	9,867	9,538	14,623
	33.14%	34.86%	28.65%	28.90%
GCC	261	868	1,228	2,003
	2.00%	3.07%	3.69%	3.96%
MERCOSUR	175	409	520	846
	1.34%	1.45%	1.56%	1.67%
USMCA	2,908	4,542	5,444	7,826
	22.20%	16.04%	16.35%	15.47%
RCEP	3,141	7,458	11,162	16,585
	23.97%	26.35%	33.53%	32.78%
CPTPP	2,950	5,132	6,115	9,024
	22.51%	18.13%	18.37%	17.84%

- ACP: African, Caribbean and Pacific States
- APEC: Asia−Pacific Economic Cooperation
- ASEAN: Association of Southeast Asian Nations
- CACM: Central American Common Market
- CIS: Commonwealth of Independent States
- EFTA: European Free Trade Association
- EU28: European Union
- FTAA: Free Trade Area of the Americas
- GCC: The Cooperation Council for the Arab States of the Gulf
- MERCOSUR: Southern Common Market
- USMCA: United States, Mexico and Canada
- RCEP: Regional Comprehensive Economic Partnership
- CPTPP: Comprehensive and Progressive Agreement for Trans−Pacific Partnership

주: 각 칸의 아래는 세계 전체에서의 비중(%)
자료: WTO.

3) 품목별 무역구조

〈표 2-8〉에서 세계 수출상품의 품목별 비중을 살펴보면 2022년을 기준으로 공산품의 비중은 61.5%, 연료와 광산물 19.4%, 농산물 9.1%를 차지하였다. 1990년대에는 농산물의 성장세가 낮았으나 2000년대 들면서 농산물의 성장률이 높아지고 있으며 연료 및 광물질의 수출 신장세도 두드러진 것으로 나타났는데, 이는 중국의 산업화 때문으로 추정된다.

표 2-8   품목별 세계 상품 수출과 증가율(1990~'22)

(단위: 10억 달러)

	2022	상품 비중(%)	성장률(%)					
			1990~95	1995~00	2000~05	2005~15	2015~20	2020~22
농산물	2,325	9.1	7	−1	9	6	3	13
연료와 광산물	4,950	19.4	2	10	16	3	0	46
연료	3,869	15.1	1	12	17	2	−3	57
공산품	15,720	61.5	9	5	9	4	2	14
철강	621	2.4	8	−2	17	2	−1	31
화학제품	3,055	12.0	10	4	14	5	4	18
사무 및 통신장비	2,568	10.0	15	10	6	3	4	10
자동차	1,562	6.1	8	5	10	4	−1	11
섬유	350	1.4	8	0	6	4	3	3
의류	578	2.3	8	5	7	5	0	13

자료: WTO.

공산품 무역비중의 증가와 더불어 또 다른 변화는 중간재 교역량의 증가를 들 수 있다. 이는 글로벌 기업들의 글로벌 생산체제를 확장하고 있을 뿐만 아니라 개도국들이 과거 단순히 원료의 수출에서 가공을 통한 수출로 전환하고 있기 때문이다.

3. 세계 물동량 현황

1) 지역별 물동량

〈표 2-9〉에서 상품의 유형별/경제발전수준별 화물 처리량을 살펴보면 2021년 기준으로 적하 화물량은 110억 톤에 달하는 데 이 중 건화물의 비중은 73.1%를 차지하였으며 다음은 원유가 15.5%를 차지하였다. 선진국의 경우 건화물이 적하의 주종을 이루고 있는 반면 양하의 경우는 원유의 비중이 상대적으로 높다. 이는 자원의 분포와 밀접한 관련성이 있다. 2006년에서 2021년까지 적하 비중의 증가율은 선진국의 성장세가 높은 반면 양하에서는 개도국의 성장세가 높은 것으로 나타났다.

| 표 2-9 | 경제발전 수준별 물동량(2006, 2021) |

(단위: 백만 톤, %)

		전세계			선진국		개도국	
		2006	2021	비중(%)	2006	2021	2006	2021
적하	합계	7,700	10,985	100.0	2,461	4,936	4,830	6,049
	성장률(%)		42.7			100.6		25.2
	원유	1,783	1,700	15.5	133	429	1,528	1,493
	석유제품과 가스	915	1,252	11.4	336	503	537	749
	건화물	5,002	8,033	73.1	1,991	4,005	2,765	4,029
양하	합계	7,878	10,975	100.0	4,165	4,278	3,643	6,698
	성장률(%)		39.3			2.7		83.9
	원유	1,931	1,846	16.8	1,282	879	644	968
	석유제품과 가스	894	1,273	11.6	536	430	355	843
	건화물	5,053	7,856	71.6	2,347	2,969	2,644	4,887

자료: UNCTAD secretariat.

〈표 2-10〉에서 지역별 물동량 비중을 살펴보면 2021년 기준으로 전체 물동량에서 아시아가 차지하는 비중은 53.0% 달하며, 다음은 미주(18.5%), 유럽(15.0%)의 순이다. 2014년과 2021년간 비중의 변화추이를 살펴보면 세계 물동량에서 아시아가

차지하는 비중은 5.7% 그리고 유럽은 5.2% 감소한 반면 미주는 5.8% 증가한 것으로 나타났다.

표 2-10　지역별/품목별 물동량 추이(2014, 2021)

(단위: 백만 톤, %)

		적하				양하			
		합계	원유	석유 제품과 가스	건화물	합계	원유	석유 제품과 가스	건화물
합계	2014	7,032	1,528	868	4,636	7,831	1,303	877	5,651
	2021	10,985	1,700	1,252	8,033	10,975	1,846	1,273	7,856
	증가율(%)	6.6	1.5	5.4	8.2	4.9	5.1	5.5	4.8
아프리카	2014	761	301	78	382	466	36	69	360
	2021	762	226	100	436	553	25	118	410
	증가율(%)	0.0	−4.0	3.6	1.9	2.5	−5.1	8.0	1.9
미주	2014	1,284	232	73	979	607	70	93	444
	2021	2,563	369	193	2,001	1,501	228	239	1,035
	증가율(%)	10.4	6.9	14.9	10.8	13.8	18.4	14.4	12.9
아시아	2014	3,827	927	434	2,465	4,897	768	393	3,737
	2021	4,575	869	652	3,055	7,055	1,180	680	5,194
	증가율(%)	2.6	−0.9	6.0	3.1	5.4	6.3	8.1	4.8
유럽	2014	1,152	66	282	804	1,847	428	318	1,101
	2021	1,568	222	251	1,094	1,722	399	212	1,112
	증가율(%)	4.5	18.9	−1.6	4.5	−1.0	−1.0	−5.6	0.1
오세아니아	2014	8	2	1	6	14	1	4	9
	2021	1,517	14	56	1,447	144	14	25	105
	증가율(%)	111.2	36.3	80.4	121.7	39.2	48.0	28.2	42.3

자료: UNCTAD secretariat.

2) 화물유형별 물동량

[그림 2-5]에서 보는 바와 같이 2021년 톤-마일 기준으로 5대 건화물이 전체 물동량에서 차지하는 비중은 28%에 달하며 원유와 가스로 21%, 컨테이너를 포함한 기타 건화물 40%에 달하는 것으로 나타났다.

그림 2-5 품목별 세계 해상화물 추이(1970~2021)

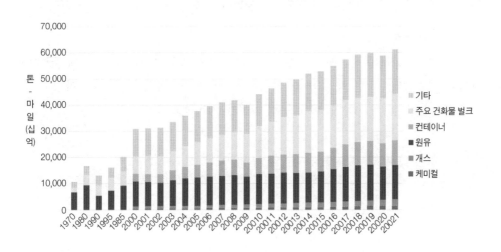

자료: UNCTAD, Review of Maritime Transport, various issues.

제3절 글로벌 물류산업 현황

1. 글로벌 물류산업 현황

1) 글로벌 물류산업과 제3자물류

(1) 글로벌 물류산업 규모

물류산업은 물류와 관련된 서비스를 제공하는 사업을 총칭하는 것으로 화물운송업, 물류시설운영업, 물류서비스업 등이 포함된다. 2020년 기준으로 세계 물류비는 약 9조 1천억달러로 전 세계 GDP의 10.7%를 점유하고 있다(Statista, 2021). 지역 별로 아·태지역 2.4조 달러(31.1%), 북미 1.5조 달러(20.2%), 유럽 1.5조 달러(20.2%) 를 점유하고 있으며, GDP대비 물류비 비중은 선진국일수록 낮았다.

한국교통연구원에 따르면 2019년의 우리나라의 총 국가물류비는 약 193조 원으로 GDP의 10%로 추산되었다. 대한상공회의소에 따르면, 2022년 기준으로 우리나라의 물류산업(운수 및 보관업)의 총 부가가치액은 약 61.1조원으로 국민 경제 생산액 전체에서의 비중은 3.4%였다. 물류산업의 고용자 수는 136.1만명 으로 전체산업 대비 비중은 5.5%에 달하였다.

(2) 제3자물류

글로벌 제3자물류의 매출규모는 2021년 기준으로 9,618억 달러에 달하여 전체 물류매출액 대비 약 10%를 차지하는 것으로 추정된다. 이 중 아·태지역 은 3,899억 달러(40%), 북미 28%, 유럽 18%를 기록하고 있다.

그림 2-6   지역별 제3자물류 매출액 규모(2021)

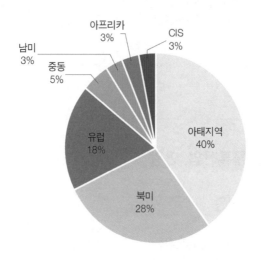

자료: Amstrong & Associates, Inc., 2021.

2) 물류산업의 경쟁력

세계 각국의 물류산업의 경쟁력은 일반적으로 해당 국가의 경제적 수준 또는 무역규모와 밀접한 관계를 가지고 있다. 이는 경제규모는 많은 상거래와 국제무역을 수반하여 이루어지기 때문이다. 일국의 물류수행역량을 결정하는 요소로는 수출입 규모, 세계은행의 물류성과지표(LPI: Logistics Performance Index), 국내총생산(GDP: Gross Domestic Product) 등이 있다(Fernie and Grant, 2015).

물류성과지수(LPI)는 세계은행에서 조사·분석한 국가별 물류성과, 즉 물류의 효율성을 측정하는 지수이다. 〈표 2-11〉에 제시된 이 지수는 통관, 물류인프라, 국제운송, 물류서비스 역량, 탁송화물의 추적능력, 화물의 정시도착 등 6개 변수를 가중 평균한 값이다. 통관, 물류인프라, 물류서비스 역량은 기반(inputs)요소로 정책 및 규제적 측면을 나타내며, 국제운송, 탁송화물의 추적능력, 화물의 정시도착은 비용, 신뢰성, 시간으로 물류서비스 성과(service delivery performance)를 나타낸다.

표 2-11	LPI의 세부 변수
변수	의미
통관	세관이 요구하는 통관절차의 속도, 단순성, 예측가능성 등을 기준으로 한 통관절차의 효율성
물류인프라	항만, 철도, 도로, IT 기술 등 무역 및 물류와 관련된 인프라 수준
국제수송	경쟁력 있는 운송비 책정의 용이성
물류서비스 역량	물류 관련 서비스 업체들의 역량과 수준
탁송화물 추적 능력	화물추적서비스 능력
화물의 정시도착	예정된 기간 내 화물이 인도되는 빈도

자료: World Bank, 2014.

| 표 2-12 | 국가 물류경쟁력(LPI)의 변화(2007, 2022) |

연	국가	순위	종합	관세	인프라	선적 용이성	물류 품질	추적 용이성	정시성
2 0 0 7	싱가포르	1	4.19	3.90	4.27	4.04	4.21	4.25	4.53
	네덜란드	2	4.18	3.99	4.29	4.05	4.25	4.14	4.38
	독일	3	4.10	3.88	4.19	3.91	4.21	4.12	4.33
	스웨덴	4	4.08	3.85	4.11	3.90	4.06	4.15	4.43
	오스트리아	5	4.06	3.83	4.06	3.97	4.13	3.97	4.44
	일본	6	4.02	3.79	4.11	3.77	4.12	4.08	4.34
	스위스	7	4.02	3.85	4.13	3.67	4.00	4.04	4.48
	홍콩	8	4.00	3.84	4.06	3.78	3.99	4.06	4.33
	영국	9	3.99	3.74	4.05	3.85	4.02	4.10	4.25
	캐나다	10	3.92	3.82	3.95	3.78	3.85	3.98	4.19
	한국	25	3.52	3.22	3.44	3.44	3.63	3.56	3.86
2 0 2 2	싱가포르	1	4.3	43.2	4.6	4.0	4.4	4.4	4.3
	핀란드	2	4.2	4.0	4.2	4.1	4.2	4.2	4.3
	덴마크	3	4.1	4.1	4.1	3.6	4.1	4.3	4.1
	독일	4	4.1	3.9	4.3	3.7	4.2	4.2	4.1
	네덜란드	5	4.1	3.9	4.2	3.7	4.2	4.2	4.0
	스위스	6	4.1	4.1	4.4	3.6	4.3	4.2	4.2
	오스트리아	7	4.0	3.7	3.9	3.8	4.0	4.2	4.3
	벨기에	8	4.0	3.9	4.1	3.8	4.2	4.0	4.2
	캐나다	9	4.0	4.0	4.3	3.6	4.2	4.1	4.1
	홍콩	10	4.0	3.8	4.0	4.0	4.0	4.2	4.1
	한국	17	3.8	3.9	4.1	3.4	3.8	3.8	3.8

자료: The World Bank, The Logistics Performance Index ranking and scores, 2007, 2023

〈표 2-12〉에서 보듯이 국가별 물류경쟁력지수(LPI) 조사에 따르면 2007년 기준으로 싱가포르가 가장 높은 수준을 기록하였으며, 이어 네덜란드, 독일의 순이었고 한국의 물류경쟁력 지수는 3.51로 25위에 머물렀다. 2022년의 경우 그 순위는 싱가포르를 제외하면 유럽국가들이 여전히 압도적이어서 핀란드, 덴마크, 독일 순이었으며 한국은 17위에 위치해 있다. 이를 통해 볼 때 물류경쟁력 면에서 유럽 및 북미의 선진국과 아시아, 남미, 아프리카의 국가간의 격차는 상당하며 지속되고 있는

것을 알 수 있다. 격차가 좁혀지지 않는 이유는 수송거리보다는 비효율적이고 신뢰성이 낮은 공급망에 있다고 할 수 있다. 순위가 낮은 국가에서 높은 물류비와 낮은 물류서비스는 국내외 상거래에 많은 장애와 비용 증가로 나타나고 있다.

3) 물류비 현황

(1) 물류비 개황

[그림 2-7]에서 보듯이 전 세계 수입물품에서 물류비가 차지하는 비중은 점점 감소하고 있는데 1980년대는 7.9%에서 2000년대는 6.7%로 20년 만에 1.2% 감소하였다. 2000년대의 물류비 비중은 약 6.7%에 달하며 선진국의 비중은 6.4%, 개도국은 7.8%로 두 집단 간 차이는 1.4%에 달하였다.

그림 2-7   수입품의 물류비 비중

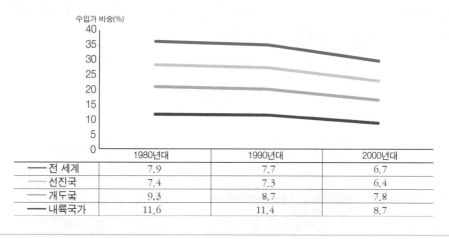

	1980년대	1990년대	2000년대
전 세계	7.9	7.7	6.7
선진국	7.4	7.3	6.4
개도국	9.3	8.7	7.8
내륙국가	11.6	11.4	8.7

자료: UNCTAD.

2021년 기준으로 미국의 기업물류비는 1조 9,370억 달러로 국내총생산(GDP) 대비 9.1%에 달하는 것으로 나타났다. 2020년 기준 EU는 1조 6,637억 달러로 나타났다. 우리나라의 국가물류비의 비중은 선진국에 비해 높은 수준인데 2017년 기준 국가물류비는 164조 3,109억 원(국제물류 포함시 189조 5,624억 원)으로 GDP 대비 비중은 9.5%를 기록하였다.

(2) 물류비의 구성

전 세계 물류비의 구성을 살펴보면 [그림 2-8]에서 보듯이 2018년 기준으로 운송비의 비중은 58%이며 다음은 재고관리비 23%, 창고관리비 11%의 순으로 나타났다. 미국의 경우 2021년을 기준으로 운송비의 비중은 67%로 압도적이며 재고비 (25.8%), 일반관리비(7.3%)의 순이었다. 이는 1980년과 비교해 볼 때 운송비의 비중이 크게 증가한 반면 그에 상응해서 재고비의 비중이 줄어든 것이다. EU의 경우 전체 물류비의 구성은 운송비의 비중이 44%에 달하며, 창고비용은 24%, 관리비는 4%를 차지하고 있다. 우리나라의 경우 2017년 기준 부문별 물류비 비중을 살펴보면 운송비가 67.1%로 압도적으로 높은 비중을 차지하고 있으며, 재고유지관리비 21%, 정보관리비 8%, 하역비 2.1%로 구성되어 있다.

전 세계 물류비 구성에서는 창고관리와 재무비용이 급속히 감소하는 반면 운송비의 증가가 두드러지게 나타나고 있다. 이는 운송에서 운송 빈도가 증가, 적시배송체제(JIT)로의 전환, 물류서비스 품질 증대, 물류의 안전성 및 보안 등의 개선 등에 따른 영향에서 비롯된 것이다.

| 그림 2-8 | 기능별/운송수단별 글로벌 물류비용(2018) |

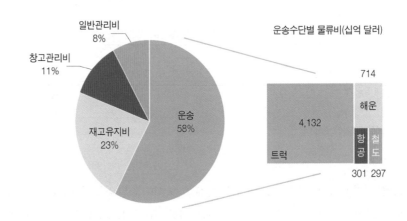

자료: UNCTAD.

표 2-13	글로벌 3PL Top 20 기업 순위(2021)		
순위	회사명	국가	매출액 (백만 $)
1	Kuehne + Nagel	스위스	46,864
2	DHL Supply Chain & Global Forwarding	독일	45,590
3	DSV	덴마크	34,883
4	DB Schenker	독일	30,392
5	SF Logistics/Kerry Logistics	중국	25,740
6	C.H. Robinson	미국	23,874
7	Nippon Express	일본	19,932
8	CEVA Logistics	프랑스	18,700
9	Expeditors	미국	17,071
10	Sinotrans	중국	16,405
11	Maersk Logistics	덴마크	14,423
12	UPS Supply Chain Solutions	미국	14,294
13	J.B. Hunt	미국	13,766
14	GEODIS	프랑스	12,624
15	GXO Logistics	미국	8,993
16	DACHSER	독일	8,918
17	Total Quality Logistics	미국	8,849
18	Kintetsu World Express	일본	8,710
19	LX Pantos	한국	8,243
20	Bolloré Logistics	프랑스	7,466

자료: Armstrong & Associates, 2022.

2. 글로벌 물류기업 현황

1) 일반현황

〈표 2-13〉에서 보듯이 Armstrong & Associates(2022)에 따르면 글로벌 3PL 업체 순위에서 스위스계 Kuehne + Nagel이 1위를 차지하고 있으며 이어 독일의

DHL Supply Chain & Global Forwarding 그리고 덴마크의 DSV의 순으로 나타났다. 상위 20개 기업의 매출액이 전체 3PL 기업 매출액의 12.1%를 차지하고 있다. 글로벌 3PL 시장의 점유율은 북미 및 유럽기업의 독점구조이며, 최근 아·태지역이 크게 성장하는 추세이다. 세계 20위 글로벌 물류기업 중 9개 기업은 유럽국가에 원적을 두고 있는 반면 6개 기업은 미국이며 아시아 5개가 포함되어 있다.

글로벌 물류기업들은 환경변화에 대응하기 위해 전략적 제휴, M&A 등을 통한 규모의 경제 실현 및 글로벌화를 추진함과 동시에 글로벌 네트워크 구축을 통한 종합 물류서비스 제공으로 수익을 창출하고 있다. 최근 Kuehne+Nagel, Deutsche Post DHL, Schenker 등의 글로벌 물류기업들은 운송, 보관, 가공조립, 하역 등 주변 물류분야로 영역을 확장해 나가면서 시장지배력이 증가되었다. 해운물류분야에서는 Maersk와 같은 초대형선사가 M&A를 통해 시장 지배력을 계속 확대해 나가고 있으며, 터미널운영분야에서는 HPH, APMT, DPW 등이 시장 지배력 확대 및 글로벌 서비스 제공을 위해 지속적으로 투자함으로써 시장점유율의 확대를 추구하고 있다.

2) 기업현황

〈표 2-14〉에서 보듯이 글로벌 물류기업들은 특정 분야 또는 지역적으로 특화하는 발전 전략을 실행해 왔으나 최근 글로벌 환경하에서는 영역별 특화는 지속적으로 유지되는 반면 지역적 특화는 상대적으로 약화되어 전 세계를 무대로 사업을 확장해 나가고 있다.

DP DHL SC는 거의 전산업 분야에 강점을 보이고 있고 DB Schenker 역시 자동차, 첨단기술을 포함한 다수 분야에서 우월적 위치를 점하고 있으며, Kuhne+Nagel도 방산을 제외한 대부분의 산업분야에 강점을 가지고 있다.

글로벌 물류기업들은 주로 확장전략과 통합전략을 통해 성장 및 발전해 왔다. 그들은 M&A로 서비스 확장 및 전문화, 지역 확대 및 국제화를 통한 시장 확장과 사업 다각화를 실현하였을 뿐만 아니라 M&A를 통해 기업규모 확대와 네트워크에서 규모의 경제효과를 구현하고 있다. 또한 기능적 통합으로 다양한 분야에서 서비스 제공을 통해 화주를 위한 맞춤형 일괄 서비스 제공 및 세계적인 정치적 사안이나 환경적 변화에 유연하게 대응할 수 있는 시장 지향적 비즈니스 모델을 구축하고 있다.

표 2-14 글로벌 물류업체별 산업 특화 분야

	자동차	소매/소비재	의약/건강	첨단기술	패션	석유/가스	방산	산업	화학	항공
Agility	◔	◑	◕	◑	◕	◑	◕	◕	◕	○
APL Logistics	◕	◕	○	◑	◔	○	◑	◑	○	○
CEVA	●	●	◕	◕	◔	◑	◔	◑	◔	◔
Damco	◑	◑	◔	◕	◕	◑	○	◑	◑	○
DB Schenker	●	◑	◑	◕		◑	◕	◕	◕	◕
DP DHL SC	●	●	●	●	●	◔	◑	◕	●	◑
DSV	◑	◕	◑	◔	○	○	○	◔	◔	○
Fiege	◑	◕	◕	◔	◕	○	○	●	●	●
Kuhne+Nagel	◑	◕	◕	◕	◑	◔	○	●	◕	◕
Menlo Worldwide	◕	◕	◑	◑	◑	○	●	◔	◔	◔
Nobert Dentressangle	◑	◕	◑	◑	○	○	●	●	●	○
Panalpina	◑	◑	◑	◕	◑	●	◑	◑	◔	◔
Penske	●	◑	◑	◔	◔	○	◑	◑	○	○
Rhenus	◕	◑	◕	◕	◔	○	○	◔	○	○
Ryder	●	◔	○	◑	◔	○	○	◑	○	○
Schneider	◑	◕	◔	◑	○	◑	○	◕	◕	○
SNCF Geodis	◕	◕	◕	◕	◑	◔	◑	◑	◑	◔
Toll	◑	◕	◔	○	◔	◑	◑	◔	○	○
UPS	◑	◔	◕	◑	◑	○	○	◔	◔	○
Yusen logistics	◕	◑	◕	◑	◔	○	○	◑	◔	○

주: 순위는 기업전략, 부문별 매출, 계약, 기업 공표 자료에 근거함.
● 시장주도업체, 핵심 전략 집중, ◕ 강점유지, ◑ 상당한 시장 점유, ◔ 소규모 계약과 낮은 전략 집중, ○ 시장점유율 전무
자료: TI Global Contract Logistics, 2013.

(1) Kuehne+Nagel

Kuehne+Nagel(KN)은 세계 최대의 물류회사 중 하나이다. KN은 1890년 독일 브레멘에서 August Kühne과 Friedrich Nagel에 의해 설립되었다. 수년에 걸쳐 회사는 서비스와 지리적 입지를 확장했다. 해상운송업체로 시작했지만 광범위한 물류 서비스를 제공하는 회사로 성장하였다. KN의 서비스 영역은 해상 화물, 항공 화물, 도로 및 철도 물류, 계약 물류 등 다양하다. 2022년 기준으로 100개 이상의 국가에서 운영되고 있으며 전 세계적으로 수백 개의 사무실과 물류 센터를 두고 있다. 최근 공급망 가시성, 효율성 및 고객 서비스를 향상시키기 위해 디지털 솔루션에 투자하고 있다. 여기에는 고급 추적 시스템, AI 기반 물류 도구, 전자상거래 솔루션이 포함된다.

(2) DP DHL

독일 물류회사인 Deutsche Post DHL Group의 사업부인 DHL은 국제적으로 유명한 택배, 소포 및 속달 우편 서비스이다. DHL이 2002년 독일 우정성에 인수된 후 세계 최대의 우편 및 물류 회사인 Deutsche Post DHL Group의 핵심 사업부이다. 세계 제1의 제3자 물류기업인 Excel을 인수함으로써 DP DHL은 독일 내 최대 우편서비스 회사인 동시에 국제특송, 화물 운송, 공급망 솔루션, 전자상거래 물류 솔루션 등의 다양한 물류서비스를 제공하는 글로벌 종합물류기업이 되었다.

DHL은 전세계 220개 이상의 국가와 지역에서 운영되고 있으며 전 세계적으로 광범위한 사무실, 허브, 창고 및 물류 시설 네트워크를 자랑한다. DHL 브랜드는 물류 분야의 신뢰성, 속도 및 효율성에서 강점을 가지고 있다. 다른 선도업체와 마찬가지로 최근 디지털 솔루션 DHL은 효율성, 추적 및 고객 서비스를 향상하기 위해 기술에 투자하고 있다. 여기에는 물류 운영의 자동화, AI, IoT의 발전이 포함된다. DHL은 지속 가능성을 위해 노력하고 있으며, 배출량을 줄이고 운영 전반에 걸쳐 환경 친화적인 관행을 구현하는 것을 목표로 하고 있다.

(3) DSV

DSV는 물류 부문에서 광범위한 서비스로 잘 알려진 세계적으로 인정받는 물류 및 운송 회사이다. 덴마크에 본사를 둔 DSV는 강력한 국제적 입지를 바탕으로 업계의 핵심 기업으로 자리매김하고 있다. DSV(De Sammensluttede

Vognmænd af 1976 A/S)는 1976년 덴마크에서 독립 트럭 운송 회사 그룹이 합병하여 설립되었다. 수년에 걸쳐 DSV는 유기적 성장과 일련의 전략적 인수를 통해 서비스와 글로벌 범위를 확장하여 세계 최고의 물류 제공업체 중 하나로 자리매김하였다.

DSV는 항공 및 해상 화물, 도로 운송, 철도 운송, 계약 물류, 공급망 솔루션 등을 포함하는 포괄적인 물류 서비스를 제공한다. DSV는 대규모 사무실 네트워크와 물류 시설의 지원을 받아 80개 이상의 국가에서 운영되고 있다. 기업의 물류 운영을 최적화하고 간소화하기 위한 엔드투엔드 공급망 관리를 제공한다.

(4) DB Schenker

독일 철도 운영사인 Deutsche Bahn AG의 사업부인 DB Schenker는 선도적인 글로벌 물류 서비스 제공업체이다. 포괄적인 물류 서비스를 통해 DB Schenker는 글로벌 공급망에서 중요한 역할을 담당한다. DB Schenker는 1872년 오스트리아 비엔나에서 설립되었으며 수십 년에 걸쳐 운영을 발전시키고 확장해 왔다. 21세기에 Schenker는 독일 철도 회사인 Deutsche Bahn의 일부가 되었으며 DB Schenker로 브랜드가 변경되었다.

DB Schenker는 2001년 이후 진행된 7건의 M&A를 통해 철도화물, 육상운송, 항공운송, 해상운송, 기업물류 등 전 분야에 걸쳐 세계 상위권에 오를 정도로 서비스 및 지리적 역량 면에서 강력한 경쟁력을 확보하고 있다. 육상, 항공, 해상, 계약 물류, 맞춤형 물류 솔루션 등 다양한 물류 서비스를 제공한다. 이를 위해 130개국 이상에 물류 센터, 창고, 다양한 운송 차량을 포함한 상당한 인프라 시설을 갖춘 방대한 글로벌 네트워크를 운영하고 있다.

(5) 우리나라 물류기업

우리나라의 대표적인 종합 물류기업으로는 현대글로비스, CJ 대한통운, LX 판토스 등을 들 수 있다.

현대글로비스는 현대차그룹의 물류전문기업으로 2001년에 설립되었다. 국내 물류 거점으로 총 34개소 운영하고 있으며, 2002년 미국법인 설립 후 지속적으로 해외 거점을 확대하여 국내외 145개(국내: 49개, 해외 96개)의 거점으로 글로벌 네트워크를 구축하였다. 2022년 말 기준으로 약 27조원의 매출을 기록한 국내 최대 물류업체이다. 사업 분야는 물류, 해운, 트레이딩, 오토비즈, 물류 플랫폼 등을 포함한 글로벌 종합 물류업이다.

  현대글로비스는 기업 설립의 역사가 오래되지는 않았지만, 계열사의 안정적인 물동량을 기반으로 하여 급속한 성장을 이루어 오고 있다. 이러한 성장은 선박 구입, 해외 신규 네트워크 신설 등 지속적인 발전을 위한 투자로 연결되고, 이런 투자는 다시 매출액으로 연결되는 선순환 구조를 구축하고 있다. 해외 진출 시 기존의 고객사에 특화된 물류서비스를 제공하는 업무로 시작하지만 이내 진출국가에서의 현지 고객 창출을 적극적으로 추진하여 그 입지를 더욱 넓혀가고 있다.

  CJ 대한통운의 모태는 1930년에 설립되어, 이후 1950년대 비료와 양곡의 보관 및 수송, 1960년대 산업기반 시설 기자재 운송사업을 그리고 1993년에는 택배사업을 시작하여 사업 범위를 지속적으로 확대해 왔다. 2013년 대한통운과 합병하여 글로벌 물류기업으로 성장하였다. 2022년 기준으로 매출액은 약 8조 2,146억원이고 계약물류(contract logistics), 포워딩, 항만하역, 해운, 택배, 국제특송, 통합솔루션, 물류 신기술, IT 솔루션, 환경사업, 유류판매사업, 정비와 특장차 사업 등이며 진출 국가는 34개국에 424개 거점을 보유하고 있다.

  1977년 설립된 LX판토스(LX Pantos Logistics Co., Ltd)는 수출입 항공·해상·철도 운송, 통관, 내륙운송, 창고운영, 프로젝트 화물운송, 국제특송, 물류컨설팅 등 전 방위 물류서비스를 제공하는 종합물류기업이다. 2020년 총 매출액은 약 10조 6,722억원이며, 세계 360개 글로벌 네트워크(법인, 지사, 오피스, 물류센터 등)를 보유하고 있으며 해외지역의 매출은 전체 매출액의 약 53%의 비중을 차지하고 있다. 물류 IT분야에서는 고객의 공급사슬관리(SCM) 전 영역에 걸쳐 맞춤형 물류정보와 공급망 가시성(visibility) 서비스를 제공하는 '글로벌 싱글 윈도우(global single window)' 시스템을 개발하는 등 물류혁신을 기치로 업계를 선도하고 있다.

제4절 글로벌 물류패턴의 변화

1. 글로벌 물류의 변화 동인

21세기 들어 글로벌 기업들은 세계화 활동을 본격화하면서 M&A, 합작투자, 전략적 제휴 등을 통해 대규모 통합과 규모의 경영을 모색하고 있다. 이 과정에서 기업의 생산과 판매활동은 범위가 더 넓어지고 더욱 복잡해지고 있다. 이에 따라 글로벌 물류활동을 지원하기 위해 전 세계적으로 효율적인 물류체계의 구축이 필요하게 되었다.

기업의 글로벌화로 화물유통의 범위가 세계적으로 넓게 펼쳐 있기 때문에 국제물류는 이를 지원할 수 있어야 한다. 글로벌 시대의 국제물류기업은 비록 전 세계에 걸쳐 자체적인 화물유통망을 갖추고 있지는 않더라도 고객인 제조기업이 요구하는 지역은 세계 어느 곳이나 전략적 제휴 등을 통하여 물류서비스를 제공할 수 있는 능력을 갖추고 있어야 한다. 또한 다양화된 소비자의 요구에 부응하여 저렴한 비용으로 효과적인 고객서비스를 제공할 수 있어야 한다. 양질의 국제물류서비스를 제공할 수 있는 체계를 구축하기 위해서는 국제물류의 환경에 대한 이해가 선행되어야 한다.

1) 국제물류의 환경적 요인

국제물류의 환경요인은 [그림 2-9]와 같이 물류담당자가 통제 또는 조정이 가능한 요인과 그렇지 않은 요인으로 구분할 수 있다. 통제불능 요인(uncontrollable factors)은 외국의 정치 현황, 법률 및 제도, 시장의 경쟁, 기술, 시장의 지리, 사회·문화적 가치나 행동기준 등이 있다. 물류기업이 통제가 가능한 요인(controllable factors)은 운송, 보관, 하역, 포장, 고객서비스 등의 물류영역이다. 통제 불능 요인들은 기업의 생존에 대한 제약요인으로 작용하는 한편 기업에게 성장기회를 제공하기도 하며, 통제 가능한 내부요인은 강점과 약점을 가지고 있어 기업의 물류활동 및 범위를 제한하게 된다. 따라서 기업은 내부의 물류시스템에서 약점을 보완해 나가면서 강점을 최대한 활용해야 한다.

기업은 당면한 국제물류환경에서 효율적인 물류체제를 운영하기 위해서는 정치·경제적 여건을 비롯한 통제 불능 요인에 대해 적절한 대응방안을 강구하고, 운송, 보관, 하역, 포장 등 통제 가능 요인에 대해서는 기업 자체적인 전략을 수립하여 운영해 나가야 한다.

국제물류의 환경적 요인

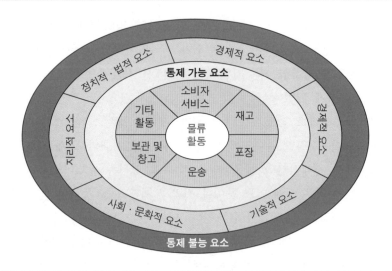

자료: Stock & Lambert, 2001.

2) 국제물류의 진전

글로벌 기업의 원료조달, 생산 및 판매망이 전세계적으로 분포되어 있으며 이에 따라 전 세계적인 네트워크의 구축과 생산요소의 경쟁력을 고려하여 가장 적합한 기능의 배치와 경영활동을 수행하게 된다. 최근 국제물류환경의 주요 변화들을 살펴보면, 우선 기업의 국제화 현상으로 기업은 생산비 절감을 추구하여 해외로 진출하고 있다. 미국, 유럽, 일본 등지의 다국적 기업들은 동남아, 동유럽, 중국 등과 같이 인건비가 저렴한 지역에 생산 공장의 설치 및 글로벌 판매, 유통, 물류네트워크 등을 위한 해외직접투자를 진행해 나가고 있다.

유통 및 판매시장의 글로벌화는 교통과 통신의 발달로 소비자 욕구의 다양화와 소비자 기호의 동질화 등으로 세계 교역은 더욱 확대되고 있다. 이러한 경향으로 국제물류 유형도 다수의 지역에 생산분배 거점을 설립하고 이를 연결하면서 더욱 다원화 되고, 생산 및 유통망은 복잡하게 얽혀서 운영되고 있다. 또한 이들 거점간의 화물운송을 담당하는 국제운송은 정보시스템을 이용한 합리화를 추구하며, 랜드브리지(landbridge) 개념의 도입과 해운과 항공(Sea & Air)을 통합하는 등 국제복합일관운송이 고도로 발달되고 있다.

국제복합일관운송의 발달은 또한 해상운송에서 컨테이너 운송의 고속화·대형화를 촉진하고 있으며, 복잡한 생산과 유통망을 효율적으로 연결하고, 화주의 재고비용절감 요구에 부응하기 위한 적시배송체계로 발전되고 있다.

IT의 발전은 국제물류에서 효율적 화물유통 관리를 가능케 했을 뿐만 아니라 경쟁을 더욱 가속화시키고 있다. 정보시스템의 네트워크에서 운송업자는 물론 세관, 화주, 항만운영자, 기타 무선박운항업자(NVOCC: Non-Vessel Operating Common Carrier), 운송주선인, 창고업자 등 화물유통과 관련된 모든 주체들이 연결되어 상호간 정보 교환과 공유를 활성화해 나가고 있다.

3) 글로벌 공급사슬관리의 발전

제2차 세계대전 후 선진국 기업들의 생산활동 증가로 인해 공급과잉 현상이 심각한 수준에 이르면서 자국 내 시장의 공급과잉을 해소하기 위해 해외시장에 적극적으로 진출하였다. 이러한 해외직접투자(FDI: Foreign Direct Investment)의 증가로 촉발된 기업경영의 글로벌화는 또 다시 유치국가들이 FDI 관련 제도의 개선과 더불어 노동, 자본, 상품 이동의 자유화를 더욱 활성화시키고 있다. 기업들은 이러한 환경에 편승하여 FDI를 확대하고 기업의 글로벌화를 추진하면서 다국적 기업으로 기업형태를 변화시키면서 더 나아가 초국적 기업(TNC: Trans-National Corporation)의 형태로 발전하고 있다. 전 세계의 모든 경영자원을 활용하는 초국적 기업은 글로벌 소싱, 생산, 판매 등을 세계 각지에서 진행하고 있다.

기업경영의 글로벌화가 보편화되면서 글로벌 공급사슬관리(GSCM: Global Supply Chain Management)의 필요성이 더욱 고조되고 있다. 전통적으로 경영자들은 기업 내의 원가절감에 주력하였으나, 글로벌화가 진전되면서 GSCM에 초점을 맞추게 되었다. 기업 내 물류지원은 고정자산의 투입을 증대시키게 되나 GSCM에서는 주로 전문물류업체를 이용하는 아웃소싱을 활용하기 때문에 고정자산을 감소시킬 수 있는 장점을 가지고 있다.

EU, NAFTA 등과 같은 지역경제통합화 추세와 정보통신기술의 발달, 금융
및 운송산업의 규제 완화와 같은 물류환경 변화와 더불어 GSCM체제로의 전환
에서 글로벌 물류관리는 더욱 중요해지고 있다.

4) 고객서비스의 중요성 증대

국제 및 글로벌 물류가 진전되면서 물류서비스의 고도화에 대한 요구가 날
로 커지고 있다. 글로벌 기업들은 전 세계를 단일시장으로 간주하여 경영전략
을 수립하며 지역적인 경쟁력 확보를 위한 상품의 특화와 분업화를 도모하고
있다. 이들은 제품의 품질 향상을 추진하지만 브랜드 이미지 구축에 보다 주력
하며 광범위한 지역에 걸쳐 효과적인 생산, 판매, 유통, 고객서비스 체제를 구
축하고 있다. 종래의 저렴한 생산비용이 주관심사였던 규모의 경제에서 전 세
계를 연결하는 네트워크 경제의 실현에 집중화한다.

글로벌 기업의 활동 범위 확대와 더불어 소비자 기호가 글로벌화, 다양화,
복잡해지면서 국제물류서비스의 고도화에 대한 요구는 높아지고 있다. 고도의
국제물류서비스 제공을 위해서는 전문물류업체의 활용이 더욱 확대되어야 한
다. 시장에서의 단축된 제품수명과 유통주기, 소매상으로의 시장지배력 전환 등
과 같은 환경변화에 신속하고 적절하게 대응하는 한편 효율적, 탄력적, 개별적
(맞춤형) 물류서비스를 고객에게 제공할 수 있어야 한다.

만일 국제물류시스템이 적절히 지원되지 못하면 기업의 판매 및 마케팅
활동은 어려워진다. 고객만족과 물류시스템에서 선도적인 위치를 점하는 것
은 유사한 품질의 제품으로 경쟁하는 상황에서 더욱 중요하다. 따라서 제조
업체의 고객만족 경영체제를 지원할 수 있는 물류서비스가 신속하게 개발·
제공되면 물류수요자인 제조업체들이 자사의 핵심 사업에 집중하여 경쟁력
제고의 여건이 갖추어지게 된다.

물류서비스는 고객서비스의 일환으로서 고품질의 물류서비스를 개발·제공
함에 따라 현재보다 높은 수익률을 확보할 수 있고, 이에 따라 서비스 혁신을
위한 신규투자가 더욱 활발해지는 효과가 나타나 제조업체인 화주와 물류업체 모두
에게 윈윈(win-win) 게임이 될 것이다.

2. 국제물류서비스 체계의 변화

기업의 경영활동이 초기 국내 중심에서 해외로 상품을 수출하는 단계를 넘어 전 세계를 대상으로 한 생산, 유통, 판매 체제로 전환되고 있다. 이러한 경영활동의 글로벌화로의 진전과 더불어 물류활동의 지원을 위한 물류체제도 많은 변화를 겪고 있다. 글로벌 경영체제하에서는 원료·부품의 조달, 조립·가공, 생산, 판매 활동을 지원하는 효율적인 국제물류관리시스템이 구축되어야 한다. 이에 따라 글로벌 기업들은 과거의 물류관리시스템보다 더 진전된 전 세계 시장을 통합적으로 관리할 수 있는 글로벌 SCM 형태로 발전하게 되었다. 또한 글로벌 물류기업들도 전 세계를 통합적으로 물류서비스를 제공할 수 있는 체제를 갖추어 나가게 되었다.

1) 수출물류체계

제1단계의 수출물류체계는 수출을 중심으로 이루어지는 일련의 물류활동을 관리하는 단계로 제품을 자국에서 생산하여 해외로의 수출을 지원하기 위한 물류체계이다. 기업의 국제화 단계에서 초기에는 해외 진출에 따른 위험을 회피하면서 해외 시장으로의 진출을 모색한다. 해외지향기업들은 수출활동에 부수되는 비용, 대금회수 및 환위험 등 수출상품의 유통에 중요한 기초적 정보들을 충분히 갖고 있지 못하다. 그러므로 비교적 지리적이나 문화적으로 가까운 나라들을 대상으로 수출활동을 전개하고, 점차적으로 수출대상국을 확대해 나가게 된다. 이때 수출을 위한 물류는 수출지에서 수입국이 지정하는 곳으로 화물을 운송하는 단순한 형태의 물류서비스를 제공하게 된다. 운송에 관한 비용 및 책임은 무역 계약방식에 따라 수출 또는 수입업자가 부담하게 된다.

그림 2-10   수출물류체계(1970년대)

2) 현지물류체계

제2단계인 현지물류체계는 국가별 현지 자회사를 중심으로 물류·생산활동을 수
행하는 체계이다. 기업이 현지지향단계로 전환하는 이유는 해당 수입국이 자국업체
를 보호하기 위해 관세 및 각종 비관세장벽을 강화함으로써 수입을 제한하거나 또
는 수출국의 임금인상 등으로 국내생산비의 증가로 해외로 생산시설을 이전할 필요
가 있기 때문이다. 생산거점을 현지국에 두고 원자재의 조달 및 완제품의 판매를
위해 주로 현지의 물류시스템과 업체를 활용하는 경우가 일반적이다.

그림 2-11   현지물류체계(1980년대)

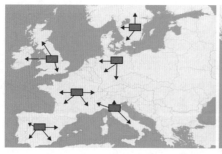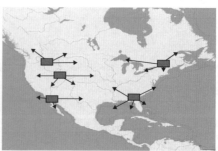

3) 거점물류체계

제3단계인 거점물류체계는 지역 물류·생산거점을 중심으로 지역경제권 전체를 담당하는 물류체계이다. 거점물류체계는 기업의 원료·부품의 조달, 조립·가공, 생산, 판매·마케팅, 인사, 재무 및 기술개발(R&D) 등 기업활동의 전부 또는 일부를 특정 경제권의 투자가치가 높은 지역에 배치한다. 그리고 동 지역을 거점으로 삼아 지역 경제권 국가로 경영활동을 전개하기 때문에 물류관리도 해당 권역을 포괄하여 이루어진다. 예를 들어 북미, 유럽, 아시아 등의 각 권역의 특정 국가 또는 지역에 지역 본부 또는 물류센터를 두고 경영 및 물류활동을 추진하게 된다. 주로 글로벌 기업 또는 다국적 기업들에 의해 수행되는 물류체계이다.

글로벌 기업은 각 지역의 생산·물류거점을 연계하는 네트워크를 형성하여 경영환경변화에 신속히 대처하면서 각 거점간의 조달·생산·판매를 효율적으로 연계하여 효율성의 극대화를 도모한다. 글로벌 기업은 기존의 현지 자체물류체계를 거점물류관리체계로 전환하는 동시에 전문물류업체와 전략적 제휴를 통하여 국제물류관리의 효율화를 극대화시키고 있다.

| 그림 2-12 | 거점물류체계(1990년대) |

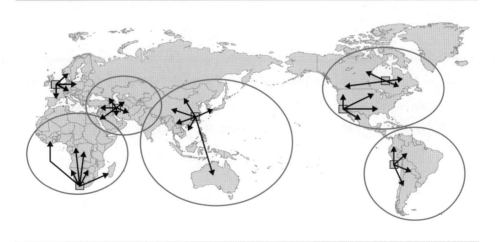

4) 글로벌 SCM 네트워크 체계

제4단계인 글로벌 SCM 네트워크 체계는 기업의 원재료, 부품의 조달, 조립
·가공, 생산, 판매, 마케팅, 인사, 재무, R&D, 물류 등 기업활동이 전 세계를
무대로 이루어지기 때문에 세계적인 SCM을 구축하여 가치를 창출한다. 그러므
로 물류체계도 권역 중심의 기능별 허브 예를 들어 조달, 생산, 유통 판매, 물
류 등의 허브를 두고 이들을 상호 네트워크화 하여 전 세계적인 생산, 유통, 판
매 및 물류활동을 전개해 나간다.

그림 2-13 글로벌공급사슬체계(2000년대)

〈표 2-15〉에서 보듯이 1970년대 이후 기업들의 경영활동은 국내에서 전 세계
로 나아갔다. 수출단계에서 시작하여 전 세계를 대상으로 한 경영활동으로 전개되
면서 물류체계도 전 세계에 걸친 GSCM 지원체계로 확대되어 나가고 있다.

표 2-15	국제물류관리의 단계별 변화			
구분	연대	특징	생산거점	물류체계
1단계: 수출입중심 물류체계	70~80년대초	수출을 중심으로 이루어지는 일련의 물류활동을 관리하는 단계	자국	수출입체계
2단계: 현지국 물류체계	80년대 중반	국가별 현지 자회사를 중심으로 물류, 생산활동을 수행하는 단계	현지국	현지국 물류시스템 이용(자체 또는 현지 물류체계)
3단계: 거점 물류체계	80년대 후반 ~90년대 중반	지역물류, 생산거점을 중심으로 지역경제권 전체를 담당하는 물류체계	지역거점	거점중심 물류체계 (물류전문업자 이용)
4단계: 글로벌SCM 네트워크체계	2000년대~ 현재	SCM기반 글로벌 네트워크 구축으로 조달, 생산, 물류, 판매 등 전 경영체계의 글로벌화 실현, 전문화된 물류관리체계 수요증대(3PL)	글로벌 네트워크	아시아 경제권, 미주 경제권 및 EU경제의 글로벌 네트워크 물류체계

자료: 현병언 외, 2004 자료 수정·보완.

제3장

국제물류시스템과 물류네트워크

1. 국제물류시스템의 개념

1) 국제물류시스템 정의

시스템은 공통의 목표나 목적을 달성하기 위해 함께 작동하는 상호 연결된 구성 요소 또는 요소의 집합을 말한다. 이를 물류와 결합하면 물류시스템이란 '물류비용을 최소화하고 고객서비스를 제고하기 위해 "物의 흐름"을 정형화하여 물류의 각 기능을 상호 연결시킨 집합체'를 일컫는다. 즉 물류시스템은 넓은 의미의 공급사슬관리를 수행하기 위한 특정 시설, 운송, 정보 처리와 이들을 연계시킨 하나의 통합체라 할 수 있다.

물류시스템의 구축 목적은 기본적으로 물류관리의 목적을 구현하기 위한 것이기 때문에 최소 비용으로 양질의 물류서비스를 제공하는 데 있다. 물류는 수요에 따라 조달, 생산, 판매 및 유통과 같은 활동을 통합적으로 관리하는 활동을 말하며 따라서 각 부문을 유기적으로 연계함으로써 전체의 효율성과 효과성을 제고하는 것이 중요하다. 또한 물류시스템은 기업경영의 한 부분이기 때문에 기업 전체의 활동을 지원하고, 부가가치를 창출하며, 전체 비용을 절감하여 종국적으로는 기업 경쟁력의 제고에 기여하는 것이다.

국제물류시스템 역시 목적은 동일하나 지리적으로 국경을 초월하여 발생하는 물류를 관리하기 때문에 각 지역간의 물류기능들을 어떻게 통합하고 조정해 나가느냐가 더 중요하다.

2) 국제물류시스템 구성요소

물류시스템을 구성하고 있는 요소는 물류관리의 제반 활동과 동일하며 주문처리, 창고관리, 재고관리, 하역과 포장, 운송, 정보 및 물류관련 시설 등이 포함된다. 물류활동은 고객의 주문과정에서 시작된다. 신속한 고객서비스를 제공하기 위해 고객으로부터의 주문은 가능한 최소의 시간 내에 처리되어야 한다. 주문과정은 주문의 인수, 기록, 주문접수 등의 모든 지시들을 포함하며 이러한 단계가 신속·정확하게 수행될 때 기업과 고객은 혜택을 받는다. 이 단계에서의 실수는 커다란 손실을 가져올 수 있는데, 예를 들어 만약 잘못된 물품이 고객에게 전달되면 원래의 주문은 취소되거나 또는 기업의 신뢰성에 심각한 피해를 가져오게 된다. 또한 주문이 적절한 시간 내에 실행되지 못하면 이후 물류시스템에 부정적 결과를 초래할 수 있다.

창고관리는 생산된 물품을 보관하고 다양한 형태의 부가가치 서비스를 제공하는데 활용된다. 만약 충분한 창고시설이 확보되지 못하면 생산된 제품을 보관할 수 없어 원활한 생산이 이루어질 수 없을 뿐만 아니라 고객의 주문에 대응할 수 없다. 그러므로 창고관리는 물류시스템 내에서 생산량의 조정, 원·부자재 및 완제품 재고의 통제 등의 기능을 통해 비용절감과 고객서비스에 중대한 영향을 미치게 된다.

운송은 생산의 지점에서 필요한 지점까지 정확한 시간과 수량, 합리적 비용으로 재화를 이동시키는 것이다. 운송은 물류의 종국적인 목적을 이행하는 기능이기 때문에 가장 중요하며, 다른 모든 물류기능들이 운송을 지원하는 데 초점을 맞추고 있다. 따라서 물류관리 계획에서 우선적으로 운송시스템을 고려하여야 하며 이를 원활하게 운영하기 위해 보관, 포장, 하역 등의 기능들의 상호작용을 검토하여야 한다.

정보는 물류를 시스템적으로 통합하는 과정에서 중요한 역할을 한다. 물류시스템에서 각 기능간의 원활한 정보 교환은 전체 물류기능, 즉 운송, 창고 및 재고관리, 하역, 포장, 유통가공 등의 성과에 결정적인 영향을 미치게 된다. 또한 물류관리의 확장으로서의 SCM에서도 외부적 구성원간의 긴밀한 관계를 통해 SCM 전체의 통합 및 조정에 중요한 역할을 한다.

물류시설은 크게 공항, 항만, 물류센터와 같은 인프라와 컨테이너, 팔레트, 하역기기와 같은 장비를 포괄하는 의미이다. 물류를 효율적으로 관리하기 위해서는 물류시설의 지원은 필수적이다. 다시 말해 물류 각 기능의 효율성은 물류기기의 능력, 상태, 운용 방법 등에 의해 크게 좌우되기 때문에 어떤 물류시설을 어디에 설치하고 어떻게 운용할 것인가에 대한 제반 계획의 수립, 실행, 평가 등을 합리적인 프로세스에 의해 수행해 나가야 한다.

2. 국제물류시스템의 유형과 운영방식

1) 국제물류시스템의 유형

미국의 피카드(Jacques Picard, 1992)는 무역상품이 수출국 기업에서 출하되어 수입국 고객에 이르기까지의 물류경로와 처리방법 등에 따라서 국제물류관리시스템을 크게 고전적 시스템, 통과시스템, 직송시스템, 다국행 창고 시스템이라는 4가지 형태로 구분하여 제시하였다.

(1) 고전적 시스템

고전적 시스템(classical system)은 무역상품이 수출국 기업에서 해외의 자회사 창고로 출하된 후 발주요청이 있을 때 해당 창고에서 최종고객에게 배송하는 형태로 가장 보편적인 물류시스템이다. 이 경우 해외 자회사는 일종의 창고로서 기능하게 되며, 대량의 상품이 수출국 기업의 생산 공장(또는 창고)에서 해외의 자회사 창고로 출하될 때에 가능한 한 가장 저렴한 운송수단을 활용하되 운송속도나 횟수를 최대한 줄여야 할 필요가 있다. 고전적 물류시스템을 채택하는 수출기업이 최상의 고객서비스 수준 유지와 최적의 생산을 도모하기 위해서는 상품을 최소빈도로 대량 출하하는 방식을 선택하게 되는데 이 경우 다음과 같은 이점을 가진다.

① 저속·대량운송: 수출기업은 해외에 있는 자회사 창고까지 저속·대량의 운송수단을 이용할 수 있다.
② 저렴한 운송비: 저운임의 해상운송을 통한 저렴한 운송을 행할 수 있다.

③ 혼재운송: 상품을 혼재하여 출하함으로써 저운임률을 적용받게 된다.

④ 서류작업 감소: 운송관련 업무를 포괄적으로 처리하기 때문에 서류작성의 작업이 줄어든다.

⑤ 안전재고로 품절 방지: 언제라도 상품을 공급할 수 있는 재고를 보유하기 때문에 품절로 인한 고객 상실을 피할 수 있다.

반면에 고전적 시스템에서 해외 자회사는 보통 대형 창고에 대량의 재고를 보유해야 하므로 총 물류비용에서 보관비가 차지하는 비중이 월등히 높아질 수 있는 단점이 있다.

(2) 통과시스템

통과시스템(transit system)은 고전적 시스템과 유사하게 보인다. 그러나 고전적 시스템에서 자회사 창고는 보관센터로서만 기능하는데 반해, 통과시스템에서는 보관기능 보다는 통과센터로서의 기능이 강하다. 즉 수출기업에서 해외 자회사 창고로 1차 운송된 상품을 단시간 내에 유통경로의 다음 단계로 고객에게 배송하는 형태이므로 저장기능은 그다지 크지 않다.

또한 통과시스템은 고전적 시스템에 비해 수출기업으로부터의 출하빈도가 많기 때문에 해외 자회사 창고에서의 보관비가 상대적으로 절감되는 이점이 있다. 그러나 반드시 총보관비가 절감된다고 보기는 어려운데 이것은 해외 자회사 입장에서만 보면 보관비가 절감될 수 있지만, 상대적으로 수출지에서의 보관비가 그보다 더 높아질 수 있기 때문이다. 따라서 만일 통과시스템을 채택하고 있는 기업이 고전적 시스템과 똑같은 수준의 고객서비스와 시장범위를 유지하고자 한다면, 운송을 여러 번에 걸쳐 신속히 행해야 하기 때문에 고전적 시스템에 비해 운송비가 높아지고 서류작성 작업에 따른 업무부담도 많아진다는 단점이 있다. 또한 파업 등으로 해외 자회사로의 운송이 두절될 경우에는 판매에 손실을 입을 가능성이 아주 크다.

(3) 직송시스템

직송시스템(direct system)이란 상품을 수출국의 공장 또는 배송센터로부터 해외 자회사의 고객에게 직송하거나 또는 수출국 배송센터에서 최종 소비자나 판매점으로 직송하는 형태를 말한다. 따라서 해외 자회사는 상거래 유통에는 개입하지만 물류에는 직접적인 관여를 하지 않는다.

이 시스템은 수출국에 있는 하나의 창고에 전체 재고를 집중시켜 운영할 수 있기 때문에 보관비가 다른 어떤 시스템보다도 절감되는 장점이 있다. 이에 반해 다른 시스템에 비해 상대적으로 출하빈도가 높기 때문에 혼재운송이 힘들고 서류작성 횟수나 이에 따른 업무비용이 증가한다. 또한 고객서비스의 수준을 유지하기 위해서는 항공운송을 사용해야 하기 때문에 고비용의 문제가 발생하고, 고객이 직접 수입통관을 해야 하기 때문에 그만큼 부담이 늘어난다. 이 외에도 파업으로 인한 운송 두절의 상황에서는 고객으로의 상품공급이 불가능해지고 결국 고객 상실로 이어질 수 있다.

(4) 다국행 창고 시스템

글로벌 기업이 세계 여러 국가에 자회사를 가진 경우, 이 모든 국가에 상품공급이 가능한 중앙창고를 갖게 된다. 다국행 창고 시스템(multi-country warehouse system)은 상품이 생산국 창고에서 출하되어 중앙창고로 수송된 다음 각국의 자회사 창고 혹은 고객(또는 유통경로의 다음 단계)에게 수송된다. 이 경우 다국행 창고의 물류센터 입지는 지리적 서비스 범위 이외에 수송의 편리성이 강조된다. 따

그림 3-1 글로벌 물류체제의 유형

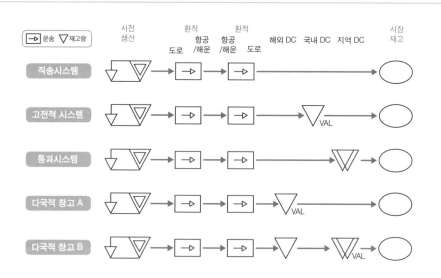

자료: Picard, 1992.

라서 다국행 창고 시스템은 보관형 창고로 주로 사용되며 통과형 창고로도 사용이 가능하다. 가령, 로테르담, 홍콩, 싱가포르, 부산, 파나마 등과 같은 교통의 중심지에서 인근 국가에 수배송서비스를 수행하는 모델이므로 자유무역지대 내에 물류센터 설치가 적합하다.

다국행 창고 시스템은 보관비용 면에서 고전적 시스템과 통과시스템의 중간에 위치해 있다. 다국행 창고 시스템의 경우 재고가 한 지역의 중심국에 위치한 중앙창고에 집산되기 때문에 재고가 각국에 존재하는 고전적 시스템의 경우보다 총 재고량의 감축이 가능하여 그만큼 보관비가 감소하게 된다. 한편 다국행 창고 시스템에서는 중앙창고가 각 지역별로 입지하고 재고가 설정되기 때문에 통과 시스템에서 단일 입지의 재고보다도 보관비는 증대된다.

또한 수송경로나 범위 면에서 고전적 시스템, 통과시스템의 경우보다도 출하량을 많이 가져갈 수 있다. 그러나 중앙창고에서 자회사 창고 또는 고객으로의 출하비용, 하역비, 수송비 등이 감소하게 된다.

2) 국제물류시스템의 선택요인

국제물류시스템의 4가지 기본형태 중 수출기업이 어떤 형태의 물류시스템을 채용하는가의 선택은 중요한 과제가 아닐 수 없다. 물류시스템들은 각각의 장·단점을 지니기 때문에 경우에 따라서는 꼭 하나의 물류시스템이 아닌 둘 이상의 복합적인 물류시스템의 채택이 필요할 때도 있다. 국제물류시스템의 선택을 위한 의사결정을 하기에 앞서, 경제적·환경적·관리적 요인 등을 살펴보는 것이 중요하다. 그러나 최종적인 의사결정은 기업의 종합적인 경영전략에 따라 이루어져야 한다.

(1) 경제적 요인

국제물류시스템의 선정에 영향을 주는 경제적 요인은 제품의 특성, 종류, 수량, 수요의 성격, 주문규모, 고객의 유형 등이 있다.

출하되는 제품의 단위당 가치, 제품수명주기 및 부패성 여부 등에 의해 시스템 선정에 영향을 받을 수 있다. 제품의 특성 면에서 상품의 단위당 가치가 높을수록 단위 기간당 재고비도 높기 때문에 납입기간이 짧은 물류시스템이 유리하다. 즉 고가치·소중량(소용적) 상품에 대해서는 항공운송을 이용한 직송시

스템이 적용되고, 저가치·대량 상품은 해상운송에 의한 고전적 시스템이 적용
된다. 부패성 상품은 납입기간이 짧은 직송시스템이 선정되어야 한다.

제품의 종류와 수량과 관련해 볼 때 수출기업이 다품종의 제품을 취급하는
경우라면 비용절감을 위해서 한 곳에 재고를 집중·출하시키되 고객서비스를
강화하기 위해서는 납입기간이 보다 짧은 물류시스템의 채용이 바람직하다. 수
요의 성격측면에서는 수요가 많은 상품은 혼재운송의 가능성이 커서 주로 고전
적 시스템이나 통과시스템이 사용되는 한편, 특수한 수요의 상품에는 직송시스
템이 적용된다.

제품의 종류와 수량이 많을수록 재고는 기하급수적으로 늘어나기 때문에 다
양한 제품을 한 곳에 집중시킴으로써 비용을 절감하게 되고 납품기간이 짧은
물류시스템을 활용하는 것이 유리하다.

수요가 많고 제품출하가 빈번한 상품의 경우에는 혼재수송의 가능성이 크
며, 직송시스템은 일반적으로 이용하기 어렵다. 그러나 수요가 불규칙한 제품인
경우에는 직송시스템이나 다국행 창고 시스템을 사용할 수 있다. 어떤 기업은
주문 상품이나 수요가 불규칙한 제품에는 직송시스템, 통상적인 출하제품에는
다국적행 창고 시스템, 고가격 및 고출하 제품에는 고전적 시스템을 사용할 수
있다. 주문의 규모가 대량인 경우에는 직송시스템이 유리하고 서류작성이나 통
관에도 유리하다.

(2) 환경적 요인

국제물류시스템 선정시 환경적 요인은 시장에서 요구하는 고객서비스 수준,
수송경로상의 특수 사정, 수입국 법령과 규칙의 제약, 내륙 유통 비용 등이 있
다. 이러한 환경적 요인은 기업이 거의 통제할 수 없다는 특징을 가지고 있다.

시장에서 요구하는 서비스 수준 면에서 볼 때 만약 경쟁을 이유로 고객이
신속한 상품의 취득이 필요한 경우 기업은 고전적 시스템을 채택하는 경향이
강하다. 그러나 상품의 가치 등으로 인해 그 상품을 항공수송하거나 보다 짧은
시스템을 채택하는 경우도 있다.

수송경로의 사정으로 기업이 중앙창고로부터 항공편으로 고객에게 신속하
게 상품을 보낼 수 있으나, 모든 경로에 적용되는 것은 아니다. 만약 어떤 국가
에서 항공편이 적고 또한 도중에 환적과 같은 추가 작업이 필요할 경우 예비

부품을 다량으로 보유하는 것이 유리하다. 이와 같이 수송경로의 사정이 물류시스템 선택에 큰 영향을 주게 된다.

또한 어떤 국가에서 판매 자회사를 공식 수입업자로 인정하지 않을 경우 최종 수요자가 수입 허가를 취득해야 하기 때문에 이 경우는 불가피하게 직송시스템만 이용할 수 있다. 또한 만약 내륙 운송비가 많이 소요되는 경우 역시 직송시스템을 선택하는 것이 유리하다.

(3) 관리적 요인

관리적 요인과 관련해 주요 검토대상이 되는 것은 물류시스템의 관련사항, 자회사의 재고부담비용, 수송사정과 수입국에서 상품의 품질을 최종 검사할 필요가 있는가 등이다. 고전적 시스템에서는 보통 재고비용을 모회사가 부담하기 때문에 자회사의 책임자는 고객서비스를 높이고 판매를 증가시키기 위해서 고전적 시스템을 유지하려 할 것이다. 반대로 재고비용을 자회사가 부담해야 한다면 통과 시스템을 선택하려고 할 것이다. 또한 수입국에서 고객에게 상품이 도착하기 전에 자회사가 최종적으로 상품의 품질을 검사할 필요가 있다면 직송시스템의 채택은 바람직하지 못하다.

3) 국제물류시스템의 운영방식

수출기업의 물류시스템 운영방식은 마케팅과 물류관리를 판매 자회사에게 위임해서 행하는 분산거점형과 본사에서 직접 관리하는 집중추진형으로 대별된다.

분산거점형이란 거리나 지리적 여건으로 인해 본사가 직접 마케팅과 물류관리를 수행하는 것이 곤란할 경우 자회사에게 그 권한을 위임해 운영하도록 하는 방식을 말한다. 이 경우 판매 자회사는 마케팅에 관여하지 않고 물류시스템 운영에만 전적으로 책임진다. 분산거점형으로 운영되면 해외의 자회사가 기업의 이익증대를 위한 핵심적 역할을 수행하여 자체적으로 수지를 검토 및 운영할 뿐만 아니라 총책임과 권한을 행사한다. 분산거점형 운영방식하에서 수출기업이 자회사의 이익을 정확하게 파악하고 매출증대를 위해서는 마케팅에 수반되는 자회사의 총물류비용을 자회사가 관리하도록 하고 매출에 영향을 미치는 의사결정에 관한 권한을 위임할 필요가 있다. 그래야 비로소 자회사는 상품이 수출지에서 자회사의 고객에 이르기까지의 전체 물류정책과 시스템 선택 등의 결정을 자유롭게 수행할 수 있다.

분산거점형 운영방식은 자회사가 독립된 기업처럼 유통 업무를 행하는 것이 아니라 수출기업의 일부로서 기능하기 때문에 몇 가지 한계를 지닌다. 첫째, 수출기업의 본사에 다수 또는 일체의 물류관리 시스템 결정이 집중됨으로써 일어날 수 있는 시너지효과(상승작용 효과)에 의한 잠재적 이익이 소실될 수 있다는 것이다. 둘째, 물류시스템의 다양한 형태를 복합적으로 채용하거나 임시로 결합하거나 또는 실행에 필요한 조건을 정비하거나 최선의 방책을 계획하는 것 등의 제반활동을 자회사가 단독으로 실행하기가 거의 불가능하다는 것이다.

집중추진형은 본사가 직접 재고관리 또는 자회사에서 채택한 물류관리 방법을 검토하고 운영하는 방식이다. 이 운영방식하에서는 기업 본부에서 결정한 물류정책이 자회사의 수입과 비용에 중요한 영향을 미치게 된다. 그리고 자회사에 물류정책 결정의 권한을 위임하지 않기 때문에 수출기업의 총이익 목표치에 따라 자회사의 이익 목표치가 설정된다. 이때 자회사 책임자는 현지의 고객서비스 수준에 중점을 두는 반면 본사 책임자는 기업 전체의 주요 방침에 초점을 두어 자신들의 요구를 주장하기 때문에 이들 양자간의 조정이 필요하다. 또한 재고수준의 결정이나 시스템의 효율성 등의 물류정책 면에서도 본사와 자회사간에 이견이 있을 수 있기 때문에 본사와 자회사 책임자간의 의견 조율은 중요한 요소이다. 예컨대 본부 담당자가 운송비절감을 위해 컨테이너 로트(lot)가 만재될 때까지 화물의 출하를 늦추는 경우에 자회사는 이로 인해 고객을 상실하거나 재고비용이 증가하는 등의 결과를 초래하여 자회사의 경영성과에 큰 영향을 미칠 수도 있다.

제2절 물류시스템의 최적화와 시스템 설계

1. 물류시스템의 최적화

1) 물류시스템의 최적화 개념

물류시스템의 최적화(optimization)란 '가능한 한 기존의 구조와 시스템을 유지하면서 물류관리 능력을 변화하는 수요에 적응시키고 비용을 최소화하는 것'

을 말한다. 이를 위해 조직의 노력, 프로세스의 최적화, 더 나은 전략을 활용하고 투자는 가능한 한 최소로 유지하는 것이다. 물류시스템의 최적화를 위해서는 일반적으로 다음과 같은 과정을 거치게 된다. 우선 상류와 물류를 분리하고, 다음은 물류관리와 관련된 기능 또는 활동간의 상충관계(trade-off)를 조정하여야 하며, 마지막으로 물류 프로세스의 통합을 추진하여야 한다.

2) 상물분리의 원칙

유통활동은 상적 유통(상거래)활동과 물적 유통(물류)활동으로 구분할 수 있다. 상류(commercial distribution)는 상거래 계약의 성립 이후 서류의 이동, 상품대금의 지불을 통해 상품의 소유권이 이전되는 활동을 말한다. 물류(physical distribution)는 상거래 성립 이후에 상품을 생산자로부터 소비자에게 물리적으로 이동시켜 시간적·공간적 가치를 창조하는 경제활동을 의미한다.

상류와 물류는 상호 유기적인 관련을 맺으면서 마케팅의 양면을 이루고 있는데, 유통 측면에서 판매확대를 위해서는 거래지역을 광범위하게 가져가는 것이 유리하다. 반면 물류 측면에서는 운송거리의 연장, 보관시설, 재고 등의 증가를 가져와 비용의 증가와 물류서비스의 악화를 가져오게 된다. 이와 같은 상반된 관계의 문제점을 완화시키기 위해서는 상·물류를 분리하여 접근하는 것이 좋은데 이를 '상·물 분리의 원칙'이라 한다.

상·물 분리원칙은 종래에 상류를 담당하던 영업부문에서 물류시설과 기능을 분리하여 물류합리화에 적합한 장소에 물류거점 및 배송센터를 설치하거나 공동의 물류시설을 이용하고 또한 물류조직을 독립된 전담부서로 가져가는 것을 들 수 있다. 독립된 물류부서에서는 상류부문과의 이해관계에서 벗어나 독립적으로 물류합리화를 추진할 수 있기 때문에 높은 물류 효율성을 달성할 수 있다. 예를 들어 대량 수송 및 수·배송 시간의 단축과 재고의 집약화를 통해 최소 재고를 유지함으로써 고객서비스를 향상시키고, 총물류비를 절감할 수 있는 더 좋은 기회를 가질 수 있다.

정보통신기술의 발전은 상물분리를 촉진시키는 데, 이는 상류와 물류를 분리하더라도 양자간의 횡적인 연계성은 물류정보시스템의 구축을 통하여 충분한 의사소통이 가능하기 때문이다.

그림 3-2 상·물 분리에 의한 상품 출하 변화

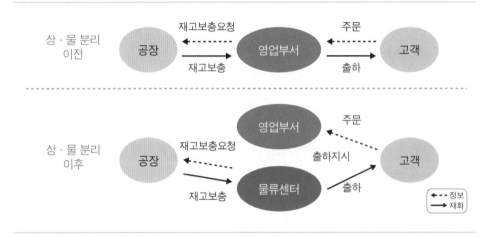

3) 물류관리의 상충관계

물류관리에서 다양한 측면에서 상충관계(trade-off)가 발생하는데, 대표적으로 물류비용과 물류서비스, 물류비를 구성하는 개별비용, 기업 내 물류기능과 타 기능간으로 분류될 수 있다.

(1) 물류비용과 물류서비스

물류비용과 물류서비스의 상충관계가 가장 기본적으로 발생한다. 즉 물류비용을 낮추면 고객서비스가 감소하고, 반대로 고객서비스를 증대시키면 물류비용이 상승하게 된다. 예를 들어 만약 기업이 높은 서비스를 제공하고자 한다면 더 많은 창고, 고품질의 운송수단, 높은 재고수준을 유지해야 하는 데 이를 위해서는 많은 비용이 수반되어 물류비 절감에 역효과를 가져오게 된다. 물류비용의 절감과 고객서비스 향상이라는 두 가지 요소는 기업의 효율적 운영에서 꼭 필요한 것이지만, 상충관계를 나타내기 때문에 이를 고려하여 바람직한 물류성과를 달성하는 데 초점을 맞추어야 한다.

물류서비스와 비용간의 상충관계를 극복하고 물류효율을 향상시킬 수 있는 방법에는 물류의 규모를 키우는 방법과 업무의 속도를 높이는 것이 있다. 대량생산의 경우와 마찬가지로 물류도 대량으로 처리하면 원가가 절감된다. 그렇지만 개별기업이 물류량의 규모를 키운다는 것은 한계가 있으며, 제품의 종류가 다양하고 유통경로가 복잡한 경우에는 더욱 그러하다. 이런 상황에서는 다른 기업과 물류를 공동화하여 규모의 경제를 추구하거나 전문업체에 외주 (outsourcing)하는 것을 검토할 수 있을 것이다.

(2) 물류비를 구성하는 개별비용간

물류의 각 기능들이 서로 연결되어 물류 프로세스가 진행되기 때문에 어느 한 기능에서의 비용 절감은 다른 기능의 비용 증가로 이어지는 경우가 많다. 예를 들어 포장비의 절감을 위해서는 포장재의 강도를 낮추어야 하는 데 이럴 경우 운송, 보관, 하역에서의 효율성 저하로 추가적인 비용이 발생한다. 또는 운송비를 줄이기 위해 저속의 운송수단을 이용하면 이로 인해 납기 시간이 길어져 재고비가 증가한다.

개별비용간의 상충관계는 물류거점의 수를 결정하는 과정에서도 발생할 수 있다. [그림 3-3]에서 보는 바와 같이 해외의 물류거점 수(물류센터)가 증가하면 지역 배송비는 감소하지만 거점간 수송비, 창고 및 재고보유비용은 증가한다. 거점 수에 따른 거점간 수송비, 지역 배송비, 물류거점 내의 비용간에 상충관계가 존재한다.

그림 3-3 물류센터의 개수에 따른 부문별 비용간의 상충관계

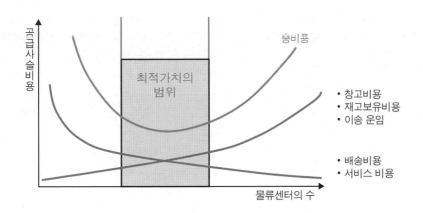

자료: Francas and Simon, 2011.

(3) 기업 내 물류 기능과 타 기능

기업 내 물류와 다른 부서의 기능간에서도 상충관계가 발생한다. 마케팅 부서는 판매량의 증가를 목표로 하기 때문에 고객에 대한 신속한 배송서비스가 제공되기를 원하는 반면 물류부서에서는 비용절약을 목표로 빈도수를 줄이려고 할 경우, 두 부서간에 상충관계가 발생한다. 또한 완성품 재고의 충분한 확보는 마케팅 부서에서 원하는 요구사항인 반면 높은 재고비는 물류부서에게 부정적이기 때문에 두 부서의 이해관계를 조정해야 한다. 또 다른 예로 마케팅의 목적 달성을 위해 화려한 포장을 시행할 경우 운송, 하역, 보관에서 부정적인 영향을 미치게 된다. 생산부서와의 관계에서도 원활한 생산을 위해서는 원·부자재의 충분한 재고 비축과 완성품의 보관량을 늘려야 하는데 물류부서의 목표는 재고 축소에 있기 때문에 두 부서 간에 역시 상충관계가 발생한다.

〈표 3-1〉은 물류부서의 의사결정이 기업 내 다른 부서와의 상충관계를 나타내 주고 있다.

표 3-1	기업 내 물류와 다른 기능간의 상충관계			
요소	재무	생산	물류	마케팅
장기 생산기간	낮은 생산단가	낮은 생산단가	재고와 보관용량 증가	저렴한 가격
적은 창고 개수	비용 감소	영향 없음	단순한 물류구조	창고와 고객간 거리 증가로 서비스 감소
낮은 재고수준	비용 감소	단기간 생산으로 높은 생산단가	보관시설 확장 불필요	고객에 대한 제품가용성 부족
적은 부품재고	비용 감소	재고부족으로 비효율적 생산일정	낮은 부품보유 요구량	직접 영향 없음
느슨한 운송포장	비용 감소	영향 없음	제한적 운송수단 선택	영향 없음
창고감독 소홀	적은 인원으로 비용감소	영향 없음	효율성 감소	부정확한 주문집하로 판매 손실

자료: Rushton et al., 2006.

4) 물류관리의 통합화

통합물류시스템은 비용을 최소화하고 고객서비스 수준을 최대화 한다는 목표 아래 구매관리, 자재관리, 완제품 등의 물적유통의 개념을 단일 시스템으로 통합한 개념이다. 물류시스템의 통합은 수요 예측의 정확도를 높이는 동시에 재고 유지의 필요량도 감소시킬 수 있다.

전체적으로 볼 때 물류관리는 운영과 조정에 관한 것이다. 운영은 전략적 이동과 보관을 다룬다. 총운영의 미션을 완수하기 위해 물류, 생산지원, 조달이 통합된 물류 프로세스로 관리되어야 한다.

전 세계적으로 물류산업은 지금까지의 단순배달서비스 제공에서 벗어나 통합적인 일괄 물류서비스 제공이 대세를 이루고 있다. 특히 최근 주목 받고 있는 통합서비스는 공급사슬관리(SCM) 없이는 불가능한 만큼 정보기술(IT)을 기반으로 한 확장 개념의 물류서비스를 제공하고 있다. SCM은 생산에 필요한 원자재 조달에서부터 공급, 판매와 더불어 서비스 이후의 피드백 서비스에 이르기까지 전체 과정을 통합함으로써 가능하다.

물류관리의 통합화는 물류의 각 기능간을 통합하는 단계에서 출발하여 물류와 기업 내 타 기능, 즉 마케팅과 생산을 통합함으로써 기업 전체의 성과를 높일 수 있다. 여기서 더 나아가 기업의 물류 기능과 공급사슬상의 다른 기업간 통합을 통해 보다 공급사슬 전체의 성과를 높일 수 있다. 이러한 통합된 성과는 해당 제품의 공급사슬 경쟁력을 높여 주어 개별 구성 기업들은 이로 인한 혜택을 공유하게 된다.

2. 물류관리의 접근법과 최적화 방안

1) 물류관리의 접근법

(1) 시스템적 접근

시스템 접근방법(System Approach)이란 '어떤 문제를 해결하는데 있어서 전체의 입장에서 부분을 이해하며 상호 관련성을 추구하여 주어진 문제를 해결하고자 하는 사고방식'이다. 시스템 접근은 사전적 목적의 수행을 위해 통합적 노력을 강조하며, 전체 시스템의 성과를 우선시하기 때문에 개별 요소가 아닌 전체 요소의 최적화가 중요하다. 시스템 접근법은 특히 서로 대치되는 요구사항들을 가장 합리적으로 해결할 수 있는 기본 틀을 제공한다. 이 접근법에서는 시스템 전체의 목적을 달성하기 위해 조직의 각 부서들은 경우에 따라서는 차선의 최적화를 위해 운영해야 한다.

물류관리에서 시스템 접근이 강조되는 이유는 물류활동이 기업 내 또는 외적으로 광범위하고 복잡한 상호 연관성을 가지고 있기 때문이다. 또한 물류의 기능 상호간뿐만 아니라 기업의 타 부서 그리고 더 나아가 기업 외부의 조직과의 상충관계가 발생하기 때문이다. 만약 특정 기능, 부서, 공급사슬상의 특정 부문만을 대상으로 효율성을 높이려는 노력은 전체 시스템의 성과 저하 또는 다른 부문의 기능 저하를 가져올 수 있다. 따라서 균형 잡힌 시스템에서 적절하게 연계된 요소들을 통합적으로 다루어야만 전체 시스템의 시너지(synergy)를 가져올 수 있다.

그러나 더욱 중요한 것은 물류전략의 목적을 그 기업이 갖고 있는 경영자원을 총 시스템적인 관점에서 관리하는 것이다. 이러한 접근은 기업 경쟁의 최일선에 있는 영업을 지원하고, 세계시장의 고객 요구를 만족시킬 수 있는 물류서비스로 상품을 제공할 때, 매출액의 신장을 가져와 소정의 경영목적을 달성할 수 있다는 것이다. 그러므로 전사적인 최적화가 물류전략의 기본이 된다.

(2) 총비용 접근

총비용개념(total cost concept)은 고비용의 항공운송이 합리화될 수 있는 조건을 설명하기 위한 노력으로 Lewis et al.(1956)에 의해 개념화되었다. 이전의 물류관리자들은 운송과 같은 기능적 비용을 최소화하는 데 초점을 맞추었는데 이는 그러한 노력이 최저의 총비용을 달성할 것으로 예상했기 때문이다. 그러나 총물류비용은 운송비뿐만 아니라 다른 비용 예컨대 재고, 품절, 운영 등의 비용과 제품의 가치 등의 다양한 요인에 의해 결정된다. 또한 운송비 절감을 위한 운송수단을 선택했을 경우 타 기능 예를 들어 재고, 포장, 하역 등에서의 비용을 초래하는 상충관계가 발생하게 된다. [그림 3-4]에서 보는 바와 같이 운임이 낮은 철도운송을 선택했을 경우 재고비용의 증가를 초래하여 총비용은 증가하는 것을 알 수 있다.

그림 3-4	운송수단선택과 총비용간 상충관계

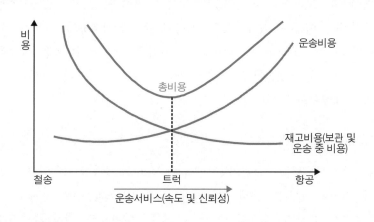

총비용개념은 개별 기능의 비용이 어떻게 상호 연계되는지에 대한 검토에서 출발한다. 물류비용지출은 서비스 성과와 결부되어야 한다. 높은 가용성, 운영 성과, 신뢰성을 동시에 달성하는 데는 많은 비용이 소요된다. 물류비용과 성과가 어떠한 비례적 관계도 가지지 않을 경우 경영상 심각한 도전이 된다. 기업의 입장에서 물류활동의 개별비용보다는 총비용을 감소시키는 것이 핵심과제이다. 그렇기 때문에 물류의 개별 활동에서 발생하는 비용간의 관계를 분석하여 상충 관계에서 오는 전체 비용의 증가를 최대한 억제하는 동시에 고객서비스를 고려하여 물류관리의 의사결정과 실행이 이루어지도록 해야 한다.

물류시스템의 미션은 총비용과 성과의 관점에서 측정되어야 한다. 성과측정에는 재고의 가용성, 운영 능력, 서비스 품질 등이 있다. 물류비용은 성과 수준과 직접적으로 관련이 있는데, 즉 일반적으로 기대성과가 높으면 높을수록 총물류비용은 높아진다. 효과적인 물류성과의 핵심은 서비스 성과와 총비용 지출간에 균형을 이루도록 개발하는 것이다.

(3) 상충관계분석

한 부분에서의 효율화 노력이 타 부문에서의 비효율로 나타나는 경우를 상충관계라고 하며, 물류시스템에서는 속도-비용, 시간-비용, 품질-속도 등에서 나타난다. 그러므로 물류 최적화는 상충관계를 고려하여 수립·시행되어야 한다.

[그림 3-5]에서 보는 바와 같이 고객서비스 수준을 결정할 때 운송 및 재

고수준과 고객서비스의 수준과의 관계를, 창고의 개수를 결정할 때에도 재고비용, 지역배송비 그리고 물류서비스의 수준을 분석하는 것이 물류시스템상의 상충관계분석이라 할 수 있다. 또한 상충관계는 안전재고의 수준은 품절비용과 재고보유비용간의 관계에서도 나타나고, 다품종 생산에서 특정 제품을 시장에서 얼마나 지속시킬 것인가를 결정할 때 그 제품의 생산비와 재고보유에 따른 비용과의 관계에서도 발생한다.

2) 물류관리의 합리화

물류관리의 합리화는 물류가 지향하는 목표를 달성할 수 있도록 물류의 각 부문에서 최적화 달성을 통해 가능하다. 고객서비스의 수준을 제고하는 데 초점을 맞추면서 물류비용을 최소화할 수 있는 방향으로 최적화를 도모해야 한다. 이를 위해 물류의 개별 기능의 합리화 방안을 마련하고 이를 바탕으로 상충관계분석을 통한 전체 최적화를 추진하여야 한다.

그림 3-5 물류시스템의 상충관계

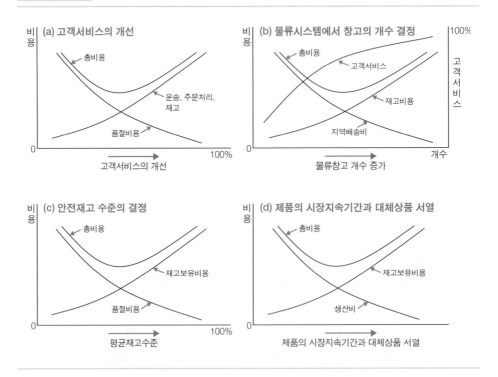

(1) 운송의 합리화

운송에서의 합리화는 운송서비스 제고와 운송비 최소화를 달성하는 것이다. 합리화 요소에는 운송수단의 선택, 운송수단의 결합, 효율적 운송관리 등이 있다. 운송수단은 다양하며 각각의 장·단점을 가지고 있기 때문에 어떤 운송수단을 선택하느냐에 따라 운송서비스의 품질과 운송비가 좌우된다. 신속한 운송수단은 운임의 상승을 가져오는 반면 저렴한 운임의 운송수단은 속도가 느려 서비스 품질은 저하된다. 따라서 운송비와 운송서비스 특히 운송 속도간의 관계를 고려하여 합리화를 추진해야 한다.

운송수단의 장·단점을 고려하고 다양한 운송수단을 결합하여 전체 운송서비스를 제공하는 방법이 복합운송이다. 국내운송의 경우는 상대적으로 거리가 짧고 운송수단간의 연결로 인한 추가적인 비용과 위험이 발생할 수 있기 때문에 이용률이 낮으나 국제운송의 경우 거리가 멀고 수송수단의 가용성에 제약을 받기 때문에 운송수단의 다양한 결합 예를 들어 해상-육상, 해상-항공, 항공-육상 등으로 연계하여 운송함으로써 운송의 합리화를 도모할 수 있다.

(2) 창고관리의 합리화

창고관리의 합리화에서는 창고의 개수와 위치가 가장 중요한 요소이다. 창고 개수의 최소화는 재고의 집중화를 통해 전체 재고를 줄여주고 규모의 경제 실현을 가져와 재고 및 창고관리 비용을 절감할 수 있는 반면 현지 고객에 대한 대응 속도는 느려지는 단점이 있다.

물류센터의 위치는 생산과 소비지의 위치, 교통여건, 지가(임대료), 물류관리 인력의 확보 등과 같은 제반요소에 의해 결정되는 데 이들 요소간에는 상충관계가 발생하기 때문에 전체 비용과 서비스 수준을 고려하여 물류센터의 위치를 결정하게 된다.

(3) 하역 및 포장의 합리화

하역과 포장 활동은 운송, 보관과 같은 물류의 핵심 기능을 지원하는 역할을 주로 수행하기 때문에 이러한 활동의 결정에는 자체적 기능보다는 이들 핵심요소를 고려한 전체 물류의 합리화를 도모해야 한다. 하역은 물류활동 과정에서 여러 차례 그리고 기계적으로 발생하기 때문에 정형화하도록 해야 한다.

정형화된 하역 프로세스의 기계화를 통해 하역의 효율화를 추진할 수 있다.

포장은 생산의 종착점이자 물류의 시발점이기 때문에 포장의 상태는 전체 물류시스템에 중요한 영향을 미칠 수 있다. 다시 말해 견고한 포장은 하역 및 수송의 효율화, 즉 대량의 하역과 수송을 가능하게 할 뿐만 아니라 보관에서도 더 높이 쌓을 수 있기 때문에 공간 이용률을 제고할 수 있다.

3. 물류시스템 설계

1) 물류시스템 설계의 개념

맞춤형 물류와 창고시스템을 통해 창고용량의 활용도를 높일 수 있고 창고 운영에서 시간과 비용을 절감할 수 있기 때문에 가장 경제적인 해결책을 발견하는 것이 중요하다. 이와 같이 물류시스템의 설계는 물류 전반에 걸친 효율성을 고려하기 때문에 적절한 물류시스템 설계 및 구축은 물류관리자에게 중요한 과제가 되고 있다. 물류시스템 설계는 새로운 물류시스템의 설립과 발전을 그리고 기존 물류시스템의 효율성 제고에 큰 영향을 미치게 된다.

새로운 물류시스템의 설계를 위해서는 먼저 시스템의 요구사항과 가용 예산을 먼저 검토하고 그 다음에 창고관리, 하역, 시스템의 효율적 운영을 위한 프로세스를 설계한다. 설계 과정은 시스템의 맞춤화 관리를 위해 내부적 구성과 창고 프로세스의 자동화 과정을 포함할 수 있다.

2) 시스템의 물리적 구조

물류시스템의 목적은 필요한 곳에 적절한 비용과 시간에 화물과 장비를 획득하여 물류서비스를 제공하는 것이다. 대부분은 장비와 재화가 조달로부터 최종소비자에게 바로 운송될 수 없기 때문에 시스템이 복잡해진다. 재고는 공급 사슬의 물류 프로세스상 어느 지점에서든 보관이 되어야 한다. 물류시스템의 물리적 구조는 고정 시설물과 이들 시설물간을 운송으로 연결하는 것이다.

시설물과 관련된 사항은 시설물의 위치, 인력 배치, 각 화물의 시설물 요구사항, 시설물의 보관능력과 상태, 재고관리 방법 등이 있다. 그리고 운송의 연결과 관련한 사항은 운송수단의 가용성, 효율적 운송을 위한 화물의 크기, 시설물간의 소요시간, 적재 횟수, 계절별 운송망의 변동 등이며 이러한 정보를 가지고 물류시스템 관리구조를 분석한다.

3) 물류시스템의 관리적 구조

일반적으로 물류시스템에는 두 가지 유형이 있는데 공급 또는 '푸시(push)' 시스템과 수요 또는 '풀(pull)' 시스템이다. 공급시스템에서는 어떤 제품을 공급 사슬상의 하류로 언제 운송할 것이가를 결정하며, 시스템을 통해 밀기(push)를 한다. 수요시스템에서는 공급사슬상의 하류 시설에서 필요한 제품을 주문하기 때문에 시스템을 통해 끌기(pull)를 한다. 수요시스템의 장점은 실제 필요 시점 의 정보에 기초하기 때문에 이론적으로 공급시스템보다 수요가 더 정확하고 낭 비가 적다. 의사결정은 하위 수준으로 분산되어 이루어지며 관리자들의 관심 영역은 대체로 제한적이다. 그러나 수요시스템의 단점은 필요하고 획득 가능한 정확한 정보가 있어야 할 뿐만 아니라 하급 직원이 충분한 훈련을 받아 주문 의사결정을 지원할 수 있을 때에만 적용될 수 있다. 이에 비해 공급시스템은 필 요한 정확한 정보가 없거나 관리 기술이 서비스 시스템보다 상위에 위치해 있 을 때 적절하다.

4) 정보의 흐름

의사결정을 위해서는 물류시스템 관리자에게 어느 정도의 정보가 필요하며 대부분의 경우 수집된 정보량이 필요량을 초과한다. 물류시스템에서는 3가지 활동, 즉 재화의 흐름, 재고의 보관, 소비자에게 배송으로 구분된다. 따라서 물 류정보시스템에서는 재고보유, 거래 및 소비에 관한 데이터가 필요하다.

재고 파일은 현재의 재고수준, 주문 재고량, 시점별 역사적 데이터, 분실 및 수정 등에 대한 기록이다. 거래 기록은 주문자와 시점을 기록하며, 그 목적은 주문량 확인, 수·발주 상품의 확인, 적재 상품의 인수 및 정확한 취급을 확인하 기 위한 것이다.

5) 재고관리시스템의 유형

물류시스템 설계에서 두 가지 주요한 질문, 즉 누가 주문에 대한 의사결정 을 하는가와 이러한 의사결정을 위한 기초 정보가 무엇인가를 고려해야 한다. 그리고 주문 의사결정에는 주문량과 주문시점이 중요하다. 이론적으로 발주 방법에는 정량주문, 정시주문, 혼합형으로 나누어진다.

6) 재고관리

각 시설물에서 재고의 물리적 관리는 창고관리자와 보관 공간의 크기에 따라 달라진다. 각 단계별 고려 사항에는 첫 번째 모든 재고를 이동시킨 후 창고 문을 잠그고 관리자를 제외한 출입자를 통제하고, 현장 확인을 위해 서명한 서류의 인증, 차량의 체계적인 확인으로 재고 기록을 주기적으로 확인한다.

두 번째 고려사항은 시설물의 물리적 배치이며 여기에는 다음과 같은 고려 사항이 있다.

① 제품의 인수와 출하용 개별 출입구
② 보관시 적절한 조건을 갖춘 상품별 고정 위치
③ 인수 또는 출하를 위한 포장 작업 공간
④ 귀중품 보관 구역
⑤ 선입선출이 용이하도록 모든 상품에 대한 충분한 접근성

4. 물류와 공급사슬네트워크의 설계

1) 물류네트워크 설계의 의의

(1) 물류네트워크 설계의 개념

물류네트워크는 '자재의 공급에서부터 상품이 최종 소비자에게 최적의 방법으로 배송하는 과정에서 특정 지점간 재화의 흐름'으로 정의될 수 있다. 물류네트워크의 목적은 생산비, 재고유지비, 설비관련비용, 운송비용 등을 포함한 물류비의 절감과 고객서비스의 수준을 제고하는 것이다. 이를 위해 물류네트워크의 설계가 선행되어야 한다.

올바른 물류네트워크 설계는 기업의 전략적 경영 목표를 성취하고 지속가능한 경쟁우위를 달성하는 데 있어 핵심적인 도구 중의 하나이다. 특히 물류 프로세스가 외부 기업으로 확장된 공급사슬의 설계는 높은 성과 도출에 중요한 역할을 한다. 여러 계층의 유통네트워크를 통해 글로벌 소싱전략을 추구하고, 복잡한 생산네트워크를 운영하고, 고객을 위한 서비스의 제공은 전략적 네트워크 설계시 특히 중요한 고려사항이다.

기업은 실질적 비즈니스 요구사항에 따라 변화하는 경영조건에 네트워크를 일치시켜야 하며, 새로운 전략적 목적을 충족시킬 수 있도록 물류 또는 공급사슬을 (재)설계하여야 한다. 기업이 새로운 시장에 진입하거나 새로운 제품의 세분화를 추진할 때 새로운 네트워크의 설계가 필요하다. 또한 기업의 인수·합병, 확장, 재구축, 규모축소 등으로 인해서도 물류네트워크의 재설계는 필요하다.

네트워크 설계의 역할은 기업이 원활한 자재 이동과 복잡한 고객의 니즈를 만족시키기 위해서 다양하고 근본적인 도전에 대처함으로써 오늘날 비즈니스 환경에서 그 중요성이 커지고 있다. 네트워크 설계에서 공급사슬과 기업전략을 일치시키고 시장에서의 성공을 위해 전체적 접근은 필수적이다.

[그림 3-6]에서 보는 바와 같이 글로벌 물류네트워크는 전 세계를 대상으로 생산, R&D, 판매, 유통, 물류에 관련된 시설물과 기능을 배치하는 복잡한 연결 경로이다.

그림 3-6   글로벌 물류네트워크

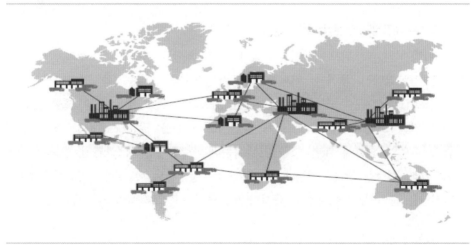

자료: Francas and Zsolt, 2011.

(2) 물류네트워크 설계의 최적화 부문

물류네트워크의 설계는 중요한 경영 사항에 대해 공급, 생산, 유통네트워크 등을 조정함으로써 전략적 목적을 성취하기 위한 해결방안으로 고려될 수 있다. [그림 3-7]에서 보듯이 잘 구조화된 네트워크 설계는 공급처, 생산공장, 유통시스템과 관련한 최적화에 결정적인 영향을 미칠 뿐만 아니라 광범위한 네트워크 설계에 관련된 의사결정을 위해 필수적이다.

그림 3-7 물류네트워크 설계시 최적화 부문

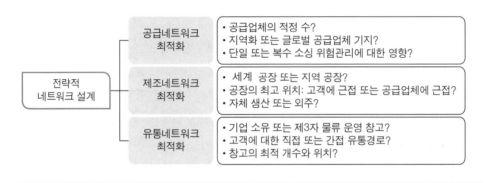

자료: Francas and Zsolt, 2011.

(3) 물류네트워크 설계의 역할

전략적 물류네트워크 설계는 다음과 같은 역할을 수행한다. 첫째, 네트워크 설계는 자본집약적 투자를 최적화함으로써 자산의 기대수익을 제고시킨다. 둘째, 네트워크 설계는 모든 공급사슬관련 기능과 프로세스의 운영 효율성을 확보하기 위한 조건의 설정으로 전체 공급사슬 비용을 낮춘다. 셋째, 공급사슬의 공급과 수요의 위험에 대한 노출을 줄여준다. 넷째, 비즈니스 환경 변화에 대응하고 미래 성장을 위한 전략적 전제조건을 창출한다. 다섯째, 공급사슬에서의 조달시간을 줄여 새로운 제품의 출시시간을 줄여주고 고객서비스를 제고한다.

2) 물류네트워크 설계의 전략적 고려사항

(1) 전략적 설계의 목적

미래 사업전략에 기초한 물류네트워크 설계를 위해서는 확고한 목적 설정이 중요하다. 즉 기업의 경영전략을 지원하는 데 목적을 맞추어야 한다. 공급사슬을 위한 전략 방향과 목적을 정의할 때 어떤 원칙으로 전략적 네트워크를 설계할 것인가를 고려하여야 한다. 특정 산업에 대한 벤치마킹뿐만 아니라 최근의 추세는 두 가지의 설계 원칙, 즉 린(lean)과 민첩(agile) 네트워크를 설계하는 것이다. 〈표 3-2〉는 두 가지 유형의 물류네트워크 설계 원칙을 보여주고 있으며, 이는 네트워크 목적의 설정과 공급사슬 설계의 범위를 확인하는 데 참고사항이 될 수 있다.

표 3-2	물류네트워크의 설계 원칙	
유형	초점	세부요소
린 네트워크	효율성	▪ 조달시간 감소 ▪ 간소화 ▪ 수준별 능력 할당
민첩 네트워크	반응성	▪ 구조적 민첩성 ▪ 상승 능력 ▪ 운영적 민첩성

(2) 전략적 고려사항

네트워크 설계는 사업전략을 공급사슬로 변환하는 것을 의미한다. 그러므로 네트워크 설계와 관련된 의사결정은 기업의 전략 방향에 따라 결정된다. 네트워크 설계에 영향을 미치는 핵심적 요소로는 비용, 시간, 서비스, 유연성 등이 있다. 전략적 네트워크 설계는 이들 요소에서의 바람직한 성과달성에 중요하다. 네트워크 설계는 자본 및 운영비용과 서비스를 최적화함으로써 비용에 영향을 미친다. 또한 고객에 대한 조달시간뿐만 아니라 내부의 업무 처리 시간과 성과에도 영향을 미치고 유연성은 고객 요구사항 변화에 대응하면서 공급사슬의 역량을 좌우한다.

각 요소의 높은 성과는 경우에 따라서 경제적 타당성이 없을 수 있기 때문에 네트워크 설계는 제품과 시장에 관련된 최적의 전략을 도출하고 그리고 다른 요소들과 성과와의 관계에서 발생하는 잠재적 상충관계를 세밀하게 조사하여야 한다. 그러므로 공급사슬을 설계할 때 다양한 제품과 세분화된 고객들에서 서로 다른 요구사항을 이해하는 것이 중요하다. 예를 들어 혁신적이고 높은 마진의 제품은 낮은 위험성과 낮은 마진을 가진 일반 상품과는 다른 전략적 위상을 나타내게 된다. 다시 말해 혁신제품은 유연성에 민감한 반면 일반 상품은 비용요소가 더 중요하다.

(3) 의사결정의 유형

물류시설에 대한 의사결정에는 적정 창고의 개수, 위치선정, 그리고 고객별 창고로부터의 공급 제품 등이 있다. 이에 대한 결정은 외부적으로는 경제적 환경, 경쟁 상황 또는 돌발 상황에 대한 대책 등을 고려해야 한다. 의사결정의 구분은 전략적, 전술적 그리고 운영상 통제 등으로 나누어진다.

전략적 의사결정은 전형적으로 주요 투자에 대한 사항을 포함하며 장기적 효과로 이어진다. 전략적 계획에는 첫째, 기존시설물의 폐쇄와 설치 및 증설뿐만 아니라 공급업체, 생산공장, 유통센터, 창고의 개수, 위치, 규모 등이 포함된다. 의사결정의 첫 단계는 이러한 시설물을 자기 소유로 할 것인지 아니면 리스 또는 공공시설을 활용할 것인지를 결정한다. 둘째, 새로운 생산 장비의 구매와 각 공장 내에서의 운영 센터를 설계한다. 셋째, 운송설비, 통신장비, 데이터 처리수단 등을 결정한다.

전술적 계획은 수개월간 단위로 생산 및 유통자원의 효과적인 배분을 계획하는 것을 말한다. 여기에는 작업인원의 규모, 재고정책, 유통채널의 정의, 운송 및 환적대안의 선정 등을 포함한다.

운영적 통제는 일상적인 운영에서의 의사결정을 말하며 여기에는 각 기기별로 고객 주문의 할당, 발송, 급송과 주문 처리, 차량의 일정 등이 포함된다.

3) 물류네트워크의 설계과정

물류네트워크의 설계는 네트워크를 구성하는 모든 요소들을 고려하여 최적의 물류네트워크를 구축하기 위한 것이다. 물류네트워크 설계를 위해서는 배치도를 작성하고 잠재적 병목과 연결에 관한 모든 것을 정량적·정성적 방법으로 평가하여야 한다.

네트워크의 모델링과 정의에 초점을 맞춘 프로젝트는 크게 3가지로 구분할 수 있는데 데이터 수집과 분석, 수학적 모델링, 시나리오 작성이다. 데이터 수집과 분석에는 조직 내의 기존 데이터 예를 들어 현재 유통업무의 비용, 유통센터간의 공급과 이전 경로와 관련된 운송비용, 세금과 재무적 비용 등을 포함한다.

다음 단계에서는 물류네트워크상의 문제에 대한 수학적 모델링을 실시하는

데 최종결정을 위하여 최적화 기술, 시뮬레이션 또는 유전적 알고리즘을 활용하여 서로 다른 시나리오를 작성하고 이를 상호 비교한다. 이 단계에서는 특정 지역에서 유통센터의 개·폐쇄로 인한 기업의 이미지에 대한 영향 등과 같은 정성적인 측면도 고려하는 것이 중요하다. 선택된 시나리오에 근거하여 그 해결책을 이행하기 위해 위기상황 계획을 포함하여 구체적인 계획이 수립되어야 한다. 이는 운영상 변화의 영향을 가능한 최소화하는 데 중요하다.

시나리오 분석은 산출된 모델과 분석전문가의 경험을 통해 성과물을 도출하여야 한다.

4) 물류네트워크의 구성요소

물류네트워크가 물류가 지향하는 목적과 목표를 달성할 수 있어야 하기 때문에 네트워크 설계는 소비자의 서비스 요구수준의 충족과 물류비의 최소화에 초점을 맞추어야 한다. 그러므로 물류네트워크 설계시 고객서비스 수준 대비 비용, 비용 대비 고객서비스 수준을 상호 비교해 보아야 한다.

물류네트워크 구조에 의해 영향을 받는 고객서비스의 요소로는 반응시간, 제품의 다양성, 제품 가용성, 고객의 경험, 주문 가시성, 반품 등이며, 비용 면에서는 재고, 운송, 시설과 하역, 정보 등이 있다.

5) 물류네트워크의 유형

물류네트워크를 구성할 때 근본적으로 상품을 소비지역에 직송할 것인지 아니면 중간 분류지점을 거칠 것인지? 그리고 중개상을 이용할 것인지 등에 대한 사항들을 고려하여야 한다. Chopra(2006)는 이러한 두 가지 선택 기준에 따라 생산자 직송, 생산지 보관-직송 또는 환적, 운송지 보관-운송업자 수송, 운송지 보관-최종 수송, 생산지 또는 분배지 보관-소비자 인수, 중개상 보관-소비자 인수의 6가지 물류네트워크를 제시하였다.

(1) 생산자 직송

생산자 직송(drop-shipping)은 상품이 생산자에게서 직접 고객에게 바로 배송되므로 소매상과 같은 중개상을 거치지 않는다. 생산자가 중앙집중화된 재고를 보유한다. 정보는 고객으로부터 소매상을 통해 생산자에게 전달된다. 이 방식은 직송으로 인해 재고비용은 낮지만, 최종고객까지의 평균 배송거리가 멀고 또한 패키지 포장으로 운송이 이루어지기 때문에 운송비용이 높고 포장비가 추가적으로 소요된다.

생산자가 재고를 보유하고 있어도 소매상은 고객에게 제품의 가용성 정보를 제공할 수 있어야 하기 때문에 소매상과 생산자간의 정보 교환, 공유, 주문의 가시성 확보 시스템을 구축하고 있어야 한다.

(2) 생산자 보관 – 직송 또는 환적

생산자 보관 – 직송 또는 환적 방식은 여러 지역에 분산된 생산자로부터의 주문 상품을 통합하여 배송함으로써 소비자는 주문한 상품을 한꺼번에 인수할 수 있다. 이 방식은 생산자 직송방법과 마찬가지로 재고를 통합하고 상품의 맞춤화를 지연시킬 수 있다는 장점이 있다. 그러므로 수요의 예측이 어렵고 특히 맞춤화 지연 전략이 가능한 고가치 상품에 큰 이점을 가져다준다. 운송비용 면에서 대부분의 경우 주문 상품은 소비자에게 배송되기 전에 통합되기 때문에 환적이 직송보다 저렴하다. 환적의 수행과 주문의 가시성 확보가 필요하기 때문에 생산자, 배송업체, 중개상 사이의 정보 교환과 공유를 위한 인프라 구축에 투자가 필요하다.

서비스 측면에서는 먼저 대응시간은 생산자 직송 방식과 비슷한 수준이며, 상품의 다양성은 증가한다. 반면 상품의 통합과정에서 추가적인 시간이 소요될 수 있다.

(3) 유통업자 보관 – 운송업자 운송

이 방식은 유통 또는 소매업자가 중계창고에 재고를 보유하고 있다가 운송업자가 소비자에게 상품을 배달하는 방식이다. 운송업체에서의 보관은 생산지에서의 보관보다 수송비가 저렴한데 이는 고객에게 보다 근접한 창고에서 내부 출하하여 규모의 경제를 달성할 수 있기 때문이다. 또한 생산자 보관은 다양한 고객주문에 따라 상품을 매번 출하해야 하는 반면, 운송업체 보관은 다양한 고객의 주문을 모아 한 번에 배송하기 때문에 운송비를 줄일 수 있다.

정보인프라는 생산지 저장보다 덜 복잡한데 이는 운송지 창고가 고객과 생산자 사이에 완충 역할을 하기 때문이다. 주문가시성에서는 생산업자와 고객간 가시성 확보보다는 고객과 창고 사이의 실시간 주문가시성이 더 필요하다. 서비스 측면에서 볼 때 우선 대응시간은 생산지 보관보다 빠른데 이는 창고와 고객 사이의 거리가 가깝기 때문에 주문을 통합할 수 있기 때문이다. 또한 소비자 편의성과 반품에서는 개별 주문에 따라 각각의 배송과 반품이 이루어지기 때문에 운송지 보관보다 유리하다.

(4) 유통업자 보관 – 최종 수송

이 방식은 유통업자나 소매상이 제품을 소비자의 집까지 종단배송(last mile delivery)하는 방법이다. 다른 네트워크들에 비해 많은 재고를 보유하기 때문에 재고량이 급증하지 않으면서 비교적 빠른 재고회전율을 가지는 식료품·잡화류 등의 상품에 적합하다.

최종 배송에서 많은 비용이 들기 때문에 배송비용이 가장 높으나 인구 밀도가 높은 대도시에서는 비용을 줄일 수 있다. 이 방식에는 많은 수의 창고가 필요하기 때문에 보관비용, 시설과 프로세스 비용이 높다. 대응시간은 패키지 수송보다 빠르며 상품의 다양성에는 한계가 있기 때문에 상품의 가용성을 높이는 데 비용이 많이 소요된다. 그러나 고객의 반품을 배송 트럭이 회수할 수 있어 반송서비스는 가장 뛰어나다.

(5) 생산자 또는 유통업자 보관 – 고객 인수

이 방식은 재고를 생산자나 유통업자의 창고에서 보관하지만 고객이 온라인이나 전화로 주문하고, 지정된 장소에서 주문품을 직접 인수하는 방식이다. 이 방식에서는 주문 통합이 가능해 재고비용이 낮다. 운송비용은 패키지 수송에 비해 낮은데 이는 주문량을 통합하여 인수 지점으로 수송하기 때문이다. 정보 인프라 면에서는 소비자의 인수 시점까지 주문 가시성을 제공하기 때문에 소매상과 보관 지점과 인수 지점 사이에 협업을 위한 정보통신 인프라를 구축해야 한다.

서비스 측면에서 우선 반응시간은 패키지 수송과 거의 비슷하고 상품의 다양성과 가용성 측면에서 다른 생산자 또는 유통업자 보관과 유사한 수준이다. 고객이 인수지점에 직접 찾아와서 물품을 인수해야 하기 때문에 고객의 주문 편의성은 불리한 반면 반품처리는 용이하다.

(6) 소매상 보관 – 고객 인수

이 방식은 소비자가 직접 온라인, 전화 또는 직접 상점에 찾아가 주문하고 그 곳에서 제품을 인수한다. 광범위하게 분포되어 있는 소매상에서 상품을 보관하기 때문에 통합의 이점은 적으며 재고비용이 높다.

저렴한 운송수단을 이용하여 소매상점에 재고를 보충하기 때문에 다른 네트워크들에 비해 운송비용은 낮다. 소비자가 직접 상점에 방문하여 주문하고 제품을 인수하기 때문에 정보인프라는 낮은 수준으로 유지해도 지장이 없다.

각 소매상점에서 재고를 관리하고 고객은 주문 후 신속히 인수가 가능해 대응시간이 매우 짧다. 제품의 다양성은 다른 방식에 비해 제한적이다. 주문 가시성은 온라인이나 전화주문에 의존하기 때문에 매우 중요하다. 반품은 각 소매상점에서 취급하기 때문에 매우 편리하다.

(7) 배송 네트워크의 선택

네트워크 설계자는 적절한 배송 네트워크를 결정할 때 네트워크의 요구조건뿐만 아니라 제품 특성을 고려해야 한다. 배송 네트워크는 다양하며 각각의 장단점을 지니고 있다. 대부분의 기업들은 배송 네트워크의 다양한 조합을 통해 운영될 때 가장 높은 효과를 볼 수 있다. 네트워크를 어떻게 조합할 것인가는 회사가 목표로 하는 전략적 위치뿐만 아니라 생산 특성에 따라 다르다.

6) 시설물의 네트워크 구축

(1) 시설물 네트워크 구축의 개념

물류에서 가장 중요한 시설물에는 창고 또는 물류센터가 있다. 물류센터의 네트워크를 구축하기 위해서는 시설물의 위치 선정, 생산의 시설별 배분, 유통관리, 공급자 개발, 공급사슬에서의 상호간 접점 등을 고려하여야 한다.

시설물 네트워크의 구축에서는 생산 및 판매 상품, 시장별 수요 예측, 경제상황, 운송비용, 생산의 경제성 등이 중요한 요소이다. 또한 해외에 생산시설을 위치시킬 것인가에 대한 결정에 영향을 미치는 요소는 조달의 접근성, 시장의 인접성, 현지 기술자원의 활용성, 기술자원의 통제, 경쟁의 선점 등이 있다.

(2) 시설 네트워크의 초점 유형

시설물 네트워크에서 이 네트워크를 어디에 초점을 맞출 것인가에 따라 시장, 제품, 프로세스의 3가지 유형으로 구분된다. 첫째, 시장 초점은 각 생산공장은 개별 시장에 맞추어 제품 라인을 가동한다. 이 유형의 네트워크는 물류시설을 시장에 인접해 배치함으로써 시장의 니즈에 잘 부합할 수 있는 반면 규모의 경제 실현에는 한계가 있다. 둘째, 제품 초점은 각 공장은 특정 제품에 특화하여 생산한다. 이 유형의 네트워크는 특정 제품만을 취급함으로써 규모의 경제 실현이 가능한 반면 운송의 경제성은 떨어진다. 셋째, 프로세스 초점은 각 공장은 생산 프로세스의 특정 단계에 특화한다. 이 유형의 네트워크는 규모의 경제와 표준화된 품질을 유지할 수 있는 장점이 있는 반면 운송비가 많이 소요되고 생산일정과 제품별 품질관리에서 어려움이 있다.

표 3-3   시설 네트워크 초점의 유형별 장단점

유형	장점	단점
시장 초점	시장에 인접, 운송의 경제성, 시장 니즈에 잘 부합	규모의 경제 미실현, 프로세스 장비의 중복
제품 초점	규모의 경제, 높은 수준의 제품에 대한 학습, 표준화된 품질, 신제품 도입 용이	현지 존재감 부족, 환율위험 노출, 운송의 불경제
프로세스 초점	규모의 경제, 높은 수준의 제품에 대한 학습, 표준화된 품질, 신제품 도입 용이	환율위험 노출, 운송의 불경제, 구성품/조립시설의 생산일정 조정과 제품 품질관리의 어려움

7) 글로벌 물류네트워크 구축

물류네트워크를 전 세계적으로 확대한 개념을 글로벌 물류네트워크라고 한다. 기업의 글로벌화와 더불어 글로벌 물류네트워크의 구축은 물류비용의 절감과 서비스 품질에 핵심적 역할을 한다. 국내 물류네트워크와는 달리 글로벌 네트워크의 구축은 다양한 운송수단과 여러 국가에 걸쳐 이루어지기 때문에 정치, 문화, 제도, 법령, 인프라 수준, 인적자원 등에서 국가간 많은 차이가 난다. 그러므로 물류네트워크 구축의 의사결정이 훨씬 복잡하며 고려요소도 다양하다.

1부-1 사례 **월마트의 저가전략 사례**

월마트(Wal-Mart)는 '매일 저렴한 가격(EDLP: Every Day Low Price)'를 슬로건으로 비용우위를 고객 가치로 제공함으로써 경쟁우위를 달성한 미국의 세계적 소매유통업체이다. 월마트는 POS에서 수집된 데이터를 파트너와 공유하여 가장 수익성 있는 재고유지단위(SKU: Stock Keeping Unit)를 유지하는 생산이 이루어지게 하고 낭비와 변동성을 줄일 수 있도록 매장의 공간을 지속적으로 재설정해 나가고 있다. 월마트는 공급자의 효율적 소비재 생산과 비용절감을 위해 전 세계적인 아웃소싱 전략을 실행하고 있다. 또한 월마트는 고객에게 가장 저렴한 비용의 공급사슬과 물류비용을 제공하기 위해 최고 효율의 운송, 신속한 창고관리, 최소 재고를 유지하는데 초점을 맞추고 있다. 월마트 특유의 비용절감 능력은 고객의 저가 요구에 대응하는 것이며 다른 경쟁사와의 경쟁우위를 확보해 주는 핵심요소이다.

월마트의 경쟁력의 핵심 요인은 다음과 같다.

첫째, 크로스 도킹(cross-docking) 시스템의 구축이다. 공급업체로부터 물품이 수령하고 유통센터에서 장시간 보관하지 않고 바로 매장에 운송한다. 이를 통해 보관 및 재고비용의 절감과 신속성을 높일 수 있다.

둘째, 전용 운송시스템의 운영이다. 공급자로부터 인수받은 제품들을 창고에서 자사 트럭으로 각 매장에 공급함으로써 배송에서의 비용의 효율성, 스케줄의 유연성, 안정성 등을 확보할 수 있다. 또한 자체 보유 위성통신을 통해 제품을 수송하는 트레일러 움직임을 추적하여 몇 시 몇 분에 매장에 도착할 것인지를 정확하게 파악할 수 있다.

셋째, 판매시점관리(POS: Point of Sales Management)를 통한 신속대응물류(QR) 시스템 구축이다. 월마트는 POS시스템 구축으로 각 매장의 판매실적이 매시간 단위로 본사에 전송되어 이를 근거로 한 주문을 통해 공급업체로부터 신속한 재고보충, 계절수요에 대한 유연성 증대, 예측의 불확실성으로 인한 재고량을 줄일 수 있다.

넷째, 글로벌 공급망 및 유통 효율성 강화이다. 월마트는 효율적인 글로벌 공급망 운영을 통해 낮은 재고 수준을 유지하고 비용을 절감할 수 있다. 이러한 효율성은 첨단 물류 및 유통 시스템의 지원을 통해 뒷받침된다.

다섯째, 공급업체와 파트너십의 강화이다. 대표적으로 P&G사와의 전략적 제휴를 들 수 있는데 두 회사는 상호간 EDI로 정보를 공유하여 P&G사가 고객 수요에 기초한 생산을 가능하게 하고 월마트는 안정적인 공급을 받을 수 있게 한다.

여섯째, 전자상거래 유통의 강화이다. 전자상거래의 성장과 더불어 월마트는 온라인 주문을 효율적으로 처리하기 위해 물류역량을 확장하여 왔다. 여기에는 매장 내 픽업, 매장 배송, 당일 배송 서비스 등의 옵션이 포함된다.

1부-2 사례 공급망 재편, 과거 사례 살펴보니...

▶ 글로벌 소싱 성공과 실패

2017년 도널드 트럼프가 미국 대통령에 취임하면서 글로벌 경제를 지탱하던 자유무역주의에 이상 신호가 감지됐다. 트럼프 대통령은 미국 우선주의, 보호무역을 앞세워 미국을 빠른 속도로 쫓아오는 중국 견제에 나섰다. 미국은 중국에 추가 관세를 부여하는 한편 자국 및 동맹국을 통한 공급망 강화에 나서는 등 코로나 팬데믹 이후 글로벌 공급망은 빠른 속도로 재편되고 있다.

글로벌 경제를 지탱했던 기존 공급망이 붕괴하고 미국과 중국을 중심으로 한 새로운 공급망 구축 경쟁이 기존 무역분쟁과 다른 점은 '풍선효과'의 존재다. 무역분쟁은 상호 간 관세 분쟁으로 연결돼 뚜렷한 승자가 없지만 공급망 경쟁은 수혜 및 반사이익을 보는 곳이 존재한다는 점이다. 즉, 새로운 공급망이 등장하거나 기존 공급망의 강화로 이어진다는 것이다. 공급망 대전환 속 지난 공급망 재편들에 대해 살펴보면 다음과 같다.

▶ 공급망 효율성 강조에 중국 중심 공급망 구축돼

지금까지 전 세계 공장 역할을 담당한 중국은 1990년대 개혁개방에 본격적으로 나서며 경제 개발을 꾀했다. 2001년 11월, 세계무역기구(WTO)에 가입하면서 미국, 유럽, 일본의 뒤를 잇는 제4의 시장으로 도약할 준비를 마친다. 중국은 WTO 가입을 계기로 막대한 해외투자를 유치하며 글로벌 공급망의 핵심으로 떠올랐다.

중국의 생산시설을 기반으로 한 공급망은 전 세계에 저렴한 가격으로 각종 제품을 공급해 중국은 세계 1위 무역 국가로 성장했다. 전 세계는 인플레이션 걱정 없이 경제 성장을 이어갈 수 있었다. 특히 이 과정에서 기업들은 공급망 최적화를 통한 효율성 극대화를 추구해 생산단가를 낮출 수 있다면 국경을 여러 차례 넘나드는 중간재 무역을 활용했다. 우리나라는 많은 기업이 중국과 가까운 지리적 이점을 바탕으로 원재료, 부품, 중간재 등을 공급했으며 저렴한 가격으로 제품을 생산해 수출에 나서면서 중국 특수를 누렸다. 다른 국가들 역시 다양한 방법으로 중국에 투자하며 중국이 생산을 담당하는 공급망이 구축·유지됐다.

▶ 반도체 공급망 재편, 80년대부터 지금까지 계속돼

1980년대 일본은 엔저와 압도적인 기술력을 바탕으로 워크맨으로 대표되는 전자제품 등을 미국에 수출하면서 엄청난 무역흑자를 기록했다. 일본은 세계 경제의 새로운 중심으로 떠올랐으며 특히 전자제품에 필수품인 반도체 분야에서 눈부신 성장세를 보였다. 이 시기 일본은 높은 기술력과 우수한 노동력을 바탕으로 전체 메모리 반도체 시장에서 일본기업이 차지하는 비중이 80%에 이르는 등 미국은 물론 전 세계시장을 빠르게 장악했다. 특히 현재 우리나라의 수출 효자 상품인 D램 분야에서 압도적인 경쟁력을 자랑했다.

미국은 일본 반도체로부터 자국 산업을 보호하기 위해 1986년과 1991년, 1996년 반도체협정을 통해 반도체 시장을 재편했다. 협정 이후 일본 반도체 산업은 제조업, 제조장치업체, 소재로 이어지는 수직 산업구조를 형성할 수 없게 됐다. 이후 반도체 시장은 빠르게 재편돼 팹리스(반도체 설계) 분야는 미국, 파운드리(반도체 생산) 한국과 대만, 부품·소재·장비 등은 일본과 네덜란드 등이 담당하는 공급망이 구축됐다. 지난 2019년 7월, 반도체 공급망에 다시한번 비상이 걸렸다. 일본은 불화수소, 불화 폴리이미드, EUV포토레지스트 등 반도체 및 디스플레이 제조 핵심 소재에 대해 백색국가에서 우리나라를 제외하면서 우리 기업들의 반도체 생산 차질이 예상됐다. 당시 정부는 소·부·장(소재, 부품, 장비)분야를 육성하기 위해 국내 중소기업 투자를 확대했으며 기업들도 소·부·장 관련 기업의 지원 확대 및 다른 국가로의 공급망 다변화에 나섰다. 이 같은 노력에 솔브레인이 액체 불화수소를 국산화에 성공한 것을 시작으로 SK머터리얼즈 - 초고순도 기체 불화수소, 동진쎄미켐 - 불화아르곤 포토레지스트, 한미반도체 - 반도체 절삭장비, 백광산업 - 고순도 염화수소 등을 국산화에 성공했다.

특히 삼성전자는 공급망 자체를 국산화하기 위해 한국 상장사 8곳과 상장기업 자회사 1곳 등 9개 회사에 2,762억원을 출자하는 등 공급망 국산화에 앞장섰다. 이

밖에도 일본 수출규제 속 미국 듀폰은 한국에 EUV용 포토레스트 개발·생산시설 구축하는 등 일본기업들의 빈자리를 차지하기 위한 투자가 이뤄졌다. 최근에는 반도체를 두고 미·중 양국이 대립하는 가운데 '슈퍼을'로 불리는 네덜란드 ASML이 2024년까지 경기도 화성에 2,400억 원을 투자하는 등 반도체 공급망 재편에 따라 기업들도 분주히 움직이고 있다. 한편 최근 미국은 중국의 반도체 굴기를 막고 동맹국 위주의 공급망 재편을 위해 반도체를 생산할 때 필요한 극자외선(EUV) 스캐너의 중국 수출을 제한하는 등 반도체 관련 장비 기업을 압박해 공급망 재편을 추진 중이다.

출처 : 물류신문, 2022.12.02.

제 2 부

글로벌 경영과 물류관리

제4장

국제경영과 물류관리

국제경영과 기업의 국제화

1. 국제경영의 개념

1) 국제경영의 의의

(1) 국제경영의 정의

최근 경영·경제의 글로벌화가 급속도로 진행되면서 기업들은 생산, 판매, R&D 등의 경영활동을 세계에서 가장 유리한 지역에서 전개해 나가고 있다. 이는 기업간 경쟁이 치열해지면서 전 세계를 대상으로 생산요소들의 힙리적인 결합을 통해 경쟁력을 강화해 나가려는 기업의 경영전략으로 볼 수 있다. 아울러 정보통신기술과 물류의 발달은 전 세계적으로 분산된 자원을 유기적으로 결합할 수 있는 환경을 조성해 주고 있다.

국제경영이란 '기업이 국제화를 추진하면서 자본, 기술 및 노동력을 해외로 이전시켜 해외 현지국에서 경영활동을 전개하는 것'을 말한다. 오늘날 대부분의 기업들은 직·간접적으로 국제경영 활동과 관련되어 있다고 할 수 있으며 일반인의 일상생활도 기업의 국제활동과 밀접하게 관련되어 있다. 이는 원자재나 부품, 완제품 등을 해외에서 직접 또는 다른 기업을 통해 조달하거나 판매하는 것은 물론, 순수하게 국내에서 생산하여 국내시장에서 판매한다 하더라도 해외에서 수입된 제품과 경쟁하기 때문이다.

(2) 국제경영의 촉진 요인

기업의 국제화를 촉진하는 요인은 국제무역의 자유화, 기술 및 정보통신기술의 발전, 소비자 기호의 동질화 등 다양하다. 세계무역기구(WTO)에 의한 다자간 협상을 바탕으로 전 세계 시장을 동일의 규범으로 통합하려는 움직임으로 각종 무역 및 투자장벽의 완화 및 철폐함으로써 국제무역의 자유화를 추진하고 있다. 또한 1970년대 후반의 중국의 개방화와 WTO 가입, 1991년 소련의 붕괴에 따른 사회주의 경제권의 시장경제로의 편입은 세계 시장을 더욱 확대시켰다.

인터넷과 같은 정보기술의 발달로 전 세계 어느 지역의 파트너들과도 정보를 용이하게 교환할 수 있고 물류와 운송기술의 발전으로 더욱 신속하게 상호간 인적·물적 교류가 이루어져 글로벌 경영의 추진이 용이해지고 있다.

소비자 상호간의 정보교환과 글로벌화된 환경 변화로 소비자 기호와 소비 패턴이 동질화되면서 글로벌 소비자를 위한 생산활동이 더욱 촉진되고 있다.

표 4-1	기업의 국제화 촉진요인
국제무역환경의 자유화	**기술의 발전**
▪ 글로벌화 확산(WTO) ▪ 사회주의 경제의 개방	▪ 커뮤니케이션 기술 ▪ 정보 가공기술 ▪ 물류와 운송기술
정보통신기술의 발전	**소비자 기호의 동질화**
▪ 글로벌 조정 및 통합능력의 증대 ▪ 글로벌 정보탐색능력의 증대 ▪ 정보와 지식의 국제교류 활발	▪ 제품의 현지적합성의 증가 ▪ 글로벌 단일시장의 확대

Yip(1993)은 산업의 글로벌화 촉진요인으로 시장요인, 비용요인, 정부요인, 경쟁요인으로 구분하였다. 여기에서 시장요인은 소비자 행동, 유통경로 구조, 마케팅 특성이며, 비용요인은 사업의 경제적 특성이다. 정부요인은 개별 국가들의 법규이며 경쟁요인은 경쟁자의 행동을 의미한다. 이러한 다양한 글로벌 경제·경영환경의 변화와 더불어 기업들은 수익의 극대화, 시장점유율 제고, 기술의 획득 등 다양한 동기에서 그들의 사업영역을 해외로 더욱 확대해 나가고 있다.

2) 국제화의 동기와 장단점

(1) 국제화의 동기

기업이 국내에서의 활동에 머물지 않고 국제화 또는 세계화하는 동기로는 다음과 같은 요인을 들 수 있다.

첫째, 시장점유율의 증대이다. 국내시장은 규모가 협소하기 때문에 생산 규모가 제한적이므로 규모의 경제를 통한 비용의 절감에 한계가 있다. 따라서 국제화를 통해 더 넓은 시장으로 진출하여 시장점유율을 확대함으로써 효율적 생산 및 판매활동을 수행할 수 있다.

둘째, 투자수익률의 제고이다. 기업이 대규모로 투자하기 위해서는 글로벌 시장을 목표로 한 경영활동이 필수적이다. 대규모 자본 투입에 따른 적정 투자수익률을 달성하기 위해 보다 확대된 시장, 즉 글로벌 시장으로의 진출이 필요하다.

셋째, 규모의 경제와 학습효과이다. 시장의 규모 또는 범위를 확장하는 것은 생산, 마케팅, R&D, 유통분야에서 규모의 경제 실현에 도움을 줄 것이다. 이는 대량 판매를 통해 비용을 분산시킬 수 있을 뿐만 아니라 단위당 수익률을 증가시킬 수 있게 한다.

넷째, 지리적 위치의 장점이다. 저렴한 비용을 제공하는 장소에서 생산된 제품은 시장에서의 경쟁우위를 확보하는 데 도움이 될 것이다. 자연자원, 저임금, 주요 고객 그리고 에너지에 대한 접근성이 높은 지역에서 이에 적합한 경영활동을 통해 경쟁력 있는 제품의 생산, 유통, 물류활동을 전개함으로써 경쟁우위를 확보할 수 있다.

Fawcett(1992)는 기업의 글로벌화에 대한 접근법으로 두 가지로 구분하고 있는데 요소투입의 글로벌 생산전략과 시장접근 전략이다. 요소투입의 글로벌 생산전략을 통해 기업은 저렴한 비용과 높은 품질의 원·부자재의 투입을 통해 본국 시장에서 경쟁적 우위를 제고한다. 자원의 부존상태의 차이로 인해 국가 간 요소 가격의 차이는 기업활동을 저비용으로 수행할 수 있는 기회를 제공한다. 예를 들어 서구 기업들은 저렴한 인건비와 규모의 경제 실현을 위해 중국이나 베트남과 같은 개도국에 원자재를 구매하거나 생산을 외주한다.

시장 접근전략을 활용하여 기업은 전 세계적으로 현지에서 외국 시장에 접근하기 위한 운영체제를 구축할 수 있다. 보호주의의 강화와 NAFTA, EU, ASEAN과 같은 지역자유무역협정의 확대는 국내산 부품규정, 관세 등을 완화하기 위해 기업들이 해외에서 생산기지를 구축하는 요인이 되고 있다.

(2) 글로벌화의 단점

기업의 글로벌화가 대세인 요즘에는 기업의 글로벌화 장점은 부각되고 글로벌화의 비용은 간과하는 경향이 있다. 그러나 글로벌화는 기업 경쟁력 제고에 필수적인 요소로 인식되고 있지만 이에 부수적으로 동반하는 단점을 보완 또는 극복하지 못하면 경쟁력 상실로 이어질 수 있다.

글로벌화로 인한 단점으로는 첫째, 전 세계로의 공급사슬의 연장과 긴 조달시간은 공급사슬에서의 불확실성과 거래비용을 증대시킨다.

둘째, 조달시간(lead time)이 장기간에 이루어짐으로써 그 기간에서 더 많은 사건이 발생하고 공급사슬의 붕괴가 더 자주 일어날 수 있기 때문에 불확실성이 높다.

셋째, 조달시간이 장기간에 걸쳐 이루어지고 또한 다양한 국가에서 기업활동이 이루어짐으로써 환율, 원자재 가격, 구성품 가격의 변동성이 높아지고 이로 인해 제품 가치가 하락할 위험성이 높다.

3) 국제경영의 유형

(1) 수출

본국에서 생산된 제품을 외국에 판매하는 활동을 수출이라 하며 이는 현지생산에 따른 위험을 최소화하고 특정 제품을 시험해 볼 수 있는 좋은 기회가 된다. 수출방식에 의한 해외진출에는 제품을 생산한 기업이 직접 외국의 해외 대리점/유통업자, 또는 현지판매지사/자회사를 통해 수출하는 경우와 수출중간상에게 위탁하여 계약을 맺는 방식이 있다.

(2) 계약방식

계약에 의한 해외진출방식은 라이선싱(licensing), 프랜차이징(franchising), 기술제휴(technical arrangement), 서비스계약(service contract), 제조계약(contract manufacturing) 등 다양한 방식이 있다. 라이선싱은 기술이전에서 가장 중요하며 특정 기업체(licensor)나 타 기업체(licensee)에게 특허, 제조과정, 상표, 노하우 등과 같은 산업소유권을 이전하고 그 대가로 로열티(royalty)를 받는 것을 말한다.

프랜차이징은 라이선싱보다 이전의 대상이 확대된 계약방식으로 기술, 상표, 상호, 노하우 등의 사용권을 가맹점에게 이전하는 동시에 원료 및 관리시스템까지 일괄하여 제공하고 가맹점으로부터 사용료, 운영사용료를 대가로 받아 사업을 영위하는 형태를 말한다.

이러한 전략은 기업이 인지도가 높은 상표를 보유하고 있으나 해외에 직접 진출할 정도로 충분한 자금을 보유하지 못한 경우, 또는 직접투자를 통한 해외 진출이 현지국 정부의 규제로 어렵거나 불가능할 때도 유용하다.

(3) 투자방식

투자에 의한 진출방식은 해외직접투자(foreign direct investment), 인수합병(merge & acquisition), 합작기업(joint venture), 전략적 제휴(strategic alliance) 등이 있다. 해외 직접투자는 한 나라의 기업이 다른 나라에서 새로운 사업체를 설립하거나 기존 사업체의 인수를 통하여 이를 통제할 수 있는 투자지분을 획득하여 장기적인 관점에서 직접 경영에 참가하는 것을 목적으로 투자하는 것을 말한다. 인수합병(M&A)은 일반적으로 해외시장에 비교적 신속하게 진출하기 위해 그 지역에서 이미 조업하고 있는 기업을 인수 또는 합병하는 방안을 택할 수 있다. 보완적인 제품 라인과 훌륭한 유통 네트워크를 가지고 있는 기업을 인수·합병하는 경우에는 시너지 효과를 기대할 수도 있다. 합작투자는 해외 기업의 경영참여를 의미하기 때문에 자사의 부족분을 보완하거나 위험을 경감시켜준다.

2. 기업의 국제화와 글로벌 기업

1) 기업국제화의 개념

기업의 국제화(internationalization)란 '기업이 단순한 국내경영에서 벗어나 국내와는 상이한 환경과 조건 아래에 있는 세계시장에 수출활동을 시작하여 복잡하고 방대한 세계적인 경영활동으로 확대해 나가는 과정'을 말한다.

기업이 국제화하는 동기는 수출과 해외직접투자로 나누어 볼 수 있는데 수출 동기는 기업이 지니고 있는 유휴시설을 활용하는 측면, 수출량의 확대를 통한 규모의 경제 실현, 제품수명주기의 연장, 위험분산의 효과 등을 누리기 위한 것이다. 해외직접투자의 동기는 현지마케팅 강화, 해외조달, 국제적 다각화, 기술협력, 경쟁기업의 견제 등이 있다(이장로, 2003).

2) 기업의 국제화 과정

(1) 내수지향단계

국제시장으로의 진입 이전 단계에서 기업은 주로 국내시장에 초점을 맞추며 영업활동 영역도 국내에 한정한다. 이 단계에서의 기업전략은 국내시장에서 소비자의 욕구와 관심, 산업, 경제, 사회, 문화, 기술적인 추세를 기초로 하여 만들어진다. 동시에 국내경쟁자들이 기업의 주요 위협 대상으로 간주된다.

(2) 수출지향단계

기업국제화의 초기단계는 해외시장으로 수출의 추진이다. 해외시장의 상대적 중요성이 증가함에 따라 국내에서 생산한 후 수출하는 단계로 해외마케팅에서 바이어에 주로 의존한다. 수출의 동기로는 국내 유휴시설의 활용, 원가절감, 제품수명주기의 연장, 위험분산 등이 있다.

(3) 현지지향단계

다음 단계는 기업이 현지시장에 적극적으로 진출하는 시기이다. 초기단계에서는 진입한 시장에서 매출액과 시장점유율 증대를 위해 마케팅 활동을 전개해 나간다. 현지시장에서 새로운 고객층과 제품 경쟁에 효과적으로 대응하기 위한 전략 수립이 필요하다. 현지 마케팅에서의 성공에 이어 보다 진전된 형태의 현지진출 확대는 생산활동을 현지에서 수행하는 것이다. 현지에서의 생산활동은 현지 생산요소의 부존상태와 활용방안, 거시 및 미시경제적 측면, 기술, 시장환경, 법률 및 제도, 정책 등을 전반적으로 고려하여야 하기 때문에 복잡한 의사결정 과정을 거치게 된다.

(4) 세계시장지향단계

기업의 국제화 최종단계는 세계시장을 지향하는 것이다. 이 단계는 다수 현지국 간의 새로운 아이디어, 경험, 기술의 이전과 국가간 영업활동의 조정력을 증대시키는 데 관심을 가진다. 즉 다수의 현지국가들 위주의 전략개발보다는 생산 및 마케팅 활동이 범세계적으로 통합되고 연계되도록 하는 데 중점을 둔다.

그림 4-1	기업의 국제화 과정

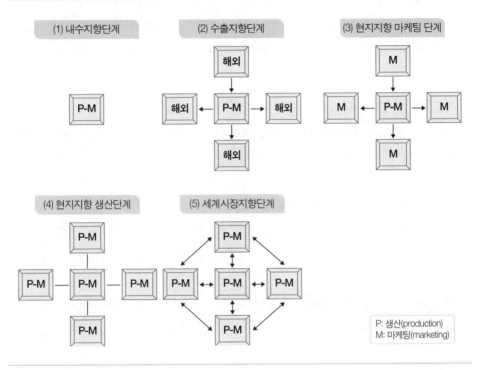

자료: 전용욱, 1994.

3) 글로벌 기업과 발전단계

(1) 글로벌 기업의 개념

글로벌 기업(global corporation)이란 과거의 다국적 기업(MNC: Multinational Corporation)보다 더 확장된 개념으로 '전 세계를 대상으로 경영활동을 전개해 나가는 기업'을 의미한다. 글로벌 기업, 다국적 기업, 초국가 기업, 초국적 기업, 세계기업, 우주기업 등의 표현이 혼용되고 있는데, 이들 사이에는 약간의 개념상 차이가 있으나 현실적으로 유사하게 사용되고 있다. 글로벌 경영하에서 이들 기업들은 원재료 및 부품은 전 세계에서 가장 유리한 지역에서 조달하며, 생산할 뿐만 아니라 전 세계를 대상으로 판매활동을 전개하고 있다.

글로벌 기업들의 경영활동을 글로벌 경영이라 하는데 국경에 따라 시장을 구분하지 않고 전 세계를 하나의 시장으로 보고 경영활동을 진행해 나가는 것이다. 따라서 국가마다 다른 전략을 수립하기보다는 전 세계 시장을 하나의 시장으로 간주하여 통합된 전략을 수립하게 된다. 즉 제품이나 서비스를 범세계적으로 표준화할 뿐만 아니라 판매, 유통, 물류, 광고 활동 역시 하나의 기준을 정해 놓고 전 세계에 적용시키는 소위 '글로벌 표준화(global standard) 전략'을 적용한다.

(2) 글로벌 기업의 발전단계

글로벌 기업의 발전은 〈표 4-2〉에서 보는 바와 같이 국내기업에서 출발하여 수출기업, 다국가 기업, 다국적 기업, 글로벌 기업의 형태로 발전해 나간다. 경영활동의 초기에는 충분한 노하우가 축적되지 못한 상태이므로 주로 국내기업 형태이며, 이는 기업국제화의 시초가 된다. 국내기업은 생산시설의 가동률을 극대화하여 국내시장 점유율을 높임으로써 수익의 극대화를 기업의 목표로 한다.

표 4-2	국제기업의 유형 및 특성			
특성	수출기업	다국가 기업	다국적 기업	글로벌 기업
제품 및 서비스	동질적	고객위주이나 약간 동질적	동질적이나 약간 고객 위주	글로벌 제품 및 서비스
부가가치 활동 및 경쟁	본국위주의 중앙집원화, 규모의 경제	각 국가기업별 자원 중복	분산화, 본국의 강력한 통제, 혁신 전파	글로벌 네트워크, 규모의 경제, 고객위주 경영
조직	본국 요원	현지 인력활용, 본국은 재무통제	본국의 통제운영	각 핵심센터별 의사결정
고객	글로벌 고객이나 현지고객 차이 없음	지역고객 위주, 글로벌 고객지원 어려움	지역고객은 지점에서 지원, 글로벌 고객지원이 어려움	지역 및 글로벌 고객 동시 만족

자료: 조석홍, 2001.

진정한 의미에서 국제화의 초기단계는 수출이다. 기업은 자체의 존속 내지 성장에 가장 민감한 반응을 보이는데, 국내시장이 좁아 판매여건이 좋지 못할 경우 국경을 뛰어 넘어 경영활동을 전개하게 된다. 초기에 해외진출에는 많은 위험이 따르므로 위험을 최소화할 수 있는 수출이 주 전략이 된다. 이 단계의 기업은 수출에 의한 해외시장 개척과 그 결과로 조업도 제고 및 생산규모의 경제화를 통해 수익증대를 기업의 목표로 삼게 된다.

다국가 기업은 수출전략이라는 벽을 뛰어넘어 진일보한 형태인 현지지향 경영으로 가기 위한 단계의 기업형태를 말한다. 중앙집권방식에서 자율경영방식으로 바뀌어 국가별 현지고객의 욕구에 부응한 경영활동을 진행하는 기업이다. 국가별 현지자회사가 구매, 생산, 판매, 인사 등의 모든 기능을 가지며 자율적 경영을 통해 현지화를 추진하는 기업이다. 다국가 기업은 현지자회사별로 독립적으로 운영되고 지역적으로 분산되어 나름대로의 권한을 지닌 강력한 시스템으로 운영된다.

수출과정에서 기업은 관세 및 비관세장벽 등 수입국의 규제를 받기도 하고 모국보다도 유리한 입지조건이 세계 어느 국가엔가 존재할 수도 있다. 기업은 무역규제를 피하기 위해 또는 유리한 입지조건을 이용하기 위해 현지국에 직접 생산시설을 갖추게 되는데, 이러한 기업이 바로 다국적 기업이다. 다국적 기업은 기업소유권의 다국적성, 세계지향적 경영활동, 인적구성의 다국적성, 기업조직구조의 분권화, 이윤의 재투자, 국제협력체제 모색, 다종다양한 기업형태 등의 특성을 가진다.

세계의 무역형태가 자유무역으로 진행되고 있으며, 운송수단 및 통신의 발달로 국제무역은 더욱 확대되고 있다. 이때 기업의 형태 또한 제품을 세계에서 가장 저렴한 원가구조를 가진 국가에서 생산하여 이를 전 세계 시장을 대상으로 판매하는 전략을 수행하는 기업으로 바뀌게 된다. 이러한 형태의 기업이 바로 글로벌기업이다.

(3) 글로벌 기업의 국제화 전략

글로벌 기업들이 추진하는 국제화 전략의 형태는 3가지 유형으로 구분할 수 있는데 순수 국내전략, 순수 글로벌 전략 그리고 통합 네트워크 전략이다. 국내 전략은 국가별로 독립적으로 전략을 수행하는 것으로 국내에서 소싱, 보관, 판매활동 등을 전개한다. 순수 글로벌 전략은 국가간 통합적인 경쟁을 추진하며, 제품은 전 세계적으로 표준화된 형태로 공급한다. 이에 비해 통합 네트워크 전략은 현지에서 자치적이고 주도적인 자회사에 의해 글로벌하게 조정된다. 표준화와 맞춤화를 부분적으로 시행하여 제품을 공급하게 되며, 시장 참여는 현지 국가간 통합과 조정 기능을 병행해 추진한다. 기업의 글로컬라이제이션 (glocalization) 전략형태로 볼 수 있다.

표 4-3	글로벌 기업의 국제화 전략		
	순수 국내전략	순수 글로벌 전략	통합 네트워크 전략
경쟁 동력	국가별로 독립적	국가들간 통합	현지 자치적이며 주도적 자회사에 의해 글로벌로 조정
제품 공급방식	국별로 완전 맞춤화	전 세계 완전 표준화	부분적 맞춤화와 표준화
부가가치 활동의 위치	각국에서 모든 활동 수행	개별국가에서 하나의 활동으로 집중화	분산, 특화, 독립적
시장 참여	특정한 패턴이 없으며 각국별로 자체적 참여	세계적 통일화, 현지에 높은 반응성과 세계적인 경험의 공유	시장접근에 현지 국가간 통합 기능과 활동당 조정수준이 변동
물류 네트워크	주로 국가적 수준에 따라 소싱, 보관과 선적	제한된 생산지와 창고에서 국제 네트워크를 통해 전 세계 시장으로 선적	균형적 현지 조달과 선적(예, 맞춤 제품과 현지 특화 제품)과 글로벌 소싱과 선적 (예, 일반 제품)

자료: Founou Rémi, 2003.

제2절 글로벌 경영과 물류관리

1. 국제경영과 물류

1) 국제경영에서 물류의 중요성

기업의 활동이 국제화되면서 국가간 수많은 유무형의 자원이 이동하게 되며, 또한 이러한 자원 이동의 활성화로 기업의 국제경영활동 역시 진전하게 되었다. 국제경영활동을 지원하기 위한 인프라, 운송 및 통신 장비, 전문인력 등의 투입으로 다양하고 효율적인 물류활동과 공급사슬관리가 가능해졌다.

기업은 다양한 동기 특히 제품의 생산 비용을 절감하기 위해서 또는 해외 시장에서 판매촉진을 위한 마케팅 활동을 위해 해외에 진출하는 데 이를 위해서는 원·부자재의 소싱과 제품의 국제운송 및 보관이 수반되어야 한다. 원활한 물류지원 없이는 기업활동의 국제화를 도모할 수 없기 때문에 물류는 성공적인 경영의 국제화를 위한 핵심적인 요인이 되고 있다.

기업경영의 국제화를 위해 물류의 역할은 공급자, 생산자, 유통업자, 소비자가 전 세계 어느 곳에 위치하든 고객에게 이음새 없이 물품을 이동시키는 비전을 가지고 전 세계에 걸친 공급네트워크를 구축하는 데 있다.

2) 글로벌 기업과 물류

(1) 글로벌 기업과 지리

새로운 기업 전략으로 인해 전략적 위치에 있는 물류시설에 물류활동이 집중되고 있다. 대표적으로 화물이동과 관련된 활동에서 터미널의 역할이 많아지고 있다. 물류관련 시설물들은 과거보다 규모가 훨씬 커졌고 그곳에서 각 지역을 장거리로 연결한다. 전통적으로 화물 유통은 생산의 주요 거점 예를 들어 미국의 동부 연안과 중서부 생산 벨트, 영국과 유럽의 산업지역, 일본의 남동부 지역, 우리나라의 동남 산업 지대 주변에 위치해 있다.

오늘날 특히 대량 화물의 흐름은 주요 관문과 거점인 대형 항만과 공항 그리고 시장과의 접근성을 갖춘 고속도로 교차로를 통해서 움직이고 있다. 산업 생산의 지리적 변화는 화물 유통의 변화를 수반하고 있다. 이러한 변화는 산업화와 글로벌 무역이 통합된 지역인 아·태지역에서 두드러지는데 홍콩, 싱가포르, 상하이, 부산, 카오슝 등에서 대규모 물동량 처리 거점(node)이 등장하였다. 이들 거점에는 세계적 규모의 컨테이너 항만들이 위치해 있다.

유통에서 규모의 경제에 의한 역내 비용절감을 위해 국가적 규모로 설계된 네트워크에 기초하여 계획·운영되는 경향이 증가하고 있다. 이러한 재구축 과정에서 전통적인 무역 관문은 대규모 소비 시장으로의 접근성을 갖춘 운송 회랑(corridor)에 위치하는 경향이 강해졌다. 유통업체들은 신속·정확한 배송 수요에 부응하기 위해 인프라를 증설하고 화물 흐름을 합리화해 나가고 있다. 유통에서의 지리적 경쟁이 심화되면서 대부분의 주요 화물 거점(대형 항만, 화물 공항, 내륙 거점)이 현재 인프라를 확장하거나 또는 확장계획을 가지고 있다.

유통센터의 위치는 정보의 신속한 교환, 고객의 선호도 변화, 경쟁 심화 등 공급사슬의 치열한 경쟁 등을 반영하고 있다. 공급사슬의 많은 부분이 통합되어 있으며, 유통센터는 글로벌 소싱과 지역 유통을 연계하는 경향이 강하다. 유통센터는 생산과 소매점간의 지리적 상호연결 지점에 있으며, 유통의 규모와 범위를 좌우한다. 컨테이너화와 특히 정보기술의 발전과 같은 혁신은 공급사슬의 모든 구성요소를 통합시켜 왔다. 이에 대응하여 유통에서의 구성원들 예를 들어 컨테이너 선사, 포워더, 창고회사, 터미널 운영업자들은 물류사슬의 가능한 한 많은 부분을 통합하고 있다. 이들 업체들은 인수, 합병, 전략적 제휴 등을 통해 수직적, 수평적 연계성을 확대해 나가고 있다.

(2) 글로벌 기업에서의 물류활동

세계시장의 개방화가 급속도로 진전되면서 경영자들은 기회의 활용과 위협에 적절히 대응함으로써 성공적 경영활동을 위해 새로운 사업을 끊임없이 개발·실행해 나가는 것이 필수적이다. 산업이 글로벌화되면서 국경을 초월해 확장된 공급사슬을 통해 더 많은 재화가 이동하게 된다. 글로벌 기업은 마케팅 전략의 지원을 위해 세계 도처에서 자사 제품의 시장을 확인하고 경쟁우위를 달성하기 위한 생산과 물류전략을 개발·실행하고 있다. 글로벌 시장에서 기업들은 이러한 전략 수행을 위해 글로벌 물류경로를 잘 활용하고 해외시장의 필요성에 부합하여 다수의 지역에 생산과 조립시설을 설치·운영하고 있다.

마케팅의 측면에서도 전통적으로 국가간 또는 다국적 개별 시장에 대한 특유의 마케팅 믹스를 개발하기 위해 지리적 시장에 크게 의존하기 때문에 그들의 전략은 특정 국가의 시장에 초점을 맞추게 된다. 글로벌 기업들은 전 세계 시장을 하나의 잠재적 시장으로 인식한다. 즉 그들은 성공적 경영을 위해서 전 세계 어느 곳에서든 소싱(sourcing), 생산, 연구조사, 자본조달, 판매활동을 진행해 나간다.

글로벌 경영에서 겪는 어려운 점 중의 하나는 광범위한 해외활동 네트워크를 어떻게 관리할 것인가이다. 글로벌 기업들은 세계적인 생산, 마케팅, 연구개발, 재무활동 등에서 경쟁우위를 확보하기 위해 다양한 방법을 활용할 뿐만 아니라 목적 달성을 위해 두 가지 방법을 채택한다. 첫째는 세계시장에 제품을 공급하기 위하여 각 국가들에서 활동을 확대하는 방법과 두 번째는 분산된 경영활동들을 효과적으로 조정하는 것이다. 어떤 경우가 되었든 이러한 활동들은 가치사슬상에서 고객에 근접하여 이루어져야 한다. 물류, 사후서비스(A/S), 그리고 마케팅 활동은 고객의 입지와 밀접하게 연계되어 있다. 반대로 소싱, 수입 물류, 생산은 어느 곳에서라도 수행될 수 있다. 이는 물류의 발달로 인해 지리적 제약이 완화되고 있기 때문에 가능하다.

물류는 어디서든 사업을 수행할 수 있게 하는 중요한 접근수단이기 때문에 글로벌 기업에서의 강력한 경영수단의 하나이다. 북미 혹은 유럽의 고객의 필요성을 충족시키는 것은 중국의 농촌지역이나 아르바이잔의 고객을 만족시키는 것과는 다른 기술과 자원을 필요로 한다. 그러나 목적은 동일한데 이는 경쟁자보다 고객의 니즈를 잘 충족시키는 것이다.

(3) 글로벌 기업의 물류활동의 변화

글로벌화는 글로벌 생산과 무역을 변모시키고 이로 인한 산업의 조직을 변경시키는 새로운 국제 경쟁의 시대를 가져오고 있다. 1960년대 중반 이후 미국 기업은 저렴한 비용의 해외 공급처를 찾아 공급사슬을 세분화하였다. 글로벌 소싱의 과정에서 미국은 초기에는 멕시코와 생산 공유 또는 단순한 부품의 조립공장에 초점을 맞추었으며 이후 생산을 확대해 나갔다. 1970~'80년대 대부분의 미국의 소매상과 기업들은 소비재의 해외 공급선을 확보하면서 공급사슬이 '생산자 주도'에서 '구매자 주도'로 전환되었다. 이러한 지리적 변화로 인해 지역 내 생산공유 협정체제에서 동아시아에 집중하는 완전한 글로벌 공급사슬로 확장되었다.

1990~2000년대 글로벌 공급사슬에 포함된 산업과 활동은 완성품뿐만 아니라 구성품(components)과 하위조립품을 포괄하였다. 또한 제조업뿐만 아니라 에너지, 식품생산 그리고 다국적 기업의 콜센터, 회계에서 의료와 핵심 R&D 활동까지 망라한 모든 종류의 서비스에 영향을 미치면서 기하급수적으로 성장하였다.

공급사슬의 글로벌화로 많은 중간재가 국경을 넘어 교역이 이루어지고 완성품 수출을 위해 부품과 구성품이 수입되고 있다. 2009년 중간재의 세계 수출은 상품 수출의 51%(연료 제외)를 차지하며 최종재와 자본재를 합한 수출을 초과하였다(WTO and IDE-JETRO, 2011). 이는 세계 무역 패턴이 상품의 수출에서 부가가치 형태의 수출과 사업(task)형태의 수출로 전환되었다는 것을 의미한다.

2. 글로벌 기업의 물류전략 유형

1) 글로벌 물류의 전략형태

글로벌 경영활동을 지원하기 위한 물류의 형태는 다음과 같이 3가지로 구분된다.

첫째, 자원지향 물류(Resource-oriented logistics)이다. 물류기능은 기업이 필요로 하는 자원인 자본, 원자재, 노동력 등의 조달을 지원한다. 이러한 물류는 기능과 지리적 측면간의 관계에 초점을 맞추고 있다. 전 세계를 자원의 공급과 판매처로 간주하여 물류지원을 진행하게 된다. 따라서 자원지향 물류는 물류의 기능을 비용 전략 면에서 자원 활용의 최적화에 집중한다.

둘째, 정보지향 물류(Information-oriented logistics)이다. 물류관리를 고려할 때 물자의 흐름보다 정보의 흐름, 즉 제품의 가용성, 배송시간, 고객니즈 등에 집중하는 형태이다. 여기서는 경쟁우위의 원천을 정보관리에 두고 있다.

셋째, 최종소비자지향 물류(User-oriented logistics)이다. 이 형태는 물류를 최종소비자에 집중화하는 것이다. 즉 소비자의 요구에 신속히 반응하기 위해 유연성을 강조한다. 유연성은 공급사슬에서 정확한 조정을 통해서 가능해진다.

2) 글로벌 기업의 물류전략 유형

(1) 소수국가진출기업의 물류전략

해외에 진출한 국가의 수가 제한적인 경우 물류전략과 운영의 결정은 각 국가에서 전략경영단위(SBU: strategic business units)에 맞추어 분산화 된다. 제품과 서비스가 현지국에 맞추어지며, 각국의 경영실행단위는 각자 독립적이 된다. 또한 시장은 국가 또는 지역별로 상이한 것으로 간주하여 각각의 시장에서 경쟁에 초점을 맞춘다. 물류네트워크는 각국 수준별로 소싱, 보관 그리고 운송을 수행한 후 다른 국가에도 유사하게 적용된다.

(2) 글로벌 기업의 물류전략

글로벌 기업들은 글로벌화가 진행되면 생산의 글로벌화에 이어 물류전략을 실행하게 된다. 아웃소싱은 글로벌화에서 가장 중요한 요소 중의 하나이다 (Harrison and van Hoek, 2002). 글로벌 기업은 주로 제품을 사업을 수행하는 전

국가에 걸쳐 표준화시킨다. 비즈니스 수준의 전략결정은 본국에 집중되어 있으며 전략경영단위는 서로 독립적인 것으로 간주한다. 또한 대규모의 생산, 판매, 유통을 통해 규모의 경제를 강조하기 때문에 이로 인해 현지 시장에 대한 반응성은 다소 부족하다. 국가간에 자원은 공유되고 또한 조정이 필요하다. 물류네트워크는 높은 수준의 글로벌 네트워크로 소수의 현지창고, 자원 그리고 생산기지를 통해 전 세계 시장으로 운송한다.

소수국가진출 기업과 글로벌 기업을 위한 물류전략은 서로 상충관계(trade-off)에 있다. 서로의 장점을 최대한 살리기 위한 전략으로 초국적 전략(transnational strategy)이 있다. 이것은 글로벌 효율성과 현지국에서의 반응성을 동시에 달성하기 위한 전략이다. 그러나 이를 동시에 달성하는 데는 한계가 있는데, 즉 효율성을 높이기 위해서는 강력한 중앙 통제와 조정이 요구되는 반면 시장의 반응성을 제고하기 위해서는 분산화해야 하기 때문이다.

제3절 글로벌 소싱

1. 글로벌 소싱의 개념과 구매관리

1) 소싱의 정의와 중요성

(1) 글로벌 소싱의 정의

소싱(sourcing)이란 '자재를 구매하여 필요한 시간과 장소에 공급하는 활동'이다. 소싱은 조달보다 더 포괄적인 개념으로 조달이나 구매결정보다 공급사슬에 대한 영향을 더 고려하는 경향이 있다. 그러므로 조직의 전반적인 경영목표를 달성하기 위해 기업 내에서 상호간 기능적으로 작업을 수행한다. 이에 비해 구매(purchasing)는 '필요한 재화와 서비스를 구매하는 거래 기능 또는 활동'을 의미한다. 조달(procurement)은 '제품의 생산활동 또는 투입요소를 산출로 전환하기 위해 필요한 재화와 서비스를 획득하기 위한 조직의 니즈와 관련된 광범위한 과정의 관리'를 의미한다. 그러나 이들 용어의 구분은 명확하지 않으며 상호 혼용해서 사용된다.

글로벌 소싱은 '전 세계를 대상으로 한 원자재, 부품, 완성품 등을 구매하기 위한 일련의 활동'을 의미한다. Leenders and Fearon(1997)은 글로벌 소싱을 주요 전략의 구성요소 중 하나로 간주하면서 글로벌 소싱이 증가하는 요인은 해외 공급업체들의 디자인, 생산, 유통 능력이 향상되었을 뿐만 아니라 생산과정에서 비용절감의 압력이 커졌기 때문이라고 주장하였다.

(2) 소싱의 중요성과 역할

고객의 가치 증대를 위해 기업은 구매와 공급관리에 관심을 기울이게 되었다. 대부분의 기업들은 총매출액의 상당한 부분을 공급자로부터 자재와 서비스의 구매에 할애하고 있다. 미국 제조기업의 경우 원자재 비용이 전체 생산 비용의 40~60%를 차지하고 있다. 제조업 분야에서 구매의 비중은 평균 55%에 이른다(Handfield et al., 2011). 이는 제품과 서비스 판매로 거둬들인 수입의 절반 이상이 공급자에게 돌아가며, 구매가 비용절감의 중요한 부분이라는 것을 의미한다. 그러므로 비용절감을 위해서는 초기 설계부터 공급자를 포함시키고, 공급자의 가격인상 요청에 선제적으로 대응해야 한다. 더구나 최종 재화에서 나타나는 대부분의 특징들은 공급자로부터 기원되기 때문에 공급처는 공급사슬의 중요한 부분이다. 공급자의 능력은 기업의 최종 재화 또는 서비스의 차별화를 지원하며 최종 고객의 가치를 증대시킨다.

글로벌 소싱은 전 세계 다수의 비용효과적인 공급업체를 확보함으로써 비용절감을 가져올 수 있다. 그러나 기업이 글로벌공급사슬 영역에 진입하기 전에 공급업체의 세계적인 네트워크를 어떻게 운영할 것인지 고려해야 한다. 그렇지 않으면 일상적인 문제로 인해 비용 편익이 잠식되고 서비스 수준을 위협할 수도 있다. 고비용의 운송서비스, 통관문제뿐만 아니라 국가간 문화적 차이도 극복해야 한다. 구매자와 공급자 사이에 정확한 실시간 정보 교환은 고객 수요의 변화에 대한 대응력을 높일 수 있다.

예측과 대응성의 개선은 소싱 네트워크에 편익을 가져오는데 예를 들어 사전 계획을 잘 수립하면 급송의 의존도를 낮출 수 있다. 또한 공급자는 어떤 부품이 가용한지를 잘 알고 있기 때문에 예상치 못한 주문에 잘 대응할 수 있다. 예측이 정확하면 공급자가 보유하는 안전재고량을 최소화할 수 있다. 또한 현재 부품의 재고 상태를 잘 인지하고 있으면 통관지연이 발생해도 생산일정에서 문제가 일어나기 전에 대체 공급처를 구할 수 있을 것이다.

글로벌 소싱은 상호 보완적인 자원이 서로 다른 기업에서 보유한 경우 경제적 타당성 예를 들어 원가절감 또는 품질향상을 기할 수 있다면 얼마든지 통합적으로 관리할 수 있다는 점에서 비롯된다. 구체적으로 제조원가에서 원재료 및 부품원가의 비중이 큰 제조업체는 조달비용이 가장 저렴한 지역에서 필요한 원·부자재를 집중적으로 조달할 것이다. 반면 인건비 비중이 높은 신발 및 의류와 같은 노동집약적 산업에 속한 기업들은 상대적으로 임금이 저렴한 지역에서 제품을 생산하는 것이 유리할 것이다.

다국적 기업의 글로벌 소싱전략에는 다양한 변수들을 고려해야 하는데 이는 글로벌 소싱이 갖는 많은 이점에도 불구하고 그에 상응하는 반대급부로서의 위험이 상존하고 있기 때문이다. 예를 들어 글로벌 소싱에서 공급사슬이 길어지면서 이에 상응하여 조달시간도 길어지고, 재고량도 많아지며 아울러 환율변동에 의한 환위험도 발생할 수 있다.

2) 구매관리

글로벌 기업은 생산되는 부품들을 세계 도처의 공급자로부터 구매한다. 부품구매가 최종재의 원가에서 차지하는 비중은 높다. 그러므로 구매관리는 글로벌 기업의 핵심활동 중의 하나이며, 특히 기업의 글로벌화와 더불어 구매의 중요성은 더욱 증가되고 있다.

구매관리의 목적은 무엇보다도 완제품의 생산이 적절한 시기에 적절한 양과 품질로 이루어지도록 원자재, 공급부품, 그리고 서비스를 기업내부로 지속적이고 최소의 비용으로 투입하는 것이다. 이를 위해서는 초과 재고의 관리문제에 적절히 대응해야 하며, 기업에서 정한 품질기준을 고수하면서 저렴한 원가로 구매해야 한다. 또한 구매가 기업의 물류시스템과 다른 기능에 어떤 영향을 미치는 지도 고려하여야 한다. 구매 관련 활동에는 공급자 선정, 품질관리, 구매의 생산성 관리 등이 포함된다.

(1) 공급자 선정

공급자 선정은 구매에서 가장 어려운 부분 중의 하나이다. 구매의 품목, 방법, 소량 다빈도 거래는 단순히 재주문 정도의 의미만 가진다. 그러나 대량 소빈도 주문 시에는 다수 공급자를 대상으로 심층평가와 장기적 조사가 필수적이다.

(2) 품질관리

구매과정이 원가에 초점을 맞출 때, 구매 자재의 품질이 낮아질 수 있다. 그러나 대체로 고품질의 자재 구매는 원가를 상승시키게 된다. 구매관리자가 저렴하고 저급한 품질의 자재를 구매하면 생산의 중단, 추가적 재작업, 그리고 높은 불량률을 가져오게 되어 결국 원가를 상승시키게 된다. 실제로 고객 불만족을 원가에 포함시킬 경우 저급품 자재 구입으로 인한 부정적 효과는 구매에서의 비용 절감 이상이 되는 경우가 많다. 그러나 필요 이상의 고품질의 자재를 구매하는 것은 또한 낭비가 될 수 있는데 이는 원가에 부담이 되어 고객이 기대하는 부가가치의 획득을 어렵게 한다.

(3) 선도 구매

선도 구매는 고객 수요를 만족시키기 위해 사전에 자재를 취득하는 것을 말한다. 기업은 다양한 이유로 재고를 보유하게 되는데 필요시 공급의 불확실성, 중단 없는 완제품 생산, 미래 자재가격의 상승, 운송의 경제성 등이다. 대부분의 선도 구매는 이러한 이유 등으로 인해 이루어진다.

(4) 구매의 생산성 개선

구매의 생산성 향상을 위해서는 구매관리를 표준화하거나, 구매관리부서와 공급자간 연계 강화를 위해 EDI로 정보를 교환할 수 있는 시스템 구축이 필요하다. 또한 공급자와의 파트너십 관계를 통해 보다 장기적인 전략으로 구매를 실행하거나 구매부서를 지원하는 조직구조를 갖추는 것도 중요하다.

2. 글로벌 소싱의 환경요인과 전략적 선택

1) 글로벌 소싱의 위험과 기회요인

글로벌 경쟁이 가속화되면서 다국적 기업들은 글로벌 경영체제를 구축하고 있다. 이러한 과정에서 다국적 기업은 부품 또는 제품을 전 세계에서 소싱하고 있다. 글로벌 소싱을 추진하는 동기는 기업에 따라 다양하나 주로 비용절감, 품질개선, 기술의 혁신과 증대, 그리고 운송 및 신뢰도 개선 등이 있다. 즉 국내에서 소싱하는 것보다 전 세계를 대상으로 소싱함으로써 더 많은 선택의 여지가 있으며, 이는 곧 더욱 경쟁적인 조건으로의 구매 가능성을 높여준다.

글로벌 소싱에는 〈표 4-4〉에서 보는 바와 같이 비용절감과 공급선의 다양화 등으로 인한 기회요인도 있지만 위험요소도 많이 내재되어 있다. 공급사슬의 글로벌화와 외주의 증가로 인한 위험요소로는 자재의 파이프라인 확장, 길어진 조달시간, 운송 및 재고비용의 증가, 관련 규정과 법령의 증대, 환율 변동, 통관요구사항, 언어, 문화와 시간의 차이 등이 있다.

표 4-4	글로벌 소싱의 기회와 위험	
기회요소		위험요소
▪ 비용절감 ▪ 신규제품개발 ▪ 생산거점의 공급원활화 ▪ 대체공급업체 발굴 ▪ 비정규직 노사갈등 해소		▪ 품질저하 ▪ 재고/물류비용 증가 ▪ 불안정한 공급 ▪ 장기적 리드타임 ▪ 환율 변동

자료: 매일경제, "글로벌 소싱이 생산력 높인다", 2010. 6. 3.

2) 글로벌 소싱의 전략적 선택

글로벌 소싱의 전략적 선택은 소싱을 수행함에 있어 여러 가지 형태 또는 방식 중 어느 것을 채택할 것인가에 대한 의사결정이다. 소싱의 형태는 다양한데 우선 내부/외부 소싱, 국내/해외 소싱, 단일/복수 소싱 등으로 구분할 수 있다(이장로, 2003). 전략적 선택은 현지국의 수요, 입지상의 요인, 수송비, 규모의 경제, 정부의 규제 및 기타 요인 등을 고려해서 결정하게 된다.

첫째, 소싱을 내부 또는 외부에서 할 것인가이다. 내부소싱(in-house sourcing)은 원재료, 부품 및 중간재를 다국적 기업의 공장에서 직접 생산하는 것이고, 외부소싱(outsourcing)은 기업외부의 공급원으로부터 구입하는 것을 말한다. 이러한 결정에는 경쟁적 원가, 공급의 신뢰성, 품질의 균일성, 경험곡선과 규모의 경제, 장기적 기대수준, 고용문제, 잠재적 경쟁가능성, 생산설비의 전용성, 투자규모, 현지정부와 노동자 및 일반대중의 태도 등과 같은 제반요인을 고려해야 한다.

둘째, 국내 또는 해외에서 소싱할 것인가이다. 이러한 선택에서 고려할 요소는 우선 비용의 문제인데, 직접노무비, 자재비, 조달시간비용, 운송비, 재고비용 등은 국내든 해외소싱이든 모두 발생한다. 이들 중 운송비, 재고비, 조달시간비용은 해외소싱에서 더 많이 발생한다. 이에 비해 기업의 해외진출시 개발도상국에서는 노동비용과 자재비가 저렴할 수 있다. 해외조달시 가장 중요한 요인 중의 하나는 환율이다. 환율은 해외소싱으로 발생하는 대부분의 비용에 큰 영향을 미친다. 또 다른 문제로 현지국 정부간의 이해관계 분쟁이 발생할 수 있다는 것이다. 현지생산자회사는 품질향상과 비용절감 등을 이유로 원재료, 부품 및 기계류 등을 본국에서 수입하려 할 것이다. 반면 현지국 정부는 자국의 부품산업육성과 국제수지개선을 위해 다국적 기업이 현지공급원으로부터 조달해주길 요구할 것이다.

셋째, 단일소싱이냐 복수소싱이냐이다. 이러한 선택은 산업구매자의 목표, 공급자의 목표, 양자간의 관계, 가격요건, 계약범위 및 기간, 구매자의 협상력, 구매자의 내부 및 외부소싱구조 등을 고려하여 전략적으로 결정되어야 한다.

3. 글로벌 소싱의 고려사항과 기준

1) 글로벌 소싱의 고려사항

글로벌 소싱에서는 〈표 4-5〉와 같이 생산비용, 자원비용, 물류 및 운송, 통신뿐만 아니라 정치 및 노사문제, 문화 및 관습, 통관, 의사소통 등 다양한 요인들을 고려하여야 한다. 이러한 고려사항은 글로벌 소싱/국내 소싱의 결정, 소싱지역 또는 국가, 업체선정 등에 영향을 미치게 된다.

표 4-5	글로벌 아웃소싱시 고려사항
▪ 공급자 탐색 및 평가 ▪ 리드타임과 운송형태 ▪ 공급업체 감독 ▪ 정치문제와 노사문제 ▪ 추가 비용의 추정 ▪ 환율 변동 ▪ 지불 방식 ▪ 품질	▪ 품질보증과 클레임 ▪ 관세 ▪ 서류비용 ▪ 각종 법규 관련 사항 ▪ 물류와 운송 ▪ 언어 ▪ 의사소통 ▪ 문화/사회적 관습

자료: 김재일 외, 2009.

2) 글로벌 소싱의 공급자 선정과정과 기준

(1) 글로벌 공급자 선정의 중요성

글로벌 소싱은 해외시장으로부터의 제품과 서비스를 공급받는 것이다. 해외시장에는 다양한 공급처가 존재하기 때문에 이들이 가진 경쟁적 자원, 기술, 서비스 등을 제공받는 것이 용이하다. 그러나 어떤 공급자를 선정하느냐에 따라 글로벌 소싱의 편익은 달라지기 때문에 소싱업체의 선정은 소싱의 핵심요소이다. 글로벌 공급자 선정은 품질과 정시성에 결정적인 영향을 미치면서 기업의 전체 성과에도 중대한 영향을 미치기 때문에 신중한 선정이 이루어져야 할 것이다. 예를 들어 HP사의 경우 정확한 공급자의 선정을 통해 정시 배송, 주기시간의 감축, 생산 일정 및 예측능력 향상, 프로세스에서의 비부가가치 시간의 감축 등의 효과를 얻었다.

(2) 글로벌 공급자 선정과정

공급자 선정은 일반적으로 [그림 4-2]와 같은 과정을 거친다. 물품이나 서비스를 외부에서 조달하기로 결정되면 먼저 선정을 위한 팀을 구성한다. 다음 단계는 공급업자의 사전 선정 작업인데 이 과정을 통해 자격 요건 등에 충족되지 않는 업자를 골라낸다. 그 다음은 사전에 선정된 업자를 대상으로 심층 심사를 진행하여 최종 공급자를 선정하고, 선정된 공급업자와 계약을 체결한다. 이후에도 공급자를 대상으로 지속적인 성과 측정과 평가를 통해 소싱의 성과를 향상시켜 나가야 한다.

그림 4-2 　공급업체 선정과 관리 프로세스

1단계	2단계	3단계	4단계	5단계	6단계
팀 구성	사전 심사	심층심사	공급자 선정	계약체결	성과측정과 관리

(3) 공급자 선정기준

공급자 선정에는 다양한 기준들이 있는데 이들 기준들은 상충될 수 있기 때문에 공급자 선정 과정을 더욱 복잡하고 어렵게 하는 요인이 된다. 일반적으로 공급자 선정기준의 범주는 〈표 4-6〉에서 보는 바와 같이 품질, 신뢰도, 위험, 공급자의 역량, 재무적 요소, 기업활동의 용이성, 조달시간 등으로 구분되며 각 범주에 다양한 세부기준을 가지고 있다.

각 요인의 중요성은 기업의 소싱 목적에 따라 달라질 수 있다. 즉 공급 원가를 줄이는 것이 목적이라면 비용요인이 품질 또는 다른 요인에 비해 더 높은 가중치를 가지게 될 것이다. 기업간 원가 경쟁이 치열해지면서 공급업체 선정에서 원가가 중요한 기준이 되고 있다. 중국이나 동남아시아로부터의 소싱은 낮은 인건비를 통해 이윤을 높일 수 있다는 측면에서 매력적인 공급원으로 인식되고 있다. 인터넷과 같은 정보통신기술의 발전으로 공급처의 탐색과 의사소통이 용이해지면서 글로벌 소싱의 장점을 높이는 동시에 어려움을 경감시켜 주면서 글로벌 소싱을 촉진시키는 역할을 한다.

표 4-6	공급자 선정기준		
항목	기준	항목	기준
품질	▪ 기술적 명세 ▪ 신뢰성(MTBF) ▪ 유지보수(MTTR) ▪ 제품수명 ▪ 보수의 용이성 ▪ 견고성(내구연한) ▪ 의존성	역량	▪ 생산 능력 ▪ 기술 역량 ▪ 관리 스타일 ▪ 운영통제(SQC) ▪ 노사관계
신뢰성	▪ 정시배송 ▪ 성과내역 ▪ 보증과 교환정책	재무적 요소	▪ 구매의 조건 ▪ 공급업체의 재무건전성
위험	▪ 비용위험 ▪ 공급불확실의 가능성 ▪ 납기시간 위험과 불확실성	기업 활동의 용이성	▪ 유통업체의 자세와 문화적 호환성 ▪ 신뢰와 협력 수준 ▪ 포장 ▪ 통신 ▪ 공급업체 위치

주: MTBF(Mean Time Between Failure: 평균무고장시간); MTTR(Mean Time To Repair: 평균보수시간)

3) 글로벌 소싱의 과제

글로벌 소싱에는 많은 난관이 뒤따른다. 특히 국경을 뛰어 넘고 문화와 제도가 상이한 곳과 국제상거래를 수행해야 하기 때문에 이에 부수적인 여러 가지 과제를 극복해야 한다. 효과적인 글로벌 소싱 전략을 수립하기 위해서는 무엇보다 글로벌 환경에 대한 깊이 있는 분석이 선행되어야 한다. 그뿐 아니라 차별화되면서도 저렴한 가격의 제품 공급처를 찾아내야 하고 이들의 신뢰성을 심도 있게 평가하여야 하며, 물류, 통관, 인프라 등의 요소를 고려하여야 한다.

(1) 거래업자 발굴과 평가

신뢰할 수 있는 거래업자의 발굴은 쉽지 않다. 그러므로 거래량이 많고 사업의존도가 높은 업체는 잠재적 거래업자의 평가에 많은 시간을 할애해야 한다. 공급업자 평가 및 인증 그리고 거래조건의 상담을 위해 직접 방문하여야 하는 경우도 있다. 특히, 신뢰도가 낮은 국가의 경우 신용문제가 사업진척에 차질을 빚게 하고, 신의성실의 원칙에 위반되어 피해를 입는 경우가 많다. 그러므로 제품의 공급자와의 안정적인 관계의 구축이 매우 중요하며, 또한 이들 파트너와 제휴를 통한 협력우위(collaborative advantage)를 어떻게 창출할 것인가를 고민해야 한다.

(2) 물류관리

글로벌 기업의 경우 공급업자의 소재지와 소싱 기회들은 전 세계적으로 널리 분포되어 있으므로 물류관리는 매우 중요한 요소이다. 물류관리를 소홀하게 취급하게 되면 높은 비용부담이 발생할 뿐만 아니라 시장 점유율의 감소로 인한 경쟁력 상실로 이어질 수 있다.

비록 운송수단이 비약적으로 발달하였지만 글로벌 소싱에 시간이 강조되는 이유는 국제거래에는 많은 시간이 소요되기 때문이다. 그리고 국제운송보다는 해당국내의 내륙운송에서 지연이 발생하기 쉽다. 또 다른 지연은 통관에서 나타나는데 주로 관련 서류의 준비에 많은 시간이 소요되는 경우가 많다. 항만이나 공항에서의 체류시간은 주로 시설적인 요소와 운항 횟수에 좌우된다.

(3) 환율변동

환율거래에서 지급기간과 환율변동 등에 따라 환차손이 발생할 수 있다. 비록 이에 대비하기 위해 환율변동을 예측하지만 환율은 정치적, 경제적, 심리적 요인 등 많은 요인에 의해서 급격하게 등락하기 때문에 예측에 많은 어려움이 있다. 달러화로 계약을 체결해 두면 편리하지만 환위험을 분산하기 위해서는 유로, 위안, 엔과 같은 다양한 통화로 계약 체결하는 것도 필요하다.

(4) 대금결제

환율과 같은 재무적 사항은 공급자와 운송수단의 선정, 재고 수준과 같은 물류관리요소에 직접적인 영향을 미친다. 대금결제는 수출입업자뿐만 아니라 물류업자에게도 중요한 요인이다. 수입업자는 수출업자에게 적절한 대금지급방법과 시기를 제시할 필요가 있다. 정확한 시간에 전체 대금지급이 중요하기 때문에 구매자가 선호하고 지급에 따른 위험을 최소화할 수 있는 지급방법을 선택해야 한다.

수출입 거래에서 현금지급 방법이 가장 간단하지만 장기거래 관계에서는 대개 신용거래를 한다. 신용거래시 활용하는 결제수단은 주로 환어음(bill of exchange)이 사용된다. 환어음은 수출자가 수입자 혹은 수입자의 거래은행에게 어음상의 기일 내에 지급 금액을 지급하도록 위탁하는 유가증권이다.

(5) 관세, 세금 및 기타 비용

글로벌 소싱에는 글로벌 시장을 대상으로 다양한 제품을 소싱하기 때문에 높은 시장거래비용(market transaction cost)이 발생할 수 있다. 여기에는 공급자 발굴 정보비용(information cost), 공급자와 가격이나 품질을 협상하는 데 소요되는 비용(negotiation cost), 그리고 제품의 품질, 납기 등을 지키는데 발생하는 비용(enforcement cost)을 합친 비용 등이 포함되며 이러한 시장거래 비용을 어떻게 낮출 것인가를 고민해야 한다.

관세는 국가의 관세영역을 통과하는 물품에 부과하는 조세이다. 관세의 대상이 되지 않는 자유무역지대나 보세구역을 제외하고는 예외 없이 부과되는 수입 물품에 대한 세금의 일종이다. 세관 통관비용으로 관세사 비용, 기타 공과금과 신용장 발행비용, 통역료, 외국세금, 추가 재고비용, 노후화 및 파손 비용, 포장,

마킹(marking) 비용 그리고 해상보험료 등이 있다.

(6) 서류작업

국제물류의 수행에는 많은 서류작업이 필요하다. 물류의 이전 단계인 수출입 계약단계에서부터 화물의 인도 과정까지 수많은 서류가 관련 조직에 전달 또는 입수되어야 한다.[1] 정확한 서류작업은 무역결제에도 중요한 역할을 한다. 세밀한 서류작업을 통해 고객의 지급 또는 공급자의 화물인도에 관한 위험을 줄일 수 있다. 서류작업에는 많은 비용과 시간이 소요되기 때문에 이를 경감시키기 위해서는 단순화, 표준화, 전산화를 추진할 필요가 있다.

(7) 커뮤니케이션 및 문화

언어는 매우 다양하고 미묘한 차이를 가져올 수 있으므로 무역거래 담당자의 외국어 숙지가 중요하다. 공용어를 이용하는 것보다 해당국의 언어를 구사하는 것은 거래 선에 친근감을 줄 수 있다. 문화 측면에서는 국가마다 다양성이 존재하므로 여기에 적응하기는 매우 어렵다. 예를 들면, 유럽에서는 미국보다 격식을 중시하므로 사업활동에는 정장차림이 무난하다. 중동국가에서는 상담 도중에 수시로 다른 업무가 중단되어도 무례한 것으로 받아들이지 않는다. 또한 남미에서는 친밀한 표시로 가까이에서 대화를 하며, 한국을 포함한 아시아 지역에서는 연장자를 중시하고 조직의 수직적 위계가 각별하게 강조되는 점을 항상 기억해야 한다.

---

1) 미국의 국제무역서류위원회가 수행한 조사에 의하면 통관에는 평균 46개 서류가 필요하다고 한다.

제5장

국제물류와 무역실무

1. 무역과 국제운송

무역의 발전은 재화의 목적지까지의 이동과 국경통과에 따른 시간과 비용에 따라 영향을 받는다. 따라서 무역이 성장하기 위해서는 무역거래 및 물류비용과 시간이 적정한 수준에 머물 수 있도록 하여야 한다. 물류의 비효율성은 재화의 원가를 높일 뿐만 아니라 국제시장에서 제품, 나아가 기업에 대한 신뢰성과 지위에 상당한 영향을 미친다. 무역거래를 성공적으로 수행하기 위해서는 제품의 질적 수준향상, 마케팅 능력, 외환결제 등 무역절차에 대한 전문적 지식 및 경험이 중요하다. 이와 아울러 적절한 운송수단의 선정을 통한 제품의 적기인도, 그리고 이를 통한 영업력과 신용도의 제고 또한 중요한 요소가 된다.

만약 운송수단을 잘못 선택하여 적기인도가 이루어지지 않거나 포장, 하역 등의 잘못으로 화물에 대한 운송클레임이 발생하게 되면 수출업자는 경제적으로 뿐만 아니라 대외신뢰도 등에서 손상을 입게 될 것이다. 나아가 동일한 가격으로 경쟁할 경우 경쟁사보다 저렴하고 빠른 운송수단, 최적의 운송경로 선택, 그리고 운송이 각 단계별로 신속·정확한 업무의 처리로 인한 비용절감이 이루어진다면 이는 곧 가격경쟁력을 높여 경쟁우위에 설 수 있게 될 것이다.

국제운임은 관세나 환율과 함께 무역에 영향을 미친다. 환율의 상승은 수출을 더욱 경쟁적으로 하는 반면 관세의 하락은 수입비용을 감소시키며 마찬가지로 운임의 하락은 직접적으로 수출입을 촉진시킨다. 예를 들어 아프리카에 있는 육지로 둘러싸인 국가는 평균적으로 개방된 선진국에 비해 4배나 높은 수송비를 지불하고 있다. 더구나 대부분의 수출입 재화의 가격은 개도국에게는 외생변수이다. 계량경제의 추정치에서는 개별 국가의 운임이 2배로 증가하면 80% 이상의 무역이 감소하는 것으로 나타났다.

적시배송에 대한 높은 신뢰성과 같은 서비스 품질의 개선을 위해 운송비 지출은 더욱 증가하고 있다. 예를 들어 미국은 지난 20년 동안 운송에 대한 지출은 160% 증가한 것으로 추정되는데, 동 기간 재고에 대한 비용은 27% 증가하는 데 그쳤다. 과거에는 재고비 지출이 운송비보다 높았으나 최근 20년간은 운송비는 재고비의 거의 두 배에 이른다.

오늘날 운송 또는 물류비용에 비해 국가의 지리적 위치가 무역패턴에 미치는 영향력은 그리 크지 않다. 생산, 소득, 경제 블럭 그리고 거리는 일국의 무역에 영향을 미친다. 또한 높은 품질과 저렴한 비용 그리고 물류서비스의 제공 여부는 국가 경쟁력과 깊은 연관성을 가진다. 운송, 보관활동, 유통 및 정보관리와 같은 물류서비스를 경쟁력 있게 제공할 수 없다면 이는 국제무역을 감소시키며 이로 인해 더욱 제한된 물류서비스가 제공될 것이다.

전 세계적인 생산과 유통활동의 분산화를 가능하게 하는 세계화의 촉진은 경제성장에 다양한 기회를 제공하고 있다. 급속한 경제성장의 역량은 세계 및 지역시장으로 연계할 수 있는 능력에 달려 있다고 할 수 있다. 이러한 능력은 또한 생산중심지에서 최종시장으로 재화 및 서비스를 얼마나 효율적이고 신속하게 이동시킬 수 있는 가에 달려 있다. 이와 같이 물류서비스의 발전은 시장의 연계성, 고용의 확장 가능성, 자원기지의 용이하고 저렴한 개발, 비효율적인 저장 및 많은 처리과정으로 인한 손해 및 멸실의 감소를 가져오기 때문에 경제발전에 중요한 시사점을 제공한다.

2. 무역과 보관

무역에서 정확한 시간에 원하는 물품을 수입업자에게 공급하는 것은 고객서비스 차원에서 매우 중요하다. 이를 위해 운송수단, 경로의 선택 등은 결정적인 영향을 미친다. 물품 배송의 정시성을 확보하기 위해서는 운송 이외에도 보관, 하역, 포장, 정보 등의 기능이 운송을 효과적으로 지원해 주어야 한다. 특히 수송하고자 하는 물품을 어디에서 집하하느냐는 정시성에 상당한 영향을 미치게 되는데, 예를 들어 배송의 거리가 줄어들면 그만큼 정시성의 확보가 용이해진다.

이러한 측면에서 보관지역, 즉 물류센터를 어디에 위치할 것인가? 재고량을 어느 수준으로 보관할 것인가? 하는 등의 의사결정은 수출입 물류에서 중요한 변수가 된다. 특히 공급, 생산, 판매, 물류가 전 세계 시장을 대상으로 이루어지고 있는 상황 하에서 수출입 물품의 보관기능은 제품의 수출경쟁력에 중요한 영향을 미치게 된다.

또한 소비자의 기호 및 요구를 최대한 반영한 완성품을 제공하기 위해 물품의 완성단계를 최대한 지연시키는 '지연전략(postponement strategy)', 유통가공, 라벨링 등이 현지 물류센터에서 진행되는 상황하에서 물류센터를 중심으로 한 보관기능의 중요성은 더욱 증대되고 있다.

제2절 주요 무역거래조건 및 수출입절차

국제무역은 기본적으로 격지자간 거래라는 특성을 가지고 있다. 국제무역은 국제운송 및 물류수요를 파생하며 이것을 충족시키지 않고서는 무역거래가 이행되지 않는다. 국제무역과 국제물류가 상류(商流)와 물류(物流)의 양 바퀴에 비교되는 이유도 이러한 상호 의존관계가 있기 때문이다. 따라서 국제물류는 국제무역거래의 상류인 계약 단계에서부터 출발한다.

1. 무역계약의 체결

무역계약은 통상 매수인으로부터 매도인에 대한 상품에 관한 문의·조회 (inquiry)에서 구체화되고, 청약(offer), 반대청약(counter offer)을 반복한 후 품질, 수량, 가격, 대금결제, 선적, 보험 등의 여러 조건을 매도인과 매수인간에 승낙

(acceptance)된 후에 매매계약이 성립된다.

무역계약 체결시에 국제물품거래의 계약 내용을 명시하고, 그 중에는 운송계약의 체결, 위험 및 비용부담에 관해서도 명기하고 있다. 무역거래조건은 해당 물품에 대한 위험과 비용을 부담하는 자가 누구인지, 또한 운송과정의 위험을 누가 부담하는지를 약정하는 등 거래에 필요한 제반 협상조항을 포함한다.

1) 거래상대방 발굴

(1) 해외시장조사

무역의 첫 단계는 해외시장조사로부터 출발한다. 해외시장조사는 목표시장을 선정하는 과정으로서 객관적인 자료에 근거하여 과학적인 방법으로 목표시장에 접근하기 위하여 조사대상 시장의 일반사항과 특수사항을 조사하는 단계이다. 해외시장조사는 관심품목의 소비자(최종구매자)를 확보하기 위하여 해당시장의 전체적이고 구체적인 사회·경제적인 동향을 조사하는 과정이다.

해외시장조사의 내용은 주로 시장의 잠재력, 고객의 태도와 성향, 유통경로, 커뮤니케이션 수단, 시장정보의 원천과 신제품에 관한 것들이다. 그러나 더 중요한 것은 이와 같은 시장정보의 분석에서 전체 시장의 크기와 해당 시장에서 얻을 수 있는 몫, 즉 스스로의 경쟁적인 위치를 확인하는 것이다.

(2) 거래상대방 발굴방법

무역회사는 시장조사를 통하여 시장성 있는 상품과 시장을 발견하게 되면 신용있는 상사를 선정하여 거래관계를 맺어야 한다. 해외거래처의 발굴을 위해서는 인터넷이나 세계적으로 유명한 상공인 명부의 검색을 이용할 수 있다. 그 외에도 국내외의 무역알선기관인 국제상업회의소(ICC: International Chamber of Commerce), 한국무역협회(KITA: Korea International Trader's Association), 대한무역투자진흥공사(KOTRA) 등을 통하여 무역거래처의 알선을 의뢰할 수 있다.

현재 국내외의 각종 무역알선기관에는 해외시장에 대한 각종 자료를 비치하여 두고 회원 및 일반고객에게 자료서비스를 할 뿐만 아니라 세계 도처에서 많은 조회(inquiry)를 접수하고 있어서 거래처 선정에 많은 참고자료를 제공하여 주고 있다.

(3) 거래제의장 발송

시장조사를 통하여 접촉대상의 업체목록(buyer's list)을 확보하면 이들 회사에 거래제의서(business proposal)를 발송한다. 거래제의서 발송은 우편을 이용하는 것이 통례적이나 경우에 따라서는 팩시밀리, 이메일 등을 사용할 수도 있다. 거래제의서에는 다음의 사항을 포함하는 것이 바람직하다.

① 상대방의 주소와 성명을 알게 된 경로
② 수출 또는 수입을 희망하는 품목, 가격지급조건 등
③ 신용조회를 위한 신용조회처
④ 거래개설을 유도하는 문언 등

(4) 신용조사

거래제의에 대한 회신을 보내오거나, 거래문의를 해오는 회사와 거래를 하기에 앞서 그 회사의 신용상태를 조사하는 것은 안전한 상거래를 위해서도 중요한 과정이다. 신용조사(credit inquiry)는 상대방의 신뢰성을 측정하는 것이며, 보통 Three C's라고 하는 Capital(재정상태), Capacity(거래능력), 그리고 Character(인격)의 요소가 기본을 이루고 있다. 신용조사는 일반적으로 상대방의 거래은행을 통하여 하는 경우가 많으며, 상대방의 거래처나 상공회의소 등을 활용하기도 한다. 그런데 거래은행이나 상공회의소 등을 통하여 신용조사를 실시할 수 있으나 보다 상세한 조사를 원하는 경우에는 무역보험공사, 신용보증기금, KOTRA와 같은 전문적인 신용조사기관을 통하여 신용조사를 실시하게 된다.

2) 무역계약의 성립

(1) 무역계약의 체결

무역계약(trade contract)은 '물품과 용역의 수출입을 위하여 양자 또는 다자 간에 체결되어 법률적 구속력을 가지는 약정'이라고 정의할 수 있다. 계약의 모든 당사자는 계약조건의 이행에 관한 권리와 의무를 동시에 가지게 된다. 따라서 무역계약은 매도인이 매수인에게 물품을 인도하면 매수인은 이것을 인수하고 그 대금을 지급할 것을 약속하는 것이므로 낙성계약, 쌍무계약 및 유상계약의 법적 성격을 지니고 있다. 이에 따른 무역계약은 통상 다음과 같은 과정을 거쳐 성립된다. 첫째, 해외마케팅 단계로서 해외시장을 조사하여 거래상대방을 물색하여, 거래상대방에 대한 신용조사를 실시한 후, 거래제의를 한다. 둘째, 거래당사자 일방의 청약 또는 주문에 대하여 상대방이 승낙 또는 확인함으로써 계약이 성립한다. 셋째, 거래당사자는 수출입 본 계약을 확정한다.

(2) 청약과 승낙

청약(offer)은 특정 조건으로 거래를 하겠다는 의사표시인데 통상적으로 매도인(seller)이 물품판매조건을 제시하는 것을 말한다. 청약은 단순한 가격통지나 청약의 유인(invitation to offer)과 구별된다. 청약은 그 내용이 확정적이며, 상대방이 승낙할 수 있는 유효기간을 정하게 된다. 그리고 유효기간 내에 상대방이 승낙할 경우 구속되겠다는 의사표시를 하여야 한다.

청약은 상대방에게 도달하는 때부터 효력을 발생하며 상대방이 유효기간 내에 승낙하면 계약이 성립된다. 상대방이 청약을 거절하거나, 반대청약(counter offer)을 하거나, 청약자가 청약을 철회하는 때에는 그 효력이 소멸된다.

승낙(acceptance)은 청약자의 청약내용에 대하여 계약의 성립을 목적으로 하는 피청약자의 의사표시이다. 승낙은 청약내용에 대하여 절대적·무조건적으로 동의하는 방식으로 하여야 한다. 조건부 동의는 반대청약이 되며 이를 승낙으로 보지 않고 상대방의 새로운 청약으로 간주한다.

3) 무역계약의 기본 조건

무역계약의 기본 조건에는 품질, 수량, 가격, 선적, 보험, 결제, 포장, 클레임의 8가지가 있다.

(1) 품질조건

품질을 결정하는 방법은 점검, 견본, 표준품, 명세서, 규격, 상표매매 등이 있다. 일반 공산품을 거래하는 경우에는 견본 또는 설명서를 제시하고 그에 합당한 물품을 인도하는 방식을 택한다. 그러나 곡물, 광석, 원면, 목재 등 천연자원류는 표준품매매(F.A.Q 및 G.M.Q)[1]나 규격매매, 점검매매 등의 방법으로 거래하는

---

1) G.M.Q(Good Merchantable Quality)는 목재, 광석, 생선류 등을 수출시 판매적격임을 Seller가 보증한다는 취지의 품질조건이며, F.A.Q(Fair Average Quality)는 곡물 등 농산물 수출시 전년도 생산품 중 평균품질을 공급하기로 했을 때 적용하는 품질조건이다.

것이 일반적이다.

품질결정시기는 선적품질조건(shipped quality terms)과 양륙품질조건(landed quality terms)이 있다. 주로 일반 공산품은 선적할 때의 계약상품의 품질을 결정하는 선적품질조건을 이용하게 되고, 곡물·육류 등은 물품이 수입항에 도착되어 양륙시의 품질을 결정하게 되는 양륙품질조건을 사용하게 된다.

(2) 수량조건

수량을 결정하는 단위는 상품에 따라 중량, 용적, 개수, 길이, 면적, 포장단위 등으로 사용된다. 포장된 상품을 매매하는 경우에는 포장단위의 숫자로서 수량조건 충족 여부를 결정하므로 별문제가 없으나, 살화물(bulk cargo) 상태로 인도하는 경우에는 정확한 수량을 맞추는 것이 불가능함으로 다소의 과부족은 허용하는 조건(more or less clause)으로 약정하여야 한다. 또한, 수량의 표현이 나라에 따라서 다른 경우가 많으므로 반드시 정확한 측정기준을 택하여야 한다. 특히 국제물류에서는 운임을 산정할 때 수량이나 용적에 의해서 부과되므로 명확히 이해할 필요가 있다.

수량을 결정하는 시기는 선적시에 수량이 적합해야 하는 선적수량조건(shipped quantity terms)과 양륙지에서 수량이 적합해야 하는 양륙수량조건(landed quantity terms)이 있다. 곡물, 광석 등과 같이 운송도중이나 하역시에 손실이 발생할 가능성이 높은 물품의 수량은 도착항에서 공인검사기관의 수량 확인에 의하여 공급수량의 이행 여부를 결정한다. 그리고 기타 품목은 선적시의 검량으로 공급수량의 이행 여부를 확인하게 된다.

표 5-1	수량단위 및 결정시기
구분	종류
수량단위	▪ 개수: piece(pc), dozen(dz) 등 ▪ 길이: feet(ft=12inch), yard(yd=3ft) 등 ▪ 넓이(면적): ft²(square feet), yd²(square yard) 등 ▪ 부피(용적): ft³(cubic feet), yd³(cubic yard) 등 ▪ 무게(중량): pound(1b), M/T(Metric Ton) 등
수량결정 시기	▪ 선적수량조건(Shipped Quantity Terms): 대부분 일반 공산품에 이용 ▪ 양륙수량조건(Landed Quantity Terms): 농산물, 광물 등 살화물 (bulk cargo)에 이용
포장재료 중량포함 여부	▪ 총중량(Gross Weight): 포장재료의 중량을 포함한 총상품 중량 ▪ 순중량(Net Weight): 포장재료의 중량을 제외한 순상품 중량
톤(ton)	▪ L/T(Long Ton)=2,240lbs≒1,016kg: English Ton ▪ S/T(Short Ton)=2,000lbs≒908kg: American Ton ▪ L/T(Metric Ton)=2,240lbs≒1,000kg: Kilo Ton

(3) 가격조건

물품의 가격은 제조원가에 운임보험료, 하역비, 창고료, 통관비용 등 여러 가지 부대비용을 합산하여 결정하게 된다. 따라서 이러한 부대비용의 부담주체를 수출자와 수입자 중 누구로 할 것인지, 그리고 운송도중에 불의의 사고가 발생할 경우 이에 대한 책임을 누가 질 것인지를 분명히 해둘 필요가 있다. 이러한 사항을 결정하기 위한 가격조건은 FOB, CIF와 같은 Incoterms상의 정형거래조건 중 하나를 채택하고 있는 바, 이에 대한 정확한 이해가 필요하다.

(4) 선적조건

수출상이 약정한 물품을 수입상에게 정확하게 인도하는 것은 가장 중요한 무역 조건 중의 하나이다. 선적조건에는 매도인과 매수인이 물품의 인도시기, 인도장소, 인도방법 등을 합의하여야 한다. 이 중 인도장소와 인도방법은 Incoterms 2020에서 결정되기 때문에 선적시기에 대해서 별도로 합의할 필요가 있다.

그리고 선적(shipment)이라는 용어는 본선적재(loading on board), 발송(dispatch), 운송을 위한 인수(accepted for carriage), 우편수령일(date of post receipt), 접수일(date of pick up) 그리고 복합운송서류를 요구한 경우 수탁일(taking in charge)을 포함하는 것으로 해석한다.

선적시기는 구체적인 연월일을 명기하여 최종 선적시기를 정하여야 한다. 약정상품 전량을 일시에 선적하지 못할 경우 이를 나누어서 분할선적(partial shipment)하여야 한다. 그러므로 분할선적이 불가피할 경우 무역계약 체결 시점에서 명확히 약정하여야 한다.

선적일을 해석하는 방법은 매도인이 실제로 선적을 이행한 날짜인지 아니면 선하증권의 발급일자를 기준으로 하는지 해석상 논란이 있을 수 있다. 선적일자의 해석방법은 선적선하증권(shipped bill of lading) 또는 선적 필 운송서류의 경우는 선적의 일부일(日附日)을 기준으로 한다. 수취선하증권(received bill of lading) 또는 선적이나 적재를 위하여 화물을 수취하였음을 나타내는 운송서류의 경우에는 후일 선적이 완료되었음을 나타내는 문언을 해당 선하증권이나 운송서류에 운송인 또는 그 대리인이 선적부기(on board notation)하고 기입하는 날짜로 간주한다.

일반적으로 이러한 취지를 명확히 하기 위해서 계약서에는 "The date of Bill of Lading or transport document shall be deemed to be the conclusive evidence of the date of such shipment." 또는 "The date of Bill of Lading or transport document shall be taken as conclusive proof of the day of shipment."라는 문언을 명시할 필요가 있다.

일반적으로 선적일을 확인할 때 운송서류를 보고 확인하여야 한다. 선적(shipment)이라는 용어는 육, 해, 공 모두 공통으로 사용될 수 있는 용어이며, 신용장에서 선적일자와 관련되어 사용된 shipment는 운송의 형태에 따라 〈표 5-2〉와 같은 의미를 포함하고 있다.

표 5-2	선적(shipment)의 의미
해상/해양선하증권 (marine/ocean bill of lading)	본선적재일 또는 선하증권(B/L) 발행일
비유통 해상화물운송장 (non-negotiable sea waybill)	본선적재일 또는 선하증권 발행일
용선계약 선하증권 (charter party bill of lading)	본선적재일 또는 선하증권 발행일
복합운송서류	발송일, 수탁일, 본선적재일
항공운송서류	발행일
도로·철도·내륙수로 운송서류	수령 스탬프일자 또는 발행일
특송(택배)	화물수령일(date of receipt), 집화일(date of pick up)
우편	우편수령증의 스탬프 일자(date of stamp)

분할선적(partial shipment)은 계약물품을 일회에 전량 선적하지 아니하고 2회 이상 나누어서 선적하는 경우를 말한다. 신용장상에 분할선적을 금지한다는 문언이 없는 한 일반적으로 분할선적은 허용하는 것으로 간주된다. 분할선적은 당사자간에 해석상의 논란이 될 수 있으므로 주의가 요망된다. 신용장통일규칙(UCP 600)에 의하면, 선적이 동일한 항로를 따라 운항하는 동일한 운송수단에 이루어진 것을 증명하는 2세트 이상의 운송서류는 동일한 목적지를 명시하고 있는 한 그 운송서류가 상이한 선적일, 상이한 적재항, 수탁지 또는 발송지를 표시하고 있을지라도 분할선적으로 간주하지 아니한다[2]고 명시하고 있다.

그리고 특정의 운송수단이 동일한 날싸에 동일한 목적지를 향하여 출발하였다고 하더라도 2가지 이상의 다른 운송수단(트럭, 철도, 선박 등)에 선적하는 것은 분할선적으로 간주된다고 화환신용장통일규칙에서 그 개념을 명시하고 있다.

이에 반하여 할부선적(shipment by installment)은 분할선적과 달리 일정기간 내에 주기적으로 선적될 수량 및 금액을 미리 지정해 두고, 그 기간 이내에 일정한 할부선적분을 이행하고 어음을 발행하여야 하는 것이다. 만약 지정된 기간 내에 지정된 수량이 선적되지 아니할 경우 해당 할부분과 그 후의 모든 할부분에 대해서도 모두 무효가 된다.

---

2) UCP 600 제31조 b.

환적(transshipment)은 선적항에서 선적된 화물을 목적지로 가는 도중에 타 운송수단에 옮겨 싣는 것을 말한다. 매수인은 화물이 환적될 경우 하역 과정에서 파손위험이 있기 때문에 환적을 원하지 않을 수 있지만, 매도인 입장에서는 목적지로 출항하는 직항선이 없는 경우 불가피하게 환적이 발생할 수 있다. 따라서 환적 여부에 대한 사항을 명확히 명시할 필요가 있으며, 신용장거래에서는 환적에 대한 금지문언이 없다면 환적을 허용한다고 해석하고 있다. 특히 복합운송의 경우에는 환적금지문언이 있을지라도 환적표시가 있는 서류를 수리하는 것으로 신용장통일규칙에서는 명시하고 있다.

(5) 결제조건

인도되는 물품의 대금을 결제하는 방법을 송금(remittance), 추심(collections), 신용장(letter of credits) 등이 널리 사용되는데 이중 어떤 것으로 할 것인지를 우선 결정하여야 한다. 이 조건이 정해지고 난 다음에는 선지급(advanced payment), 동시지급(concurrent payment), 후지급(deferred payment) 중 어느 것으로 택할지 지급 시기를 결정하여야 한다.

(6) 보험조건

CIF나 CIP조건의 경우에는 매도인이 매수인을 위하여 해상적하보험 또는 운송보험에 부보해야 한다. 보험조건을 정할 때에는 협회적하약관(ICC: Institute Cargo Clause, 1982년 또는 2009년 약관)의 (A), (B), (C)조건과 1963년 약관의 단독해손 부담보조건(F.P.A.), 분손담보조건(W.A.), 전위험담보조건(A.R.) 중 어느 하나로 부보의 범위를 선택할 수 있다.

(7) 포장조건

살화물이 아닌 상품은 변질, 손상, 멸실 등을 방지하기 위하여 모두 포장하여 인도하므로 각 상품의 특성에 따라 그에 적합한 포장재를 사용하여야 하며, 포장의 외장에 특정한 기호와 번호, 목적지 등 화인(shipping mark)을 명확히 기재하여야 한다.

포장은 상품의 종류, 성질 또는 도착지와 운송도중의 기후와 환적의 횟수, 도착지 국가의 화물포장 등에 관한 법규, 상관습, 포장비, 운임 등을 충분히 고려하여 합리적이고 안전한 포장을 하여야 한다. 특히 포장불량으로 인하여 운송도중에 물품이 손상되거나, 포장에 표시된 화인이 부적절하여 하역이 제대로 되지 않는 경우의 손실은 해상보험에 의해서도 보상받지 못하므로 주의해야 한다.

화인(shipping mark)은 물품의 외장에 특정기호, 번호, 목적지, 취급주의 문구 등을 표시하여 포장 상호간 식별할 수 있도록 하는 것을 말한다([그림 5-1]에서 참조). 화인은 대개 매수인이 요구하는 경우가 많다.

그림 5-1 화인의 표시

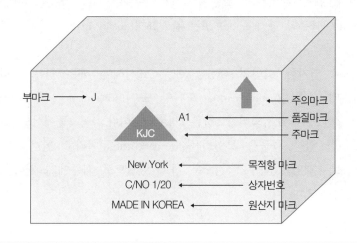

① 주화인(main mark): 특정한 기호(symbol)를 표시하여 다른 화물과의 식별을 용이하게 한다. 외장에 삼각형, 다이아몬드, 마름모, 타원형 등의 로고를 표시하고 그 안에 수입자의 상호 등의 약자를 표시한다.

② 부화인(counter mark): 주화인만으로 다른 화물과의 구별이 어려울 때, 주화인 아래에 생산자 또는 공급자의 약자나 내용물의 등급을 표시한다.

③ 화물상자번호(case number): 송장(invoice), 적하목록(M/F: Manifest), 기타 운송 서류와 대조하여 식별·확인하기 위하여 상자 겉면에 표시하는 일련번호이다.

④ 도착항표시(port mark): 화물의 선적 및 양화작업을 용이하게 하고 다른 곳으로 잘못 운송되는 것을 막기 위한 필수적인 화인으로서 목적항을 표시한 것이다. 화물의 경유지가 2개소 이상일 경우 Busan via Osaka 등으로 표시한다.

⑤ 중량표시(weight mark): 운임계산, 통관, 하역작업 등을 용이하게 할 수 있도록 순중량(net weight)과 총중량(gross weight)을 표시하며 용적도 표시한다.

⑥ 원산지표시(country of origin): 당해 물품의 원산지를 외장의 맨 아래에 표시한다. 한국산인 경우 Made in Korea로 표시한다.

⑦ 주의표시(care mark, side mark, caution mark): 화물의 운송이나 취급상 주의사항을 외장의 측면에 표시하기 때문에 Side Mark라고도 부른다. Use No Hook, Open Here, This Side Up, Fragile, Keep Dry 등이 있다.

⑧ 기타 표시: 수입자의 요청에 따라 주문표시(order no.), 지시표시(attention mark), 물품의 등급(grade) 또는 품질표시(quality mark)를 할 수 있다.

이상에서 열거한 화인의 내용을 모두 표시해야 하는 것은 아니다. 그러나 이들 가운데 주화인(main mark), 도착항 표시(port mark), 화물상자 번호(case number)는 반드시 표시되어야 하는 필수내용이다. 이 중에서도 도착항 표시(port mark)가 없는 화물을 무인화물(no mark cargo)이라고 한다. 이 경우는 그로 인한 모든 책임은 화주가 지도록 하고 있으므로 화주에게 커다란 손해를 초래하는 사례가 많다.

(8) 클레임조건

계약위반 또는 채무불이행으로 인하여 계약당사자간에 분쟁이 발생하는 경우가 있다. 이러한 분쟁에 대비하여 클레임을 제기하는 시기와 제기방법 그리고 해결방법을 미리 약정해 두어야 한다. 이 경우 클레임 해결방법으로 상사중재조항(commercial arbitration clause)을 미리 약정해 놓으면 보다 간편한 방법으로 클레임을 해결할 수 있다. 그러나 이러한 약정이 없으면 무역클레임을 소송으로 해결하여야 하는 번거로움이 야기될 것이다. 따라서 분쟁은 소송에 의하는 것보다는 중재에 회부하는 것이 더 좋으며 또한 중재보다는 조정 그리고 조정보다는 분쟁의 예방이 더 중요하다.

4) 국제무역규칙

(1) 무역거래조건의 해석에 관한 국제규칙

국제무역규칙이란 국제무역을 수행함에 있어 준수해야 할 규칙을 말하며,

무역의 기본 사항에 관한 규정을 포함하고 있으며 다음과 같은 것이 있다.

①　무역거래조건의 해석에 관한 국제규칙(Incoterms: International Rules for the Interpretation of Trade Terms): 국제물품매매계약시 무역업자들이 겪는 무역 장애요인인 준거법에 대한 불확실성, 불충분한 지식, 해석상의 상이점에서 오는 거래상의 분쟁을 사전에 예방하기 위한 규칙이다.

②　화환신용장통일규칙: 국제상업회의소가 모체가 되어 1933년 비엔나회의에서 채택된 것이 화환신용장통일규칙 및 관례(UCP: Uniform Customs and Practice for Commercial Documentary Credit)이다.

③　국제물품매매계약에 관한 유엔협약(The United Nations Convention on Contracts for the International Sale of Goods): 국제적인 상관습에 대한 해석상의 차이와 각국 법제도의 상이에서 오는 불편을 제거하기 위하여 1956년 12월 17일 유엔에 설치된 국제연합 국제무역법위원회(UNCITRAL)에 의하여 1980년 4월 11일 비엔나의 국제회의에서 통과된 것이다.

④　추심에 관한 통일규칙(Uniform Rules for Collections, 1978 Revision): 국제상공회의소가 1956년 제정한 국제무역거래 및 외국환거래에 있어 외국환의 추심업무 등에 대하여 규정한 국제규칙이다.

⑤　CIF계약에 관한 와르소 옥스포드 규칙: 국제법협회가 국제무역조건 중 가장 복잡한 내용을 가진 CIF조건의 매매계약에 관한 국제적인 통일규칙을 1928년 Warsaw-Rules, 1928을 채택한 후 각국 상공회의소의 협력을 얻어 이를 수정하여 1932년 옥스퍼드 국제법협의회 회의에서 채택된 것이 1932년 와르소 옥스포드 규칙이다.

⑥　해상화물운송에 관한 유엔협약: 국제무역법위원회가 해상운송과 관련하여 선하증권 약관의 국제적 통일을 기하기 위하여 제정한 국제협약으로 운송인의 책임을 강화함으로써 화주에게 유리한 변혁을 가져올 획기적인 조약이다.

⑦　국제물품복합운송에 관한 유엔협약: 복합운송의 출현으로 국제복합운송인의 책임에 관한 통일적인 국제협약의 필요에 따라 유엔무역개발회의(UNCTAD)에 의해 1980년 제정된 국제협약이다.

⑧　요크 안트워프 공동해손규칙: 공동해손의 취급과 해석의 통일을 기하기 위한 운동이 일어나 1877년에 York에서 채택된 해상보험에서 공동해손을 구성하는 손해 및 비용에 관한 규칙이다.

(2) Incoterms 2020

국제상업회의소(ICC: International Chamber of Commerce)는 '무역거래조건의 해석에 관한 국제규칙(INCOTERMS: International Rules for the Interpretation of Trade Terms)'을 1936년 1월 제정한 이래 수 차례 개정하여 업계에서 정형화된 무역조건을 사용하고 있다. 정형무역 거래조건을 규정하고 있는 규칙이 'Incoterms'인데, 2020에 개정되어 국내 및 국제무역조건의 사용에 관한 ICC규칙 (ICC Rules for the Use of Domestic and International Trade Terms)을 채택하여 이른바 Incoterms® 2020 규칙이 적용되고 있다.

〈표 5-3〉에 보듯이 Incoterms 2020은 11가지 거래조건으로 구분되며 가격조건, 인도조건, 매매계약 당사자인 매도인과 매수인에 대한 의무 등을 규정하고 있다.

표 5-3　INCOTERMS 2020의 주요 내용

구분		거래조건	물품의 인도시기	비용부담	비고
E 그룹	Departure (출발지 인도조건)	EXW (Ex Works) (공장인도조건)	매도인의 작업장 구내에서 매수인의 임의처분 상태로 둘 때 매도인의 인도의무가 완료	매도인은 작업장 구내에서 임의처분상태로 둘 때까지의 제비용 부담	수출통관→ 매수인 의무
F 그룹	Main Carriage Unpaid (주운임 미지급 조건군)	FCA (Free Carrier) (운송인 인도조건)	매도인은 매수인이 지정한 운송인에게 수출통관된 물품을 인도하였을 때 인도의무 완료	매도인은 운송인에게 인도시까지의 제비용 부담	수출통관→ 매도인 의무
		FAS (Free Alongside Ship) (선측인도조건)	매도인이 물품을 매수인이 지정한 선적항의 선박 선측에 인도할 때 인도의무 완료	매도인은 선측에 인도할 때까지의 제비용 부담	수출통관 → 매도인 의무
		FOB (Free On Board) (본선인도조건)	물품이 매수인이 지정한 선적항의 본선에 물품을 인도하거나 이미 그렇게 인도된 물품을 조달할 때 매도인의 인도의무가 완료	매도인은 본선에 물품을 인도할 때까지의 제비용 부담	수출통관→ 매도인 의무

구분		거래조건	물품의 인도시기	비용부담	비고
C 그룹	Main Carriage Paid (주운임 지급조건군)	CFR (Cost and Freight) (운임포함 인도조건)	물품이 매도인이 지정한 선박의 본선에 인도할 때 매도인의 인도의무가 완료	매도인은 FOB조건＋목적항까지의 운임 부담	수출통관→매도인 의무
		CIF (Cost Insurance and Freight) (운임보험료 포함 인도조건)	물품이 매도인이 지정한 선박의 본선에 인도할 때 매도인의 인도의무가 완료	매도인은 FOB조건＋목적항까지의 운임 및 보험료 부담	수출통관→매도인 의무
		CPT (Carriage Paid To) (운송비지급 인도조건)	매도인은 자신이 지정한 운송인이나 다른 자에게 수출통관된 물품을 인도하였을 때 인도의무 완료	매도인은 FCA조건＋지정된 목적지까지의 물품운송비	수출통관→매도인 의무
		CIP (Carriage and Insurance Paid To) (운송비보험료 지급인도조건)	매도인은 자신이 지정한 운송인이나 다른 자에게 수출통관된 물품을 인도하였을 때 인도의무 완료	매도인은 CPT조건＋지정된 목적지까지의 적하보험료 부담	수출통관→매도인 의무
D 그룹	Arrival (도착지 인도조건군)	DAP (Delivered At Place) (목적지 지정 장소인도)	매도인이 지정 목적지에서 매수인의 임의처분하에 물품을 인도한 때(운송수단에서 양화를 위해 준비된 상태)	매도인은 목적지까지의 물품인도에 따른 제비용 부담(단, 수입관세 및 양화비용 불포함)	수출통관→매도인 의무 수입통관→매수인 의무
		DPU (Delivered at Place Unload) (목적지 양화 인도조건)	매도인이 지정 목적지에서 매수인의 임의처분하에 물품을 인도한 때(운송수단에서 양화된 상태)	매도인은 물품을 지정 목적지에서 양화까지의 제비용 부담	수출통관→매도인 의무 수입통관→매수인 의무
		DDP (Delivered Duty Paid) (관세지급 인도조건)	매도인이 지정된 수입 국내의 목적지점에 물품을 매수인의 임의처분하에 인도한 때	매도인은 목적지까지의 물품인도에 따른 제비용 부담(단, 양화비용 불포함)	수출입통관→매도인 의무

2. 수출입절차

1) 수출의 단계별 절차

수출절차란 '수출행위를 할 수 있는 자격을 얻은 자가 수출이 허용된 물품을 외국의 수입업자와 수출계약을 체결하고 물품의 수출에 관한 기본사항을 관련 법규에 따라 수출승인을 받은 후 세관통관절차를 거쳐 선박 등에 적재하고 물품대금을 회수하기까지의 흐름'을 말한다.

수출절차는 계약조건, 결제방식, 운송방식 등에 따라 거래절차가 달라질 수 있으나 이하에서는 신용장, CIF, 해상운송 방식에 근거하여 기술한다.

수출절차는 국내 무역관련법규(대외무역법, 외국환거래법, 관세법 등)와 국제상관습(Incoterms, 신용장통일규칙 등)의 상호 연관 속에서 유기적으로 적용하게 된다. 수출업자는 국내 무역관련법규와 국제상관습 등에 대하여 명확한 이해를 통해 수출거래의 형태나 수출절차의 각 단계별로 가장 적합한 법규나 상관습을 선택함으로써 수출에 따른 문제점을 해소하고 원활한 수출을 할 수 있다([그림 5-2] 참조).

(1) 수출계약 체결

수출을 하고자 하는 자는 취급물품에 대하여 국내 무역관련법규에 의해 수출이 허용되는 물품인지 여부를 확인한 다음, 거래시장을 탐색하여 이를 결정하고 시장조사단계를 거쳐 가장 적절한 거래선을 물색한 후, 거래관계 개설을 위한 수출계약을 체결하게 된다.

수출계약은 국제적 매매계약으로 수출업자가 외국의 수입업자에게 물품의 소유권을 양도하여 물품을 인도할 것을 약속하고 수입업자는 이를 받아들이고 그에 상응하는 대금을 지급할 것을 약정하는 계약이다.

(2) 수출신용장 수취

수출계약이 체결된 후 계약조건에 따라 수입업자는 수출업자를 수익자로 하여 신용장을 발행하게 되고 수출업자는 신용장을 수취한 후, 동 대금회수의 안전을 위하여 계약내용과 일치여부, 양도가능여부, 매입은행의 제한여부에 대한 확인, 기타 특수한 신용장조건으로 대금회수의 위험을 초래하는 조건이 없는지를

그림 5-2	신용장방식에 의한 수출절차

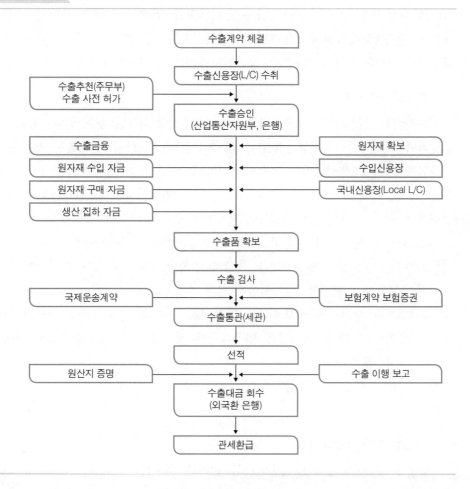

검토하게 된다. 예컨대 신용장문구에 분할선적 또는 환적이 금지되어 있는 경우, 선적기일 내에 수출물품의 전량 생산이 어렵거나 직항선이 없으면 신용장상의 조건이행이 불가능하다.

(3) 수출승인

수출계약을 체결한 자가 물품을 수출하기 위해서는 우선 수출하고자 하는 품목이 수출입공고나 통합공고 등에서 제한되는 품목인지 여부를 파악하여야 한다. 우리나라 수출입품목 관리체계는 크게 대외무역법에 근거한 수출입공고에 의한 관리와 다수의 특별법상 제한내용을 반영하고 있는 통합공고에 의한 관리로 대별된다. 따라서 어떤 물품을 수출하기 위해서는 당해 물품이 수출입 공고상 수출제한품목인지 수출자동승인품목인지를 파악해야 하며, 동시에 통합 공고상의 사전허가 등이 요구되는 품목인지의 여부도 확인해야 한다.

(4) 수출물품 확보

무역계약이 확정되면 수출업자는 즉시 수출물품 확보활동을 한다. 원자재를 조달하여 수출품을 자체생산하거나, 협력업체를 선정하여 완제품을 발주한다. 수출업체가 자체 생산설비를 보유하고 있으면 수출물품 확보활동의 주된 사항은 원자재 조달·관리활동과 수출물품 생산관리활동이다. 생산관리활동은 공정 관리로서 이는 수출원가와 연계하여 파악하여야 한다. 그리고 원자재 조달활동은 외화획득용 원자재의 수입과 국내구매로 구분하여 이해하여야 하며, 국내에서 구매하는 경우는 기초원자재냐 중간재냐, 공급자와 구매자가 대기업이냐 중소기업이냐에 따라 관행상 많은 차이가 난다.

수출업체가 생산설비를 보유하고 있지 않는 경우는 수출물품을 완제품 형태로 발주하여 조달한다. 수출물품 발주의사를 결정하는 요소는 발주대상 물품과 관련된 사항으로 발주물품의 품질, 가격 및 재고량 그리고 발주시기와 납기, 발주의 이행방법 등인데, 이 중 특히 납기는 발주의 의사결정에 있어서 중심사항이다.

(5) 운송계약과 해상보험

운송계약은 수출업자와 운송인간의 권리와 의무를 약정하는 것으로서 선복요청서(S/R: Shipping Request)가 운송계약을 대신하는 수단으로 인식되고 있다. 운송계약의 체결의무자는 무역계약 체결시 채택한 정형거래조건에 따라 결정된다. 계약조건이 CIF나 CFR이면 수출업자는 적합한 선박회사를 선정, 운송계약을 체결하여 이 계약에 따라 수출화물을 선적하게 되며, FOB 조건일 경우에는 수입업자가 지정하는 선박에 수출화물을 선적하게 된다.

또한 수출업자는 계약조건이 CIF 조건일 경우에는 수출계약서 및 수출물품의 특성 등을 감안하여 적합한 해상보험약관을 선택하여 해상보험계약을 체결하게 된다. 이러한 절차가 끝나게 되면 수출업자는 관세법 규정에 의한 수출통관절차를 이행하고, 당해 수출물품을 선박이나 항공기에 적재하고 선하증권

(B/L: Bill of Lading) 또는 항공화물운송장(AWB: air waybill)을 수취하게 된다.

(6) 수출통관

수출업자는 당해 수출물품을 지정된 선박(또는 항공기)에 선적하기 전에 관세법에 의한 수출통관절차를 밟아야 한다. 수출통관절차란 수출의 면허를 의미하는 것으로 내국물품을 외국으로 반출하는 것을 허용하는 세관장의 처분을 말한다. 세관에서는 이러한 통관절차를 통하여 각종 수출규제에 대한 법규의 이행사항을 수출품과 대조 확인하여 수출물품의 실제 확인과 부정수출방지 등을 하게 된다.

(7) 선적

선적이란 수출화물을 본선상에 적재하는 것을 말한다. 세부 선적절차는 다음과 같다.

① 보세구역으로부터의 반출: 물품반출신고서에 수출신고필증을 첨부하여 세관장에게 신고하고 반출사실에 대한 확인을 받아 물품을 보세구역으로 선적하기 위하여 반출한다.

② 선복의 확보: 수출업자는 선박회사에 선복요청서(S/R: Shipping Request)를 제시하여 선복을 확보한다.

③ 선적지시: 선박회사는 선적지시서(S/O: Shipping Order)를 발행하여 계약화물을 선박에 적재하여 목적지까지 운송할 것을 본선선장에게 지시하게 된다. 선적지시서에는 선박회사가 화물의 명세, 송화인의 성명, 선적항 및 양륙항 등을 기재하여 본선의 선장이 그 물품을 본선에 적재하게 된다.

④ 본선적재: 재래화물의 경우 화주와 선박회사가 화물의 포장상태, 적재수량, 화물의 파손여부를 확인한 뒤, 화물이 본선에 반입되면 일등항해사는 선박회사에서 발행한 선적지시서와 대조하면서 화물을 수취하여 선창에 적부시키고 화물수령에 대한 증거로서 본선수취증(M/R: Mate's Receipt)을 발급한다. 컨테이너화물의 경우는 재래화물처럼 본선수취증이 발급되지 아니하고, 항만터미널에 컨테이너를 인도하면 터미널운영사가 부두수취증(dock receipt)을 교부하게 된다.

⑤ 선하증권 발행: 화주는 선박회사 측에 화물을 인도하고 본선수취증(컨테

이너 화물의 경우에는 부두수취증)을 입수하여 지체없이 선박회사나 그 대리점에 가면 선박회사는 선하증권(B/L: Bill of Lading)을 작성하여 화주에게 교부한다.

(8) 수출대금 회수

세관통관절차를 거쳐 선적이 완료되면 수출업자는 제반 운송서류를 갖추어 수출대금을 회수하게 된다. 수출대금을 회수하기 위해서는 거래하는 외국환은행과 화환어음거래약정을 체결하고 선적을 이행한 후, 수출신용장 또는 계약서의 조건에 따라 환어음과 제 선적서류를 작성하여 이의 매입 또는 추심을 외국환거래은행에 의뢰하게 된다. 외국환은행은 화환어음을 지급인 앞으로 송부함으로써 수출대금의 회수가 이루어지며, 수출대금은 수출이 승인된 결제방법에 의하여 수출승인의 유효기간 내에 전액을 회수하여야 한다.

(9) 관세환급

관세환급이란 수출촉진과 국산원자재의 사용을 유도하기 위하여 수출용 원재료를 수입할 때 일단 관세 등을 납부하였거나 징수유예를 받은 물품 또는 이를 원자재로 하여 제조한 물품을 수출 등에 사용하였을 경우 수입시 징수한 관세 등을 수출업자에게 되돌려주는 것을 말한다.

관세환급제도는 수출용 원자재의 국산화를 촉진하여 외화 가득률을 높이고, 국제경쟁력을 향상시키며 나아가 사후관리를 간소화하는 데 그 목적이 있다. 따라서 수입물품에 대한 관세부과로 관세액 만큼 물품가격을 인상시킴으로써 국내 산업을 보호하게 되고, 수출업자에게는 수입시부터 환급을 받을 때까지 환급액만큼 이자부담을 주게 되어 불필요한 외국원재료의 수입을 억제하는 효과가 있다.

2) 수입의 단계별 절차

수입절차라 함은 무역업신고를 이행한 자가 수입 가능한 품목에 대하여 수출업자와 수입계약을 체결하고 대외무역법과 외국환거래법의 수입승인을 받고 외국환은행에 수입신용장을 발행한 후, 수입화물과 선적서류가 신용장발행은행에 도착하면 수입화물을 통관하는 일련의 절차를 말한다([그림 5-3] 참조).

수입가능여부는 수출입공고와 통합공고에 따라 검토되어야 한다. 수입하려

그림 5-3	신용장방식에 의한 수입절차

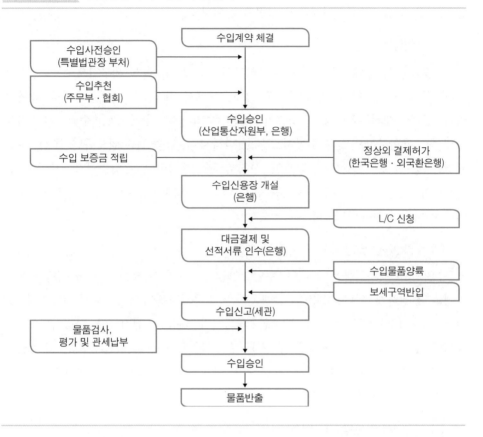

는 물품의 수출입공고상 수입제한품목에 해당하는 경우에는 관련 부처, 협회 또는 조합 등의 수입추천 등 제한조치에 따른 합당한 요건을 충족시켜야 한다. 또한 수입하려는 물품의 통합공고상 특별법으로 제한되는 경우에는 수출입공고 등과는 별도로 당해 품목의 수출입을 주관하는 주무부처로부터 사전승인을 받아야 한다.

(1) 수입계약 체결

수입계약은 수출업자가 물품의 소유권을 양도하고 물품인도를 약속하며, 수입업자는 물품을 수령하여 물품대금의 지급을 약속함으로써 성립하는 국제간의 물품매매계약이다. 수입계약은 국제간 복수 당사자 간의 서로 대립되는 의사표시로 합치되어 일정한 채권관계의 발생을 목적으로 성립되는 법률행위이다. 따라서 수입계약은 수입업자가 수출업자로부터 청약을 받고 수입업자가 이에 대한 승낙을 하게 되면 수입계약이 성립되게 된다.

(2) 수입승인

물품의 수출입에 대해서는 수출입고시, 공고 등에서 세부적으로 규정하고 있다. 물품을 수입하기 위해서는 각 공고 등에서 요구하는 모든 요건을 충족시켜야 한다. 대외무역법상 수입승인요건은 수입자격, 수입품목, 수입지역, 거래형태 등 제반사항으로 이루어져 있다. 따라서 수입승인을 얻으려면 우선 수입요건을 충족하는 품목에 수입승인 신청서류를 작성하여 수입승인기관장에게 신청하여야 한다. 단, 수출입승인품목이 아닌 수입자동승인품목은 수입승인대상에서 제외되어 자유화되었다.

(3) 수입신용장 발행

수입업자는 수입물품에 대한 수입승인을 받은 후 유효기간 내에 수입신용장 발행을 신청하게 된다. 신용장 발행은행은 신용장발행에 관한 심사 및 기타 절차를 완료하고 발행의뢰인이 제출한 의뢰서의 내용을 점검하여 타당하다고 인정되면 담보확보 후 신용장을 발행해 주게 된다. 신용장이 발행되면 수입업자는 즉시 해외의 수출업자에게 신용장의 번호, 금액, 선적기일, 유효기일 등을 알려주고 기일 내 선적을 요청한다.

(4) 대금결제 및 운송서류 인수

수입업자가 거래 외국환은행을 통하여 수입신용장을 발행하면 수출업자는 신용장 내용에 따라 상품의 선적을 완료하고 신용장에서 요구하는 운송서류 등을 지급 또는 매입은행에 제시하고 물품대금을 회수하게 된다.

운송서류 및 환어음을 매입한 은행은 신용장에 제시된 바에 따라 이 운송서류들을 발행은행 앞으로 송부하며, 발행은행은 접수한 후 수입업자에게 운송서류의 도착을 통지하게 된다. 운송서류를 인수받은 수입업자는 자기자금이나 일반수입 금융 및 거래약정시 제공한 담보 등을 처분하여 수입대금을 결제한 후 선적서류를 인도받아 수입통관절차를 밟게 된다.

(5) 수입통관

수입통관은 외국물품을 우리나라에 인취하는 일련의 과정으로 수입물품을 장치 장소에 반입한 후 수입신고를 하고 소정의 절차를 거쳐 수입면허를 받은 후 장치 장소로부터 물품을 반출하는 절차이다.

수입업자는 수입물품을 보세구역 등에 반입한 후, 수입통관을 위한 수입신고서를 세관장에게 제출한다. 수입신고를 받은 세관장은 구비서류상의 기재사항 누락여부 등을 심사하고 동 물품이 수입승인서에 명시된 물품과 일치하는지의 여부를 검사한 후, 당해 물품에 대한 과세가격을 평가하여 관세 등을 징수한다. 수입업자는 부과된 관세 등을 납부하고 수입신고필증을 발급받아 수입물품을 보세구역으로부터 반출한다.

3. 수출입화물 내륙운송절차

1) 수출화물 내륙운송절차

수출물품이 확보되면 선적하기까지 국내구간에서 내륙운송절차를 거치게 되며, 주요 운송경로는 도로운송, 철도운송, 연안해상운송 등을 이용하게 된다. 수출화물은 생산공장이나 창고에서 통관된 후 선적지로 바로 운송되는 경우와 통관되지 않은 상태에서 내륙운송하여 선적지 보세장치장에서 통관 후 선적이 되는 경우로 나눌 수 있다. 그리고 수출화물의 운송은 FCL화물과 LCL화물로 나누어 설명될 수 있다. FCL화물은 화주의 공장이나 창고에서 문전통관 후 선적지로 운송하게 되며, LCL화물은 CFS로 이동하여 통관하든지 선적지로 운송 후 세관이 지정한 CFS에서 통관을 하게 된다.

(1) FCL화물 수출운송

FCL(Full Container Load)화물은 단일 화주가 컨테이너 1개에 내장화물이 만재된 것이다. 보통 FCL은 화주의 공장에서 수출통관 후 보세운송 형태로 고속도로 또는 국도를 이용하여 공로(육상)운송되는 경우가 대부분이며, 때로는 의왕 ICD(Inland Container Depot)를 통한 철도운송 또는 인천→부산항 간의 연안해송도 이용된다.

① 수출자는 운송업자에게 선적의뢰시 선적요청서(S/R: Shipping Request)를

그림 5-4 FCL화물의 수출흐름

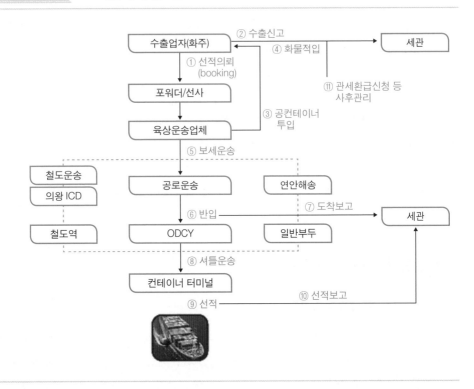

비롯한 포장명세서(P/L), 상업송장(C/I) 등의 서류를 운송회사에 제출한
다. 특히 화물의 컨테이너에 적입작업을 위해서 공 컨테이너(empty
container)를 수출자의 공장 또는 창고로 투입 요청시에는 투입요청시간,
장소 등을 정확히 알려주어야 한다.

② 통관(수출신고)은 원칙적으로 장치장소에 장치한 후 수속을 밟지만 수출
자가 상품 제조 전에 수출신고를 하고자 할 경우 제조·가공완료 예정일
기준으로 수출신고가 가능하다.

③ 선박회사는 육상운송회사에 연락하여 수출화주가 원하는 장소에 공 컨테
이너의 투입을 요청한다. 이때 수출화주는 컨테이너를 CY 운영자로부터
받고 기기인수증(EIR: Equipment Interchange Receipt)에 서명한다.

④ 수출통관이 완료된 후 수출신고수리가 완료되면 화주는 컨테이너에 화
물을 적입(stuffing)하고 공 컨테이너 투입시 함께 전달된 선사 봉인

(seal)을 직접 컨테이너에 장착한다. 공장에서 직접 컨테이너에 화물을 적입할 수 있다. 이때 제3자의 공적기관의 검량인 또는 공장책임자에 의해 화물의 수량이나 상태가 점검된다. 점검상태가 완전할 경우 컨테이너에 적입한다.

⑤ 보세운송은 외국으로 반출될 물품을 통관이 완료되어 보세상태로 개항, 보세구역, 타소장치 허가장소에 한하여 국내운송이 허용되는 것을 의미한다. 수출의 경우 보세운송 허용기간은 30일 이내이며, 보세운송 신고 시 구비서류는 수출신고서이다.

⑥ 컨테이너 터미널에 직접 인도되거나 터미널 여건에 따라 ODCY에 반입되기도 한다.

⑦ ODCY에 반입한 후 CY 운영업자업자로부터 수출신고서에 장치확인을 받아 관할세관에 보세화물 도착보고를 한다.

⑧ ODCY에 반입된 화물은 컨테이너 터미널에 반입이 결정되면 ODCY에 있는 각 선사의 업무담당자는 컨테이너와 함께 접수된 수출신고필증을 확인한 후 컨테이너 터미널 Gate에 제출한 반입계를 작성하여 전송한다.

⑨ 컨테이너 터미널에 반입된 컨테이너는 작업처리를 거쳐서 해당 선박에 선적된다.

⑩ 수출화물의 선적이 완료되면 선박회사는 관할 세관에 수출화물 선적보고를 한다.

⑪ 수출업자는 필요한 경우 세관에 관세환급을 신청한다.

(2) LCL화물 수출운송

LCL(Less than Container Load)화물은 20피트 또는 40피트 컨테이너 1대에 한 화주의 화물이 부족한 경우이다. 따라서 LCL은 loose cargo 상태로 트럭에 실려 운송인이 지정한 CFS로 운송된다. 수출화물이 LCL인 경우 운임상의 혜택과 동일 지역행 화물과 혼재(consolidation)하여 운송하기 위해 혼재업자나 포워더를 이용하는 것이 유리하다.

① 선적요청서를 비롯한 포장명세서, 상업송장 등의 서류를 선박회사에 제출하여 선적의뢰를 한다.

② 선박회사는 육상운송회사(포워더)에 연락하여 화물을 수령하여 선적지

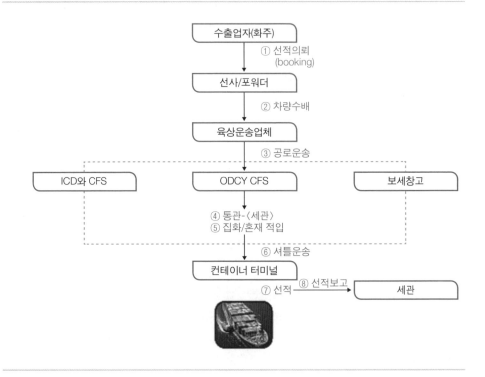

그림 5-5 LCL화물 수출운송절차

CFS까지 운송할 것을 지시한다. 화주가 자사의 차량을 갖고 있는 경우 직접 CFS까지 운송할 수 있다.

③ 여러 화주의 소량화물을 실은 트럭은 고속도로 또는 국도를 이용하여 부산지역에 도착하여 각 화물들의 최종 목적지에 따라 해당 CFS에 반입한다.

④ CFS에 도착한 화물은 보세구역 장치확인을 받은 후 관세사 사무소를 통해 관할세관에 수출신고를 하여 통관을 완료한다.

⑤ 수출통관이 완료되고 수출신고필증이 교부되면 CFS 운영업자는 화물을 목적지별로 선별하여 집화하고, 컨테이너를 배정받아 컨테이너에 화물을 혼재·적입한 다음 봉인을 장착한다.

⑥ CFS에서 혼재된 컨테이너화물은 FCL화물이 되었으므로 CFS에서 반출하여 컨테이너 터미널(CY)에 직접 인도하게 되며, 운송회사는 선적지 관

할 세관에 보세화물 도착보고를 한다.

⑦ 컨테이너 터미널에 반입된 수출화물 컨테이너는 선박이 정박하면 해당 선박에 선적된다.

⑧ 수출화물의 선적이 완료되면 선박회사는 관할 세관에 수출화물 선적보고를 한다.

2) 수입화물의 내륙운송절차

수입화물이 목적항에 도착하게 되면 운송인은 수입화주에게 화물도착통지를 하게 되며, 화주는 은행에 수입대금을 지불하고 선적서류를 인수받아 수입통관절차를 밟게 된다.

FCL은 부두에서 양륙되어 수입업자의 문전까지 도착되는 과정으로 보세운송을 통한 ① 도착지에서 통관하는 경우, ② 부두의 보세장치장에서 통관하여 일반운송되는 양륙지에서 통관하는 경우, ③ 선박도착 전에 통관수속을 완료하는 선상통관방식 등 세 가지로 나누어진다.

LCL은 반드시 양륙지 통관을 거쳐 일반화물 상태로 화주의 문전에 도달하게 된다. 우리나라도 선상통관이 제도적으로 가능하나 현재 널리 활용되고 있는 방식을 중심으로 절차를 설명한다.

① 선적정보의 입수: 수출지에 있는 운송인은 수입국에 있는 운송인에게 선적서류를 발송한다. 수입국의 선사는 수출국의 선사로부터 컨테이너 적재목록(container loading list), 선박출항보고서(vessel departure report), 적하목록(manifest), B/L상의 컨테이너 정보 등을 온라인이나 팩스 등으로 선적정보를 입수한다.

② 화물도착일정(ETA: Estimated Time Arrival) 통지: 선사는 수입화주의 신속한 화물인수 준비를 위해 해당 선박 도착 전에 도착통지서(arrival notice)를 발송한다.

③ 선적서류 입수: 도착지 운송인으로부터 화물의 도착통지를 받은 수입화주는 신용장 발행은행에 수입대금을 지불하고 은행으로부터 선하증권의 원본을 포함한 선적서류의 일체를 받는다.

④ 인도지시서 교부: 선하증권 원본을 회수한 수입화주는 운송인에게 운임 및 부대비용을 지불하고 선하증권 원본과 상환으로 화물인도지시서(D/O:

Delivery Order)를 받는다.

⑤ 적하목록 작성 및 입항신고: 화물도착통지를 받은 화주는 화물이 어느 창고에 입고될 것인가를 지정하게 되며, 선사는 적하목록에 배정처를 기록하여 배정 적하목록을 작성하여 세관에 입항신고를 하게 된다.

⑥ 선박입항 및 하선: 선사는 선박이 입항하기 24시간 전에 입항보고서, 적하목록을 세관에 제출한다. 선사는 하선 전에 Master B/L단위의 적하목록을 기준으로 하선장소를 기재한 하선신고서를 세관에 제출한 후 화물을 양화한다. 대개 하선장소는 부두 내에서 이루어지는데 수입화물 입항 전 수입신고를 하거나 하선 전에 보세운송신고를 하여 부두에서 직반출할 수 있다.

⑦ 화물의 장치 및 보세운송: 수입화주는 적하목록 하선신고서에 따라 하선신고일로부터 7일 이내에 하선장소에 물품을 반입한다. 하선장소 보세구역 설영인은 반입즉시 보세구역 반출입요령에 따라 반입신고를 한다. 하선장소에 반입된 컨테이너 수입화물은 CY, CFS 또는 보세구역에 반입시켜야 한다.

⑧ 수입통관: 수입통관은 적하목록이 제출된 이후에 세관이 수입화주로부터 수입신고를 접수받아 심사 후 수입신고필증을 교부함으로써 종료된다. 수입신고는 화주, 관세사, 통관법인, 관세사법인의 명의로 하여야 하며 법에 의하여 등록된 관세사를 채용하여 관세사 명의로 수입신고를 할 수 있다. 세관은 수입신고서 및 기타 서류가 접수되면, 이를 검토하여 즉시 수리, 심사대상, 물품검사대상여부 등을 결정하게 된다.

⑨ 출항 전 신고와 입항 전 신고: 적하목록 제출 후에, 즉시수리물품은 수입신고 서류의 형식적 요건을 확인한 후에 즉시 수리하며, 심사대상물품은 심사 후, 검사대상물품은 검사 후에 각각 신고필증을 교부한다. 입항 후 보세구역 도착 전 신고가 된 경우에는 수입화물의 보세구역 도착일이 신고수리일이 되며 보세구역장치 후 신고하는 경우에는 수입신고일이 신고수리일이 된다.

⑩ 화물인도지시서 교부 및 화물인수: 수입화주가 선하증권 원본을 선박회사에 제출하면 선사는 화물인도지시서(D/O)를 발급한다. 수입신고수리를 마친 후 수입화주는 CY(CFS)에 D/O를 제시하고 화물을 인수한다.

⑪ 공 컨테이너 반납: 수입화주가 화물을 인수하고 난 후 공 컨테이너는 선사가 지정한 ICD나 CY에 반납하여야 한다. 이때 선사가 지정한 무료기간(free time)을 경과하여 반납하는 경우에는 컨테이너 지체료(detention charge)가 부과될 수 있다.

제3절 수출입 통관물류

1. 수출통관절차

1) 수출통관의 의의

수출업자는 수출하고자 하는 물품을 지정된 선박에 선적하기 전에 수출통관절차를 밟아야 한다. 수출통관(customs clearance for export)은 관세법의 절차에 따라 세관에 수출신고를 하여 수출신고수리가 완료되는 과정을 의미한다. 이와 같이 수출통관을 의무화하는 것은 대외무역법, 관세법, 외국환거래법 등 각종 수출관련법규의 수출요건의 이행사항을 최종적으로 확인하여 불법수출이나 위장수출 등을 방지하기 위한 것이다. 따라서 수출업자는 물품을 적재하기 전까지 관할하는 세관장에게 수출신고를 하고 신고수리필증을 교부받아야 한다. 수출신고수리가 완료되면 관세법상 내국물품이었던 것이 비로소 외국물품이 되어 선적이 가능하게 된다.

수출신고가 수리된 물품은 수출신고일로부터 30일 이내 외항선박에 적재되야 한다. 그리고 우리나라에 반입된 외국물품을 부득이한 사유 등으로 다시 외국으로 반송할 경우에는 반송신고 및 절차에 따라야 한다.

2) 수출통관의 절차

수출통관은 대략 보세구역에 물품을 반입하여 ① 수출신고 → ② 세관검사 → ③ 수출신고수리 → ④ 수출신고필증 교부 → ⑤ 선적 등의 절차를 거친다. 현재는 EDI수출통관 자동화시스템에 의하여 수출업자는 간편하고 신속하게 통관을 할 수 있다.

(1) 수출신고

관세사와 화주는 수출물품의 상업송장(commercial invoice)과 포장명세서(packing list), 수출승인서를 기초로 하여 수출신고서를 작성하고 세관의 통관시스템을 통하여 수입신고한다. 신고시점의 효력은 통관시스템에 신고번호가 부여된 때부터 발생한다.

물품을 수출하고자 하는 자는 수출물품을 선박 또는 항공기에 적재하기 전까지 관할 세관장에게 수출신고(E/D: Export Declaration)를 하고 허가를 받아야 한다. 수출신고는 관세청 UNI-PASS에 접속하여 신고하며, 특별히 필요한 경우에 수출신고서 등 서류를 제출할 수 있다. 수출신고인은 전송신고자료에 신고번호가 부여된 시점에 비로소 수출신고가 완료된 것이다.

수출신고는 원칙적으로 EDI로 작성하여 통관시스템에 전송하여야 하며, 수출품의 제조 전에도 신고가 가능하다. 수출신고는 화주, 관세사, 관세사법인, 통관취급법인 명의로 할 수 있다.

(2) 수출심사

수출신고가 완료되면 세관은 전송(CRT) 화면상의 신고 자료가 수출신고서 작성요령에 적합하게 작성되었는지 여부를 심사한다. 세관심사는 실시하기는 하나 과세가 부과되지 않기 때문에 비교적 간단하게 점검만 한 채 생략되어 수출신고를 수리하게 된다.

(3) 세관검사

수출신고가 적합하게 접수되면 세관에서는 수출되는 물품이 신고된 것과 동일품인지의 여부를 확인하게 되는데 이것을 세관검사라고 한다. 세관검사의 목적은 관세법에 의해서 위장수출이나 불법수출의 방지 및 관세 등 환급의 정확을 기하려는데 목적이 있으며 이를 위해 반출되는 물품, 수출품의 규격, 수량 등의 현품확인을 한다.

세관검사의 대상물품은 사전에 등록된 화물기준에 따라 통관시스템(C/S: Cargo Selectivity)에 의해 선별검사를 한다. 주로 물품의 우범성 선별기준 및 각종 정보사항을 사전에 전산으로 등록하여 검사의 효율성을 높이고자 세관별로 선별검사를 하고 있다.

(4) 수출신고 수리

세관장은 전송받은 신고 자료에 의하여 그 내용이 수출신고서 작성요령에 따라 적합하게 작성되었는지의 여부를 검토한 후 법령에 구비된 요건에 부합하는 경우 수출신고를 수리한다. 관세사는 통관시스템상에 신고수리를 확인한 후 수출신고필증을 신고인에게 교부한다. 다만 현물확인이 필요한 경우는 수출신고서 및 첨부서류를 제출받아 내용을 확인한 후에 수출신고를 수리한다.

수출신고서의 처리방법은 편의상 자동수리, 심사 후 수리, 검사 후 수리 세 가지로 분류된다.

① 자동수리: 신고인이 수출 신고하면 세관장이 통관심사를 하지 아니하고, 수출통관시스템에서 자동으로 즉시 신고수리되는 것을 말한다. 검사대상 또는 서류제출대상이 아닌 물품은 수출통관시스템에서 자동수리된다.

② 심사 후 수리: 자동수리대상이 아닌 물품 중 검사가 생략되는 물품으로 세관직원이 신고내용을 심사하고 수리하는 경우를 말한다. 대부분의 수출신고서는 이 방법에 의해서 처리되고 있다.

③ 검사 후 수리: 수출물품에 대하여는 검사생략이 원칙이나 수출시 현품의 확인이 필요한 경우와 우범화물로 선별된 물품 중 세관장이 검사가 필요하다고 판단한 물품에 대하여는 수출물품을 실제로 검사하고 수출신고를 수리하는 방법을 말한다.

(5) 수출신고필증의 교부

관세사가 인터넷 EDI로 수출신고를 하여 세관장으로부터 수출신고수리의 사실을 전산 통보받은 후 수출화주에게 신고필증을 교부하는 경우에는 신고필증의 세관기재란에 등록된 관세사가 날인하여 수출업자에게 교부한다. 그리고 화주가 직접 P/L신고하여 신고수리를 받은 경우에는 "본 신고필증은 화주 직접 신고에 의거 세관장으로부터 신고수리된 것임"을 기록하고 화주 등의 인장을 날인한다. 그러나 화주가 수출신고서류를 직접 제출한 경우에는 세관의 담당자가 날인한 후 수출신고필증을 교부한다.

(6) 수출품의 선적준비

수출신고가 수리된 물품은 외국물품이므로 선(기)적되어 외국으로 반출되기까지 세관의 엄격한 감시를 받게 된다. 수출물품을 선적하기 위해서는 보세구역으로부터 반출하여 선(기)적을 이행하게 된다. 물론 보세구역에서 반출할 때에는 세관장에 반출신고를 하여야 하고 선(기)적시에는 수출신고필증의 제시가 있어야 한다. 그리고 선적한 운수기관의 출항 적하목록이 제출되면 수출통관시스템상에 선(기)적이 기록되게 된다. 화주는 수출신고가 수리된 물품을 수출신고수리일로부터 30일 이내에 선(기)적을 이행하여야 한다(관세법 제251조).

2. 수입통관절차

수입업자는 발행은행으로부터 인수한 운송서류 가운데 선하증권의 원본을 선박회사에 제출하여 수입화물을 찾게 된다. 선박회사는 선하증권을 받으면서 수입업자에게 화물을 인도할 것을 지시하는 화물인도지시서(D/O)를 교부하는데, 수입업자는 화물인도지시서를 본선에 제출하고 화물을 인수하여 통관하게 된다.

1) 수입통관의 의의

우리나라로 반입되는 수입물품은 보세장치장에 반입한 다음 관세법이 정하는 바에 따라서 수입통관절차를 거쳐야 한다. 수입통관은 수입업자가 수입신고를 통하여 수입신고필증을 교부받는 과정이라고 할 수 있다. 이러한 수입신고필증이 교부되면 외국물품이 비로소 내국물품이 되어 국내유통이 가능하게 된다.

수입통관이란 수입신고를 받은 세관장이 신고사항을 대외무역법 외에 개별 법령에서 정하는 일정요건을 갖추었는지의 여부와 현품과 수입신고한 사항이 부합하는지를 확인하고 외국물품을 내국물품화 하는 행정행위이다. 국내로 물품이 반입되는 순간부터 관세 및 제세를 납부하는 단계까지를 수입통관절차라 할 수 있다. 따라서 수입통관이란 무역관리에 관한 제반규제와 조치를 세관에서 실물을 최종적으로 확인하고 집행하는 것이며, 규제의 실체법적인 성격과 관세법상의 절차법적인 성격을 동시에 가진다.

2) 수입통관절차

수입통관은 대략 수입물품이 입항하여 하역이 이루어지면 ① 보세구역 반입, 보세구역 장치 → ② 수입신고 → ③ 서류심사 및 물품검사 → ④ 수입신고

수리 → ⑤ 관세부과 및 징수 → ⑥ 반출 등의 절차를 거친다.

현재는 EDI(전자문서 교환) 통관 자동화시스템에 의하여 수출입업자는 간편하고 신속하게 통관을 할 수 있다. 수입통관화물에 대해서도 수입화물 선별검사시스템(C/S: Cargo Selectivity System)을 도입하여 수입화물 전체를 검사하지 않고 C/S를 통해 미리 등록된 기준에 따라 우범가능성이 높다고 예상되는 물품을 집중적으로 검사함으로써 검사의 효율성을 높이고 있다.

그림 5-6　수입통관절차 개요

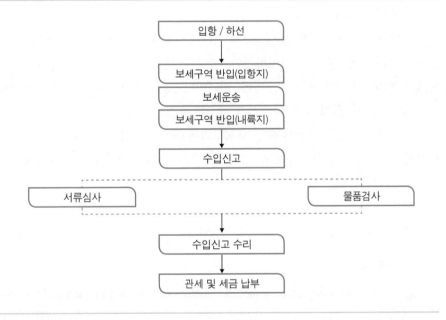

(1) 입항/하역

① 입항과 적하목록의 제출

수입화물을 적재한 외국무역선(기)이 입항하면 선(기)장은 지체없이 세관장에게 입항보고를 하고, 적하목록을 제출하여야 한다. 적하목록은 선박이나 항공기 등의 운송수단에 적재된 화물의 목록이며, 선박회사, 항공사 또는 운송주선업자(혼재화물일 경우)가 작성하여 제출하고, B/L의 일련번호에 의하여 화물관리번호가 B/L 한 건에 대하여 하나씩 자동으로 부여된다.

② 검수입화물의 하역

외국무역선(기)이 입항하면 선박회사는 Master B/L단위의 적하목록을 기준으로 하선장소를 기재한 하선신고서를 세관장에게 전자문서로 제출해야 한다. 하선장소는 컨테이너 화물인 경우는 주로 부두 내 또는 부두 밖의 CY이며, 살화물(bulk cargo)이나 기타 화물인 경우는 부두 내이다. 그리고 액체, 분말 등 특수저장시설로 직송되는 물품은 해당 저장시설에 하선한다.

수입물품이 하역되면 선박회사, 검수업자, 하역업자가 공동으로 물품검수를 실시하고 만약 적하목록과 상이한 것이 있으면 이를 세관장에게 보고해야 한다.

(2) 보세구역 반입 및 장치

화물분류기준에 따라 장치장소가 결정된 물품은 하선(기)절차가 완료된 후 당해 보세구역에 물품을 반입하여야 한다. 반입신고는 House B/L단위로 제출하여야 하나, 하선장소 보세구역에 컨테이너 상태로 반입하는 경우에는 Master B/L단위로 할 수 있다.

원칙적으로 모든 외국물품은 보세구역에 반입하여야 하지만, ① 수출신고가 수리된 물품, ② 크기나 무게의 과다, 기타의 사유로 보세구역에 장치하기 곤란하거나 부적당한 물품, ③ 재해 기타 부득이한 사유로 임시로 장치한 물품(예, 난파선에서 인양한 외국물품의 임시보관), ④ 검역물품, ⑤ 압수물품, ⑥ 우편물품 등은 보세구역이 아닌 장소에 장치할 수 있다.

(3) 보세운송

보세제도는 관세징수권을 확보하여 통관질서를 확립하고, 통관업무를 효율적으로 수행하기 위해 외국에서 반입된 물품을 수입신고가 수리되기 전 세관장의 관리 상태에 두는 제도를 말한다. 이러한 보세제도는 보세구역제도와 보세운송제도가 있다.

보세구역이란 외국물품을 세금을 납부하지 않은 상태에서 장치, 제조, 가공, 건설, 판매, 전시할 수 있도록 허용한 구역을 말한다. 여기에는 지정보세구역, 특허보세구역, 종합보세구역이 있다.

　① 지정보세구역: 이 구역은 국가나 지방자치단체 등의 공공시설이나 장소 등의 일정구역에서 물품을 일시 장치하거나 또는 검사하기 위한 장소로서 세관장이 직접 관리하는 보세구역을 말한다. 여기에는 지정장치장 및

세관검사장으로 구분된다.

- 지정장치장: 통관을 하고자 하는 물품을 일시 장치하기 위한 장소(세관 구내창고, 공항만을 관리하는 법인이 운영하는 창고 등)
- 세관검사장: 통관하고자 하는 물품을 반입하여 세관의 검사를 받도록 하는 장소(공항만 내에 위치)

② 특허보세구역: 이 구역은 개인이 자신의 토지·시설에 등에 세관장의 특허를 받아 운영하는 보세구역이다. 특허보세구역은 보세장치장, 보세창고, 보세공장, 보세전시장, 보세건설장 및 보세판매장으로 구분된다.

- 보세창고: 가장 일반적인 보세구역으로서 통관하고자 하는 물품을 장치하기 위한 장소
- 보세공장: 가공무역의 진흥이나 관세행정 목적을 위하여 설치된 장소로서 수출하거나 국내에서 사용할 목적으로 국내로 수입할 수 있도록 특허된 구역
- 보세건설장: 산업시설의 건설에 사용될 외국물품인 기계류, 설비품 또는 공사용 장비를 장치하거나 사용하여 보세상태에서 건설공사를 완료하고 수입통관을 하게 되는 구역
- 보세전시장: 국내에서 개최되는 박람회, 전람회 등을 위하여 반입되는 외국물품을 보세상태에서 장치, 전시하거나 사용할 수 있는 곳
- 보세판매장: 외국물품을 우리나라를 출국할 여행자에게 판매하거나 우리나라에 있는 외교관 등 면세권자에게 판매할 목적으로 설치된 판매장

③ 종합보세구역: 이 구역은 보세창고, 보세공장, 보세전시장, 보세건설장 또는 보세판매장의 기능 중 둘 이상의 기능(종합보세기능)을 종합적으로 수행할 수 있는 구역을 말한다. 이는 관세청장의 직권으로 또는 중앙행정기관의 장이나 지방자치단체의 장, 그 밖에 종합보세구역을 운영하고자 하는 자의 요청에 의하여 무역진흥의 기여정도, 외국물품의 반입 및 반출물량 등을 고려하여 일정한 지정을 지정할 수 있다. 종합보세구역은 주로 외국인투자지역, 산업단지, 외국인투자기업전용산업단지, 집배송센터 및 공동집배송단지, 유통단지에 해당하는 지역이어야 한다.

보세운송이란 외국물품을 보세상태로 국내에서 운송하는 것을 말한다. 외국에서 도착한 물품을 당해 항구 또는 공항 내의 보세구역에서 수입통관 한다면 보세운송은 불필요할 것이다. 그러나 그 물품을 내륙지에 있는 보세구역으로 이송하여 통관하고자 한다면 도착항으로부터 내륙 목적지의 보세구역까지는 보세운송에 의해 운송하여야 한다.

보세운송업자는 외국물품은 개항, 보세구역, 보세구역 외 장치허가를 받은 장소, 세관관서, 통관역, 통관장, 통관우체국에 한하여 보세운송업자에 의해 외국물품을 그대로 운송할 수 있으며 보세운송시 보세운송업자는 세관장에게 보세운송의 신고 또는 승인을 얻어야 한다.

(4) 수입신고

수입신고란 수입하려는 의사를 세관에 공식적으로 표시하는 것으로, 수입신고를 함으로써 적용법령, 과세물건 및 납세의무자 등이 확정이 된다. 물품을 수입하고자 하는 자는 당해 물품의 품명, 규격, 수량, 가격 등을 세관장에게 EDI방식으로 신고해야 한다.

수입신고는 물품을 수입한 화주, 관세사, 관세사법인 또는 통관취급법인의 명의로 해야 한다. 수입신고는 원칙적으로 수입물품을 적재한 선박 또는 항공기가 입항한 후에 할 수 있지만 신속한 통관을 위해 선박 또는 항공기가 입항하기 전에도 가능하도록 하고 있다. 현행 수입신고는 수입신고시기에 따라 출항 전 수입신고, 입항 전 수입신고, 입항 후 보세구역 도착 전 수입신고, 보세구역 장치 후 수입신고의 4가지 유형으로 구분된다.

① 출항 전 신고: 항공기로 수입되는 경우 또는 일본, 대만, 홍콩, 중국 등에서 선박으로 수입되는 경우에는 출항 후 입항하기까지 시간이 너무 짧기 때문에 출항 후 수입신고하는 것이 현실적으로 어렵다. 이런 경우 선박 또는 항공기가 물품을 적재한 항구 또는 공항에서 출항하기 전에 수입신고가 가능하다. 컨테이너화물은 한 컨테이너에 동일 화주의 화물만 적재된 FCL화물인 경우에 한한다.

② 입항 전 신고: 입항 전 수입신고는 수입물품을 선(기)적한 선박 또는 항공기가 물품을 적재한 항구 또는 공항에서 출항한 후 하선신고 시점을 기준으로 도착지에 입항하기 전에 수입신고하는 것을 말한다. 컨테이너

화물은 FCL화물인 경우에 한하여 입항 전 수입신고가 가능하다.

③ 보세구역 도착 전 신고: 수입물품을 선(기)적한 선박 또는 항공기가 입항하여 당해 물품을 통관하기 위하여 반입하고자 하는 보세구역(부두 밖 컨테이너 보세창고 및 컨테이너 내륙통관기지를 포함)에 도착하기 전에 수입신고하는 것을 말한다.

④ 보세구역 장치 후 신고: 보세구역장치 후 수입신고는 수입물품을 보세구역에 장치한 후 관할 세관에 수입신고하는 것을 말한다. 신고대상업체 및 대상물품에는 아무런 제한이 없다.

수입신고서를 접수한 세관은 통관시스템에 조회하여 C/S결과, 통관심사 및 검사에 특별한 주의를 요하는 사항이 있는지 여부를 확인한 후 즉시수리, 심사대상, 물품검사 중 한 가지를 선택하여 수입신고서를 처리한다.

① 즉시수리: 즉시수리는 신고서류에 대한 심사나 수입물품에 대한 검사를 생략하고 수입신고를 수리하는 것을 말한다. 즉시수리 물품은 수입신고서와 제출서류에 대한 형식적인 요건만을 확인하며, 세번, 세율 과세가격, 원산지표시 등의 위법·부당한 사항에 대해선 수입자가 처벌·추징 등의 조치를 부담한다는 전제하에 수리된다.

② 심사대상: 신고된 세번, 세율과 과세가격, 수입승인 사항과 수입신고 사항의 일치여부, 해당 물품의 수입과 관련하여 국내 무역관련법규의 제한사항을 충족하였는지 등을 충족시켰는지를 검토하기 위해 관련서류와 필요한 경우 현품을 확인하는 것을 말한다.

③ 물품검사: 심사과정 중 수입신고서류만으로는 수입신고 내용의 사실여부를 확인할 수 없는 경우에는 현품확인 절차를 거친다. 현품확인은 수입물품의 각종 표시, 용도, 기능 또는 성분 등의 사실여부를 견본을 채취하여 관찰, 시험·분석하는 것을 말한다. 만약 물품의 부피, 중량으로 인하여 견품채취가 곤란한 경우에는 파출검사방법으로 현품을 확인한다. 현품검사 대상으로 선별된 물품은 세관원이 직접 검사를 시행하며 일부 발췌검사를 실시하지만 경우에 따라서 전량검사를 실시하기도 한다.

(5) 수입신고수리

세관장은 수입신고가 관세법의 규정에 따라 적법하고 정당하게 이루어진 경우 수입신고를 지체없이 수리하고 수입신고인에게 수입신고필증을 교부해야 한다. 수입신고인은 원칙상 수입신고가 수리된 후 운송기관, 관세통로 또는 장치장소로부터 물품을 반출할 수 있다. 수입화물을 반출하는 방법은 수입신고 수리 전 반출과 수입신고 전 물품반출(즉시반출)이 있다.

수입신고 수리 전 반출제도는 세관장이 수입신고를 수리하기 전에 물품이 장치된 장소로부터 미리 반출할 수 있도록 허용하는 제도이다. 이 제도는 여러 건의 신고물품을 하나의 세 번으로 통합하여 통관함으로써 감면 또는 분할납부제도를 적용하고자 하거나, 통관에 장시간이 소요될 경우 물품을 조기에 반출하여 사용·소비하고자 할 때 활용될 수 있다. 수입신고 수리 전 반출을 하고자 할 때는 관세 등에 상당하는 담보를 제공하고 세관장으로부터 반출승인을 얻은 경우에는 수입물품을 반출할 수 있다.

수입하고자 하는 물품을 수입신고 전에 운송수단·관세통로·하역통로 또는 관세법의 규정에 의한 장치장소로부터 즉시 반출하는 것을 수입신고 전 물품반출제도 또는 즉시반출제도라 한다. 이 제도를 이용하기 위해서는 세관장으로부터 지정을 받아야 한다. 즉시반출 대상업체는 대상물품에 대해 수입신고 전 물품 반출신고서를 세관에 전송하고 B/L(AWB)사본, 송품장 사본을 첨부하여 세관장에게 제출함으로써 반출신고를 한다. 즉시반출업체는 물품 반출신고일로부터 10일 내에 정식 수입신고서 및 첨부서류에 반출신고서를 더하여 물품반출지 세관장에게 수입신고를 하여야 한다.

현행 수입신고제하에서 관세납부는 수입신고 수리 후 실시하는 사후 납부제이므로 화주는 수입신고가 수리된 날로부터 15일 이내에 관세 등 수입세금을 국고수납은행 또는 우체국에 납부해야 한다.

수입신고시기에 따른 수입통관절차를 요약하면 〈표 5-4〉와 같다.

표 5-4	수입신고시기에 의한 수입통관절차 구분			
구분	출항 전 신고	입항 전 신고	입항후보세구역 도착 전 신고	보세구역장치후 신고
신고시기	선박(항공기) 출항 전	선박(항공기)출항 후 입항보고 전	입항 후 당해 물품이 반입될 보세구역 도착 전	당해 물품이 보세구역에 장치 후
신고대상제한	◆ 항공기로 수입 되는 물품 ◆ 일본, 중국 등 으로부터 선박 으로 수입되는 물품 ◆ 컨테이너화물 은 FCL인 경우	컨테이너 화물은 FCL인 경우	제한 없음	제한 없음
신고세관	입항 예정지세관 (부산항은 부산세관)		보세구역관할세 관	보세구역 관할세관
검사대상의 통보시기	출항 후	수입신고일	수입신고일	수입신고일
검사생략 물품의 신고수리시기	적하목록 제출 후 심사완료시		보세운송 도착보고시	수입신고일
검사대상 물품의 신고수리시기	검사 후	검사 후	검사 후	검사 후

수입신고의 취하는 신고인의 요청에 따라 수입신고사항을 취소하는 것을 말한 다. 그러나 운송수단, 관세통로 또는 관세법에서 규정된 장치장소에서 물품을 반출 한 후에는 취하하지 못한다(관세법 제250조 제1항).

수입신고의 각하는 세관장이 직권으로 수입신고를 거절하거나 취소하는 것 을 말하는데, 수입신고시 요건을 갖추지 못하였거나 허위로 수입신고된 경우 세관장을 수입신고를 각하할 수 있다(관세법 제250조의 3).

(6) 관세의 납부

① 수입물품에 대한 과세(관세의 과세요건)

수입물품에 관세를 부과하며 과세물건인 수입물품이 외국에서 선적되어 세관의 수입통관을 거칠 때까지 많은 시일이 소요되는데 그동안 그 물품의 성질과 수량에 변화가 일어날 가능성이 많다. 이에 어느 시점의 수입물품의 수량과 성질을 기준으로 과세할 것인가가 매우 중요하다. 현행 관세법에서는 원칙적으로 수입신고시를 기준으로 과세물건이 확정되며, 정상 통관하지 않고 수입되는 경우에는 신고, 허가, 승인을 받은 때나 특정사실이 발생한 때를 기준으로 과세하고 있다.

수입신고를 한 물품에 대해서는 그 물품을 수입한 화주가 납세의무자가 된다.

과세표준이란 세법에 의하여 직접적으로 세액 산출의 기초가 되는 과세물건의 수량 또는 가격을 말하며 관세의 과세표준은 수입물품의 가격(종가세) 또는 수량(종량세)이 된다.

관세율이란 관세액을 결정함에 있어 과세표준에 적용되는 비율을 말한다. 관세의 세율은 관세법의 별표인 관세율표에 규정되어 있다. 종가세의 경우는 백분율(%), 종량세의 경우는 단위당 금액으로 표시되어 있다. 관세율표는 HS 품목분류표에 기초하여 규정되어 있다.

② 관세의 납부

물품을 수입할 때 납부하여야 할 관세를 확정하는 방식에는 두 가지가 있다. 신고납부방식과 부과고지방식이다. 신고납부방식은 납세의무자가 스스로 납부하여야 할 과세가격·관세율·납부세액을 산출하여 이를 신고함으로써 관세를 확정하는 것이며, 부과고지방식은 납세의무자가 납부하여야 할 관세를 세관장이 산출하여 확정하고 이를 납부하도록 고지하는 방식이다. 현행 관세법상 관세의 확정은 원칙적으로 신고납부방식에 의한다.

(7) 반출

상기와 같은 수입신고수리가 완료되어 신고필증을 교부받으면 관세법상 외국물품이 비로소 내국물품화 되어 보세구역으로부터 자유롭게 반출할 수 있다. 수입신고수리를 받은 수입신고인은 물품을 최종 목적지로 운송함으로써 수입절차는 모두 종료된다.

(8) 반송통관

외국으로부터 우리나라에 반입된 물품을 수입신고하지 아니하고 외국으로 되돌려 보내는 것을 반송이라고 하고 반송에 관련된 절차를 반송통관이라고 한다. 반송통관은 외국으로부터 우리나라 보세구역에 반입된 물품으로서 주문이 취소되었거나 잘못 반입된 경우 수입신고 하지 아니한 상태에서 다시 외국으로 반출되는 물품, 외국으로부터 보세구역에 반입되었으나 수입신고 수리요건 등의 불비로 통관이 보류되어 다시 외국으로 반출되는 물품, 해외에서 위탁가공 후 보세구역에 반입된 물품으로서 수출할 목적으로 다시 외국으로 반출하는 물품, 박람회 등을 위하여 보세전시장에 반입된 후 전시 종료 후 외국으로 반출하는 물품 등이 해당된다.

제4절 국제물류 위험관리와 해상보험

위험관리는 조직의 이익을 위해 조직에서 발생될 수 있는 손실가능성을 체계적으로 파악, 분석하여 그에 대응하는 최적의 방안을 강구하는 것이다. 위험관리는 기업에 따라 여러 목적이 있을 수 있으나 대개 경제적 목적, 걱정 및 근심의 감소, 손실방지를 위한 각종 규정 준수 등의 사전적 목적이 있으며, 사후적 목적으로는 기업의 존속, 수입의 안정, 성장의 지속, 사회적 책임 완수 등을 들 수 있다.

위험관리의 목적을 효율적으로 달성하기 위해서 위험관리자는 위험의 인식(identifying risk) → 위험의 평가(evaluating the risk) → 위험관리 기법의 선택(selecting techniques for handling risks) → 위험관리 계획의 수행(administrating the program) 과정을 통하여 기능이 수행된다. 위험관리기법에는 위험회피(risk avoidance), 위험보유(risk retention), 위험전가(risk transfer), 손실통제(loss control), 보험(insurance) 등이 있는데 국제물류서비스에서는 해상보험이 널리 이용되고 있다.

1. 해상보험의 개념

해상보험(marine insurance)은 '항해에 관한 사고로 기인하여 발생하는 경제불안에 대비하기 위한 단체적, 경제적 준비의 한 형태로써 다수의 경제주체가 결합하여 확률계산에 의한 합리적인 갹출을 부담하는 사회적 경제제도'이다.

우리나라의 상법 제693조에는 "해상보험계약의 보험자는 항해에 관한 사고로 인하여 생길 손해를 보상할 책임이 있다"고 해상보험의 정의는 아니나 손해보상의 책임을 명시하고 있다.

한편 영국의 해상보험법(MIA: Marine Insurance Act, 1906, 이하 MIA) 제1조에도 "해상보험계약이란 보험자가 피보험자에 대해 그 계약에 의해 합의된 방법과 범위 내에서 해상손해, 즉 해상사업에 수반되는 손해를 보상할 것을 약속하는 계약"이라고 정의하고 있다.

2. 해상보험계약의 기본 사항

1) 보험당사자

보험의 당사자는 보험자(insurer, assurer, underwriter)와 보험계약자(policy holder)가 있으며 손해발생시 보상을 받는 피보험자(the insured, assured)로 구분할 수 있다.

표 5-5	보험계약의 당사자
보험 당사자	내용
보험자	보험료를 받고 보험계약을 인수한 자로서 보험사고 발생시 그 손해를 보상할 의무를 지는 자. 통상 보험회사를 의미
보험계약자	보험자와 계약을 체결하고 보험료를 지급하기로 약속한 자. 통상 수출업자 또는 수입업자가 됨
피보험자	손해가 발생하면 보험자로부터 보상을 받는 자

2) 해상보험의 기본용어

(1) 피보험목적(subject-matter insured)

위험발생의 객체로 보험의 대상을 의미하며, 해상보험에서는 화물이나 선박 및 운임 그 자체를 말하며 이에 따라 해상보험을 적하보험, 선박보험 그리고 운임보험으로 분류한다.

(2) 보험가액과 보험금액

보험가액(insurable value)은 피보험목적물의 평가액을 말한다. 보험가액은 보험계약을 체결한 이후 시가(市價)에 의해 변동할 수 있으므로, 보험계약을 체결할 당시에 보험가액을 일정금액으로 협정하고, 상호 협정된 보험가액을 보험금액 또는 보험가입금액(insured amount)으로 정한다. 따라서 보험금액은 보험계약 체결시 보험자와 보험계약자가 약정한 보험가입금액을 말한다.

해상보험에서는 보험사고가 발생했을 때 피보험목적물의 실평가액이 어떠하든 보험증권상 협정된 보험금액이 보험자의 최고 보상한도액이 된다.

(3) 보험금

보험금(claim amount)이란 손해보상금의 명목으로 지급되는 금액을 말한다.

(4) 보험료

보험료(insurance premium)는 보험자의 위험부담에 대한 대가로서 보험계약자가 보험자에게 지급하는 보수를 말한다. 우리나라의 수입적하보험요율은 손해보험 사업자가 산정한 보험요율을 정부 당국으로부터 인가를 받아 적용하고 있으며 수출적하보험 및 500톤 미만의 선박보험요율은 한국손해보험요율 산정회에서 제시한 보험요율을 사용하고 있다.

(5) 보험기간

보험기간(duration of risk)은 피보험목적물이 위험에 노정되기 시작하는 때부터 부협자의 위험부담에 대한 책임이 존속되는 기간을 말하며, 보험의 혜택을 받을 수 있는 시간적 한계의 개념이다. 보험자가 보상의 책임을 지기 위해서는 이 기간 중에 보험사고가 발생하여야 한다.

(6) 보험계약기간

보험계약기간(duration of policy)은 담보기간의 개시여부에 관계없이 보험계약자가 담보받고자 하는 기간으로서 보험계약시에 당사자의 합의에 의하여 정한다. 즉 보험계약이 유효하게 존속되는 기간을 말한다. 보험기간은 보험계약기간과 일치하는 것이 가장 바람직하지만 적하보험의 경우 보험약관에 의하여 보험기간이 보험계약기간 보다 짧아지는 경우도 있고 또 길어지는 경우도 있다. 가령 소급보험과 예정보험(open cover)의 경우에는 반드시 일치한다고 볼 수 없다.

(7) 보험약관

보험약관(clauses)은 보험계약의 내용을 이루는 조항들을 말하는데, 일반적이고 표준적인 것을 보통약관이라 하고, 보통약관의 약정사항을 제한하거나 확대하는 약관을 특별약관이라고 한다.

(8) 희망이익(expected profit)

매매계약 약정품이 무사히 목적지에 도착하면 수입자가 도착된 화물을 매각하여 취득할 수 있다고 기대되는 이윤을 말하는데, 보통 송장가격의 10%로 되어 있다.

3. 해상위험

1) 해상위험의 개념

MIA 제3조에는 '해상위험(maritime perils or marine risks)이란 항해에 기인 또는 부수하는 위험, 즉 해상고유의 위험, 화재, 전쟁위험, 해적, 표도(漂盜), 포획(捕獲), 나포(拿捕), 군주 및 국민의 억류 또는 억지, 투하(投荷), 선원의 악행(惡行)과 그리고 상기의 여러 위험과 동종(同種)의 위험 또는 보험증권에 기재되는 기타의 모든 위험을 말한다'고 규정하고 있다.

2) 담보위험과 면책위험

해상보험계약은 해상위험으로 발생하는 손해를 보상하는 계약이지만 보험자가 모든 해상위험을 담보하는 것은 아니다. 해상위험은 보험자의 담보 여하에 따라서 담보위험과 면책위험으로 구분된다.

(1) 담보위험

담보위험(risk insured)은 보험자가 보상해 주는 위험을 말한다. 담보위험은 그 위험의 원인 및 결과가 되는 위험을 면책하지 않는 한, 보험자가 그 위험으로 인하여 생길 손해를 보상할 것을 약속한 위험이다. 적하보험에서 사용되고 있는 협회화물약관(ICC) (B)와 (C)약관에서는 담보위험이 명시되어 있다.

(2) 면책위험

면책위험(risk excluded)은 손해가 발생하더라도 보험자가 보상하지 않는 위험을 말한다. 면책위험은 법에 의해서 규정되는 경우도 있고 보험약관에 의해서 정해질 경우도 있는데 대부분 법적 면책위험은 보험약관에 수용된다. 적하보험에서 사용되고 있는 A약관에서는 보험자의 일반면책, 선박의 불내항성 및 부적합성, 전쟁 및 동맹파업을 면책위험으로 명시하고 있어서 이러한 위험을 제외한 모든 위험을 보험자가 보상하도록 하고 있다.

3) 해상위험의 종류

해상위험에 대해서는 MIA 제3조의 해상위험(maritime perils or marine risks)과 Lloyd's SG Policy 보험증권의 위험약관에서 보험자의 담보위험, 협회적하약관상의 담보위험으로 구분할 수 있다. 여기서는 MIA와 Lloyd's SG Policy 보험증권의 위험약관을 중심으로 설명한다.

표 5-6	해상위험의 종류
해상위험 구분	내용
해상고유의 위험 (perils of the seas)	항해가 원인이 되어 해상에서 우연히 발생하는 사고나 재해 침몰, 좌초, 충돌, 악천후 등
해상위험 (perils on the seas)	항해에 부수하여 발생하는 위험 화재, 투하, 선장 및 선원의 악행, 해적, 표도(rovers), 강도 등

4. 해상손해

1) 해상손해의 의의

해상손해(maritime loss or damage)란 '해상위험이 발생한 결과로 피보험목적물의 일부 또는 전부가 멸실(loss) 또는 손상(damage)되는 것'을 의미한다.

2) 해상손해의 유형

해상위험으로 인하여 발생하는 해상손해(marine loss)는 [그림 5-7]과 같이 물적손해(physical loss), 비용손해(expense loss), 배상책임손해(liability loss) 등
으로 구분된다. 물적손해는 보험목적물 자체의 직접적 손해를 말하며, 손해의
정도에 따라 전손과 분손으로 나누어진다. 비용손해는 보험목적물의 멸실이나
손상과 관련하여 부수적으로 발생하는 손해방지비용, 구조비용, 특별비용 등
간접손해를 의미한다. 또한 배상책임손해는 피보험자가 제3자에 대해서 법적
으로 배상책임을 부담하게 될 경우를 말하는데, 대표적인 것이 충돌로 인한 충
돌손해배상책임이 있다.

(1) 물적손해

전손(total loss): 선박, 화물 등과 같이 피보험목적물 전부가 담보위험에 의
해서 멸실되거나 손상정도가 심해서 구조나 수리비용이 부보된 금액보다 많은
경우를 말한다. 전손에는 현실전손(actual total loss)과 추정전손(constructive
total loss)이 있다.

그림 5-7   해상손해의 유형

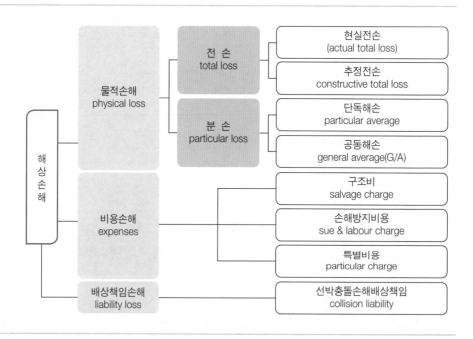

분손(partial loss): 보험목적물의 일부가 멸실 또는 손상됨으로써 발생한 손해를 말하며 전손이 아닌 손해는 모두 분손으로 간주한다. 분손은 단독해손 (PA: Particular Average)과 공동해손(GA: General Average)으로 나누어 진다.

표 5-7		물적 손해

물적 손해	구분	내용
전손	현실 전손	현실전손은 보험목적물이 전부 멸실되는 경우를 말함. • 화물의 경우 ㉠ 실질적인 멸실(physical destruction), ㉡ 성질의 상실 (alteration of species; 種의 변경)로 인한 완전한 가치의 상실, ㉢ 적국에 포획되었거나 전리품으로 빼앗긴 경우와 같은 회복할 전망이 없는 박탈(irretrievable deprivation) 등이 포함됨(MIA). • 선박의 경우 ㉠ 선박이 침몰되어 인양이 불가능한 경우, ㉡ 완전 난파되어 선박의 기능이 상실된 경우, ㉢ 항해 중 선박이 행방불명되어 상당한 기간이 경과된 후에도 그 소식을 모를 경우 등
	추정 전손	추정전손(constructive total loss)은 현실적으로 멸실된 것은 아니지만 ㉠ 현실전손이 불가피하다고 인정되거나, ㉡ 손해의 정도가 심하여 그 목적물이 가진 용도에 사용할 수 없거나, ㉢ 손상을 수리하는 비용이 수리 후 그 목적물이 갖는 시가 보다 클 경우 등 전손과 같은 효과가 나는 경우에 성립
분손	단독 해손	담보위험으로 인하여 발생한 보험목적물의 일부분의 손해를 입은 이해관계자가 단독으로 부담하는 손해 공동해손이 아닌 분손포함
	공동 해손	◆ 항해단체(선박, 화물 및 운임 중 둘 이상)가 공동의 위험에 처했을 때 그 위험을 피하거나 경감하기 위하여 선박 또는 적하에 대해 선장이 고의로 합리적이고 이례적인 처분(희생)을 하거나 비용을 지출하여 발생된 손해 ◆ 공동해손은 공동의 안전을 위하여 희생된 손실이나 비용을 해상사업에 관련되는 이해관계자들이 공동으로 비례하여 분담하는 손해

(2) 비용손해

보험의 목적물을 손해로부터 방지·경감하기 위하여 피보험자가 지출하는 비용을 비용손해라고 한다.

① 손해방지비용(sue and labour charge): 실질적인 위험에 처했을 때 피보험자 또는 그의 대리인(선장이나 선원 또는 하역업자 등)이 손해를 방지 또는 경감하기 위해서 합리적으로 지출한 비용을 말한다. 이 비용은 보험증권상의 손해방지약관에 따라 보험자가 피보험자에게 별도로 부담하는 비

용이다. 손해방지비용은 만일 손해방지행위가 실패로 돌아가 화물의 손해액과 손해방지비용의 합계가 보험금액을 초과한 경우에도 보험자는 이를 보상해야 한다.

② 구조료(salvage charge): 구조료는 위험에 처한 선박이나 화물을 제3자가 구조하였을 때 구조한 자에게 지불하는 비용이다. 구조료는 현실적으로 위험한 상태에서 자발적으로 실제로 구조된 것이 있을 때만 지불되며, 'No cure, no pay'의 원칙에 따라 구조가 실패로 끝나 구조물이 없는 경우에는 구조료를 지급하지 않는다.

③ 특별비용(special charge or particular charge): 피보험목적물의 안전과 보존 때문에 피보험자에 의하여 지출된 비용을 말한다. 담보위험으로부터 손해를 방지하기 위해 피보험자 또는 그의 대리인이 지출한 비용을 특별비라고 하는데 손해방지비용과 별 차이가 없는 이유는 손해방지비용도 일종의 특별비에 속하기 때문이다. 엄격한 의미에서 특별비는 공동해손비용과 구조료 이외의 모든 비용손해를 말한다. 또한 손해방지 행위의 주체가 제3자인 경우에는 구조료이고 피보험자 또는 그의 대리인인 경우에는 특별비라고 구분할 수 있다.

특별비와 손해방지비를 구분하는 이유는 양륙항에서 손해사정을 위해 발생하는 검사비용(survey fee), 계약구조비, 피난항에서의 화물재정비 등 손해방지비용으로는 보기 어려운 순수한 특별비가 있기 때문이다.

(3) 충돌손해배상책임

충돌손해배상책임(collision liability)은 피보험 선박이 타 선박과 충돌로 인하여 피보험 선박자체가 입게 된 물적손해는 물론 그 충돌로 인한 상대선박의 선주 및 그 화물의 화주에 대하여 피보험자가 책임져야 하는 손해배상금을 보험자가 담보해 주는 손해를 말한다.

5. 해상보험증권 양식

오늘날 영국의 로이즈를 비롯하여 세계의 보험시장에서 사용되고 있는 해상보험증권은 3가지 형태가 있다.

① 1779년 영국의 로이즈 총회에서 공식적으로 채택하고 MIA 제1부칙에 규정된 한 표준 Lloyd's S. G. Form 보험증권양식, 선박 및 적하 (standard S.G. policy form, hull and cargo)

② 런던 보험자협회(ILU: Institute of London Underwriter)의 회사용 보험증권, 선박 및 적하(Companies Combined Policy, Hull and Cargo)

③ 1982년 해상보험증권과 2009년 개정된 해상보험증권

1) Lloyd's S. G. Policy Form

1779년 영국의 로이즈 보험자 총회에서 여러 양식을 통일화하여 영국해상보험법(MIA, 1906) 부록에서 표준해상보험증권으로 채택함으로써 공식적으로 사용되기 시작하였다. 그 후 200여년 동안 사용하여 오면서 동 표준양식은 중세영어로 난해하고 현실적으로 맞지 않는 점이 있어서 여러 차례의 수정과 보완이 있었다. 그 일환으로 1912년 기술 및 약관위원회에서 Lloyd's S. G. Policy Form에 첨부하여 사용하기 위한 특별약관을 제정하였는데 이것이 바로 협회적하약관(ICC: Institute Cargo Clause)이다.

이 약관에는 적하보험의 기본조건으로 ① 전위험담보조건(A/R: All Risks), ② WAIOP(With Average Irrespective of Percentage) 조건을 포함한 분손담보조건(WA: With Average), ③ 분손부담보조건(FPA: Free from Particular Average)이 있다. 이 약관은 1912년에 제정된 이래 수차례의 개정을 거치면서 1963년에 개정된 약관이 현재까지 사용되고 있으나 양식은 그대로이다.

Lloyd's S. G. Policy의 약관은 본문약관(Body), 이택릭서체약관(Italicized Clause), 난외약관(Marginal Clause), 보험증권의 이면에 있는 협회특별약관,[3] 스탬프약관, 수기문언 등으로 구성되어 있다.

---

3) 보험증권의 이면에 있는 특별약관은 이면약관이라고도 하며 ① 협회적하약관(ICC FPA, WA, A/R), ② 협회전쟁위험담보약관(Institute War Clauses) ③ 협회동맹파업·소요·폭동담보약관(Institute SRCC Clauses) 등이 있다.

2) 런던보험자협회의 회사용 보험증권

1795년 영국의 의회법(Act of Parliament)은 개인보험업자에게는 반드시 Lloyd's S.G. Policy를 사용하도록 하면서도 회사형태의 보험자에게는 이를 강요하지 않았다. 이로 인하여 영국의 보험회사들은 회사용 보험증권을 개발하여 사용하는 경향이 있었는데 이것이 런던보험자협회(ILU: The Institute of London Underwriters)의 Companies Combined Policy이며 적하용(Cargo)(청색)과 선박용(Hull)(백색)으로 구분하여 사용하고 있다. 이 중 적하보험증권은 Lloyd's S. G. Policy을 기초로 만든 것이어서 내용상 대동소이하며 우리나라에서도 널리 사용되고 있다.

3) 1982년 해상보험증권

구 해상보험증권은 업계에서 사용하면서 세 가지 기본조건들이 명칭상 문제가 많고, 담보범위에 있어서도 불명확한 점이 많아 몇 차례 수정을 해왔다. 1978년에 개최된 UNCTAD총회에서 이에 대한 전면개정을 의결하면서 오랜 연구결과 협회적하약관의 전면개정이 이루어져 신양식으로 1982년부터 사용되고 있다. 우리나라는 1983년 4월 1일부터 신약관을 사용하면서 현재에는 신·구약관이 병행하여 사용되고 있다. 새로이 정비된 신협회적하약관(이하 신약관이라 함)은 ICC(A), ICC(B), ICC(C)의 세 가지 기본약관과 협회전쟁약관(IWC: Institute War Clause) 및 협회동맹파업약관(ISC: Institute Strikes Clause) 등으로 구성되어 있다.

신 해상보험증권은 로이즈 보험시장에서 사용하는 New Lloyd's Marine Policy Form과 회사형태의 보험시장(Company Market)에서 사용하는 New ILU Marine Policy Form이 있다. 이들 두 양식은 내용 면에서 큰 차이가 없으나 구 보험증권과는 다음 면에서 차이가 있다.

① 본문약관, 난외약관, 이탤릭서체약관 등의 고문체를 폐지하고 현대문으로 협회약관에 포함시킴으로써 증권을 단순화하였다.

② 약관의 명칭을 종래의 A/R, W.A, FPA에 대칭하는 A.B.C로 변경하여 용어상의 혼란을 방지하였다. ICC(A)와 ICC(B)간의 담보범위를 확대하고, 손해면책비율 조항을 삭제하였으며, 육상운송시의 담보조항의 명시

등을 포함하고 있다.

③ 해상위험과 관련하여 해상고유의 위험(perils of the seas)이란 용어를 삭제하고 위험을 구체적으로 열거하고 있다.

결과적으로 신해상보험증권은 보험계약의 증거서류에 불과하게 되었고, 증권이면의 신협회약관이 계약내용의 핵심이 되었다. 신 해상보험증권은 반드시 ICC(A), (B), (C)조건 가운데 하나를 첨부하여 보험증권으로서의 효력을 가질 수 있다.

4) 2009년 해상보험증권

1982년 협회적하약관이 제정된 지 4반세기가 경과하였고, 제정 당시와 비교해 볼 때 국제화물의 취급이나 2001년에 발생한 미국의 동시다발적인 테러를 발단으로 테러리스트의 위협 등으로 해상적하보험시장의 환경이 크게 변하였다. 따라서 영국보험시장에서 런던 국제보험인수협회(IUA: International Underwriting Association of London)와 로이즈시장협회(LMA: Lloyd's Market Association)의 대표로 구성되는 합동적하보험위원회(JCC: Joint Cargo Committee)가 2006년 2월부터 1982년 약관의 개정작업을 시작하였고, 그 결과 2009년 협회적하약관(ICC) (A)(B)(C)가 탄생되었다.

2009년 협회적하약관 중 〈표 5-8〉에서 보는 바와 같이 변경이 없는 제6조, 제18조, 제19조이며, 일부 용어나 문구를 수정한 약관이 10개이다. 그리고 실질적으로 내용이 바뀐 약관은 제4조, 제5조, 제7조, 제8조, 제10조 그리고 제15조이다. 또한 2009년 약관에서는 명칭이 혼란을 초래할 우려가 있다는 이유로 그 이름을 삭제한 조문이 5개 있다.

신협회약관의 ICC(A)은 구약관상의 A/R 조건에 대비되는 것으로 총 19개의 소약관으로 구성되어 있고 이를 다시 8개의 그룹으로 묶어 알기 쉽게 배열하고 있다.

이하에서는 ICC(A)의 중요한 약관 몇 가지만 간추려 설명한다.

| 표 5-8 | 신협회적하약관 내용의 구성(1982와 2009 비교) |

구분	조항	약관내용		실질내용변경	문구수정	변경사항없음
		1982	2009			
담보위험 (Risks Covered)	1	▪ 위험약관	▪ 위험		○	
	2	▪ 공동해손약관	▪ 공동해손		○	
	3	▪ 쌍방과실충돌약관	▪ 쌍방과실충돌약관		○	
면책조항 (Exclusions)	4	▪ 일반면책약관		○		
	5	▪ 불내항성 및 부적합 면책약관		○		
	6	▪ 전쟁면책약관				○
	7	▪ 동맹파업면책약관		○		
보험기간 (Duration)	8	▪ 운송약관	▪ 운송	○		
	9	▪ 운송계약종료약관	▪ 운송계약종료		○	
	10	▪ 항해변경약관	▪ 항해변경	○		
보험금청구 (Claims)	11	▪ 피보험이익약관	▪ 피보험이익		○	
	12	▪ 계반비용약관	▪ 계반비용		○	
	13	▪ 추정전손약관	▪ 추정전손		○	
	14	▪ 증액약관	▪ 증액		○	
보험이익 (Benefit of Insurance)	15	▪ 보험이익불공여약관		○		
손해경감 (Minimising Losses)	16	▪ 피보험자의무약관	▪ 피보험자의무		○	
	17	▪ 포기약관	▪ 포기		○	
지연의 방지	18	▪ 신속조치약관				○
법률과 관습	19	▪ 영국의 법률 및 관습약관				○

6. 해상보험조건

1) 종래의 보험조건: 구협회약관

종래의 보험계약은 영국의 Lloyd's S.G policy과 그 이면에 인쇄되어 있는 런던 해상보험업자협회(ILU)에서 제정한 협회적하약관(ICC)에 의해서 체결되어 왔다. 이 약관에는 적하보험의 기본조건으로 ① 전위험담보조건(A/R: All Risks), ② WAIOP(With Average Irrespective of Percentage)조건을 포함한 분손담보조건(WA: With Average), ③ 분손부담보조건(FPA: Free from Particular Average)이 있다. 이 중에 WA, FPA는 열거책임주의를 채택하고 있고, A/R은 일체의 위험을 담보하는 포괄책임주의를 채택하고 있다. 그밖에도 협회전쟁약관(Institute War Clause), 협회동맹파업·폭동 및 소요약관(Institute Strikes, Riots and Civil Commotions Clause), 협회도난·발하 및 불착약관 등이 있다.

(1) 분손부담보(FPA: Free from Particular Average)

피보험목적물의 전손의 경우는 물론이고, 분손 중 공동해손의 경우와 손해방지비용·구조비·특별비용·특정분손 등의 손해를 보상하는 조건으로서 단독해손 이외의 모든 손해를 보상하므로 '단독해손부담보조건'이라고도 한다.

(2) 분손담보조건(W.A: With Average)

W.A 3%와 WAIOP가 가장 일반적이다. W.A 3%는 손실액이 3% 미만인 경우 보상하지 않는다는 의미이며, WAIOP(With Average Irrespective of Percentage)는 손실액의 다과에 관계없이 보상하는 WA의 특약사항이다.

(3) 전위험담보(A/R: All Risks)

항해에 관한 우연한 사고로 발생한 모든 손해를 보상하는 보험조건으로서, 이 경우 보험료가 가장 고율이며, 손해보상의 범위가 넓으나, 전쟁위험·파업·폭동위험까지도 포함하는 것은 아니며, 특히 화물고유의 하자 또는 성질에 의한 손해와 수송지연으로 인한 멸실·손상 또는 비용은 제외한다.

2) 신협회약관

종래의 보험조건은 보험자의 담보범위에 대해 각종 면책위험의 불명확성 때문에 분쟁의 소지가 있었으며, 특히 분손부담보조건[ICC(FPA)]과 분손담보조건[ICC (W.A)]간의 담보범위에 있어서 그 차이가 불분명했기 때문에 피보험자들이 보험조건을 선택하는데 어려운 점이 많아서 개정된 보험조건에서 담보범위를 명확히 하고 있다.

(1) Institute Cargo Clauses(A): 'A' 약관

ICC(A)는 종래의 보험조건 중 전위험담보조건[ICC(AR)]과 유사한 조건이다. 보험자가 부보된 화물의 손해 및 손상 등 모든 위험을 보상해 주는 조건으로 공동해손, 구조비용, 손해방지비용, 특별비용을 보상해 준다.

(2) Institute Cargo Clauses(B): 'B' 약관

ICC(B)는 종래의 보험조건 중 분손담보조건[ICC(WA)]의 담보위험이 명확하지 않았던 점을 보완하여 보험자가 보상하여야 할 담보위험을 구체적으로 열거함으로써 피보험자가 담보위험의 범위를 쉽게 이해할 수 있도록 한 것이다. ICC(B)는 해상고유의 위험으로 인한 재해나 지진, 낙뢰 등 자연적인 재해 이외에도 갑판상 유실로 인한 손해, 선적이나 하역작업 중 생긴 손해 등의 공동해손이 발생했을 경우이다.

(3) Institute Cargo Clause(C): 'C' 약관

ICC(C)는 보상범위가 가장 제한된 보험조건으로서 종래의 보험조건 중 분손부담보조건[ICC(FPA)]과 담보위험이 유사하다. ICC(C)는 화재 또는 폭발로 인한 손해, 침몰, 충돌, 전복 또는 탈선으로 인해 발생한 손해를 보상하게 된다.

표 5-9   신약관상의 담보위험

약관 조항	담보위험	A	B	C	비고
제1조	① 화재·폭발	○	○	○	좌기의 사유에 상당인과관계가 있는 멸실·손상
	② 선박·부선의 좌초·교사·침몰·전복	○	○	○	
	③ 육상운송용구의 전복·탈선	○	○	○	
	④ 선박·부선·운송용구의 타 물과의 충돌·접촉	○	○	○	
	⑤ 조난항에서의 화물의 양화	○	○	○	
	⑥ 지진·분화·낙뢰	○	○	×	
	⑦ 공동해손의 희생	○	○	○	
	⑧ 투하	○	○	○	
	⑨ 갑판유실	○	○	×	좌기 사유로 인 한 멸실·손상
	⑩ 해수·조수·하천수의 운송용구·컨테이너· 지게자동차·보관장소에의 침수	○	○	×	
	⑪ 적재·양화 중의 수몰·낙하에 의한 포장당 전손	○	○	×	

	⑫ 상기 이외의 일체의 위험	○	×	×
제2조	공동해손조항	○	○	○
제3조	쌍방과실충돌조항	○	○	○

주: ○(보험자 담보), ×(보험자 부담보)

표 5-10	신약관상의 면책위험

약관조항	면책위험	A	B	C
제4조 일반면 책 조항	① 피보험자의 고의적인 불법행위	×	×	×
	② 통상의 누손, 중량 또는 용적의 통상의 감소, 자연소모	×	×	×
	③ 포장 또는 운송용구의 불완전 부적합	×	×	×
	④ 물품고유의 하자성질	×	×	×
	⑤ 지연	×	×	×
	⑥ 선박소유자, 관리자, 용선자 또는 운항자의 지급불능 또는 채무불이행	×	×	×
	⑦ 어떤 자의 불법행위에 의한 의도적인 손상 또는 파괴	○	×	×
	⑧ 원자핵무기에 의한 손해	×	×	×
제5조	⑨ 피보험자 또는 그 사용인이 인지하는 선박의 내항성결여 부적합	×	×	×
제6조	⑩ 전쟁위험(War Exclusion)	×	×	×
제7조	⑪ 동맹파업(SRCC)	×	×	×

주: ○(보험자 담보), ×(보험자 부담보)

3) 부가위험조건

포괄적인 보험조건인 A/R조건이나 ICC(A)조건으로 보험에 가입한 경우에는 전쟁이나 동맹파업위험 등을 제외하고는 별다른 부가위험조건을 부보할 필요가 없다. 그러나 WA, FPA조건과 ICC(B)조건, ICC(C)조건으로 부보할 경우에는 화물의 성질이나 종류, 그밖에 운송 상황에 따라 여러 부가위험을 추가로 부보할 필요가 있다. 이러한 부가위험조건은 보험자와 합의하여 추가보험료(additional premium)를 납부하는 조건으로 부보되는데 〈표 5-11〉과 같은 것들이 있다.

표 5-11	부가위험조건	
부가위험 담보조건	특성	주요 품목
도난·발하·불착손 (TPND: Theft, Pilferage and Non-delivery)	▪ TPND는 A/R조건이나 (A)조건 이외에서 추가 담보되어야 보험자가 보상가능	모든 화물
우·담수손 (RFWD: Rain and/or Fresh Water Damage)	▪ FPA조건, WA조건 및 ICC(C)에서는 화물의 성질 등을 고려해 이 부가위험에 부보해야 함 ▪ 신약관상의 ICC(B)조건에서는 해수, 강물이나 호수의 유입손은 담보됨	모든 화물
한손·열손 (汗損·熱損 S/H: Sweat and Heating Damage)	▪ A/R조건이나 (A)조건에서는 기본적으로 담보되는 위험이나 면책위험인 화물고유의 하자와 구별이 어려워 이러한 손해가 발생할 확률이 큰 화물은 보험자가 WA조건이나 (B)조건 이하로만 인수하고 있음	곡물류, 피혁
파손 (breakage)	▪ 도자기나 유리제품 등 깨지기 쉬운 화물의 파손은 어느 기본 조건에서도 담보되지 않음 ▪ 실무상 이러한 제품은 0.5~5%까지 소손해공제비율(excess)을 적용하여 약정된 공제비율을 제한 나머지 손해만 보상하고 있음	유리, 그릇
누손(漏損)·부족손 (Leakage and/or Shortage)	▪ 이 손해도 어떤 조건으로도 부담보되는 통상의 손해(ordinary loss)이므로 "excess" 적용	유류, 곡물류
투하 및 갑판유실 (JWOB: Jettison and Washing Over Board)	▪ 갑판적이 될 경우 투하 또는 갑판에서 유실위험이 있으므로 보험자는 갑판적 약관(on deck clause)을 명시 ▪ 이럴 경우 ICC(C), FPA+JWOB로 인수	갑판 적하물
유류 및 타물과의 접촉손 (COOC: Contact with Oil and/or Other Cargo)	▪ 선박의 연료유 등에 의해 입는 손해와 다른 화물과의 충돌 또는 접촉에 의해 생기는 파손 또는 오염손을 담보하는 조건	유류
곡손(曲損: Denting and/or Bending)	▪ 이러한 손해는 기계의 사용을 불가능하게 할 염려가 있으므로 협회기계수선약관(Institute Replacement Clause)을 삽입하여 그 수리비나 교체비를 보상받는 것이 일반적	기계류, 강관, 금속류
갈고리에 의한 손해 (Hook and Hole)	▪ 하역작업 중 갈고리에 의해 구멍이 나거나 하는 손해로 A/R조건 또는 (A)조건에서는 담보	직물류
오염손 (Contamination)	▪ 오염손은 혼합위험과 오염위험이 있는데 혼합은 타 화물 및 잡물과의 혼합으로 입는 손해를 말하고, 오염은 타 화물과의 접촉으로 발생하는 외견상의 더러움, 흠 및 악취의 흡착 등을 의미	유류, 화공약품

자연발화(Spontaneous Combustion)	▪ 자연발화는 화물고유의 하자 또는 성질로 인한 것으로 부담보	곡물, 석탄, 양모
쥐 및 벌레 손해 (Rats & Vermin)	▪ 쥐나 벌레로 인한 손해는 담보위험이 아니므로 특약에 의해 추가담보	
녹에 의한 손해(Rust)	▪ 해수, 담수에 의해 녹을 입는 손해	금속류
곰팡이손해 (Mould & Mildew)	▪ 통상 곡물이나 연초 등에 곰팡이가 나서 입는 손해로 바닷물이 원인이라면 담보되지만 그밖에는 화물고유의 하자로 간주하여 보험자가 면책 ▪ 그러므로 이 특약에 가입하여 보상받을 수 있음	곡물류

2부-1 사례 글로벌 소싱이 생산력을 높인다

▶글로벌 소싱 성공과 실패

매년 300개 이상의 새로운 모델을 시장에 내놓고 있는 나이키는 글로벌 소싱을 효과적으로 지원할 수 있는 공급망을 구축해 경쟁력을 높였다. 미국 오리건 주에 있는 나이키 본사는 가상기업 조직이다. 이 조직은 저비용 생산전략과 R&D 기능을 통합한 비즈니스 프로세스 복합체 역할을 한다. 실제 신발은 전 세계에 흩어져 있는 기술자들이 공동으로 개발, 생산한다. 일례로 나이키 농구화 '에어맥스'는 주로 한국과 인도네시아에서 최종 생산한다. 하지만 52가지에 이르는 부품은 일본, 인도네시아, 한국, 미국이 공급한다. 나이키의 협력사 전체를 연결하는 것은, 광범위한 생산활동 각각의 단계를 관리하는 정보시스템이다.

또한 부품을 정확한 시간에 제공하고 동시에 완성품을 적기에 공급하는 물류 인프라다. 물류시스템은 글로벌 영업이나 고객서비스 지원 시스템과 연계돼 있다. 수송의 우선순위를 선정하고 비용절감 효과가 높은 방식으로 주문이 가능하다. 원자재, 생산 공정, 상품의 변화에 빠른 대응이 가능한 유연성을 갖춘 것이다.

반면 낮은 투명성, 비효율적 행정, 문화 차이로 인한 사회·문화적 위험요소들은 글로벌 소싱 효과를 반감시킨다. 폭스바겐, GM, 도요타, 현대자동차 등 글로벌 완성차 제조업체들은 자동차 부품에 대한 면세 등 러시아 정부의 적극적인 투자유치 정책에 힘입어 현지에 생산 공장을 설립했다. 하지만 공급업체 제품 수준 저하, 수입 부품의 잦은 통관 지연 등의 문제로 효율적인 생산라인 운영에 많은 어려움을 겪고 있다.

▶글로벌 소싱 기회와 위험요소

글로벌 소싱은 성공했을 때 비용절감으로 엄청난 이익을 기대할 수 있다. 하지만 실패하면 위험과 피해 또한 막대하다. 때문에 기업 조달, 생산, 판매 특성 및 대상 국가에 따라 글로벌 소싱에 따른 기회 및 위험 요소를 정확히 분석하고 진단해 전략을 수립해야 한다. 일반적으로 글로벌 소싱을 할 때 기회요소로 꼽히는 것은 비용절감, 신규 제품 개발, 국가별 생산 거점으로의 원활한 공급, 대체 공급사 발굴 등이다.

위험요소에는 품질 저하, 재고·물류비용 증가, 불안정한 공급원, 장기 리드 타임, 환율 변동 등이 있다. 세계적인 대형 유통업체 월마트가 한국 시장에서 실패한 주요 원인 중 하나도 바로 국내 실정에 부적합한 물류시스템으로 생긴 재고·물류비용 문제였다.

기회 및 위험 요소들은 복잡하고 다양한 상관관계를 맺고 있다. 글로벌 소싱의 성공 여부는 트레이드오프(Trade-off) 관계가 있는 기회·위험 요소 사이에서 위험요소를 최소화하고, 동시에 기회요소를 극대화하는 전략적 방안을 모색하는 것에 달려 있다. 예를 들어, 글로벌 소싱을 하면 국외로부터 조달하는 공급라인이 길어진다. 위험이 커질 수밖에 없다. 결국 안정적인 생산을 위해 재고수준을 높게 유지해야 한다. 가격, 품질, 납기, 부가서비스 등 총소유비용(TCO: Total Cost of Ownership) 관점에서 경쟁력 있는 공급업체를 찾아 범세계적으로 구매 선을 다양화하는 글로벌 구매소싱은 글로벌 네트워크의 확립 및 활용이 성공의 핵심이다. 하지만 삼성, LG와 같이 글로벌 네트워크를 충분히 갖춘 기업도 효과적인 글로벌 구매소싱을 하기에 만만치 않다. 글로벌 네트워크가 없는 중소기업이 중국, 인도와 같이 넓은 나라에서 사전 지식이나 노하우 없이 우수한 공급업체를 찾고, 계약을 성사시킨다는 것은 거의 불가능하다. 이런 경우 글로벌 네트워크 및 전문적 역량을 갖춘 업체를 구매 BPO로 활용하는 것도 하나의 전략이 될 수 있다.

출처: 매일경제, 2010.01.27.

2부-2 사례 국제무역에서 물류의 중요성은?

물류는 국제무역의 생명선으로, 제조업체에서 소비자에 이르기까지 광범위한 영역에 걸쳐 상품의 효과적인 이동을 보장하는 무형의 힘으로 작용한다. 물류는 글로벌 공급망에서 재화, 정보, 서비스 등의 흐름을 최적화하는 것을 목표로 하기 때문에 무역과 물류는 상호작용을 한다. 물류는 무역의 경쟁력을 제고하는 데 다음과 같은 역할을 한다.

① 비용 절감 및 효율성: 물류는 글로벌 무역에서 비용을 줄이고 효율성을 높이는 데 중요한 역할을 한다. 공급망 운영을 최적화함으로써 비즈니스는 운송, 재고 및 창고 비용을 절감할 수 있다.

② 고객 만족도 향상: 효과적인 물류 관리를 통한 상품의 적시 정확한 배송은 고객 경험에 직접적인 영향을 미친다. 상품이 적시에 완벽한 상태로 도착하면 고객의 신뢰와 충성도가 높아진다.

③ 글로벌 시장 확장 가속화: 효율적인 물류 시스템을 갖춘 기업은 빠르게 새로운 시장에 진입하고 전 세계적으로 기회를 활용할 수 있다.

④ 개선된 재고 관리: 물류는 국제무역에서 수요를 충족시키면서도 잉여 재고를 피하는 적절한 균형을 맞출 수 있도록 한다.

⑤ 위험 완화 및 탄력성: 잘 설계된 물류 시스템은 국제 운영과 관련된 다양한 위험을 식별, 평가 및 완화하는 데 중요한 역할을 한다.

⑥ 국제 무역 협정 촉진: 효율적인 물류관리는 무역 협정 준수를 보장하고, 국가 및 무역 파트너 간의 신뢰와 협력을 증진시킨다.

⑦ 환경 지속 가능성 및 준수: 친환경 물류 관행을 채택함으로써 연료 소비, 에너지 사용 및 폐기물 처리 비용을 줄일 수 있다.

출처: Mark Anderson, "Unveiling the Importance of Logistics in International Trade", https://www.invensis.net/blog/importance-of −logistics−in−international−trade, October 11, 2023.

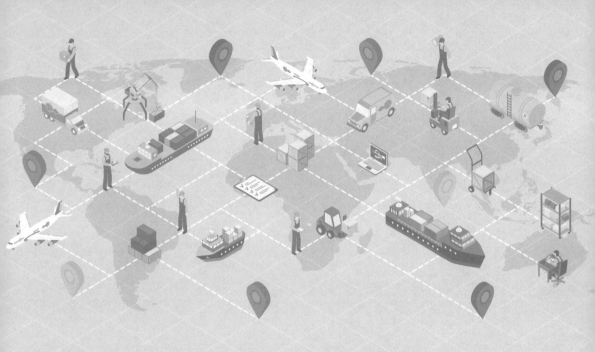

제 3 부

글로벌 물류관리

제6장

운송의 이론과 육상운송

제1절 **운송의 이론**

1. 운송의 개념과 특징

1) 운송의 정의

오늘날 경제의 글로벌화와 더불어 수송 물동량이 증가함에 따라 운송은 물류활동의 중추적 역할을 담당하고 있다. 운송(transport)은 '장소적 효용(place utilities) 창출을 위해 운송수단을 활용하여 인간과 물자를 한 장소에서 다른 장소로 이동시키는 물리적 활동'으로 정의할 수 있다. 또한 물류에서는 운송을 '공급업자에게서 최종소비자에게 재화나 서비스를 전달하는 통합적 부분'이라 정의한다.

경제규모와 국제무역량이 증대되면서 운송의 대형화, 신속화, 안전화가 지속적으로 추구되어 왔으며, 이는 곧 인간 생활을 풍족하게 하는데 크게 기여하였다. 운송은 재화를 최소의 비용으로 부가가치를 증진시키기 위해 이동시키고 정확한 시간과 지리적 효능을 제공한다. 운송은 물류활동의 결과에 커다란 영향을 미칠 뿐만 아니라 생산과 판매에도 영향을 미친다. 물류시스템에서 운송비용은 목적 시장에 대한 제약요소로 간주될 수 있다.

운송의 가치는 산업마다 다른데 일반적으로 소량, 저중량, 고가치 제품의 경우 운송비가 매출액에서 차지하는 비중이 적은 반면 대량, 고중량, 저가치의 제품에서는 매출액 대비 운송비의 비중이 높기 때문에 수익에 미치는 영향이 크다. 운송은 기업물류시스템의 요소 중 가장 중요한 경제적 활동인데 이는 기업 물류비의 약 2/3에 달하기 때문이다.

2) 운송의 기능과 구성요소

(1) 운송의 역할

운송은 공급사슬의 여러 단계에서 연결 역할을 수행하며 이러한 과정에서 자원이 변형되어 최종소비자에게 유용한 재화를 제공하는 데 중요한 역할을 한다. 이때 운송업자는 화주를 위해 비용의 최소화와 서비스의 극대화를 위한 운송시스템을 구축하기 위해 모든 기능들을 계획한다.

물류시스템에서 운송의 역할은 단순히 수화인에게 물건을 전달하는 것보다 훨씬 복잡한데 이러한 복잡성은 고품질의 운송서비스가 필요한 경우 더욱 높아진다. 운송시스템을 통해 재화는 소비자의 수요를 만족시키기 위해 정확한 장소와 시간에 배송된다. 운송은 이러한 효능성을 가져다 줄뿐만 아니라 생산업자와 소비자를 연결시켜주는 역할을 한다. 그러므로 운송은 기업물류에서 효율성과 경제성의 기초가 되며 물류시스템을 다른 기능으로까지 확대시켜준다. 더구나 물류활동의 수행에서 양호한 운송시스템은 서비스 품질과 기업 경쟁력 제고에 기여한다.

효율적이고 신뢰성 있는 운송과 유통활동은 글로벌 생산망에서 재고관리에 핵심적인 요소이다. 물류에서 자재와 구성품을 제조 센터에서 시장으로 배송해 주는 역할이 중요해지고 비용절감의 압박이 강해지면서 운송, 보관, 하역 등의 실무에 많은 변화가 일어나고 있다. 더구나 글로벌 환경에서 세계적인 분업화가 가속화되면서 다국적 기업 내 또는 기업간 무역의 증가로 인해 신뢰성 있는 운송은 더욱 중요해지고 있다. 그러므로 글로벌 소싱을 통한 비용 절감을 위해서는 지역적으로 흩어져 있는 공급자와 유통업자로부터 신뢰성 높은 운송시스템 지원이 필수적이다. 비용상 우위를 확보하기 위해서는 하청계약을 추진하고 구성품 공급자가 정시에 배송할 수 있어야 한다. 만약 글로벌 생산망의 일부가 저임금 국가에 위치해 있어 국경통과에 장애요소가 많고 물류관리가 제대로 이루어지지 않는다면 글로벌 경영의 효과는 제한적일 수밖에 없다. 또한 지리적으로 분산된 배송 스케줄의 통제가 제대로 이루어지지 못하면 생산시스템의 원활한 운영 역시 위협받게 된다.

해상운송과 다른 운송서비스의 운임은 기술의 발달과 규모의 경제 실현 등으로 꾸준히 감소해 왔으며, 이는 국가간 화물의 이동을 증가시켜 공급사슬의 수평적 통합을 촉진해 왔으며, 물류 및 공급사슬의 혁신으로 이어지고 있다.

(2) 운송의 기능

운송은 기본적으로 상품의 장소적 이동을 담당하는 물류의 기능으로 구체적으로 다음과 같은 기능을 가진다.

첫째, 재화이동의 기능이다. 재화의 장소적 이동을 통해 부가가치를 증대시킨다.

둘째, 산업을 성장시킨다. 제품의 신속한 출시를 통해 매출증대에 기여한다. 생선과 채소류와 같은 부패성 상품은 운송을 통해 원거리 시장으로 신속하게 다양한 소비자에게 전달함으로써 이들 산업을 발전시킨다.

셋째, 제품의 수요를 촉진시킨다. 운송을 통해 새로운 지역의 소비자에게 쉽게 접근하고 원하는 상품을 전달할 수 있어 소비가 촉진된다.

넷째, 제품보관의 기능이다. 장거리 운송의 경우 운송 중인 상품은 시간의 효용을 창출하는 보관 기능을 수행한다.

다섯째, 시간조절 기능을 한다. 소비자가 원하는 시간에 전달하기 위해 다양한 속도의 운송수단을 활용하여 시간을 조절한다.

여섯째, 운송은 노동과 자본의 이동을 증가시킨다. 운송을 통해 공장으로 이동시키고 경제를 활성화시키며 자본의 이동을 증가시킨다.

(3) 운송의 구성요소

운송활동의 구성은 운송연결점(node), 운송경로(link), 운송수단(mode)으로 구분된다. 운송연결점은 운송활동을 수행하는 물류의 거점(항만, 공항, 화물터미널, 철도역 등)이다. 운송경로는 운송활동이 실제로 이루어지는 노선(해상로, 항공로, 도로, 철로 등)을 의미한다. 그리고 운송수단은 운송을 가능하게 하는 기관(트럭, 기차, 선박, 항공기 등)을 말한다. 이들 구성요소들은 유기적인 결합과 합리적인 운영 그리고 적합한 운송수단의 선택을 통해 운송활동의 효율성을 극대화시킨다.

2. 운송수단

1) 운송수단의 유형과 특징

(1) 운송수단의 유형

운송수단은 재화와 사람의 이동을 지원하며 육상, 해상, 항공에서 활용되는 주요 수단은 자동차, 선박, 기차, 항공기, 파이프라인 등이 있다. 각 운송수단은 자체적 요구사항과 기술적, 운영적, 상업적인 측면에서 서로 다른 특징을 가지고 있다. 운송 대상은 주로 화물과 여객이며 서비스 면에서 각기 다른 특징을 가지고 있다. 운송수단의 구성과 활용 방식은 세계 각 지역마다 차이가 있다. 최근 생산과 유통 활동을 연결하기 위해 다양한 운송수단을 연계시키고 통합하는 복합운송의 경향이 강해지고 있다.

(2) 운송수단별 특징

육상, 해상, 항공 등의 각 운송수단들은 서로 다른 특징을 가지고 있기 때문에 상호 경쟁하기도 하고 경우에 따라서는 상호 보완적 관계를 유지하게 된다. 운송수단의 특징적 요소로는 〈표 6-1〉과 같이 운송량, 거리, 운임, 안전성, 신속성 등이 있다.

표 6-1   주요 운송수단의 특징

	육상운송		해상운송	항공운송
	철도	도로		
운송량	대량·중량화물 중량제한 적음	중·소량화물	대량·중량화물 중량제한 적음	소량
거리	중·원거리	단·중거리	원거리	원거리
운임	중거리 운송시 경제적, 경직	단거리 운송시 경제적, 탄력성 높음	원거리 운송시 경제적, 비교적 탄력적	가장 비싸고, 경직
물류비	하역, 포장, 보관비 저렴	포장, 보관비가 비교적 저렴, 하역비 극소	하역, 포장, 보관비 비쌈	포장비 저렴하나 하역비는 비쌈
안전성	안전성 높음	안전성이 비교적 높음	안전성이 높지 못함	안전성이 비교적 높음
일관운송과 복합운송	트럭운송과 연계로 일관운송 가능	일관운송체제 가능	트럭운송과 연계로 일관운송 가능	타 운송과 연계해야 일관운송 가능
신속성	중간 수준	중간 수준	낮은 수준	높은 수준
배차 및 배선	적기배차 다소 불편	적기배차 아주 편리	적기배선 다소 불편	적기배기 불편

다양한 운송수단들의 가장 중요한 특징적 관계는 [그림 6-1]에서 보는 바와 같이 비용과 서비스 수준이다. 이 두 요소는 상충관계에 있는데, 즉 서비스 수준(속도)이 높으면 비용이 높아지고 낮은 서비스 수단은 운임이 저렴한 특징이 있다.

그림 6-1 운송수단별 서비스 수준과 비용 관계

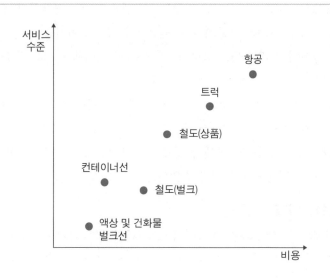

2) 운송수단의 경쟁과 운송수단 전환

(1) 운송수단간 경쟁

운송수단은 운영적·상업적인 측면에서 서로 다른 특성을 가지고 있다. 그러나 운송수요는 각 운송수단의 상대적 활용성과 유연성을 포함한 통합된 운송시스템에 의해 좌우된다. 그 결과 운송수단간 경쟁은 다양한 부문과 수준에서 나타나게 된다. 운송수단들은 서로 다른 지리적 시장, 운송시장, 서비스 수준을 놓고 경쟁하게 된다.

운송수단은 비용, 속도, 접근성, 빈도, 안전, 안락함 등의 요소에서 서로 경쟁하고 또한 보완적 관계를 가진다. 비용은 운송수단의 선택에서 가장 중요한 고려사항 중의 하나이다. 각 운송수단은 운임 대비 성과로 구분되기 때문에 운송수단간 실질적 경쟁은 주로 운송거리, 적재량, 상품 가치 등에 의해 결정된다. 해상운송은 가장 낮은 변동비를 가진 구조 때문에 장거리에서 그리고 단거리의 소량 화물은 도로운송이 가장 경쟁력이 있다. 또 다른 요인은 각 운송수단의 터미널 비용구조인데 단위당 적·양하 비용과 지연현상은 운송의 거리와는 관계없이 독립적으로 발생하는 고정비용이다.

소득 수준이 높아지면서 공산품과 부품의 국제무역이 증가하고 있다. 고가 화물의 운송에서 철도 및 해운은 공로 및 항공운송과 경쟁하기 어렵다. 해운, 파이프라인, 철도는 대량 화물에서는 높은 성과를 보이지만 이들 수단간에 시장 점유율 경쟁이 치열하다. 그럼에도 불구하고 전체적으로 운송 점유율에서 공로운송은 압도적인 비중을 차지하고 있다.

복합운송이 운송수단간 상호 보완적 관계를 촉진시키고 있지만 운송네트워크상에서 화주가 운송수단 선정에서 경쟁을 유도하면서 상호간 경쟁이 심화되고 있다. 그러므로 공급사슬상에서 운송수단의 이용, 인프라 활용, 시장영역에 걸쳐 운송 수단간 경쟁이 치열해지고 있다.

(2) 운송수단의 분할

운송수단에는 육상, 해상, 항공 등으로 다양하기 때문에 어떤 수단으로 화물을 운송할 것인가는 운송수단의 비용, 서비스, 가용성, 환경, 정책 등의 요인과 운송 화물의 크기, 중량, 가격 그리고 기업 여건 등의 다양한 요인에 의해 결정되는 복잡한 문제이다.

운송수단별 화물운송 점유율의 분할(modal split)은 지역 또는 국가마다 상이한데 주로 지리적, 경제적, 환경 요인 등이 큰 영향을 미친다. 일반적으로 국토 면적이 넓은 나라일수록 국내운송에서 원거리 운송에 적합한 철도와 항공운송의 비중이 높은 반면 면적이 협소한 국가일수록 공로의 비중이 높다. 또한 철도 인프라가 잘 발달된 국가들은 철도의 비중이 높다. 그럼에도 불구하고 전 구간에 걸쳐 단일 운송수단으로 서비스를 완료할 수 있는 특징으로 인해 대부분의 국가에서 공로운송의 비중이 꾸준히 증가하는 추세에 있다.

미국의 경우 2022년 기준으로 운송수단별 비중은 수운 78.6%, 파이프라인 9.5%, 트럭 6.3%, 철도 5.0%, 항공 0.5%의 순으로 나타났다. 유럽연합(EU)의 경우 화물운송의 수단별 운송량은 2021년을 기준으로 해상운송은 전체 운송량의 약 67.9%(톤-킬로 기준)를 차지하는 것으로 나타났으며, 다음은 도로

24.6%, 철도 5.4%, 내륙수로는 1.8% 그리고 항공은 0.2%를 차지하였다.

우리나라의 경우 [그림 6-2]에서 보듯이 운송수단별 점유율은 2020년에 톤 기준으로 공로운송이 92.8%, 해운 5.6%, 철도 1.4%로 나타났다. 이를 2000년 과 비교하면 해운과 철도의 비중이 점차적으로 줄어든 반면 공로운송의 비중이 확대된 것으로 나타났다. 한편 금액을 기준으로 2020년 국제운송의 수단별 비 중에서는 항공운송 수출이 전체의 35.7%인 1천830억 달러, 해상운송이 63.5% 인 3천258억 달러로 조사됐다.

그림 6-2 우리나라의 중량기준 운송수단별 화물처리량 비중(2000, 2020년)

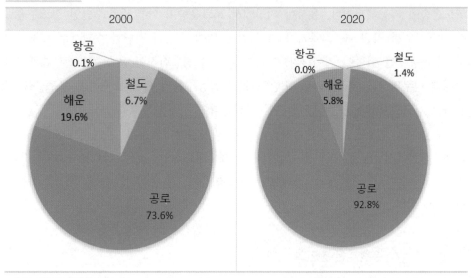

자료: 국토교통부 D/B.

UNCTAD의 연구에 따르면 화물운송에서 도로운송이 차지하는 비중은 유럽 의 경우 79%인데 반하여 아시아의 경우 약 85~90%로 압도적인 비중을 차지 하고 있는 것으로 나타났다(Regmi, 2015).

(3) 운송수단 전환

운송산업에서 기술적 혁명이 일어나는 이유는 필요성의 증가와 요구사항에 대응하여 교통인프라를 제공하기 위해서이다. 운송수단이 동일한 경로 또는 시 장에서 다른 수단에 비해 더 경쟁적일 때 운송수단의 전환(modal shift)이 일어난다. 또 다른 경우는 자연환경을 보호하기 위한 목적으로 전환이 이루어지기도 한다. 이때의 운송수단 전환의 정의는 '트럭으로 운송하던 화물을 보다 친환경 운송수단인 철도, 선박 등으로 전환하는 것'을 말한다.

운송수단 전환의 비교우위 요소에는 비용, 편의성, 속도, 신뢰성 등이 있다. 예컨대 트럭운송과 항공운송이 모두가 가용할 때 비용 효과적이고, 더 빠르고, 더 유연한 수단으로의 전환을 의미한다.

운송수단 전환이 일어나는 경우는 새로운 대체 운송수단이 생기거나, 특정 운송수단간의 경쟁우위 관계에서 변동이 있거나, 화주의 경영적 판단에서 변동이 발생하는 경우, 그리고 정책적 변화 등 다양하다. 예를 들어 새로운 철도 인프라의 건설로 철도운송이 가능해지거나, 유사한 시장에서 도로운송이 다른 운송수단인 철도운송보다 비교우위를 가질 때, 화주가 원가 절감을 위해 운임이 저렴한 수단으로 교체하려 할 때 운송수단 전환이 일어난다. 또는 정부가 환경친화적인 운송수단으로 대체하기 위해 환경부담금을 부과하거나 또한 친환경 운송수단의 활용에 대하여 보조금을 지원하는 등으로 인해 운송수단 전환이 발생한다.

운송수단 전환은 물류관리자뿐만 아니라 일반대중에게 환경적, 경제적, 사회적 관점에서 많은 편익을 가져다주는데 대표적인 것은 〈표 6-2〉와 같다. 또한 운송수단의 전환에서 장애요인은 운임증가, 운송시간 증가, 사고, 화물손상 등이 있다.

표 6-2	운송수단 전환의 편익
▪ 온실가스 배출량의 감소 ▪ 지속가능발전의 부분 형성 ▪ 민감한 생태계의 부정적 영향 감소	▪ 재생불능자원 소비의 감소 ▪ 유가 절감 ▪ 장기적 관리와 운송수단 활용의 최적화

운송수단 전환을 추진할 때 고려요소로는 비용, 로트량, 조달시간, 입지, 위험 등이 있다(스즈키 쿠니노리, 2010). 비용은 가장 중요한 동기이며 여기에 가장 큰 영향을 주는 요소는 유가이다. 고유가에 의한 높은 운송비는 거리와 이동성을 제한한다. 유가가 상승할 때 공로와 항공운송은 다른 운송수단 예를 들어 철도와 해운보다 연료의 소모량이 많기 때문에 운송수단의 전환을 고려할 수 있다. 또 다른 경우로 공로운송은 철도나 해상운송에 비해 단위당 이산화탄소 배출량이 월등

히 많기 때문에 정부의 환경정책에 대응하거나 또는 기업 이미지의 변화를 위해 공로운송에서 철송이나 해상운송으로의 운송수단 전환을 도모하기도 한다.

(4) 운송수단 전환의 사례

운송수단 전환은 글로벌 운송, 지역 운송, 국내 운송 등 다양한 영역에서 이루어지고 있다. 글로벌 운송영역의 예로는 시베리아횡단열차(TSR)를 경유하여 유럽까지의 운송을 들 수 있다. 기존 동북아지역에서 유럽으로의 운항 루트는 주로 서향 유럽해상루트를 활용하고 있다. 그러나 한국 또는 일본에서는 해운으로 러시아 극동항까지 운송하고 그곳에서 TSR을 이용하여 유럽으로 철도운송하는 루트를 이용할 수 있다. 이는 운송의 기간단축을 위해 해상운송에서 육상운송으로 운송수단을 전환한 사례이다.

우리나라에서 경부축은 운송량이 가장 많은 구간으로 화물의 운송량 증가는 도로운송에 많은 부담을 주고 있다. 따라서 기존 경부축의 도로운송에서 철도나 해상운송으로 전환은 경부고속도로의 집중화에 의한 정체를 줄여주고, 탄소배출을 감소시켜 줄 뿐만 아니라 내륙 운송비를 경감할 수도 있다. 그러나 이러한 운송수단 전환에는 많은 어려움이 있다. 우선 철송으로 이전할 경우 종단간의 운송에는 반드시 공로운송을 이용해야 하기 때문에 수송 단계가 복잡해지고 또한 운송 횟수가 높지 않기 때문에 비용과 시간의 추가 소요와 운송스케줄의 유연성도 줄어드는 단점이 있다.

(5) 운송수단에서의 소형화와 대형화

운송수단에서 소형화(atomization)는 적재단위를 최소화하는 것으로 수포 또는 부품과 같은 적재단위를 말한다. 소형화는 벌크화물과는 관련성이 낮으며, 제품 특성의 변화 없이도 세분화할 수 있는 화물에서 가능하다. 반면 대형화(massification)는 단일 운송수단에서 적재단위의 크기를 대형화하는 것을 말한다(Jean-Paul Rodrigue, 2013).

일반적으로 고객은 편의성을 중시하여 소형화를 선호하는 반면 운송인은 규모의 경제를 실현할 수 있는 대형화를 선호하기 때문에 상충관계가 발생한다. [그림 6-3]에서 보는 바와 같이 탱커선 한 척은 400,000톤 이상의 화물을 운송할 수 있으며 벌크선은 350,000톤의 운송능력을 가지고 있다. 한 개의 컨테이너(1 TEU)는 평균적으로 20~25톤을 적재·운반하므로 상대적으로 소량 적

그림 6-3 　 운송수단에서의 소형화와 대형화

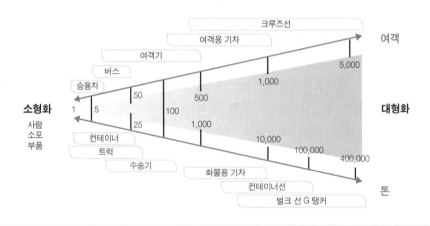

자료: Jean-Paul Rodrigue, 2013.

재단위이기 때문에 공로운송을 이용할 수 있는 장점을 가지고 있으며 또한 한 척의 컨테이너선은 15,000TEU를 적재함으로써 대형화의 장점을 가지고 있다.

이와 같이 운송수단에는 소형화물 또는 대형화물에 적합한 다양한 운송방식이 있는데 어떤 수단을 선택하느냐는 운송수단과 운송화물의 특징을 상호 연결지어 결정하게 된다.

제2절　육상운송

육상운송은 공항과 항만으로부터 항공과 해상운송을 위한 배송을 확장시켜주기 때문에 물류활동에서 가장 중요한 연결 매개체이다. 육상운송의 가장 중요한 특징은 육상에서의 높은 접근성에 있다. 화물운송을 위한 육상운송 수단에는 공로, 철송, 파이프라인 운송 등이 있다.

1. 공로운송

1) 공로운송의 개념

공로운송(roadway transport)은 자동차운송 또는 트럭운송이라고 한다. 소량의 단거리 화물운송에 적합하며 일관운송이나 국제복합운송에서 문전운송(door to door)을 가능하게 한다. 우리나라는 자동차운송사업은 화물자동차 운수사업법 제3조에 의해 일반화물자동차운송사업, 개별화물자동차운송사업, 용달화물자동차운송사업으로 분류되어 있다.

2) 공로운송의 유형

(1) 자사차량 운송방식

자사차량 운송은 차량을 자기가 직접 소유하고 있기 때문에 오지나 벽지까지의 배송이 가능하여 높은 사회성을 확보할 수 있다. 출발지와 목적지를 직접 연결하며 화물추적서비스의 제공이 용이하다. 또한, 귀로시 빈 상자나 공 팔레트 그리고 서류 및 소포 등의 발송 또는 회수를 해 올 수 있다. 단점은 운송량의 급격한 변동에 신속하게 대응하기가 곤란하고, 운송설비 및 인력의 확보에 과다한 고정자본이 투입되어야 한다.

(2) 타사차량 운송방식

타사차량 운송은 화주가 직접 운송수단을 보유하지 않고도 운송서비스를 제공할 수 있다. 화주는 차량에 대한 설비투자와 인력투자가 필요 없으므로 소화물이나 간헐적 화물을 수·배송하기에 적합하다. 또한 타사차량은 영업용이기 때문에 보유차량 대수가 많아 돌발적인 수요증가에 탄력적으로 대응할 수 있다. 귀로시 타사 화물을 픽업할 수 있어 공차율을 줄일 수 있는 장점도 있다. 단점은 특정 화주에 적합한 일관운송시스템의 구축이 어려우며, 운송업자의 일방적 운임인상에 대처하기가 곤란하다. 또한 자사차량을 이용하는 경우에 비해서 기동성이 저하될 수 있고, 화물의 파손이나 도난에 따른 책임소재가 불분명하다.

3) 공로운송 수단과 시설

(1) 공로운송 수단

공로운송은 주로 화물자동차(트럭)를 이용하여 이루어지고 있다. 화물자동차의 분류는 기본적으로 자동차의 용도, 형상, 구조, 크기 등에 따라 〈표 6-3〉과 같이 다양하다.

표 6-3		화물자동차의 구조에 의한 분류
종류	**세부종류**	**특징**
일반화물자동차		1톤 미만에서 12톤까지의 보통트럭
밴형화물자동차		탑차라 불리며, 박스 모양의 유개 화물칸을 갖춘 트럭
전용 특장차	액체운송차	탱크로리차
	분체물운송차	가루나 작은 알갱이 운반, 밀가루, 사료, 벌크시멘트 등 운반
	냉동물운송차	냉동·냉장화물을 전문적으로 운송
	레미콘	레미콘을 전문적으로 운송
	차량운송용차량	차량을 전문적으로 운송
	동물운송차량	말이나 병아리 등 특정 동물을 전문적으로 운송
	활어운송차량	수산물을 활어상태로 운송
	중량물운송차량	차체가 넓고 길며 수평 유지를 위해 각 바퀴마다 독립현가장치 장착
합리화 특장차	상하역합리화 차량	상하역 조력장치를 부착한 차량 종류: 덤프트럭, 리프트게이트트럭, 크레인장착트럭, 세이프로더 등
	적재함구조 합리화차량	적재함에 올려진 화물을 적재대 내에서 효율적으로 이동시키기 위한 장치를 한 차량 종류: 리프트플로어, 로울러컨베이어장치, 로울러베드장치, 팔레트레일장치, 팔레트슬라이더장치, 행거적재함, 이동식칸막이, 화물압착, 스테빌라이져, 워크쓰루벤차량
	적재함개폐 합리화차량	상하차작업을 주로 후문을 이용하고 적재함의 개폐방법 및 형식을 개선한 차량 종류: 윙바디, 셔터도어, 컨버터블적재함, 슬라이딩도어차량
시스템 차량	스왑바디차량	컨테이너형 적재함이 차체와 분리 및 장착이 가능하도록 만들어 화물의 상하차 대기시간을 단축한 차량
	암롤트럭	적재함의 상하차시 경사가 생기도록 제작해, 쓰레기 수거차량, 항만에서의 고철, 무연탄 등의 운송에 활용
견인 차량	트랙터	트레일러를 전문적으로 연결운송할 수 있도록 제작된 차량
	Pull-cargo truck	트럭형태로 제작되어 독자적 운송과 피견인 차량을 견인하여 2대의 차량으로도 운송 가능
피견인 차량	Full-trailer	트레일러에 적재된 화물의 무게를 해당 트레일러가 100% 부담
	Semi-trailer	피견인차량에 적재된 화물의 중량이 견인차량에 분산 종류: 평판트레일러, 컨테이너섀시, 저상트레일러, 덤프트레일러, 탱크트레일러, 기타전용트레일러
	Pole-trailer	장대(長大)화물 자체가 트랙터와 트레일러의 연결해 운송
	Dolly	세미트레일러와 조합해 풀 트레일러로 한 견인구를 갖춘 대차

① 일반 화물자동차: 가장 흔히 볼 수 있는 화물자동차로 적재대의 윗부분이 개방되어 있다.

② 밴형 화물자동차: 일반적으로 탑(top)차라고 불리기도 하는 차량으로 박스 모양의 유개 화물칸을 갖춘 차량이다.

③ 전문용도형 화물자동차: 전용특장차라고도 불리며 차량의 적재대를 특정한 화물운송에 적합하도록 특수하게 제작한 차량이다.

④ 합리화차량: 운송화물의 범용성을 유지하면서도 적재함구조를 개선하고 별도의 하역조력장치 등을 부착함으로써 화물을 싣고 내리는 하역작업을 보다 효율적으로 수행하기 위해 제작된 차량이다.

⑤ 시스템차량: 적재한 화물을 이적하지 않은 상태에서 다른 차량을 이용하여 계속적인 연결운송이 가능하게 하거나 차량과 적재함을 분리하여 상하차시간 및 대기시간 등을 단축할 수 있도록 제작된 차량이다.

⑥ 견인차량: 피견인차량을 견인할 수 있는 장치와 피견인 차량의 브레이크시스템 및 등화시스템을 작동시킬 수 있도록 제반 조건이 갖추어진 차량이다.

⑦ 피견인차량: 차체에 원동기가 부착되어 있지 않아 견인트럭에 의하여 끌려가는 차량이다.

공로운송으로 컨테이너를 이송할 때 주로 트레일러가 사용되는데 여기에는 세미 트레일러와 풀 트레일러가 있다. 세미 트레일러(semi-trailer)는 일명 섀시(chasse)라고 부르며 바퀴가 달린 보기(bogie)와 컨테이너 차대인 프레임(frame)으로 구성된다. 세미 트레일러는 1대의 트랙터에 1대의 세미 트레일러를 연결한 형태로서 가장 널리 활용된다.

풀 트레일러(full-trailer)는 풀 트랙터와 풀 트레일러를 연결한 상태의 화물자동차로서 풀 트레일러 연결차는 두 방면의 화물을 트랙터와 트레일러에 분할적재하고 도중에 이를 분리 또는 다른 트레일러에 연결하게 된다.

이 둘의 차이는 화물의 무게를 트레일러 혼자서 지탱하느냐(semi), 아니면 트랙터의 후미와 나눠서 지탱하느냐(full)의 차이다. 컨테이너 트랙터는 트레일러를 2량을 견인하기도 하는데 이를 더블 바텀 트레일러(double bottom-trailer)라 한다.

그림 6-4　트레일러의 유형

세미 트레일러	풀 트레일러

(2) 공로운송의 시설

　　공로운송은 고속도로, 산업도로 및 각종 간·지선도로 등 공로망의 확충에 따라 종합운송체계의 핵심적인 역할을 한다. 특히 수출입 화물의 대부분은 공로운송을 통해 생산자의 문전에서 소비자의 문전까지 일관 운송되는 시스템을 구축하고 있기 때문에 더욱 중요한 역할을 담당하고 있다.

　　공로운송에서는 화물의 집하, 하역, 분류, 포장, 보관 및 통관에 필요한 시설들이 갖추어져 있어야 하기 때문에 화물의 발생지와 도착지에 적절한 화물터미널이 설치되어야 한다. 화물터미널에는 일반화물터미널, 복합화물터미널, 컨테이너전용터미널, 트럭터미널 등이 있다.

4) 도로

도로는 공로운송에서 차량의 운행을 가능하게 하고 생산지와 소비지를 연결해 주는 통로이다. 도로는 육상의 연결을 용이하게 하기 위해 터널, 교량, 도선장, 도로용 엘리베이터와 도로와 일체가 되어 그 효용을 가져다주는 시설 또는 공작물 등이 있다. 도로는 운송시간과 비용에 영향을 미치며 운송의 효율성을 결정하는 중요한 운송요소이다. 우리나라의 경우 도로는 그 기능에 따라 〈표 6-4〉와 같이 분류된다.

표 6-4	도로의 기능에 따른 분류
도로의 구분	**담당 기능**
주간선도로	주요 지역간 또는 대도시간을 연결하는 국가의 기간도로망으로 주로 고속도로 및 국도
보조간선도로	주간선도로와 주변의 도시지역 등을 연결하는 지방도
집산도로	공업단지, 항만 및 공항 등과 같이 화물이 집중적으로 발생하는 지역의 생산물을 운송하기 위해 특별히 건설된 도로로 공항, 항만, 공단의 배후도로 등
국지도로	지방, 도시 내의 도로
도시고속도로	도시 내의 교통흐름을 원활히 하기 위하여 개설된 자동차 전용도로
특수도로	임산도로, 항만도로, 군사도로 등과 같이 특수한 목적을 위해 개설되고 운행이 통제되는 도로

2. 철도운송

1) 철도운송의 개념과 종류

(1) 철도운송의 개념

철도운송(railroad or railway transport)은 지표면에 건설된 철로를 이용하여 운송하는 방식이다. 열차궤도를 따라 운행하는 기관차와 화차가 운송수단이 된다. 철도운송은 화물을 대량으로 수송할 수 있는 수송수단이며, 중장거리 운송에서 공로운송과 치열한 경쟁관계에 있다. 또한 철도화물운송은 대부분의 경우 문전운송이 불가능하기 때문에 운송의 주요 구간은 철도가 담당하고, 문전구간은 화물자동차가 담당하는 이원적 운송이 이루어지는 단점을 가지고 있다.

| 표 6-5 | 철도운송의 장·단점 |

장점	단점
▪ 장거리 대량화물의 운송에 유리 ▪ 운영비가 타 운송수단에 비해 경제적 ▪ 계획적 수송 가능 ▪ 전국적인 네트워크 보유 ▪ 저공해와 고안전도 ▪ 기업 전용선의 이용 ▪ 기존 시설의 이용 가능	▪ 서비스의 완결성 부족 ▪ 문전운송 불가능 ▪ 환적작업 필요 ▪ 낮은 기동성 ▪ 화주의 부대비용 추가부담 ▪ 배차의 탄력성 부족 ▪ 적재 중량당 용적 협소

(2) 철도화물운송의 종류

철도화물운송의 종류는 화차, 컨테이너, 혼재차, 소화물 취급 방식으로 구분할 수 있다. 화차방식은 철도화차의 한 량을 전세하여 운송하는 방법이며, 일반적으로 대량이고 장거리 운송에 많이 이용된다. 철도운임은 한 차 단위로 계산한다.

컨테이너 취급 방식은 규격 컨테이너를 이용하여 컨테이너에 적입된 화물을 기차와 트럭을 연결하여 문전에서 문전까지를 일관 운송하는 시스템으로 종래의 철도운송의 약점을 극복한 운송형태를 말한다. 철도운임은 컨테이너 규격별 1개당으로 계산한다.

혼재차 취급 방식은 통운송업자가 일반 화주들로부터 소화물의 운송을 위탁받아 이를 행선지별로 화차의 취급이나 컨테이너 단위로 재취합하여 운송함으로써 운임의 차액을 취득하기 위한 운송방법이다.

소화물 취급 방식은 화주로부터 비교적 소형 화물에 대하여 소량으로 의뢰되는 화물을 역에서 수탁 받거나 화주를 방문하여 집화한 후 목적지 또는 수화인의 문전까지 운송하는 형태이다.

2) 철도화차의 종류 및 서비스 형태

(1) 철도화차의 종류

철도화차는 화물의 특징에 따라 다양하게 제작되어 활용되고 있으며, 그 대표적인 화차형태는 〈표 6-6〉과 같다.

표 6-6	철도화차의 종류	
화차종류	특징	용도
유개화차	지붕과 벽을 설치한 밴형 구조	포대화물(양회, 비료 등), 제지류 운송
무개화차	화물을 지지할 수 있는 벽체구조는 있고 지붕구조가 없는 화차	석탄, 자갈, 대화물 운송
평판화차	화차의 프레임 위에 상판을 부착한 화차	장대화물, 중량화물(차량, 콘크리트자재 등)
유조차	적재대가 탱크 형으로 되어 있는 화차	유류, 화학물질
컨테이너화차	컨테이너를 안전하게 장착할 수 있는 Locking장치가 부착된 화차	컨테이너
벌크화차	주로 가루 시멘트를 운송하기 위한 화차로 벌크전용탱크가 설치	시멘트
자동차 수송차	승용차를 운송하기 위한 화차	승용차
소화물차	경량수송에 적합한 화차	신문, 잡지 등

(2) 철도화물의 서비스 형태

철도화물의 서비스 형태는 블록트레인, 셔틀트레인, Y-셔틀트레인, Single Wagon Train, Liner Train 등이 있다.

① 블록트레인(Block Train): 스위칭 야드(Switching Yard)를 이용하지 않고 철도화물역 또는 터미널간을 직접 운행하는 열차의 한 형태로 화차의 수와 유형이 고정되어 있지는 않다. 만일 물량이 충분하고 조차장이 적은 철도망이라면 블록트레인은 매우 효율적인 서비스형태가 된다.

② 셔틀트레인(Shuttle Train): 철도역 또는 터미널에서의 화차조성 비용을 줄이기 위해 화차의 수와 유형이 고정되며 출발지-목적지-출발지를 연결하는 루프형 구간에서 서비스를 제공하는 열차형태이다. 셔틀트레인은 비교적 짧은 구간에서 유용한 열차서비스 형태이다.

③ Y-셔틀트레인(Y-Shuttle Train): 한 개의 중간터미널을 거치는 것을 제외하고는 셔틀트레인과 같은 형태의 서비스를 제공하는 열차형태이다.

④ Coupling & Sharing Train: 중단거리수송이나 소규모 터미널에서 이용할 수 있는 소형열차형태의 열차서비스이다.

⑤ Single Wagon Train: 복수의 중간 역 또는 터미널을 거치면서 운행하는

열차서비스로 철도화물 운송서비스부문에서 가장 높은 비중을 차지한다. 목적지까지 열차운행을 위한 충분한 물량이 확보된 경우에만 운행하므로 일반적으로 화물의 대기시간이 매우 길다.

⑥ Liner Train: Single Wagon Train의 일종으로 장거리 구간에서 여러 개의 소규모 터미널이 존재하는 경우 마치 여객열차와 같이 각 기착터미널에서 화차를 꺼내거나 집어넣어 운송하는 서비스형태이다.

3) 철도운송의 하역·보관시설

대량으로 화물을 안정적으로 신속하게 처리하기 위해 철도역에서는 [그림 6-5]에서 보는 바와 같이 하역장, 상옥, CY 등 다양한 시설을 갖추고 있다.

작업선(working line)은 화차가 운송할 화물을 적재하거나 하역을 하기 위한 장소로서 본선으로부터 분지된 곳을 의미한다. 하역장(loading and unloading facilities)은 화차에 상차할 화물이 대기하고 도착한 화물을 하차하여 화물자동차에 적재하기 위한 작업선과 연결된 장소를 의미한다. 상옥시설은 철도운송을

그림 6-5 철도운송의 하역 및 보관시설

자료: Hamburg Port, 홈페이지.

위한 화물을 일시적으로 안전하게 보관하기 위한 시설이다. 하역장과 연접하여 설치되며, 화물의 보관시간이 단기적이고 입출작업을 자유롭게 하기 위하여 벽이 없는 건물구조로 되어 있다.

컨테이너 야드 및 부대시설로는 컨테이너를 전문적으로 취급하는 내륙컨테이너데포(ICD: Inland Container Depot)가 있다. 여기에는 컨테이너 야적장(Container Yard) 및 상하차크레인 등의 설비가 갖추어져 있는데 그 유형에는 Transfer Crain, Straddle Carrier, Fork Lift, Winch Crain 등이 있다.

4) 철도역의 컨테이너 하역방식

(1) TOFC(Trailer On Flat Car) 방식

컨테이너를 실은 트레일러 채로 화차 위에 적재하는 운송방식을 말하며 피기백 방식과 캥거루 방식이 있다. 피기백(piggy back) 방식은 트레일러나 트럭에 의한 화물운송 도중 화물열차의 대차 위에 트레일러나 트럭을 화물과 함께 실어 운송하는 방법으로 화물자동차의 기동성과 철도의 장거리 및 신속성을 결합한 복합운송 방식이다. 화물적재의 단위가 클 경우 편리하게 이용할 수 있으나 회중대가 평판으로 되어 있어 세로방향의 홈과 피기팩커(piggy packer) 등의 하역기기가 필요하다.

캥거루(kangaroo) 방식은 세미 트레일러를 특수 철도대차에 싣고 수송하는 방식으로 세미 트레일러의 바퀴를 철도 대차의 바닥 아래로 낙하시킬 수 있어 화물적재 높이의 제한이 낮아도 수송이 가능하다. 장거리 정기노선에서 운송의 효율성을 높이고 트럭운송에 의해서 지역간의 집화 및 인도를 신속히 하고자 철도회사와 트럭킹 회사가 결합한 형태로, 정시인도와 열차배치의 규칙성, 하역기계의 불필요, 연료의 효율성 등의 장점이 있다.

(2) COFC(Container On Flat Car)방식

컨테이너만을 화차에 싣는 방식으로 대량의 컨테이너를 신속히 취급할 수 있어 컨테이너 운송에서 TOFC 방식보다 보편화되어 있다. 하역시에는 기중기, 지게차 등의 장비가 필요하다.

그림 6-6 　 TOFC와 COFC의 비교

TOFC	COFC

3. 파이프라인

1) 파이프라인 운송의 개념

파이프라인(pipelines) 운송은 주로 액체 또는 분체물이나 기체를 지하에 매설하거나 지상에 설치된 파이프를 통하여 이동시키는 것이다. 2014년을 기준으로 전 세계 120개국에 약 3백 5십만 킬로미터의 파이프라인이 설치되어 있는데, 이 중 미국이 65%, 러시아 8%, 캐나다가 3%를 차지하고 있다(CIA, 2014).

2) 파이프라인 운송의 특징과 장단점

파이프라인을 설치하는 데는 많은 자금이 소요되며, 동일한 품목만을 계속적으로 이용할 수 있고, 정해진 한 쪽 방향으로만 이동하는 특성을 가지고 있다. 따라서 유류, 수돗물, 가스, 일정한 구역 내에서의 열 공급 등에만 이용되는데 특히 유류수송에 가장 많이 활용된다.

파이프라인 운송은 특정 국가 및 지역 내부로 제한되는 경우가 많은데, 이는 파이프라인 사업에는 대규모 고정비용 등의 이유로 장기적으로 안정적 운영이 보장되어야만 하기 때문이다.

파이프라인 운송은 다른 운송과 비교하면 〈표 6-7〉에서 보는 바와 같은 장단점이 있다. 파이프라인의 구축을 위해서는 대규모 자본투자가 필요한 반면 일단 구축되면 이를 운영하기 위한 변동비용은 크지 않다. 파이프라인 수송은 화물 보호의 측면에서는 매우 우수한데 이는 기후 등 자연조건으로부터 화물을 보호할 수 있고 운송사고의 위험도 적다. 다만 파이프라인을 통한 운송은 느리다는 것이 단점이다.

표 6-7	파이프라인 운송의 장단점	
장점	단점	
▪ 액체와 가스 운송에 적합(경제적임) ▪ 어려운 지형과 지하 매설 가능 ▪ 아주 낮은 에너지 소비 ▪ 유지관리 용이 ▪ 안정성이 높고, 환경친화적	▪ 유연성이 낮음(고정된 지점간에 사용) ▪ 설치 후 용량증설 불능 ▪ 보안 확약의 한계 ▪ 유지보수와 누수 발견이 어려움 ▪ 운송속도가 느림	

4. 택배운송

1) 택배의 개념과 특징

(1) TOFC(Trailer On Flat Car) 방식

택배는 중량 30kg 이하의 소화물에 대한 운송으로 불특정 화주로부터 의뢰받아 송화주의 문전에서 수화주의 문전으로 화물의 집화, 포장, 보관, 운송 및 배달에 이르기까지 자기 책임 하에 화물운송 및 이에 관련된 일련의 서비스를 신속, 정확하게 제공하는 운송체제를 말한다. 택배는 소량화물이란 의미에서 소화물운송(small package, parcel delivery) 또는 화물을 가정(또는 수요자가 원하는 장소)까지 배달해주는 물류서비스의 총칭하기도 한다.

택배가 등장하게 된 배경으로는 다음과 같다.

① 상품의 대량생산시대에서 다품종 소량생산시대로 선환

② 국민의식의 편이화 추세로 인한 제반 물류환경의 급속한 변화

③ 소비자 욕구가 다양화와 고급화로 변화

④ 새로운 운송체계의 등장 요구

택배운송은 그 수요가 매년 증가하고 있는데 이는 전자상거래의 발전에 기인하고 있다. 특히 2020년 코로나-19로 인해 온라인 매출의 급증과 더불어 택배 물동량의 급증을 가져왔다.

(2) 택배의 특징

택배운송서비스의 특징으로는 첫째, 신속성이다. 택배는 신속한 화물의 집

화와 인도 문의나 문제발생시 신속 대응을 하는 동시에 익일 서비스를 제공하고 있다. 둘째, 편리성이다. 문전에서 직접 물품 접수와 인도, 원하는 일시에 물품을 인도한다. 셋째, 신뢰성이다. 안전한 물품 인도하며, 포장된 상태를 유지하며, 배송상황에 대한 정보를 신속하게 제공하며, 공식약관을 사용하는 특징을 가지고 있다. 마지막으로 경제성이다. 무게나 서비스 대비 저렴한 요율을 부과하며, 배달거리에 대비해 저렴한 요율이다.

택배운송에서 취급하는 화물은 다품종 소량화물인 30kg 이하, 총둘레 1.6m 이내의 소량화물을 주로 취급하지만 물류사업으로 영역을 확대하면서 중량이나 크기도 점차 커지는 경향을 보이고 있다.

2) 택배운송의 유형과 운송시스템

(1) 택배운송의 유형

택배운송은 운송수단, 집화 및 배송지역, 취급화물, 거래형태로 구분할 수 있다.

표 6-8	택배운송의 종류
구분	유형
운송수단	도보택배, 이륜차택배, 화물자동차택배, 항공택배
집화 및 배송지역	국내택배, 국제택배
취급화물	일반택배, 상업서류송달, 직배택배, 기타 특송화물배송
거래형태	C2C택배, B2C택배, C2B택배, B2B택배

택배에서 취급하는 거래형태별 종류는 C2C택배, B2C택배, B2B택배, C2B택배로 구분할 수 있다. C2C택배는 단가가 가장 높으며, B2C택배는 택배화물 중 비중이 가장 높은 유형이다. 주로 인터넷쇼핑몰 및 TV홈쇼핑 등이 가장 큰 고객이다. B2B택배 화물은 화물의 부피가 크고 대량 화물이 주를 이룬다. C2B택배는 주로 반품, A/S, 폐기물 등이 주를 이루고 있다.

(2) 택배 운송시스템

택배운송시스템에는 지점간(P2P: Point−to−Point)와 중심지점간(H&S: Hub−and−Spoke)

운송방식이 있으나 대부분의 택배사는 H&S와 P2P를 혼용해 활용하고 있다.

[그림 6-7]은 단계별 택배운송 흐름을 나타내주고 있다.

1단계) 택배 집화-집배점 운송: 일차적으로 영업소에서 고객의 화물의 화물을 집화하여 집배점으로 운송

2단계) 지역집배센터 운송: 영업소에서 집화한 택배물은 관할 구역의 집배송센터를 이동(셔틀운송)

3단계) Hub 터미널로 운송: 지역집배센터에서 Hub 터미널로 간선차량으로 운송하여 집화한 화물은 목적별로 분류작업

4단계) 지역 Sub터미널로 운송: Hub 터미널에서 지역 Sub터미널로 이동하여 분류작업

5단계) 집배점으로 운송: Sub 터미널에서 집배점으로 이동하여 다시 분류작업

6단계) 고객 배달: 분류된 화물을 각 지역의 고객에게 배달

그림 6-7   허브앤스포크(Hub & Spoke) 방식의 택배운송 흐름도

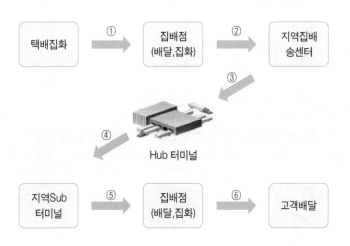

3) 종단배송

(1) 종단배송의 개념

제조, 유통, 물류의 경계가 사라지고 전자상거래가 크게 발전하면서 최종소비자에게 물건을 전달하는 종단배송(last mile delivery)이 강조되면서 택배서비스의 역할이 매우 중요해지고 있다. 종단배송은 상품이 유통센터나 지역허브와 같은 물류거점에서 최종 사용자의 목적지까지 전달되는 과정과 요소이며 공급망의 마지막 구간이다.

라스트 마일 배송의 확대에 따라 택배서비스는 단순히 물품을 배송하는 것에 머물지않고 경쟁회사와 차별화된 서비스를 제공할 수 있는 중요한 전략적 수단으로 자리잡게 되었다([그림 6-8] 참조). 따라서 택배업체들은 라스트 마일 배송의 효율성과 고객만족도를 높이는 데 시설투자와 더불어 많은 노력을 기울이고 있다. 택배업체들은 운송방식, 택배직원, 배송 소요시간, 물류장소, 배송옵션, 지속가능성 및 제공 정보 등에서 차별화를 도모하고 있다.

그림 6-8 종단배송의 중요성

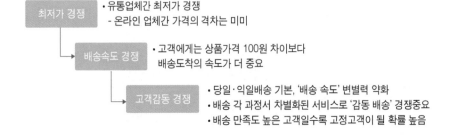

(2) 종단배송의 진전

온라인 전자상거래 고객의 속도와 편의성에 대한 기대는 높아지고 있다. 대다수의 소비자는 당일 또는 익일 배송 옵션을 요구하고 있다. 서비스 공급의 환경에서도 첨단물류기술인 자율주행차, 자율 로봇, 드론 등의 발전으로 새로운 배송 모델이 도입되고 있다. 또한 비즈니스인사이더 인텔리전스는 라스트마일 구간에 소요되는 비용이 전체 물류비에서 차지하는 비중이 53%를 차지한다고 밝히면서 이 부문에서의 물류 경쟁력 확보가 중요해지고 있다. 이와 같이 라스트마일 배송에서의 수요와 공급이 상호작용하면서 〈표 6-9〉에서 보는 바와 같이 다양한 형태의 배송서비스 옵션이 제공되고 있다.

표 6-9   종단배송의 옵션

운송수단	직원	배송시간	픽업지역	배송옵션	정보	비용
-차량연료/전기 -자율주행 -자전거 -보행자 -드론 -튜브시스템/하이프루프 -인터넷 -로봇/드론	-일반시민 -통근자 -직원 -이웃 -그 외의 사람들	-주말 -새벽/저녁 -정확한 시간대 -당일 -한 시간 내 배송 -30분 내 배송 -시간지정	-물류센터, 웹스토어 -물류센터, 제조회사 -오프라인 매장 -매장 -셰어하우스 -고객의 집안 -신축적인 전초기지(버스, 컨테이너)	-문 앞 -문 근처 박스 -서비스 장소 -픽업장소 -오프라인 매장 -매장 -사무실 -개인 사물함 -소비자의 소재지 위치 -차량 안 -집 안	-이메일 -앱 -사진 -GPS -정확한 전달시간 -배송직전 장소 변경 가능	-무료 -회원제 할인 -사용료 -결제비용

자료: 바이난트 용건, 2019.

제3절 운송시스템과 운송수단 선택

1. 운송시스템의 개념과 유형

1) 운송시스템의 개념

운송시스템(transport system)이란 '사람 또는 화물의 이동을 지원 및 촉진하는 데 필요한 시설, 수단, 운영계획' 등을 말한다. 시설로는 운송인프라인 항만,

공항, 육상화물터미널과 같이 운송수단을 연결시켜주는 연결점(nodes)과 이를 네트워크로 연결(links)시켜주는 도로, 철도 등을 포함한다. 운송수단은 육상, 해상, 항공 수송을 위한 각종 차량, 기차, 선박, 항공기 등을 말한다. 그리고 운영계획은 교통과 차량이 시설을 사용하여 이동하는 일련의 절차이며, 여기에는 일정, 시간표, 승무원과 운전자의 배정, 통제시스템 등을 포함한다.

운송시스템은 경제적, 사회적, 물류적 환경 내에서 운영된다. 따라서 각 운송시스템은 환경에 대한 외부적 영향, 또는 외부효과(externalities)를 일으킨다. 여기에는 시스템을 사용하거나 인접한 부문에서 발생하는 탄소배출, 소음, 재산과 사람에 대한 손실 등이 포함된다.

2) 운송시스템의 유형

(1) 공동 수·배송 관리

공동 수·배송은 물류시스템의 일환으로 동일지역과 동일업종을 중심으로 하는 것을 원칙으로 운송의 효율성을 높이고 물류비용을 절감하기 위하여 '2인 이상이 공동으로 수행하는 물류활동'이다. 공동 수·배송의 구체적인 방안은 생산지와 소비지가 다른 기업들의 수송차량의 공동사용, 성수기와 비수기가 서로 반대인 기업들의 창고 공동사용, 물동량이 소규모인 중소기업들의 물류시스템 공동구축 등이 있다. 이러한 공동 수·배송의 목적은 물류서비스를 고도화하고 운송의 효율화를 통하여 물류비를 절감하는 것이며, 나아가 도로교통 혼잡 등 사회적인 환경문제를 개선하는 것이다. 공동수·배송의 운영방식은 물류공동화 시스템의 도입 목적에 따라 집화배송공동형, 배송공동형, 노선집화공동형, 납품대행형, 공동수주·공동배송형 등으로 분류할 수 있다.

(2) 일관운송시스템

일관운송시스템은 '화물을 일정한 표준의 중량과 용적으로 단위화하여 송화주의 문전에서 수화주의 문전까지 단일의 운송책임하에 이루어지는 운송체제'이다. 운송인의 입장에서는 화물단위당 운송비용이 절감되고 기계화 및 자동화에 따른 인건비 절감 등의 효과를 도모할 수 있다. 화주 입장에서는 화물의 단위화를 통해 운송비, 포장비, 하역비, 보관비 등의 경비를 절감할 수 있다.

일관운송서비스는 주로 선박, 항공기에 의한 간선수송과 자동차에 의한 배송의 연계로 이루어지는 국제복합운송의 한 형태이다. '일관(through)'의 의미에 대해 1980년 UN이 채택한 복합운송조약의 규정에서는 "복합운송인이 물품을 한 국가의 어느 장소에서 화물인도를 위해 지정된 타 국의 어느 장소까지의 운송을 가르킨다"[1]라고 되어 있다.

따라서 복합운송과 일관운송의 관계에서 볼 때, 복합운송은 재래식 단편운송체제를 일관운송체계로 바꾼 소프트웨어적인 개념이라면 일관운송시스템은 단위적재시스템을 비롯한 복합운송서비스를 포괄하는 하드웨어적 개념이다. 일관운송시스템에는 팔레트 시스템, 컨테이너 시스템, 정기선 화물(freight liner) 시스템 등이 있다.

3) 운송네트워크 유형

운송네트워크의 유형으로 [그림 6-9]에서 보듯이 가장 보편적인 형태는 지점대 지점 방식, 회랑 방식, 거점과 지선 방식, 경로 네트워크 등이 있다.

(1) 지점 대 지점 방식

지점 대 지점 방식(Point to Point)은 수요가 있는 모든 지점간을 직접 연결하는 방식이다. 대형 허브(hub)를 배제하기 때문에 환적수송의 혼잡은 덜 발생하는 반면 지점간의 운송 횟수가 증가한다. 또한 수송의 효율성과 속도가 높아지는 장점이 있지만 개별 지점간 연결 빈도가 낮아지기 때문에 수송의 지연현상이 발생할 수 있다. 이 방식은 특정의 일회성 주문을 수행하는 경우가 가장 보편적이며, 이 경우 소량화물(LCL cargo)과 귀로시 화물을 적재하기는 어렵다.

(2) 회랑 방식

회랑 방식(Corridor Structure)은 화물이 위치한 지역 또는 지점을 따라 운송망이 연결되는 시스템이다. 컨테이너 열차와 해상이 서로 연결되는 랜드브리지와 같은 서비스와 높은 수준의 통합이 이루어진다. 회랑을 따라 화물이 지역 유통센터에서 적·양하된다. 북미 지역에서는 많은 용량과 효율적 화물 유통이 주로 철도에 의해 장거리 무역 회랑과 연결되어 있으며, 완성품의 화물유통에 초점을 맞추고 있다.

---

1) United Nations Convention on Multimodal Transport of Goods, 24th May 1980 Article 1.1.

(3) 중심-지선 방식

중심-지선 방식(Hub & Spoke System)은 중심이 되는 허브를 중심으로 지선 (Spoke)을 연결하는 방식이다. 화물이 허브로 집중되는 방사선 형태를 취하면서, 거점에서는 화물의 분배와 집화의 역할을 함으로써 화물의 분류비용과 시간을 절약할 수 있다. 이 방식은 육상 수송수단의 전통적인 수송네트워크 모형에서 변화된 것이다. 허브간의 연결에서는 대량으로 운송되기 때문에 운송효율이 높고 허브에서 많은 지점과 연결되기 때문에 빈도수가 높아져 서비스 질이 제고된다. 그러나 거점이 지선의 수요를 감당하지 못하면 거점에서 비효율성이 발생할 수 있을 뿐만 아니라 가까운 지점의 연결도 거점을 거치게 되어 비효율성이 발생할 수 있다.

거점과 지선 네트워크는 항공화물 유통과 소화물 서비스에서 대규모 화물처리 유통센터의 설치와 더불어 활용도가 높다. 그러나 이런 구조는 허브가 시간에 민감한 대량의 소화물을 처리할 수 있는 능력을 가지고 있을 때 가능하다. 거점과 지선 방식의 물류적 요구조건인 효율성은 허브의 터미널에서 대부분 발생한다.

국제물류체계는 주요 거점 공·항만을 중심으로 거점과 지선시스템이 구축되고 있다. 이것은 선사 및 항공사가 막대한 투자비의 회수, 비용절감, 수송시간 단축, 운송수단의 회전율 증가를 위하여 여러 기항지를 운항하는 것보다는 소수의 거점 공·항만에 기항하는 운송전략을 추구하기 때문이다. 대부분의 운송사들은 대형 컨테이너선과 항공기를 소수의 거점 공·항만에 기항시키고, 거점 공·항만을 중심으로 다른 주변 지역까지 피더서비스 또는 내륙수송서비스를 실시하는 경향이 강하다.

(4) 경로 네트워크 방식

경로 네트워크(Routing Network)는 화물이 특정 허브에서 운송 경로간 환적될 수 있는 순환 배치에서 활용된다. 이 방식은 컨테이너 해운서비스에서는 아시아와 북미간의 시계추 네트워크(pendulum network)에 적용되고 있다.

그림 6-9	운송네트워크의 유형

유형	모형도	특징
Point-to-Point		▪ 단순한 물류적 요구사항 ▪ 지점과 지점간의 신속한 운송 가능 ▪ 화물이 충분하지 않은 경우 효율성이 낮음 ▪ 양 방향 물량이 충분할 때 활용도가 높음
Corridor		▪ 화물의 집화지역을 따라 운송체제 구축 ▪ 화물의 창출지역이 지역적으로 분산되어 있는 경우에 적용 ▪ 각 지역에서 적·양하가 이루어짐
Hub and Spoke		▪ 화물이 지선에서 허브로 집중되고, 허브와 허브가 연결되는 시스템 ▪ 지선에서는 소형 차량 또는 선박을 투입하고 허브간에는 대형 용량 투입 ▪ 허브에서의 집산과 분배가 이루어져 효율성이 높음
Routing Network		▪ 항로간을 상호 연결하면서 환적이 이루어짐 ▪ 북미와 아시아간의 시계추 방식의 운송 서비스에 활용

2. 운송수단의 선택

1) 운송수단 선택의 의의

글로벌 경쟁이 치열해 지면서 기업은 생산비와 노동비용이 낮은 지역 예를 들어 아시아로부터 소싱을 많이 하지만 운송비와 숨겨진 비용으로 인해 전체 생산비용이 증가될 수 있다. 또한 만약 중국에서 미국으로 운송되는 제품의 상당량이 시간 또는 일정상의 이유로 해상운송이 아닌 신속한 항공운송을 선택하는 경우도 많다. 특히 비상사태로 인해 해상운송을 이용하던 화물을 항공운송으로 전환하는 경우도 많이 발생한다.[2]

대부분의 다국적 기업들은 JIT 생산체제의 도입과 유연 생산방식을 채택하고 있기 때문에 운송의 신뢰성을 가장 중시하는 경향이 있다. 따라서 이 경우 운임에서의 차이가 운송수단의 선택에 미치는 영향은 제한적일 수 있다.

화주는 운송수단을 선택할 때 이와 같이 다양한 이유, 선택기준과 요소들을 고려하는데 이는 무엇보다도 총물류비에서 운송비가 차지하는 비중이 높기 때문이다. 화주는 운송수단의 선정시 스스로 비용이나 서비스 질 등에 관한 요구수준을 결정해야 하며, 이러한 결정은 화주가 위치한 곳의 운송시스템과 주변 환경 그리고 고객 및 시장의 경쟁상황에 영향을 받는다.

2) 운송수단별 강약점과 선호도

(1) 운송수단별 강약점

운송수단은 육·해·공의 공간적 거리를 운항하는 다양한 형태가 있으며, 대표적으로 육상(공로와 철송), 해운, 항공 그리고 파이프라인 등이 있다. 〈표 6-10〉에서 보는 바와 같이 이들 각각의 운송수단들은 고유의 특징에 따른 강·약점을 가지고 있다.

---

2) 한 조사의 추정에 의하면 약 50%의 항공화물량은 비상사태로 인한 해상운송으로부터 전환되어 발생된 것이다(MergeGlobal).

표 6-10	운송수단별 강·약점		
운송수단	강점	약점	화물특성
공로운송	▪ 문전운송 서비스 ▪ 양호한 접근성 ▪ 적은 환적 횟수로 안정적 ▪ 문전운송의 신속성 ▪ 높은 유연성/높은 적응성 ▪ 다빈도	▪ 운송능력 제약 ▪ 환경에 부정적 영향 ▪ 외부요인에 취약 ▪ 높은 에너지 소비 ▪ 도로 공유	▪ 다양한 화물 취급 ▪ 고가 완제품
철도운송	▪ 다양한 화물운송 ▪ 장거리 벌크운송 ▪ 철로의 독점이용 ▪ 기후영향 제한적 ▪ 운송 중 도난 불능 ▪ 에너지 효율성 높음 ▪ 낮은 사고율	▪ 터미널까지만 운송 ▪ 완고한 포장 필요 ▪ 높은 자본투자 ▪ 화물 도난에 취약 ▪ 공화차율 높음	▪ 대형, 중량화물, 벌크 ▪ 장거리, 저가 화물
해상운송	▪ 낮은 단위당 비용 ▪ 장거리 대량 화물 ▪ 공해에서 정체 없음 ▪ 안전하고 안정적 서비스	▪ 터미널간 서비스 ▪ 화물의 환적 불가피 ▪ 기후/해양 조건에 취약 ▪ 저속력과 낮은 운항횟수	▪ 저가치의 대량 화물 ▪ 시간에 민감하지 않은 화물 ▪ 다양한 저가 화물 ▪ 주로 국제운송
항공운송	▪ 짧은 운송시간 ▪ 장거리 ▪ 높은 신뢰도 ▪ 포장비용 저렴	▪ 터미널간 서비스 ▪ 제한적 운송능력 ▪ 터미널 적체 ▪ 터미널의 기후 ▪ 낮은 접근성 ▪ 높은 단위당 비용	▪ 신속성 요구 화물 ▪ 고가 화물 ▪ 장거리 화물
파이프라인	▪ 기후여건에 무관 ▪ 낮은 비용과 위험 ▪ 저비용의 장거리 운송 ▪ 신뢰도와 안전성 높음 ▪ 낮은 단위 비용 ▪ 탱크와 탱크간 서비스	▪ 제한적 취급화물 ▪ 고정 경로와 터미널 ▪ 비탄력적 서비스 ▪ 높은 자본비용	▪ 가스, 액체, 황 물질

자료: Pienaar and Vogt, 2012.

(2) 운송수단의 선호도

개별 운송수단이 가지는 특징이 서로 다르기 때문에 화주에 의해 인식되는 선호도는 〈표 6-11〉와 같이 차이가 난다. 일반적으로 비용적인 측면에서는 파이프라인이 그리고 속도 면에서는 항공운송이 가장 선호도가 높다.

표 6-11	운송수단별 선호도				
	비용(운임)	운송시간	시간 변동성	지리적 범위	손실과 파손
철도	3	5	4	2	5
도로	4	2	3	4	4
해운	1	5	5	1	2
항공	5	1	1	3	3
파이프라인	2	4	2	5	1
범례	1=저렴 5=고가	1=신속 5=느림	1=낮음 5=높음	1=양호 2=제한	1=안전 5=불안전

자료: Ballou, 2003.

3) 운송수단의 선택 요인

국제운송수단의 선택에 영향을 미치는 요인 중에서 가장 중요한 것은 운송수단과 화물의 물리적 특성을 들 수 있다. 그리고 화물의 공간적 특성, 전체 물류비용 등도 운송수단 선택에 많은 영향을 미친다. 일반적으로 운송시간 선택요인에는 운송비용, 재고비용 등 비용적 요소들, 각 수단이 제공하는 신뢰성, 운송시간, 빈도 등의 서비스 요인 등이 있다. 최근 공급사슬관리로의 전환, 그린물류, 에너지 가격의 등락 등으로 인해 운송수단 선택에 많은 변화가 일어나고 있다.

(1) 운송수단의 특성

운임, 용량, 운송 속도, 장비의 가용성은 화주의 운송서비스 구매에서 가장 중요한 고려사항들이다. 또한 신뢰성 또는 확실한 운송시간과 예견성 등은 JIT 물류에서 특히 중요한 요소이다.

운송시스템의 용량은 특정 운송수단 또는 경로를 이용하는데 있어 운송할 화물량을 결정하게 된다. 정체 또는 추가적인 비용은 운송비용의 증가와 운송시간을 증가시킬 수 있기 때문에 화주에게 더 높은 운임을 부과할 수 있다. 운송시간은 출시시간, 재고량, 자본비용 등에 영향을 미치기 때문에 화주의 주요 고려요인이다.

운송시간에 추가해 화차의 운영, 수단간 교체, 컨테이너의 하역, 현지에서의 집화와 배송 등으로 인해 추가적인 시간이 소요된다. 특히 특수한 화물(예컨대 케 미칠 또는 산동물)에는 특수 기기의 가용성이 화주의 운송수단 선택에 제한적 요인이 된다.

JIT 물류의 활용은 화주에게 창고비용과 생산비용을 낮출 수 있지만 동시에 운송업자에게 일관성, 신뢰성, 기대서비스 제공 등의 압박을 가하게 된다. 신뢰성은 특히 복합운송에서 중요한데 복합운송에서 정확한 일정으로 타 운송수단으로의 이전은 효율적이고 성공적인 복합운송에서 핵심요소가 된다. 만약 원활하지 못하거나 정시 이전이 이루어지지 못하면 전체 물류사슬 운영에 부정적인 영향을 미칠 뿐만 아니라 운송시간의 심각한 지연을 초래해 화주와 운송업자에게는 총비용의 상승으로 이어질 것이다.

(2) 화물의 특성

운송수단 선택에 영향을 미치는 화물의 특성 요인은 다양한데 대표적인 요인으로 화물의 크기, 중량, 부피, 가치, 화물의 상태, 밀도 등을 들 수 있다. 화물의 크기가 크고 중량 제품은 운송수단 선택에 제한을 받는다. 화물의 가치가 높은 화물은 운임의 비중이 상대적으로 낮기 때문에 고품질 예를 들어 신속하고 안전한 수송서비스를 원하는 경향이 높다. 화물의 상태가 고체, 기체, 액체 상태인가에 따라 이에 맞는 운송수단이 필요하다.

화물의 시장에서의 유통 특성도 운송수단 선택에 중요한 고려요인인데 예를 들어 유통기간이 짧거나 부패성이 높은 제품은 신속한 운송이 필수적이기 때문에 이러한 특성을 가진 운송수단을 선택하게 된다. 패션상품이나 계절성 상품의 경우와 같이 어느 시점을 놓치게 되면 판매가 제한되기 때문에 신속한 운송이 필수적이다. 부패성이 높은 생화, 신선제품 등도 긴급한 운송이 요구된다.

(3) 전체 물류비

많은 운송수단 결정에서 가장 중요한 요소는 총물류비용이며, 여기에는 운송과 물류비용, 운송 중 자본비용, 주문과 처리비용, 재고비용, 멸실과 손상비용, 기타 비용 등이 포함된다.

운송비용은 전체 물류비의 일부이며 선적비용, 하역비용, 보험료 등이 포함된다. 노선의 길이가 길어져 운송시간이 늘어나면 운송 중 보관비용, 즉 재고비가 증가하게 된다. 재고비용과 선적횟수는 JIT 체제의 활용에 따라 많은 영향을 받는데 이의 활용은 재고비용을 감소시키는 반면 선적 빈도는 증가하게 되는 상충관계를 발생시킨다.

멸실과 손상비용은 화물의 멸실과 손상 또는 선적의 지연 등으로 인한 비용을 포함한다. 이러한 비용은 신뢰성과 비즈니스 관행에 따라 운송인 또는 수단에 따라 상당한 차이가 일어난다. 정확한 스케줄과 서비스 빈도는 높은 수요와 가치를 지닌 화물에게 특히 중요한 요소이다.

(4) 운송수단 선택의 변화

최근 환경의 지속가능성, 연료비의 등락, 글로벌 경제의 둔화 등으로 인해 많은 화주들이 기존의 경영의 관행을 재고하고 있는데 물류와 공급사슬관리도 포함하고 있다. 온실가스 배출, 화석 연료의 사용, 오염배기가스 등의 문제를 고려하여 공급사슬을 통합하는 한편 보다 환경 친화적인 운송수단을 선택하려는 경향이 높아지고 있다.

연료의 가격은 소싱과 운송수단 선택에 영향을 미친다. 유가의 변동성과 더불어 높은 유가가 형성될 경우 화주들은 트럭과 같은 연료비에 민감한 운송수단 대신 보다 효율적이면서 환경 친화적인 철도의 선택도 고려하고 있다.

표 6-12　운송수단 선택요인

구분	요인	
운송수단의 특성	▪ 운송능력 ▪ 장비의 가용성 ▪ 고객서비스와 하역품질	▪ 운송시간과 신뢰성 ▪ 수배송의 편리성
화물의 특성	▪ 화물의 크기와 단위 ▪ 화물의 유통기간 ▪ 화물의 밀도	▪ 포장의 특성 ▪ 화물의 가치
운송수단의 특성	▪ 운송능력 ▪ 신뢰성 ▪ 수배송의 편리성	▪ 운송시간 ▪ 장비의 가용성 ▪ 고객서비스와 하역품질
화물의 특성	▪ 화물의 크기와 단위 ▪ 화물의 보관기간 ▪ 화물의 밀도	▪ 포장의 특성 ▪ 화물의 가치
송화인과 수화인 특성	▪ 운송수단에 대한 접근성	
물류비용	▪ 주문과 처리 비용 ▪ 운임 ▪ 멸실과 손상비용 ▪ 서비스 신뢰성 비용	▪ 운송 중 자본비용 ▪ 무형의 서비스 비용 　(예, 비용·청구과정)

추가 요인	▪ 노선거리 ▪ 환경의 지속가능성	▪ 선적 횟수

자료: Brogan, 2013.

4) 운송수단 선택 과정

운송물류 활동에서 운송서비스를 위해 어떤 운송수단을 선택해야 하는가는 매우 중요한 과제이다. 일반적으로 기업의 운송수단 및 운송회사 선택에는 다음과 같이 4단계를 거친다.

첫 번째는 문제의 인식(problem recognition) 단계로 운송수단 및 운송사의 선택에서 문제의 요소를 고려한다. 여기에는 기존 운송수단 이용에 대한 불만족, 기업의 화물운송유형 변화 등이 포함된다.

두 번째는 탐색과정(search process)으로 최적의 운송수단 및 운송사의 선택을 위한 정보 수집과 분석단계이다.

세 번째는 선택과정(choice process)으로 기업의 목적에 적합한 운송수단을 선택하는 단계이다. 여기에는 화물과 운송수단을 동시에 고려하여 가장 적합한 운송수단을 선정하게 된다.

네 번째는 선택 후의 평가(post choice evaluation) 단계이다. 운송수단을 선정한 후 운송수단 및 운송사의 업무수행 능력을 평가하기 위한 절차를 말하며 평가 항목에는 기본적으로 소비자의 불만을 고려하여야 한다.

5) 운송수단의 선택이론과 사례

(1) 운송수단 선택 접근법

운송수단의 선택에 관한 Williams J. Baumol and H.D. Vinod의 모델에 의하면, 운송수단의 선택은 전체 운송비의 최소화라는 측면에서 접근해야 하는데, 이는 연간 일정량의 생산품을 생산자에게서 유통센터까지의 운송비용이며, 직접 운송비용＋운송 중 재고비용＋주문비용＋유통센터에서의 재고비용의 합계이다.

수학적으로는

$$TC = rD + ItDC + S(D/Q) + IC(Q/2)$$

        TC : 재고와 운송을 합친 비용

        r : 출발지에서 도착지까지의 단위당 운송비용

        D : 상품수요량/연

        I : 단위당 재고비용(생산품 가치에 대한 비율)

        t : 운송시간(연간 소요시간)

        C : 상품가치

        S : 주문당 비용

        Q : 주문량(운송량)

위의 식에서

① 직접 운송비용은 단위당 운송비용(r)×연중 운송횟수(D), 즉 rD

② 운송 중의 재고비용은

    재고비용(I)×운송시간(t)×연간 운송량(D)×상품가치(C), 즉 ItDC

③ 연간 주문비용은 일회 주문시 소요비용(S)×주문횟수이며 이는 연중수요 (D)/일회 주문량(Q), 즉 S(D/Q)

④ 창고 재고비용은 평균재고량을 일회 주문량의 절반으로 간주한 양이며 Q/2×단위당 상품가치(C)×재고비용(I), 즉 IC(Q/2)이다.

운송수단 선택에 관한 다양한 연구모형이 있는데 기술적 모형(Descriptive Model), 규범적 모형(Normative Model), 전통적 접근법(Traditional Approach), 선호도 접근법 (Revealed Preference Approach), 행동모형(Behavioral Model), 트레이드-오프 모형(Trade-Off Model), 제한적 최적화 모형(Constrained Optimization Model), 재고이론 모형(Inventory Theoretic Model) 등이 있다.

(2) GM사의 운송수단 선택 사례

본 사례는 미국 GM사의 자동차 부품 수송에 대한 총물류비 분석에 관한 것이다. GM은 자동차부품의 수송의 효율성을 도모하고 비용을 절감하기 위한 컨설팅을 수행하기 위해서 자체물류팀과 외부컨설팅으로 연구팀을 구성하여 전체의 물류문제를 진단하고 총물류비를 산정하여 최적의 물류체계를 구축한 바 있다.

이러한 분석은 미국 미시간 주에 있는 GM의 물류센터에서 유럽의 물류센터까지 수송하는 화물에 대하여 연간 물동량을 기준으로 이루어졌다. 〈표 6-11〉에서 보는 바와 같이 화물운송을 해상과 항공으로 수행할 경우를 비교한 것이다.

〈표 6-13〉에서 보는 바와 같이 연간 총물류비는 항공운송이 해상운송보다 약 US$71,077이나 절감되는 것으로 나타났다. 이와 같은 결과를 근거로 컨설팅사는 해상운송을 주 운송수단으로 활용하고 항공운송은 긴급화물에만 이용해야 한다는 화주들의 잘못된 사고를 지적하였다. 따라서 전체 물류비의 최소화 차원에서 운송수단의 전환을 검토해야 한다고 제안하였다.

표 6-13 ▷ 자동차부품 수송시 총물류비 비교(미국 → 유럽)

(단위: US$)

구분		해상(현행)	항공	차이
연간 매출액		20,239,292	20,239,292	0
수송비		1,003,707	1,256,457	-252,750
재고보유비용	자본비	674,643	421,651	252,991
	보험료	22,488	14,055	8,433
	창고료	112,440	70,275	42,165
	진부화비용	8,995	5,622	3,373
	기타비용	44,976	28,110	16,866
	소계	863,543	539,714	323,828
총물류비		1,867,250	1,796,172	71,077

주) 1) 수송비는 Door-to-Door 수송비를 기준
   2) 연간 수송량은 1,252톤
자료: John C. Cook, *International Air Cargo Strategy,* Freight Press, Inc., 1983, p.333.

(3) Miller의 항공-해상 수송수단 선택 사례

Miller(1991)는 글로벌 기업의 제조, 유통, 판매거점을 연결하는 재고수송경로관리를 통하여 국제통합물류전략수립이 필요하다고 주장하였다. 특히 글로벌 재고관리를 위해서 항공과 해상루트간의 상충관계(trade-off)를 고려하여 운송수단을 선택해야 하며, 이를 위해 계량적 분석을 실시해야 한다고 강조하였다.

　　본 사례는 극동지역에 소재한 공장에서 제조한 제품을 유럽의 물류센터에 보관하였다가 최종수요자에게 판매하는 회사의 가상 사례로 항공과 해상운송 가운데 어느 운송수단의 선택이 유리한지를 분석하였다.

　　〈표 6-14〉에서 제시된 제품은 품목 A와 품목 B의 2종류이며, 제품원가는 품목 A가 US$210, 품목 B가 US$790이며, 공장에서 물류센터까지의 운송기간은 항공이 7일, 해운이 35일 소요된다. 운송 중 재고량은 제품의 일일 판매량 (연간판매량/365)에 제품의 수송 소요일수를 곱하여 산출할 수 있으며, 물류센터에서의 안전재고량은 해상과 항공운송에 관계없이 서비스 수준이 같다고 가정한다. 항공으로 운송시 물류센터에서의 안전재고가 2주일 판매분이 필요하다고 가정하면, 안전재고량은 885개(연간판매량/26주)가 된다. 해상으로 운송시 안전재고량은 1,978개가 된다.

표 6-14　계량적 분석을 위한 기본 자료

제품	운송수단	제품원가	연간판매량	운송기간	운송중 재고량	안전 재고량	운임($/개)
A	항공	US$210	23,000개	7일	441개	885개	US$52
	해상			35일	2,205개	1,978개	US$6
B	항공	US$790	14,300개	7일	274개	550개	US$20
	해상			35일	1,371개	1,230개	US$5

자료: Tan Miller, "The International Model Decision," *Distribution*, Oct.-Nov. 1991. pp.82-92.

　　연간 운송 중 재고유지비와 연간 안전재고유지비를 산출하기 위해서는 적정 이자율이 설정되어야 하는데 본 사례에서는 연간 이자율을 20%로 가정하였다. 연간 운송 중 재고유지비는 운송 중 재고원가에 연간 이자율을 곱하여 산정되며, 연간 안전재고유지비는 안전재고원가에 연간 이자율을 곱하여 산정한다.

　　이와 같은 계산방법으로 총비용을 산정하면 〈표 6-15〉와 같이 품목 A의 경우 항공이 US$1,251,680, 해운이 US$313,709로 해상으로 운송하는 것이 훨씬 유리하나, 품목 B의 경우 항공이 US$416,231, 해운이 US$482,469로 항공으로 운송하는 것이 유리하다.

| 표 6-15 | 항공 대 해운의 연간 비용분석 |

(단위: US$)

제품	운송수단	연간운임	연간 운송중 재고유지비	연간 안전재고유지비	합계
A	항공	1,196,000	18,526	37,154	1,251,680
	해운	138,000	92,630	83,079	313,709
B	항공	286,000	43,331	86,900	416,231
	해운	7,1500	216,655	194,314	482,469

자료: Miller, 1991.

제7장

글로벌 운송 관리

1. 해상운송의 개념과 유형

1) 해상운송의 정의와 특징

(1) 해상운송의 정의

해상운송(shipping)은 '해상으로 사람 또는 화물을 이동시키는 활동'을 말한다. 지구의 약 70%가 해수면으로 이루어져 있기 때문에 해운은 특히 국제화물운송에서 중요한 역할을 한다. 해상운송은 소비자에게 저렴하고 대량의 화물을 장거리에 걸쳐 운송할 수 있기 때문에 중량기준으로 전 세계 수출입화물의 약 80퍼센트를 담당하고 있다(Pasha et al., 2021). 2020년 기준으로 세계 해상운송량은 약 105억 톤에 달하였다. 원자재와 벌크 화물인 광석류, 원유, 곡물 등은 거의 해상운송에 의해 이루어지고 있다. 이러한 화물들은 낮은 가치를 지니고 있을 뿐만 아니라 시간에 대한 민감도가 낮기 때문에 벌크선이나 특수한 탱커로 수송된다.

(2) 해상운송의 특징

해상운송의 가장 중요한 특징은 대량성과 경제성이 있다. 단점은 운송시간과 일정이 장기적이며 기후에 의해 영향을 많이 받는 것을 들 수 있다. 비용을 줄이고 경쟁력 강화를 위해 최근 물류업체들은 대형선사와 협력적 운영기법을 활용하는 경향이 있다. 또한 해상운송 고객은 운송비용의 중시에서 벗어나 서비스 품질을 더 중요시하는 경향으로 변화하고 있다. 그러므로 선사들은 서비스 요인들 예를 들어 실시간 정보, 정시 배송 그리고 화물 위치추적 등의 서비스를 제공하는 시스템을 갖추는 것이 중요하다.

표 7-1 　　해상운송의 장·단점	
장점	단점
▪ 대형, 대량 운송 용이 ▪ 장거리 운송에 적합 ▪ 비용 효율적 ▪ 대륙간 운송 가능 ▪ 에너지 절감형(환경 효율성)	▪ 항만시설에 하역기기 설치 필요 ▪ 날씨 의존성 ▪ 장기간 운송시간(운송시간 느림) ▪ 인프라 취약성 ▪ 제한된 접근성

2) 해상운송의 형태

해상운송은 해상운송은 크게 운송시간의 정규성 여부에 따라 정기선과 부정기선, 전용선 해운으로 그리고 취급화물의 유형에 따라 일반화물, 컨테이너, 벌크 화물 운송 등으로 구분된다.

정기선(liner) 운송은 선사가 선박을 정기적 일정에 따라 지정항로만을 규칙적으로 반복 운항하는 운송방식이다. 정기선 운송은 주로 완제품 및 중간재 등 가공된 화물의 운송에 이용되며, 운임은 부정기선에 비해 높은 편이다. 정기선사들은 서로 간의 집화 및 운임경쟁을 방지하기 위하여 해운동맹을 결성하여 운임 요율표(tariff)에 의한 운임을 적용한다.

부정기선(tramper) 해운은 운항의 일정이나 항로가 일정하지 않고 필요할 때마다 운항하며, 주로 광석, 곡류, 목재 등 벌크화물(bulk cargo)의 대량 운송에 이용된다. 운임은 그 당시의 수요와 공급 상황에 따라 선주와 화주간의 협의로 결정되며 단위당 운임은 일반적으로 정기선에 비해 낮은 편이다.

전용선(specialized) 운송은 광의로는 부정기선 운송의 일종이나 특정 화물에 적합한 특수한 기기 또는 시설이 갖춰져 있으며 산업해운(industry shipping)이라고 한다. 주로 수산물과 청과물을 운송하는 냉동선, 유류를 운송하는 유조선, 목재전용선, 자동차전용선 등이 있다.

3) 해운산업의 환경변화

국제무역량 증대에 의한 운송수요의 증가와 기술의 발전으로 인해 해운산업에 많은 변화가 일어나고 있다. 해운산업에서의 경쟁은 주로 운임으로 인해 발생하는데 이는 선박의 대형화와 운항회수 증가를 가속화시키고 있다.

(1) 선박의 대형화

선박의 대형화는 기술발전과 더불어 단위당 운항원가를 줄여 운임경쟁력을 강화할 수 있기 때문에 원양항로를 중심으로 지속적으로 확대되고 있다. 컨테이너선의 대형화 추이를 [그림 7-1]에서 살펴보면 1980년대에는 3,000TEU급 선박이 보편적이었으나 이후 규모가 증가되어, 1996년 Maersk Line의 6,000TEU급 선박이 최초로 취항하였고 2000년대에는 8,000TEU급 선박이 등장하였다.

선박건조기술의 발전과 더불어 대형화 추세는 이후에도 지속되었는데 2006년에는 Maersk Line이 수송능력 11,000TEU의 초대형 선박을 투입하였고, 2015년에는 MSC사가 19,200TEU급 그리고 2019년 23,000TEU선박을 취항시켰다. 2020년 CMA CGM 역시 23,000TEU 능력의 선박을 취항시켰다. 이와 같이 선사들이 선박을 대형화하는 가장 중요한 이유는 비용절감에 있다고 할 수 있다.

| 그림 7-1 | 선박의 대형화 추세(1975~2020) |

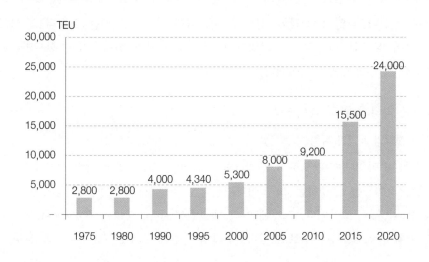

자료: HIS Maritime & Trade.

(2) 선사의 규모 대형화와 제휴

컨테이너 선박회사들은 규모의 경제 실현을 위해 기업 규모를 대형화하고 있다. 컨테이너 선사의 경우 2021년을 기준으로 세계 상위 10개 선사의 시장 점유율이 85퍼센트에 달하였는데 이는 2000년의 46.6퍼센트와 비교할 때 집중도가 38.4% 증가한 것이다. 이러한 선사들의 선대 규모 대형화는 서비스 빈도 수 증대와 네트워크 증설 등 규모의 경제와 서비스의 질을 높일 수 있어 경쟁 우위 확보에 유리하게 작용한다. 여기에 추가적으로 글로벌 해운제휴(shipping alliance)의 결성을 통해 과거 주간 서비스(weekly service) 체제에서 일간서비스(daily service) 체제로의 전환을 통해 시장의 점유율을 더욱 확대시키고 있다.

(3) 선복 과잉의 심화

기술의 발전과 더불어 선박의 대형화와 서비스 품질을 높이기 위한 서비스 빈도 수의 증가 등을 목적으로 한 선박의 추가 투입으로 인해 정기선 시장에서 선복의 과잉현상이 심화되고 있다. 특히 세계 경제의 둔화에도 불구하고 선사들이 대형 선박을 신규로 투입하면서 해운시장에서의 선복 과잉은 구조적이고 지속적인 현상으로 나타나고 있다. 2008년 글로벌 금융위기 이후 호황기 동안 선사의 신조선 발주와 2010년대 중반 중국 경제의 둔화 이후 수년 동안 벌크 운송에서 선대 과잉이 심각한 상황에 이르렀다. 또한 2020년 코로나19 팬더믹과 더불어 유조선 시장의 공급과잉이 발생하여 운임의 하락, 일부 선사의 파산, 구조조정, 인수합병으로 이어졌다.

4) 선박의 개념과 적재능력

(1) 선박의 개념과 유형

해상운송의 운송수단으로서 선박(ship, vessel)은 '해상에서 사람이나 화물을 싣고 공간적 이동을 수행하는 도구'이다. 선박은 부양성·적재성·이동성의 3가지 요소를 갖춘 운송구조물이다. 크기에 따라 대형선은 ship, 중소형 선은 boat, 대·소형선을 합쳐서 vessel이라 부르고 있다. 선박의 종류와 용도는 〈표 7-2〉와 같다.

표 7-2 선박의 종류와 용도

구분			종류	용도
여객선	객선	화객선	▪ 카페리 ▪ 유람선	여객운송
화물선	건화물선	일반화물선	▪ 정기선 　− 컨테이너선 　− 일반정기선 ▪ 부정기선 　− 일반부정기선 　− 포장적재화물선	일반화물선은 컨테이너선과 대조되는 선박으로 재래선으로 불리워짐
		전용선	▪ 광석전용선 ▪ 석탄전용선 ▪ 자동차전용선 ▪ 곡물전용선 ▪ 청과물전용선	특정 화물만 운송할 수 있도록 선박구조, 하역장비, 보관시설을 갖춘 선박
		겸용선	▪ 광석·유류겸용선 ▪ 광석·비포장화물·유류겸용선 ▪ 자동차·비포장화물겸용선	공선항해비율을 줄이기 위하여 한 척의 선박에 복수의 화물 적재 가능
		특수선	▪ 냉장선 ▪ 중량물운반선 ▪ 래시·바지선	특수화물의 적재에 적합하도록 설계된 선박

	유송선	▪ 원유수송선 ▪ 제품수송선	대형대량의 액화, 기화의 화물을 운송할 수 있는 특수선박
유조선	특수 액체 운반선	▪ 화학약품운반선 ▪ LPG탱크 ▪ LNG탱크 ▪ 정밀운반선	

(2) 선박의 적재능력

선박의 용적톤수에는 총톤수와 순톤수로 구분된다. 총톤수(G/T: Gross Tonnage)는 선박 내부의 총용적으로 상갑판하의 적량과 상갑판상의 밀폐된 정도의 적량을 합한 것으로 100cubic feet를 1톤으로 계산하며, 선박의 안전, 위생, 항해 등에 이용되는 장소는 제외된다. 총톤수는 각국의 해운력에 관한 비교자료가 되며 각종 통계를 비롯하여 관세, 등록세, 도선료, 계선료 등의 과세 또는 수수료의 산출근거가 된다.

순톤수(N/T: Net Tonnage)는 총톤수에서 기관실, 선원실 및 해도실 등의 선박의 운항과 관련된 장소의 용적을 제외한 것으로 순수하게 여객이나 화물의 수송에 사용되는 용적을 표시한다. 이것은 항세, 톤세, 운하통과료, 등대사용료, 항만시설사용료 등의 수수료 산출근거가 된다.

선박의 중량톤수는 배수톤수와 재화중량톤수로 나누어진다. 배수톤수(D/T: Displacement Tonnage)는 선박의 전 중량을 말하는 것으로 선박의 무게는 선체의 수면 하의 부분인 배수용적에 상당하는 물의 중량과 같으며, 이 물의 중량을 배수량 또는 배수톤수라고 한다. 배수량은 화물의 적재상태에 따라 가가 다르므로 어떤 선박의 배수톤수를 말할 때에는 만재상태에서 선체의 중량을 말하는 것이 보통이다. 따라서 상선의 크기는 일괄적으로 배수톤수로 나타낼 수 없다.

재화중량톤수(DWT: Dead Weight Tonnage)는 화물선의 최대 적재능력을 표시하는 톤수로 만재배수톤수와 경화배수톤수의 차이로 계산한다. 국제관습상 long ton이 사용되며, 선박의 매매 및 용선료의 산출기준이 된다.

2. 정기선 운송

1) 정기선 운송의 의의

정기선 운송(liner shipping; liner boat; regular liner)이란 '특정항로를 화물의 유·무에 관계없이 규칙적으로 반복 운항하는 운송형태'이다. 공산품 등의 일반화물 또는 포장화물을 운송하는 데 이용된다. 정기선은 단위화물을 운송하는 컨테이너선과 비단위화물을 운송하는 재래정기선으로 분류된다. 오늘날 주요 정기선항로에는 컨테이너선이 투입되어 운항하고 있다.

정기선은 국제 상품 무역에 중요한 역할을 하고 있는데 가치기준으로 전 세계 무역의 60~70%를 수송하는 것으로 추정하고 있다(Hummels, 1999).

2) 정기선 운송의 특징

정기선 운송은 항해일정을 공시하여 일반화물의 운송을 인수하기 때문에, 부정기선 운송에서와는 다른 다음과 같은 특징을 가지고 있다.

첫째, 특정의 항로 일정이 정해져서 정기적으로 발착하고 일정한 동형선이 배선되므로, 화물이 많든 적든, 적하품이 있든 없든 반드시 취항한다.

둘째, 운송화물의 대상은 주로 소량의 일반화물이다.

셋째, 정기선의 운임은 운임표(tariff)에 의하여 미리 공시된다.

넷째, 정기선 운임은 liner terms로서 선적, 양륙의 하역비를 선주가 부담한다. 그 이유는 다수의 화주로부터 소량화물을 인수하여 운송하고 운임도 공시된 운임표에 따르기 때문에 부정기선처럼 자유거래에 의하여 결정할 수 없기 때문이다.

다섯째, 선박 자체가 부정기선에 비해 고가이며, 화물도 완제품 내지 반제품인 2차 산품이 대종을 이뤄 1차 산품인 원자재 및 농·광산물 등의 부정기선 화물에 비해 고가이다.

여섯째, 다양한 화물의 취급 및 여러 항구를 기항하므로 취항 항구마다 영업소를 두게 되어 조직규모가 대형조직으로 구성된다.

정기선 운송과 부정기선 운송의 차이점을 구분해 보면 〈표 7-3〉과 같다.

구분	정기선 운송	부정기선 운송
운항형태	▪ 규칙성 · 반복성	▪ 불규칙성
운송인	▪ 보통운송인(common carrier) ▪ 공중운송인(public carrier)	▪ 계약운송인(contract carrier) ▪ 전용운송인(private carrier)
화물의 성격	▪ 이종화물	▪ 동종화물
화물의 가치	▪ 고가	▪ 저가
화물규모	▪ 소규모, 개품운송	▪ 대규모, 대량운송
운송계약	▪ 선하증권(B/L)	▪ 용선계약서(charter party)
집화	▪ 자사직원 또는 대리점	▪ 화물중개인(broker) 활용
운임결정	▪ 동일운임(동일품목/상이한 화주) ▪ 공표된 운임률(tariff) 적용	▪ 선박의 수급에 따른 시장 운임 ▪ 선주와 화주간 합의 요율
서비스	▪ 화주의 요구에 따라 조정	▪ 선주 · 용선자가 협의 결정
선박	▪ 고가 · 구조 복잡 ▪ 일반정기화물선, 컨테이너선	▪ 저가 · 구조 단순 ▪ 일반화물선, 벌크선, 탱커선
투입선대	▪ 일정규모 선대, 규칙적 투입	▪ 특정화물 수요시 특정항로 투입
선사조직	▪ 대규모 조직(본사 및 해외)	▪ 소규모 조직

표 7-3 정기선·부정기선 운송의 차이점

3) 해운동맹과 해운제휴

(1) 해운동맹의 의의

해운동맹(shipping ring or shipping conference)이란 '특정항로에 취항하고 있는 2개 이상의 정기선사들이 모여 기업자체의 독립성을 유지하면서 과당경쟁을 피하고 상호간의 이익을 증진하기 위하여 운임, 적취량, 배선, 기타 운송조건에 관해 협정 또는 계약을 체결한 국제카르텔(cartel)'이다.

해운동맹은 가입의 자유 유무에 따라 개방형 해운동맹(open conference)과 폐쇄형 해운동맹(closed conference)으로 나누어지는데 전자는 가입이 자유로우며 주로 북미 취항 선사들간의 동맹 형태인 반면 후자는 가입 여부가 기존 회원국의 승인에 의해 이루어지는 형태로 주로 유럽 취항선사들간의 동맹 형태이다.

또한 동맹의 특성에 따라 항로동맹, 운임동맹, 공동계선협정 등으로 분류된다. 지역적으로는 3대 경제권역인 북미, 유럽, 극동을 각각 왕복 운항하는 동맹을 주축으로 이들 경제권과 기타 지역을 연결하는 중소의 왕복 또는 편도의 동맹들이 별개로 구성되어 있다.

(2) 해운동맹의 운영

해운동맹은 경쟁으로 의한 피해를 최소화하기 위하여 대내적으로 여러 가지 방법에 의한 규제가 실시되고 있다. 대내적 규제 방법은 각 선사가 일정기간 동안의 운임 수입을 경력이나 실적 등으로 미리 정한 배분율로 조정·배분하는 공동계산협정(pooling agreement), 선사별로 기항지, 항차 수, 최고적취량 등을 정하는 항로협정(sailing agreement), 협정된 운임률의 준수를 의무화하는 운임협정(rate agreement) 등이 있다.

대외적 방법은 일정기간 동맹선사만 이용한 비계약 화주에 대하여 운임의 일부를 환급해 주는 제도인 운임환급제(deferred rebate system), 동맹선의 이용 계약화주에게 낮은 계약운임률(contract rate)을 적용하는 이중운임제(dual rate system), 동맹선사에만 선적한 화주에게 운임의 일부를 환불해 주는 성실환불제(fidelity rebate system), 맹외선의 진출을 저지하기 위해 동일 항로와 운항일정에 맞춰 배선하는 경쟁대항선(fighting ship) 투입 제도 등이 있다.

(3) 해운동맹의 위상 변화

정기선 해운사업은 컨테이너 선박의 도입에 의해 1960년대 이후 커다란 변화를 겪게 되었다. 컨테이너선의 빠른 속도와 안전성으로 글로벌 네트워크에서 중심적 요소가 되었다. 해상 컨테이너는 선박, 철도차량 그리고 트럭간 샤시로 상호 교환된다. 글로벌 구간의 운송회사간 제휴가 급속하게 확산되었고 복합운송의 경쟁환경하에서 해운동맹이 지속적으로 유지될 것인지에 대한 의문이 고조되었다.

1984년과 1988년 '미해운법(US Shipping Act)'은 화주 기업이 요율에 대한 독립적 행동의 권리와 동맹과의 요율 확정 협약과 관계없이 고객과의 대규모 '서비스 계약(SC: Service Contract)'을 허용하도록 함으로써 동맹 회원간 상호 관찰할 수 있는 동맹의 능력을 약화시켰다. 유럽위원회도 1980년대 후반 이래로 동맹의 반독점금지법 예외 조항을 폐지함으로써 동맹을 엄격하게 규율하여 왔다. 게다가 수출입업자는 국제적 수준에서 조직화되어 강력한 동맹시스템에 대한 우려를 표명해왔다. 여기에 자극을 받아 OECD는 현재 해운동맹의 운임결정 정책과 다른 관습을 검토하고 있다. 이와 같이 이제까지의 해운동맹에 의한 과다한 운송, 운임협상의 투명성과 자유경쟁을 저해한다는 폐해를 인정할 수 없는 상황으로 변하고 있다. 컨테이너화의 가속화와 더불어 해운동맹과 같은 카르텔의 힘이 약화되면서 선사는 인수합병, 제휴, 컨소시움과 같은 전략을 구사하면서 동맹의 시대는 퇴조하고 있다.

(4) 해운제휴

동맹체제의 종말에 대응하여 정기선 선사들은 '제휴(alliances)'라는 협력적 사업으로 전환해 나가기 시작하였다. 제휴는 조직적으로는 다양한 형태를 띠지만 광의적으로 그들의 배선을 조정하고 선복을 공유함으로써 보다 광범위하게 목적지와 고객을 확보하는 일련의 조직으로 구성되어 있다. 선사들은 제휴서비스를 운영하는 데, 이는 회원이 공동으로 제공하는 선박의 풀(pool)을 이용하여 화물을 유치함으로써 적재율을 높여 제휴선사들이 더 크고 효율적인 선박의 투입을 가능하도록 한다.

동맹과 비교하여 제휴는 개별 선사가 직접 운임을 설정할 수 있고 회원들간 독립적 경쟁을 할 수 있기 때문에 활동 면에서 규제를 덜 받게 된다. 즉 선복량과 운영을 공유하는 한편 판매, 마케팅, 운임결정은 독자적으로 수행한다. 그러나 제휴는 많은 제휴업체가 집합적으로 전 세계에 걸쳐 활동하며 몇몇 제휴의 통합된 회원사들이 전 세계 해운시장에서 압도적인 비중을 차지하기 때문에 전통적 동맹보다 규모 면에서 훨씬 거대하다.

(5) 세계 해운제휴 현황

글로벌 선사들은 전 세계를 무대로 여러 업체가 제휴를 맺어 선박과 노선을 공유하면서 한 회사처럼 전 세계에 해운서비스를 제공하고 있다. 이는 한 선사가 세계 모든 노선에 선박을 투입하는 것이 현실적으로 불가능하기 때문이다. 선사의 제휴는 대형 정기선들에 의해 주도되고 있으며 원양항로에서 압도적인 지배력을 행사하고 있다.

〈표 7-4〉에서 보는 바와 같이 컨테이너 정기선 시장에는 2020년 말을 기준으로 해운제휴는 2M, Ocean Alliance, The Alliance의 3개 해운제휴로 구성

되어 있다. 2M은 2025년 1월 해체를 발표하면서 해운제휴에 커다란 변화를 예고하고 있다.

표 7-4	세계 주요 해운제휴 현황	
2M	Ocean Alliance	The Alliance
Maersk(덴마크) MSC(스위스)	CMA-CGM(프랑스) COSCO(중국) Evergreen(타이완)	ONE(일본) Hapag-Lloyd(독일) Yangming(타이완) HMM(한국)
34%	30%	19%

자료: Drewry Shipping.

3. 부정기선 운송

1) 부정기선 운송의 의의

부정기선 운송(tramp shipping)은 '일정한 항로나 화주를 한정하거나 제한하지 않고 선복의 수요가 있을 때마다 화주가 요구하는 시기와 항로에 따라 화물을 운송하는 방식'이다. 부정기선 해운은 주로 벌크화물(bulk cargo)을 운송하기 때문에 벌크해운이라고도 하며 벌크선은 원칙적으로 단일 화주의 단일 화물을 항해용선계약(voyage charter)으로 전부 용선하여 운송하는 선박이다. 벌크해운은 석탄, 철광석, 곡물, 비교 등의 대량 화물을 운송하는 데 활용된다. 벌크해운은 국제무역에서 해상을 통해 대량 화물을 운송하는 가장 실무적이고 비용효과적인 운송 형태이다.

2) 부정기선 시장과 계약유형

부정기선 시장은 정기선의 해운동맹과 같은 국제적 카르텔 조직은 없고 다수의 선사와 다수의 화주가 경쟁하기 때문에 시장구조는 완전시장에 가깝다. 이 시장에서 해운서비스의 수요와 공급은 화물량, 선사의 수, 선대규모, 서비스의 동질성 수준 등에 따른다. 운송의 수요는 지리적 수요와 공급의 패턴뿐만 아니라 세계 벌크 상품 수요의 변화에 좌우된다.

부정기선의 영업에는 자기 소유 선박으로 화물을 수배하는 경우 또는 화물 운송계약이 있거나 화주로부터 화물수송의 제안을 받아서 선박을 수배하는 경우가 있다. 따라서 세계도처에 흩어져 있는 수많은 선박과 선적지·양륙지를 달리하는 많은 종류의 화물간에 조회(inquiry)가 교환되는 용선해운시장이 형성되어 있다.

역사적으로 가장 오래되고 전 세계의 해운정보가 집중되어 있는 곳은 런던이며, 여기에는 '발틱해운거래소(The Baltic Exchange)'라는 공개된 해운거래소가 있다. 발틱해운거래소에서는 해운중개인을 주체로 하는 약 2,500명의 회원이 있고 선박소유자의 대표로서 또는 선박이용자의 대표로서 업무를 수행하고 있다. 해운중개인의 주요 업무는 세계 각지에 있는 화물을 찾고 있는 선박과 화물(화주)을 연결시켜 주는 것이지만 정기용선이나 선박의 매매에 관한 업무도 수행하고 있다.

부정기선해운에서는 화주가 선사로부터 용선(chartering)을 통해 운송하는데 용선이란 선주나 운송업자가 특정 목적 또는 기간동안 선박을 이용하고자 하는 자를 위하여 선박의 일부 또는 전부를 빌려주어 이용가능하게 하는 프로세스를 말한다. 선박의 용선에 대한 합의된 계약을 용선계약이라하며 용선계약은 계약상 규정된 시간 동안 선박의 이용을 위한 계약을 말한다.

용선계약에는 선복의 전부를 빌리는 전부용선계약(whole charter)과 선복의 일부만을 빌리는 일부용선계약(partial charter)이 있다. 또한 전부용선계약에는 선박이 어느 특정 항해를 위하여 용선되는 항해용선계약(voyage charter, trip charter, voyage charter party)과 선박이 어느 특정의 기간에 대하여 용선되는 정기용선계약(time charter, time charter party)이 있고, 또한 특이한 형태의 나용선 운송계약이 있다. 이 중에서 항해용선의 종류는 〈표 7-5〉와 같다.

표 7-5	항해용선의 종류	
구분		내용
운임결정 방식	선복용선계약 (Lumpsum Charter)	정기선 운항시간에 한 선박의 선복 전부를 한 선적으로 간주하여 운임액 결정
	일일용선계약 (Daily Charter)	지정 선적항에서 화물 적재일로부터 지정 양륙항에서 화물 인도시까지 하루 단위로 운임액 결정
하역비 및 항비부담 방식	Gross term Charter	선주가 하역비 및 항비를 부담하나 부선료, 체선료, 휴일 및 야간할증료 등 특수비용은 용선인 부담
	Net term Charter	용선인이 선적·양하비 외에 하역준비 완료시부터 양하 종료시까지 일체의 비용 부담
	F.I.O. Charter	용선인이 선적·양하비를 부담하고 선주는 항비 부담
	Lumpsum Charter	용선인은 선박사용에 대한 총운임을 지급하고, 선주는 일정 선복을 제공하거나 선박의 최대 운송 화물 보증

주: F.I.O.: Free In and Out

3) 부정기선 운임의 종류

부정기선의 운임시장은 해운서비스에 대한 수요와 공급의 원리에 의하여 결정되는 자유경쟁시장이다. 이러한 운송시장에서 운임은 수시로 변동하기 때문에 수요자인 화주로 하여금 운임변동에 대한 위험을 회피하고 사업안정과 이익증대를 위하여 대체로 선물운임을 선호하게 된다. 따라서 부정기선 운임에는 운송의 시기와 기간에 따라 현물요율(spot rate), 선물운임, 연속항해운임, 장기계약운임 등이 있다.

현물운임은 계약 직후 아주 짧은 기간 내에 선적이 개시될 수 있는 상황에서 선박에 대해 지불하는 운임이다. 선물운임은 용선계약으로부터 실제 적재시까지 오랜 기간이 있는 조건의 운임으로 선주와 화주는 장래의 시황을 예측하여 당시에 각기 유리하다고 생각되는 운임률로 합의에 도달한 경우에 성약이 되며, 투기적 요소가 개입된다.

연속항해운임은 어떤 특정항로를 반복 연속하여 항해하는 경우에 약정된 연속항해의 전부에 대하여 적용하는 운임이다. 장기운송계약의 운임은 몇 년간에 몇 항차라든가, 몇 년간에 걸쳐 연간 몇 만톤이라는 계약을 체결하여 반드시 특정 선박을 그 항로에 투입하여 연속해서 항해를 되풀이할 필요는 없으며, 계약

기간 내에 계약내용대로 운송을 수행하기만 하면 된다.

4. 내륙수로운송과 운하

1) 내륙수로운송

(1) 내륙수로의 개념

내륙수로운송(inland waterway transportation)은 '내수로(강, 호수, 운하)와 연안을 통해 이루어지는 운송방식'을 말한다. 이 방식은 다른 운송수단보다 속도는 느리지만 상대적으로 운임이 저렴할 뿐 아니라 환경친화적이기 때문에 도로와 철도운송의 대안으로 주로 활용된다. 내륙수로운송은 저가치와 대량 물량을 운송하는 경향이 있다. 예를 들어, 미국의 경우에는 이들 수로를 통해 LASH선이나 Sea-Bae선 등의 바지선(barge)으로 저렴한 비용으로 일관운송을 하고 있다. 또한 거대한 강의 네트워크를 보유한 독일과 같은 나라에서도 벌크화물, 농산물, 컨테이너 및 자동차 등이 운송되고 있다.

내륙수로운송은 운송로에 대한 별다른 투자 없이 주어진 지리적 여건을 최대한 활용하므로 고정비용이 적은 편이다. 특히 정부나 공공단체가 하천이나 운하의 준설을 담당하며, 항해안내시설(부표, 등대 등)도 제공하기 때문에 운송업체의 시설투자는 거의 없는 편이다.

(2) 내륙수로운송 방식

내륙수로운송은 카페리(car ferry)에 의한 운송방식이 일반적이다. 카페리는 자동차와 여객을 함께 운송할 수 있도록 설계된 여객선이다. 카페리는 내항 컨테이너선에 비해 운항이 용이하며, 특별한 터미널을 필요로 하지 않기 때문에 많이 이용되고 있다. 카페리에 의한 운송방식은 트럭으로 발송지에서 도착지까지 직송하는 도중 카페리를 이용하거나, 트럭 대신 세미 트레일러로 카페리까지 운송하고 트레일러만 카페리로 운송하는 방식 등이 활용된다.

2) 주요 내륙수로

내륙수로운송은 내륙수로가 잘 발달되어 있는 유럽과 미국에서 널리 활용되는 운송방식이다. 내륙수로는 내륙운하라고 불리는 데 주요 내륙운하로는 서부

그림 7-2   세계의 주요 내륙수로

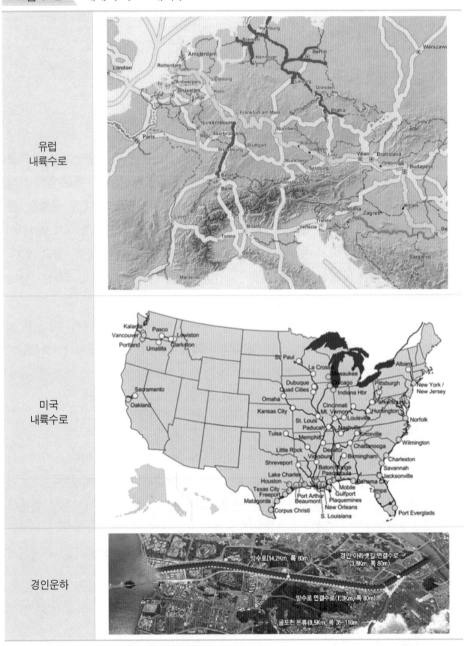

유럽
내륙수로

미국
내륙수로

경인운하

유럽에서는 라인강과 엘베강을 잇는 독일의 미텔란트 운하, 독일의 루르지방과 프랑스의 로렌지방을 잇는 모젤 운하, 라인강과 도나우강을 잇는 루트비히스 운하가 있다. 독일에서는 1992년 개통된 라인·마인강·다뉴브 운하는 길이 171㎞에 달하며 북해와 흑해간의 유럽대륙을 관통하는 총 3,500㎞의 물길을 연결하였다([그림 7-2] 참조).

북아메리카에서는 슈피리어호(湖)와 휴런호를 잇는 수세인트마리 운하, 허드슨강과 이리호를 잇는 이리 운하, 이리호와 온테리오호를 잇는 웰랜드 운하, 미시간호와 미시시피강을 잇는 일리노이 운하 등이 있다.

우리나라에서 내륙수로 운송은 상당히 제한적이다. 대표적인 내륙수로운송은 경인 아라뱃길 또는 경인운하를 통해 이루어지고 있다. 경인 내륙운하는 한강 하류의 행주대교에서 인천항을 연결하는 운하이며 전체 길이는 18㎞, 폭 80m의 대수로로 구성되어 있으며, 2009년에 착공하여 2012년에 개통되었다. 경인운하 건설의 목적은 물류체계 개선에 따른 수출입 물동량 및 수도권 북서부 내륙 물동량의 원활한 처리로 물류산업의 발전을 도모하고 기존 공로운송 물량을 내륙 수운으로 전환함으로써 저탄소 녹색물류를 구현하는 데 있다. 그러나 2015년 기준(개통 3년차)으로 인천터미널 하역능력 791만 3천톤의 7.3%인 68만 7천톤을 처리함으로써 저조한 물동량 유치로 시설의 유휴화는 물론 물류활성화에 많은 한계를 드러내고 있다.

3) 대륙간 운하

(1) 수에즈 운하

수에즈 운하(Suez Canal)는 이집트에 위치하며 지중해와 홍해를 연결하는 인공 수로이며, 10년간의 공사로 1869년에 개통하였다. 수에즈 운하는 선박이 아프리카를 거치지 않아도 유럽과 남아시아간을 운항할 수 있게 하였으며, 해상운송 거리를 약 7,000㎞ 단축시켰다. 총길이는 남과 북의 선로(access channel)를 포함하여 193㎞에 달한다.

2014년 확장공사를 추진한 이집트 정부는 1년 후인 2015년 8월 새 운하를 개통하여, 기존 한 방향으로의 선박 통과를 양방향으로 통행할 수 있게 하였으며, 18시간 걸리는 수에즈 운하 통과시간을 11시간으로 단축시켰다. 2022년을 기준으로 선박은 23,000척에 선적량은 14억 톤에 달하였다.

(2) 파나마 운하

파나마 운하(Panama Canal)는 파나마 지협을 관통해 태평양과 대서양을 연결하는데 활용되는 수로로 1914년에 완공되었다. 두 바다의 표고차(양쪽의 해수면의 차이)가 26m나 되기 때문에 '갑문'과 주변의 호수를 이용하여 표고차를 메꾸는 방식으로 운하를 통과한다.

2016년 확장이 완료되어 세계 해상무역 특히 미주 내의 이용자에게는 패러다임 전환과 같은 커다란 변화를 일으키고 있다. 운하 확장으로 운송에서 규모의 경제를 실현할 수 있게 하여 기존 컨테이너선 4,400TEU급에서 약 13,000TEU급 선박, 49m의 빔, 15.2m의 흘수의 선박이 새로운 갑문(lock)을 이용할 수 있다. 운하 확장으로 단위당 운송원가를 낮게 하며 국가간 무역 센터를 연결시켜 더 효율적인 공급사슬과 물류 운영을 가능하게 할 뿐만 아니라 파나마를 주요 물류허브로 만드는 데 큰 역할을 할 것으로 기대된다. 2021년 기준으로 선박 14,000척에 약 5억 1천 6백만톤이 운하를 통과하였다.

표 7-6	파나마와 수에즈 운하 비교	
	파나마 운하	수에즈 운하
수심(m)	13.8	24
길이(km)	80	195
통행 선박 크기(dwt)	New Panamax 120~130,000	New Panamax, Suezmax 200,000
통행 컨테이너선(TEU)	15,000	19,000
선박 길이(m)	294	366
선박 폭(m)	32	49
평균 선형(TEU)	4,570	7,780
선박 흘수(m)	12.3	19
로크 길이(m)	427	로크 없음
로크 폭(m)	55	300~365
개통(시설확장) 연도	1869(2015)	1914(2016)

| 그림 7-3 | 수에즈와 파나마 운하의 지도 |

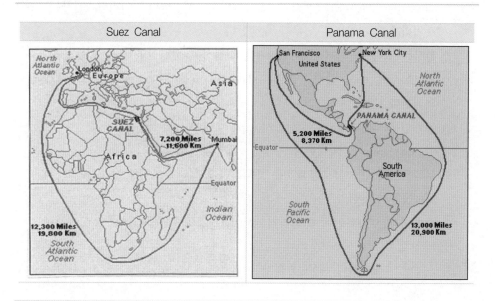

5. 정기선 운송실무

1) 수출입운송 절차

국제운송의 절차는 수출과 수입으로 나누어진다. 해상운송으로 화물을 수출하고자 하는 화주는 세관에 수출신고서를 접수하여 수출허가서를 취득한 후, 선사 또는 해상운송주선업자와 운송계약을 체결한다. 운송계약을 체결한 화주는 선사에게 화물을 인계하고, 화물을 인수한 선사는 주로 컨테이너를 선박에 적재하여 운송업무를 수행한다.

화물을 적재한 선박이 목적지 항에 도착하면, 선사는 화물을 양하하여 보세구역에 반입한다. 수화주는 현지 포워더에게 선하증권을 제시하면 이를 인수하여 선사에 제출하여 화물을 인수받아 목적지로 운송한다.

(1) 수출화물의 운송절차

수출화물의 운송은 다음과 같은 절차로 이루어진다.

① 수출업자는 수출 준비가 완료되면 출고시간에 맞추어 스케줄에 맞는 선

박회사, 선사지점 또는 대리점에 예약을 하거나 선복신청서(shipping request)를 제출하고 선사와 운송계약을 체결한다. 이러한 절차는 주로 포워더가 중개인으로 업무를 대행한다.

② 선사는 적하예약목록(booking list)을 작성하여 송화인과 본선에 통지한다.

③ 검량회사에 용적·중량증명서(certificate of measurement and weight)의 발행을 의뢰한다.

④ 송화인은 세관에 수출신고서(export declaration)의 제출과 수출허가서(export permit)를 획득한다.

⑤ 보험회사와 해상보험계약을 체결하고 해상보험증권(marine insurance policy)을 취득한다.

⑥ 선박회사는 송화인에게 선적지시서(shipping order)를 교부한다.

그림 7-4 수출화물의 해상운송절차

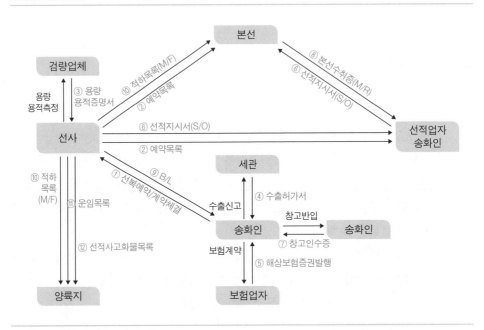

⑦ 필요시 화물을 창고에 반입하고 창고인수증을 교부받는다.

⑧ 선적완료 후 송화인에게 본선수취증(M/R: Mate's Receipt)을 교부한다.

⑨ 선사는 본선수취증과 교환으로 선하증권(B/L: Bill of Lading)을 교부한다.

⑩ 선사 및 대리점에서 작성한 적하목록(M/F: Manifest)을 본선과 양륙지 대리점에 송부한다.

⑪ 선사 및 대리점에서 작성한 운임표(tariff)를 양륙지에 송부한다.

⑫ 선사 및 대리점은 본선수취증을 근거로 선적사고화물목록(condition report or exception list)을 작성하여 양륙지에 송부한다.

(2) 수입화물의 운송절차

해상화물의 수입시 운송절차는 다음과 같다.

① 수화인은 선사 또는 대리점에 선하증권 또는 화물선취보증장(L/G: Letter of Guarantee)을 제출하고 화물인도지시서(D/O: Delivery Order)를 획득한다.

② 수화인은 본선 또는 창고에 화물인도지시서를 제출하고 화물을 인수한다.

③ 화물인도지시서에 의해 본선으로부터 화물을 양륙하면 화물인수증(cargo

그림 7-5　수입화물의 해상운송절차

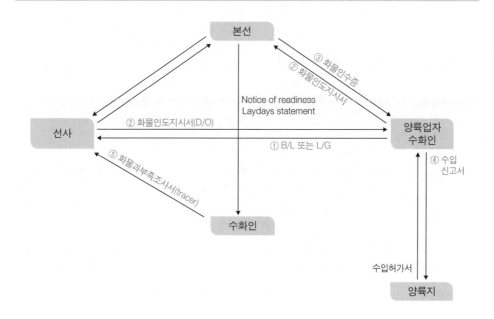

boat note)을 작성한다.

④ 보세구역에 양륙된 화물은 세관에 수입신고서(import declaration)를 제출
하여 심사를 받고 관세납부 후 수입허가서(import permit)를 취득한다.

⑤ 선사 또는 대리점은 과부족화물의 발견시 화물과부족조사서(tracer)를 작
성하여 양륙지에 송부하고 조사를 의뢰한다.

2) 정기선 운임

정기선 운송의 운임은 고가품에 대해서는 높게, 저가품에 대해서는 낮게 책
정하는 종가운임(Ad valorem freight)을 적용한다. 또한 운임은 용적과 중량에
의해서도 산출되나 선사는 양자를 다 산출 가능할 경우에는 더 높은 운임률로
적용할 수 있는 기준으로 산정한다. 따라서 운임은 중량, 가격, 용적 기준에 의
해 산출된다고 할 수 있다. 정기선 운임의 형태는 〈표 7-7〉과 같이 품목별,
무차별, 할증 운임 등 다양하다. 그리고 운임의 지급시기에 따라 선적시에 운임
이 지급되는 선불(freight prepaid)과 양륙지에서 수화인이 화물을 수령할 때 지
불하는 후불(freight collect) 방식이 있다.

표 7-7	정기선 운송의 운임형태
구분	개념
품목별운임	화물의 가치에 따라 차등을 두는 운임체계
무차별운임	화물의 가치를 불문하고 용적, 중량에 근거하여 운임부과
품목별 박스운임	무차별운임과 품목별운임의 절충방식
할증운임	정기항로에서 수시로 발생하는 운송조건 및 환경의 변화에 대처하기 위해 선주나 운임동맹이 일시적으로 부과하는 추가운임
특별운임	화주의 요청이나 맹외선에 대한 대항수단으로 특정품목의 운임을 일정기간, 일정조건이 만족될 경우에 한해 할인해 주는 운임
최저운임 및 소화물운임	운임계산은 톤 단위로 하고 있으나, 톤 이하의 화물에 대해서는 최저운임률 적용, 최저운임에도 미달하는 경우에는 소포에 준하여 소화물운임 적용
경쟁운임	맹외선 대책 또는 회원사간의 과당경쟁으로 인해 표준운임률의 유지가 곤란한 경우에 적용

제 2 절 항공운송과 국제특송

1. 항공운송의 의의

1) 항공운송의 개념

항공운송(air transportation)은 '항공기의 항복에 승객, 우편 및 화물을 탑재하고 국내외 공항에서 항공로로 다른 공항까지 운송하는 운송시스템'이다. 항공운송은 1903년 라이트 형제에 의해 최초의 항공 비행 이후 제2차 세계대전을 거치면서 기술이 획기적으로 발전하였다. 특히 1970년대 들어 본격적인 제트기 시대가 열리면서 여객 중심이던 항공운송이 화물운송에 도입되면서 운송 시장에 큰 변화를 가져왔다. 항공화물운송 수요의 증가율은 지난 20여 년간 여객운송을 크게 앞질러 왔다. 2022년 기준으로 항공화물운송량은 약 6천 6백만톤에 이르며 중량기준으로 세계 무역량의 1퍼센트에 불과하지만 가치 면에서는 35퍼센트 이상을 차지한다.

항공운송화물은 시간에 민감한 상품, 고가 또는 부패성 화물을 장거리 운송하는 데 주로 활용된다. 또한 제조업체의 적시생산체제(JIT)를 지원하고 낮은 재고수준을 유지하는 유통전략에 적합하여 글로벌 공급사슬관리에서 중요한 역할을 한다.

2) 항공산업의 환경변화

(1) 린재고 경영

린재고(lean inventory) 경영환경하에서 항공운송의 중요성이 증가되고 있다. 린재고 실현을 위한 JIT는 원자재와 부품이 필요한 시점에 제공되어야 할 뿐만 아니라 글로벌 공급사슬로 연결되어야 하기 때문에 스케줄에서 벗어난 제품의 경우 신속한 운송을 위해 항공운송을 주로 이용한다. 글로벌 경영체제에서 원격지로의 아웃소싱 증가 또한 항공화물수송 수요를 증대시키는 요인이 되고 있다. 즉 아웃소싱이 전 세계에 실행되면서 많은 지역간 신속·정확한 수송이 필수적 요소가 되고 있다.

(2) 항공산업의 자유화

항공운송산업은 전통적으로 정부의 강력한 규제를 받는 산업이었으나 1970년 말 미국에서의 규제완화를 시작으로 유럽, 아시아, 중남미 등지로 확산되고 있다. 항공산업의 자유화는 크게 시장진입에 대한 규제완화, 운임책정 자율화 등으로 요약되는 데, 이러한 조치는 항공사에게는 새로운 경영혁신과 지속적인 비용절감을 요구하는 것이었다. 반면 소비자에게는 편익 증진 및 선택의 폭을 확대시켰으며 나아가 국가적 차원에서는 국제 무역의 증진과 물적·인적 교류의 확대를 가져왔다.

항공산업의 자유화는 항공운송업계의 경쟁을 심화시켜 항공사간 전략적 제휴, 인수 및 합병(M&A) 등 구조적 전환을 가속화시켜 유럽을 중심으로 저비용 항공사의 급성장을 이끄는 한편 항공운송시장의 양적 성장을 촉발시켰다.

(3) 항공화물시장의 통합화

항공화물시장은 세계화, 기술 발전, 보다 효율적이고 간소화된 공급망 프로세스에 대한 필요성과 같은 요인으로 인해 최근 몇 년간 통합이 증가하였다. 지역적으로는 EU의 항공시장 통합을 시작으로 세계 항공운송 시장은 USMCA, ASEAN, 아프리카, 남미 등 각 지역별로 블록화되어 지역 내 시장의 자유화를 촉진시키고 있으며 타 권역 및 국가와의 운송협정 등에서 공동으로 대응하고 있다. EU는 미국 항공사들의 유럽시장 확대에 대응하여 3차례의 단계별 항공 자유화 과정을 통해 1997년 미국의 국내선 시장과 유사한 통합 항공운송시장을 구축하였다.

항공사간 협력도 강화되고 있는데 항공사들은 네트워크를 최적화하고 화물 용량을 공유하며 보다 광범위한 적용 범위를 제공하기 위해 점점 더 제휴 및 파트너십을 형성하고 있다. 이러한 협력을 통해 항공사는 더 광범위한 서비스를 제공하고, 새로운 시장에 접근하며, 운영 효율성을 향상시킬 수 있다. 이외에도 복합운송의 통합과 화물터미널의 통합을 추진하고 있다.

(4) 전략적 제휴

지난 수년간 항공사간 전략적 제휴와 코드 쉐어(code share)는 소비자들에게 다양한 기회를 제공하면서 항공시장을 주도적으로 이끌어 왔다. 전략적 제휴로 규모의 경제가 가능하게 되었으며, 항공사들은 소수의 몇 개 그룹으로 재편되었다. 전략적 제휴의 형태는 파트너와 운영 파트너십 형성에서부터 스케줄, 운임, 예약시스템 운용, 연료구입, 정보기술(IT)시스템, 지상조업, 공항계약 및 항공기에 대한 협력으로까지 진화해 왔다. 이러한 전략적 제휴는 여객이 중심이었으나, 2001년 이후 화물분야에서도 주목할 만한 진전이 이루어지고 있다. 전략적 제휴는 네트워크의 확대나 M&A로 항공사의 규모의 경제를 달성하는데 목표를 두고 있지만 보다 근본적인 목적은 외국 항공운송 시장에 진입하여 시장 지배력을 확대하는 데 있다.

(5) 항공산업의 대형화

고객 수요의 변화와 더불어 항공기, 공항 등이 각각 대형화, 거점화되고 있다. 특히 항공운송 기술의 발전에 따라 초대형 항공기가 계속 개발되고 있다.[1] 이러한 항공기의 대형화로 긴 활주로의 확충, 운임경쟁의 가속화, 화물유치의 경쟁 심화로 이어지고 있다. 주요 국가의 공항은 주변 권역의 공항과 경쟁에서 유리한 위치를 확보하기 위해 대규모 공항시설을 갖추기 위한 투자가 이루어지고 있다.

3) 항공운송과 화물의 특징

(1) 항공운송의 특징

항공운송의 중요한 특징은 고속성, 안전성, 낮은 자연장애물 등이 있다. 또한 선박이나 열차가 해양이나 육지에 국한되는데 비해, 항공기는 해상과 육상을 넘나들어 비행하여 세계 어느 곳이든 운송이 가능하기 때문에 국제운송에서의 활용도가 높다. 이는 항공운송이 전 세계로 네트워크를 확장할 수 있는 능력을 지니고 있다는 것을 의미하며, 따라서 항공운송은 경제의 글로벌화를 지원하는 새로운 수단으로 평가되고 있다.

지난 수십년 동안 항공운송화물은 급속한 성장세를 유지해 왔는데 이는 기술발전, 전자상거래의 발전, 적시생산체제(JIT), 부가가치에 대한 경쟁심화, 해운물류에서 전환 등의 요인에 기인된 바가 크다(Morrell and Klein, 2019). 최근 지역적으로는 기존 북미와 유럽의 항공화물량은 증가세가 둔화되고 있는 반면 신흥 경제권을 중심으로 항공운송의 증가세가 두드러지고 있다. [그림 7-6]

---

1) 현재 취항 중인 화물기 중 가장 큰 규모는 Boeing 747-8F로 약 135톤의 화물을 적재할 수 있다.

에서 보는 바와 같이 지난 30년간 연평균 5퍼센트 이상 증가해 왔으며 향후 20
년간 약 4.7퍼센트의 높은 성장세를 유지할 것으로 예측되고 있다(Boeing, 2022).
동 기간 아시아와 남미 지역에서의 항공운송의 증가는 각각 5퍼센트 내외로 전망되
고 있다.

| 그림 7-6 | 세계 항공화물운송량과 지역별 성장 추이(2001-2041) |

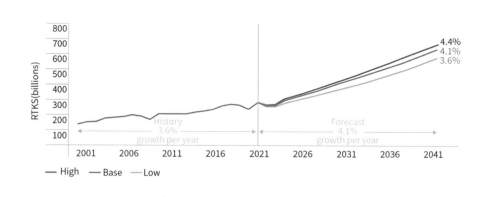

주: RTKs: Revenue Tonne－Kilometers
자료: Boeing, World Air Cargo Forecast. 2001~2041, 2022.

(2) 항공운송의 장점

항공운송은 〈표 7-8〉에서 보는 바와 같이 보관이나 재고에 따른 시간과
비용의 절감, 화물의 진부화 문제를 해결해 줄 뿐만 아니라, 소비자 반응의 확
인을 위한 시험적 마케팅활동과 시장변화에 신속한 대응에도 효과적인 운송수
단이다. 항공운송은 운송시간이 짧기 때문에 도난, 파손 및 상품가치의 저하 등
의 위험도 크게 줄여주며 저렴한 운송보험료의 장점을 가지고 있다. 또한 화물 포
장 작업도 비교적 용이하고 비용을 절감할 수 있다.

표 7-8	항공운송의 장점	
물류상의 장점	비용상의 장점	서비스상의 장점
▪ 긴급화물, 소형화물 운송에 적합 ▪ 수요기간이 짧은 물품의 운송에 적합 ▪ 운송시간 단축으로 비용 절감 및 화물의 손해발생 가능성 감소 ▪ 포장비의 절감 가능 ▪ 통관의 간이화	▪ 포장의 경량화로 비용 절감 ▪ 육상운송에 비해 보험료 저렴 ▪ 운송 중인 상품의 자본비용 절감 ▪ 신속성으로 인한 보관비 절감 ▪ 하역처리 빈도가 적어 도난, 파손위험의 발생률 저하 ▪ 보관기간이 짧아 재고용 창고시설의 투자자본 및 임차료, 관리비 등 절감	▪ 고객서비스 향상으로 매출증대 ▪ 갑작스런 수요에 대처 가능 ▪ 부패성 상품의 시장확대 가능 ▪ 판매기간이 짧은 상품의 시장경쟁력 제고 ▪ 신속성으로 투자자본의 회전율 제고 ▪ 재고품의 진부화, 변질화 등에 의한 손실률 감소 ▪ 운송 중 상품의 위치파악 용이

최근 항공운송화물의 비중이 증가하고 있는데 이는 국제무역의 증가 특히 고가품, 유행민감제품 그리고 전자제품과 같은 경박단소형 제품의 증가와 화물전용기의 취항, 항공기의 대형화에 의한 운임 하락, 전용 공항터미널의 건설 등과 같은 요인에 기인된 바가 크다고 할 수 있다.

(3) 항공운송수단의 선정 요인

항공운송이 갖는 가장 두드러진 장점은 정시성과 서비스의 완전성에 있다. 항공기의 발착시간, 정시운항, 운항횟수 등이 운송의 정시성을 결정짓는다. 또한 화주는 운송인으로부터 완벽한 서비스를 기대한다. 따라서 운송인 또는 운송대리인은 픽업, 인도, 화물추적이나 특수취급을 요하는 위험물, 귀중품, 중량물품, 기타 보험과 클레임 등을 취급할 수 있는 능력이 중요하다.

(4) 항공운임의 특성

항공운송의 화주가 서비스 다음으로 중요하게 여기는 것이 바로 운임이다. 항공화물의 운임은 운송 수단 중 가장 높기 때문에 해상운송과 경쟁하는 것은 불가능하다. 그러나 일반적으로 요율표상으로 45kg 미만은 대체로 해운보다 항공운송이 유리하다고 한다. 항공운송과 해상운임은 계산방법과 부대비용도 다르기 때문에 정확한 비교는 어려우나 일반적으로 항공운송은 경량화물에서 유리하다. 이 외에도 종합적인 물류비용 분석시 재고비, 포장비, 자본비 등에서 해상운송보다 유리할 수 있다.

2. 항공화물운송실무

1) 수출입운송 절차

항공화물운송의 실무는 대부분이 항공화물운송주선업자인 포워더를 통해 이루어진다. 해상운송과 마찬가지로 항공화물운송 절차는 수출과 수입으로 나누어진다. 항공운송으로 화물을 수출하고자 하는 화주는 세관에 수출신고서를 접수하여 수출허가서를 취득한 후, 운송주선업자, 항공운송대리점 또는 항공회사와 항공운송 계약을 체결한다. 계약을 체결한 송화주는 항공회사에 화물을 인계하면 항공기의 특성에 적합한 항공용 단위적재용기에 화물을 적입한 후, 항공기에 탑재하여 목적지로 출발한다.

화물을 탑재한 항공기가 목적지에 도착하면, 항공사는 항공화물운송장 등을 인수하여 세관에 제출하고 입항허가를 취득한 후, 운송장상의 목적지별로 화물을 분류하여 창고에 반입한다. 화물반입을 완료한 항공사는 수화인 및 대리인에게 운송장을 인도하고, 화주는 반출허가를 취득한 후, 화물을 인수한다.

(1) 수출화물의 운송절차

항공화물의 수출용 운송절차는 다음과 같은 절차로 이루어진다.

① 항공운송계약: 수출업자는 수출을 위한 준비가 완료되면 화물의 출고시간에 맞추어 항공사를 선정하고 해당 항공사에 예약(booking)을 한다. 이러한 절차는 포워더가 중개인으로서 업무를 대행한다. 화물운송 예약시에는 출발지/도착지, 포장개수, 각 포장상자의 중량 및 용적, 상품명 등과 함께 지정 항공편으로 예약을 의뢰한다.

② 장치장 반입: 공장에서 생산된 완제품은 공로나 철도운송을 화물터미널에 도착하여 화물터미널의 장치장으로 반입된다. 장치장 반입시 항공사는 화물검사를 실시한 후 수출화물 반입계를 발급한다. 보세구역인 보세장치장에 수출화물을 반입하기 위해서는 세관 보세과에 수출화물 반입계를 제출하고 장치지정 및 승인을 받아야 한다.

③ 수출신고: 보세구역 내에 수출화물 반입 후, 자가 통관의 허가를 받지 않은 수출업자는 반드시 통관업자를 통해서 수출신고를 해야 하며, 이때 필요한 서류는 상업송장(C/I: Commercial Invoice), 포장명세서(P/L:

Packing List), 검사증 등이 있다.

④ 수출심사: 세관 심사과에서는 제출된 수출신고서를 1차 심사한 후 이상이 없을 경우 감정과로 서류를 이송한다. 이때 심사하는 사항은 정상결제 여부, 수출금지품목 여부, 신고서 기재사항의 정확성, 화물의 기호, 품종, 수량, 계약조건, 목적지 심사 등이 있다.

⑤ 화물검사: 감정과에서는 서류와 화물을 대조하면서 수량, 규격, 품질 등을 검사하며 심사과에서는 지정한 검사수량에 대해 전부 또는 일부를 개봉하여 검사한다.

⑥ 수출허가: 화물검사 결과 이상이 없는 경우 서류는 세관 심사과로 회송되어 2차 심사 후 수출신고필증을 발급해 준다. 일단 수출신고필증이 발급되면 해당 화물은 관세법상 외국화물이 되며 수출상은 수출신고수리일로부터 30일 이내에 수출을 이행해야 한다.

⑦ 항공화물운송장 및 화물의 인계: 통관절차가 완료된 화물의 항공운송장은 항공화물운송 대리점에서 화물인도증명서(cargo delivery receipt)와 함께 해당 항공사에 접수시킨다. 항공화물운송장에는 상업송장, 포장명세서, 원산지증명서, 검사증 등 수입지에서의 통관에 필요한 서류가 첨부된다. 항공사는 화물인도증명서에 접수확인을 기재한 후 검수원에게 전달하여 화물을 인수토록 한다. 화물인수시 화물의 포장상태, 파손 여부, 하인(marking)과 라벨의 정확성, 개수 및 수량의 일치 여부를 확인한다.

⑧ 적재작업: 항공사는 해당 항공편의 항공기 특성을 고려하여 사용 단위탑재용기(ULD: Unit Load Device) 및 적재작업 방법 등의 작업지시를 담당검수원에게 하달하고 검수원은 작업지시에 의거 적재작업을 실시한다.

⑨ 탑재작업: 적재작업이 완료된 화물은 중량배분을 위해 계량한 후 탑재담당자에게 인계되어 항공기로 셔틀로 운송된다. 항공사는 항공기의 안전운항 및 화물의 안전수송을 고려한 탑재작업 지시를 탑재담당자에게 전달하고 작업결과를 통보받는다.

⑩ 항공기 출발: 화물기의 경우 적하목록이 완성되면 항공기입출항 신고서(general declaration), 기용품 목록과 함께 세관에 제출하여 출항허가를 얻은 후 탑재된 화물의 항공화물운송장 및 출항허가서, 적하목록을 운항승무원에게 인계함으로써 항공기는 수입지를 향해 출발한다.

(2) 수입화물의 운송절차

항공화물의 수입용 운송절차는 다음과 같은 절차로 이루어진다.

① 전문접수: 출발지로부터 항공기 출발 후 해당 편 탑재화물관련 전문을 접수하면 화물을 완벽한 상태로 신속히 인도하기 위해 항공기 도착 이전에 조업사에 통보하여 필요한 장비 및 시설을 확보토록 한다.

② 항공기 도착: 항공기가 도착하면 항공사 직원이 기내에 탑승, 운항승무원 또는 객실승무원으로부터 운송장 및 출발지 출항허가, 적하목록 등을 인계받은 다음, 세관에 항공기입출항 신고서, 적하목록, 기용품 목록을 제출하여 입항허가를 득한다.

③ 서류분류 및 검토: 서류가 도착하면 운송장과 적하목록을 대조하여 수입금지화물, 안보위해물품 여부를 확인하고 보냉 또는 냉동을 요하는 품목은 적절한 조치를 취하도록 조업사에게 작업지시를 한다. 검토 완료된 운송장과 적하목록은 통과화물의 경우에는 최종목적지로의 수송을 위해 세관에 이적허가를 신청하고 우리나라 도착화물의 경우에는 화물이 입고되어 있는 해당 장치장 분류실에서 창고배정을 한다.

④ 창고배정: 창고배정은 화주가 특정 수입화물에 대해 창고를 임시로 지정하는 긴급분류대상인 경우 항공사에서 담당하고, 해당 화주 명의로 수입되는 모든 수입화물에 대해 특정한 창고를 지정할 수 있는 상시분류대상은 운송업체 대표로 구성된 민간운영협의회에서 담당한다.

⑤ 화물분류 및 입고: 창고배정이 완료되면 배정관리 D/B에 의거 해당 장치장은 화물을 분류하여 배정된 창고에 입고시킨다.

⑥ 도착통지: 창고배정작업이 완료되면 항공운송장은 통관지역에 따라 화물 터미널에 있는 항공사 지점이나 영업소로 보내지며 수화인에게 전화 등을 통해 도착통지를 한다. 혼재화물일 경우 항공사로부터 항공화물운송장을 인도받은 복합운송주선업체가 도착통지를 한다.

⑦ 항공화물운송장 인도: 본인 확인 여부를 거쳐 해당 화물 수화인이 항공화물운송장을 인계한다. 착지불화물인 경우에는 운송요금 이외에 운송요금의 약 2%에 해당하는 운임착지불청구비용(charge collect fee)을 지불해야 한다.

⑧ 수입통관: 수화인 또는 수화인으로부터 지정받은 통관업자가 행하며, 항공사로부터 항공운송장을 인수받은 수화인 또는 통관업자는 수입신고서를 세관에 제출하고 수입허가를 득하여 통관·인수하면 모든 절차가 끝난다.

⑨ 보세운송: 외국물품이 통관되지 않은 상태에서 화물터미널 이외의 지역으로 수송될 경우 보세운송허가를 받아야 한다. 항공화물의 보세운송은 간이보세운송과 특별보세운송으로 구분한다.

2) 항공화물의 단위화와 탑재방법

(1) 항공화물의 단위화

항공화물의 단위화(unitization)란 '일정수량의 화물을 팔레트나 컨테이너와 같은 단위탑재용기에 적재하는 것'을 말한다. 단위화는 항공운송의 대량화, 고속화, 저렴화를 실현시켜 줄 수 있을 뿐만 아니라 화물의 보호, 하역작업의 합리화, 다른 운송사 또는 운송수단과의 연계를 용이하게 해 준다. 단위탑재용기(aircraft unit load device)에는 팔레트, 컨테이너, 이글루[2] 등이 활용된다.

(2) 항공화물의 탑재방법

항공화물의 탑재방식은 크게 벌크탑재, 팔레트탑재, 컨테이너 탑재가 있다. 벌크탑재는 개별화물을 인력에 의해서 릴레이식으로 화물실 안에 집어넣는 방식을 말한다. 팔레트탑재는 팔레트 위에 화물을 올려놓고 그물로 고정시킨 뒤 항공기에 탑재할 때는 리프트 로더(lift loader)와 항공기 화물실의 바닥면에 장치되어 있는 굴림대(roller bed) 위를 굴려 이농시켜 기내 정위지에 고정시키는 방법이다. 컨테이너 탑재는 컨테이너 운송용구에 화물을 적입한 후 컨테이너를 탑재하는 방식이다.

3) 항공운송업관련업과 항공화물운송장

(1) 항공운송업관련업

항공운송과 관련된 업종은 항공운송업(air cargo carrier), 항공화물운송주선

---

2) 알루미늄 또는 유리섬유 등의 재질을 사용하여 항공기와 동체모양에 맞게 모서리를 둥글게 하여 공간을 최대한 활용할 수 있도록 고안한 것이다.

업(air freight forwarder), 항공운송대리점(air cargo agent), 국제상업서류송달업 (international courier service)으로 구분된다. 우리나라는 항공화물운송업은 1993 년 항공법의 개정 전까지는 항공화물운송대리점과 항공운송주선업으로 구분되 었으나, 현재는 화물유통촉진법상의 복합운송주선업자로 통합되었다.

항공운송업은 국내외에서 정기 또는 부정기적으로 여객 또는 화물을 운송하 여 주는 사업을 말하며 사업의 주체는 항공사이다.

항공화물운송주선업은 타인의 수요에 응하여 자기의 명의로 항공운송사업 자(항공사)의 항공기를 이용하여 타인의 화물을 유상으로 혼재하여 운송하여 주 는 사업을 말하며, 소량화물을 집화·혼재하여 대량 혼재화물로 판매하기 때문 에 혼재업자(consolidator)라고도 한다. 항공화물운송주선업자는 독자적인 항공화 물운송장(HAWB: House Air Waybill), 운송약관, 운임요율(tariff)을 가지고 있다. 그러나 항공기를 보유하고 있지 않으므로 집화한 화물의 운송을 위해서는 항공 사가 발행한 항공화물운송장(MAWB: Master Air Waybill)에 의해 주선업자를 송 화인으로 하여 항공사와 운송계약을 체결해야 한다.

항공화물 운송대리점은 항공사 또는 총대리점을 대리하여 항공사의 운송약 관, 규칙, 운임표 및 일정에 따라 항공화물을 판매하고, 항공화물운송장을 발행 하는 등의 업무로 항공사로부터 소정의 수수료를 받는 사업을 말한다. 항공화 물대리점은 항공운송주선업자와 달리 자기 명의로 운송사업을 하는 것이 아니 므로 독자적인 항공화물운송장을 발행하지 못하고 항공사의 항공화물운송장을 이용한다.

국제상업서류송달업(courier)이란 외국 업체와 계약을 체결하여 상업서류, 소형·경량물품을 항공기를 이용해 문전수송서비스를 제공하는 것을 말하며 국제특 송업이라도 한다.

(2) 항공화물운송장

항공운송서류에는 항공화물운송장(AWB)과 항공화물수탁서(air consignment note)가 있는데, 보통 미국에서는 전자로, 유럽에서는 후자로 부른다. 항공화물 운송장은 운송계약체결의 증거서류이며, 또한 화물의 수령증 기능을 한다(〈표 7-9〉 참조).

표 7-9	항공화물운송장의 기능
▪ 운송계약체결의 증거서류	▪ 세관 신고 서류의 일종
▪ 화물에 대한 수령증	▪ 운송인에게 운송물품의 인도지시서
▪ 운임 등의 명세서 및 청구서	▪ 보험가입증명서의 기능

이들 서류는 모두 화물을 공로로 운송하는 경우에 항공운송인(air carrier)이 발행하는 운송장으로 선하증권(B/L)과 같은 권리증권이 아니고 단순한 수취증에 불과하다. 또한 AWB은 유통증권이 아니므로, 이 서류가 작성되지 않거나 분실된 경우도 운송계약의 유효성에는 아무런 영향을 미치지 못한다. 따라서 〈표 7-10〉에서 보듯이 항공화물수탁서는 단지 운송계약의 체결과 그 조건뿐만 아니라 화물의 중량, 용적 및 포장 그리고 포장물의 수량에 관한 추정적 증거가 된다.

표 7-10	항공화물운송장과 선하증권의 비교	
구분	항공화물운송장(Air Waybill)	선하증권(Bill of Lading)
유통성 여부	유통성이 없음(Non · Negotiable)	유통성이 있음(Negotiable)
발행방식	창고에 반입 후 AWB 발행(수취식)	선적 후 B/L 발행(선적식)
기명여부	기명식	기명식, 무기명식, 소지인식, 백지식
발행주체	항공화물대리점 또는 송화인이 작성해서 항공사에 교부	선박회사가 화주 앞으로 발행

4) 항공운임제도

(1) 항공운송운임의 개념

항공화물운임요율(rate)이란 화물운송의 대가로 징수하는 운임을 중량단위당 또는 단위용기당 금액으로 나타내는 것으로서 대개 노선별 요율표(tariff)에 의해 정해져 있다. 요율은 국제항공운송협회(IATA: International Air Transport Association)가 제정한 운임표를 국제적으로 사용하고 있으며 우리나라도 동 운임요율에 의거 정부의 승인을 받아 사용하고 있다. 항공화물운임은 중량을 중시하는 점과 중량할인이 있다는 점의 두 가지 특징을 지니고 있으며, 이러한 국제항공화물의 운임에는 다음과 같은 종류가 있다.

항공화물 운송요금은 일반적으로 요율(rate) 및 요금(charge), 기타 수수료에 따라 결정된다. 운임은 '운임중량×요율＝운송료'와 같은 방법으로 산출된다. 그리고 요율구조는 일반화물요율, 특정품목할인요율, 품목분류요율, 단위탑재용기요금 및 종가요금 등이 있다.

(2) 항공운임의 종류

항공운임은 품목별, 가치별로 다양한 종류가 있다.

① 일반화물요율(GCR: General Commodity Rate): 모든 항공화물 운송요금의 산정 시 기본이 되며 다음에 설명하는 SCR 및 Class Rate의 적용을 받지 않는 모든 화물운송에 적용하는 요율이다. 운항구역 또는 구역간에 대하여 45kg 미만, 100kg, 300kg 및 500kg 이상의 각종 중량단계별로 운임을 설정하고 있으며, 일반적으로 중량단계가 높아짐에 따라 운임률이 절감된다.

② 특정품목 할인요율(SCR: Special Commodity Rate): 특정의 대형화물에 대해서 운송구간 및 최저중량을 지정하여 적용하는 할인운임이다. 화물운송의 유형상, 특정 구간에서의 동종품목의 반복적 운송에 대하여 수요 제고를 목적으로 특정 품목에 GCR보다 낮은 요율을 설정한 요율로서 CORATE라고도 부른다.

③ 품목별 분류운임률(Class Rate: Commodity Classification Rate): 특정 품목에 대하여 적용하는 할인 또는 할증운임률인데, 할인운임은 신문, 잡지, 정기간행물, 서류, 카탈로그 등에 적용하고, 할증운임은 금, 보석, 화폐, 증권 등이 있다. 몇 가지 특정 품목에만 적용하며 특정 지역간 또는 특정 지역 내에서만 적용되는 경우도 있다.

④ 종가운임(Valuation Charge): 화물의 가격을 기준으로 일정률을 운임으로 부과하는 방식을 말한다. AWB에 화물의 실제가격을 신고하면 화물운송 시 사고가 발생하였을 경우 손해배상을 받을 수 있는데 이때 화물가액의 일정비율로부터 종가요금이 가산되어 결국 종가운임은 손해배상과 직접적인 관련이 있는 요금방식이다.

⑤ 단위탑재용기요금(BUC: Bulk Unitization Charge): 우리나라의 미주행 항공화물에 적용되는 요금체계로서 팔레트, 컨테이너 등 단위탑재용기(ULD)

별로 중량을 기준으로 요금을 미리 정해놓고 부과하는 방식을 말한다.

항공운송에 부가되는 기타 요금으로는 입체지불금, 착지불수수료, 기타 부대비용이 있다. 송화인의 요구에 따라 항공사, 송화인 또는 그 대리인이 선불한 비용을 수화인으로부터 징수하는 금액을 입체지불금(disbursement fee)이라 한다. 그리고 항공운송장상에 운임과 종가요금을 수화인이 납부하도록 기재된 화물을 착지불화물이라 하는데 여기에는 착지불수수료(charges collect fee)가 부과된다. 기타 부대비용으로는 화물취급수수료(handling charge), pick-up service charge, AWB fee 등이 있으며 위험품인 경우에는 위험품취급수수료가 있다.

3. 국제특송

1) 국제특송의 의의

(1) 국제특송의 개념

국제특송(international express delivery)이란 '항공기를 이용하여 화주의 문전까지 배달하는 수송시스템으로서 항공기에 의한 간선수송과 자동차에 의한 집배의 연계로 행해지는 국제복합운송'의 한 형태이다. 운송인의 일관책임하에 화물의 집화에서 포장, 수송, 배달 및 확인에 이르기까지 문전운송(Door-to-Door)하는 체제이다. 특송산업은 개별 문전까지(Courier), 신속하고(Express), 그리고 소량단위(Parcel)로 배송되기 때문에 이를 하나로 묶어 CEP산업이라 한다.

국제특송업은 1970년대 미국에서 항공사업의 규제완화를 계기로 운송업계에서 개발한 사업영역으로 최근에는 기업들이 해외진출과정에서 신속한 정보전달의 수단으로 많이 이용하고 있다. 특히 무역업체의 소화물일관운송이 주류를 형성하고 있으며, 일반 소비자의 이용은 해외여행객에 의한 별송품 서비스, 각종 선물의 운송, 우편소화물 등을 취급한다.

국제특송은 무역서류(은행서류, 상업서류, 계약서, 입찰서류 등), 설계도면, 카탈로그, 소형·경량물품에 국한되며, 대부분의 화물이 대중가격의 상품으로서 일정기간 내 신속한 인도에 활용된다. 최근 해외직구와 전자상거래의 성장과 더불어 특송수요가 증가하고 있다. 전자상거래에서 소비자가 직접 생산 또는 유통업체에게 주문하고 배송은 주로 특송업체를 활용하게 된다. 우리나라에서는 일반적으로 국내에서의 문전운송은 택배라고 불리며, 국제적인 문전운송은 국제특송이라 불린다. 대표적인 세계적 국제특송업체로는 UPS, DHL, FedEx, TNT 등이 있다.

(2) 국제특송의 특징

국제특송은 글로벌화된 기업활동 및 소비자 활동에 의해 소화물이 국제적으로 일관 운송되는 서비스업의 한 형태이다. 정시배송과 생산의 분산화 요구가 증가하면서 재고비용을 줄일 필요성 때문에 적시배송의 원칙인 생산과정에서 정확한 시간과 장소로 자재를 빈번하게 배송할 필요가 있게 되었다. 소량, 다빈도, 신속성을 지향하는 특송서비스를 이용하는 화물은 대부분이 신속한 인도가 핵심인 소화물이 주종을 이루고 있다. 이에 따라 특송업체들의 핵심 비즈니스는 시간에 민감한 화물에 대해 부가가치 물류서비스와 문전배송을 하는 것이다. 특송서비스를 제공하기 위해서는 정확하고 신속한 선적, 정확한 배송시간의 보장을 위해 정교한 네트워크를 구축하고 있어야 한다.

특송의 특징은 문전에서 문전까지의 운송서비스, 효율성, 위치추적성, 적시배송(JIT), 다양한 배송수요 등이 있다. 최근 컴팩트 제품이 증가하는 경향으로 인해 운송비용의 비중을 줄여 특송의 비용·편익비율을 개선하고 있다. 또한 기업은 보관과 재고에 묶인 이자비용의 감소를 원하기 때문에 특송을 선호한다.

2) 국제특송의 유형과 발전경향

(1) 국제특송의 유형

국제특송에는 쿠리어 서비스, 급송서비스, 소량 표준화 탁송물 서비스, 단일 주체에 의한 종합서비스가 있다(DHL, 2008).

① 쿠리어 서비스(courier): 개별 운송인의 감독하에서 운송과 배송하는 방식이다. 쿠리어 서비스는 주로 고가의 제품 예를 들어 시계, 귀금속, 고가의 교환용 부품 등의 물품을 전달해 준다. 이 서비스의 특징은 운송서비스 기간 내에, 개인의 감독하에서로 약정을 하기 때문에 쿠리어가 어느 시간이든 탁송물을 집화하여 단절없는 운송서비스를 제공한다. 탁송물의 중량은 평균 1.5Kg이다. 국내운송의 경우 배송은 주로 동일 날짜 또는 익일 오전 10시 이내에 이루어진다.

② 급송서비스(express service): 고가의 소화물을 신속하고 신뢰성 있게 배송하는 것이다. 쿠리어 서비스와는 달리 급송은 단일 발송지에서 출발하며, 운송업자의 전 세계 네트워크를 통해 이루어진다. 오전 8시, 9시와 같이 정해진 배송시간에 출발한다.

③ 소량 표준화 탁송물 서비스: 주로 표준화되어 있고, 경량 포장으로 국내, 정규 또는 정해진 일정에 따라 운송하며, 배송은 보통 야간에 이루어진다. 소포 운송업체에게는 화물의 개수가 더 중요하며 높은 수준의 시스템화가 필수적이다.

④ 단일 주체에 의한 종합서비스: 단일의 자체 폐쇄시스템을 통해 서비스를 제공하는 것을 말한다.

최근 쿠리어, 급송, 소포운송서비스간의 전통적 구분은 점차 힘들어지고 있다. 이는 CEP에서 개별화 및 세분화하는 경계가 사라지고 있기 때문인데 그 이유는 고객이 '단일 주체'가 서비스를 제공해 주기를 원하고 또한 CEP서비스 제공업체가 이에 부응하고 있기 때문이다. 그들은 자체적인 폐쇄시스템 내의 운송망을 통해 서비스를 제공한다.

국제특송의 모든 서비스는 독립적이며 지역 및 글로벌 네트워크상에서 모든 서비스 구성요소를 동원해 문전운송 서비스를 제공한다. 이런 이유에서 CEP서비스 제공업체는 '시스템 통합자(system integrator)'라고 불린다.

(2) 국제특송의 발전 추세

최근 국제특송의 발전 추세는 다음과 같다.

첫째, 국내외 특송이 결합되고 있다. 비록 우리나라를 비롯한 여러 지역에서는 여전히 국내특송, 즉 국내택배는 주로 국내업체가 압도적인 비중을 차지하고 있지만 미국, 유럽의 경우 특송서비스는 국내외가 통합되는 추세이다.

둘째, 정보통신기술(ICT)의 활용이 두드러진다. 통신판매와 전자상거래, 홈쇼핑 등 새로운 판매시장이 확대됨에 따라 선진 특송업체들도 새로운 시장 환경에 대응하기 위해 정보기술에 대한 투자를 확대해 나가고 있다. 또한, 정보전문업체와의 인수·합병 또는 전략적 제휴를 통해 보다 선진화된 정보기술을 고객에게 제공하기 위해 노력하고 있다.

셋째, 전자상거래를 위한 통합 솔루션을 제공하고 있다. 주요 국제특송업체들은 정보기술에 대한 대규모 투자를 통해 전 세계적인 통합정보네트워크를 구축하고 있다. 이를 통해 전 세계 고객들이 웹을 통해 화물의 상태정보를 추적할 수 있도록 하고 있다.

넷째, 전자상거래에 대한 배송서비스를 확대하고 있다. 전자상거래가 활성화되고 있을 뿐만 아니라 글로벌 전자상거래도 점차 발전되고 있다. B2C 전자상거래의 주요 거래 물품의 배송 형태는 특송업체들의 서비스 형태와 가장 근접되어 있는데 예를 들어 소량화물이며 신속성과 문전운송이 필수적이 되고 있다. 따라서 특송업체들은 전자상거래 배송영역에서 시장 점유율의 확대를 도모하고 있다.

다섯째, 규모의 경제를 실현하기 위해 조직을 대형화하고 있다. 경영활동이 전 세계적으로 이루어지면서 고객들은 전 세계 어느 지역이든 서비스를 제공할 수 있는 업체를 원하는 경향이 강하다. 또한 현지 여건에 맞는 서비스 제공은 필수적이다. 이를 달성하기 위해서는 각 지역의 현지 여건을 고려하면서 전 세계 곳곳에 서비스 망을 설치·운영해야 한다. 따라서 국제특송업체들은 한편으로는 서비스의 지역적 범위를 전 세계로 확대하는 전략과 더불어 현지 업체의 인수·합병 또는 전략적 제휴를 통해 현지 고객의 확보에 주력하고 있다.

여섯째, 서비스 제품의 다양화와 서비스 지역의 확대이다. 국제특송업체들은 전 세계를 대상으로 한 다양한 서비스를 제공하기 위해 지역 물류센터의 수를 증가시키고 있을 뿐만 아니라 서비스 품질 및 가격의 차별화를 통한 다양한 서비스를 제공할 수 있는 시스템을 구축하고 있다. 특히 고객관계관리(CRM)를 구축하여 고객맞춤형 서비스의 제공 능력을 향상시켜 나가고 있다.

일곱째, 종합물류서비스(total logistics service) 제공을 지향하고 있다. 국제특송업체들은 단순히 신속한 배송뿐만 아니라 세금과 관세의 지불, 각종 신고 등을 위한 서류작업, 그리고 통관서비스 등을 대행해 주며, 기업의 재고관리와 부품조달, A/S업무를 포함한 고객지원업무 등 공급사슬의 전 과정을 서비스하는 종합물류기업의 역할을 하고 있다.

3) 국제특송업체의 현황 비교

국제 물류서비스의 환경변화와 더불어 국제특송업체들간 경쟁이 치열해지고 있다. 국제특송업체들은 경쟁우위를 확보하기 위해 다양한 형태의 전략을 추진하고 있다. 서비스의 차별화, 전 세계 서비스 체계, 첨단 정보기술의 활용, 종합물류서비스 등을 제공하기 위해 해당 분야에 과감한 투자와 관련 업체의 M&A 추진, 전략적 제휴 등을 가속화하고 있다. CEP 서비스를 제공하는 대표적인 국제특송업체는 다음과 같다.

(1) FedEx

FedEx는 1975년부터 미국에서 캐나다로 가는 화물을 취급하면서 국제특송 서비스를 시작하게 되었다. 1989년에는 세계 최대의 화물전용 항공사인 Flying Tiger사를 매수하여 세계 최대의 종합항공화물운송사로 탄생하였다.

2022년 기준으로 220개국에서 약 2,200여개의 영업거점과 서비스센터를 운영하고 있으며, 종업원 수는 547,000명, 498대의 항공기, 87,000여대의 차량을 보유하고 있다. 1일 평균 취급건수는 약 820만개에 달하는 탁송물을 의뢰받아 48시간 내에 배달하고 있으며, 고객만족을 위한 서비스 시설개발에 박차를 가하고 있다.

(2) UPS

UPS(United Parcel Service)는 1907년 미국의 시애틀에서 10대의 젊은이들이 '최고의 서비스를 최저 가격으로'라는 슬로건을 내걸고 American Messenger사로 시작하였다. UPS는 주로 미국 내의 백화점, Mail Order House 등의 배달서비스를 대행하면서 성장해 왔다. 1973년에 최초로 캐나다에 국외 영업소를 개설하면서 서유럽, 일본 등지로 서비스를 개시하였다

2022년 기준으로 종업원 수가 536,000명에 보유차량이 12만대, 보유항공기가 290대에 매일 2,430만개 이상의 소포와 서류를 송달하고 있다.

(3) DHL

DHL은 1969년에 설립되었으며, 그 명칭은 Dalsey, Hillblom, Lind 등 미국 변호사 3인의 이름초성으로 명명된 미국의 특송업체이다. DHL의 업무처리는 세계지점이 완벽하게 표준화되어 있어 IBM컴퓨터를 이용하며, DHL 고유의 배달 추적확인시스템, 자동요금개산 청구시스템, 발송분류 확인시스템, 발송의 종적조사 시스템의 개발에 성공하여 고객은 언제든지 자신의 발송품에 대한 확실

한 배달정보의 취득이 가능하다.

DHL사가 취급하는 업무로는 무역운송, 건설, 외장 및 기술도입 등 해외업무와 관련된 상업서류를 송배달하는 상업서비스와 해외로 발송하는 수출용 견본품의 배달서비스를 하고 있다. 2021년 기준으로 세계 220개국에 1,400개의 영업거점을 가지고 300대의 항공기와 92,000대의 차량 그리고 586,404명의 직원을 통해 하루 평균 490만건의 서류와 소화물을 처리하고 있다. 특송업계에서의 대규모 M&A 경향이 가속화되면서 2002년 Deutsche Post에 의해 인수되어 DP-DHL로 회사명이 변경되었다.

(4) TNT

TNT는 1967년 호주에서 설립되어 우편물부문, 특송부문, 그리고 물류부문의 3개의 사업부문으로 구성되어 있다. TNT는 220여 국가에 주당 3천 6백만개의 소포와 서류, 화물을 1천여개의 데포와 허브, 그리고 분류센터를 이용하여 운송하고 있다. 개인의 특송화물 보다는 기업간 특송화물에 중점을 두고 있으며, 즉시배송, 당일배송, 익일배송, Economy 배송, Special 배송 등으로 운영되고 있다.

특히 장래 TNT사업의 2/3가 인터넷을 이용하여 전자적으로 처리될 것으로 전망하여 IT시스템의 개선에 역점을 두고 있고, Global Link라는 완전 통합된 중앙전산체계를 구축하여 전 세계의 이용자들과 인터페이스하고 있다. Global Link는 TNT의 모든 사업장에 연결되어 실시간 데이터전송과 화물추적서비스를 제공한다. 또한 6개의 최신 화물분류시설을 설치하여 3가지의 분류체계(서류분류용, 작은 화물분류용, 그리고 항공기 컨테이너 분류용)를 운용하고 있다. TNT는 규모의 대형화를 위한 세계적 조류에 따라 2016년 FedEx에 의해 합병되었다.

(5) 국제특송업체 비교

전 세계적으로 국제특송 핵심 3사로는 UPS, DHL, FedEx가 있는데, 〈표 7-11〉에서 보는 바와 같이 설립 역사에서는 UPS가 가장 오래된 반면 FedEx는 짧은 역사를 가지고 있다. 이들의 핵심 시장을 살펴보면 UPS와 FedEx는 주로 미국시장에 주력하는 반면 DHL은 유럽과 아시아 지역에서 강세를 보이고 있다. 매출 규모면에서 살펴보면 UPS, DHL, FedEx의 순으로 나타났다.

Statistca에 따르면 2022년 기준으로 시장 점유율은 DHL 39%, FedEx 30%, UPS 22% 기타 9%의 순이다.

표 7-11	국제특송 3사의 현황		
	FedEx Express	**UPS**	**DHL**
설립연도	1973	1907	1969
본사	Memphis	Atlanta, Ga	Bonn
창업자	Frederick W. Smith	James E. Casey	Dasley, Hillblom and Lynn
서비스 국가	220개국	200개국	220개국
종업원 수 (2022)	547,000	536,000	586,404
항공기 대수	498	290	300
차량 대수	87,000	125,000	92,000
1일 박스 수(백만)	8.2	24.3	4.9
영업거점 수	2,200	600	1,400
운송정보시스템	COSMOS, Super Tracker	Package Tracking System	EasyCall
운송방식	Hub & Spoke	Hub & Spoke	Point－to－Point
매출액(2021)	$83.9billion	$97.3billion	$78.7billion
장점	▪ 환경친화적 ▪ 다양한 선적옵션 (익일, 이틀 배송)	▪ 양호한 픽업서비스 ▪ 배송 속도 빠름	▪ 아시아, 유럽시장 에서 높은 인지도
단점	▪ 제한적 서비스 종류 ▪ 주로 소형 품목 치중	▪ 신속한 배송에 고 비용 ▪ 주로 소형 품목 치중	▪ 미국시장 점유율 낮음

4) 국제특송업체의 전망과 사례

(1) CEP 산업의 미래전망

전자상거래의 발전, 공급사슬의 최적화, JIT 생산체제의 확대로 인한 창고 감소 등은 CEP 산업의 지속적 성장의 동인이 되고 있다. 추가적으로 신속서비 스의 CEP 수요는 글로벌화와 시장의 통합화에 의해 더욱 증가하고 있다. 이에 비해 서비스 공급측면에서는 사물인터넷(IoT), 인공지능(AI), 블록체인 등과 같은 산업 4.0 기술의 적용은 공급자와 배송인간의 연결과 주문이행 프로세스를 역동적이고 통합적으로 가져가고 있다.

대부분의 CEP 서비스 제공업체에게 있어 B2C의 물량이 전체에서 차지하는 비중은 대략 90퍼센트에 이르기 때문에 개인 고객에 대한 집중화는 CEP 사업자에게 새로운 기회이자 도전이다. 예를 들어 개인 고객은 한 번에 하나의 탁송물을 운송하는 경우가 대부분이기 때문에 기존 상업지역 주거지 집중으로 전환해 나가야 한다. 더구나 개인 고객에 대한 접근은 어려움이 가중되는데 어떤 경우는 수차례 방문이 이루어져야 하고 이를 위해 집화장도 전국적으로 도입하여야 하기 때문에 비용이 많이 소요된다.

전자상거래의 확장으로 기업과 개인고객과의 거래가 증가될 것으로 예상되며 물량의 1/4가량이 인터넷 소매에서 발생한다. 반품은 주로 개인 고객의 물품서비스에서 발생하고 있기 때문에 반품관리는 더욱 중요해지고 있다.

CEP 서비스 업체들은 다른 국가와 대륙간 정규서비스를 제공하는 자체 항공기의 투입을 통해 국제운송에 대응하는 동시에 가능한 많은 국가에서 신뢰성, 품질, 예측성이 높은 서비스를 제공하기 위해 노력하고 있다. 이를 위해 탁송품을 모니터링하는 장비가 활용된다.

글로벌화와 신속운송은 보안 검색의 강화로 CEP 부문의 서비스를 지연시킬수 있다. 미국향 모든 수하물은 X−레이 검사가 이루어져야 하고 어떤 수하물은 24시간 보관되어야 한다. 전통적인 서비스에 대한 시간상의 경쟁력을 확보하기 위해 CEP 기업들은 고객부서와의 긴밀한 업무관계를 발전시켜 왔다. 예를 들어 탁송물이 목적지 국가에 도착하기 전 시스템 통합자로서 운송과정 정보가 고객부서에 전송되고 있다.

개별 CEP 기업들은 고객 집중화와 새로운 부가가치 서비스의 제공과 같은 차별화를 통해 경쟁력 제고를 모색하고 있다. 이러한 접근은 신시장을 개척하면서 틈새시장을 공략하는 것이다. 선물가게, 탁송품 기지 그리고 토요일 배송 등은 고객의 수요에 지속적으로 대응하기 위해 활용되고 있다.

(2) FedEx vs. UPS 사례

세계적 국제특송업체인 FedEx와 UPS의 전략을 비교해 보면 다음과 같다. 두 기업은 미국을 기반으로 한 세계적 특송업체라는 점에서는 공통점을 가진다. 그러나 FedEx는 1971년에 설립된 후발업체로서 항공운송을 기반으로 한 신속성에 초점을 두고 있는 반면 UPS는 1907년에 미국 전역을 걸쳐 육상운송서비스를 기반으로 하여 설립되었다. 따라서 지금까지도 FedEx는 신속성에서 강점을 보이고 있으며 첨단 IT에 대규모 투자를 통해 고품질의 고객서비스를 제공하고 있다. 반면 UPS는 미국 전역에 구축된 육상네트워크 인프라를 통해 미국 전역에 서비스 체제를 갖추고 있다. [그림 7-7]에서 보는 바와 같이 FedEx는 속도, 항공서비스, 정보기술에서 강점을 가지는 반면 UPS는 운임과 육상운송서비스에서 경쟁사 보다 우위에 있는 것을 알 수 있다.

전자상거래 증가에 따른 국제특송서비스의 수요가 증가하면서 두 업체는 이 부문에서 치열한 경쟁을 하고 있는데 이들 업체들은 자사의 약점부분을 보완하기 위한 대규모 투자를 진행해 왔다. 즉 UPS는 신속성의 강화를 위해 항공기의 추가적 확보와 IT에 대한 투자를 그리고 FedEx는 육상부문에서의 서비스 범위를 확대하기 위한 노력을 강화해 왔다. 이를 위해 2001년 FedEx는 미국우정국(USPS)과의 전략적 제휴를 맺고 USPS를 위해 신속항공물품의 운송을 대행해주는 대신 취약한 종단운송(last mile delivery)에서 USPS의 지원을 받고 있다.

그림 7-7 ◢ FedEx와 UPS의 기업전략 위상 분포

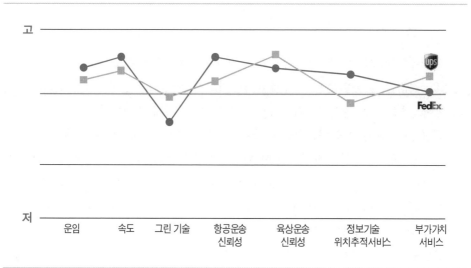

제3절 국제운송실무

국경을 넘어서 이루어지는 화물운송관리는 국내운송보다 어렵고 복잡한데 이는 출발지와 목적지간 거리가 길고 여러 단계에 걸친 이적(handoffs)과 복합운송으로 인해 수송 단절이 많이 발생하기 때문이다. 또한 국제운송은 법령의 복잡성, 환율, 세금 등 고려사항이 많다. 그러므로 철저한 서류 준비와 전문적 지식이 요구된다. 국제운송에서 가시성 확보가 중요하나 다양한 이유로 가시성 확보에 많은 어려움이 있다.

운송업체 입장에서 국제운송의 실무는 다양한 데 여기에는 운임, 스케줄 조정, 운송계약, 수화물 관리, 서비스 수준과 유형 등이 포함된다.

1. 운송업체의 의사결정

운송업체는 기업의 물류전략 실현을 위하여 화주기업과 긴밀한 협조하에 효율적인 운송업무를 수행하여야 한다. 운송업체와 화주와의 협력 또는 조정에는 운임, 운송스케줄, 운송서비스 범위, 운송계약 등을 포함한다.

1) 운임결정

운임은 화물을 특정 지점까지 운송해주고 화주로부터 받는 대가를 말한다. 운임의 결정은 운송수단별 시장에 따라 다르게 이루어지는 데 일반적으로 화물의 형태, 중량 또는 용적, 목적지까지의 거리 등에 의해 결정된다.

공공성이 강한 운송수단 예를 들어 소량 단위로 철도, 항공을 통한 운송의 경우 또는 정기선 해운에서는 공시된 운임요율표(tariff)에 의해 운임이 정해지는 반면 용선 요율은 주로 선박의 수요와 공급에 의해 결정된다. 또한 소량화물(LCL: Less than Container Load)은 화주와 포워더 그리고 포워더와 선사간의 요율도 협상에 의해 결정되는 경향이 강하다.

운임협상에서 운송업자는 특정 화물의 운송비 구조를 잘 파악하여 협상에 임해야 한다. 예를 들면, 운송비용은 고정비용과 변동비용으로 나누어 분석해야 특정 화물에 소요되는 비용을 올바르게 산출할 수 있다.

운임의 협상과정에서 일반적으로 대량 화주는 협상에서 강점을 가지며 수량 할인(volume discount)을 협의할 수 있지만 화물의 특성에 따라 달라질 수 있다. 예를 들어 운송 물품의 중량이 무겁고, 밀도가 높으며, 다루기 쉬운 물품이면 운송업체가 선호하지만 그 반대라면 환영받지 못할 것이다. 왜냐하면 다루기 힘든 물품의 운송은 추가적인 주의 또는 조치로 인해 비용이 발생할 수 있어 운송업자의 수익성에 부정적 영향을 미치기 때문이다.

효과적인 운임협상과 운임에 대한 부가정책은 운송업자와 화주에게 운송비 절감 효과를 가져올 수 있다. 예를 들어 화물의 양과 거리, 운송계약기간의 장·단점 등에 따른 운임의 탄력적인 적용은 운송업자와 화주 모두에게 비용의 절감 효과를 가져 온다.

2) 운송경로와 스케줄 조정

운송업자는 운송경로와 스케줄을 적절히 선택·배합하여 운송계획을 수립한다. 이를 통해 운송 및 하역 장비의 활용도와 고객서비스를 개선할 수 있으며 운송비용 등의 절감효과를 가져올 수 있다. 국제운송의 경우 다양한 운송수단을 결합한 복합운송에 의해 주로 이루어지며 다양한 경로가 존재하기 때문에 화주는 자기 화물의 특성에 따라 신중한 선택이 필수적이다. 또한 복합운송의 진전, 다양한 화주들의 요구사항 등과 더불어 운송경로와 스케줄 조정은 더욱 복잡해지고 있기 때문에 세밀한 과정이 필요하며, 이는 운송업자의 경쟁력 향상에 큰 기여를 하게 된다.

3) 운송서비스 제공의 범위

화주들의 서비스 요구가 다양화되면서 운송업자의 서비스 제공 범위와 유형 역시 더욱 확대되고 있다. 운송업자는 창고업, 화물운송에 관한 자문, 수출입업무담당 분석 등에 관한 업무도 진행하고 있다. 향후 운송회사의 경영형태가 다음과 같이 변화될 것으로 예상되고 있다.
① 대부분의 운송회사는 폭 넓은 범위의 서비스 제공
② 다수 운송회사는 포괄적인 운송 및 판매 서비스 제공
③ 운송업자는 개별 소비자의 욕구에 부응하는 가격과 서비스 상품 제공
④ 일정기간 고정화물을 확보하는 서비스 계약체제의 일반화

4) 마케팅

운송회사들은 마케팅에 대한 관심을 더욱 증대시키고 있는데 이는 운송시장에서의 치열한 경쟁과 더불어 화주(생산기업)의 다양한 요구에 부응해야 하기 때문이다. 따라서 운송업은 과거의 유형인 단순히 소비자의 요청에 반응하고 운송서비스를 판매한다는 운송업자의 역할에서 벗어나 소비자의 필요를 예견하고, 화주의 총체적인 물류활동에 동참하는 입장에서 화주기업의 목적에 맞게 효율적인 운송과 물류서비스를 제공하는 역할을 담당하여야 한다.

2. 운송계약

1) 운송계약의 개념

운송계약은 운송업자와 화주가 '일정기간 일정량의 화물운송을 약정하는 것'이다. 즉 화주는 운송업자로부터 운송수단 또는 선복(ship's space)의 확보와 서비스의 제공을 확약 받는 대신 운임 지급을 약속하는 행위이다.

운송계약을 통해 운송업자는 화주에게 안정적 서비스를 제공하고, 화주는 운임을 제공함으로써 두 당사자는 그들이 추구하는 목적을 성취하게 된다. 운송업자는 운송 스케줄에 대한 정보를 인터넷 웹을 통해 공시할 필요가 있으며, 화주 역시 화물과 관련된 세부적 정보를 운송업자에게 제공하여야 한다. 또한 운송업자는 고객을 위해 창고, 재고관리, 운송관리 등과 같은 포괄적 물류서비스를 제공하는 방향으로 사업을 확장해 나갈 필요가 있다.

한편, 화주는 보다 나은 서비스를 제공받으면서 비용은 줄이는데 관심이 있다. 그 목적을 위하여 화주는 그들의 운송 수요를 충족시키기 위해 적절한 운송업자와 운송방식을 선택하는데 더욱 세심해져야 한다. 서비스의 일관성(인도시간, 손상률, 편리성, 혹은 기타 다른 기준 등)은 운송 대안들의 평가에서 가장 중요한 기준이 될 수 있다.

2) 운송계약의 결정요인

운송계약의 결정은 운송시장의 구조, 화주의 수요, 그리고 운송업자의 원가 함수로 이루어진다. 이들 세 요인들은 운송 상품과 운송 지점에 따라 달라진다.

일반적으로 서비스 원가와 서비스 가치간에는 밀접한 관련성을 가지며 끊임없는 조정이 이루어진다. 그러나 정부에 의해 강제적으로 결정되는 요율의 경우 화주는 요율에 대한 영향력은 제한적일 수 밖에 없다.

일반적으로 운송시장이 더욱 경쟁적으로 변화되면서 화주와 운송업자들은 사전에 설정된 공시요율(published rate)에 의존하기 보다는 가격을 협상하는 경향이 강해진다. 이때 화주는 기본 서비스의 수준을 유지하면서 가장 낮은 요율로 협상하기를 원한다. 이에 반해 운송업자는 적정 서비스 수준에서 더 높은 운임을 받고자 할 것이다. 따라서 일반적으로 운임의 결정은 운송업자의 최소 원가를 보존하는 최소치와 고객이 기꺼이 지불하고자 하는 최대치 사이에서 결정되는 경향이 있다. 그러나 만약 화주가 최소 요율만을 고집할 경우, 즉 운송업자의 이익을 보존할 수 없는 수준으로 하락하게 되면 집화 지연, 인도 오류, 그리고 제품의 손상과 분실 등과 같은 불만족스런 서비스를 가져올 수 있다. 따라서 화주는 서비스 수준에 상응하는 요율을 기꺼이 지불해야 한다는 인식을 갖는 것이 중요하다.

운송계약에서 고려되는 요인으로는 운임 외에도 운송량과 빈도, 화물의 유형, 운송수단, 거리 및 목적지, 서비스 수준, 책임과 보험, 위험관리, 지불 조건, 규정 준수, 계약기간 등 다양하다.

3. 수화물 관리

운송은 두 가지 서비스를 제공하는데 물리적 이동과 보관활동이다. 물리적 이동은 운송 고유의 활동이며 보관은 화물이 이송 중에 운송인의 책임하에 있는 상태를 말한다. 운송인은 화주로부터 화물의 인수에서 목적지까지 전 구간과 기간에 걸쳐 안전하게 인도해야 할 책임이 있다. 이러한 책임의 범위는 운송계약에 의해 정해진다.

운송계약에 포함되는 운송의 시간적 범위는 운송인이 출발지에서 송화인으로부터 화물을 인수한 시점에 시작되고 목적지의 수화인에게 인도하는 시점까지이다. 그러나 실무상의 운송계약의 개시시점은 선적지의 CY, CFS, 무선박운항업자(NVOCC: Non-Vessel Operating Common Carrier)가 지정하는 장치장 또는 제조업자 공장 및 국내유통업자의 내륙화물취급시설 등으로 계약에 따라 다양하다.

　국제물류에 종사하는 운송인, 운송주선인, 항만운송사업자, 창고업자, 기타 화물취급인은 취급화물의 멸실과 손상 등의 손해사고에 관해 책임을 지는 입장에 있기 때문에 이 책임의 귀속을 화물인수도시에 명확하게 하는 것이 중요하다. 이 책임소재를 명확히 하는 것이 검수업자 및 검량업자에 의한 검사와 이것에 근거한 증명서의 발행이다.

4. 서비스 품질의 평가

　운송서비스 이용자들은 다양한 운송서비스의 품질과 운임을 비교해서 최적의 서비스 혹은 결합된 서비스를 선택한다. 적합한 운송서비스를 선택하기 위해서는 전체 서비스를 운임, 평균 운송시간, 운송시간의 신뢰성, 손실과 손상 등의 기본적인 속성을 검토해야 한다.

1) 운임

　화주에 대한 운송서비스의 대가가 운임이다. 운임은 단순히 본선운송비(line-haul cost)와 이와 관련된 부대서비스 혹은 터미널 비용을 의미한다. 영업서비스의 경우에 총 서비스 비용은 두 지점간의 화물운송에 대한 본선운송비와 출발지에서의 집화, 도착지에서의 배송, 보험, 포장, 선적준비와 같은 부가적인 서비스 비용으로 구성된다.

　서비스 비용은 운송형태에 따라 매우 다양하다. 〈표 7-12〉는 5가지 운송수단에 대한 톤-마일당 운송수입을 보여주고 있다. 수입은 곧 화주들의 운임에서 비롯되기 때문에 항공운송비용이 가장 높고, 파이프라인과 수로운송수입이 가장 낮다. 트럭 운송비용은 철도운송비 보다 5배 정도 높으며, 철도운송비는 파이프라인의 2배 정도 높은 것으로 나타났다.

표 7-12	수송수단별 화물 톤-마일당 평균 수입		

(단위: 센트)

	1995	2005	변동률(%)
항공	61.39	74.88	22.0
트럭	13.5	15.53	15.0
철도	2.4	2.62	9.2
해운(바지)	1.63	1.83	12.3
파이프라인	1.28	1.30	1.6

자료: U.S. Department of Transportation.

그러나 운송을 위한 준비 작업 등이 수송수단마다 다르기 때문에 일반적으로
트럭의 경우 단거리에서 그리고 철도운송은 중거리, 해운과 항공 등은 장거리에서
경제적이다. [그림 7-8]에서 보는 바와 같이 200마일까지는 트럭, 이후 600마일까
지는 철도 그리고 그 이상에서는 해운이 가장 경제적인 것으로 나타났다.[3] 그러
나 이러한 기준은 제품, 운송수단, 지리적 요인 등에 따라 달라질 수 있다.

그림 7-8	운송수단별 거리와 운송비용 관계

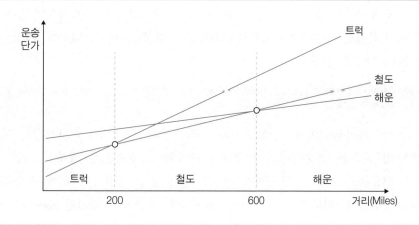

---

3) 미국의 경우는 500마일까지는 트럭이 500~1,500마일까지는 철도가 유리하다(Brogan, 2013).

2) 운송시간과 신뢰성

평균 운송시간과 시간의 신뢰성은 운송서비스 특성 가운데서 중요한 요소들이다. 운송시간은 출발지에서 목적지까지 화물운송에 소요되는 평균시간을 의미한다. 출발지에서 목적지까지 단일이냐 복수의 수단에 의해 운송되느냐에 따라 운송의 형태는 다양해진다. 그러나 다양한 운송수단을 활용할 경우에도 문전에서 문전까지의 전체 운송시간이 중요한 의미를 갖는다. 본선운송이 철도에 의해 이루어지는 경우에도 출발지와 목적지가 철도와 직접 연결되어 있지 않으면 집화나 배송은 트럭에 의해 이루어진다. 이때 운송시간은 철도운송시간 뿐만 아니라 트럭운송의 집·배송시간을 포함하게 된다.

수송서비스에서 변동성(variability)은 운송시간의 일관성을 의미하며 운송수단마다 차이가 난다. 기후, 교통체증, 경유지 수, 화물혼재에 소요되는 시간 등의 차이로 인해 동일한 출발지에서 목적지까지 동일한 수단에 의해 운송이 이루어지는 경우에도 운송시간이 달라질 수 있다. 동일한 노선에서 특정 수단의 운송시간이 가변적이라는 것은 운송서비스의 불확실성을 의미한다.

각 운송수단의 평균운송시간과 마찬가지로 운송시간의 신뢰성에서도 많은 차이가 난다. 수송시간의 변동성은 일반적으로 철도가 가장 크고, 항공운송이 가장 적으며 트럭서비스는 이들의 중간 정도이다. 그러나 수송시간의 변동성을 평균수송시간에서 차지하는 비율로 나타내면 항공운송이 신뢰성이 가장 낮고 화물 트럭이 가장 높다.

3) 멸실과 손상

화물의 멸실(loss)이나 손상(damage) 가능성은 운송업자에 따라서 다르기 때문에 이 요소는 운송업자의 선택에서 중요하다. 운송인은 정해진 시간 내에 화물을 인도하고 또한 인도시까지 멸실이나 손상을 방지하기 위해 운송물품을 신중하게 취급할 의무가 있다. 만약 멸실이나 손상이 천재지변, 화주의 실수, 혹은 운송업자가 통제할 수 없는 요인에 의한 것이면 운송업자는 그 책임을 면하게 된다. 화주가 멸실이나 손상 사실을 적절히 통보하면 운송인은 화주의 손실을 부담하게 되지만, 특정비용에 대해서는 화주에게 전가될 수 있다는 사실을 사전에 인지하고 있어야 한다.

화주가 입을 수 있는 가장 치명적인 잠재적 손실은 고객서비스와 깊은 관계가 있다. 재화의 운송은 고객의 재고를 보충하거나 혹은 고객이 즉시 필요로 하는 것을 공급하기 위한 것이다. 운송이 지연되거나 화물이 사용할 수 없는 상태로 인도되면 고객의 불편이 커지고 재고의 부족이나 계획된 재고의 미보충으로 발생하는 미납품 주문(back order) 등으로 인하여 높은 재고비용이 발생하게 된다. 화물손상이나 도착지연이 발생한 경우 화주가 운송업자를 상대로 클레임(claims)을 제기할 수는 있지만 이때 필요한 자료를 수집하는데 많은 시간과 노력이 소요된다. 또한 클레임이 진행되는 동안에 자본이 동결되고, 소송으로 이어질 경우 많은 비용이 발생하게 된다. 따라서 화주가 제기하는 클레임의 수가 적을수록 이용자에 대한 서비스 수준은 높아지게 된다. 화물손상의 위험성이 높아지면 화주는 일반적으로 포장을 강화해야 하며 이로 인한 추가적인 비용이 발생하게 된다.

제8장

국제복합운송

제1절 국제컨테이너운송

1. 국제컨테이너운송의 의의

1) 국제컨테이너운송의 개념과 종류

(1) 컨테이너운송의 개념

컨테이너운송은 '컨테이너(container)를 이용하여 운송, 보관, 포장, 하역 등의 전 과정을 가장 합리적으로 일관운송 할 수 있는 국제 운송활동'이다. 여기서 컨테이너란 화물의 단위화를 목적으로 하는 운송도구로서 육·해·공을 통한 화물운송에 있어 경제성, 신속성, 안전성의 이점을 가지고 있다.

컨테이너운송은 1920년대 미국에서 철도운송을 위한 육상운송용구로 개발되어 발전을 거듭해 오다가 1966년 미국의 Sea–Land사에 의해 해상용 컨테이너가 개발되어 국제운송활동에 이용되기 시작하였다. 컨테이너라는 용기의 발명은 가히 수송혁명이라고까지 불릴 정도로 특히 국제운송에 엄청난 변화를 가져왔다. 경제성·신속성·안전성을 최대한 충족시키고 운송서비스의 궁극적 목표인 '문전에서 문전까지(door to door)'의 운송서비스를 가능케 하였다. 컨테이너가 철도, 공로운송, 해상운송에 이용되면서 이를 연계한 컨테이너시스템이 도입되면서 화물 파손율 및 포장비용 등이 획기적으로 줄어들게 되었고, 송화인의 문전에서 수화인의 문전까지 화물을 운송할 수 있는 일관운송체제가 구축되었다.

(2) 컨테이너의 종류

컨테이너는 다양한 화물들을 가장 효율적으로 수송하기 위하여 여러 가지 종류가 개발·이용되고 있으며, 특수한 상품소송을 위해 새로운 컨테이너가 계속 개발되고 있다. 컨테이너의 규격은 20피트(20′×8′×8.6′), 40피트(40′×8′×8.6′), 40피트 high cubic(40′×8′×9.6′) 등이 있다. 이 중에서 20피트 컨테이너를 1TEU(TEU: Twenty-foot Equivalent Unit)라고 하여 물동량의 산출을 위한 표준 단위이며, 컨테이너선의 적재능력을 표시하는 기준이 된다. 그리고 40피트 컨테이너(FTU: Forty-foot Equivalent Unit)도 많이 활용된다.

그림 8-1 컨테이너 규격

구 분		20피트	40피트
컨테이너 내장규격	길이(M)	5.898	12.031
	폭(M)	2.348	2.348
	높이(M)	2.376	2.376
	용적(CBM)	33.2	67.11
컨테이너 무게	컨테이너 중량(Kg)	2,260	3,740
	적재가능 화물중량(Kg)	21,740	26,740
	총 중량(Kg)	24,000	30,480

그리고 컨테이니 화물의 종류에 따라 Dry Cargo Container(일반잡화류), Refrigerate Container(과일, 채소, 생선류), Bulk Container(양곡류), Open Top Container(기계류), Tank Cotainer(액체류), Live Stock Container(생동물), Flat Rack Container(기계류, 목재, 승용차) 등으로 구분된다.

2) 컨테이너운송의 특성과 한계

컨테이너의 등장은 운송에서의 3대혁신, 즉 경제성, 신속성, 안전성을 충족시킴으로써 화주, 도로운송업자, 철도회사 등의 이용자에게 많은 이점을 가져다주고 있지만 이에 따른 한계점도 있다.

(1) 경제성

컨테이너의 가장 큰 경제적 효과는 비용절감을 통한 경제성이다. 컨테이너는 하역장비의 기계화에 의한 시간과 비용의 대폭적인 절감과 함께 생산자의 창고에서부터 수화주의 목적지까지 일관운송을 가능하게 한다. 또한 컨테이너 자체가 보관창고 역할을 하므로 이에 따른 보관비의 절감은 물론 컨테이너 자체가 화물의 포장역할을 가능하게 하여 파손, 변질, 손실, 누수, 도난 및 기타 요인으로부터 내용물을 보호할 수 있어 개별포장과 보호장치에 필요한 비용을 절감할 수 있다.

(2) 신속성

컨테이너운송은 철도운송과 부대육상운송과의 연결이 원만하고 환적할 때의 지연시간 없이 해륙일관운송이 가능하므로 화물의 생산지에서 소비지까지의 운송기간을 크게 단축할 수 있다. 특히 화물운송과정에서 가장 많이 걸리는 하역시간을 획기적으로 단축할 수 있다. 이러한 사실은 〈표 8-1〉의 국제컨테이너 운송체제의 하역작업의 복잡성에서 충분히 입증되고 있다.

표 8-1   화물종류별 하역작업의 복잡성

구분	살화물	preslung	단위화물	컨테이너
발화주 공장에서 창고까지 이송	○	○	○	○
적재단위별 분류	○	○		
수송수단에 적재	○	○	○	○
모듈화	○			
본선운송	○	○	○	○
본선으로부터 모듈화	○	○	○	○
적재단위별 분류	○	○	○	
창고까지 이송	○	○	○	
모듈화	○	○		
최종 목적지까지	○	○	○	○
합계	10	9	7	5
하역형태	완전인력 의존방식	인력감소형	기술 및 인력병존형	완전기계화 (소수의 인력)

(3) 안전성

컨테이너 용기 자체가 견고하고 밀폐되어 있으며 컨테이너 화물의 하역과정이 간편하기 때문에 하역과정에서 발생하기 쉬운 화물의 파손, 오손, 분실 등의 위험이 재래화물에 비해 훨씬 감소될 수 있다. 또한 컨테이너는 임시 창고로서의 기능을 가지고 있으므로 화물운송 중에 비바람, 온도, 습도 등으로부터 화물을 보호할 수 있다. 그 결과 운송업체 및 화주에 대한 클레임 제기의 요인을 감소시키는 부수적 효과도 유발할 수 있다.

(4) 컨테이너운송의 한계

컨테이너운송에서는 컨테이너 관련 각종 기기가 필요하며 여기에는 대규모 투자가 필요하다. 예를 들어 750개의 컨테이너를 선적할 수 있는 컨테이너선 4척이 주단위로 서비스한다면 750개×8(왕복)=6,000개로 선적가능 개수의 약 2배의 컨테이너가 필요하게 된다. 더욱이 이를 운용하기 위해서는 대단위 컨테이너부두 건설과 내륙운송장비의 확충, 컨테이너터미널의 설치 및 철도와 육로의 연결 등이 필요하다. 현재 각국에서는 컨테이너 터미널을 건설할 때 그 부속시설을 국가기관인 항만당국에서 부설하여 제공하는 경우, 선사가 상당히 비싼 임차료를 지불해야 하는 부담을 안게 된다.

일부 특수화물의 운반에는 특수 컨테이너의 개발을 통해 감당하고는 있으나 근본적으로 중량·장척화물 그리고 산적화물은 취급할 수 없다는 한계가 있다. 그리고 컨테이너선의 만선시 갑판적 화물이 약 30%에 달하므로 보험회사들은 이때 갑판적 화물에 대부분 할증보험료를 부과하기 때문에 화주는 안정성이나 비용부담에서 큰 손해를 보게 된다.

2. 컨테이너화물의 운송형태

컨테이너화물의 운송형태는 수출국의 송화인과 수입국의 최종 수화인의 관계에 따라 CFS/CFS운송, CFS/CY운송, CY/CFS운송, CY/CY운송 형태로 구분된다.

1) CFS/CFS(LCL/LCL: Pier to Pier)

수출지 내륙컨테이너기지(CFS: Container Freight Station)에서 수입지 CFS까

지 컨테이너 화물이 운송되는 형태이다. 선적항 CFS에서 여러 송화인의 LCL화물을 혼재(consolidation)작업하여 FCL화물을 만든 다음 목적항까지 운송하고 목적항의 CFS에서도 다수의 수화인에게 인도하기 위하여 컨테이너 화물을 꺼내(devanning)어 각각의 수화인에게 인도하는 형태이다. 화물이 선적항에 있는 CFS에서 도착항의 CFS까지 컨테이너로 반출되어 수화인에게로의 인도는 'Pier to Pier 운송'이라고 하며, 포워더가 혼재작업을 한다고 하여 포워더 혼재(forwarder's consolidation)라 한다.

이 방식은 송화인과 수화인이 다수의 화주로 구성되며, 운송인은 선적항과 목적항간의 해당 해상운임만을 징수하고 이에 따른 운송책임의 범위도 선적항 CFS에서 목적항 CFS까지이다. 그리고 재래선에 의한 화물의 해상운송구간을 컨테이너를 통해 운송한다는 차이가 있을 뿐 컨테이너운송의 장점을 살리지 못한 운송형태이다.

2) CFS/CY(LCL/FCL: Pier to Door)

운송인이 다수의 송화인으로부터 화물을 집화하여 선적항의 CFS에서 컨테이너에 혼재하여 FCL로 만들고, 목적지의 CY까지 가서 그대로 수입상에게 인도되는 형태이다. 이 형태는 CFS/CFS에서 한 단계 발전한 형태로서 일반적으로 수입업자가 여러 사람의 송화인으로부터 각각의 LCL화물들을 수입하여 한 번에 자신의 지정 창고까지 운송하고자 하는 경우에 이용되는 방법이다. 화물이 선적지의 CFS에서 최종 목적지에 있는 수화인의 창고까지 동일 컨테이너에 의해 운송되는 'Pier to Door 운송'이며, 수화인 혼재(buyer's consolidation)라고 한다.

3) CY/CFS(FCL/LCL: Door to Pier)

이 방식은 수출지의 컨테이너 야드(CY: Container Yard)에서 수입지의 CFS까지 컨테이너에 의해서 운송되는 방법으로 1인의 송화인의 공장이나 창고에서 FCL화물이 선적항 CY를 거쳐 목적항의 CFS에서 여러 수화인에게 인도되는 형태이다. 따라서 1명의 수출업자가 수입국의 여러 수입업자에게 자신의 상품을 한 번에 분배하고자 하는 경우에 사용되며 화물이 송화인의 생산공장 또는 창고에서 목적항에 있는 선박회사의 CFS에서 반출되어 수화인에게 인도되므로

'Door to Pier 운송' 또는 화주혼재(shipper's consolidation)라고 한다.

4) CY/CY(FCL/FCL: Door to Door)

컨테이너의 장점을 최대한 이용한 운송방법으로 수출업자의 공장 또는 창고에서부터 수입업자의 창고까지 컨테이너에 의한 일관수송형태로 수송되는 방법이며 운송 도중 컨테이너의 개폐 없이 수송된다. 이것은 수송의 3대 원칙인 신속성·안정성·경제성을 최대한 충족시켜 컨테이너운송의 목적을 완전하게 달성시키는 수송형태로서 수입업자의 창고까지 상품을 수송하고자 하는 경우에 이용된다. 화물이 송화인의 생산공장 또는 창고에서 수화인의 창고까지 동일한 컨테이너에 의해 운송되는 형태로 'door to door 운송'이다.

3. 국제컨테이너 운송서비스 항로

국제컨테이너 운송서비스는 주요 기간항로에 정기선을 투입해 매주 1회 내지 수회씩 세계 주요 항만에 서비스한다. 이러한 정기선 항로는 세계적으로 수백개가 개설되어 있다. 이들 중 주요 항로는 현재 교역이 가장 활발한 아시아와 북미를 연결하는 북미항로를 비롯하여, 아시아와 유럽을 연결하는 구주항로, 북미와 유럽간의 북대서양항로, 지중해－아시아－호주 지역간의 수에즈운하항로, 북미와 남미간의 남미항로 등이 있다.

1) 북미항로

북미항로는 아시아지역과 북미를 잇는 수출입항로로서 크게 북미의 서부지역을 서비스하는 북미서안항로와 북미의 동부지역을 서비스하는 북미동안항로로 구분되고 있다([그림 8-2]와 [그림 8-3] 참조). 북미서안항로에는 L/A항, 롱비치항, 샌프란시스코항, 오클랜드항을 중심으로 한 북미서안남부(PSW: Pacific South West)항로와 시애틀항, 타코마항, 포트랜드항, 밴쿠버항을 중심으로 한 북미서안북부항로로 나누어진다. 이 항로에 운항 중인 정기선운항업자들은 북미서안운항선사와 북미동안(all water)운항선사로 나누어진다.

그림 8-2 북미서안항로 서비스 루트

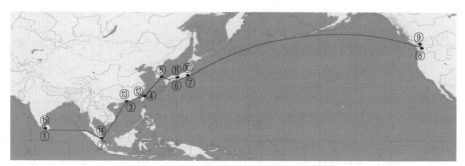

① Colombo → ② Singapore → ③ Hong Kong → ④ Keelung → ⑤ Busan → ⑥ Osaka → ⑦ Tokyo → ⑧ Seattle → ⑨ Vancouver ⑩ Tokyo → ⑪ Osaka → ⑫ Kaohsiung → ⑬ Hong Kong → ⑭ Singapore → ⑮ Colombo

그림 8-3 북미동안항로 서비스 루트

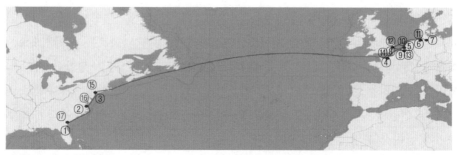

① Savannah → ② Norfolk → ③ New York → ④ Le Havre → ⑤ Rotterdam → ⑥ Bremerhaven → ⑦ Hamburg → ⑧ Felixtowe → ⑨ Antwerp → ⑩ Rotterdam → ⑪ Bremerhaven → ⑫ Felixstowe → ⑬ Antwep → ⑭ Le Havre → ⑮ New York → ⑯ Norfolk → ⑰ Savannah

2) 구주항로

구주항로는 극동아시아지역과 유럽, 걸프지역간을 운항하는 항로이다. 구주항로는 크게 한국·일본을 포함한 아시아와 구주대륙·영국·스칸디나비아를 연결하는 북유럽항로와 이탈리아·프랑스·스페인 등 지중해 지역을 연결하는 지중해항로로 구분된다.

북유럽항로의 주요 항만으로는 네덜란드의 로테르담, 벨기에의 앤트워프, 독일의 함부르크와 브레드하펜, 영국의 펠릭스토우, 프랑스의 르아브르 등이 있다. 수에즈운하를 이용하는 아시아/북유럽항로의 회항기간은 63일이 소요된다.

그림 8-4 구주항로 서비스 루트

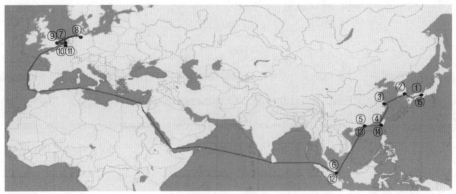

① Kobe → ② Busan → ③ Shanghai → ④ Kaohsiung → ⑤ Hong Kong → ⑥ Singapore → ⑦ Rotterdam → ⑧ Hamburg → ⑨ Felixstowe → ⑩ Antwerp → ⑪ Le Havre → ⑫ Singapore → ⑬ Hong Kong → ⑭ Kaohsiung → ⑮ Kobe

3) 중동항로

중동항로는 아라비아해와 페르시아만 지역에 대한 서비스를 제공한다. 중동항로에 취항하고 있는 선사는 주로 중동항로와 지중해 및 유럽항로를 잇는 서비스를 제공하고 있다. 중동항로의 주요 항만으로서는 아랍에미레이트공화국(UAE)의 Abu

그림 8-5 중동항로 서비스 루트

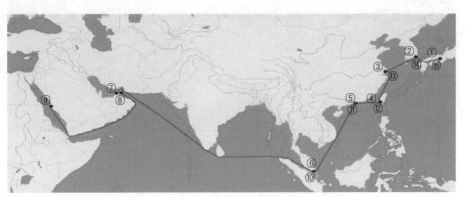

① Kobe → ② Busan → ③ Shanghai → ④ Kaohsiung → ⑤ Hong Kong → ⑥ Singapore → ⑦ Dubai → ⑧ Khor Fakkan → ⑨ Jeddah → ⑩ Singapore → ⑪ Hong Kong → ⑫ Kaohsiung → ⑬ Shanghai → ⑭ Busan → ⑮ Kobe

Dhabi항, Dubai항, Sharjah항 등이며, 사우디아라비아의 Al Jubai항, Damman항, Riyadh항, 바레인의 Bahrain항, 이란의 Bandar Abbas항, 쿠웨이트의 Kuwait항, 오만의 Mina Qaboos항, Muscat항 등이 있다.

4) 호주항로

호주항로에는 전통적으로 호주·뉴질랜드 아웃바운드 항로 동맹인 Australia & New Zealand/Eastern Shipping Conference(ANZESC)가 있다. 호주항로의 주요 서비스 항만으로는 Adelaide항, Brisbane항, Fremantle항, Melbourne항, Sydney항 등이 있다. 조양상선/Maersk/Blue Star, Mol/PIL/MISC/OOCL, ANSCON그룹 등의 동맹선사와 Cosco, Fesco, MSC 등 비동맹선사들이 서비스를 실시하고 있다.

| 그림 8-6 | 호주항로 |

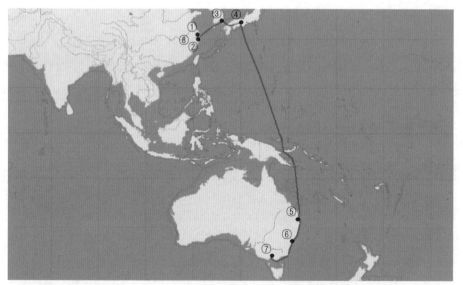

① Shanghai → ② Ningbo → ③ Busan → ④ Kobe → ⑤ Brisbane → ⑥ Sydney → ⑦ Melbourne → ⑧ Shanghai

5) 동남아항로

동남아지역은 북미, 유럽, 호주항로의 교차지점에 위치해 있는 연계수송지역으로서 동남아항로에는 아시아 역내항만에 취항하는 역내 전문선사와 북미, 유럽, 호주 등 원양항로의 경유항으로 서비스하는 원양선사 등이 선박을 투입하여 서비스를 제공하고 있다([그림 8-7] 참조).

아시아/북미항로, 아시아/북미유럽항로에 취항하는 정기선사들은 싱가포르, 홍콩, 카오슝, 고베 등 집화센터를 중심으로 아시아 역내항로에서 단독 또는 타선사와 공동으로 피더서비스를 제공하고 있다. 특히 원양 정기선사들의 경우 대형 컨테이너선의 운항 효율성을 제고시키기 위해 기항지를 축소하는 동시에 집화센터를 중심으로 동남아, 서남아시아, 인도차이나, 중국항로 등에서 피더서비스망을 대폭 확충하고 있다.

그림 8-7 동남아항로의 서비스 루트

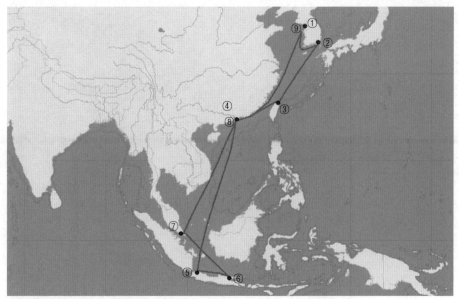

① Incheon → ② Busan → ③ Keelung → ④ Hong Kong → ⑤ Jakarta → ⑥ Surabaya → ⑦ Singapre → ⑧ Hong Kong → ⑨ Incheon

6) 한-중, 한-일 항로

한-중항로는 1989년에 부산/상하이간에 장금유한공사가 컨테이너 직항로를 개설한 것을 기점으로 부산/톈진·롄윈·칭다오·닝보·상하이 등, 인천/칭다오·웨이하이·닝보·단둥 등, 평택·당진/칭다오·톈진·다롄·옌타이 등 컨테이너 및 카페리정기선항로가 개설되어 운항되고 있으며, 수요증가에 따라 항로 및 운항선박이 점점 증가하고 있다.

한-일항로는 한-중항로와 마찬가지로 비교적 탄탄한 물동량을 확보하고 있는 노선으로 운항편수나 노선이 최근 확장되고 있는 실정이다. 이 노선은 선적상한제(실링제)를 도입한 이래 2016년 4월부터 해운사들의 운임공표가 시작되었다. 한-일항로를 취항하는 센다이, 모지, 이요미시마, 오나하마, 게이힌(도쿄·요코하마·나고야)이나 한신(오사카·고베) 등으로 연결된 주요 항로이다.

> 그림 8-8 한-일, 한-중 항로의 서비스 루트

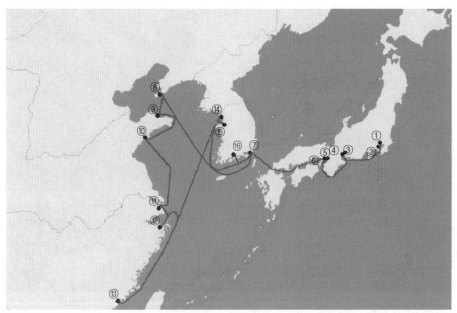

① Tokyo → ② Yokohama → ③ Nagoya → ④ Osaka → ⑤ Yokkaichi → ⑥ Kobe → ⑦ Busan → ⑧ Dalian → ⑨ Yantai → ⑩ Qingdao → ⑪ Shanghai → ⑫ Ningbo → ⑬ Xiamen → ⑭ Incheon → ⑮ Pyeongtaek → ⑯ Gwangyang

한-일항로에는 일부 선사들이 부산과 센다이를 잇는 셔틀 노선을 개설하여 서비스하고, 한-중-일 3국간 수요증가를 반영해 펜듈럼(pendulum)항로에 취항 선박을 투입하여 서비스하고 있다.

제 2 절 국제복합운송

1. 복합운송과 복합운송시스템의 개념

1) 복합운송의 정의

복합운송은 Combined Transport, Multimodal Transport, Intermodal Transport, Through Transport 등 국가나 지역, 단체 또는 조약 등에 따라 상이한 용어가 사용되고 있다.

복합운송은 '육·해·공 전반에 걸쳐서 적어도 두 종류 이상의 상이한 운송수단을 이용하여 단일의 복합운송인이 복합운송증권(Multimodal Transport Bill of Lading)을 발행하여, 물품을 인수한 때로부터 인도할 때까지 단일의 일관운송책임을 지면서 단일의 복합운송 운임률에 의해 운송되는 형태'이다.[1] 또한 ICC의 복합운송 증권에 관한 통일규칙에서는 복합운송을 특정국가에서 화물을 인수한 장소로부터 다른 나라의 화물인도 장소까지 최소한 두 가지 이상의 상이한 운송수단을 이용한 화물운송이라고 정의하고 있다.

2) 복합운송의 특징

복합운송은 다른 운송수단으로 신속하게 환적할 수 있는 운송기술의 발달과 1960년대에 본격화된 컨테이너운송에 의하여 비약적인 발전을 이룩하였다. 컨테이너화는 운송 분야에서의 실체화된 가장 발전된 운송형태이다. 컨테이너화의 진전으로 말미암아 운송주체 또는 운송형태가 변화되었고, 결국 일정 규격의 컨테이너의 사용을 전제로 하여 육상, 해상, 항공 및 항만의 각 운송수단을 유기적으로 결합하는 일체화된 운송시스템으로 변화되었다. 그러므로 종래의 항만간 운송

---

1) United Nations Convention International Multimodal Transport of Goods, 1980, 제1조.

을 초월하여 이른바 문전간 운송에 의한 최고도의 경제적 효율이 발휘되는 복합운송이 가능하게 되었다.

복합운송은 하나의 계약에 의해 운송의 시작에서부터 종료에 이르기까지 전 과정에 걸쳐 운송물이 적어도 두 가지 이상의 서로 다른 운송수단으로 운송되는 방식이다. 비록 특정화물의 운송을 위해 여러 운송수단이 이용되더라도 여러 개의 운송계약이 체결되고, 또 그에 따라 운송증권이 발행된 경우에는 이를 부분운송 또는 구간운송이라 하여 복합운송과는 구별된다. 따라서 국제복합운송은 20세기에 들어 국제물류의 역사상 가장 혁신적인 진보 중의 하나로 평가되며, 다양한 운송수단이 서로 조화롭게 통제되어 마치 하나의 운송수단을 이용하는 것처럼 일사불란하게 운용되어야 한다는 것이다.

복합운송의 운영은 운송시스템으로 이해되어야 한다. 즉 각 운송수단 간 터미널과의 연계 등 전 구성요소가 유기적으로 연결되어 병목현상이 생기지 않는 운영이 필요하다.

3) 복합운송시스템

복합운송시스템은 운송수단의 결합방식에 따라 매우 다양한 운송시스템이 존재한다. 예를 들어, 철도운송과 자동차운송을 결합한 피기백 시스템(piggy-back system), 해상운송과 철도운송을 결합한 피쉬백 시스템(fishy-back system)이다. 자동차운송과 항공운송을 연결한 트럭항공서비스(truck-air service), 철도운송과 해상운송을 결합한 철도해상서비스(rail-water service), 해상운송과 항공운송을 연계하여 운송하는 해항서비스(sea & air service)라 한다. 해상운송, 철도운송, 해상운송을 순차적으로 결합한 형태는 랜드브리지시스템(land bridge system)이다.

복합운송시스템은 일반적인 해상운송(all water)만을 이용하여 화물을 운송하는 경우에 비해, 운송시간과 운송비용을 획기적으로 절감할 수 있으며, 신속한 운송으로 인해 투하자본의 회전율을 향상시킬 수 있다는 장점을 가지고 있다. 또한, 복합운송시스템은 해상운송이 갖는 대량수송성과 철도운송이 갖는 안정성 및 정확성을 동시에 활용할 수 있기 때문에, 대량화물의 적기운송에 매우 적합한 운송시스템이다. 특히 해공복합운송시스템은 해상운송의 저렴성과 항공운송의 신속성이라는 양자의 최대 장점을 효과적으로 결합한 운송시스템이다.

즉 해상운송에 비해 소요일수를 크게 단축할 수 있고, 재고비용, 창고비용 및 포장비를 절감시킬 수 있다는 이점이 있다.

따라서 복합운송시스템은 화물유통의 신속성, 안전성 확보를 통한 화물유통비의 절감은 물론, 하역설비의 자동화와 하역의 신속화를 촉진시켜 물류시스템의 균형적 발전을 가능하게 하며, 나아가 국제간 무역을 확대시킬 수 있는 계기가 되었다.

2. 복합운송서비스의 경로

1) 랜드브리지의 개념

1980년대에 들어서 컨테이너화의 진전으로 해륙복합일관운송이 본격화되었다. 문전에서 문전까지의 복합운송의 발전은 컨테이너 정기선 서비스 및 경쟁구조를 변화시켰다. 즉 이들 컨테이너에 의한 수송서비스가 실시되면서 내륙운송시스템을 포함한 복합일관운송시스템의 중요성이 커지는 동시에 선박에 의한 정기선 해운서비스는 문전에서 문전까지의 일관운송시스템의 일부분에 지나지 않는다는 자각이 높아지게 되었다. 이러한 복합일관운송의 한 형태가 랜드브리지 수송방식이다.

랜드브리지 운송시스템(landbridge transport system)은 항로를 중심으로 한 해상운송경로에 중간구간인 일부 대륙횡단경로를 매개운송구간으로 추가하여 일관운송업자의 책임 하에 운송한다. 화물의 환적 없이 선적한 화물 그대로 일관운송함으로써 최종목적지까지 선박, 트럭, 혹은 철도, 때로는 항공편 등 두 개 이상의 상이한 운송수단에 의해서 운송되는 방식이다([그림 8-9] 참조).

그림 8-9	한국발 랜드브리지의 일반적 형태

경로명	루 트	소요일 수	개설일시
시베리아랜드 브리지(SLB)	한국 ➡ 유럽 ➡ 유럽 ➡ 유럽, 중동	25~40일 (프랑크푸르트)	1971년
아메리카랜드 브리지(ALB)	한국 ➡ 미국서안 ➡ 미국동안 ➡ 유럽	29~33일 (프랑크푸르트)	1972년
북미서안경유 (SEA/AIR)	한국 ➡ 미국서안 ➡ [몬트리올] ➡ 유럽	13~14일 (프랑크푸르트)	1962년
러시아경유 (SEA/AIR)	한국 ➡ 보스토 치니 ➡ 블라디 보스톡 ➡ 모스 코바 ➡ 유럽	13일 (프랑크푸르트)	1968년
동남아시아경유 (SEA/AIR)	한국 ➡ 홍콩, 방콕, 싱가폴 ➡ 유럽	10~13일 (프랑크푸르트)	1982년
유럽항로경유 일관수송	한국 ➡ 유럽제항 ➡ 유럽내륙	33~39일 (프랑크푸르트)	1971년

정기항로에 대항하는 강력한 경쟁항로인 랜드브리지 운송방식은 운송시간의 단축, 재고량의 감소, 운송비 절감, 전 해상운송과의 경쟁에 의한 운송비 절감, 투자자본 효율의 상승, 기존 시설의 전용 등을 통하여 거리, 시간, 비용을 절약하는 운송시스템이다. 특히 랜드브리지는 철도수송이 발달함으로써 그 발전이 촉진된 바, 시베리아 철도를 이용한 시베리아 랜드브리지 및 미국 대륙횡단철도를 이용한 아메리카 랜드브리지가 대표적이다. 이와 같은 해륙복합운송은 내륙운송수단과의 유기적인 연계수송이 선박이용률 뿐만 아니라 선사의 전체 수익성에 큰 영향을 미쳐 국제복합운송서비스가 선사의 경쟁력을 좌우하는 중요한 요인으로 작용하게 되었다.

한편, 해공복합운송은 1962년 미국의 Flying Tiger사에 의해 개발되어, 해상운송이 가지는 저렴성과 항공운송의 신속성이라는 장점을 이용하여 북미대륙이나 유럽, 중남미 및 아프리카 등지에서 이용되고 있다. 따라서 복합운송서비스 경로를 크게 해륙복합운송 경로와 해공복합운송 경로로 나누어 검토한다.

| 그림 8-10 | 미국대륙횡단철도 이용 유럽향 랜드브리지 |

경로명	루트	소요일 수	개설일시
미니랜드 브리지(MLB)	한국 ➡ 미국서안 ➡ 미국동안, 걸프	15–18일 (뉴욕)	1972년
인테리어 포인트 인터모덜(IPI)	한국 ➡ 미국서안 ➡ 미국내륙지역	22일 (미시시피 동/서쪽)	1980년
리브스인테리어 포인터인터모덜 (RIPI)	한국 ➡ 미국동안 ➡ 미국내륙지역	34일 (미국내륙 도시)	1980년
한미일관수송 (Forwarder Service)	한국 ➡ 미국서안 ➡ 미국 각 지역	13일 (알리바마주)	1971년

2) 해륙복합운송 경로

(1) 시베리아대륙횡단철도운송

시베리아대륙횡단철도(TSR: Trans Siberian Railway) 또는 시베리아랜드브리지(SLB: Siberian Land Bridge)운송은 시베리아철도를 이용하여 극동지역의 한국, 일본, 동남아, 호주 등과 유럽대륙과 스칸디나비아반도 및 중동간을 해·육 또는 해·육·해의 형태로 연결하는 복합운송시스템이다. 즉 동북아지역(한국·일본 등)에서 유럽 및 중동행 화물을 집화하여 러시아의 나호드카(Nakhodka)항과 보스토치니(Vostochny)항으로 해상운송을 한 다음, 러시아의 전소련통과화물공단(SOTRA: V/O SOJUZTRANSIT), 유라시아 트랜스사와 한국, 일본, 유럽의 NVOCC들이 제휴하여 철도로 시베리아를 횡단, 중동근접지역이나 동구제국의 국경지역까지 운송한다. 여기에서 다시 동·서구, 스칸디나비아반도, 지중해, 이란, 아프가니스탄 등지로 철도, 컨테이너선, 트럭 등으로 연결하는 국제복합운송이다([그림 8-11] 참조).

이러한 TSR은 동으로는 태평양에서 서로는 발틱해에 이르기까지 광활한 대지를 관통하는 세계 최장의 단일철도시스템이며, 모스크바에서 블라디보스톡항까지는 9,198km이고 나호드카항까지는 9,441km에 이른다.

TSR은 1891년에 공사를 시작해 25년만인 1916년에 완공되었다. 이 철도의

그림 8-11 시베리아 랜드브리지 노선

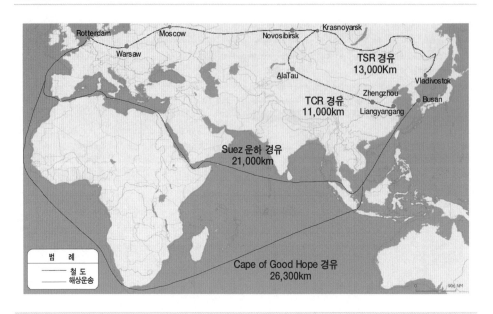

등장과 함께 지구의 최대 자원보고인 시베리아도 본격개발의 계기를 맞았었다. 특히 제2차 세계대전 중 모스크바−레닌그라드 등 유럽 쪽에 있던 많은 공장과 문화기관들이 이 철도를 따라 대거 시베리아로 옮겨져 이 지역의 현대화에 큰 영향을 끼치기도 했다. 지금은 최대 공업지대인 우랄지구·쿠즈네츠탄전·북부의 석유·가스산지를 유럽쪽으로 연결해주는 러시아의 산업 대동맥 구실을 하고 있다. 제2차 세계대전 종전 직후부터 전 노선의 전철화가 시작되어 현재 전 구간이 전철화 되어 있다.

(2) 중국대륙횡단철도운송

중국대륙횡단철도(TCR: Trans China Railway)는 한국, 일본, 대만, 홍콩, 동남 아제국 등의 극동지역을 기점으로 하여 화물을 일차로 선박을 이용, 강소성 렌윈항까지 해상으로 운송한 후, 중국대륙을 동서로 관통하는 내륙운송의 동단기점에서 철도로 러시아 철도의 접점까지 운송하고 여기서 러시아 철도로 전환하여 구주지역, 즉 폴란드, 독일 등을 거쳐 네덜란드 로테르담항까지 연계운송하는 복합운송경로이다([그림 8−12] 참조).

TCR은 1982년 2월 북경에서 과거 중소 철도화물운송협정이 조인되면서 성립되었으며 이로 인해 중국 또는 구주를 잇는 철도화물의 소련영토의 통과가 가능하게 되었다. TCR의 총 길이는 11,000km이고 이 중에서 중국내륙의 운송거리는 4,111km이며 강소, 협서, 감숙, 하남, 신강성의 5개성을 통과하게 된다. 중국은 특히 사천, 산서, 청해, 산동, 내몽고, 영하 등을 합하여 내륙지구 11개성 및 자치구를 TCR과 연계한 경제발전을 바라고 있다.

(3) 북미일괄해상운송

북미일괄해상운송(ALB: American Land Bridge)은 1972년 씨 트레인(Seatrain)사가 개발한 복합운송루트이다. 한국 및 극동지역으로부터 선적된 화물을 미국 태평양 연안의 오클랜드, 로스앤젤레스까지 해상으로 운송한 후, 미국 동부연안인 대서양 연안이나 멕시코만의 항구까지 철도로 운송하여 이곳에서 다시 제2의 선박에 환적하여 유럽의 앤트워프, 함부르그, 로테르담, 브레멘 등 각 항구까지 해상운송하는 시스템으로 주로 미국계 선박회사에 의해 운영되는 운송경로이다. ALB의 운송형태는 다음과 같이 3가지가 있다.

미니 랜드브리지(MLB: Mini Land Bridge) 운송은 1972년 Seatrain사에 의하

그림 8-12 　미니 랜드브리지

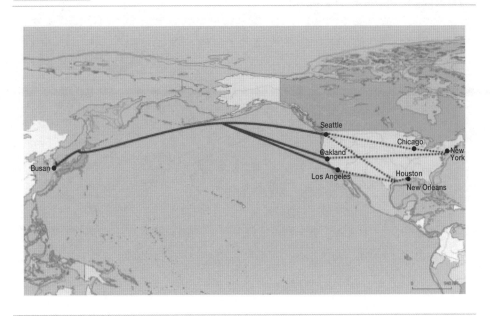

여 개발된 것으로 기존의 미국대륙횡단운송경로에서 미국 동해안/대서양간의 해상부분을 제외하여 단축시킨 것이다. 이 경로는 화물을 극동지역에서 미국 서부 해안지역간을 해상으로 운송하고 여기서 미국의 동부해안 항만까지는 철도로 운송하는 것으로 주로 컨테이너 복합운송에 많이 사용되고 있다. 운송일수는 극동에서 북미서부해안(4,800해리)간 9일, 북미서부해안에서 동부해안까지는 5~7일로 총 14~18일이 소요된다. 한편 극동에서 뉴욕(9,700해리)간 컨테이너선으로 운송할 경우에는 약 16~20일이 소요되고 있다. 이 같이 미니 랜드브리지를 이용할 경우에 운송일수가 단축됨으로 화주들의 이용이 증가하고 있다([그림 8-12] 참조).

마이크로 랜드브리지(MLB: Micro Land Bridge) 운송은 미니 랜드브리지 운송이 미국의 내륙지점의 화주에게는 별다른 혜택이 없다는 문제점을 해결하고자 1980년 TPFCJ 선박회사에 의하여 개발된 운송경로이다. 한국/일본/태평양운임동맹에서는 인테리어 포인트 인터모덜(IPI: Interior Point Intermodal)운송으로 불리고 있다. MLB는 극동에서 북미서부해안까지 화물을 해상으로 운송하고 북미내륙도시에는 철도나 트럭으로 복합운송하는 형태이다([그림 8-13] 참조). MLB가 미국 동부연안의 항구지역으로 운송경로를 채택하고 있는데 반하여 IPI는

| 그림 8-13 | 마이크로 랜드브리지 |

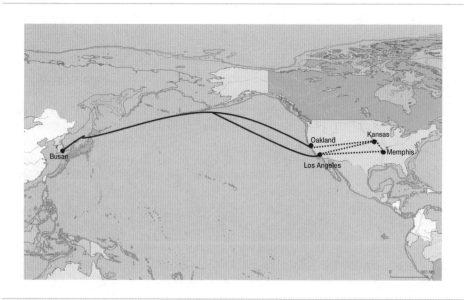

미국 내륙의 주요 도시까지 복합운송서비스를 제공하고 있으며 화물은 내륙의 철도터미널이나 선박회사보유의 컨테이너야드(CY), 컨테이너 장치장(CFS)에서 인도되고 있다.

수정된 인테리어 포인트 인터모덜(RIPI: Revised Interior Point Intermodal) 운송은 1980년 마이크로 브리지 서비스에 대응하여 선박으로 파나마운하를 경유하여 북미동부해안 항구까지 화물을 운반한 후, 여기서 철도 및 트럭으로 내륙지역까지 운송하는 선사의 서비스로 Reversed Micro Bridge라고 불리기도 한다([그림 8-14] 참조). RIPI는 운송소요 일수가 IPI보다 약 2일이 더 소요되기 때문에 운임은 IPI보다 낮게 설정될 수 있는 품목들이 많이 이용하고 있다.

| 그림 8-14 | 수정된 인테리어 포인트 인터모덜 |

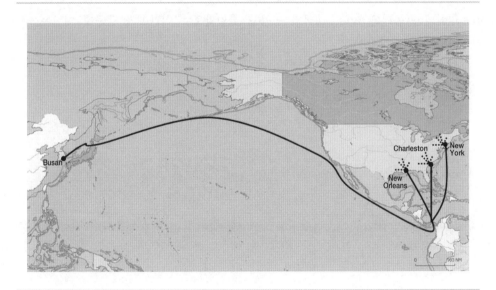

(4) 캐나다일괄해상운송

캐나다일괄해상운송(CLB: Canadian Land Bridge)은 1979년 일본의 미쓰비시 창고(三稜倉庫)에 의하여 개발된 운송루트로서 미국일괄해상운송과 같이 한국이나 극동지역에서 캐나다 서해안에 있는 항구인 벤쿠버, 시애틀까지 해상으로 화물을 운송한 후, 캐나다 철도를 이용하여 몬트리올 또는 캐나다 동부해안까지 운송한다. 그리고 다시 캐나다 동부해안의 항구에서 제2의 선박에 환적하여 유럽의 함부르크, 로테르담, 르하브르 등 각 항까지 해상운송하는 시스템이다. 캐나다횡단철도의 특징은 운송일수의 안정에 있지만 운임면에서 어느 정도의 가격경쟁력을 갖는 운임률을 결정할 지가 금후의 과제로 대두되고 있는 운송경로이다.

(5) 아시아횡단철도

아시아횡단철도(TAR: Trans Asian Railway)는 아시아 지원 유엔기구(ESCAP: Economic and Social Commission for Asia and the Pacific)에 의하여 제기되고 추진되었던 한반도−중국(TCR)−러시아(TSR)를 경유하여 로테르담까지 연결되는 철도망이다. 즉 우리나라의 부산에서 출발, 서울−평양을 지나 중국의 센양−베이징−쿤밍을 경유한 뒤, 베트남의 하노이 중간에 라오스의 비엔짱−호치민(사이공)을 관통하여 캄보디아의 프놈펜을 지나, 태국의 방콕을 마지막으로 미얀마의 랭군에 이르는 구간이다([그림 8−15] 참조).

그림 8-15   아시아횡단철도

아시아횡단철도를 이용하는 경우 장점은 부산에서 로테르담까지 거리가

10,370km로서 컨테이너운송이 약 24일 정도 걸리나 해상운송 거리인 20,000km 보다 9,630km가 짧아 운송기일이 4~5일 정도 빠르고 운임도 20% 이상 저렴하다. 아시아횡단철도가 건설되는 경우 21세기 아시아 경제부흥을 촉진하게 될 것이며 우리나라는 동남아 주요 항과의 지리적 위치 때문에 열세에서 벗어나 부산, 인천, 광양항의 경쟁력을 강화시켜줄 것으로 보인다.

(6) 아시안하이웨이

아시안하이웨이(Asian Highway)는 아시아 지원 유엔기구에서 추진 중인 아시아 각국의 주요 교통유발지역을 상호 연결하는 고속화도로망으로 아시아 상호간 경제 사회교류를 증대시켜 궁극적으로 가맹국의 소득향상에 기여하자는 취지에서 시작된 것이다([그림 8-16] 참조).

그림 8-16   아시안하이웨이

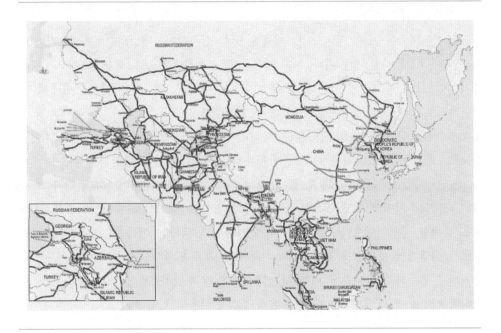

아시안하이웨이는 당초 동남아시아(태국, 베트남, 인도네시아, 필리핀 등)와 서아시아(아프가니스탄, 이란 등)를 연결하는 65,000km의 도로망 구축에 있었으나

동서냉전 구조 속에서 중국, 베트남 등 사회주의 국가의 불참으로 필리핀－인도네시아－말레이시아－태국－인도－파키스탄－이란 등을 연결하는 남부노선을 대상으로 추진하여 왔다. 그러나 1990년대 동서냉전구조가 와해되면서 '88년부터 '91년까지 중국, 몽고, 베트남, 미얀마 등이 적극적으로 아시아 지원 유엔기구에 가입함에 따라 한반도를 기점으로 중국－몽고－중앙아시아－유럽을 최단거리로 연결하는 북부노선이 추가되었다.

우리나라는 일본－부산－서울－평양－신의주－중국－베트남－태국－인도－파키스탄－이란－터키 등으로 이어지는 노선(AH1)과 부산－강릉－원산－러시아－중국－러시아 등으로 이어지는 노선(AH6) 등 2개 노선의 실질적 기점이 될 예정으로 있다. 이 같은 아시안하이웨이가 참여 국가들의 원만한 합의를 도출하여 본격적으로 가동할 경우 아시아 각 국간 새로운 교류형태가 생성되기 시작하여 아시아 전역이 하나의 경제권으로 발전할 것으로 기대된다.

3) 해·공 복합운송

해·공 복합운송(sea & air)은 항공운송의 신속성과 해상운송비용의 저렴성의 장점을 결합시킨 형태이다. 즉 일정구간은 해상운송으로 화물을 어느 지역까지 이동시켜 놓고, 거기서 최종 목적지까지는 항공으로 이동시키는 형태이다. 일반적으로 전 구간 해상운송에 비해 운송일수가 대폭 단축되며, 전 구간 항공운송에 비해 운송비가 절감될 뿐만 아니라 전 구간 해상운송에 비해 재고투자, 창고료, 포장비 등의 절감을 통해 종합물류비용을 절감시키는 장점이 있다.

해·공 복합운송을 이용할 수 있게 된 것은 해상운송의 컨테이너화 진전과 항공기의 대형화추세에 기인된 것으로 볼 수 있다. 또한 현실적으로는 해상운송으로 화물을 운송할 예정이었으나 납기 등의 지연사유가 발생하고 이를 전 구간 항공운송으로의 실행에 약간의 여유가 있을 때 이용하는 경우가 많다. 해·공 복합운송은 운송거리가 길수록 해상운송에 비해 시간단축이 커지고 항공운송에 비해 운송비가 저렴하여 〈표 8-2〉와 같은 여러 가지 운송경로가 이용되고 있다.

표 8-2	해·공 복합운송형태의 행선지별 중계지
행선지	**중계지**
북미내륙	로스엔젤레스, 시애틀, 벤쿠버, 기타 북미 서부해안
유럽	북미 서부해안, 보스토치니, 동남아시아(홍콩, 싱가포르, 방콕)
중남미	북미 서부해안, 마이애미, 파나마
중근동, 아프리카	동남아시아, 호주

일반적인 항공화물은 항공법의 규제를 받지만, 해·공 복합운송은 항공법이 적용되지 않는다. 왜냐하면 해·공 복합운송의 최초 운송은 해상운송 구간이며, 항공운송의 기점과 종점이 출발지국의 법 시행영역 밖에 있기 때문이다.

포워더에 의한 해·공 복합운송의 경우에도 출발지에서 발행되는 일괄선하증권은 해상부문과 항공부문 모두 포함하지만, 항공운송의 기점은 외국공항이 되므로 출발지국의 항공법이 적용되지 않는 특수성이 있다.

(1) 북미서해안 경유 해·공 복합운송

1964년 Air Canada가 개발한 북미서해안경우 해·공 복합운송은 극동항구에서 미국의 서해안이나 캐나다의 벤쿠버항까지 해상운송하고 양하된 화물은 항공회사가 국제공항까지 육상운송한 후 항공기를 통하여 목적지까지 항공운송하는 형태이다.

(2) 러시아 경유 해·공 복합운송

에어로플로트(Aeroflot) 항공사가 지정하는 부산항의 CFS에 화물이 반입되면 러시아극동선박공사(FESCO)의 컨테이너선에 의해 러시아 극동의 보스토치니(Vostochny)항으로 운송되고 트레일러에 의해 블라디보스톡으로 육송된 후 Aeroflot항공의 화물기편으로 구주 각지로 운송되는 항로이다.

(3) 동남아시아 경유 해·공 복합운송

1980년대 항공화물운송업자에 의해 개발된 새로운 운송루트로서 부산에서 홍콩, 방콕, 싱가포르까지는 선박으로 운송하고 구주공항까지는 항공편으로 운송하는 운송루트이다. 이 운송경로는 국제항공운송협회에 가맹하지 않은 항공사나 부정기 화물전용 항공사의 저임금을 이용하며 서비스방법이나 운송루트개발, 운임설정시 행정적 제약 없이 자유경쟁에 의하여 이루어지고 있어 여러 가지 변형된 운송루트가 개발되어 있다.

4) 기타의 복합운송경로

(1) 아시아지역 복합운송경로

① 한·일 복합운송경로: 부산에서 부관페리, 국제페리 또는 컨테이너선으로 일본의 각 항구로 운송한 후, 트럭이나 철도 등에 연결하여 내륙지역으로 운송한다.

② 한·중 복합운송경로: 1980년대 초 중국 교통부의 중국외륜대리공사(PENAVICO), 중국 대외무역부대외무역운수공사(SINOTRANS)와 포워더간의 상호 대리점계약에 의해 개설된 경로로서 선박으로 다롄, 톈진, 칭다오, 상하이, 황푸, 홍콩 등 중국의 여러 항으로 운송한 후, 이곳에서 다시 철도나 트럭에 연결하여 내륙지역인 길림, 흑룡강성, 하북성, 산서성, 산동성, 호남 사천성, 광동, 내몽고 자치주 등으로 운송한다.

③ 구주항로 복합운송경로: 구주항로를 운항하는 선사들의 선박을 이용하여 화물을 해상으로 운송하고 여기에 구주 각 국의 내륙운송수단을 연결하여 최종 목적지까지 운송하는 시스템이다. 이때 포워더가 통선하증권(through B/L)을 발행하고 고객에 대해 출발지로부터 최종 목적지까지 화물운송의 일관책임을 지는 복합운송의 한 형태이다.

3. 국제복합운송증권

1) 복합운송증권의 의의

국제복합운송은 특정 운송품이 단일의 운송계약하에 선박·철도·트럭 또는 항공기의 상이한 두 가지 이상의 운송기관의 결합에 의해 두 국가간에 걸쳐 운송되는 것을 말한다. 여기서 "단일의 복합운송계약에 근거하여…"란 국제복합운송의 전 과정을 하나의 운송계약으로 인수하는 것을 의미하며, 이 계약의 이행 또는 이행의 주선(조달)을 약속하는 것이 복합운송계약이다. 그리고 이 계약을 증명하는 것이 송화인(Shipper)의 선택에 따라 유가증권으로서 또는 유통성이 없는 양식으로 복합운송인이 발행하는 복합운송서류(증권)이다.

복합운송증권(CT B/L: Combined Transport Bill of Lading)이란 복합운송계약에 의해 복합운송인이 화주에게 발행하는 운송서류로서 복합운송계약의 내용이나 운송조건과 운송화물의 수령을 증명하는 증거서류이다. 복합운송증권은 그 발행인인 복합운송인이 증권에 기재된 종류, 수량, 상태대로의 화물을 인수지로부터 목적지까지 운송하기 위하여 자기의 지배하에 수령하였음을 확인하는 공식적 수령증이다. 또한 복합운송계약의 내용과 조건을 증명하는 운송계약증서이며, 유통성 복합운송증권의 경우 수화인이 배서 또는 교부에 의하여 화물을 처분할 수 있는 운송물에 관한 권리가 포함된 권리증권으로서 유가증권이다.

주요 국제규칙상 복합운송증권은 ICC(국제상업회의소: International Chamber of Commerce)와 UN 복합운송조약에서 규정하고 있다.

(1) ICC의 복합운송증권에 관한 통일규칙

복합운송서류발행의 의무화는 1975년 ICC통일규칙에 규정하고 있다. ICC 통일규칙은 헤이그 규칙(Hague Rules: 선하증권에 관한 통일조약)에 규정되어 있는 전통적인 해상선하증권(Marine B/L)과 유사한 기능을 규정하고 있다. 아직 국제복합운송조약은 발효되지 않고 또한 ICC통일규칙은 강제력을 갖지 않는 민간합의의 규칙이기 때문에 양자의 복합운송서류(증권)의 정의에 관해서는 법적근거가 없다.

그러나 실제로 운영되고 있는 국제복합운송에 있어서는 복합운송증권은 해상선하증권과 유사한 기능을 갖는다고 일반적으로 해석되고 있다. 즉 운송계약서 외에 화물상환증으로서의 채권적 증권, 화물의 처분권을 나타내는 물권적 증권, 그리고 양도가능한 유통증권으로서의 기능을 가지고 있어야 한다.

ICC의 통일규칙과 같이 유통성증권, 비유통성증권, 기계 및 전자장치에 의해 발행되는 서류 등 세 종류로 분류하여 이에 대한 내용을 규정하고 있다.

(2) UN국제물품복합운송조약

복합운송서류발행의 의무화는 1980년에 UN이 채택한 복합운송조약에 규정하고 있다. UN 복합운송조약에서는 복합운송서류를 'Multimodal Transport Document'라 부르고 "물품이 복합운송인의 관리 하에 놓여 졌을 때 복합운송인은 화주의 선택에 따라 유통가능 또는 유통불능의 형태로 복합운송증권을 발행해야 한다. 또한 유통 가능한 복합운송증권의 발행에 관해서는 복합운송인 또는 그 자를 위해 행위를 하는 자에 대해 배서가 필요한 때는 정당하게 배서된 유통 가능한 해당 복합운송증권의 인도와 상환에 의해서만 물품의 인도를 청구할 수 있다"고 정의하고 있다.

2) 복합운송증권의 형태

복합운송증권은 그 형태의 분류상 몇 가지 기준이 있다. 첫째, 복합운송인 의 책임 형태에 따라 책임분할형 증권과 단일책임형 증권이 있으며, 단일책임 형은 이종책임체계, 단일책임체계 및 변형단일책임체계 등으로 나누어진다.

둘째, 증권의 유통성 여부에 따라 유통성복합운송증권과 비유통성복합운송 증권으로 나눌 수 있다. 또한 유통성증권의 경우 작성방법에 따라 지시식 또는 기명식으로 나누어진다.

셋째, 증권의 발행인에 따라 육상운송인 발행증권, 해상운송인 발행증권, 항 공운송인 발행증권 및 복합운송인 발행증권 등으로 구분된다.

넷째, 복합운송증권 가운데 선하증권의 명칭을 지니고 있는 것과 그렇지 않 은 것이 있다. 즉 Combined Multimodal Transport Bill of Lading과 같이 선하 증권의 명칭에 복합운송이라는 단어가 첨부된 것이 있고, 단지, Combined or Multimodal Transport Document와 같이 선하증권의 명칭이 사용되지 않은 것 이 있다.

(1) 선하증권의 형식 여부

TCM조약안에서 CTD(Combined Transport Document)라는 복합운송증권을 규 정한 ICC의 통일규칙이나 UN조약안에서는 선하증권의 연장으로서 새로운 형 태의 복합운송증권을 창안하였다. 그러나 복합운송증권이 선하증권의 형식인가 아닌가에 대해서는 많은 문제점이 남아 있는 실정이다.

예를 들어 미국의 미통일상법전(UCC: Uniform Commercial Code)에서는 선하 증권(B/L)을 철도나 항공운송에서 사용되는 수송에도 포함시키고 있어 선하증 권의 기능이 부여됨을 암시하고 있다. 그러나 유럽 대륙법계에서는 해상운송인 이 발행하는 선하증권과 육상운송인이 발행하는 화물상환증(S/N: Shipping Note) 을 구별하고 있다. 그리고 종래의 통선하증권도 해상운송구간이 본체를 이루고 나머지 운송구간은 단지 해상운송구간에 종속하는 것으로 보기 때문에 선하증권의 일종으로 간주된다.

(2) 유통증권법적 유통성 여부

유통성 여부에 대해 ICC의 통일규칙에서는 유통증권과 비유통증권으로 구분하고 있으며, UN조약에서는 유통증권, 비유통증권, 기계 및 전자장치에 의해 발행되는 증권 등 3가지 종류를 열거하고 있다.

첫째, 유통복합운송증권은 유가증권이며 여기에는 지시식 증권, 무기명식 증권 및 기명식 증권이 있다.

둘째, 비유통성복합운송증권은 우리나라에서는 선하증권과 화물상환증권만이 유가증권이기 때문에 유통증권이지만 ICC의 통일규칙, UN조약 및 UNCTAD/ICC 규칙에서는 비유통성증권만으로도 발행할 수 있다고 규정하고 있다. 이때의 증권은 단순한 면책증권에 불과하다.

3) 복합운송증권의 종류

(1) 복합운송인의 책임한계에 의한 분류

① 결합책임체계(tie-up system of liability)

화주가 각 운송구간의 운송인과 개별적으로 운송계약을 체결한 경우 각 운송인은 각 운송구간에 적용되는 책임원칙에 따라 운송책임을 부담하는 체계이다. 해상운송 중에 사고가 발생한 경우, 그 해상구간에서 헤이그규칙이 적용되는 경우에는 헤이그규칙에서 정한 책임을 지며, 항공운송에서 바르샤바조약이 적용되는 경우에는 그 조약에 의한 책임을 부담한다. 또한 이러한 강행법규가 존재하지 않을 경우에는 그 구간의 운송인이 통상 사용하고 있는 계약약관에 의한 책임을 지고 있다. 이 방식을 채택한 복합운송서류에는 일본선사, 프랑스의 Chargeurs Reunis사, ACL사 등의 복합운송선하증권 등이 있다.

② 이종책임체계(network liability system)

손해발생의 운송구간이 명확할 때, 그 운송구간에 적용되는 기존의 국내법이나 국제조약을 적용하는 것으로 책임적용방식은 tie-up 체계와 동일하다. 그러나 적용해야 할 강행법규가 존재하지 않는 경우나 불명손해의 경우에는 달리 새로운 책임원칙을 적용, 그 책임원칙에 의한 책임을 부담하여 하청운송인이 통상 사용하는 계약약관의 원용을 인정하지 않는 점은 차이가 있다. 즉 손해발생구간이 해상운송구간인 경우 헤이그규칙(Hague Rules) 또는 헤이그 – 비스비규칙(Hague-Visby Rules), 항공운송구간인 경우 바르샤바조약(Warsaw Convention), 도로운송구간인 경우에 도로화물운송조약(CMR: Convention on the Contract for the International Carriage of Goods by Road) 또는 각국의 일반화물자동차 운송약관, 철도운송구간인 경우에 철도화물운송조약(CIM: International Convention concerning the Carriage of Goods by Railway)에 의하여 결정하는 책임체계이다. 그러나 손해발생구간이 확인되지 않은 경우, 즉 Concealed Damage인 경우에는 운송구간이 가장 긴 해상운송구간에서 발생한 것으로 간주하여 Hague Rules 또는 Hague – Visby Rules을 적용한다.

이종책임체계의 기본이념은 기존 운송법상의 책임제도와 최대한의 조화를 이룬다는 것이다. 따라서 이종책임체계는 국제운송에 적용되고 있는 현존하는 합리적인 제도로서 전통적인 국제적 무역관행에 따라 갑작스러운 변화를 일으키지 않고 국제복합운송을 촉진하는데 촉매가 될 수 있는 책임체계이다. 여기에 적용되는 운송서류의 형식은 기존 각 운송구간의 운송법을 지키려는 선진 해운국가들이 지지하는 제도로서 단일운송계약을 위해 사용된 약관의 적용은 배제하고 있다. 이 같은 서류는 1970년의 사법통일국제협회(UNIDROIT: International Institute for the Unification of Private Law)가 현행 실무상 많이 채택하고 있다.

③ 단일책임체계(Uniform Liability System)

손해발생의 구간, 또는 불명손해 등의 여부를 불문하고 전 구간을 통해 단일의 책임원칙에 따라 복합운송인에게 책임을 부담시키는 체계이다. 이종책임체계는 해상운송구간에 헤이그규칙, 항공운송구간에 바르샤바 조약이 적용된 경우에는 각각 그들의 국제조약을 적용해야 하는 것이지만 단일책임체계는 그러한 국제조약 등을 전부 배제하고 단일의 책임원칙을 정한 것으로 이론적으로 가장 철저한 책임체계로 불린다.

이 형식을 취하는 복합운송증권은 화물 보험부 복합운송증권에서 사용되며, 1973년 9월에 국제해사위원회(CMI: Committee Maritime International)의 실무팀이 만든 UNIDROIT형 복합운송서류는 이 같은 형식을 취하고 있으나, 아직 보편적으로 사용되지는 못하고 있다.

④ 변형통일책임체계(Modified Uniform Liability System)

원칙적으로 손해발생구간의 확인여부와 관계없이 동일한 책임규정을 적용하나 예외적으로 손해발생구간이 확인되고 그 구간에 적용될 법규의 책임한도액이 UN조약의 책임한도액보다 높은 경우에는 그 구간법을 적용하는 책임체계이다. 이 책임체계는 1980년 UN국제복합운송조약, 1992년의 UNCTAD/ICC 복합운송증권 규칙 및 1978년의 Hamburg Rules에서 채택하고 있다.

(2) 유통성에 의한 분류

복합운송증권은 그 형태가 선하증권 형식에 불문하고 유통성과 비유통성으로 분류된다. 유통성 복합운송증권은 배서를 해야만 양도할 수 있는 지시식 운송증권과 배서 없이도 양도할 수 있는 무기명식 운송증권이 있다.

비유통성 복합운송증권은 ICC의 통일규칙이나 UN조약에서는 "복합운송증권이 비유통성 형식으로 발행된 경우에는 지명된 수화인을 표시해야 한다"고 규정하고 있다. 이것은 복합운송증권이 비유통성으로 발행되는 경우 기명식 복합운송증권만 발행할 수 있다는 것을 의미한다.

(3) FIATA 복합운송선하증권(FBL)

FIATA 복합운송선하증권은 운송주선인의 국제적 조직인 국제운송주선인협회연맹(FIATA: International Federation of Freight Forwarder Association)이 제정한 표준양식에 의거하여 발행된 복합운송선하증권으로서 대개 FBL 또는 FIATA FBL이라고 한다. 이것은 현재 우리나라를 비롯하여 세계적으로 널리 통용되고 있는 복합운송증권이다. 현행 2007년 6차 개정 신용장통일규칙(UCP 600)의 제19조에서는 수리 가능한 복합운송서류의 조건을 다음과 같이 상세하게 규정하고 있다.

① 운송인이나 운송인을 위한 기명대리인 또는 선장을 위한 기명대리인의 명칭이 발행인으로 표시되고 서명 또는 확인이 되어야 한다.

② 서명은 운송인, 선장 이외에 운송인의 대리인, 선장을 대행하는 대리인이 표시할 수 있으며 대리인에 의한 서명은 자신의 명칭을 표시해야 할 뿐만 아니라 자신이 대리하는 당사자, 즉 운송인, 선장의 성명과 자격도 운송서류에 표시하여야 한다.

③ 물품이 발송, 수탁 또는 본선적재 되었음이 표시되어야 한다.

④ 선적항, 선적공항 또는 선적지와 다른 신용장에 명시된 수탁지를 표시하

고, 양륙항, 양륙공항 또는 양륙지와 다른 신용장에 명시된 최종 도착지를 표시하여야 한다. 선박이나 선적항 또는 양륙항과 관련하여 "예정된"(intended) 이라는 표시가 있는 복합운송서류도 수리가 가능하다.

⑤ 한 통의 복합운송서류 원본 또는 원본이 한 통 이상 발급되었다면, 원본 전통이 제시되어야 한다.

⑥ 약식 또는 뒷면 백지로 된 복합운송서류도 수리가능하다. 운송에 관한 조건 내용은 심사하지 않는다.

⑦ 기타 신용장에 있는 모든 명시사항을 충족시키고 있어야 한다.

⑧ 용선계약 복합운송서류가 아니어야 한다.

4. 복합운송인

1) 복합운송인의 정의

복합운송인에 관해서는 〈표 8−3〉과 같이 UN이 채택한 국제물품복합운송조약과 ICC의 복합운송증권에 관한 통일규칙에서 다음과 같이 정의하고 있다. 즉 복합운송인(multimodal transport operator)이라 함은 '자기 또는 자신의 대리인을 통하여 복합운송계약을 체결하고, 송화인이나 복합운송업무에 관하여는 운송인의 대리인 또는 그러한 사람에 갈음하는 것이 아닌 주체로서 행동하고 계약의 이행에 관한 책무를 부담하는 자'를 말한다.

표 8-3	복합운송인의 정의
근거 법령 및 협약	정의
UN 국제복합운송 조약	MTO(Multimodal Transport Operator)라고 규정하고 있으며 MTO는 "자기 또는 자신이 대리인을 통하여 복합운송계약을 체결하고 송화인이나 복합운송에 관여하는 운송인의 대리인으로서가 아닌 주체(하수 또는 하청운송인이 아님)로서 행위하고, 그 계약의 이행에 관한 채무를 부담하는 자"를 의미
TCM조약안	CTO(Combined Transport Operator)라고 규정하고 있으며 CTO는 "복합운송증권 발행, 화물의 수령에서부터 인도에 이르기까지 전 구간에 걸쳐 자기의 이름으로 운송을 이행하고, 그 운송에 대하여 조약에 규정된 책임을 부담하며, 복합운송증권에 기명된 자 또는 정당하게 배서된 증권의 소지인에게 화물의 인도를 확실히 하기 위해 필요한 조치를 다하는 자"로 정의

위의 정의에 따르면 UN조약이나 ICC통일규칙이 복합운송인이라는 특별한 용어를 사용하고 있는 것으로 보아 복합운송인은 실제 운송인만을 가리키는 것은 아니다. 즉 복합운송인은 복합운송을 수행하기 위해 이종 운송수단을 조달·통합하고 화주에 대해 복합운송계약의 이행책임을 질 수 있는 한 누구나 복합운송인이 될 수 있다는 것이다. 따라서 능률적·경제적인 복합운송시스템을 편성하여 이것을 이행할 수 있는 관리·운영능력을 가지고 아울러 운송인 수화물의 손해사고 등에 대해 책임을 질 수 있는 만큼의 재정기반을 가지는 한 누구라도 복합운송인이 될 수 있는 것이다. 외항 정기선회사나 내항해운, 항공운송, 도로운송, 항만운송·해상운송, 통관, 창고, 보험대리점 등 폭 넓은 관련 산업을 기반업종으로 하는 기업에서 이미 다수의 복합운송인이 등장하고 있다. 그 중에서도 컨테이너선을 운항하는 전통적 해운국의 선사가 국제복합운송인으로서 역할을 하고 있다.

2) 복합운송인의 기능과 요건

(1) 운송책임의 단일성

복합운송인은 2구간 복합운송에서 상대방 국가의 복합운송인과 제휴함으로써 전 운송구간에 걸쳐 일관운송책임을 지는 운송주체자로서의 기능을 가진다.

(2) 혼재(consolidation)업무 수행

복합운송인은 LCL화물을 집화하여 이를 컨테이너에 혼재하는 업무를 행하는 기능을 가진다. 복합운송인은 운송수단을 조직화하여 복합운송체계를 확립해야 한다. 이를 위해서는 해운, 항공, 철도, 도로 등 운송수단과 관련 부대시설의 기능을 종합하여 총체적으로 운송효율을 극대화 할 수 있는 업무조직을 구성하여야 한다. 즉 컨테이너 운송시대에 복합운송을 원활히 수행하기 위해서는 포장, 보관, 운송, 하역 등 화물의 전 유통경로에 걸쳐 모든 기능을 종합적으로 관리할 수 있는 물적·인적 조직체계를 구축하여야 한다. 따라서 복합운송은 운송시스템에 상응하는 합리적이고 경제적인 일관운임을 화주에게 제시할 수 있어야 하며, 단일운송계약에 의거 전 운송구간에 대한 일관수송이 이루어져야 한다. 특히 화주의 물류서비스 요구를 파악하고 이를 충족시킬 수 있는 복합운송시스템을 다양하게 정립하고 개발하여야 한다.

3) 복합운송인의 유형

복합운송인의 유형은 선박, 내륙운송수단, 관련부대사업의 소유형태에 따라 크게 세 가지로 분류한다.

(1) 프레이트 포워더(freight forwarder)형 복합운송인

선박, 트럭, 항공기 등의 운송수단을 자신이 직접 소유하지 않고, 다만 계약 운송인(contracting carrier)으로서 운송책임을 지는 형태이다. 해상운송주선업자 (ocean freight forwarder), 항공운송주선업자(air freight forwarder), 통관업자 (customs broker), 컨테이너 임대업자 등이 이에 해당하며, 대표적인 포워더형 복합운송인은 해상운송주선업자이다.

(2) 캐리어(carrier)형 복합운송인

자신이 직접 운송수단을 보유하면서 복합운송인의 역할을 수행하는, 즉 실제 운송인(actual carrier)형 복합운송인이다. 선박회사, 철도회사, 트럭회사 등이 이에 속하며, 복합운송구간 중 해상구간이 차지하는 비중에 비추어 볼 때, 선박 회사가 가장 대표적인 캐리어형 복합운송인이다.

(3) 무선박운송인

무선박운송인(NVOCC: Non-Vessel Operating Common Carrier)이란 해상운송에 있어서 자기 스스로 선박을 직접 운항하지 않으면서 해상운송인에 대해서는 화 주의 입장이 되는 것이다. 1984년 신해운법에서는 NVOCC가 공중운송인 (common carrier)이라고 규정하고 있다.

4) 복합운송주선인

(1) 무선박운송인의 개념

복합운송주선인(freight forwarder)이란 freight forwarder, forwarding agent, freight promotor, shipping & forwarding agent, shipping agent, air freight agent 등으로 불리는데 이들 중에서 가장 많이 불리고 있는 것이 프레이트 포 워드(freight forwarder)이다. 국문으로는 운송주선인, 국제운송주선인, 복합운송

인, 복합운송주선인 등으로 표시된다. 복합운송주선인은 일반적으로는 직접 운송수단을 보유하지 않은 채 그들의 고객을 위하여 화물운송의 주선이나 운송행위를 하는 자로 화주와 운송인 사이에서 화주에게는 운송인의 입장이 되고 운송인에게는 화주의 입장이 되어 기본적인 기능을 수행한다.

미국에서는 복합운송주선인을 공중운송인으로서 보수를 받고 화물의 운송 또는 주선을 업으로 하는 자로 정의하고 있다. 그리고 통상의 업무는 ① 화물을 집화(canvass), 혼재(consolidate), 분류(sort), 배송(deliver)하고, ② 화물의 수령에서부터 인도까지 운송에 대한 책임을 지며, ③ 운송의 전부 또는 일부에 대해 타운송인의 서비스를 이용, 자신의 명의로 운송계약을 체결하는 자로 규정하고 있다.

일본에서는 복합운송주선인을 타인의 수요에 응하여 보수를 받고, 운송을 주선, 대리 또는 매개하고 실운송인의 운송수단을 이용, 물품의 운송을 업으로 하는 자로 정의하고 있다.

우리나라 상법은 '자기의 명의로 물건운송의 주선을 영업으로 하는 자'라고 정의하고 있다. 여기서 주선이란 말의 사전적 의미는 "일이 잘 되도록 이리저리 힘을 써서 변통해 주는 일"로 풀이하고 있다. 특히 오늘날의 운송주선인은 컨테이너화에 따른 복합운송이 발달하면서 서로 다른 운송구간을 유기적으로 결합, 화주에게 문전에서 문전까지의 일관된 운송을 제공할 주체로서의 역할을 담당하고 있다.

(2) 복합운송주선인의 종류

복합운송주선인은 3가지 유형이 있다. 첫째, 실제운송인형 복합운송인이다. UNCTAD/ICC 복합운송증권규칙에서 운송인(carrier)은 복합운송인과 동일인이거나 아니거나와 상관없이 실제로 운송의 전부 또는 일부를 이행하거나 또는 이행을 인수하는 자라고 정의한 것과 같이 실제운송인형 복합운송인이란 자신이 직접 운송수단(선박, 트럭, 항공기 등)을 보유하면서 복합운송인의 역할을 수행하는 운송인을 말한다. 실제운송인의 대표적인 회사로서 선박회사, 철도회사, 트럭회사 및 항공회사 등을 들 수 있는데, 복합운송구간 중 해상구간이 차지하는 비중에 비추어 볼 때 선박회사가 가장 대표적인 실제운송인형 복합운송인이라 할 수 있다.

컨테이너선의 등장으로 선박회사의 운송책임은 종래의 Tackle to Tackle (선측에서 선측까지)에서 Terminal to Terminal로 확대되고, 다시 더 확대되어 해상운송에만 머무르지 않고 국제간의 Door to Door운송을 일괄하여 인수하는 국제복합운송업자로 바뀌고 있다.

둘째는 계약운송인(Contracting Carrier)형 복합운송인이다. 실제운송인은 운송자산소유주(carrier)형 운송인인데 비해 계약운송인은 선박, 트럭, 항공기 등의 운송수단을 직접 보유하지 않으면서도 실제운송인처럼 운송주체자로서의 기능과 책임을 다하는 운송인을 말한다. 즉 계약운송인은 실제운송인에게는 화주의 입장에서, 화주에게는 운송인의 입장에서 책임과 의무 등을 수행한다.

이러한 유형의 복합운송인으로는 해상운송주선인(ocean freight forwarder), 항공운송주선인(air freight forwarder), 통관업자 등이 있는데 해상 및 항공운송주선인이 가장 대표적이라고 할 수 있으며, 현행 국내법상 복합운송주선인이 여기에 해당된다. 이에 따라 보통 계약운송인형 복합운송인을 프레이트 포워더형 복합운송인이라고 한다.

셋째는 무선박운송인(NVOCC)형 복합운송인이다. 프레이트 포워더형 복합운송인을 법적으로 실체화시킨 것이 NVOCC(Non-vessel Operating Common Carrier)인데, NVOCC가 처음 법제화된 것은 1963년 미국 FMC General Order 4〈510, 21(b)〉이다. 이 General Order는 1981년에 개정되어 NVOCC는 미국 해운법에서 말하는 'Common Carrier by Water'에 상당하는 것으로 규정하였고, 1984년 신 해운법에서는 NVOCC가 Common Carrier라는 점을 명확히 하고 있다.

1984년 미국 해운법에 의하면 NVOCC란 해상운송에 있어서 자기 스스로 선박을 직접 운항하지 않으면서 해상운송인(Ocean Common Carrier)에 대해서는 화주의 입장이 되는 것이라고 정의하고 있다. 여기에서 Common Carrier란 보수를 받고 미국과 타 국간에서 해상화물운송업무를 수행할 것을 일반에게 공시하는 자를 뜻한다.

이러한 Common Carrier에는 NVOCC 외에 VOCC(Vessel Operating Common Carrier)가 있는데, NVOCC는 VOCC에 대하여 화주의 입장이 되며 화주에게는 Common Carrier의 입장이 된다.

(3) 복합운송주선인의 기능

복합운송주선인의 기능은 화주의 대리인으로서 적절한 운송수단을 선택하여 운송에 따르는 일체의 부대업무를 처리해 주는 전통적인 운송주선기능과 오늘날의 복합운송체제하에서 독자적인 영업·광고와 함께 스스로 컨테이너 등의 운송설비를 갖추고 집화, 분배, 적재업무를 행하는 운송의 주체자로서 복합운송기능을 지니고 있다. 그 주요 기능은 다음과 같다.

첫째, 전문적 조언자이다. 화주의 요청에 따라 해상, 철도, 도로운송의 소요비용과 시간, 신뢰성, 경제성을 고려하여 가장 적절한 운송경로를 채택하게 해 주고, 또한 그 운송수단, 운송에 바탕을 두고 화물의 포장형태 및 목적국의 각종 운송규칙을 알려 주며 운송서류를 용이하게 작성하도록 하는 등 일체의 조언을 해 준다.

둘째, 항구로 화물을 반출한다. 복합운송주선인의 가장 중요한 기능 중의 하나는 항구에 정박하고 있는 선박에 적재할 수 있도록 물품을 항구까지 운송하는 것이다. 이때 물품을 효율적으로 운송할 수 있도록 지시서(Letter of Instruction)가 사용된다. 이것은 내륙운송에 대한 명세서일 뿐만 아니라 ① 포장의 개수와 형태, ② 선하증권, ③ 영사송장에 기재할 물품의 명세, ④ 해상운임의 지급 지시, ⑤ 보험에 관한 지시, ⑥ 포장물의 순수중량과 용적, ⑦ 수화인에게 도착할 때까지의 화물의 경로를 나타낸다. 이 지시서는 해상운송주선업자가 화주에게 제시하여 명세서를 작성하게 한 뒤 돌려받게 되며, 이것에 의해 필요한 운송서류를 작성하게 된다.

셋째, 운송계약의 체결과 선복의 예약이다. 복합운송주선인은 통상적으로 자기의 명의로 운송계약을 체결하지 않으나, 때로는 특정화주의 대리인으로서 운송계약을 체결한다. 운송계약을 체결할 때 특정 선박의 선복을 예약한다. 이때 선박회사는 화주로부터 구두예약을 접수하여 화물의 명세, 필요한 컨테이너 수, 운송조건 등을 기재한 선복예약서(Booking Note)를 사용하게 되며, 화주는 선복예약서의 조건대로 선적할 수 있는 것이다.

넷째, 관계서류의 작성이다. 복합운송주선인에게 관계되는 서류 또는 취급업무는 선하증권, 항공증권 또는 이와 유사한 서류, 통관서류, 원산지증명서, 보험증권, 선적지시서 등으로, 이 서류들을 주선인이 직접 작성하든가 또는 화주가 작성하는 경우 효율적인 조언을 한다.

다섯째, 통관수속을 진행한다. 주요한 항만이나 공항에 사무소를 두고 세관원과 긴밀한 접촉을 유지하면서, 화주를 대신하여 통관수속을 한다.

여섯째, 운임 및 기타 비용을 지불한다. 복합운송주선인과 화주간에 통상의 거래관계가 확립되어 있는 경우, 복합운송주선인은 고객을 대신하여 모든 비용을 지불한다. 수출입업자는 통상 선사, 항공사, 기타 운송인 및 하역업자, 컨테이너, 보관시설 기타의 설비 등을 이용하는데, 이러한 것들이 복합운송주선인을 통해 이루어지게 되면 이 비용에 대한 수출입업자의 지불은 복합운송주선인에게 일괄적으로 지불됨으로써 수속절차가 간소화된다. 이와 관련하여 해외의 거래관계를 통하여 현금결제방식의 대금교환인도(COD: Cash on Delivery)의 편의를 제공하는 수도 있으며, 또한 복합운송주선인은 고객을 위하여 신용장이나 외화의 매매를 위한 은행의 수배를 하기도 한다.

일곱째, 포장 및 창고 보관업무를 수행한다. 복합운송주선인은 운송수단 또는 목적지에 적합한 포장을 할 수 있는 독자적인 포장회사를 가지는 수도 있으며, 화물의 포장방법에 관해서 운송수단이나 목적지에 가장 적절하고 효과적인 것을 화주에게 조언한다. 또한 복합운송주선인은 주체자로서의 운송이나 LCL 화물의 통합·분배 또는 혼재업무를 행하는 당연한 결과로서 자기의 환적창고를 소유하여 일시적 또는 단기 보관서비스도 제공한다.

여덟째, 보험을 수배한다. 복합운송주선인은 화물보험에 관계되는 가장 유리한 보험형태, 보험금액, 보험조건 등에 정통하여 화주를 대신하여 보험수배를 할 수 있으며, 운송화물의 사고발생시 화주를 효율적으로 보좌한다.

아홉째, 화물의 집화·분배·혼재서비스를 제공한다. 전통적인 대행기관이 아닌 운송주체자로서의 복합운송주선인의 업무는 화물의 집화·분배·혼재서비스 등을 들 수 있는데, 이 운송주체자로서의 업무가 복합운송주선인의 본연의 중요한 기능이라 할 수 있다.

열 번째, 보관업자 또는 분배업자의 역할을 수행한다. 복합운송주선인은 수화인을 위한 화물의 관리업자 및 분배업자로서의 기능도 가지고 있다. 전자는 문전인도의 전 운송 과정에 걸쳐 화물의 안전과 원활한 흐름을 도모하기 위해 화주를 대신해서 이를 감시하는 일이며, 후자는 대량으로 수입되는 화물을 일괄하여 통관한 뒤 각지에 흩어져 있는 수화인에게 배송·인도하는 일이다.

열한번째, 시장조사업무를 수행한다. 해외의 거래망을 통하여 외국의 바이어를 소개하기도 하고, 국내시장에 관한 정보를 수집하는 등 여러 가지 방식으로 수출입업자를 지원한다.

(4) 복합운송주선인의 경제적 효용성

프레이트 포워딩 서비스(Freight Forwarding Service)가 국제물류 과정에 참여하는 각 분야별 이익주체에 제공하는 경제적 효용성은 다음과 같다.

먼저 화주의 측면에서는 복잡한 국제화물유통 관련업무에 관해 포워더를 이용함으로써 비용, 시간, 인력 절감 등을 꾀할 수 있으며, 자기 기업 내에 운송전문 스탭을 두지 않고도 물류정보, 운송지식, 운송에 관한 Know-how 등 최적의 조언을 활용할 수 있어 자기 본업인 생산과 판매에 전념할 수 있다.

수화인은 화물수령에 필요한 서류의 작성 및 절차에 관해 프레이트 포워더의 조언을 용이하게 입수할 수 있고 자기의 통상업무에 전념하고 있으면 포워더는 화물의 도착을 통지(arrival notice)해줄 뿐만 아니라 수화인의 문전까지 화물을 인도해준다.

프레이트 포워더는 다수의 송화인으로부터 위탁받은 선복 교섭권을 활용하여 대형화된 화물량을 배경으로 실제운송인으로부터 보다 유리한 요율를 유도함으로써 소위 '규모의 경제'를 실현하여 그 이익을 수탁자인 화주가 수혜하도록 한다.

수출입업자가 스스로 국제물류 업무를 수행할 경우에 있어서 각자 육상, 항만, 해상 등의 각 세부적인 정보를 입수하여 포장, 보관, 하역에 관한 정보와 결합시켜 가까스로 수출입상품의 물류비용을 파악할 수 있는데 반해 프레이트 포워더를 이용할 경우 수출입업자의 활동을 최소화시키면서도 일관수송 서비스를 수행하기 위한 해당 상품의 운임 부담력 또는 수급의 완급에 따라 최적의 운송시스템 선택이 가능하도록 한다.

실제운송인 측면에서의 경제적 효용성면에서는 포워더는 실제운송인(Performing Carrier, Actual Carrier)에 대한 관계에서 화주의 입장이 되기 때문에 운송인이 프레이트 포워더를 이용할 경우 일반 화주와 직접 교섭하는 것보다 많은 이익을 향유할 수 있다.[2] 즉 실제운송인은 각양각색의 수많은 화주들을 상대로 직

---

2) Air Carrier는 화주를 상대로 직접 집화활동을 하지 않으며, 보통 계약대리점(Air Cargo Agent, Air Freight Forwarder)을 통하여 집화하고 있다.

접 집화활동을 하는 것보다 집화전문가인 포워더를 상대함으로써 안정적인 물량확보를 꾀할 수 있다.

(5) 복합운송주선인의 서비스기능 및 영업형태

복합운송주선인의 서비스 기능에는 첫째, 일반 포워딩 서비스(general forwarding service)이다. 이는 운송지역과 화물특성에 적합한 운송수단을 선택하여 운송주선인으로서 제공하는 서비스를 말한다.

두 번째는 복합운송인 서비스이다. 이는 선박회사 등의 운송업체를 매체로 하여 독자적인 운송서비스망과 운임요율표에 의하여 복합운송인으로서 제공하는 서비스를 말한다.

세 번째는 복합운송주선인과 복합운송이다. 컨테이너사용을 전제로 하는 복합운송은 단일 계약의 주체에 의해 조직되어 일관된 시스템으로 운영되는 것이 특징이다. 복합운송인이 될 수 있는 자는 선박회사, 트럭회사, 철도회사, 창고업자, 운송주선인 등 유통기능을 담당하는 자 가운데 단일 책임을 지고 복합운송증권을 발행하는 자가 될 수 있다.

복합운송주선인이 복합운송인의 기능을 수행하는 데 있어 결정적인 역할을 한 것은 1983년 3차 개정 신용장통일규칙 제25조 d조에 의한 포워더가 발행한 복합운송증권(FIATA CT B/L)의 은행에 의한 매입을 가능하게 함으로써 증권의 융통성 부여와 미국의 신해운법(Shipping Act of 1984) 제3조의 규정에 의한 복합운송주선인이 복합운송주체자로서의 법적 형태라 할 수 있는 무선박운송인의 법적 지위를 명확히 한 것이라 할 수 있다. 그러나 1993년 제5차 개정 신용장통일규칙 500부터는 FIATA B/L의 특권을 삭제하여 일반 운송주선인이 발행한 B/L과 동일하게 요건을 갖춘 경우에만 수리하도록 개정하였다. 따라서 FIATA 복합운송서류를 제시할 경우 운송중개인의 운송서류로서의 요건을 갖추어야 한다.

복합운송이란 궁극적으로 물류의 근대화 내지 합리화에서 비롯되었으며 복합운송주선인은 이와 관련하여 해상, 육상, 항공의 각 운송수단(mode)을 유기적이고 과학적으로 결합하여 화주의 요구를 최대한 충족시켜줄 수 있는 능력을 보유한 운송전문가이다. 이러한 점을 감안해 볼 때 컨테이너 이후의 국제유통상의 발전추이로 보아 실질적으로 복합운송주선인이 곧 복합운송인이고, 국제복합운송인이 바로 복합운송주선인이라 할 수 있다.

네 번째는 복합운송주선인과 무선박운송인이다. 복합운송주선인은 오랜 역사를 가진 고전적인 개념이지만 무선박운송인(NVOCC: Non Vessel Operating Common Carrier)은 최근 발전되어 온 컨테이너화의 산물이라 할 수 있다. 무선박운송인은 본래 미국의 트럭업자와 철도회사들이 마련한 품목 무차별 운임(FAK Rate: Freight All Kind Rate)에서 출발하여 컨테이너운송에 있어서 경쟁력을 강화하고 집화에 있어서 우위를 차지하려는 의도에서 탄생·발전되어 온 것이다.

무선박운송인은 1963년 일반명령서(general order)에 의하여 처음 법제화된 후 1984년 신해운법에서 법적으로 지위를 인정받았다. 그러나 이는 정의나 기능을 표현한 것일 뿐 법적 자격을 규정하고 있지 않기 때문에 복합운송주선인이 FIATA 복합운송증권을 발행하고 통운임을 단일 요율로서 화주에게 제시하여 서비스하게 되는 무선박운송인의 역할을 수행하는 데에는 별 지장이 없었다.

복합운송의 주체자인 국제복합운송인의 자격이나 정의에 관해서는 유엔국제화물복합운송조약 이외에는 규정된 것이 없기 때문에 이론적으로는 누구든 이를 인수하여 복합운송인이 될 수 있다. 따라서 무선박운송인이 운송수단을 보유하지 않고 운송인의 역할을 수행하는 점을 감안해 볼 때 복합운송주선인이 복합운송인이며 무선박운송인이 되는 것이다.

제9장

보관물류, 하역 및 포장

1. 재고의 개념과 특성

1) 재고의 정의와 역할

(1) 재고의 정의

재고(inventory or stock)는 일반적으로 '장래의 수요와 출하에 대비한 재화의 비축'으로 정의된다. 재고는 원자재(raw material inventory), 공정 중 재고 (work-in-process inventory), 완제품 재고(finished goods inventory) 등으로 구분된다. 일반적으로 재고관리는 총물류비의 25~40%를 차지하며 물류관리에서 운송 다음으로 중요한 비중을 차지하고 있다.

(2) 재고의 역할

재고의 역할은 다양한데 크게 규모의 경제실현, 수급의 균형, 전문화, 불확실성 제거, 공급사슬에서의 완충 등이 있다.

첫째, 재고는 구매, 운송, 주문비용, 생산 등에서 규모의 경제를 달성하는데 필요하다. 대량구매에 의한 할인이나 대량운송에 따른 수송비절감 등을 도모할 수 있고 또한 자재비의 상승에도 대처할 수 있게 한다.

둘째, 수요와 공급의 계절성으로 인해 기업은 재고를 보유한다. 제조업체는 원가 절감을 위하여 평준화된 생산량을 위해 비수기에도 지속적으로 생산함으로써 성수기에 대처하고자 한다. 또한 제품의 수요는 대체로 연간 안정적인데 비해 원자재는 특정 시점에만 가용되는 경우도 있다. 이런 경우 생산업자는 현재의 수요보다 많은 재고를 보유함으로써 전체 구매비용을 절약할 수 있다.

셋째, 재고를 보유함으로써 판매의 기회 손실을 예방할 수 있다. 구매자의 주문시 또는 매장에서의 판매시 재고가 없다면 판매 상실로 이어질 수 있다. 따라서 충분한 재고는 가용성을 높여 고객서비스 품질 제고와 품절비용을 줄일 수 있다.

넷째, 재고는 각 공장이 특정 제품의 생산에 특화할 수 있게 한다. 완성품은 선적되어 대단위 혼재창고로 운송되고 거기서 수요자의 주문에 맞춰 배송된다. 특정 공장에서 장기간 생산과 대량수송은 이로 인한 추가적인 비용을 상쇄하고도 남는다.

다섯째, 재고는 불확실성의 리스크로부터 보호한다. 즉 재고는 수요예측의 오차, 납기지연 등으로 인한 품절 위험을 완화시켜준다.

여섯째, 기업은 공급사슬에 걸쳐 완충적 역할을 위해 재고를 보유한다. 즉 공급자 → 조달 → 생산 → 마케팅 → 유통 → 중개상 → 소비자로 연결 및 전달되는 과정에서 재고는 완충재의 역할을 하게 된다. 생산에 초점을 맞추어질 때 물류는 푸시 생산방식을 지원하는 완충재고로 활용되며 마케팅에 초점을 맞추어질 때 물류는 짧은 납기시간으로 마케팅 확장을 지원하기 위해 예상 재고를 보유하고 있어야 한다(Abrahamsson, 2008).

2) 재고의 유형

기업은 재고 유지에 따른 비용의 부담에도 불구하고 고객서비스와 생산의 연속성을 유지하기 위해서 재고를 불가피하게 보유하게 된다. 재고의 유형에는 목적 및 필요성에 따라 다음과 같이 분류된다.

① 정상재고(normal inventory): 한번 주문한 양으로 다시 주문할 때까지 가용 재고가 존재하는데 이러한 재고를 말하며 운전재고(working stock)라고도 한다.

② 주기재고(cycle inventory): 제품의 통상적인 수요에 대응하기 위해 일정한 시기에 주기적으로 주문해 보유하는 재고를 말하며 로트사이즈 재고(Lot Size Inventory)라고도 한다. 주로 소량을 여러 차례 주문하는 것보다 대량으로 가끔 주문하는 것이 규모의 경제 달성에 도움이 되기 때문에

재고를 보유한다.

③ 안전재고(safety stock): 수요나 조달기간의 변동을 흡수하기 위해 보유하는 재고를 말한다. 수요의 불규칙 변동에 대응, 생산·판매의 계획변경에 대응, 수요예측, 결함품 조치 등과 같은 조직의 노력이나 관리비용을 절감하기 위해 필요하다. 안전재고의 규모는 제품수요의 예측력에 의해 좌우되는데 수요의 예측력이 낮을수록 예기치 못한 수요 변동에 대응하기 위해 더 많은 안전재고를 보유해야 한다. 또한 원자재의 부족, 고갈이나 인플레이션으로 인한 가격 상승 등에 대비하여 미리 확보해두는 재고이다.

④ 운송 및 유통재고(in-transit inventory): 공장 → 유통업자 → 소매상 → 고객에 이르는 과정에서 운송 및 보관 중인 재고로 전체 시스템을 유지하는데 필요한 평균재고를 말한다.

⑤ 계절재고(seasonal inventory): 계절적 요인으로 성수기 수요를 충족시키기 위해 비성수기에 미리 생산하여 축적된 재고를 말한다.

⑥ 예상재고(anticipation inventory): 수요 또는 가격상승 등을 예상하여 의도적으로 사전에 비축하고 있는 재고를 말하며 투기재고(speculative inventory)라고도 한다.

2. 재고관리

1) 재고관리의 의의

재고는 자본을 활용하는 것이기 때문에 재고관리의 목적은 기업의 수익을 증대시키고, 기업 정책이 재고수준에 미치는 영향을 예견하고, 물류활동의 총비용을 감소시키는 데 있다. 따라서 재고관리는 '기업이 보유하고 있는 각종 재화를 합리적이고 경제적으로 유지하기 위한 활동'이다.

기업의 수익성은 매출을 증대하고 재고비용을 줄임으로써 개선될 수 있다. 매출의 증가는 높은 재고를 보유하여 가용성을 높이고 일관성 있는 고객서비스를 제공함으로써 가능하다. 낮은 재고수준은 고객 주문의 충족률을 감소시켜 매출 감소로 이어진다. 그러나 높은 수준의 재고로 인한 비용은 이러한 편익을 감소시키게 된다. 재고관련 비용을 감소시키는 위해서는 주문처리지연(back order)이나 신속배송의 횟수를 줄이고 시스템상의 진부화 또는 사장재고(dead stock)를 없애고 예측의 정확성을 개선해야 한다. 물류창고간 재고의 환적과 소량 단위의 운송도 재고관리계획의 개선을 통해 제거될 수 있다.

2) 재고관리의 중요성과 필요성

(1) 재고관리의 중요성 증대

최근 생산과 판매를 둘러싼 환경변화 예를 들어 글로벌화, 제품수명단축, 고객니즈의 다양화와 같은 요인들로 인해 재고관리는 더욱 중요해 지고 있다. 왜냐하면 이러한 요인들로 추가적인 재고가 필요하므로 기업 경영에 부담 요인으로 작용하기 때문이다.

표 9-1 재고관리의 중요성 증대 요인

• 세계화, 규제완화 등의 기업환경 변화	• 반품관리의 어려움
• 기술혁신으로 제품수명단축	• 단축된 납기 배송
• 고객욕구의 다양화 및 고도화로 상품가치 저하 우려	• 다빈도 발주와 배송
	• 다품종 판매

(2) 재고관리의 필요성

재고관리가 중요한 이유는 먼저 재고를 과다 보유할 경우 문제점으로는 첫째, 자금의 유동성을 방해하고 기대투자이익의 손실을 초래하며, 둘째, 재고품의 진부화(obsolescence)로 상품으로서의 기회상실 등을 가져오고, 셋째, 재고유지로 제품의 보험료, 금리, 세금 등이 부담이 되고, 넷째, 제품의 수명이 짧은

표 9-2 재고 보유로 인한 손실

과다재고	과소재고
• 자금이 묶이게 되어 운전 자금 증대(흑자 도산)	• 납기지연에 의한 신용저하 및 영업활동량의 저하 초래
• 재고비용의 증대(금리 창고비용 등)	• 납기지연 및 생산라인 정지
• 가격 인하 등의 위험 내재	• 구입재료, 부품 등의 결품에 따른 인력. 설비의 대기 발생 및 빈번한 계획변경
• 새로운 것(구입재료, 부품 등) 전환에 불리	• 공정능력 및 생산량 차이에 따른 사람·설비의 대기 및 공정혼란 발생
• 시장압박에 따른 시황의 저하	• 잔업 및 설비의 순간 과부하 초래
• 기대 투자이익손실 발생	• 긴급조달 및 출하에 따른 단가상승
• 기회 손실 증대	

경우에 상품의 가치가 훼손되기 때문이다.

그러나 기업이 재고를 적게 보유하면 품절로 인한 판매 손실의 우려가 있고 고객서비스를 충분히 제공하지 못하여 신용을 잃게 된다. 또한 생산에 필요한 원·부자재의 부족은 제품의 생산활동과 적기납품을 저해하는 등의 부작용을 수반하기 때문에 재고 과소와 과다 보유간에 상충관계(trade-off)가 발생한다. 그러므로 재고관리는 고객의 요구에 충족하는 충분한 제품의 구색과 공급량을 보장하는 것이다.

3) 재고비용과 재고관리모형

(1) 재고비용

재고관리의 기본 목표는 적시·적량의 재고수준을 최소의 비용으로 유지하는 것이다. 재고비용에는 재고유지비용, 주문비용, 품절비용 등이 있다.

① 재고유지비용(inventory carrying costs): 일정수준의 재고품을 보유하고 유지할 경우 발생하는 비용이다. 자본비용(이자), 창고료, 보험료, 세금, 감가상각비, 진부화비용, 손상 및 파손비용, 입고비 등이 포함된다.

② 주문비용(order processing costs): 입하를 위한 주문행위시 발생하는 비용으로 준비비용(setup cost)이라고도 한다. 주문처리비, 도착물품의 품질과 양에 대한 검사비용, 상품을 임시 보관장소로 옮기는 적재비용 등이 포함된다.

③ 품절비용(stock-out costs): 수요량이 공급량을 초과할 때 발생하는 비용으로 판매기회의 상실로 인한 기회비용이다. 이 비용은 객관적으로 측정하기가 어려우며, 기업의 성격과 상황에 따라 다르게 된다.

(2) 재고관리모형

일반적으로 수요와 공급의 변동에 따른 불균형을 방지하기 위해 계획된 재고 수량을 정확히 산출하는 것은 아주 중요하다. 또한 고객의 욕구에 대응하여 상품을 제공할 수 있는 능력, 즉 가용성(availability)은 물류서비스의 가장 중요한 요소이다. 가용성을 높이기 위해서는 많은 재고를 보유해야 하는데 이 경우 재고보유에 따른 보관비용이 급격하게 상승하게 된다. 즉 고객서비스와 재고비용간에는 상충관계가 발생하게 된다. 따라서 이 두 요소를 고려한 재고수준, 즉 적정재고량을 도출하는 모형이 활용되는 데 이를 재고관리모형이라 한다.

재고관리모형은 확정적 재고모형과 확률적 재고모형으로 나누어진다. 확정적 재고모형(deterministic inventory model)에서는 적정 재고정책(경제적 주문량)에 필요한 요인인 수요, 재고비용, 조달기간이 확정적이며 이러한 정보를 알고 있다고 가정한 모형이다. 여기에는 경제적 주문량(EOQ: Economic Order Quantity), 정량주문량(FOQ: Fixed Order Quantity), 정기주문량(POQ: Periodic Order Quantity) 정책 등이 있다.

확률적 재고모형(probabilistic model inventory model)은 수요와 조달기간이 가변적이며 이에 관련된 정보를 알지 못한다고 가정한 모형이다. 여기에는 수요와 조달기간이 확정적일 때, 이 중 한 요소가 가변적일 때, 두 요소가 모두 가변적일 때를 가정하여 최적의 주문량과 주문시점을 구하는 모형이 있다.

4) 경제적 주문량

[그림 9-1]에서 보는 바와 같이 기업의 주문량이 감소하면 평균재고와 재고유지 비용은 감소하는 반면 연간주문회수가 늘어나 주문비용은 증가하게 된다. 이에 반해 주문량을 증가시키면 그 반대의 현상이 일어난다.

그림 9-1 경제적 주문량 재고모형

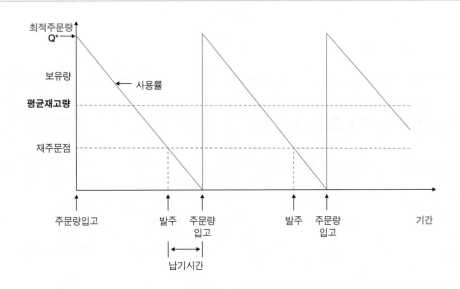

따라서 최적의 주문량은 매우 많거나 적은 양이 아닌 적정수준이 되어야 한다. 경제적 주문량(EOQ)이란 총재고비용을 최소화할 수 있는 최적주문량을 결정하는 것이다. 따라서 경제적 주문량은 연간 재고유지비용과 주문비용의 합이 최소가 되는 1회 주문량의 크기(Lot)를 말한다([그림 9-2] 참조).

그림 9-2   재고비용과 주문비용과의 관계

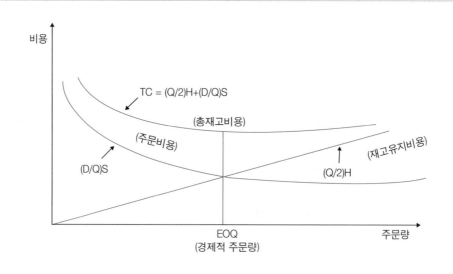

경제적 주문량을 수학적으로 표현하면 〈표 9-3〉과 같다. 즉 전체 주문비용은 구매비용, 재고비용, 주문비용의 합이 되며 이를 1회 주문량(Q)으로 미분하면 총비용을 최소로 하는 공식이 만들어 진다.

표 9-3   경제적 주문량의 공식

기호	수학공식
TC: 연간 재고관련 총 비용 D : 연간 수요량 Q : 1회 주문량(최적주문량, Q*로 표시) C : 단위당 구입가격 S : 1회 주문비용(준비비용) H : 연간 단위당 재고유지비용(단위당 　　구입가격 %로 표시 H=%×C)	$TC = DC + (\frac{Q}{2})CH + (\frac{D}{Q})S$ 총비용＝구매비용＋재고비용＋주문비용 $\frac{dTC(Q)}{dQ} = 0 + \frac{CH}{2} - \frac{DS}{Q^2} = 0$ $EOQ^* = \sqrt{\frac{2DS}{CH}}$

3. 재고관리기법과 사례

1) 재고관리기법

재고관리의 중요성이 증대되면서 다양한 형태의 재고관리기법들이 등장하고 있다. 재고관리기법은 대부분 재고를 최소화하면서 가용성을 확보하는 데 초점을 맞추고 있다. 재고관리에서 많이 활용되는 기법은 JIT, MRP, DRP, Cross-docking, ERP, VMI, ABC 재고관리 등이 있다.

JIT는 생산공정 상 또는 넓은 범위에서는 공급사슬의 구성원간에 필요한 수량의 물품을 필요한 시점에 공급함으로써 공정 내 또는 공급사슬상에서의 재고를 최소화하는 방법이다.

자재소요계획(MRP: Material Requirements Planning)과 물류자원계획(DRP: Distribution Resource Planning)은 필요한 자재 또는 물류자원의 필요한 시점과 필요한 수량을 계획적으로 공급함으로써 기업 자원의 비능률적 활용과 재고와 같은 낭비적 요소의 제거를 목적으로 한다.

전사적자원관리(ERP: Enterprise Resource Planning)는 기업 내 각종 데이터를 전산화하여 각 부서의 업무를 실시간 통합적으로 수행할 수 있어 재고의 파악을 용이하게 함으로써 재고를 정보로 대체하여 재고량 또는 비용을 절약할 수 있다.

크로스 도킹(Cross-docking)은 트럭단위의 단일 상품이 물류센터에 도착해 화물을 하역과 동시에 분류 및 혼재하여 다른 운송수단으로 옮겨 실어 보관 기능을 제거함으로써 재고를 줄이는 방법이다.

ABC 재고관리는 여러 재고품목들을 판매의 중요도(A, B, C 등급 등)에 따라 분류하여 품목별로 차별적으로 재고를 통제하는 기법으로 판매 비중이 높은 상품의 재고와 낮은 상품의 재고량을 달리 가져감으로써 재고를 줄일 수 있다.

2) 재고의 집약화와 분산화

재고를 집약화하느냐 분산화하느냐는 재고관리 의사결정에서 중요하다. 이러한 의사결정에는 제품의 특성, 물류센터의 위치, 가치의 밀도, 판매의 변동성, 화물 혼재의 가능성, 재고회전율, 배송시간 등의 많은 요인들이 영향을 미친다.

경박단소하고 제품의 가치가 높은 상품은 상대적으로 넓은 보관 공간이 덜 필요하다. 상품의 수요 변동성(판매의 변동성)이 높으면 신속하게 대응해야 하기 때문에 소비지에 가까운 곳에 보관 장소를 운용하는 것이 유리할 것이다.

화물 혼재는 운송고정비를 분산화할 수 있으며, 이는 재고의 분산화를 통해 달성될 수 있다. 화물 혼재 가능성이 높으면 재고회전율을 낮출 수 있고, 이는 재고분산화를 가져올 수 있다. 짧은 배송시간은 재고분산화에 유리하게 작용할 수 있다.

재고의 집중화와 분산화의 장단점은 결국 고객 대응시간과 전체 물류비의 관점에서 접근해야 할 사안인데, 재고의 분산화는 대응시간에 그리고 집중화는 비용에 유리하다. 그럼에도 불구하고 이러한 결정에는 생산, 판매, 운송 등의 다양한 요소를 고려해야 한다. 최근 정보통신기술, 창고관리시스템(WMS), 운송관리시스템(TMS)의 발전은 물류합리화 특히 재고관리에 커다란 영향을 미치고 있다.

3) 재고관리의 사례

(1) Wal-Mart의 사례

월마트는 크로스 도킹(Cross docking)시스템을 도입하여 재고를 획기적으로 줄이면서도 가용성을 높이는데 성공하였다. 공급업체가 대량의 상품이 크로스 도킹을 위한 장소에 도착하여 소형차량으로 이적하여 점포로 바로 배송함으로써 중간 물류센터에서의 재고와 취급비용을 절감할 수 있다. 월마트는 전체 상품의 85% 가량을 크로스 도킹으로 처리하고 있다.

또한 월마트의 바코드 부착과 판매시점관리(POS) 시스템의 구축으로 판매 즉시 해당 데이터가 본사에 전달되고 이를 기초로 한 정확한 예측을 통해 가용성의 증대와 재고량의 절감을 통해 고객서비스 개선과 비용을 줄일 수 있었다.

(2) Dell의 사례

델 컴퓨터는 직접마케팅(Direct Marketing)으로 재고관리 비용을 절감하였는데, 가능한 고객에 맞추어 부품을 주문하며, 조립이 완료된 제품을 제3자물류업체를 활용해 고객에게 직접 배송한다. 이를 통해 재고자산의 보유기간이 평균 6일에 달하여, 간접판매 경쟁업체들의 평균 50일과는 월등한 격차를 유지했다. 또한 주문생산방식(BOT: Build to Order)을 채택하고 있는데 이는 주문 후 생산하기 때문에 이론적으로는 완제품의 재고를 제로로 가져갈 수 있다는 의미이다. 델은 고객과 고객이 주문하는 상품을 추적함으로써 고객이 향후 주문할 상품과 보유해야 할 재고 유형에 대해 더 잘 알 수 있다. 이로 인해 급속한 기술발전으로 부품의 진부화 비용이 큰 부담인 컴퓨터 산업에서 획기적인 비용절감을 통해 가격경쟁력을 높일 수 있었다.

(3) 도요타의 JIT 재고전략

일본 자동차 제조업체인 Toyota가 개발한 JIT(Just-In-Time) 재고 시스템은 공급업체의 원자재 주문을 생산 일정에 직접 맞춘다. 즉 필요한 만큼(수량), 필요할 때(시점)에 생산하는 것이다. Toyota의 생산시스템은 수요변화에 신속하게 적응할 수 있어 재고를 효율적으로 관리함으로써 비용을 낮추는 동시에 고품질의 생산을 보장한다.

4. 수요계획과 예측

1) 수요계획

수요계획이란 고객이 구매할 상품이나 서비스의 수량을 추정하는 프로세스를 말한다. 기업이 제품을 생산할 때 상품과 서비스의 수량뿐만 아니라 이를 생산하기 위한 원부자재의 수량, 생산 일정, 생산설비와 노동력, 프로세스관리 등 다양한 요소를 동시에 고려해야 한다.

효과적인 수요 계획은 기업이 제품과 서비스에 대한 고객 수요를 정확하게 예측하여 기업의 이익과 고객 만족을 모두 충족시킬 수 있도록 한다. 고객이 무엇을 원하는지, 언제 원하는지를 명확하게 이해함으로써 기업은 재고 수준에 대해 정보에 입각한 결정을 내리고 과잉 재고 및 재고 부족과 관련된 비용을 피할 수 있다.

수요계획은 푸시(Push)와 풀(Pull) 방식이 적용된다. 과거에 유행했던 푸시방식은 "만약 우리가 만들면 고객이 올 것이다"라고 가정했다. 기업이 혁신적인 제품을 개발하면 수요가 창출된다는 접근 방식이다. 이러한 접근으로 때때로 수요가 공급을 초과하여 판매 기회를 놓치게 되었고 또는 공급이 수요를 초과하여 재고가 선반이나 창고에 남아 비용이 증가하고 현금흐름이 악화되기도 했다.

오늘날 대부분의 수요 계획 프로세스는 풀(Pull) 방식을 사용하는 데 이는 고객 수요를 예측하고 이를 사용하여 기타 모든 운영계획을 수립하게 된다. 풀 접근의 주요 과제는 고객 수요를 정확하게 예측하는 것이다. 부정확한 예측은 푸시방식과 마찬가지로 수익 창출 기회를 놓치고 비용이 상승하는 문제를 일으키게 된다.

2) 수요예측

수요예측은 내부와 외부 데이트를 분석하여 판매 또는 소요량을 예측하는 것을 말한다. 수요예측은 수요계획 프로세스의 일부일 뿐만 아니라 전체 재고 관리활동의 일환이다. 수요예측은 효과적인 재고관리에 매우 중요한데, 적절한 재고량의 결정을 통해 비용의 최소화와 고객 만족도를 높이고, 정보에 입각한 전략적 결정을 내릴 수 있도록 해준다. 도매업체를 포함하여 많은 기업들은 과잉재고, 품절 그리고 기타 재고관련 문제로 인해 엄청난 비용을 지불하고 있다. 따라서 효율적인 수요계획 또는 예측은 재고관리에 중요한 역할을 할 뿐만 아니라 물류관리 전반에 걸쳐 다음과 같은 효과를 가져올 수 있다.

첫째, 재고수준의 최적화이다. 정확한 수요 예측은 유지 관리할 적절한 재고량을 결정하는 데 필수적이다. 미래 수요 추세를 이해함으로써 기업은 재고 과잉 또는 재고 부족 문제를 피할 수 있다.

둘째, 비용 절감이다. 정확한 수요예측은 비용절감에 기여한다. 과잉 재고는 자본뿐만 아니라 시설물 유지비용을 발생시키는 반면, 재고 부족은 판매 손실과 조달 비용을 증가시킬 수 있다. 예측은 적절한 균형을 유지하여 초과 재고와 재고 부족과 관련된 비용을 최소화할 수 있도록 한다.

셋째, 고객 서비스의 향상이다. 수요 예측은 고객이 구매를 원할 때 제품을 사용할 수 있도록 보장하여 고객 만족도와 충성도를 향상시킨다.

넷째, 공급망 효율성을 제고시킨다. 수요 예측은 공급망 계획 및 조정에 필수적이다. 이를 통해 공급업체, 제조업체 및 유통업체는 생산 및 조달 활동을 예상 수요에 맞춰 조정하고 리드 타임을 단축시키고 보다 효율적이고 대응력이 뛰어난 공급사슬관리를 구현할 수 있다.

다섯째, 전략적 계획수립이다. 정확한 수요 예측은 시장 동향, 계절적 변화, 제품 수명 주기에 대한 통찰력을 제공하여 전략 계획을 지원한다. 예측 정보는 마케팅 전략, 제품 개발 및 재고 투자와 관련하여 정보에 입각한 결정을 내리는 데 유용하다.

예측기법으로는 시계열 분석법, 회귀분석, 계절추세법 등이 활용된다. 또한 정보기술의 발달로 다수의 수요 계획 소프트웨어들이 개발되어 사용되고 IoT, AI, 머신러닝 등을 활용해 보다 정확한 수요 예측이 실현되고 있다. 수요 계획 소프트웨어는 기업의 판매 내역, POS 데이터, 창고, 공급업체, 판촉 정보, 경제 및 경쟁 동향 등 다양한 요소를 종합하여 기업의 수요를 예측한다.

제2절 창고관리

1. 보관과 창고관리의 의의

1) 보관의 개념

보관(storage)이란 '물품을 물리적으로 저장·관리하는 것'을 의미한다. 그러나 단순한 물품저장에 국한하지 않고, 물리적 관리를 통하여 물품의 가치를 유지하는 데 목적을 두고 있다. 또한 보관은 정확한 시간과 장소에 필요한 상품이 가용할 수 있게 해주는 수단을 제공하여 상품의 효용가치를 증가시킨다. 보관은 물품의 생산과 소비의 시간적 차이를 조정해 줌으로써 '시간적 효용(time utility)'을 창출하는 기능을 가지고 있다. 즉 생산과 소비시기의 조정을 위해 상품을 보관하고 이를 통해 상품의 가치를 창출 및 증대시킨다.

보관은 상품의 소비시기와 계절성을 맞추기 위한 정태적이고 장기적인 저장형 보관과 운송의 효율을 높이기 위해 동태적이고 단기적인 운송형 보관으로 구분된다. 보관은 과거에는 저장(stock)과 같은 의미로 사용되었으나 기업활동에서 마케팅 지향성이 강해지고 재고투자에 대한 인식이 높아짐에 따라 순수한 생산제품 혹은 원료물품의 저장이라는 정태적이고, 수동적인 접근에서 벗어나 동태적이고 적극적인 접근으로 전환되었다.

보관은 고객서비스의 최전선이며 단순히 저장이 아닌 비용과 서비스의 상충관계를 전제로 운송과 배송간의 윤활유 역할을 수행할 뿐만 아니라 생산과 판매와의 조정 또는 완충기능과 함께 집산, 분류, 검사장소 등의 역할을 수행하고 있다. 보관의 대상은 보관장소인 창고 또는 물류센터와 그 설비로서 제품의 특성에 맞는 창고의 위치, 종류 및 그 시설의 선택이 중요하다.

보관은 재화의 물리적 배치를 의미하기 때문에 상품 수령, 취급, 배송 등과 같은 활동을 포함하는 창고관리의 일부로 볼 수 있다.

2) 창고의 개념과 종류

(1) 창고의 정의

창고란 '물자가 감소하거나 품질이 저하되지 않는 상태에서 수요공급의 조정을 원활하게 함으로써 생산활동, 판매활동, 소비활동에 기여하기 위한 시설'이다. 창고에서의 작업과정은 입하 → 보관 → 오더 피킹 → 검품 → 포장 → 출하의 과정을 거치게 된다. 창고관리는 이러한 제반 활동을 통해 창고의 효율화를 도모하고, 나아가 전체 물류비 절감과 고객서비스를 증진시킨다.

(2) 창고관리의 중요성

물류시스템의 목적은 주기시간(cycle time)을 단축시키고 전체 재고를 줄이면서 고객서비스를 개선하는 것이다. 창고관리는 정확한 시간과 장소에서 정확한 물품이 가용할 수 있도록 하는 수단을 제공함으로써 제품의 효용가치를 증대시키는 데 목적이 있다. 주문 혼재, 주문 조립, 제품 믹스, 크로스 도킹 등의 활동이 창고 구조물 내에서 일어나며 이러한 활동들은 전체 물류시스템에서 부가가치를 가져다준다.

창고관리는 경제적 편익과 서비스의 편익을 가져다준다. 경제적 편익의 측면에서 창고는 효율적 운영, 보관 능력 그리고 중심 위치에 설치 등을 통해 규모의 경제를 실현시켜 준다. 이는 창고에서의 혼재와 저장 업무를 통해 이루어질 수 있다. 혼재 업무는 기업과 고객간 배송비용을 줄여준다. 다수의 공급처로부터 개별적으로 품목을 적재하는 대신 물품이 중앙창고로 운반되어 혼재 포장하여 주문에 따라 배송된다.

서비스 편익 측면에서 창고는 판매 주문을 충족시키기 위해 비상계획의 일부로서 역할을 한다. 창고에서 재고는 미리 결정된 수준으로 유지하는데 이를 안전재고라고 한다. 조달에서 안전재고는 운송의 지연 또는 선적품의 불량 또는 파손제품의 발생과 같은 비상시 고객의 주문을 이행할 수 있게 한다. 판매물류에서 안전재고는 품절에 대한 보험이 된다.

(3) 창고의 역할과 기능

창고는 재화를 필요한 시점까지 보관하고 더 나아가 운송과 배송을 연결시켜주며, 또한 물류센터로서 집산, 분류, 유통가공과 같은 다양한 부가가치 물류를 수행하는 장소이다. 이러한 관점에서 창고는 저장, 수급조절, 연결 등의 기능을 가진다.

표 9-4	창고의 역할

- 첫째, 소비지점의 가장 가까운 곳에 위치하여 배송시간을 절약하는 고객서비스의 최전선이다.
- 둘째, 비용과 서비스의 상충관계에서 운송과 배송의 윤활유 역할을 수행한다.
- 셋째, 지속적인 생산과 판매가 가능하도록 생산과 판매의 조정 및 완충 역할을 수행한다.
- 넷째, 배송센터나 물류센터에서 집산, 분류, 유통가공, 조합 및 검사의 역할을 수행한다.

표 9-5	창고의 기능

▪ 저장기능	▪ 수급조정기능	▪ 매매기관적 기능	▪ 신용기관적 기능
▪ 가격조정기능	▪ 연결기능	▪ 판매 전진기지적 기능	

(4) 창고의 종류

창고는 설치 목적, 형태, 기능에 따라 다양한 종류로 구분될 수 있다. 소유형태로는 자가창고와 영업창고로 구분되고 운영주체에 따라서는 민영과 국영으로 그리고 용도에 따라서 일반창고, 저장창고, 야적창고, 수면창고, 냉동·냉장창고, 위험물창고 등으로 나누어진다.

표 9-6	창고의 종류

구분	유 형	기 능
소유	자가창고	자기의 물품을 보관하기 위한 창고
	영업창고	다른 사람이 기탁한 물품을 보관하는 창고
주체	상업용창고	민간업체에 의해 상업적 목적으로 운영되는 창고
	공공창고	공익을 목적으로 국가 또는 공공단체가 운영하는 창고
구조	보통창고	창고 내부에 아무런 설비가 되어 있지 않은 창고
	기계화 창고	랙(rack) 시설, 지게차, 크레인, 컨베이어 등에 의해 운영되는 창고
	자동화 창고	정보시스템과 입출고시스템이 컴퓨터에 의해 운영되는 창고
기능	통과창고	화물의 원활한 통과에 초점을 맞춘 창고
	보세창고	관세법에 의해 창고업자가 세관장의 인가를 받아 세관의 감독 하에 수출입세 미납화물을 보관하는 시설
용도	일반창고	상온의 일반적인 물품을 보관하며 원재료 창고, 제품창고 등
	저장창고	지반에 정착한 정장탱크로서 내화구조를 갖추고 있어 곡물 등 분립체를 사일로(Silo)에 저장하는 형태
	야적창고	야적이 가능한 토지 또는 공작물일 것, 벽, 울타리, 철조망 등을 설치하여 야적이 가능한 물품을 야적하는 방식
	수면창고	원목 등 물에 뜨는 보관물을 수면에 보관하는 창고
	냉동·냉장창고	냉각설비를 가진 단열된 창고로서 생농·축산물, 생수산물 또는 냉동가공품 등을 10도 이하로 보관하는 창고
	위험물창고	각종 위험물을 보관하는 창고로 LPG, LNG, 액체질소 등을 저장하는 고압가스탱크, 휘발유, 경유, 원유 등을 위한 저유탱크

2. 창고관리의 활동과 의사결정

1) 창고관리의 활동과 프로세스

(1) 창고관리 활동

창고는 재고를 보관하는 활동 이외에 수출입, 유통 가공, 혼재, 하역, 라벨링, 정보, 금융 등 각종 부가가치 물류서비스 활동을 수행한다. 최근 창고는 〈표 9-7〉에서 보는 바와 같이 물류의 중심적 기능을 수행하는 물류센터로 개념이 전환되고 있으며, 원활한 물류관리의 핵심적 역할을 하고 있다.

표 9-7	창고서비스의 활동

- 수송과정에서 일시보관
- 보세장치
- 저온 및 냉동보관
- 소규모 창고공간 임대
- 업무 및 전시공간 제공, 일반사무업무
- 교통정보
- 배차 및 혼재화물 취급
- 재고관리
- 정보 통신설비 제공
- 화물혼재계획
- 포장 및 조립서비스
- 화물소독
- 화인(marking), 꼬리표 부착(tagging)
- 스탠실링(stenciling), 소포장(wrapping), 깔판(dunnage)과 받침목 제공
- 상하차 작업
- 보수, 쿠퍼링(coopering), 샘플채취, 무게측정

- 화물검사
- 대금상환(c.o.d collection)
- 특수재고명세서 집계
- 고객정보관리
- 지역 및 장거리 트럭관리
- 부품인도 및 설치
- 창고수취증
- 과부족, 화물손상 보고서 작성
- 운임분할
- 신용정보
- 보관품에 대한 대부
- 관리창고서비스(field warehousing service)
- 항만터미널서비스
- 특수장비 소요되는 중량, 장척화물 보관 야적
- 선적화물 하역, 보관
- 액체화물 취급
- 컨테이너 화물 취급

(2) 창고운영 프로세스

창고운영은 최초 화물의 입고에서부터 보관, 이동, 쌓기, 분류, 혼재, 포장 및 하인 등을 거쳐 출고될 때까지의 활동을 수행하며 일반적인 프로세스는 [그림 9-3]과 같다.

| 그림 9-3 | 기업운영 창고의 활동 프로세스 |

① 입하(Receiving)는 조달 운송수단으로부터 자재를 내려놓고, 자재의 수량과 상태를 확인하며, 정보를 서류로 작성한다.

② 이동(Put-away)은 도크에서 화물을 격납시켜 보관장소로 이송하여 특정 위치로 이동하고, 기록하고 자재가 어디에 적치되었는지 확인한다.

③ 보관(Storage)은 미래에 제품 사용 또는 선적을 위한 제품의 보유이다. 보관구역 내에서 이송 관련 서류에 따라 재고의 빈번한 확인이나 물리적 이전 이외에 이 활동에 포함된 노동은 없다.

④ 보충(Replenishment)은 자재가 주문이 직접 기재된 것으로부터 일시적 재공급 구역까지 자재를 다시 위치시킬 때 일어난다.

⑤ 주문 고르기(Order selection)는 포장지역으로 이동하기 전 특정 제품의 요구수량을 집화(picking)하는 것이다.

⑥ 체킹(Checking)은 제품 번호와 수량의 조건에서 주문 선정을 확인하고 서류로 작성하는 것이다.

⑦ 포장과 하인(Packing and marking)은 하나 또는 그 이상의 제품의 주문을 적절한 컨테이너에 집어넣고 고객 선적 목적 데이터뿐만 아니라 다른 요구되는 하역정보에 라벨링하는 것을 말한다.

⑧ 장치 및 혼재(Staging and consolidation)는 특정 출고 차량 또는 배송 경로와 관련된 지시에 근거해 자재를 포장구역에서 적재구역으로 물리적으로 이동시키는 것이다.

⑨ 출하(Shipping)는 준비지역으로부터 자재를 실은 출고차량에 적재하고 이동과 관련된 서류작업을 완료하는 활동이다.

⑩ 사무행정(Clerical/office administration)은 자재가 창고까지, 창고를 통과하여 또는 창고로부터 이동하면서 품목의 위치추적과 관련된 모든 업무를 말한다.

자료: Gourdin, 2006.

(3) 창고관리의 효율화

창고관리의 목적은 최소비용으로 창고의 공간, 작업자, 하역설비 등을 유효하게 활용함으로써 고객서비스의 수준을 제고하며, 보관시설 및 품목별로 재고량을 적정하게 유지하는 데 있다. 이를 위해 입고에서 출고에 이르기까지의 전 과정에서의 활동을 개선시켜 창고관리의 효율화를 도모해야 한다. 창고관리 효율화를 위한 활동에는 하역의 효율화, 재고관리의 정확성, 로케이션 관리, 오더피킹, 분류의 신속성과 정확성, 반품처리의 정확성, 공간사용의 효율화, 창고의 자동화 시스템 설계, 입고 및 출고, 반품처리 등에 따른 재고와 판매수급의 일치화 등이 있다. 이러한 활동을 효율적으로 지원하기 위해 많은 기업들이 창고관리시스템(WMS: Warehouse Management System)을 도입하고 있다.

2) 창고시설에 관한 의사결정

물류관리자에게 있어 중요한 보관관련 의사결정은 창고의 신설과 임대, 창고의 개수, 창고의 규모, 재고의 분산화와 집중화, 창고의 위치 선정 등을 들 수 있다.

(1) 창고의 신설과 임대

창고활용의 의사결정에서 가장 중요한 것이 창고를 직접 건립할 것이냐 아니면 영업용 창고를 활용할 것이냐이다. 자가 또는 영업용 창고는 〈표 9-8〉에서 보듯이 각기 장단점을 가지고 있다. 자가 창고의 장점은 목적에 맞게 최적의 창고설계가 가능하며, 기계화에 의한 성력화, 수주 및 출하의 일관화 등이 있고, 반면 창고건설에 막대한 자금이 소요되며, 수요 변동에 대한 탄력성이 낮다는 단점이 있다.

영업용 창고는 창고보관면적의 활용성에서 탄력성이 높으며, 용이한 입지에 위치해 있는 경향이 강하다. 규모의 경제를 추구하기 때문에 일반적으로 자가 창고에 비해 효율성이 높아 운영비용이 저렴하다. 그러나 다양한 타인의 화물을 유치하기 때문에 전문성이 낮을 뿐만 아니라 물류의 다른 시스템과 그리고 자사의 다른 경영활동과의 연계성이 부족하다는 단점을 가지고 있다.

표 9-8	자가 창고와 영업용 창고의 장단점	
	장점	단점
자가 창고	• 최적의 창고설계 가능 • 기계에 의한 성력화 • 수주 및 출하의 일관화 • 노하우의 축적	• 창고건설에 따른 자금소요 • 확장성의 제약 • 계절변동에 비탄력적
영업용 창고	• 창고보관면적의 탄력성 • 완전한 관리체제 • 비용의 명확화 • 용이한 입지선정 • 탄력적인 수·배송 능력	• 토털 시스템과의 연결력 미약 • 시설변경의 탄력성 저하 • 임차로 자기자산이 아님 • 시간이나 시스템의 탄력성 부족

(2) 창고의 개수

적정한 창고 개수의 결정에는 운영의 효율성, 비용 및 서비스 수준 등이 중요한 고려사항이 된다. 창고의 개수는 다른 물류기능에도 많은 영향을 미치는데 예를 들어 창고의 개수가 늘어나면 지역운송비는 감소하는 반면 공장에서 창고까지의 운송비용을 포함해 전체 재고비용, 창고관리비용 등은 증가하게 된다. 또한 창고 개수의 증가로 유통점이나 소비자에 근접해 위치함으로써 조달시간이 단축되어 고객서비스의 수준은 증가하는 경향이 있다.

정보기술은 창고의 집중화를 지원하는 데 그 이유는 창고의 배치와 설계, 재고통제, 입고와 출고, 정보 교환의 용이성이 증가되기 때문이다. 또한 재고를 정보로 교체하는 것은 더 효율적인 창고운영과 부합하며 고객에 대한 서비스에 필요한 창고의 수를 감소시킬 수 있게 한다.

(3) 창고의 규모

창고의 규모는 창고의 개수와 반비례 관계에 있다. 즉 일반적으로 창고의 개수가 적으면 규모를 크게 해야 하고 그 반대로 다수의 창고를 보유할 경우 개별 창고 크기는 작을 수 있다. 창고의 규모에 영향을 미치는 요소는 〈표 9-9〉와 같다.

표 9-9	창고 규모에 영향을 미치는 요인		
요인	크기	요인	크기
고객서비스 수준↑	↑	규모의 경제↑	↑
시장의 규모↑	↑	보관 배치형태	–
제품 수량↑	↑	복도 요구사항↑	↑
하역시스템(첨단)↑	↑	창고 내의 사무공간↑	↑
물동량 처리율 (예, 재고회전율)↑	↑	랙과 선반 유형	–
생산 조달시간↑	↑	수요의 수준과 변동성↑	↑

자료: Stock and Lambert, 2001.

(4) 재고의 분산화와 집중화

물류의 관점에서 재고를 분산화할 것인가 집중화할 것인가는 고객서비스와 물류비에 큰 영향을 미치기 때문에 중요하다. 재고의 집중화는 적은 수의 창고가 그리고 재고의 분산화를 위해서는 많은 창고가 필요하기 때문에 창고의 집중화·분산화와 같은 의미이다.

그림 9-4	창고의 집중화와 분산화

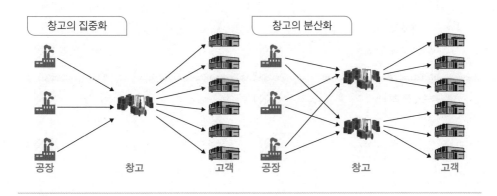

재고의 분산화는 창고의 수가 많아 각 창고마다 각각의 재고를 보관하기 때문에 동일 품목이 복수 창고에서 중복하여 보관되어 전체 재고가 늘어나며 창고관리의 복잡성과 비용이 많이 소요된다.

창고의 집중화를 통해 얻을 수 있는 이점은 첫째, 물류의 운영비(운송비, 재고관리, 장비 비용 등)를 절감할 수 있다. 둘째, 창고 운영의 효율성 제고이다. 예를 들어 집약화된 창고에서는 넓은 작업공간이 제공되기 때문에 장비 활용도 제고, 단위당 적은 인원이 투입될 뿐만 아니라 재고관리의 효율성을 가져올 수 있다. 셋째, 운송시설도 효율적으로 활용할 수 있을 뿐만 아니라 경로 및 운송 일정관리도 보다 단순화시킬 수 있다. 넷째, 구매 단위의 대형화로 구매비용을 줄일 수 있다. 다섯째, 한 곳에서 많은 품목을 보관함으로써 제품의 다양성과 가용성(availability)을 증대시킬 수 있다.

이에 비해 분산화를 통한 이점은 첫째, 고객에 가까운 지역에 물류창고를 운영할 수 있기 때문에 고객에 대한 반응성의 증대로 고객서비스의 품질을 제고할 수 있으며 판매와 마케팅 활동을 효과적으로 지원할 수 있다. 둘째, 특정 창고에서 화재, 홍수, 기타 자연재해가 발생할 경우 이를 대체할 수 있다. 〈표 9-10〉은 창고의 집중화와 분산화의 장단점을 나타내주고 있다.

표 9-10   물류센터의 집중화와 분산화의 장단점

	집중화	분산화
서비스 수준(대응성)	저	고
단위당 운영비용	저	고
대체성	저	고
상품의 전체 금액	고	저
구매단위 크기	대량	소량
특수 창고활동	가능	불가능
제품 품목 수	다양	제한적

최근 물류센터의 집중화 추세가 활발한데 이는 정보시스템과 인프라 발달과 밀접한 관계가 있다. 먼저 창고관리 시스템(WMS)을 통해 대규모의 물류센터 관리가 가능해졌으며 운송시스템(TMS)으로 원자재－생산－마케팅 장소간의 효율적 연결이 이루어졌다. 더 나아가 공급사슬 전체의 관리(SCM)체제로 물리적·정보의 교환을 통해 운영의 효율화를 도모할 수 있기 때문이다. 두 번째는 인프라의 확장인데 철도, 도로 망이 건설되어 어느 곳이든 접근성이 높아지고 운송 속도가 빨라지면서 소비자 대응력을 높이기 위해 소비지 근처에 위치할 필요성이 상대적으로 줄어들게 되었기 때문이다.

(5) 창고의 위치 선정

창고의 위치 선정은 기업의 필요성과 목적을 확인하여 최적의 위치를 확보하는 것을 말한다. 창고의 위치선정은 기업 전략의 일부이며, 또한 이와 부합되어야 한다. 일반적으로 기업은 비용과 위험을 최소화하면서 최대의 기회를 획득하고자 한다. 창고의 적절한 위치선정은 물류의 효율성과 효과성에 커다란 영향을 미쳐 기업 전체의 수익을 좌우한다. 기업이 잘못된 위치에 창고를 배치할 경우 고객과 직원에 대한 접근성, 운송, 조달 등에 부정적인 영향을 미친다.

창고의 위치를 선정할 때 고려요인은 다음과 같다. 첫째로 물리적 위치이다. 이것은 어떤 지역에서 서비스를 할 것이냐에 좌우된다. 제품이 고객 인근지역에 보관되어 있으면 신속한 배송이 가능하며 비용에도 영향을 미친다. 생산지에서 창고까지의 운송비와 그 시설물에서 최종소비지까지의 예상 비용을 계산하여 최소 지역을 선정하여야 한다. 또한 운송시설과의 인접성도 고려해야 한다. 그러므로 창고관리비와 운송비가 최소가 되는 지점을 구하고 운송업체와도 가능한 한 근접한 곳을 선정하여야 한다. 글로벌 운송에 많이 의존하는 기업은 창고시설을 항만 또는 공항에 인접한 곳에 위치시키는 것이 운송에 유리하다. 최근 많은 항만과 공항들은 이러한 기회를 활용하기 위해 넓은 배후지를 확보하여 물류센터의 유치에 적극적이다.

두 번째는 자체적으로 창고를 신설할 것인지 임대할 것인지를 결정한다. 그 외에도 창고 시설 내의 장치도 결정해야 하는 데 랙 방식 또는 벌크 형태로 보관할 것인지에 대한 사항이다. 임대할 경우 임대계약 방식도 고려해야 한다. 특히 계절성 제품인 경우 이를 보관 및 관리하는데 적합한 위치를 선택하는 것이 유리하다. 제품의 수요가 변동성이 높으면 연중 보관량에 따라 신축적인 공간을 활용할 수 있는 위치가 유리하다. 또한 장기적인 활용 가능 여부에 추가하여 필요시 신속하게 공간을 임대할 수 있는지의 여부도 확인해야 한다.

　세 번째는 보관공간의 요구사항을 검토하는 것이다. 위험물, 가연성 제품 그리고 식품류의 보관에는 엄격한 보관설비와 소방에 대한 요구사항을 갖추고 있어야 한다. 창고의 위치가 이러한 제품 특성에 맞는 요구사항을 적절히 충족할 수 있는지도 고려해야 한다. 화학제품과 용수시스템을 필요로 하는 상품간에는 서로 다른 요구사항을 가질 수 있다. 환경 문제는 항상 고려해야 하기 때문에 주변에 하천이 있는지가 중요하다.

　네 번째는 노동력의 가용성을 검토한다. 신설된 창고의 위치에서 노동력이 가용한지를 확인해야 한다. 노동력이 얼마나 필요한지를 확인하고 시설물에 기대어 물품을 어떻게 쌓아올릴 지를 확인하는 것은 정시 배송과 미래의 확장에 중요하다. 창고시설은 인력을 몇 교대로 운영할 것인지도 고려해야 한다.

표 9-11	창고의 위치에 대한 고려 사항

- 완제품을 저장하는 경우 소비자의 접근이 편리한 곳에 위치
- 원재료를 저장하는 경우 생산시설의 내부 또는 가까운 곳에 위치
- 지리적인 장애물에 의해 공급자가 소비자에게 접근 불능인 경우가 발생하지 않아야 함
- 전기, 수도, 가스 등과 필요한 인력 확보가 가능해야 함
- 장래의 확장을 고려한 충분한 여분을 포함해야 함

3. 보관기기

　창고관리를 위해서는 창고 내에 물품의 보관작업을 할 수 있는 기기를 갖추어야 한다. 만약 창고 바닥에 물품을 쌓아 놓으면 집화와 보관의 효율성은 현저히 저하된다. 그러므로 물품의 체계적인 보관과 집하를 지원하기 위한 다양한 보관기기가 사용되는데 대표적인 것으로 팔레트와 랙을 들 수 있다.

1) 팔레트(Pallet)

팔레트는 화물을 일정 수량단위로 모아 하역, 보관, 수송하기 위해 사용되는 하역받침대이며 이를 이동시키기 위해 주로 지게차(forklift)가 이용된다. 팔레트는 〈표 9-12〉와 같이 형태별, 재료별, 표준규격별로 분류될 수 있다.

| 표 9-12 | 팔레트의 종류 |

분류기준	종류
형태	Flat pallet, Box pallet, Silo pallet, Tank pallet, Post pallet, Roll pallet, Roll box pallet, Cold roll box pallet, Sheet pallet, Skid pallet, Net box pallet
재료	목재팔레트, 플라스틱팔레트, 철제팔레트
표준규격	▪ ISO표준규격: 1219mm×1016mm, 1200×1000, 1200×800, 1140×1140 ▪ EU사용규격: 600mm×400mm, 1200×800, 800×600, 600×400, 300×200

2) 팔레트 랙(Rack)

랙(rack)은 '기둥과 선반으로 구성되는 산업용 물품의 보관용구'를 총칭한다. 가장 일반적인 형태인 팔레트 랙은 팔레트에 있는 자재를 보관하기 위해 설계된 하역보관 보조시스템이다. 팔레트 랙의 종류는 다양하지만 대부분 팔레트화된 자재를 다층으로 수평 줄로 보관하도록 되어 있다. 지게차는 보관용 랙에 적재된 팔레트를 위치시키는 팔레트 랙 시스템의 통합된 부분이다.

〈표 9-13〉에서 보는 바와 같이 팔레트 랙은 기능에 따라 Sliding rack, Mobile rack, Flow rack 등과 같이 다양한 종류가 있다.

표 9-13 | 랙의 종류

종류	기 능	형 태
Sliding rack (미끄럼 랙)	팔레트의 바닥이 경사구조로 되어 보관물이 앞으로 미끄러짐(선입선출)	
Mobile rack (이동랙)	건물바닥에 이동 rail을 설치하여 고정랙 공간의 1/2을 차지(공간효율 2배 가능)	
Flow rack (유동랙)	팔레트바닥에 장치를 부가하여 보관물이 앞으로 움직일 수 있도록 함(선입선출)	
Drive-in rack (드라이브인 랙)	지게차가 랙 안으로 들어갔다 나올 수 있는 구조로 만든 랙(지게차 통로면적 절감)	
Drive-through rack (통과랙)	지게차가 랙 안으로 들어가서 반대방향으로 나갈 수 있는 구조로 만든 랙	

4. 창고자동화

1) 창고자동화의 개념

창고자동화는 창고 운영의 기계화, 간소화 및 최적화하기 위해 다양한 기술, 시스템 및 프로세스를 구현하는 것을 말한다. 자동화의 목표는 창고나 유통 센터 내에서 상품의 보관, 취급 및 이동에 있어 효율성, 정확성, 시간 단축 등 창고관리의 생산성을 향상시키는 데 있다. 창고자동화에는 다양한 기술과 프로세스가 통합되어 있으며, 그 구현은 특정 요구사항과 운영규모에 따라 달라질 수 있다.

최근 물류 디지털화와 로봇, 자율주행차 등의 기술발전과 더불어 더 높은 수준의 자동화, 무인화, 유연성, 효율성, 지능화를 갖춘 창고시설의 확보와 창고관리가 이루어지고 있다. 이와 더불어 인력난과 인건비의 상승 그리고 처리량이 급증하면서 창고의 자동화는 선택이 아닌 필수요소가 되고 있다.

2) 창고자동화 기술

창고자동화는 물품을 취급하고 이동하는 등 창고 내에서 수행하는 물리적 작업의 자동화와 작업흐름, 데이터 관리, 의사결정 등의 최적화로 분류된다.

(1) 물리적 자동화

물리적 자동화는 창고 내에서 상품의 물리적 이동의 자동화를 구현하는 데사용되는 기술이다. 여기에는 컨베이어 시스템, 자동 분류 시스템, 자동 가이드 차량(AGV), 로봇공학, 자율주행차, 바코드 및 RFID 기술 등이 포함된다. 로봇과 자율주행차는 집품 및 포장을 위한 로봇 팔, 자재 운송을 위한 자율이동 로봇(AMR), 드론 등이 있다. 자동 분류 시스템은 컨베이어, 센서 및 전환기를 사용하여 품목을 자동으로 분류하고 지정된 위치로 보내는 데 사용된다. 바코드, RFID(Radio-Frequency Identification) 등은 자동식별 기술로 상품 이동을 정확하게 실시간으로 모니터링하여 오류를 줄이고 재고 가시성의 향상을 지원한다.

(2) 프로세스 최적화

프로세스의 최적화는 주로 창고내 창고관리와 상품의 이동과 관련된 프로세스를 최적화하는 데 활용된다. 여기에는 창고관리시스템(WMS), 자동 보관 및 검색 시스템(AS/RS), 데이터 분석 및 예측 분석, 클라우드 컴퓨팅 및 통합 등이 포함된다. WMS는 다양한 창고 프로세스를 제어하고 최적화하는 데 활용되는데 여기에는 재고 관리, 주문 처리, 피킹 최적화, 실시간 추적과 같은 기능이 포함된다. AS/RS는 재고 위치에서 상품 보관 및 검색을 자동화하는 시스템이다.

창고자동화 시스템에서 발생하는 방대한 데이터는 분석도구를 통해 창고성능의 개선과 의사결정에 활용될 수 있다. 클라우드 기반 시스템으로 실시간 데이터 액세스 및 협업이 가능할 뿐만 아니라 ERP(전사적 자원 관리), CRM(고객 관계 관리) 등 다른 비즈니스 시스템과 통합하면 공급사슬 구성원 및 기능 간의 원활한 커뮤니케이션을 보장한다.

제3절 하역과 포장

1. 하역

1) 하역의 개념과 기능

하역(materials handling)은 '자재와 제품의 생산, 유통, 소비, 폐기과정에서 그들의 운반, 보관, 통제, 보호 등의 활동'으로 정의된다. 보다 구체적으로 자재와 제품을 각종 운반 수단에 싣고 내리는 것과 창고보관을 위한 입출고나 창고 내에서의 쌓기와 내리기 또는 그와 부수되는 작업들을 총칭한다. 하역활동은 운송, 보관, 포장의 일부에 포함되어 이 활동들의 지원 역할을 하기 때문에 하역 자체가 갖는 가치보다는 운송, 보관능력의 효율성 향상을 지원하는 역할이 크다고 할 수 있다. 하역은 생산에서 소비에 이르는 전체 공급사슬에서 무수히 수행되어 효용의 창출에 직접적인 영향을 미친다. 하역은 기본적으로 비부가가치 활동으로 간주되기 때문에 물류관리자는 가능한 한 하역활동을 줄이기 위한 노력을 하여야 한다.

하역의 효율화를 위해서는 하역의 필요성을 제거하거나 최소화하기 위한 기계·장비를 선택하여 공장에 배치하여야 하며, 하역비용을 최소화하여야 한다. 하역비용 최소화는 〈표 9-14〉와 같은 방법으로 가능하다.

표 9-14	하역비용 최소화 방법

- 생산과정에서 미완성된 제품 이동 최소화
- 한 단위로 필요한 최적의 장소로 이동 계획
- 운반거리의 최소화
- 기계화를 통한 하역작업의 속도 증대
- 후진과 반복된 하역의 제거 또는 최소화
- 하역에 중력 활용
- 자재운반을 가속화시키기 위해 인력보다는 기계의 활용

해상운송에서 하역(stevedoring)은 선박으로의 화물의 적·양하 작업을 말하는데 항만운송법에는 '화주 또는 선박 운항업자의 위탁을 받아 화주에게 인도하거나, 선박에 의하여 운송될 화물을 화주로부터 인수받아 선박에 인도하는 행위와 이러한 행위에 선행 또는 후속되는 행위를 말한다'고 정의되어 있다.

2) 하역의 구성요소와 유형

(1) 하역의 구성요소

하역은 물자의 수송 및 보관시 발생하는 작업으로 수송을 위한 적하 활동 및 창고 보관에서 발생하는 일련의 작업을 말하며 〈표 9-15〉와 같은 활동으로 구성되어 있다.

표 9-15	하역의 요소

작업	활동
적하	운송기기 등에 물건을 싣고 내리는 것
운반	공장 또는 창고 내에서의 비교적 단거리를 이동시키는 것
적재	창고 등의 정해진 위치와 형태로 쌓는 것
반출(picking)	보관장소에서 물품을 꺼내는 작업
분류(sorting)	물품을 품목별, 발송지별, 고객별로 분류하는 것
정돈	물건을 운송기기에 바로 실을 수 있도록 정돈하는 것

(2) 하역의 유형

하역은 일반적으로 하역되는 물품의 특성에 따라 두 가지로 분류된다. 먼저 액상하역(bulk solids handling)은 정제(fine), 자유흐름의 물체(예, 밀가루 또는 모래), 미세물체(예, 콩 또는 조각비누), 또는 덩어리 물체(예, 석탄 또는 목피)와 같은

입체의 운반과 보관을 포함한다. 단위하역(handling)은 단위적재가 가능한 물품의 운반과 보관을 말한다. 단위적재는 한 두 지역간에 처리되는 단일 품목, 다수 품목 또는 벌크 물품에 적용된다. 액상과 가스의 하역은 유체역학의 범주에 들어가는 반면 액상 또는 가스 물질의 컨테이너 이동과 보관은 단위하역의 범주에 속한다.

하역은 운반방식에 따라 운반하역(구내하역), 육상하역, 해상(항만)하역, 항공하역으로 구분된다. 운반하역은 적재와 하차, 집화와 분류(Picking & Sorting), 반송과 이송을 위한 목적으로 시행하는 하역이다. 육상하역에는 트럭 또한 철도에 짐을 싣고 부리는 작업을 말하며, 해상(항만)하역은 부선에서 본선으로 옮겨 싣거나, 내리는 작업 또는 육상에서 본선에 적·양하 작업이며, 항공하역은 항공기에 탑재 또는 하역하는 작업이다.

3) 하역장비 기능과 종류

(1) 하역장비의 기능

하역장비는 물품의 운반, 위치시키기, 단위적재 형태로 조성, 보관, 인식과 통제 등의 활동을 가능하게 하는 것이다. 운반은 작업장간 또는 도크(dock)간 등으로 위치를 옮기는 활동이다. 위치시키기 작업은 다음 물류작업을 위해 정확한 위치에 물품을 배치시키는 것을 말한다. 단위적재 형태로의 조성은 운송과 보관 중 단일의 적재형태로 일관성을 유지할 수 있도록 물품을 처리하는 것이다. 보관은 일정기간 동안 물품의 보유 또는 완충을 말한다. 인식과 통제는 시설물 내 또는 시설물간 그리고 공급자와 고객간 물품의 흐름을 조정하기 위해 정보의 수집과 교환을 말한다.

(2) 하역장비의 종류

하역장비는 하역의 기능을 수행하는 기기를 말하며 다음의 3가지 유형이 있다. 첫 번째, 운반하역기기는 한 장소에서 다른 곳으로 자재를 운반하는 장비로 컨베이어, 지게차, 구내운반차, 무인운반기(AGVS: Automatic Guided Vehicles), 승강기, 소형운반차 등이 있다. 두 번째, 연속하역장비로는 컨베이어(Round, Curve, Chain, Mesy conveyor, Spiral, Flexible, Portable)가 있다. 세 번째, 일괄하역장비로는 지게차(Counter balanced type, Reach type, Side type), 핸드팔레트 트럭(Hand pallet truck), 기중기(Crane) 등을 들 수 있다.

(3) 국제운송의 하역장비

국제운송은 내륙 국가간의 운송시 트럭을 이용하여 전 구간 운송을 완료하는 경우를 제외하면 대부분의 운송이 복합운송으로 이루어진다. 복합운송은 다양한 운송수단을 결합하여 운송 전체의 효율성을 극대화하는 데 목적이 있다. 다양한 운송수단으로의 결합은 환적시 하역시스템의 효율적 지원 없이는 불가능하다. 따라서 컨테이너화에 의한 운송수단간 효율적 환적이 이루어지면서 복합운송은 빠르게 발전하였다.

가장 널리 활용되고 있는 국제운송의 하역단위에는 세미 트레일러(semitrailer), 스왑 바디(swap-body), 컨테이너, 단위적재기기(unit load device) 등이 있다. 세미 트레일러는 도로운송에서 압도적으로 많이 이용되고 있는 하역장치이며, 스왑 바디는 트럭에 최적화된 하역단위이며 운송수단간(도로/철도) 이전을 용이하게 하는 하역장치이다. 컨테이너는 모든 운송수단에 적재될 수 있는 하역장치이며 특히 복합운송시 많은 장점을 가져다준다. 단위적재기기는 주로 항공운송에서 활용되며 효율적인 육상 하역을 위해 다량의 화물을 혼재하기 위해 도입된다.

4) 하역 합리화

(1) 하역 합리화의 의의

하역은 물류의 기본이며 '물(物)의 이동'에는 반드시 하역작업을 필요로 하기 때문에 작업횟수를 줄이거나 화물의 파손이나 분실을 최소화할 수 있도록 시행되어야 하며, 물류의 다른 기능과 유기적으로 연결할 수 있도록 조직되어야 한다.

하역의 효율화를 위해서는 하역시설, 화물의 단위화(unitization)와 기계화가 필수적이다. 하역의 단위화는 컨테이너화와 팔레트화가 대표적이다. 단위화된 화물, 즉 컨테이너와 팔레트는 지게차, 크레인, 컨베이어 등을 이용하여 하역된다. 하역 운반 또는 수송하는 방식의 단위적재시스템은 전체 물류시스템의 효율화 제고에 큰 역할을 한다. 이와 아울러 운송의 연결점에서 시설장비의 기계화가 이루어지고, 포장의 규격화, 표준화가 추진되어야 한다.

(2) 단위적재시스템

단위적재시스템(ULS: Unit Load System)은 '화물을 일정한 표준의 중량 혹은 용적으로 단위화(unitization)하여 기계의 힘으로 하역 및 수송하는 방식'이다. ULS는 하역의 기계화 및 합리화, 화물파손방지, 적재의 신속화, 차량회전율의 향상 등을 가능하게 하여 물류관리의 효율성을 증진시킨다. ULS의 대표적인 방식은 팔레트화와 컨테이너화이다.

팔레트는 1940년경 미국에서 처음으로 개발되었으며 처음에는 공장 내에서 운반합리화의 수단으로 활용되었다. 지게차(forklift)가 개발되면서부터 발송에서 도착까지 팔레트에 적재된 상태로 일관 수송하는 일관팔레트화(palletization for through transit)가 도입되었다. 그 후 문전에서 문전으로 일관 수송하는 일관팔레트화의 방법이 도입되어 협동일관수송 방식(트럭에서 화차 또는 타 수송기관으로 중계)이 발전되었다. 최근에는 팔레트 로더(pallet loader)로 생산라인과 결합하거나 랙(rack) 창고와 결합하여 자동화하는 방향으로 계획·활용되고 있다.

이에 비해 컨테이너의 활용은 1920년경부터 미국철도회사들이 육상수송에서 시작되었다. 해상에서의 컨테이너수송은 1956년 미국의 Sea-Land 선사에서 연안 수송에 도입하였다. 이후 원양항로와 항공운송으로까지 확대되었다. 컨테이너 운송방식은 다양한 수송기관과의 원활한 중계를 통해 협동일관수송을 가능하게 해 주었다.

2. 포장

1) 포장의 개념과 기능

(1) 포장의 정의

포장(packaging)은 '물품의 전시, 판매, 운송, 보관, 취급, 사용 등에서 그 가치 및 상태를 보호하기 위하여 적절한 재료, 용기 등으로 물건을 싸는 기술 혹은 싸여진 상태'라고 정의한다. 포장은 통상 생산라인의 종착점이자 물류의 시발점으로 볼 수 있기 때문에 어떻게 포장하는가가 그 이후의 물류관리에 중대한 영향을 미친다. 특히 운송과 보관 활동에 많은 영향을 미친다. 예를 들어, 물류에서 포장의 간이화는 포장비는 절약되지만 물품의 파손이 증가되고 하역

비, 운송비, 보관비의 상승을 초래하게 된다. 따라서 적정한 포장은 물류의 총
비용을 최소화할 수 있도록 시행할 필요가 있다.

포장단위는 거래처나 취급자의 요구에 따라 하역단위를 고려하여 결정하는
데, 팔레트, 컨테이너, 트럭, 화차, 기타 운송수단과의 관계를 고려하여 표준규
격에 의해 하역이 이루어질 수 있도록 포장한다.

(2) 포장의 기능과 중요성

포장의 편익은 물품의 보호 또는 판매 촉진 등이 대표적이며 〈표 9−16〉
에서 보는 바와 같이 추가적인 다양한 편익이 있다.

표 9-16 포장의 편익	
• 포장은 마케팅 믹스에서 판매 촉진 • 물품의 품질, 가치를 보호 및 보전 • 물품 취급의 편리성 제공 • 운송, 하역, 보관장비의 효율성 제고	• 물품에 대한 정보 및 지시 • 사용 후 폐기시 자원 절약 • 위생과 안전 제고 • 생산, 유통, 소비의 합리화

물류과정에서 포장의 중요성은 첫째, 수송, 보관, 판매, 재활용을 연결하는 유기
적인 시스템을 제공해 준다. 둘째, 최소비용으로 양호한 상태의 상품을 운반하기 위
한 도구의 활용을 가능하게 한다. 셋째, 판매이익을 최대화하면서 물류비를 최소화
하는 역할을 한다.

물류기능 내에서의 포장의 역할은 첫째, 창고관리와 하역 면에서 보관과 하
역의 효율성과 편의성을 제고하며 공간의 활용도를 높여준다. 둘째, 운송 면에
서는 항공운송의 경우 압력에 견디게 하고 크기와 중량을 줄여준다. 셋째, 도로
와 철도운송에서는 겹쳐 쌓기를 통해 공간의 활용도를 높이며, 해상운송에서는
열악한 환경조건을 견딜 수 있게 한다.

포장은 〈표 9−17〉에서 보듯이 다른 물류기능간에 상충관계가 존재한다.

물류활동	포장 특성	상충관계
운송	포장정보 증가	▪ 화물 지연 감소 ▪ 분실 화물의 위치추적 감소
	포장보호 증가	▪ 운송 중 파손과 도난 감소 ▪ 포장무게와 운송비용 증가
	표준화 증가	▪ 하역비용 감소 ▪ 적양하시 차량 대기시간 감소 ▪ 화주를 위한 운송수단 선택 증가 ▪ 특수운송장비 필요성 감소
재고관리	제품보호 증가	▪ 도난, 파손, 보험 감소 ▪ 제품 가용성 증가 ▪ 제품가치 및 보유비용 증가
창고관리	포장정보 증가	▪ 주문접수시간과 노동비 감소
	제품보호 증가	▪ 공간활용은 증가하나 제품 크기 증가로 공간활용 감소
	표준화 증가	▪ 하역장비 비용 감소
통신	포장정보 증가	▪ 제품에 대한 타 통신 감소(예, 분실화물의 위치추적 감소)

표 9-17 다른 물류활동에서 포장비용과 서비스의 상충관계

자료: Grant et al., 2006.

2) 포장의 유형과 재질

(1) 포장의 유형과 기능

포장은 다양한 목적으로 시행되며 이에 따라 여러 가지로 분류할 수 있다. 먼저 형태적으로 구분해 보면 개별포장(단위포장), 속포장(내부포장) 겉포장(외부포장)으로 구분된다. 개별포장은 물품 개개의 포장을 말하며, 속포장은 물품을 외부적 반응으로부터 보호하기 위해 시행되며, 겉포장은 상자와 같은 용기에 넣는 형태로 이루어진다.

제조업자로부터 목적지까지 이동하는 과정에서 예상되는 조작이나 외력으로부터 상품을 보호하기 위한 목적으로 시행하는 포장을 공업용 포장이라 하며, 반면 상품의 외형을 미화시켜 소비자로 하여금 구매의욕을 불러일으킬 목적으로 시행하는 포장을 상업포장이라 한다.

포장의 주 기능은 온도, 습도, 가스 등 각종 화학변화와 운송 중 진동, 하역,

운송 중 충격, 보관 등 물리적인 변화나 오염물질로부터 내용물을 보호하는 것이다. 운송포장은 유통과정에서 다수의 하역과정을 거치므로 하역의 편리성이 중요하고, 포장에 문자, 표식, 기호, 바코드, 심벌 등을 표시하여 화물의 취급이나 분류에 필요한 사항(품명, 수량, 중량, 운송업자, 포장해체방법 등)을 명시해야 한다.

포장의 재질은 나무, 종이/판지, 유리, 금속, 플라스틱 등 다양하다. 포장의 재료는 다른 물질의 강도에 영향을 미친다. 재료의 비용 상승과 환경문제는 포장산업을 더욱 효율적으로 변화시키고 있다.

(2) 포장의 단위화

포장의 단위화는 포장을 통해 화물을 하나의 표준화된 형태로 만드는 것을 말하며 최종적인 형태는 팔레트와 컨테이너에 적입한 형태로 만드는 것을 말한다.

팔레트화는 용이한 보관과 운송을 위해 설계되며, 다양한 유형이 있다. 벌크포장 시스템은 대형 물량으로 묶는데 활용된다. 제품과 공급사슬의 요구사항에 따라 다양한 재질이 사용될 수 있는데 가장 흔히 사용되는 재질은 자루, 골판지, 금속, 경성플라스틱, 목재이다. 다양한 포장 선택의 잠재적 환경영향을 평가하기 위해 생애주기평가(LCA: Life-cycle Assessment)를 활용하며 가능한 한 재활용 재질을 활용한다.

컨테이너화는 컨테이너에 적입 형태로 만들어 크레인 등을 통해 선박 또는 항공기에 적재를 용이하게 하는 것을 말한다. 주로 복합운송화물운송 시스템에 활용된다.

(3) 포장 표준화의 이점

포장 표준화의 대상은 규격(치수), 재질, 강도 등인데 이 중에서 가장 중요한 것은 규격의 표준화이다. 포장 표준화의 이점에는 하역의 능률화로 비용절감, 발주 및 가공 신속화로 로트생산에 의한 생산비 절감, 시장 경쟁력 강화, 포장 폐기물 감소 등이 있다. 또한 포장의 표준화 과정에서 포장 모듈과 물류 모듈을 조화시키는 것이 중요하다.

제10장

국제물류기지와 컨테이너터미널

물류시설과 국제물류기지

1. 물류시설의 개념과 유형

1) 물류시설과 물류기지의 정의

물류시설(logistics facilities)이란 물류활동을 지원하는 시설물을 말한다. '화물유통촉진법' 상에는 화물의 운송, 보관 또는 하역 등 화물의 유통을 위한 도로, 항만, 철도, 공항, 화물터미널 및 창고 등으로 포괄적으로 정의하고 있다.

물류시설은 운송수단이 이용할 수 있는 도로, 철도, 항만, 공항 등 물류기반 시설과 화물터미널, 집배송센터, 화물취급장, 유통단지, 복합화물터미널 등과 같은 거점 시설로 구분할 수 있다.

물류시설에서 다양한 운송수단이 연결되기 때문에 이들 수단에 접근할 수 있는 접근로를 반드시 갖추고 있어야 하며 확장을 위한 충분한 공간과 적절한 공간 배치가 필수적이다. 과거 물류시설 또는 터미널은 운송 인프라로서 효율성이 강조되었으나 최근에는 이용자 또는 화주에게 부가가치 물류서비스를 제공할 수 있는 능력이 중시되고 있다. 또한 화주들의 종합물류서비스에 대한 요구가 증가하고, 물류시설 집약화 경향이 높아지면서 물류시설도 대형화, 복합화, 전문화되는 추세이다.

물류활동을 지원하기 위한 다양한 물류시설들이 집합적으로 조성된 지역을 물류기지라고 한다. 물류기지는 운송수단의 도착과 출발의 연결과 이 과정에서 필요한 보관, 하역, 포장, 정보 등을 지원하는 시설의 복합체라는 점에서 광의로는 물류기반 시설인 항만, 공항 등과 거점시설인 철도터미널, 화물터미널, 복합화물터미널 등을 포괄하는 의미로 사용될 수 있다.

2) 물류기지의 기능

물류기지는 광의로는 공·항만과 물류관련 각종 터미널을 포괄하지만 협의로 볼 때는 화물을 처리하고 연결해 주는 역할을 주로 하는 화물터미널 또는 물류센터로 한정된다. 물류센터는 [그림 10-1]에서 보는 바와 같이 (i) 화물을 집산·분산시키는 기능, (ii) 다양한 공급처에서 발생하는 화물을 거점(hub)으로 집산해서 다시 목적지점(spoke)으로 배송하는 기능이 있다. 그리고 (iii) 거점으로서 역할을 하지만 단순히 화물을 대량화물을 소단위로 적재해 배송하는 크로스 도크 기능, (iv) 화물의 유통보관 및 가공 활동과 물류 과정에서 발생하는 정보를 수집하고 교환해 주는 기능 등을 제공한다.

(1) 통합배송

통합배송(consolidation)은 여러 지점으로부터 유입된 화물을 통합해 목적지별로 분류하여 적재하여 배송하는 것을 말하며 혼재라고도 한다. 이를 통해 대량으로 화물을 운송할 때 발생하는 규모의 경제에 의한 비용 절감의 이점을 활용할 수 있다.

(2) 벌크분할배송

벌크분할(breaking bulk) 배송은 통합과 반대로 대량으로 적재된 화물을 소량단위로 여러 개로 쪼개어 배송하는 방식을 말한다. 이러한 예는 제조업체나 중앙물류센터에서 분리센터로 운송되어 소량단위화하여 지역 물류센터로 배송되는 경우에 활용된다.

(3) 중심-지선 시스템

중심-지선 시스템(hub-and-spoke)이란 각 지점에서 발생되는 물량들을 중심거점(hub)에 집중시킨 후, 각각의 지점(spoke)으로 다시 분류하여 이동시키는 시스템을 말한다. 중심-지선 시스템은 운송의 효율성을 높여 주어 운송비의 절감 효과를 가져올 수 있다. 이러한 시스템은 공항이나 항만에서 많이 활용된다.

(4) 크로스 도킹

크로스 도킹(Cross-docking)은 트럭단위의 단일 상품이 물류센터에 도착해 화물을 하역하는 동시에 작은 단위로 분할하고 분류하여 다른 제품들과 혼재한 후 다른 트럭에 옮겨 싣는 방법이다.

그림 10-1 　물류센터의 기능

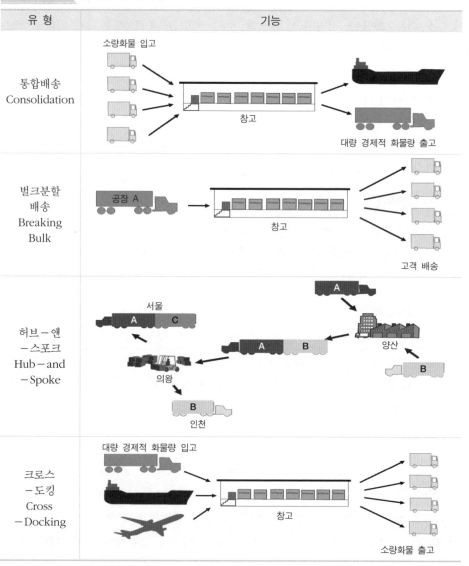

유 형	기 능
통합배송 Consolidation	소량화물 입고 / 창고 / 대량 경제적 화물량 출고
벌크분할 배송 Breaking Bulk	공장 A / 창고 / 고객 배송
허브-앤 -스포크 Hub-and -Spoke	서울 A C / A B / 의왕 / 양산 / B / 인천
크로스 -도킹 Cross -Docking	대량 경제적 화물량 입고 / 창고 / 소량화물 출고

크로스 도킹을 활용하면 다음과 같은 장점이 있다. 첫째, 재고를 거의 보유하지 않기 때문에 공급사슬 상 제품흐름이 신속해진다. 둘째, 재고를 보유하지 않기 때문에 재고비용과 창고관리 등을 절감할 수 있다. 셋째, 제품을 창고에 보관했다가 다시 꺼내올 필요가 없으므로 출하 비용이 절감된다. 넷째, 대량 화물의 처리와 배송에서 규모의 경제를 실현할 수 있다. 그러나 크로스 도킹을 실행하기 위해서는 입출고 화물의 양을 신축적으로 조정할 수 있어야 한다(Hugos, 2011).

최근 국제물류의 활성화와 더불어 대단위 물류기지들이 항만 배후권에 설치되고 있다. 대표적으로 로테르담, 싱가포르, 홍콩, 부산항 등에서는 항만을 통한 화물의 수출입, 환적운송의 지원과 더불어 부가가치 활동 수행을 위한 대단위 물류배후단지가 조성하고 있다.

3) 물류기지의 유형

물류기지는 물류의 흐름을 집산하고 유통하는 기능을 갖춘 시설로 수송을 제외한 대부분의 기능을 종합적으로 관리하는 형태로 전환되고 있다. 과거 물류기지가 보관·하역과 같이 수·배송을 연계시켜 주는 역할을 담당했다고 한다면 최근 물류기지는 다양한 부가가치 활동의 중심지가 되고 있다. 물류기지에는 기능에 따라 다양한 유형으로 구분되는데 주요 물류기지의 형태는 〈표 10-1〉과 같다.

표 10-1 물류기지의 유형 및 특성

구분	물류창고	집·배송센터	화물터미널	컨테이너데포(Depot)
정의	물류보관용 건물의 각 공장에서 완성된 제품 보관	유통사업자 또는 제조업자가 단독 조성한 집·배송 시설 및 관련 업무시설	화물의 집화, 하역, 분류, 포장, 보관, 통관 등에 필요한 기능을 갖춘 시설물	컨테이너의 하적 후 효율적 수송을 위해 보관, 저장 시설이 갖추어진 집배 중계소
기능	제품보관	최종소비자에게 배송	물류기계화, 자동화를 통해 수송, 하역, 보관, 포장 활동의 최적화	컨테이너 보관 배송
종류	일반, 냉동, 위험물	대량도매, 택배배송	공용화물: 국가 전용화물: 개인, 기업	컨테이너 데포
법적 근거	화물유통촉진법	유통산업발전법	화물유통촉진법	도시계획법상 관리지역에 소재
거래 여부	거래가능	거래가능	공용화물: 임차만 가능 전용화물: 거래가능	거래가능

(1) 물류창고

창고는 물건의 멸실 또는 훼손을 방지할 목적으로 조성된 보관시설 또는 장소이다. 창고는 생산과 소비 사이의 시간적 불일치를 해소, 물품의 수급 조절로 가격안정의 도모, 물품의 집산, 저장, 분류, 검품, 포장 등의 다양한 기능을 한다. 과거에는 저장의 기능이 강조되는 창고라는 개념은 최근에는 입출고, 유통가공 등의 활동이 중요해지면서 물류센터로 개칭되고 있다.

(2) 집·배송센터

관할지역 내의 소매점 및 소비자에 대한 배송기능을 주로 담당하는 물류거점으로 물류센터보다 소규모이고 기능이 단순하다. 집·배송센터는 도매업, 대량 소매업, 슈퍼마켓, 편의점 등으로 매일 상품의 집·배송이 동일 장소에서 실시되며 유통센터와 기능 면에서 유사하다. 주요 시설로는 보관 및 하역시설, 분류, 포장 및 가공시설, 수·배송시설, 주문처리시설 등이 있다.

(3) 화물터미널

화물터미널은 물류의 '시간적 효용(time utility)'을 창출한다는 점에서는 창고나 화물의 집·배송센터와 유사하지만 사업목적이 지향하는 바에 따라 엄밀하게 구분되고 있다. 창고가 단순히 보관을, 집·배송 센터가 단순한 집화와 배분만을 목표로 한다면 화물터미널은 화물의 집화와 소극적인 보관활동 그리고 화물의 단위화 작업을 위한 하역과 포장, 정보교환, 타 교통수단과의 연계 등의 역할을 수행한다. 그 외에도 화물터미널을 터미널의 사용자 또는 기능에 따라 분류하면, 운송수단에 따라 트럭, 철도, 해상, 항공화물터미널로 구분되고, 사용자를 대상으로 분류하면 공용과 전용화물터미널이 있으며, 기능에 따라서는 일반화물터미널과 복합화물터미널로 구분될 수 있다.

화물터미널의 기능을 확장한 개념으로 복합화물터미널이 있는데 이것은 보관, 유통 가공활동 및 정보활동을 할 수 있는 시설을 갖춘 시설물이다. 국제물류를 취급할 수 있는 복합화물터미널의 경우 항만 외곽에 건설하여 도로, 철도, 해운 및 항공 등의 수송수단을 집합 또는 연계하며, 수송과 보관업무 외에도 수출입을 위한 통관기능까지 보유하게 한다. 주요 시설은 화물취급장, 배송센터, 철도취급장, 관리편익시설, 주차장 등이 있다. 한편 복합화물터미널의 기능은 터미널 기능, 혼재, 유통보관, 유통가공, 정보센터가 있다.

(4) 내륙 컨테이너 데포

내륙 컨테이너 데포(ICD: Inland Container Depot)는 항만이 아닌 내륙에 위치하여 항만과 똑같이 컨테이너 화물처리를 위한 시설을 갖추고 수출입 통관업무 등 종합물류터미널의 기능을 수행하고 있다. 컨테이너의 항만시설은 항만의 지리적 조건 및 배후시설 등 막대한 시설비가 소요되므로 입·출항 하역은 기존항만을 이용한다. 화물의 분류, 통관 배송 등 항만으로서의 역할은 내륙에서 할 수 있도록 내륙에 컨테이너 기지를 건설하여 기존 항만의 보조역할을 수행한다. ICD에서는 주로 컨테이너 화물의 통관, 배송, 보관, 집화 등을 수행한다. 우리나라에서는 부곡, 의왕, 양산에 ICD를 운영하고 있다.

표 10-2	내륙 컨테이너 데포(ICD)의 기능
기능	**세부 활동**
중개 보관시설	▪ 다양한 운송수단간 연결시 보관 ▪ 냉동화물, 위험물 컨테이너의 보관과 관련서비스 제공
컨테이너 인수와 배송	▪ 중량 검사, 봉인(seal)과 손상 검사, 인식표와 안전관의 통제 ▪ 화주에게 직접 배송되는 LCL화물의 혼재와 발송
화물의 혼재와 배송	▪ 최종 수화인에게 직접 배송될 수 없는 화물의 적입(stuffing), 적출(de-stuffing)
데포 기능	▪ 공/적컨테이너의 일시적 보관
컨테이너 처리	▪ 도로, 철도, 바지에서 컨테이너 야드로 운반되는 컨테이너의 일시적 보관
통관	▪ 내륙터미널에서 통관으로 항만의 재항시간 단축 ▪ 적입 또는 적출 이전의 LCL화물의 검사 ▪ 컨테이너 봉인 검사 ▪ 화물 평가와 가격산정
물적유통	▪ 완성품의 유통 ▪ 가격표 부착, 병에 주입, 포장과 같은 부가가치 서비스
기타 기능	▪ 컨테이너 청소서비스 ▪ 냉장장비의 기능 여부 검사 ▪ 컨테이너, 하역장비, 냉동장비, 도로 샤시 등의 유지보수

4) 국내 물류기지

(1) 의왕 내륙컨테이너기지

경기도 의왕에 소재하는 의왕 내륙컨테이너기지는 수도권 및 중부권 대부분의 컨테이너 화물이 집합되는 화물수송의 거점기지 역할을 담당하는 곳이다. 의왕ICD는 연간 1백만 TEU의 수출입컨테이너 화물 처리가 가능하면서 수도권 컨테이너화물의 45% 이상을 수용하고 있다. 의왕 기지는 수출입컨테이너화물 유통구조 개선으로 물류비용을 절감시키기 위해 철도청과 민간 기업이 공동 투자해 1993년 7월 제1터미널 완공 후 '97. 1월 제2터미널 완공하여 총 730,000㎡(약 22만평) 부지에 건립되었다.

의왕ICD는 운송, 통관, 보관, 하역 등에 대한 일괄지원체제가 갖추어져 있으며, 이를 위해 철도시설, 세관, 식품검사소, 식물검역소 등의 정부기관과 운송회사, 선사, 은행 및 관세사 등이 입주해 있다.

(2) 한국복합물류터미널

한국복합물류(주)는 수도권, 부산권, 호남권, 중부권 복합화물터미널을 운영하고 있으며 철도운송, 제3자물류서비스를 제공하여 물류서비스 및 물류자원의 공급업체의 역할을 동시에 수행하는 종합물류기업이다. 한국복합물류(주)는 전국 주요 물류거점을 기반으로 구축된 네트워크를 바탕으로 원자재 조달에서부터 최종 소비자에 이르기까지의 공급망을 정보기술의 활용을 통해 합리화함으로써 비용절감 및 이익증대를 추구하고 나아가 소비자 만족을 극대화하는 종합물류시스템을 구축, 계획수립, 운영하고 있다.

현재 수도권(군포: 701,571㎡), 부산권(양산: 291,374㎡), 호남권(장성: 520,782㎡), 중부권(청원: 480,946㎡)에서 복합화물터미널을 운영하고 있다. 한국복합물류가 운영하고 있는 복합화물터미널은 트럭과 철도 등 두 가지 이상의 운송수단을 이용하며, 화물의 집화, 하역, 분류, 포장, 통관, 정보, 종합물류서비스까지 물류에 관한 모든 작업이 한 곳에서 이루어지는 터미널이다.

표 10-3	한국복합물류터미널의 사업내용
구분	사업내용
운송서비스	▪ 육상운송 서비스 ▪ 철도운송 서비스 ▪ 공동 수·배송 서비스

터미널 운영	▪ 보유자산 임대서비스
	  • 배송센터
	  • 화물 취급장
	  • CY / CFS / 철송 취급장
	▪ 엔지니어링 서비스
	  • 시설 리모델링
	  • 시설의 배치

3PL 서비스	▪ 운송(수/배송) 서비스　▪ 보관/재고관리 서비스 ▪ 유통/가공 서비스　　　▪ 하역, 검품 서비스 ▪ 고객관리 서비스　　　　▪ 공동물류
국제물류서비스	▪ 포워딩 ▪ 컨테이너 처리 서비스　▪ 보세창고 ▪ CY 운영　　　　　　　▪ 통관

2. 국제물류기지

1) 국제물류기지의 개념

국제물류기지는 국제물류활동을 지원하기 위해 컨테이너 터미널과 같은 시설을 갖추고 운영되는 거대한 물류단지 또는 그러한 시설이 밀집된 지역을 말한다. 협의의 국제물류기지는 국제물류센터를 말하는 것으로 수출입 물류를 처리하기 위한 시설들을 갖춘 단지를 말한다.

국제물류기지는 수출입 물류활동이 이루어지기 때문에 일반적으로 항만 또는 공항 내 또는 인접한 지역에 설치되어 있다. 국제물류기지에서는 통관, 수출품 유통가공, 포장, 유통가공, 보관, 포워딩 업무, 검역, 정보활동이 이루어질 뿐만 아니라 도로, 철도, 항공, 수로 등의 다양한 운송수단과의 연결과 접근성 등이 가능해야 한다. 이러한 기능을 가진 대표적인 국제물류시설물로는 내륙컨테이너기지(ICD)를 들 수 있다.

2) 국제물류기지의 입지요인

국제물류기지의 입지요인은 물류기지의 기능을 수행할 수 있는 지리적 조건, 제도적, 운영적 조건 등으로 구분할 수 있다. 지리적 요건은 수출입 활동이 빈번하게 일어나는 국제공항이나 항만과 근접성을 말한다. 제도적 요건은 자유로운 수출입 활동이 이루어질 수 있는 제도적 장치가 갖추어져 있어야 한다는 것인데 예를 들어 자유무역지대, 자유항과 같은 경제특구의 설치 등이 있다. 운영적 요건은 국제물류기지를 운영할 수 있는 국제화된 인프라 시설 및 장비와 양질의 노동력의 확보를 말한다. 〈표 10-4〉는 물류기지의 입지요건을 요약한 것이다.

표 10-4　물류기지의 입지요인

구분	주요 요소	입지결정요인
네트워크상의 연결점	하부구조 노드와의 접근성	▪ 주요 시장과의 접근성 ▪ 핵심 고객과의 접근성
	상부구조 노드와의 접근성	▪ 핵심 공급자와의 접근성 ▪ 기타 시설과의 접근성
국가 및 지역적 특성	정부정책	▪ 지역 무역정책 ▪ 정부의 보조금 ▪ 환율 위험
	운영적 특성	▪ 언어, 문화, 정치 ▪ 잘 구축된 인프라
	규제완화	▪ 노동관습 및 규제 ▪ 자유로운 물류활동 보장 ▪ 환경규제

제2절 공항과 항공화물터미널

1. 공항의 개념과 특성

1) 공항의 정의

공항(airport)은 '항공기의 이착륙을 위한 장소 및 시설, 즉 운항에 제공하기 위한 육상 또는 수상의 일정구역 및 제 시설'을 의미한다. 공항은 승객과 화물의 육상운송에서 항공운송으로 연결시켜주는 시설이다.

공항은 경제 및 문화의 중심지로서의 기능을 가지고 있다. 공항과 주변 지역에는 이로 인한 숙박, 위락, 회의, 주거, 문화, 화물처리, 통관시설들이 위치해 있다. 공항은 긴급우편, 기계부품, 긴급의약품, 유행상품, 신선도가 요구되는 상품 등을 지상운송과 연결시켜 항공으로 화물운송을 가능하게 한다. 항공화물운송이 증가되면서 화물량의 창출 또는 접근성이 우월한 공항은 화물거점지역이 되고 있다.

공항 또는 그 주변에는 수입된 화물이 통관 후 또는 수출 화물을 기적 이전에 보관하는 장소로 항공화물터미널이 설치되어 있어야 한다. 터미널에서는 화물 취급 및 처리, 통관 및 검역, 보관시설, 보안 및 안전, 접근성과 연결성 그리고 지원시설 등의 시설과 서비스를 제공할 수 있어야 한다.

항공화물의 증가와 글로벌 공급사슬관리의 중요성이 부각되면서 오늘날 공항은 단순한 교통인프라가 아닌 글로벌 공급사슬의 중심지이며 국제화물유통에서 새로운 부가가치 창출에 기여하는 핵심요소로 인식되고 있다. 이에 따라 세계 주요 공항들은 글로벌 경쟁우위 확보와 물류허브의 입지를 다지기 위해 공항 주변에 대규모의 물류(산업)단지를 활발하게 건설하고 있는 추세이다. 또한 공항 이용자 또는 화물은 더욱 증가하면서 공항규모의 대형화가 급속도로 진행되고 있다.

2) 공항 시설

공항 시설에는 육상서비스 시설과 항공서비스 시설로 구분된다. 육상서비스 시설에는 승객과 수화물의 공항구역에서 이동과 관련된 시설, 터미널 지역 내에서 승객에게 서비스를 제공하는 시설, 승객 운영을 위한 시설 등이 있는데 대표적인 것은 터미널 빌딩, 주차장, 육상접근로 등이다. 항공서비스 시설은 공항에서의 항공기 이동과 관련된 시설이며 이들 시설물은 여객과 화물의 안전과 보안을 고려하여야 한다. 이러한 시설에는 활주로, 유도로(taxiway), 에이프런, 유지보수를 위한 격납고 등이 있다.

2. 항공화물터미널의 의의

1) 항공화물터미널의 정의

화물운송의 관점에서 공항의 기능은 화물을 안전하고, 정확하게 그리고 능률적으로 수송하도록 지원하는 것이며 대표적인 시설이 항공화물터미널이다. 항공화물터미널은 발송준비(RFC: Ready for Carriage) 또는 수입화물처리(ICH: Inbound Cargo Handling)를 목적으로 필요한 시설과 장비를 갖추고 있다. 이 시설은 항공화물의 집화, 하역, 분류, 포장, 보관, 통관 및 운송서비스를 제공한다.

최근 JIT 운송방식이 보편화되면서 고가의 경량화물의 경우 항공화물터미널 내에서 보관하고 있다가 고객의 지시에 따라 유통가공 또는 묶음단위(bundle)로 배송하는 기능이 중요해지고 있다.

2) 항공화물터미널의 기능

항공화물터미널은 운송업, 창고업, 하역업, 포장업 및 물류정보 업무 등이 종합적으로 행해지는 장소이며 원활한 물류활동을 위해 다음과 같은 기능을 갖추고 있다.

(1) 발송준비기능

포워더는 항공사에 제출할 구비서류를 작성하고 항공사는 터미널에서 수출항공화물을 항공기 탑재에 적합한 상태로 만드는 단위화 작업을 실시한다. 관련 서류가 완비되어 곧바로 항공으로 운송할 수 있는 발송준비상태(RFC: Ready for Carriage)가 완료된 화물은 포워더에 의해 항공기 탑재장소까지 이동한다.

(2) 보관기능

항공화물터미널의 보관기능은 문제가 발생한 화물의 단기 보관을 위해 주로 운영된다. 따라서 항공화물터미널사업자는 장시간 체류를 허락하지 않으며 일정 시간을 초과할 때는 취급수수료 외에 창고료(storage charges)를 부과하는 것이 보통이다. 통관이 안 되었거나 서류가 미비된 화물 또는 기타 사고로 항공기에 탑재 또는 인도되지 않은 수입화물 등은 문제가 해결될 때까지 잠시 보관된다.

(3) 집화 및 하역기능

화물터미널은 항공화물의 집화 및 하역 기능을 갖춘 장소이다. 집화된 화물은 제각기 목적에 따라 RFC, 분류, 인도, 환적, 통관, 보세운송 등에 대비한 화물의 개장 또는 포장, 이동, 상하차 등의 작업을 실시한다.

3. 공항의 물류거점화

1) 공항 물류거점화의 개념

화물운송의 관점에서 과거 공항은 단순히 항공화물을 집산하여 수송기에 싣고, 기체에서 양하된 화물을 내륙운송으로 연계하는 역할을 수행하였다. 그러나 최근 운송의 형태가 단순 운송형태에서 복합운송형태로 전환되면서 공항의 기능도 다양한 운송수단을 연계시키는 기능이 중시되고 있다. 뿐만 아니라 공항에서 항공화물의 환적, 분류, 통관, 보세운송 등의 활동이 집합적으로 이루어지는 장소로 바뀌고 있다.

국제운송에서 항공화물의 수요가 증가하면서 항공기의 대형화, 화물전용기의 등장 등으로 인해 항공수송 서비스는 대형 공항간을 연결시킨다. 또한 권역 내 항공화물은 소형항공기에 의한 운송, 또는 철도 및 공로운송으로 연결시키고 있다. 세계 공항들은 권역 내 중심공항으로 발전하기 위해 공항 및 터미널을 대형화하는 추세에 있다. 또한 화주의 니즈가 다양화되고 부가가치 서비스의 수요가 증가하면서 다양한 물류서비스를 제공할 수 있는 복합 기능을 갖춘 화물터미널의 개조 또는 건립이 증가하는 추세이다. 물류거점공항이 되기 위해서는 중심과 지선을 연결하는 기능, 운송수단간을 상호 연결하는 시스템, 다양한 물류서비스 제공, 원활한 정보 교환, 자유로운 물류 및 비즈니스 활동 등을 제공하여야 한다.

2) 공항 물류거점화 전략

공항의 물류거점화(logistics hub) 목적은 중심－지선(hub and spoke) 전략을 수행함으로써 운송의 효율성, 즉 비용절감과 신속한 운송을 도모하는데 있다. 전략적 위치에 있는 공항 예를 들어 홍콩, 싱가포르, 두바이, 암스테르담, 프랑크푸르트, 인천 등의 공항은 대규모 인프라 투자를 통해 공항의 물류거점화를 강화해 나가고 있다. 이를 위한 방안에는 거대항공사와의 전략적 제휴, 국제물류 관리체제의 개선, 공항과 항만간의 연계체제 구축 등이 있다(이정윤·예충열, 2007).

(1) 거대항공사와의 전략적 제휴

국제항공물류 거점화는 항공사의 중심－지선 전략과 밀접한 관계를 가지고 있다. 국제항공물류 거점의 조건 중 가장 중요한 것은 국제항공화물이 집중되어야 한다는 점이다. 이를 위해 거대항공사에 의한 화물집중화가 이루어지고 이를 경제권 내 각 수요지로 운송할 수 있는 근거리 운항이 가능하도록 원거리 및 근거리 노선의 확보가 필수적이며, 따라서 항공사와의 전략적 제휴가 활발하게 추진되고 있다.

(2) 항공물류파크 설치

대형공항들은 공항 내 또는 인근에 지역거점 물류센터를 설치·운영하고 있다. 물류거점화를 위해서는 물류의 이집산을 할 수 있는 대단위 시설이 갖추어져 있어야 한다. 대부분의 세계적 항공물류업체 또는 특송업체들은 중심－지선 전략으로 수·배송 서비스를 제공하고 있다. 즉 권역 내의 중심지역에 물류센터를 설치하고 중심(hub) 공항간은 대량 항공운송을 그리고 주변의 공항으로는 지역항공기를 이용해 화물을 운송하는 방식을 취하게 된다. 따라서 허브 공항을 중심으로 다양한 물류활동이 발달하기 때문에 이를 지원할 수 있는 물류센터 또는 물류파크의 조성이 필요하다.

(3) 다양한 노선 확보 및 운송수단의 연계

공항으로 화물이 집산하기 위해서는 무엇보다 전 세계 공항을 연결하는 항공노선이 잘 갖추어져 있어야 한다. 이와 더불어 항공과 다른 운송수단을 연결시키는 운송루트도 발달되어 있어야 한다. 예를 들어 국제항공과 해상운송을 연계하는 해공복합운송(sea & air) 방식이 있다. 이 방식의 복합운송은 해상운송으로 항공운송거점까지 운송한 후 항공운송으로 연결하는 운송 체제로 항공운송보다는 비용에서 유리하고 해상운송보다는 시간 면에서 경쟁적이기 때문에 전체 운송의 효율성을 높일 수 있는 장점이 있다.

(4) 부가가치 물류서비스 제공

국제물류서비스의 형태가 중심−지선 방식으로 전환되면서 과거 현지 생산 또는 소비지점에 가까운 곳에 물류센터를 운영하는 방식에서 권역 거점지역으로 통합하여 운영하는 경향이 강해지고 있다. 즉 공항이나 항만에 물류시설을 갖추고 현지에서 필요한 보관과 부가가치 유통가공 활동을 통해 주변국으로 배송해 주는 시스템을 구축하는 형태로 변화되고 있다. 이로 인해 공항 내의 물류센터에서 얼마나 다양한 부가가치 활동 서비스를 제공해 줄 수 있느냐가 물류거점의 중요한 성공요인이 되고 있다.

3) 세계 물류거점공항

(1) 네덜란드의 스키폴공항

네덜란드의 암스테르담 스키폴공항(Amsterdam Airport Schiphol)은 도심에서 남서쪽으로 17km 떨어진 곳에 있으며 유럽의 관문에 위치해 있다. 1916년 9월 군용비행장으로 개항하였으며 1920년 네덜란드 항공사인 KLM에서 운항하기 시작하였다. 부지 면적은 2,200만㎡이며 터미널 규모는 여객 1동(37만㎡)과 화물터미널 6동(12만 7,000㎡)으로 구성되어 있다. 또한 항공, 도로, 철도, 수로의 뛰어난 접근성을 제공함으로써 복합운송 허브로서 이상적인 조건을 갖추고 있다. 지난 10년간 세계 공항 연결성 순위는 상승해 2022년 기준으로 2위를 기록하고 있다. 연간 여객 5,300여만명으로 세계 13위, 화물량은 143만여톤을 처리하였다.

물류파크(logistics park)는 항만과 공항의 접근성이 뛰어난 위치에 43ha의 부지면적으로 조성되어 있으며 특별세관지역 내에 위치해 있을 뿐만 아니라 각종 첨단 물류시설을 갖추고 있다. 항공, 의약품, 부패성 상품, 패션, 하이테크 등의 산업이 위치해 있어 고부가가치 물류를 실현하고 있는 유럽의 대표적 허브 공항이다.

스키폴공항의 물류거점으로의 성공요인은 네덜란드 고유의 숙련되고 유연한 노동시장과 기업 친화적인 조세환경 등이 있다. 특히 유럽 항공 관문으로서 스키폴공항이 지닌 뛰어난 글로벌 접근성과 더불어 많은 물류기업들이 관련 아웃소싱 기회를 다양하게 제공한다는 점이다. 대다수 국민들이 영어에 능통하다는 점, 그리고 다양한 문화적 커뮤니티를 통해 양질의 삶의 질을 제공할 수 있다는 점도 강점으로 꼽을 수 있다.

(2) 싱가포르 창이공항

1981년 개항한 창이국제공항(Changi International Airport)은 2015년 기준으로 3개의 여객터미널과 9개 동의 화물터미널(220,000㎡)을 보유하고 있다. 또한 공항 주변지역에 47ha의 자유무역지대(FTZ: Free Trade Zone), 5개 동의 항공화물 대리인용 터미널, 그리고 2개의 특송화물 터미널을 갖추고 있다. 2022년 기준으로 연간 여객수는 3,200만명으로 세계 36위, 화물량은 187만여톤(세계 16위)을 처리하였다.

싱가포르 창이공항 주변에 위치한 창이공항 화물센터(47만㎡)는 2003년 개장한 공항물류단지(ALPS: Airport Logistics Park Singapore)와 Banyan LogisPark가 위치해 있다. ALPS는 총면적이 26만㎡이며, 무역과 항공화물 운송 및 물류활동을 지원하기 위해 개발되었다. 입주기업에는 Menlo, Bax Global Nippon Express, UPS, DHL, SDV 등의 세계적 물류기업들이 있다.

(3) 홍콩국제공항

홍콩국제공항(Hong Kong International Airport, Chek Lap Kok Airport)은 1992년 주요 신 공항 계획이 마련되었으며, 1998년 정식 개항하였다. 총면적은 1,255만ha이며, 2개의 터미널과 2개의 활주로로 운영하고 있다. 홍콩공항은 중국이란 거대한 배후지가 있기 때문에 많은 물동량을 처리하고 있다. 주강삼각주로 중국과 연결할 수 있는 지리상의 이점을 갖추고 있어 중국의 경제중심지인 남부지역의 관문 역할을 한다. 2022년 기준으로 연간 여객 7,140만명으로 세계 13위, 화물량은 420만톤(세계 1위)을 처리하였다. 취항 항공사는 100여개 이상이며 전 세계 190여 곳과 연결되어 있다.

(4) 중국의 푸동공항

상하이푸동국제공항(Shanghai Pudong International Airport)은 1999년 10월 개항하였으며 중국의 중요한 관문역할을 담당하고 있다. 총면적은 40km²이며, 3개의 여객용 터미널과 1개의 화물터미널 그리고 4개의 활주로를 보유하고 있다. 최근 급성장을 보이는 광저우, 칭다오 등 인근 도시를 스포크 노선으로 연결할 수 있는 장점을 가지고 있다. 또한 세계 제1위의 컨테이너 물동량을 처리하는 양산항을 인근에 두고 있다.

2022년 기준으로 연간 여객 7,615만명으로 세계 8위, 화물량은 312만톤 (세계 4위)을 처리하였다. 취항 항공사는 100여개 이상이며 전 세계 210여곳과 연결되어 있다. 국제특송 항공화물 처리를 위한 통합급송화물처리센터(United Express Parcels Handling Center)를 보유하고 있다. 83,300m²의 면적에 5개의 특송화물 창고를 보유하고 있으며, FedEx, UPS, DHL, TNT 등 20여개의 기업이 입주해 있다. 이 센터는 통관, 검역과 검사, 보안검사 등의 업무를 일괄 지원해 주고 있다.

(5) 일본 나리타공항

나리타국제공항(Narita International Airport)은 도쿄 주변에 있는 일본의 관문 공항으로 1978년에 개항하였다. 총면적은 1,065m²이며, 3개의 터미널에 활주로는 2개소가 있다. 112대의 항공기가 동시에 체류할 수 있다. 화물터미널의 면적은 31만 1,300m²이며, 2022년 기준으로 연간 여객 4,434만명으로 세계 50위, 화물량은 239만 톤(세계 10위)을 처리하였다.

동아시아 경제 발전과 더불어 이 지역 공항의 항공화물량이 지속적으로 증가하였다. 〈표 10-5〉에서 보는 바와 같이 1995년 세계 10대 화물처리 공항 중 동아시아에 위치한 공항 수는 3개였으나 이후 세계 1위의 홍콩공항을 포함해 2010년 4개 그리고 2015년에는 5개로 증가하였다.

표 10-5	세계 주요 공항의 화물처리량 추이(1995~2022)

(단위: 천 톤)

순위	1995		2005		2015		2022	
1	멤피스	1,712	홍콩	3,599	홍콩	4,422	홍콩	4,199
2	나리타	1,668	멤피스	3,433	멤피스	4,291	멤피스	4,042
3	L/A	1,597	상하이	2,554	상하이	3,274	앵커리지	3,461
4	마이애미	1,585	인천	2,291	앵커리지	2,624	상하이	3,117
5	뉴욕	1,584	앵커리지	2,150	인천	2,596	루이스빌	3,067
6	홍콩	1,485	파리드골	2,010	두바이	2,506	인천	2,945
7	프랑크푸르트	1,461	프랑크푸르트	1,963	루이스빌	2,351	타오유언	2,539
8	루이스빌	1,350	두바이	1,938	나리타	2,122	마이애미	2,500
9	시카고	1,236	나리타	1,857	프랑크푸르트	2,077	L/A	2,490
10	김포	1,216	루이스빌	1,855	타오유언	2,025	나리타	2,399

주: 음영은 동아시아에 위치한 공항
자료: 항공정보포탈시스템(http://www.airportal.go.kr).

(6) 인천국제공항

인천국제공항(Incheon Airport)은 2001년 개항되었다. 우리나라 전체 여객과 화물의 각각 86%와 97% 이상을 차지하는 국내뿐만 아니라 동북아 지역의 대표적 허브공항이다. 2022년 기준으로, 88개 항공사를 통해서 58개국 189개 도시와 연결되어 있다.

공항물류단지를 통하여 관세와 수입신고를 면제해주며, 인천국제공항 자유무역지역 내에서 거래되고 소비되는 물품의 부가세 또한 면제해준다. 인천국제공항의 물류단지는 현재 467,786㎢에 달하며, 확장사업을 추진하고 있다.

2022년 기준으로 인천공항은 취항항공사는 65개, 취항노선은 16개이다. 연간 40만 회의 항공기 운항을 통해 7,120만명의 여객(세계 14위)과 295만톤(세계 6위)의 화물을 수송하였다. 인천공항은 주변의 중국과 동남아 등지로부터의 환적화물이 전체 물동량의 약 40%를 차지하고 있다.

인천항과의 연계를 통해 해상항공연계운송(Sea & Air)을 위한 연계망이 잘 갖추어져 있어 복합운송을 통한 물류비 절감과 신속한 운송을 가능하게 한다. 24시간 운영체제이며 각 항공사별로 독립된 화물터미널을 확보함으로써 특화된 서비스를 제공하고 있다. 공항주변의 물류단지를 통하여 관세와 수입신고를 면제해주며, 인천국제공항 자유무역지역 내에서 거래되고 소비되는 물품의 부가세 또한 면제해 준다.

인천공제공항은 세계공항서비스평가(ASQ)에서 2005년 이후 계속 세계 공항 순위 1위를 유지해 왔으나 2016년에는 싱가포르에 이어 2위를 유지하고 있다.

(7) 인천국제공항의 허브화 전략

허브공항이란 화물의 중계지 역할을 하는 공항을 말한다. 〈표 10-6〉에서 보는 바와 같이 허브공항이 되기 위한 조건은 지리적 위치, 공항시설 규모, 취항항공사의 수와 같은 시설적인 측면과 원활한 해공복합운송을 가능하게 하는 공항, 인접지역의 항만시설, 물류거점으로 성장하기 위한 자유무역지대 설정, 정부정책 등 소프트웨어적 측면이 있다.

이러한 기준으로 인천국제공항을 주변국가의 공항과 비교할 때 지리적 위치, 공항시설 수준, 장래 확장성, 이용료 등에서 국제경쟁력이 있기 때문에 허브로서의 충분한 여건을 갖추고 있다고 볼 수 있다. 특히 중국의 항공화물의 급증과 항공인프라의 부족은 인천국제공항에 커다란 기회를 제공하고 있다. 그럼에도 불구하고, 중국 공항의 대규모 증설, 운송수단 간의 연계성 부족, 공항에 대한 접근성 부족, 복합운송체계를 위한 인프라 미비 등에서는 문제가 있다. 비록 3단계에 걸친 확장계획을 추진하고 있지만 주변국 중국과 일본의 경우, 늘어나는 승객과 화물을 처리하기 위해 대대적인 확장을 계획·추진 중에 있기 때문에 동북아 허브공항으로서의 위상이 위태로울 수 있다.

따라서 인천국제공항을 동북아 중추공항으로 육성·발전시키기 위해서는 공항 및 항만간의 연계수송체계를 확립하고, 자유무역지역의 활성화를 통해 물류의 자유로운 이동을 촉진하고, 항공사를 유치하기 위한 적극적인 마케팅 활동을 전개해 나가야 할 것이다.

표 10-6	허브공항의 구성요건
구분	구성 요건
공간적 조건	▪ 중간기착지의 급유 없이 논스톱비행 여부 ▪ 주요 국제항공노선의 위치 ▪ 주변국 공항과의 지선연계성 ▪ 지역의 경제규모 및 성장잠재력 ▪ 인근지역과의 수송네트워크(스포크 노선 수) ▪ 타 운송수단과의 연계가능 여부
수요적 조건	▪ 충분한 기종점 수요 ▪ 화물 및 환적수요 ▪ 핵심항공사의 존재여부 ▪ 항공사의 네트워크 시스템 구축여부 ▪ 서비스수준 ▪ 주변지역과의 연계 프로그램
시설 조건	▪ 창고시스템 ▪ 종류별 화물처리장비 구비 ▪ 취급주의 화물에 대한 시설 ▪ 항공기 및 항공화물의 보관 및 처리능력 ▪ 숙련된 항공화물종사자의 원활한 공급
정책·운영 조건	▪ 영공자유화를 통한 국가 간 운항제한이 없는 상황 ▪ 24시간 운항가능 ▪ 공항시설사용료의 경쟁력 ▪ 슬롯의 탄력적 운영 ▪ 공항주변지역 개발 ▪ 대형화물기 지원시설 및 운영여부 ▪ 공항접근성 개선 ▪ 공항의 재무구조 및 경영상태 ▪ 공항관련 법, 제도, 관행, 인센티브제도 시행여부 ▪ 개방적인 항공정책

자료: 박용화, 2001.

인천국제공항은 동북아 허브공항으로 발전하기 위해 향후에도 지속적인 증설 계획에 따른 확장을 추진하고 있다. 건설 계획은 2017년까지 3단계 계획이 완공되었고, 현재 4단계 계획(2024년 말 완공 목표)이 진행 중이며, 2027년까지 47㎢의 부지에 5본의 활주로와 연간 7백1십만 톤의 화물을 처리하는 시설을 갖추는 것을 목표로 하고 있다.

구분	1단계	2단계	3단계	4단계
사업기간	1992~2001년	2002~2008년	2013~2017년	2017~2024년
부지조성	11.724㎢	9.568㎢	1.105㎢	
활주로	2본(3,750×60m)	1본(4,000×60m)	–	1본(3,750m)
화물터미널	0.129㎢	0.129㎢	–	
운항횟수(회)	24만	17만	–	10만
화물(톤)	270만	180만	130만	130만

표 10-7 인천국제공항의 단계별 확장 계획

자료: 인천공항 홈페이지.

제3절 항만운영과 항만물류거점화

1. 해운항만 환경의 변화

1) 항만의 대형화

글로벌 공급사슬관리체제, 초국적 기업, 전문물류업체의 등장과 더불어 대형 항만을 중심으로 한 대륙간 국제물류네트워크가 형성되고 있다. 또한 규모의 경제를 실현하고자 하는 대형선사의 등장과 선박건조기술의 발전 등으로 인해 선박이 대형화되고 있다. 선박의 대형화 이유는 연료유, 각종 항비, 인건비 등을 고려할 때 대단위 화물의 선박 적재는 단위당 운항 비용을 줄이고 대형선의 건조 역시 비용을 줄일 수 있기 때문이다.[1]

선박의 대형화는 선박의 운항생산성을 증대시키지만 전체 운항비용은 증가된다. 이를 최소화하기 위해 선박들은 권역별 대형항만에만 기항하는 경향이 두드러지고 있다. 선사들은 대형선을 이용하여 간선항로(trunk route) 서비스를 제공하고, 중·소형선을 이용하여 다양한 지선서비스망(feeder network)을 활용하는 전략을 강화시킴

---

[1] 선박의 대형화는 단위당 운항원가의 감소를 가져오지만 중심-지선(hub & spoke)체제 운영에 따른 추가적인 환적비용, 대형선박을 수용하기 위한 항만시설 확충 비용, 화주에게 제공할 수 있는 서비스의 품질 저하 및 운항빈도수의 감소에 따른 비용 등과 같은 비용 상승 요인이 된다.

으로써 간선항로에서의 기항지 수를 축소시켜 나가고 있다.

대형선박의 출현은 항만과 배후부지에서 더 많고 집약된 컨테이너가 이동된다는 것을 의미하기 때문에 더 넓은 배후부지의 확보를 요한다. 또한 항만에서 대형선을 수용하기 위해서는 수심의 확보, 안벽크레인, 야드 장비 등과 같은 항만시설의 확충, 입항수로의 확장, 전용터미널 확보의 허용, 항만운영효율화, 배후연계수송 능력의 강화 등이 전제되어야 한다. 특히 중심항과 환적항으로서의 기능을 수행하기 위해서는 대형선사와의 협조 관계가 중요하며 선박기항에 따라 최저 비용과 서비스를 보장받을 수 있도록 해야 할 것이다.

2) 항만기능의 고도화

기존의 항만기능은 하역 업무에 초점을 두고 있었으나 항만이용자들의 새로운 수요는 전통적 항만기능에 더하여 새로운 기능을 요구하고 있다. 화주들의 니즈에 대응하여 항만 내 대규모 유통센터화를 추진함으로써 선·화주가 원하는 부가가치 활동, 즉 조립생산, 유통가공 등을 지원하고 있다. 또한 항만이용자인 선·화주에 대한 물류정보서비스 질을 향상시키고 국제물류 수요에 대한 일괄서비스(one-stop service)체제를 구축함으로써 안정적인 경영기반을 제공하고 있다.

정보통신기술의 발달로 인한 전자상거래의 확산, 초대형선박의 등장과 장비의 현대화, 서비스업의 증대, 비즈니스 기능의 고도화 등에 따라 항만의 범위와 규모, 운영체계가 변화하고 있다. 이러한 항만의 변화추이는 대형화, 고도화, 자동화, 다각화 등으로 요약될 수 있다.

또한 글로벌 기업들이 전 세계를 대상으로 한 조달, 생산, 판매, 유통 등의 활동을 추진하는 글로벌 공급사슬관리 체제로 전환되면서 항만은 글로벌 공급사슬의 중심 역할을 수행할 수 있는 다양하고 고도화된 경영과 물류서비스의 제공이 필수적인 요소가 되고 있다.

3) 항만운영의 글로벌화

항만운영의 글로벌화란 '일국내의 항만운영업자가 세계 각국에 진출하여 항만 운영사업을 자유롭게 수행할 수 있게 된 환경의 조성'을 의미한다. 글로벌 항만운영사(GTO: Global Terminal Operator)와 선사들은 서비스 망을 전 세계로 확대하여 경쟁우위를 확보하는 글로벌전략을 추구하고 있다.

물류관련 기업들이 서비스지역을 광역화하는 근본적인 이유는 범세계적 차원에서 비용우위 및 서비스차별화 등 경쟁우위(competitive advantage)를 확보하기 위한 것이다. 이는 구체적으로 규모의 경제(economies of scale)와 범위의 경제(economies of scope) 그리고 네트워크 경제(economies of network) 등의 효과를 통한 경쟁력 증가를 의미한다.

항만운영사업은 전 세계 모든 부문에서 공격적으로 전문적인 기술과 거래기법을 수출하고 있는 GTO들에 의해 선도되고 있다. 항만간 치열한 경쟁, 항만간 네트워크의 중요성 증대, 항만운영의 효율성 제고의 필요성이 높아지고 또한 과거 항만관리의 국영체제에서 민영화로 바뀌면서 GTO들은 해외 진출을 공격적으로 추진하고 있다. GTO들의 해외로의 확장은 운영권 인수, 기존기업의 지분참여·인수, BOT(Build Operation Transfer) 방식 등을 통해 추진하고 있다.

Drewry Shipping Consultants의 조사결과에 따르면 2022년 세계 전체 컨테이너 항만물동량은 8억6천만TEU에 이르며 이 중 상위 5대 GTO인 PSA International, China Merchant Ports, China Cosco Shipping, APM Terminals, Hutchison Port Holdings에 의해 처리된 물동량은 세계 전체 물동량의 30%에 달하였다.

4) 항만운영의 기계화 및 정보화

대형선박에 의한 기항지 축소와 더불어 항만의 대형화가 급속히 진행되면서 허브항만이 되기 위한 항만간 경쟁이 치열해 지고 있다. 항만에서 고객은 주로 선사와 화주인데 이들을 유치하기 위해 항만 당국은 서비스의 질적 수준을 향상시키고 하역비, 접안비 등의 항만비용을 저렴하게 제공할 수 있어야 한다. 이를 위해서는 항만은 생산성 향상을 통해 원가를 절감하고 항만의 기능을 다양화함으로써 종합적인 물류서비스를 신속하게 제공할 수 있는 시스템을 갖추어 나가고 있다.

항만운영자들은 항만의 생산성을 높이기 위해 항만시설의 기계화, 자동화, 정보화를 추진하고 있다. 항만의 기계화 및 자동화는 주로 하역기기에 초점을 맞추어 진행되고 있다. 대형선박에 적재된 컨테이너를 신속하게 하역할 수 있는 장비를 갖추고, 보관시설에서도 자동화된 시스템을 갖추어 나가고 있다.

정보화는 화물의 하역운영, 운송계획, 화물보안, 화물의 상태와 위치 추적, 타 항만과의 통신, 운송 서류의 준비, 통관 등을 지원한다. 또한 해운서비스와 관련된 제 당사자인 선사, 화주, 화물운송주선업자, 은행, 세관, 창고업자 등의 다양한 고객 상호간 또한 항만운영관련 구성원간 정보를 원활하게 전달하여 글로벌 물류관리에 중요한 역할을 한다.

5) 중심항만간 경쟁 심화

세계 항만들은 중심항만이 되기 위해 항만간 무한경쟁 체제에 돌입하고 있으며, 경쟁력 확보를 위해 정기선사와의 글로벌 제휴를 확대해 나가고 있다. 선사들은 선박을 대형화함으로써 규모의 경제를 누리면서도 한편으로는 재항비용은 줄여야 하기 때문에 기간항로 상에 위치한 한 두 개의 대형항만으로 기항지를 축소해 나가고 있다. 이에 따라 항만간 중심항 경쟁은 치열하게 전개되고 있다.

동북아 지역에서의 항만간 경쟁이 두드러지고 있다. 이들 항만들은 대규모 시설을 확보하고 운영의 효율성과 생산성을 높이기 위해 항만시설의 고도화를 추진하고 있다. 또한 화물유치를 위하여 배후부지 개발 및 물동량 처리실적에 따라 선사에게 각종 인센티브를 제공하고 있다.

2. 항만과 항만 운영

1) 항만의 의의

(1) 항만의 정의

연결점으로서 항만의 역할은 물류에서 중요한데, 그 이유는 바다와 육지가 마주치는 곳에 위치하며, 많은 물량과 사람들을 해상수송수단에서 육상운송 또는 그 반대의 방향으로 연결시켜주기 때문이다. 특히 무역이 일국의 경제뿐만 아니라 세계경제발전에 필수적인 성장의 엔진으로 대두되고, 지속적 증가세를 보이면서 해상운송에 의한 화물처리를 담당하는 항만은 경제발전의 촉매제 역할을 한다. 또한 기업의 물류관리가 공급사슬관리로 확대되면서 그 중심에 있는 항만은 이를 지원하기 위해 항만의 기능을 고도화·다원화시키고 있다.

항(port)은 '화물이나 승객이 선박과 선박간 혹은 특정한 장소간에 교차되는 곳'을 말한다. 항과 대비되고, 일반적으로 혼용해서 사용하는 항만(harbour)은 항에서 선박이 취항하여 자연적으로 혹은 인위적으로 선박이 취항할 수 있도록 조성된 장소를 통칭한다. 그러나 실무적으로 두 개념이 뚜렷이 구분되는 것은 아니며, 혼용해 사용하고 있다.

항만은 일국의 경제발전을 직접적으로 주도하는 경제활동의 중심지에 위치해 있다. 유럽항만의 역사를 볼 때, 즉 함부르크, 앤트워프, 마르세이유, 로테르담항 등은 항만을 확장하고 현대화하면서 지역경제발전에 커다란 활력소가 되어 왔다. 국제무역 의존도가 높은 나라일수록 항만의 역할은 지대한데 이는 항만이 상품의 수출입기능을 수행하는 육·해상수송의 연결지로서 뿐만 아니라 항만 주변으로 원자재를 수입해 가공하는 주요 생산지역이 위치해 있기 때문이다.

일반화물선의 경우 해상운송운임에 직접적 영향을 주는 연간 선박운행비의 60~80%가 항만에서 발생한다는 점에서 해운산업에서 항만이 차지하는 중요성을 쉽게 이해할 수 있다. 다시 말해 항만 효율성의 증대는 전체 운송비의 절감뿐만 아니라 운송시간의 단축에도 기여한다.

(2) 항만의 기능과 경제성 의의

항만은 육상 및 해상의 기종점을 연결하는 중요한 중간지점으로서 다음과 같은 기능을 가지고 있다. 첫째, 승객 및 무역량 수송을 위한 해상·육상 연결지점의 역할을 한다. 둘째, 자원의 세계적 배분을 위한 국제적 연결교차점이 되며, 셋째, 교역증대, 교통, 배분, 고용창출, 무역창출, 국위선양, 국방, 도시개발, 공업생산 증대, 정치적 기능, 서비스산업 증진(창고, 금융, 보험, 대리점, 통관 기타) 등의 역할을 수행한다. 최근 항만 역할에서는 경제적인 측면이 강조되고 있는데, 특히 부가가치 물류서비스와 주변의 경제적 활동을 지원하는 기능이 강화되고 있다.

2) 항만과 해운의 관계

항만은 해상과 육상운송을 연결시켜 기종점에 있는 수출업자와 수입업자를 연결시켜준다. 항만의 높은 효율성은 항만 내 화물 처리비용의 절감을 가져와 종국적으로 저렴한 운송 서비스의 제공을 가능하게 하며 항만 내 보관시설의 효율성 증대는 보관 및 재고비용 절감을 가져온다.

IAPH(International Association of Port and Harbor)의 보고서에 따르면 일반화물선의 경우 해상 운임률에 대한 항만시설 사용료의 구성 비율은 항만시설 사용료 5%, 하역료 25%, 항만에서 선박비용이 35% 등으로 구성되어 있다고 한다. 이것은 선박운항업자의 비용 중 2/3가 항만에서 발생한다는 의미이다. 이러한 사실을 고려할 때 효율적 항만운영과 항만비용의 최소화 없이는 해운기업의 목적을 달성하기 어렵다고 할 수 있다.

3) 항만의 종류

항만은 분류기준에 따라 다양한 형태의 항만이 존재하는데, 주로 입지조건, 이용형태, 건설방법, 결빙여부, 개폐여부 및 무역형태에 의해 〈표 10-8〉과 같이 구분된다.

표 10-8 항만의 종류

구분	항만	기능
입지 조건	해항(seaport)	연안에 접해 있는 항만, 연안항이라고도 함
	하구항(estuary port)	강 하구에 위치하는 항만
	하천항(river port)	하천에 형성된 항만(런항, 브레멘항, 함부르크항 등)
	호수항(lake port)	호수에 입지하는 항만(버팔로 항)
	운하항(canal port)	운하와 연결된 항만(맨체스터항, 암스테르담항 등)
	건항, 내륙항(dry port)	내륙에 위치한 항만(수로로 연결되거나, 항만기능 수행)
이용 형태	상업항(commercial port)	넓은 배후지로 물자의 유통을 행하는 항만
	산업항(industrial port)	공장의 원재료, 제품의 수출입을 주로 행하는 항만
	어항(fishing port)	주로 어선의 기지가 되는 항만
	피난항(harbour of refuge)	태풍 등의 상황에서 안전하게 피난·정박 가능 항만
	관광항(recreation port)	관광선, 요트 등의 발착이 많은 항만, 기지는 마리나(marina)라고 함
	검역항(quarantine port)	해외로부터 전염병의 유입을 저지하기 위한 항만
	기타 항	군항, 연료 보급항, 해양 개발 기지항, 공사용 기지항

구분	항만	기능
건설 방법	천연항(natural port)	갑(cape), 섬, 암초 등에 의해 둘러싸여 있는 천연 항만
	인공항(artificial port)	항만의 기본구조에 많은 인공시설을 가미한 항만
결빙 여부	동항(ice port)	결빙에 의하여 일정기간 사용하지 못하는 항만
	부동항(ice free port)	결빙의 영향을 받지 않는 항만
개폐 여부	개구항(open port)	조차가 크지 않으므로 항상 항만이 열려 있는 항만
	폐구항(closed port)	조차가 커 항만에 갑문(lock gate)시설을 한 항만
무역 형태	외국무역항	외국과의 무역을 위한 항만
	내국무역항	국내 상거래를 위한 항만
	자유항(free port)	관세 및 선박입출항이 자유로운 항만

4) 항만시설

항만시설은 일반적으로 수역시설, 외곽시설, 계류시설, 임항교통시설, 보관시설, 선박보급시설, 항만후생시설, 선박건조 및 수리시설로 구분된다. 이 중 대표적인 시설은 수역시설, 외곽시설, 계류시설이다.

(1) 대표적 시설

수역시설에는 선로, 정박지, 선회장 등이 있다. 선로(access channel)는 선박이 항만으로 접근하는 길을 말한다. 정박지(anchorage)는 선박이 정박하는 장소를 말하며 잔잔하고 충분한 수역, 닻을 내리기 좋은 지반이어야 한다. 선회장은 선박이 부두에 접·이안 후 항행을 위하여 방향을 바꾸거나 회전하는 데 필요한 가항수역을 말한다. 선회장은 예선의 유무, 바람, 조위(潮葳)의 영향 등을 고려하여 선박을 안전하게 조정할 수 있도록 충분한 수면을 확보하여야 한다.

외곽시설에는 방파제, 방사제, 조류제, 방조제, 제방, 호안, 수문, 갑문 등이 있다. 계류시설에는 안벽, 물양장, 잔교, 부잔교, 계선부표, 돌핀 등이 있는데 이 중 안벽은 선박의 접·이안을 위한 구조물로서 항만의 접안 및 이안과 항의 입구로부터 선박 항행이 편리하고 선박의 대형화·전문화에 대한 소요 여부를 감안하여 설치하여야 한다.

(2) 항만하역시설

항만하역시설은 〈표 10−9〉에서 보는 바와 같이 협의의 항만시설에 포함되며 대표적인 시설로는 부선, 기중기, 벨트 컨베이어 등이 있다.

표 10−9 협의의 항만시설		
구분	시설명	기능
항만 시설	부두(Wharf)	화물의 하역과 여객의 승·하선을 위한 구조물을 총칭하며 안벽, 잔교, 부잔교 등을 포함
	안벽(quay)	화물의 하역과 여객의 승·하선이 직접 이루어지는 구조물로서 해안에 평행하여 해저에서 수직으로 구축된 벽
	잔교(pier)	선박을 접안, 계류하여 화물의 하역과 여객이 승하선을 할 수 있도록 목재, 철재, 철근 콘크리트로 만든 교량형 구조물
	부잔교 (floating landing stage)	해저지질과 수심이 부적당한 장소에 잔교를 대신하여 구축한 변형 잔교
	창고(warehouse)	화물을 보관하는 장소의 총칭
	사일로 창고 (silo warehouse)	곡물과 같은 살화물을 장치할 목적으로 만들어진 특수 창고
	방파제 (break water)	선박을 풍파로부터 보호하기 위해 항만 내에 시설한 구조물
	상옥(transit shed)	안벽, 잔교, 양륙장 등에 위치하며 운송 작업과 보관 작업 사이의 중간 작업을 하는 장소로 화물의 적·양화와 입·출고 과정인 화물의 분리, 정리, 포장 등의 작업 수행
	임항철도 (dock railway siding)	선박과 철도를 연결시키기 위한 철도의 지선
	해분(basin)	조수의 간만이 심한 항만에서 한쪽에 갑문의 설치로 바닷물을 저장해 일정 수심을 유지로 선박의 정박과 작업을 용이하게 하는 수역
항만 하역 시설	부선(lighter)	Barge, Craft, Scow 등과 같은 의미로서 해상하역작업시 본선에서 육상까지 운반하는 수단
	기중기(crane)	중량물을 적·양하시 또는 이동시 사용되는 기구로 floating crane, gantry crane, mobile crane 등
	벨트 컨베이어 (belt conveyer)	기계부품이나 컨테이너의 운반시 또는 석탄, 광석 등과 같은 살화물을 대량으로 운반

5) 항만관리 및 운영의 효율화

(1) 항만관리 및 운영형태

항만은 다른 경제 시스템과 달리 공공기관에서 일상적으로 처리하는 정부의 활동과 항만 운영관리자로서의 경제적, 생산적인 제 활동을 동시에 처리해야 하는 과제를 안고 있다. 따라서 각국의 항만관리 운영에는 민간의 상업적 활동뿐만 아니라 어떠한 형태로든 국가나 지방자치단체가 참여하고 있다.

각국의 항만관리제도는 그 국가의 지정학적 위치, 지리적 여건, 역사적 발전, 경제·사회적 배경, 그리고 정치 및 행정제도와 각국의 사정에 따른 특수성에 따라 항만관리의 다양한 형태를 띠고 있다.

항만관리의 구분은 소유형태에 따라서 국가, 지자체, 항만당국, 사유항으로 구분될 수 있고, 경영 형태에 따라서는 지주제형, 장비형, 운영형으로 나누어진다. 최근 항만운영의 효율성이 강조되면서 소유는 국유 또는 포트 오소리티(port authority)에 의하지만 운영은 민간에 의해 이루어지는 형태로 전환되고 있다.

(2) 항만효율성 측정 지표

항만의 효율적 관리는 항만당국뿐만 아니라 이용자인 선·화주에게 그 편익이 돌아간다. 항만효율화의 개념은 항만시설 이용의 극대화, 이용자에 대한 서비스 수준의 제고, 항만비용의 최소화 및 육·해상 연결지점으로의 기능 최대화 등의 요건에 적합한 시설을 확보하고 운영하는 것이다. 이러한 요건에 대한 효율성의 정도를 측정하기 위한 지표를 항만효율지표라 하며, 여기에는 처리실적, 선석점유율, 생산성, 서비스 수준 등이 있다.

최근 항만간 경쟁이 치열해지면서 특히 컨테이너항만을 중심으로 항만효율성을 높이기 위해 첨단하역장비의 도입과 정보기술의 적용을 통해 기계화와 자동화가 급속히 이루어지고 있다.

3. 항만의 물류거점화

1) 항만물류거점화의 의의

(1) 항만물류거점화 개념

경제의 글로벌화가 진행되면서 기업의 글로벌 경영전략과 국제물류 관리체계의 변화에 따라 항만이 물류, 생산 및 비즈니스 거점으로 부각되고 있다. 전통적으로 항만은 수출입화물의 해상운송과 육상운송의 연결점으로, 단순히 화물을 수송, 보관, 하역 등을 수행하는 화물중계기지에 불과하였으나, 국제물류에서 해상과 육상의 원활한 연결기능이 강조되면서 항만은 공급사슬에서 핵심종합물류거점으로서 새로운 기능과 역할을 수행하게 되었다. 또한 항만은 산업, 물류, 비즈니스 등의 공간인 동시에 부가가치 물류활동을 창출하는 종합물류거점으로 재편되고 있다.

항만물류거점화는 항만을 역내 물류를 종합적으로 취급할 수 있는 중심항만으로 발전시킨다는 의미이다. 중심항만으로 육성이 필요한 요인은 국제물류의 발전과 더불어 물류의 중심지로서의 항만이 공급사슬관리상에서 세계와 지역을 연결해 주는 역할을 하게 되고, 항만을 중심으로 경제적, 인적, 금융 거래 및 정보의 유통이 활성화되고 있기 때문이다. 또한 항만을 중심으로 한 경제권이 구축되고 있고 중심항만의 배후권에서는 다양한 부가가치 물류활동과 생산 및 유통과 같은 다양한 경제활동이 전개되기 때문에 지역 내 경제발전에 중추적인 역할을 하게 된다. 따라서 지역 내 물류중심지가 되기 위해 각국 정부는 경쟁적으로 막대한 자금을 투자하여 항만규모의 대형화, 항만배후단지 조성, 항만 정보화, 기계화, 자동화를 추진하는 한편 각종 인센티브와 규제완화 등과 같은 제도적 지원을 강화하고 있다.

(2) 물류거점항만의 기능과 사례

물류거점항만은 항만 고유의 기능인 수출입 화물의 적·양하 활동뿐만 아니라 권역 내 화물의 집산을 통해 물류 및 유통의 중심지로서의 기능을 할 수 있는 각종 시설과 공간을 확보하고 있다. 이와 더불어 화물의 환적, 재분류, 조립, 상표부착 등의 부가가치서비스가 용이하도록 자유무역지역(FTZ: Free Trade Zone)과 같은 경제특구 제도 등을 이용하여 시설과 운영 측면에서 편리성을 제공하고 있다. 항만에서 처리된 화물이 배후지역에서 가공, 조립, 전시, 판매될 수 있도록 하며, 이러한 과정에서 관세는 물론 부가가치세, 지방세, 재산세, 등록세 등의 각종 조세를 면제하여 지역경제의 활성화를 도모하고 있다. 항만은 이제 단순한 화물처리를 위한 공간이 아닌 하역, 보관, 유통, 전시, 판매 통관 및 물류정보의 제공 등의 서비스가 동시에 이루어지는 종합물류기지로서의 역할이 더욱 강조되고 있다.

표 10-10	물류거점항의 기능		
기능	**주요 활동**	**주요 시설**	**비고**
하역	▪ 적양하 ▪ 환적	▪ 안벽 ▪ CY ▪ CFS	
연계 수송	▪ 수송, 집배 ▪ 검사, 검량 ▪ 하역, 혼재	▪ 철도, 트럭터미널 ▪ 수송센터	
보관	▪ 장기보관 ▪ 분류, 통관	▪ 창고 ▪ 야적장	▪ 대규모 항만배후지 ▪ 항만인근지역 ▪ 연관공단 입지지역 ▪ 철도/고속도로 인접지
가공조립	▪ 가공, 조립 ▪ 포장 ▪ 검사, 검량	▪ 가공조립설비 ▪ 포장설비 ▪ 창고	
전시 · 도매	▪ 도매기능 ▪ 국제전시	▪ 전시장 ▪ 도매시설	
정보	▪ 정보의 집산 ▪ 정보처리 ▪ 정보의 중계	▪ Teleport 등	

한 연구조사 결과에 의하면, 싱가포르의 경우 단순 환적보다 부가가치 물류활동을 수행할 경우 1TEU당 약 12배의 부가가치를 생산하고 있는 것으로 나타났다. 싱가포르는 약 100만㎡의 배후부지에서 연간 약 20억 달러 이상의 부가가치가 창출되고 있다. 상하이와 로테르담의 경우에는 각각 800만㎡, 260만㎡의 배후부지에서 각각 약 5,000여개의 물류관련 기업을 유치하여 종합물류거점으로서의 항만기능이 활성화되고 있다.

로테르담항에서는 1990년에 Emhaven Distripark(24ha)와 Botlek Distripark(16.6ha)가 조성되었고, 1998년에는 Maasvlakte Distripark(186ha)를 건설하였다. 여기에서는 수송, 보관, 집. 배송, 하역, 포장 등의 전형적인 물류기능뿐만이 아니라 단순가공, 최종제품조립, 통관, 서류처리와 포워딩업무를 포함하여 수출입관련, 화주가 요구하는 제반서비스를 제공하고 있다.

2) 공급사슬에서 항만의 역할

(1) 항만의 글로벌 공급사슬 연계기능

오늘날 많은 글로벌 기업들은 원료공급에서 최종 판매까지 연결하는 공급사슬을 구축하고 있으며 핵심 역량에 집중하기 위한 전략으로서 물류 부문을 아웃소싱하고 있다. 기업들은 항만을 중심으로 공급사슬 측면에서 각종 기능과 운영을 통합해 나가고 있다. 글로벌 환경 하에서 항만은 복합운송으로 연결할 뿐만 아니라 물류센터로서의 운영, 부가가치 활동, 재화·정보·자금의 흐름, 공급사슬 패턴과 프로세스를 창출하고 있다.

지난 수십 년간 물류의 발전은 항만터미널에서 일시적 보관과 운송수단간의 원활한 연계성을 위해 활용되었으나 최근에는 이러한 장치 구역이 화주와 물류서비스 제공업자(LSP)를 위한 비용이 저렴한 보관 구역으로 활용되고 있다.

컨테이너 장치장에서의 대기시간은 항만운영의 비생산성 또는 연계성 부족으로 인하여 발생하는 경우가 많았으나 최근 대기시간은 공급사슬의 과정에서 필요에 의해 발생하는 경우가 많아졌다. 예를 들어 최종 배송에서 지연을 시킨다든지 또는 유통·가공활동을 통해 유연성을 강화하기 위한 목적으로 공급사슬의 완충지 역할을 위해 항만 내에서의 체류시간이 길어질 수 있다. 특히 생산과 유통에서의 수직적 통합이 증가하면서 항만에서의 공급사슬과 물류터미널 기능이 강화되고 있다.

기업들이 글로벌 공급사슬관리를 운영하면서 항만터미널은 주로 선박에서 화물을 적·양하하는 시설물로 첨단 기계화된 장비를 가진 효율적 항만으로서의 의미보다는 공급사슬에서 기능과 역할이 더 중시되는 경향이 증가하고 있다. 또한 국제물류에서의 다양한 서비스를 제공하는 물류센터로서의 기능을 강화하고 있다. 항만이 부가가치 물류 시설을 제공하는 정도는 공급사슬상에서 통합 항만의 중요한 파라미터로 간주되고 있다. 유통업자로서의 역할, 지속보충(continuous replenishment), 크로스 도킹 등과 같은 활동과 항만의 부가가치 활동은 물류 사슬에서 핵심적 요소가 되고 있다. 기타 활동은 시장 세분화에 따라 항만 이용자에게 서비스를 제공하고 고객 요구에 따른 맞춤형 서비스의 추진 능력을 포함한다(Paixao and Marlow, 2003).

최근 제3자 또는 제4자 물류의 확산에 따라 물류업계의 전반적인 M&A, 전략적 제휴, 협력, 통합 등을 통하여 대형물류업체가 시장을 주도하면서 신속·유연한 물류개념을 도입하고 있다. 이들 업체들은 항만은 글로벌 물류센터로서 활용하고 있다. 따라서 항만 운영자들은 항만의 배후부지를 적극적으로 활용하여 글로벌 물류업체들의 요구에 부응하는 다양한 물류기능을 갖춘 국제물류기지로 발전시켜 나가야 할 것이다.

(2) 항만 배후단지의 개념과 기능

항만 배후지(port hinterland)란 '운송수단에 의해 항만과 연결되어 있고 항만을 통해 물품을 양륙 또는 선적을 위해 개발된 육상구역(land space)으로 지역 내의 여러 활동장소를 항만과 연계시키는 기능 지역(functional region)'이라고 정의한다. 그리고 항만배후단지(port-hinterland complex)란 항만의 기능과 이와 관련된 지원 시설 등을 갖춘 광범위한 구역을 말한다.

항만 배후지는 3가지의 개념으로 구분하는데 첫째, 항만을 경유하는 수출입, 환적 화물의 수요창출과 관련이 있는 영역으로 내륙 및 해외 세력권을 포함한다. 둘째, 항만활동을 위한 자본, 기술, 노동이 공급되는 생산 및 소비와 관련된 영역으로 항만도시를 지칭한다. 셋째, 항만 활동의 집중과 분산이 행해지는 사회, 경제적 영역으로 터미널활동 영역이다.

최근 국제물류산업의 발전으로 항만의 역할이 크게 변화하고 있다. 세계 산업생산구조의 수직적 변화에 맞추어 국제물류산업은 종합 물류관리 서비스 산업으로 변모하고 있으며, 대형물류회사와 대형 선사들은 고객서비스를 위해 서로 통합하는 현상이 일어나고 있다. 과거에는 내륙의 화주 창고에서 항만까지 다양한 운송업체들이 연결되었으나 이제는 물류단계가 대형물류회사를 중심으로 하나로 통합되고 있다. 이들 대형 물류기업들은 종합 물류서비스의 제공에 유리한 항만 배후물류단지에 입주하고 있으며 대형 화주들도 산업의 수직적 분업이 심화되면서 제조와 물류기능을 항만의 배후단지로 이전시키고 있다. 이로 인하여 항만은 배후 물류 부지를 중심으로 스스로 화물을 창출하고, 고부가가치 물류활동을 통해서 지역 및 국가경제 활성화의 동력이 되고 있다.

항만은 운송시스템의 제반 요소를 통합적으로 제공하고 보다 광범위하게 통합된 다국적 기업의 생산, 무역, 금융, 물류시스템 등을 제공하고 있다. 이로 인하여 내륙지역 화주들의 물류창고들이 항만 또는 항만배후물류단지로 서서히 이동하고 있으며 내륙지역의 물류단지와 항만이 직접 연계되고 있다. 특히 최근에는 글로벌 제품 생산시스템이 수직적으로 분화되면서 다국적 생산업체들에게 물류서비스를 제공하는 제3자 물류기업들은 항만에 물류창고를 확보하지 않고서는 경쟁적인 서비스를 제공할 수 없다는 사실을 인식하고 있다.

이에 따라 최근 조성되는 항만배후단지에서는 해운, 선원, 항만, 통관, 출입국 관리 및 부대서비스의 효율화를 도모할 수 있는 광대한 물류단지를 조성하고 있다. 이들 구역에서는 보관, 가공, 조립, 분류, 배송, 전시, 판매기능을 수행하고 있다. 예를 들어 세계적인 중심항만인 싱가포르, 로테르담, 홍콩, 상하이항 등은 이미 종합물류거점기능을 수행하고 있다. 이들 항만들은 종합물류 서비스의 제공과 더불어 부가가치 물류서비스를 제공함으로써 항만산업의 부가가치를 증대시키고 있다.

중국이 세계의 공장으로 불리며 대규모의 물동량을 발생시키는 데는 항만배후단지 및 보세원구로의 기업유치를 통한 화물 창출이 상당한 역할을 수행하기 때문이다. 유럽의 물류허브 기능을 수행하는 네덜란드 역시 대규모 배후단지를 개발하여 효과적인 항만물류 서비스를 제공하고 있다. 싱가포르는 물류를 미래의 국가성장 동력산업으로 간주하여 항만뿐만 아니라 항만배후 물류단지, 친수구역, 산업단지 등의 기능을 종합적이고 체계적으로 개발하고 있다.

(3) 항만에서 공급사슬관리의 문제점

항만물류업무에서 공급사슬관리가 제대로 이루어지지 않아 업무상의 비용과 장애요인이 발생하는 경우가 많이 나타나고 있다. 공컨테이너의 조달, 운송의뢰, 선적, CY 입고 등의 운송 업무는 순차적으로 이루어지는데, 어느 한 부분에서의 지연 또는 장애가 발생할 경우 전체 공급사슬 과정에 심각한 문제를 발생시키게 된다.

예를 들어 트럭운송회사의 전산화 미비와 관련 기관들의 연계 부족으로 화주가 운송을 의뢰하고 난 후 자신의 화물에 대한 위치와 상태를 알 수 없게 되는 경우가 많이 발생한다. 이로 인하여 자체적인 물류정보망을 보유하고 있지 않은 경우 제조 및 유통업체의 생산, 재고, 판매 등의 관리계획 및 운송업체의 운송계획이 제대로 수립되지 않아 생산, 유통부문 등에 부정적인 영향을 미치게 되어 소비자에게 효과적인 서비스를 제공할 수 없는 경우도 발생할 수 있다. 이러한 문제점을 해결하기 위해서는 항만을 중심으로 한 공급사슬 구성원들간의 통합적 업무의 수행이 중요하다. 이를 위해서 가장 선결되어야 할 요소는 조직간 정보시스템을 구축하는 것이다.

3) 항만의 종합물류 기지화 전략과 사례

(1) 항만의 종합물류 기지화 전략

글로벌 경제의 진전과 더불어 글로벌 기업들은 물류부가가치 활동을 자유롭고 편리하게 수행할 수 있는 항만이나 공항에 물류거점을 구축하여 물류관리의 효율화를 도모하고 있다. 이에 따라 항만과 공항은 기업들의 국제물류관리전략에 대비해 종합물류기지의 기능과 역할을 확보하는 방향으로 개발되고 있다. 이러한 복합기능을 갖춘 항만과 공항은 배후지간의 고도화된 연계수송망, 종합물류센터, 물류정보센터, 각종 편의 및 부대시설을 갖추고 자유무역지대를 설치하여 이를 적극적으로 활용하고 있다. 따라서 각 국가들은 항만과 공항을 물류거점화하여 물류부가가치를 창출하는 종합물류기능을 수행할 수 있도록 확대·재편해 나가고 있다.

글로벌 기업들이 지역물류센터로 공·항만을 선호하는 이유는 물류센터의 역할이 복잡해지고 다원화되었기 때문이다. 대표적으로 지역물류센터를 지연(postponement)전략의 거점으로 활용하고 있다. 기업은 마케팅 경로상 가능한 최종시점까지 상품의 형태나 특성을 지연시켰다가 고객의 주문에 따라 필요로 하는 제품을 물류센터에서 최종적으로 출고하여 인도한다. 이를 통해 재고를 줄일 수 있을 뿐만 아니라 고객이 원하고, 주문한 상품을 인도함으로써 위험과 불확실성을 축소할 수 있다.

글로벌 기업들의 물류센터로서의 공·항만의 활용이 증가하면서 지리적으로 유리한 지역에 위치한 국가 예를 들어 유럽에서는 네덜란드와 아시아의 싱가포르는 이들 기업을 유치하기 위해 가장 적극적으로 나서고 있다. 우리나라도 동북아에서의 유리한 위치를 활용하여 공·항만개발에서 거점화 기능을 갖춰 나가고 있다. 즉 경제자유구역의 설치와 대단위 공·항만배후단지를 조성하여 화물의 창출과 부가가치 물류활동을 촉진시켜 나가고 있다.

(2) 제조기업의 항만을 종합물류기지로 활용한 사례

주요 세계적 기업들은 싱가포르의 자유무역지대에서 동남아 지역의 운영본부 내지 물류거점으로 운영하는 사례가 많은데 대표적으로 Avaya, Diageo, Dell, Hewlett Packard, Infineon, LVMH 등이다. 싱가포르가 지역거점으로 또는 글로벌 SCM 허브로 널리 활용되는 이유는 지정학상 태평양을 통해 북미와 유럽지역의 중간적인 위치에 있고, 중국 등 아시아 국가로 수출입되는 화물의 물류거점으로서 활용하는 데 불편함이 없는 하드웨어와 소프트웨어를 갖추고 있기 때문이다. 또한 잘 발달된 공·항만 인프라, 전문화되고 유창한 영어를 구사할 수 있는 인력, 최신의 정보환경, 그리고 물류거점화를 위한 정책도 중요한 요인이 되고 있다.

싱가포르는 그 외에도 세계 유수의 정보, 통신, 금융, 화학, 서비스 등 관련 산업체들이 집적(cluster)되어 있어 기술, 노동력, 시장을 최대한 활용할 수 있을 뿐 아니라 말레이시아, 중국, 타이완 등 주변국의 시장과 비교적 근접한 거리에서 공급자 및 수요자의 욕구에 신속하게 대응할 수 있다.

P&G사는 싱가포르의 지역본부에서 생산, 마케팅, SCM, R&D, 재무 등을 포함하는 브랜드와 경영활동을 수행하고 있다. 이 지역의 시설은 생산공정의 모니터링과 변화를 반영한 최신의 실시간 재고 및 생산 통제시스템을 갖추고 있다. 싱가포르는 전체 아시아 지역을 통제·관리하는 데 이상적이고 중립적인 기반을 제공하고 있다. 따라서 P&G사는 싱가포르에 집중화된 핵심 공유서비스 기능을 통해 효율성과 생산성의 향상과 운영비용을 낮출 수 있었다. 이는 싱가포르에는 그러한 활동을 지원하기 위한 물류업체, 회계 및 법률전문업체, 인력개발회사, 경영컨설팅회사들이 밀집해 있었기 때문이었다.

Nike사는 재무와 물류의 강점을 강화하기 위해 싱가포르에 글로벌 트레이딩 허브를 구축해 중앙 집중화된 글로벌 제품의 소싱, 물류, 브랜드 보호를 진행하고 있다. Unilever는 싱가포르에 아시아의 물류중심지를 집중화하여 비용의 절감과 탄소배출량을 감소시키면서 양단간 공급사슬의 기능을 관리하고 있다.

(3) 물류기업의 항만을 종합물류기지로 활용한 사례

아시아에서는 싱가포르가 지역물류거점으로서 가장 중요한 역할을 하고 있다. 싱가포르에서는 상위 25개의 글로벌 물류업체들 중 DHL, Kuehne+Nagel,

Sankyu, Schenker, Toll, UPS 등 20개가 운영 중에 있다.

글로벌 물류기업인 DB Shenker는 2012년 글로벌 역량센터(Global Competence Centre)를 설립하여 공산품과 전자제품을 위한 공급자주도형 재고관리(VMI)에 집중하고 있다. 이 센터는 싱가포르의 물류강점을 최대한 활용하면서 솔루션 개발을 지원하고 아시아와 글로벌 시장에서의 맞춤화 생산물류 솔루션의 출시를 가속화시키는 중심기지 역할을 하고 있다.

DHL은 2007년 싱가포르에 지역본부를 설립하여 한 곳에서 전체 고객에 대한 서비스 가치사슬을 수행하고 있다. 세계적 수준의 효율성, 광범위한 연결성, 양호한 인프라, 우수한 인적자원 등이 DHL이 싱가포르를 선정한 주요 요인들이었다. 여기서 DHL은 최상의 공급사슬 전문성과 실무적 물류업무 노하우를 통해 Hewlett-Packard, Dell, Sun Microsystems, Infineon과 같은 세계적 생산업체들에게 탁월한 가치를 제공하고 있다.

4) 주요 물류거점항

(1) 상하이항

상하이항은 중국의 동안과 장강이 만나는 장강 삼각주의 전략적인 곳에 위치해 있다. 중국의 경제 개방정책과 함께 급속도로 발전하였으며, 현대적인 항만시설과 인프라를 갖추고 있다. 전 세계 국제 정기선 항로 500여개를 보유하고 있으며 2010년 당시 세계 제1위 컨테이너 물동량을 처리하던 싱가포르항을 제치고 세계 최대 컨테이너항만으로 부상하여 현재까지 그 지위를 유지하고 있다. 2021년에는 4,703만TEU를 처리하였다.

상하이항의 물류수요는 2000년 중반이후 중국 경제의 급성장과 더불어 폭발적으로 증가하고 있으나 2000년대 초만 하더라도 부두 시설의 규모나 선박의 입출항 조건은 매우 열악한 실정이었다. 특히, 선박의 대형화가 빠르게 진전되었으나 상하이항의 낮은 수심의 근본적인 문제가 해소되지 않았다. 이에 중국은 2020년을 목표로 내륙에서 35km 떨어진 지점에 있는 양산 심수항 개발을 추진하여 왔으며 이미 소양산 2단계 30여개 선석을 개장하였다.

이와 더불어 주변 지역의 국제무역 및 물류지원 시설도 적극적으로 개발되고 있다. 2014년 발표된 상하이 자유무역시범지역 사업은 28km^2 면적에 양산 보세항구, 푸둥공항의 종합보세지역, 와이까오차오 보세구역 및 보세물류단지를 포함한 대규모 물류단지를 향후 10여년에 걸쳐 조성하는 것이다. 종합하면 상하이항은 항만시설의 확충과 배후지에 무역·물류 지원시설의 확충을 통해 중국 최대의 물류거점으로 발전해 나갈 계획이다.

(2) 싱가포르항

싱가포르항은 홍콩과 함께 아시아의 대표적인 거점항만(hub port)으로 첨단 물류시설과 자유로운 경제제도를 갖추고 있다. 싱가포르항은 2021년 기준으로 3,747만TEU의 컨테이너화물을 처리하여 상하이항에 이어 세계 2위의 컨테이너 처리실적을 기록하고 있으며 800여개의 글로벌 기업과 6,000여개의 물류기업이 활동하고 있는 글로벌 비즈니스 거점이다.

싱가포르는 1819년 영국의 식민지가 되면서 영국정부에 의해 자유항(free port)으로 선언되어 유럽과 아시아를 연결하는 중심항으로서의 역할을 수행하였으며 이후 1965년 독립과 함께 자유항제도를 폐지하고 관세자유지역 제도를 도입한 바 있다. 싱가포르항은 아시아권의 관문으로서의 유리한 입지 조건을 활용하고 국제적인 수준의 인프라시설과 제도 도입을 통해 국제물류중심지 역할을 성공적으로 수행해 오고 있다.

물류벨트에는 Keppel Distripark, Alexandria Distripark, Pasir Panjang Distripark, Tanjong Distripark 등 4개의 물류센터가 위치하고 있는데 이들 물류센터는 항만기능을 지원하는 역할을 수행하는 한편 글로벌기업, 전문물류업체 그리고 국제 포워딩업체의 아시아 물류거점으로 활용되고 있다.

싱가포르는 일찍이 물류산업이 국제교역활동의 핵심임을 인식하고 물류 시설의 확충과 이에 따른 법·제도적 개선을 위한 강력한 정책을 추진함으로써 아시아 물류거점항이 되었는데 그 주요 성공요인은 다음과 같다.

첫째, 싱가포르는 유럽―아시아항로의 관문역할을 수행하기 알맞은 지정학적 위치를 점하고 있어 해운산업 및 다국적 기업의 물류거점으로 활용될 수 있는 천혜의 경쟁력을 갖추고 있다.

둘째, 싱가포르는 일찍이 국제물류가 국제교역의 핵심 산업임을 깨닫고 물류중심국을 위한 국가차원에서의 전략 수립 및 추진에 국가의 핵심 역량을 집중시켜 국제경제 및 물류환경 변화에 신속하게 대응하고 있다.

셋째, 국제적 수준의 물류인프라를 보유하고 있다는 점이다. 싱가포르는 지속적으로 국제물류 관련 인프라에 대한 연구와 개발을 병행 추진함으로써 세계 경제 및 물류환경 변화를 분석하고 예측하여 이에 알맞은 물류시설을 개발함으로써 항상 다국적 기업과 물류기업에게 양호한 경영환경을 제공하고 있다.

넷째, 관세자유지역 제도 도입을 통해 효율적인 경영환경을 조성하고 있다는 점이다. 이 제도를 통해 싱가포르는 세계 어느 지역보다 경영활동의 수행에 편리한 환경을 조성하였으며 이를 지원할 수 있는 일괄서비스 행정지원 체계를 통해 국제물류, 투자, 금융 등 지원 산업을 발전시키고 있다.

(3) 홍콩항

홍콩항은 아·태지역의 중심과 주강삼각주(Peal River Delta)지역의 입구에 위치하여 사실상 중국 본토의 남쪽 관문으로서 중국 수출입의 대부분을 중계하는 독점적 지위를 유지하여 왔다. 홍콩항은 1972년 콰이중 컨테이너 터미널(Kwai Chung Container Terminal)을 시작으로 물류인프라를 정비하고 발전시켜 2021년 1,779만TEU의 컨테이너화물을 처리하여 세계 10위의 컨테이너 처리실적을 기록하였다.

홍콩은 전통적인 자유항으로서 경제적으로 독립된 중세의 하나의 항만도시 국가(free port city) 형태를 취하면서, 항만 및 이와 인접한 전 지역을 비관세지역으로 설정하고 화물의 장치, 가공·제조는 물론 개인의 거주 및 소비에까지 광범위한 자유를 부여하고 있다. 전통적 의미의 자유항은 정치적인 이유 등으로 대부분 없어졌으나 홍콩항은 유일하게 현존하고 있다.

홍콩항은 중국의 광동성을 배후지로 확보하고 화남지역의 물류거점기능을 수행하여 왔으나 2000년대부터 선전항의 개발과 상하이—푸동지역의 발전으로 인해 중계항으로서 역할이 점점 줄어들면서 물동량 성장이 정체되고 있다.

홍콩항의 물류거점화 전략과 성공요인은 자유항 제도, 인프라 확충, 물류산업 민영화를 통한 효율성 증대, 대중국 물류체계와의 연계성 등이 있다.

(4) 로테르담항

로테르담항은 유럽 최대의 거점항만으로 유럽 수입물량의 60%, 수출물량의 30%가 이 항만을 통해 처리되고 있다. 2021년에는 1,530만TEU의 컨테이너화물을 처리하여 유럽 1위이고, 세계 제11위의 컨테이너항만이다.

로테르담항에서 가장 중요한 화물은 석유화학제품과 유럽 각지로부터의 환적물량이다. 전자의 화물은 로테르담항 인근에는 유럽 최대 규모의 석유화학단지가 조성되어 있어서, 그리고 후자의 화물은 선박, 바지, 기차, 도로, 파이프라인 등의 지선체제가 잘 구축되어 있어 발생되고 있다.

미국기업 물류센터의 57%, 아시아 기업 물류센터의 56%가 로테르담항에 입주하고 있으며, 또한 유럽에 산재해 있는 140개 대형 물류센터 중 45%가 네덜란드에 위치하고 있고, 이 중 11개의 대형 물류센터가 로테르담항 배후단지에 입주해 있다.

로테르담항이 유럽의 물류 거점으로 활용되고 있는 것은 유럽 관문으로서의 지리적 이점뿐만 아니라 대규모 배후 물류단지 확보와 물류를 국가 기간산업으로 발전시키려는 적극적인 정책 및 제도적 지원이 뒷받침되었기 때문이다. 즉 통관절차가 간편하고, 물류투자에 대한 규제가 없는 데다 항만물류 무인자동화 시스템(INTIS)은 신속한 정보 및 행정서비스를 제공하고 있다. 매년 전 세계 1,000여개 항구로의 입출항 선박 14만 여척이 체선·체화없이 화물을 처리하고 있다.

(5) 부산항

부산항이 동북아 중심항만으로 발전한 것은 지리적·지정학적 조건과 우리나라 동남부의 발달된 산업으로 인한 물동량이 뒷받침되었기 때문이다. 또한 중국과 일본항만과의 지선 연결체제가 잘 구축되어 환적화물의 유출입도 물동량 증가에 큰 기여를 하고 있다. 2021년 기준으로 2,270만TEU를 처리하여 세계 7위를 차지하고 있다. 현재 부산항은 급변하는 항만환경과 대형선사들의 초대형 항만(mega-port) 기항전략에 따라 중국항만과 치열한 경쟁관계에 있다.

부산항은 동북아 물류중심지의 핵심사업으로 1995년부터 부산신항 개발을 추진하여 2020년까지 완료하였다. 부산신항 건설을 통해 첨단항만 체제 구축과 대규모 배후단지를 보유한 항만으로 중국과 일본의 환적화물 유치 및 부가가치 물류의 구현과 외국기업의 유치를 통해 산업클러스터를 조성하여 화물 창출을 도모하기 위한 정책적·제도적 기반이 조성되어 있다. 경제자유구역과 자유무역지대가 설치되어 있으며, 첨단하역시스템과 정보시스템 구축을 통해 높은 생산성을 유지하고 있다.

(6) 인천·광양항

국내 2위 컨테이너 항인 인천항은 수도권의 관문항으로 11개 컨테이너 선석을 포함하여 총 120개의 선석을 운영 중에 있다. 2021년 컨테이너 취급물동량은 약 3백 3십만TEU에 달하였다. 인천은 항만, 국제공항, 자유무역지역, 경제자유구역 등이 어우러진 세계 어느 항만에서도 찾아보기 어려울 정도로 좋은 조건을 갖추고 있다. 북중국의 해상항공(Sea & Air) 복합운송화물도 환적물량 유치에 기여하고 있다.

국내 세 번째로 많은 컨테이너화물을 처리하는 광양항은 1998년에 제1단계 컨테이너 전용터미널을 개장하였다. 초기에는 급증하는 부산항 수출입 물동량의 분산처리를 위한 목적이었으나 부산신항이 개장하면서 동북아 환적물량의 유치에 초점을 맞추었다. 그러나 중국의 동북부 지역항만의 시설 확충과 더불어 대형선 입항이 자유로워지면서 물동량 확보의 한계로 인해 규모의 경제 달성에 어려움을 겪고 있다.

항만배후 단지에 보관, 조립, 가공, 배송 등의 다양한 복합물류기능을 할 수 있는 공동물류센터를 설치하였고, 광양항 자유무역지역 내 입주업체의 업무 지원 및 배후지원시설을 갖추어 일괄서비스를 제공하는 체제 구축을 통해 자체 물동량 확보에 많은 투자를 하고 있다.

기타 항만은 〈표 10-11〉에서 보듯이 물동량 기준으로 평택·당진항과 울산항이 5대 항만에 포함된다.

표 10-11 우리나라의 항만 물동량(2006~'21)

순위	항만	일반화물(십만 R/T)			항만	컨테이너화물(천TEU)		
		2006	2015	2021		2006	2015	2021
1	부산	2,299	3,597	4,426	부산	12,039	19,469	22,706
2	광양	1,951	2,720	2,921	인천	1,377	2,377	3,354
3	울산	1,657	1,909	1,848	광양	1,770	2,327	2,125
4	인천	1,296	1,576	1,577	평택·당진	260	566	936
5	평택·당진	442	1,122	1,169	울산	337	385	457

자료: SPIDC 데이터베이스.

(7) 동북아 주요 항만 물동량

1990년대 이후 동북아 지역의 경제발전과 더불어 증가하는 물동량 처리를 위해 컨테이너 항만개발이 본격화되었다. 중국, 한국, 일본, 타이완은 자국의 수출입 물동량을 처리할 뿐만 아니라 중심항-지선 체제에서 중심항이 되기 위해 항만의 대형화를 적극적으로 추진하였다.

표 10-12 세계 10대 컨테이너항만의 처리물동량 변화추세(1985~2021)

(단위: 천 TEU)

순위	1985		2001		2015		2021	
	항만	물동량	항만	물동량	항만	물동량	항만	물동량
1	로테르담	2,655	홍콩	17,826	상하이	36,537	상하이	47,030
2	뉴욕	2,405	싱가포르	15,571	싱가포르	30,922	싱가포르	37,470
3	홍콩	2,298	부산	8,073	선전	24,205	닝보-저우산	31,070
4	가오슝	1,901	카오슝	7,541	닝보-저우산	20,627	선전	28,768
5	고베	1,852	상하이	6,340	홍콩	20,073	광조우	24,180
6	싱가포르	1,699	로테르담	6,120	부산	19,467	칭다오	23,710
7	롱비치	1,444	로스앤젤레스	5,184	광조우	17,590	부산	22,706
8	앤트워프	1,350	선전	5,076	칭다오	17,436	텐진	20,269
9	요코하마	1,327	함부르크	4,689	두바이	15,592	LA/LB	20,061
10	함부르크	1,159	롱비치	4,463	텐진	14,111	홍콩	17,798

주: 음영으로 표시된 항만은 동아시아지역에 분포
자료: Containerisation International Yearbook 각 년호 참조.

이로 인해 〈표 10-12〉에서 보는 바와 같이 동아시아 지역은 1985년 세계 10대 대형 컨테이너항만 가운데 5개가 포함되었으나 2001년에 6개로 2021년에는 9개로 증가하였다. 중국은 1위 상하이항을 포함하여 총 7개를 보유하고 있다. 이는 세계 경제와의 교역에서 차지하는 동북아 또는 동아시아의 비중이 그만큼 증가하였다는 것을 보여주는 지표이다.

4. 경제특구

1) 경제특구의 개념과 유형

(1) 경제특구의 정의

경제특구(SEZ: Special Economic Zone)는 '동일 국가 내에서 다른 지역과 달리 특별한 경제규정을 통해 해외직접투자를 유치하기 위한 조치, 각종 규제 및 세금의 혜택을 제공하는 특별지역'을 의미한다. 비록 최초의 자유무역지대는 고대 포에니아(Foenia)에 있었지만 현대적 자유무역지대는 1959년 아일랜드의 산논공항(Shannon Airport)에 설립된 것이다. 근래 가장 성공적으로 경제특구를 도입한 국가는 중국으로 1980년대 이 제도를 통해 외국 자본을 유치하고 수출을 촉진하면서 경제 발전에 크게 기여하였다.

전 세계에는 약 4,000개 이상의 경제특구가 있으며, 중국 외에는 아랍에미레이트, 한국, 말레시아 등이 있다(The Economist, Apr. 4, 2015). 경제특구는 다양한 형태가 있는데 대표적으로 자유무역지대(Free Trade Zone), 수출가공지역(Export Processing Zone), 산업파크(Industrial Parks), 자유항(Free Port), 자유경제지역(Free Economic Zone) 등이 있다.

(2) 경제특구의 유형

경제특구는 목적과 기능 등에 따라 다양하게 구분될 수 있지만 우리나라에는 다음과 같은 3가지 유형이 활용되고 있다. '자유무역지역(Free Trade Zone)'은 일반적으로 한 국가의 공·함만 또는 내륙의 특정장소에 일정한 면적의 구획을 정하여 외국의 영역과 유사한 지위를 부여한 지역(비관세지역)이다. 당해 지역으로 반출입하는 물품에 대하여 통관 절차, 관세 및 내국세 등의 면제 특전을 부여하고 물품의 반·출입 및 중계 등을 자유롭게 수행할 수 있는 법적·지리적 경제활동을 위한 특별지구라고 정의된다.

'관세자유지역(Customs Free Zone)'은 국가의 관세영역 밖에 위치한 제한된 구역으로서 통관절차, 관세 및 제세공과금 등의 면제 특전을 부여, 화물의 반·출입 및 중계무역 등을 자유롭게 수행할 수 있는 법적·지리적 경제활동 특구를 의미한다. 관세자유지역은 전 세계적으로 500개 이상의 지역에서 설치·운영 중이며 물류촉진, 중계·위탁무역의 촉진, 물류부가가치 창출, 외국자본 유치 등

복합적 기능을 수행함으로써 다양한 경제적 효과를 창출하고 있다.

'경제자유구역(Free Economic Zone)'은 경제특구(Special Economic Zone)로 널리 불리고 있으며 1970년대 말부터 중국이 개방화정책을 전개하면서 널리 활용되었으며, 이후 국제적 용어로 정착되었다.

경제특구에는 생산형, 국제교역형, 복합형, 지식창조형의 4가지 유형이 있다. 우리나라의 외자유치와 관련된 단지들은 대부분 생산형에 속하며, 일부는 국제교역형과 복합형에 해당된다. 보통 경제자유구역은 생산관련시설, 국제공항·항만, 국제물류센터, 국제업무단지, 교육기관 및 주거단지 등 다양한 기능을 수행하는 시설을 복합적으로 구비하여 자족성을 보유하게 된다.

경제특구는 초기 생산형과 교역형이 중심이었으나 점차 복합형으로 그리고 지식창조형으로 진화해 왔다. 우리나라의 외국인 투자관련 지역들과 멕시코의 마낄라도라(Maquiladora), 아일랜드 등은 생산형에 속하고 홍콩과 네덜란드 등은 국제교역형에 해당된다. 또한 중국 푸동과 싱가포르 등은 복합형에 해당되는데, 최근 싱가포르는 지식창조형으로 전환을 추진하고 있다.

표 10-13 경제특구의 유형

구분	내용	국내 유형
생산 중심형	▪ 저렴한 생산비 및 세제상의 혜택 등을 이점으로 기업의 생산거점 유치 ▪ 전통 및 첨단산업 지역으로 구분	▪ 자유무역지역 ▪ 외국인 기업전용단지 ▪ 외국인 투자지역
국제교역 중심형	▪ 지리적 이점, 물류 인프라 등이 강점이며 기업의 물류 및 무역 거점으로 활용	▪ 관세자유지역
생산교역 복합형	▪ 국제 금융기능, 생산기능, 물류 및 무역 기능 등을 복합적으로 제공	▪ 제주국제자유도시
지식 창조형 (복합형＋지식네트워크)	▪ 생산 교역의 복합 이외에 서비스 기업, 연구 기관, 대학 등이 네트워크를 형성하여 기술개발 거점까지 운영 가능	

2) 경제특구 현황

(1) 세계 경제특구 현황

현대적 의미의 공업자유지역은 아일랜드의 산논공항(Shannon Airport)에서

1959년에 설치되었다. 1970년대 이후 동아시아, 남미 지역을 시작으로 다국적 기업으로부터 노동집약제조업에서의 외자를 유치하기 위해 설치되었다. 이들 지역은 수입대체 정책으로부터 전환하고 수출주도 성장을 통해 글로벌 시장으로 통합하기 위한 목적으로 무역과 투자의 중심지역이 되었다.

그림 10-2 중국의 경제특구

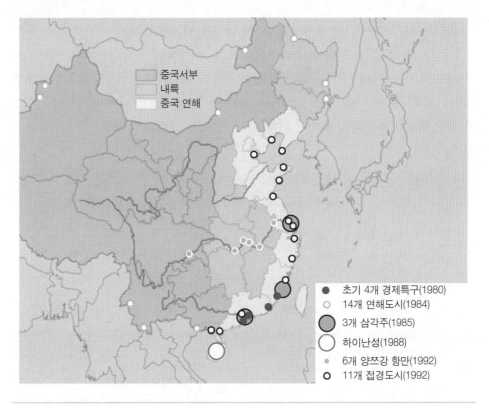

자료: World Bank, 2009.

　　모든 자유무역지대가 성공적인 것은 아니었으나 동아시아 지역에서는 경제성장의 추진체로 상당한 역할을 하였다. 1980년대 중국은 다수의 경제특구를 도입하였으며, 이는 중국 경제발전에 크게 기여하였다. 경제특구는 시장경제로의 개혁과 외자, 기술, 경영기법의 도입함으로써 경제개방을 촉진시켰을 뿐만 아니라 세계경제로 통합을 이끄는데 큰 역할을 하였다. [그림 10-2]에서 보듯이 중국은 2020년 기준으로 15개의 자유무역지역, 32개 국가경제 및 기술개발지역, 53개의 신첨단기술 산업개발지대가 설치되어 있는데 주로 연안지역과 국경지역에 많이 분포되어 있다. 2006년까지 전 세계적으로 130여개국에 3,500개의 경제특구가 설치되어 운영되었다(Boyenge, 2007), 이들 경제특구들은 외국과의 무역과 해외자본 유치와 같은 대외 경제관계의 활성화에 초점이 맞추어져 있기 때문에 주로 항만 또는 공항을 근거지로 설치되어 있다.

(2) 우리나라의 경제특구 현황

우리나라는 1970년 1월 수출자유지역이 마산과 익산에 설치된 이후 2000년 자유무역지역으로 개칭되었으며, 2020년 기준으로 13개 지역이 지정·운영되고 있다. 관세자유지역은 2002년부터 부산항, 광양항, 인천항이 지정되어 운영되었으나 2004년 7월부터 경제자유구역(FEZ: Free Economic Zone)에 통합되었다. 경제자유구역은 2003년 관련 법률이 제정되어 2020년 현재 8개소가 설치·운영되고 있다.

표 10-14 자유무역지역과 경제자유구역의 비교

구분	자유무역지역	경제자유구역
법적근거	자유무역지역법 ('04.6.23개정 시행)	경제자유구역법 ('03.7.1.시행)
지정목적	외자유치, 수출촉진, 지역개발	외국인 친화적 경영환경 및 생활환경 조성
관리주체	산업자원부장관	기획재정부장관
입주업종	물류업, 제조업, 수출목적의 도매업 무역활동 등 보장	물류, 제조, 관광, 외국인 전용병원, 약국, 아파트, 학교 등
항만부문 지정요건	▪ 3만톤 이상 「컨」 선박용 전용부두 ▪ 1천만톤 이상 화물 처리 능력 ▪ 국제정기 「컨」 항로개설 ▪ 육상 지정 면적이 50만㎡ 이상일 것	▪ 2만톤급 이상 「컨」 선박용 전용부두 ▪ 1천만톤 이상 화물처리 능력 ▪ 국제정기 「컨」 항로개설
세금, 임대료 혜택	관세면제, 부가세영세율 적용	법인세·소득세 감면
지정현황	마산, 군산, 대불, 동해, 율촌, 울산, 김제, 부산항, 포항항, 평택·당진, 광양, 인천, 인천국제공항	인천, 부산·진해, 광양만권 (2003.10) 등 총 8개

| 그림 10-3 | 우리나라의 경제특구 현황 |

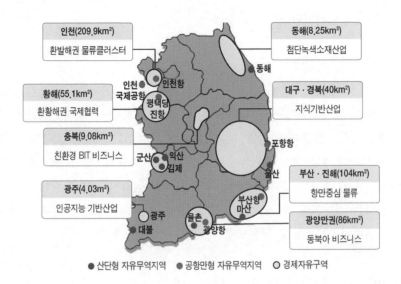

주: ( )안은 면적
자료: 기획재정부, 산업통상자원부.

제4절 컨테이너 터미널

1. 컨테이너 터미널의 개요

1) 컨테이너 터미널 개념

컨테이너 운송의 주된 목적의 하나는 화물을 완전히 규격화하여 수송단계에서의 화물취급을 종래의 인력 중심에서 기계화하여 수송시간을 단축하는 데 있다. 이러한 컨테이너 취급 장소가 컨테이너 터미널이다.

해상과 육상의 접점인 항만에 위치하는 컨테이너 터미널은 컨테이너의 선적과 양륙이 이루어지는 한편, 트럭, 철도에의 컨테이너 인수도, 컨테이너 장치, 공컨테이너의 집화, 컨테이너의 수리, 청소 등의 제 기능을 수행한다.

컨테이너 터미널은 1970년대 이후 수출입 화물의 컨테이너화가 가속화되면서 컨테이너 화물을 전문으로 취급할 수 있는 시설의 필요성에 의해 전 세계로 급속히 확산되어 갔다. 또한 선박의 대형화와 더불어 터미널의 규모 또한 커졌으며, 많은 컨테이너를 장치할 수 있는 공간과 지원시설을 갖추면서 항만배후지 규모 역시 확대되었다.

2) 컨테이너 터미널의 기능

컨테이너 터미널의 기능은 크게 하역이송기능, 보관기능, 혼재기능으로 구분된다. 먼저 하역이송기능은 터미널에 연결되는 복수의 운송수단간에 컨테이너를 신속, 정확, 안전하게 하역 및 이송하는 기능이다. 둘째, 보관기능인데, 한정된 하역시간에 대량으로 하역하는 해상운송과 비교적 장시간에 소량 단위로 컨테이너를 반출입하는 도로운송과 하역이송을 원활히 하기 위해 컨테이너를 일시 보관하는 기능이다. 마지막으로 지원기능은 하역이송, 보관, 혼재 등의 기능을 달성하기 위하여 각 기능을 공동으로 지원하는 기능이 있다.

2. 컨테이너 터미널의 유형 및 하역시스템

1) 컨테이너 터미널의 유형

컨테이너 터미널은 사용 주체에 따라 두 가지 유형으로 나누어진다. 공공터미널은 누구나 본선의 화물을 선적 또는 양륙하는 작업기간에만 안벽, 컨테이너 크레인 및 일정한 마샬링 야드를 항만관리자로부터 임대하여 사용할 수 있는 터미널이다. 주로 지자체 또는 국가에서 관리·운영하는 형태를 띠고 있다.

이에 반해 전용터미널은 선사 또는 항만하역회사가 국가 또는 항만관리자로부터 안벽과 인접하는 컨테이너 야드를 일정 기간 동안 차용하여 해당 조직의 것으로 전용하는 터미널로 현재 세계적인 터미널은 대부분이 전용터미널 형태이다.

2) 컨테이너 하역시스템

컨테이너 하역시스템은 다음과 같이 4가지 방식이 많이 활용된다. 첫째, 샤시방식(chassis system)이다. 이 방식은 컨테이너를 터미널의 장치장에 그대로 놓아두지 않고 반드시 섀시에 올려두는 방식이다. 운반할 경우 특수한 하역기계가 필요하지 않으며, 작업의 정체와 운전상의 위험도 현저하게 줄어든다. 단점은 컨테이너 개수와 동수의 섀시를 필요로 해서 비용이 많이 소요될 뿐 아니라, 다단적을 할 수 없기 때문에 넓은 야드를 필요로 한다.

둘째, 스트래들 캐리어 방식(straddle carrier system)이다. Matson사가 보급했기 때문에 흔히 매트손 방식이라고 하는데 안벽에 내려진 컨테이너를 스트래들 캐리어로 바로 이동, 보관할 수 있어 갠트리크레인의 회전율이 높을 뿐 아니라 다단적이 가능하다. 반면 장비가 정밀한 고가이므로 정비에 상당한 시간과 비용이 소요되고 섀시방식보다 이동이 신속하지 못한 단점이 있다.

셋째, 트랜스테이너 방식(transtainer system)이다. 갠트리 크레인으로 적·양하된 컨테이너를 transtainer에 의해 이동·보관하는 방식이다.

넷째, 혼합방식(mixed system)이다. 특정 작업에 대해 컨테이너 하역의 여러 방식 중에서 가장 적합하다고 판단되는 하역방식을 적용하는 방법이다.

3. 컨테이너 터미널의 시설 및 기기

1) 컨테이너 터미널의 시설

컨테이너 터미널은 부두에 위치하여 컨테이너 화물의 본선하역, 보관, 육상운송 기관으로 인수·인도를 행하는 장소이며, [그림 10-4]와 같은 다양한 시설을 가지고 있다.

① 선석(berth): 선박을 항만 내에서 계선시키는 시설을 갖춘 접안장소를 말하며, 보통 표준선박 1척을 직접 정박시키는 설비를 지니고 있다.

② 에이프런(apron): 부두 안벽에 접한 야드의 일부분으로 부두에서 바다와 가장 가까이 접한 곳이며 폭은 30~50m 정도이다. 이곳에는 갠트리 크레인이 설치되어 있어 컨테이너의 양하 및 적하가 이루어진다.

③ 마샬링 야드(marshalling yard): 선적해야 할 컨테이너를 하역 순서대로 정렬해 두거나 양하된 컨테이너를 배치해 놓은 장소로서 에이프런과 이웃하여 위치한다. 마샬링 야드는 CY의 상당부분을 차지할 뿐만 아니라 컨테이너 터미널 운영에서 중심이 되는 중요한 부분이다.

④ 컨테이너 야드(CY: Container Yard): 컨테이너를 인수, 인도하고 보관하는 장소인데 넓게는 마샬링 야드, 에이프런, CFS 등을 포함한 컨테이너 터미널의 의미로도 쓰이지만 엄밀히 말하면 CY는 컨테이너 터미널의 일부

이다. 보통 터미널 전체 면적의 약 65%를 차지한다.

⑤ 컨테이너 화물 집화장(CFS: Container Freight Station): 컨테이너 한 개의 전체를 채울 수 없는 소량화물(LCL: Less than Container Load)을 인수, 인도하고 보관하거나 컨테이너에 적입(Stuffing) 또는 끄집어내는(unstuffing, devanning) 작업을 하는 장소이다.

⑥ 통제 타워(Control Tower): 컨테이너 야드 전체를 내려다보는 곳에 위치하여 컨테이너 야드의 작업을 통제하는 사령실로서 본선 하역작업의 계획, 지시, 감독과 컨테이너 야드 내의 배치 등을 담당한다.

⑦ 컨테이너 야드 게이트: 컨테이너 및 컨테이너 화물을 인수·인도하는 장소이므로 해상운송 대리인 및 화주 또는 육상 운송인과의 운송 확인 또는 관리 책임이 변경되는 중요한 기능을 가진다.

그림 10-4   컨테이너 터미널의 모형

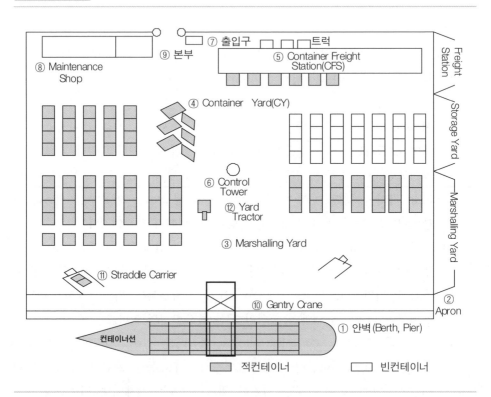

2) 컨테이너 터미널의 기기

컨테이너 터미널의 기기에는 다음과 같은 것이 많이 사용된다([그림 10-5] 참조).

① 갠트리 크레인(G/C: Gantry Crane)은 컨테이너 터미널과 컨테이너선 사이로 컨테이너를 싣고 내리는 핵심적인 장비이며, 보통 약 35톤 정도의 하역능력이 있다. 그 속도는 기중기 운전수의 숙련도에도 달려 있지만, 1회의 적하·양하에는 대체로 2~3분 정도(시간당 35개)가 걸린다. 에이프런(apron)에 깔린 레일 위를 이동한다.

② 스트래들 캐리어(straddle carrier)은 컨테이너 터미널이나 야적장에서 컨테이너의 수평이동 또는 다단적재할 때 사용된다. 접안한 본선에서 갠트리 크레인으로 내려진 컨테이너는 스트래들 캐리어에 의해 지정장소까지 운반되어 내려놓는다. 1열 길이 방향으로만 적재가 가능하여 야드의 효율성이 낮다.

③ 트랜스테이너(transtainer)은 컨테이너를 몇 줄이고 줄지어 다단적하기 위한 크레인을 말한다. 갠트리 크레인에 의해 하역된 컨테이너를 CY 내에서 스프레더를 이용하여 이송, 적재하여 야드샤시나 트럭샤시에 올리거나 내리는 일을 하며 다른 야적장소로 옮기는 작업을 한다.

④ 야드 트랙터(yard tractor)은 컨테이너 야드 내에서 작업용 컨테이너 운반트럭으로 일반 컨테이너 트럭과 동일하다.

⑤ 지게차(forklift)은 컨테이너 터미널 내에서 트럭이나 플랫 카(flat car)로부터 컨테이너를 적·양하 하는 차량이다.

⑥ 야드 샤시(yard chassis)은 육상을 운행하는 밴 트레일러(van trailer)에서 컨테이너를 싣는 부분을 말하는 것으로, 보기(bogie)와 프레임(frame)으로 구성된다. bogie에는 차축, 차륜, 날개장치 등 동력장치 이외에 주행에 필요한 장치를 갖추고 있다. 샤시에는 세미 트레일러 식과 풀 트레일러 샤시가 있다.

그림 10-5   컨테이너 하역기기

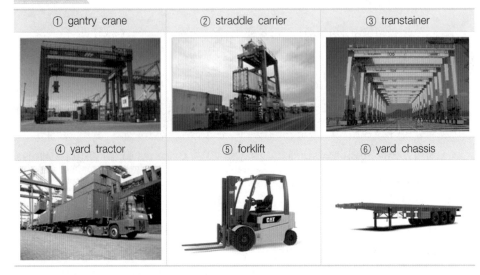

제11장

물류위험관리와 물류보안

제1절 물류위험관리의 의의와 유형

1. 물류위험관리의 개념

물류관리는 원산지에서 소비 지점까지 상품, 서비스 및 관련 정보의 효율적인 이동 및 보관에 대한 계획, 실행 및 통제를 말한다. 물류의 기능과 활동이 점점 복잡해지고 확대되면서 다른 비즈니스 기능과 마찬가지로 공급사슬과 물류운영에 영향을 미칠 수 있는 다양한 위험으로 인해 심각한 도전에 직면하고 있다. 물류위험이란 물류활동인 운송, 보관, 하역, 정보활동 등에서 발생하는 각종 위험을 말한다. 대표적으로 자연 및 인위적 재해, 보안 위협, 규정준수, 자연재해 등을 들 수 있다.

2. 물류위험관리의 유형

물류리스크는 좁은 의미에서는 물류 과정 그리고 보다 넓은 의미에서는 공급사슬상에서 발생하는 리스크를 포함한다. 물류활동은 조직의 활동이란 측면에서 볼 때 조직 운영에 영향을 미치거나 발생하는 리스크가 있다. 여기에는 자연재해, 인위적 재해, 재무, 인사, 마케팅, 정보와 보안 등을 들 수 있다.

지진, 홍수, 허리케인, 산불 등의 자연재해로 인해 운송네트워크가 붕괴되고 인프라가 손상될 수 있다. 또한 산업 재해, 경제, 테러 또는 정치적 불안 등과 같은 인위적 재해는 물류의 중단을 가져올 수 있다. 재무는 예산, 회계, 투자 등에서 인사는 고용, 문화, 인적관계, 마케팅에서는 명성, 경쟁, 고객 등에서 그리고 정보와 보안은 기술, 데이터, 사이버보안 등에서 리스크가 발생할 수 있다.

물류의 기능적인 측면에서 리스크는 〈표 11−1〉에서 보듯이 운송, 재고와 창고관리, 정보, 하역, 포장 등에서 발생한다.

(1) 운송리스크

운송리스크에는 운송인의 책임, 사고, 경로의 붕괴, 규정준수 위반 등 다양하다. 교통의 혼잡에 따른 리스크로 배송 지연과 운송 비용 증가로 이어질 수 있다. 또한 연료비 변동은 운송비에 그리고 전체 물류비에 영향을 미칠 수 있다.

(2) 재고와 창고관리 리스크

재고에 따른 리스크는 품절과 과잉재고를 들 수 있다. 재고가 부족하면 품절이 발생하여 고객 만족도와 판매에 영향을 미칠 수 있으며 과잉 재고는 자본과 창고 공간을 묶고 노후화와 운반 비용 증가를 초래할 수 있다. 보관상의 리스크는 보관 조건이나 창고보안(도난) 등에서 발생한다.

(3) 정보리스크

정보기술에 따른 리스크로는 사이버 보안 위협을 들 수 있는데 물류 시스템의 운영을 방해하고 민감한 데이터를 손상시킬 수 있는 사이버 공격이 대표적이다. 또한 데이터 정확성에 대한 리스크로 공급망 시스템의 부정확하거나 불완전한 정보는 예측, 계획 및 주문 이행 시 오류로 이어질 수 있다.

(4) 하역리스크

하역 과정에서 부주의, 장비 고장 등으로 인한 제품의 손상, 작업 중단 또는 지연, 안전사고 등의 리스크를 말한다.

(5) 포장리스크

부적절한 포장이나 운송 중 잘못된 취급으로 인해 제품이 손상되거나 손실될 수 있다. 포장재의 문제 또는 포장 시 준수할 의무를 소홀히 하여 발생하는 리스크를 포함한다.

(6) 규정 준수의 리스크

물류관리에서 준수해야 할 규정으로 대표적인 분야가 관세 및 수입/수출 규정이다. 관세 규정 및 국제 무역법을 준수하지 않으면 지연, 벌금 및 기타 법적 결과가 발생할 수 있다. 다른 분야로는 환경 규정인데 회사는 운송 및 창고 관행에 영향을 미칠 수 있는 환경 표준 및 규정을 준수해야 한다.

(7) 품질 관리 리스크

제품 손상 또는 손실로 발생하는 리스크로 예를 들어 부적절한 포장이나 운송 중 잘못된 취급으로 인해 제품이 손상되거나 손실될 수 있다. 그리고 품질 보증 리스크로 공급망 전반에 걸쳐 제품의 품질을 보장하는 것은 결함과 고객 불만을 방지하는 데 중요하다.

(8) 인적자원 리스크

인적자원 리스크는 인력 부족과 노동 파업을 들 수 있다. 물류 및 운송 부문의 숙련된 노동력 부족은 운영 효율성에 영향을 미칠 수 있다. 노동 파업이나 노동 분쟁은 운송 및 창고 활동이 중단될 수 있다.

표 11-1 물류기능별 리스크 요인

물류기능	리스크 요인
운송	운송수단의 운영중단, 운송경로 계획(지연, 운송비 증가), 운송물품관리(부패, 품질저하 등)
재고	재고 부족과 과잉재고, 진부화
창고	보관조건(온도관리 또는 취급부주의), 창고보안(도난)
정보	시스템 오류(기술적 결함), 데이터 보안(데이터 유출, 사이버 공격)
하역	제품 손상(부적절한 취급 또는 포장), 장비 고장, 작업자 안전(인명 손상)
포장	포장재(쿠션, 견고성), 규정 준수(라벨링, 환경규정)

제2절 물류위험관리 프로세스와 전략

1. 물류위험관리 프로세스

1) 물류위험관리의 개념과 특징

물류위험관리는 공급망 및 물류 운영 내 위험을 식별, 평가 및 완화하기 위한 체계적인 접근 방식이다. 여기에는 물류 프로세스의 효율성, 효율성 및 전반적인 성능에 영향을 미칠 수 있는 잠재적인 위협이나 중단을 사전에 식별하는 것이 포함된다. 물류위험관리의 목표는 위험이 공급망에 미치는 부정적인 영향을 최소화하여 운영의 연속성과 고객 요구 사항을 충족하는 능력을 보장하는 것이다.

2) 물류위험관리 프로세스

물류위험관리 프로세스는 [그림 11-1]과 같은 단계를 거치게 된다.

(1) 위험 식별(Risk identification)

위험관리의 첫 번째 단계는 위험을 식별하는 단계이다. 물류 프로세스 내부 위험과 조직 외부의 위험을 식별하여 문서나 위험 등록부에 위험을 기록한다.

(2) 위험 평가(Risk analysis and evaluation)

식별한 위험의 원천과 영향을 고려하여 위험을 분석한다. 위험분석은 두 가지 요인, 즉 위험한 사건이 발생할 가능성(확률)과 발생 시 결과(영향)의 심각도(크기)이다. 두 가지 요소의 측정은 정성적인 방법과 정량적인 방법 두 가지를 활용하여 수행된다. 확률 평가는 각 위험 발생 가능성을 추정하여 가장 중요한 영역에 우선순위를 두게 된다. 영향 분석은 비용, 운영 중단, 고객 만족도 등의 요소를 고려하여 확인된 위험이 공급망에 미치는 잠재적 영향을 평가한다.

(3) 위험 경감 대응

이 단계에서 관리자는 위험의 심각성을 알고 위험을 처리하는 다양한 전략 또는 방법을 고려한다. 대응방법에는 여러 가지 유형이 있는데 일반적인 방법은 예방(위험한 사건이 발생할 확률을 줄이기 위해) 또는 완화(영향을 줄이기 위해) 전략 실행으로 구분할 수 있다. 위험의 대응 방법으로는 비상계획 수립, 공급선과 운송수단(업체)의 다각화, 보험 및 계약 등의 계획을 포함한다.

(4) 모니터링 및 통제

이 단계는 내부, 외부 및 재무 연속성의 지속적인 변화로 인해 위험관리 시스템의 실시간과 지속적인 모니터링과 통제에 중점을 둔다. 상품 이동을 추적하고, 재고 수준을 평가하고, 이상 현상이나 중단 등을 식별한다. 이 단계에는 확률, 영향 및 기타 위험 지표 측면에서 위험의 추적뿐만 아니라 위험 조치 계획의 실행에 대한 상태 보고를 포함한다. 위험관리전략의 효율성을 측정하고 지속적인 개선을 이루기 위한 핵심성과지표(KPI)를 설정한다. 또한 새로운 위험을 식별하고 위험관리 조치가 적절하고 효과적인지 확인하기 위해 물류 프로세스에 대한 정기 감사 및 평가를 수행한다.

(5) 협력 및 커뮤니케이션

이 단계는 물류위험관리 프로세스 전반에서 이루어지는 과정으로 이해관계자 협업과 원활한 커뮤니케이션 활동이 이루어지도록 해야 한다. 물류 프로세스상 공급업체, 물류 파트너 및 기타 이해관계자와 협력하여 정보를 공유하고 잠재적인 위험에 대한 식별, 평가, 모니터링한 결과를 상호 교환하여 대응조치를 설정 및 실행하도록 한다.

(6) 규정 준수

이 단계 역시 전체 물류 프로세스상에서 이루어져야 할 사항이다. 법률 및 규제 위험 등에서 오는 위험으로 대표적으로 관세 준수 및 환경 규제 등을 완화하기 위해 관련 법률 및 규정을 준수한다. 또한 긍정적인 공공 이미지를 유지하기 위해 공급망 관리실무와 관련된 윤리적 문제 및 평판 위험도 고려하여야 한다.

그림 11-1　물류위험관리 프로세스

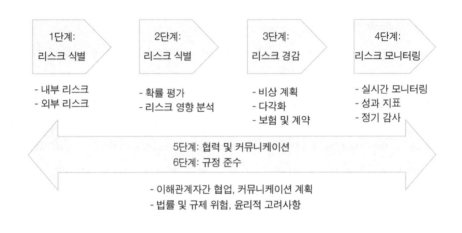

2. 물류위험관리전략과 조치

1) 물류위험관리전략의 개념

공급사슬위험관리는 공급사슬의 한 부분에서 발생한 위험은 다른 영역 그리고 전체 공급망에 영향을 미치기 때문에 전체 공급사슬 프로세스를 대상으로 한 위험관리를 추진해야 한다. 물류위험관리전략의 추진 역시 공급사슬위험관리와 마찬가지로 물류 프로세스 전체를 대상으로 전략 추진이 이루어져야 한다.

물류위험관리는 '물류 관련 활동이나 자원으로 인해 발생하거나 영향을 미치는 위험과 불확실성을 처리하는 것'으로 정의할 수 있다. 위험 관리는 물류관리 과정에서 취약성을 줄이기 위한 조치이며 물류관련 구성원 간의 협력과 조정을 통해 물류 프로세스 내외부와 외부 위험의 최소화를 위한 계획, 실행 및 통제하는 것이다.

물류위험관리의 목표는 물류 프로세스의 회복탄력성을 향상시켜 운영의 안전과 연속성을 보장하고 잠재적인 공급망 또는 재화 또는 관련 정보 흐름의 중단으로 인한 부정적인 영향을 최소화하는 데 있다. 이를 통해 기업 경쟁력의 요체인 비용절감과 운영성과를 향상시키는 데 기여할 수 있도록 한다.

2) 물류위험관리 전략의 유형

일반적으로 위험관리전략에는 〈표 11-2〉와 같이 위험회피, 감소, 전가, 수용전략으로 구분하고 있다. 위험회피(Risk Avoidance, Aversion)는 위험을 유발할 수 있는 행위를 하지 않음으로써 위험을 제거하는 것이다. 이 전략은 운송의 붕괴로부터 절대적인 보호를 해 주지만 일부 위험의 수용에서 오는 잠재적 이익 상실을 초래한다.

위험감소(Risk Mitigation, Reduction)는 위험의 가능성과 결과에 모두 적용된다. 만약 많은 위험이 완전히 제거 또는 회피할 수 없다면 기업은 선제적으로 위험을 완화 또는 경감하는 전략을 추진한다. 이 전략은 붕괴의 가능성 또는 재무적 손실의 심각성을 제한하는데 활용된다.

위험전가(Risk Transfer)는 기업이 스스로 위험 관리 또는 완화하는 것이 많은 문제를 발생시키는 경우 이러한 위험을 통제를 위해 외부의 도움을 추구할 수 있다. 즉 제3자에게 책임을 전가하는 것을 말한다. 그러나 제3자가 해당 위험을 기꺼이 수용하지 않을 경우 위험은 고객의 부담이 되거나 공유하게 된다. 보험의 부보는 위험의 전가에 가장 전형적인 수단이다.

위험수용(Risk Retention, Acceptance)은 잠재적 위험의 회피가 불가능하고 경제적으로 타당하지 않을 경우 위험 발생을 그대로 수용하는 전략을 말한다. 이 전략은 확률, 영향력, 보증의 정도가 낮을 경우에 주로 활용된다.

표 11-2	물류위험전략과 세부적 요소	
위험 전략	설명	위험 관리 세부요소
위험회피	위험을 유발할 수 있는 행위 금지를 통해 위험 제거	위험 지역의 물류서비스 지양, 적시성 낮은 물류업체 배제, 높은 물류비 지역 서비스 회피
위험감소	선제적으로 위험의 완화 또는 경감	정보공유 및 가시성 확보, 운송수단/경로, 기항지의 변경, 물류 보안/안전 조치, 포장 강화, 정보기술활용, 유연한 계약체결, 다양한 물류업체 활용, 비상계획(컨틴전시) 수립과 활용
위험전가	위험 또는 책임을 제3자에게 전가	물류계약 체결시 장기간 지향, 제3/4자 물류업체 활용, 물류비 상승시 제3자에게 전가, 환율 및 유가 변동 시 헤징 활용, 보험부보
위험수용	위험의 발생을 수용	비상시를 위해 예비비 축적, 물류비 증가시 원가절감으로 완충, 높은 위험발생시 수익률 목표 조정

주: 이충배·정석모, 2011.

3) 물류위험관리 기법의 유형

위험이 식별되면 잠재적 영향을 완화하기 위한 방안을 수립해 실행해야 하는 데 다음과 같은 기법들이 고려될 수 있다.

① 공급사슬의 다변화: 단일 공급업체나 운송 수단에 의존하면 물류중단에 대한 취약성이 높아진다. 여러 공급업체 및 운송 옵션을 포함하여 다양한 공급망 전략을 구현하면 한 영역의 중단으로 인한 영향을 완화할 수 있다.

② 공급사슬 가시성 개선: 가시성이 부족하면 시기적절한 의사결정이 어려울 수 있다. 실시간 추적 시스템(GPS), 데이터 분석, IoT 등을 활용하면 공급사슬에서의 잠재적인 위험을 조기에 감지하고 사전 조치를 촉진할 수 있다.

③ 공급사슬 구성원과의 협업: 공급업체, 운송업체 및 기타 이해관계자와 강력한 파트너십을 구축하면 더 나은 의사소통, 조정 그리고 협력이 가능해진다. 협업을 통해 위험 완화 전략을 공유하고 예상치 못한 사건에 신속하게 대응할 수 있다.

④ 비상계획: 잠재적인 공급사슬 중단에 대한 비상계획을 개발하는 것이 필요하다. 이러한 계획에는 대체 경로, 백업 공급업체 및 비상 대응 프로토콜이 명시되어 예상치 못한 사건이 발생할 때 신속하고 효율적인 대응이 가능하다.

⑤ 보험가입: 보험은 금융 위험을 완화하는 데 중요한 역할을 한다. 물류 회사는 보험사와 긴밀히 협력하여 특정 요구사항을 평가하고 잠재적 손실에 대한 포괄적인 보장을 받아야 한다.

⑥ 법률과 규정준수: 법적 문제를 피하려면 규정을 준수하고 적절한 문서를 유지하는 것이 중요하다. 변화하는 통관, 무역, 관세 등의 요구 사항을 최신 상태로 유지하고 규정 준수 관리시스템을 구축하여 활용하면 법적 위험을 완화할 수 있다.

⑦ 모니터링과 지속개선: 물류의 위험관리는 지속적인 프로세스이다. 위험 완화 전략의 효율성을 보장하려면 정기적인 모니터링과 평가가 필요하다. 핵심성과지표(KPI)를 설정하여 정시 배송률, 재고 정확성, 고객 만족도 등의 성과를 추적할 수 있다. 이러한 지표를 분석함으로써 물류 전문가

는 개선이 필요한 영역을 식별하고 위험관리전략을 개선할 수 있다.

제3절 물류보안과 인증제도

1. 물류보안의 의미와 필요성

1) 물류보안의 의미

행정적인 실수, 범죄행위 또는 테러의 공격이 되었든 간에 물류체인의 붕괴는 국가경제의 경쟁력에 엄청난 결과를 가져온다. 또한 그러한 사건에 의한 직접적인 손실에 추가하여 공급사슬의 다른 부분에도 영향을 미치는데 예를 들어 배송의 지연이나 실패, 계약상 손실, 배송시간의 변동성 등은 재고 증가로 연결되어 궁극적으로 국가 물류비의 상승을 가져오게 된다. 물류보안 문제는 2001년 미국의 9.11테러 이후 특히 강화되어 해운, 항만, 공항 등 국제물류 전반에서 화물의 흐름에 많은 제약이 가해지면서 이를 해결하기 위한 많은 노력들이 진행되어 왔다.

물류보안은 '국가 물류체계 내부 및 외부(요인)의 의도적인 위해 행위를 사전에 방지하거나 또는 위해 사태 발생시 신속한 사후 복구조치를 수행함으로써 안전하고 원활한 국가 물류체계를 확보하는 일체의 활동'을 말한다.

물류보안제도는 물류 전 구간에서의 보안 확보로 테러를 예방하고 차단하는 동시에 화물운송의 가시성을 높이고 컨테이너 화물의 신속한 처리로 물류비용을 절감할 수 있는 이점을 가져다준다. 그러나 물류보안 확보에 따른 비용 증가와 교역구조를 왜곡시킬 수 있다는 부정적인 측면도 있다.

2) 물류보안의 필요성

물류의 범위가 SCM 체제로 전환되고 전 세계적 범위로 서비스가 확대되고 있다. SCM은 공급사슬 구성원간에 유기적으로 연결되어 있기 때문에 어느 한 부분에서의 문제는 공급사슬 전체에 커다란 영향을 미치게 된다. 따라서 물류보안 문제는 전 세계적이고 전체 공급사슬을 고려하여 유기적으로 다루어야 한다. 2000년대 이후 전 세계적인 테러 활동의 증가로 물류보안의 필요성이 증대되면서 한층 강화되고 있는데 물류보안의 중요성이 증대되고 있는 요인은 다음과 같다.

첫째, 9.11 테러 이후 물류보안에 대한 패러다임이 변화되었다. 9.11 테러 이전에는 물류보안에 대한 인식은 존재하였지만 실질적인 물류보안은 시간 및 비용의 관점에서 접근하였다. 그러나 9.11 테러 이후 물류보안은 국민의 생명과 재산을 지키고 안전한 국제운송을 위해 반드시 필요한 것으로 인식되었다. 따라서 물류보안에 대한 규정을 지킬 경우 보안문제뿐만 아니라 국제물류에서 발생하는 추가적인 지체를 최소화할 수 있다고 인식하게 되었다.

둘째, 물류보안은 새로운 무역장벽으로 등장하였다. 미국을 중심으로 구축된 물류보안은 컨테이너의 스캔과 관련 정보를 미국에 입항하기 24시간 이전에 미국 관세청에 제공해야 한다. 이러한 시스템이 구축되지 않은 항만에서는 시스템이 구축된 항만으로 화물을 이동한 후 컨테이너를 스캔하고 이 정보를 전송한 후 미국으로 입항할 수 있다. 따라서 물류보안은 미국시장에 대한 진입장벽으로 작용하고 있다.

셋째, 물류보안기술에 대한 국제표준의 선점이 필요하다. 물류보안과 관련한 시스템은 초기 단계이기 때문에 표준시스템 선점은 다른 모든 국가들이 따르게 되는 중요한 이윤창출원이 될 수 있다. 이러한 관점에서 표준시스템을 위한 노력이 시장에서 치열하게 전개되고 있으며 이에 따른 시스템의 구축은 물동량창출과 직접적으로 연결된다.

2. 국제물류보안인증제도

물류보안에 대한 중요성 증대와 더불어 세계 보안관련 기구 및 각국 정부들은 기존의 물류보안 제도를 강화하는 새로운 물류보안 인증제도를 도입하고 있다. 국제기구에서 추진하고 있는 물류보안 인증제도는 국제표준화기구의 ISO28000가 있다.

국제기구인 세계관세기구(WCO)는 2005년 6월 '세계무역을 보호하고 촉진하기 위한 기준'에서 SAFF Framework를 채택한 바 있다. 국제해사기구(IMO)는 2004년 7월 선박과 항만과의 연계와 관련된 보안을 위한 ISPS Code(International Code for the security of Ships and of Port Facilities)를 채택·발표하였다. 그 외에도 국제표준화기구의 ISO 가이드라인인 ISO/PAS 17712, ISO/PAS 28000 협약, 아·태경제협력체(APEC)의 STAR(The Secure Trade in APEC Region) Initiatives 등이 물류보안과 관련된 국제적 제도이다.

국가단위로는 물류보안에 가장 민감하게 대응하고 있는 미국은 국토보안국의 신설을 통해 다양한 형태의 물류보안 인증제도의 표준을 제시하고 있다. 대표적으로 CSI, 화물정보 24시간 전 신고제도, SAFE Port Act, C-TPAT 등이 있다.

보안을 강화하면서 이로 인한 화물 흐름의 지체현상을 필연적으로 겪게 되는 기업지원을 위한 인증 제도도 도입되고 있는데, EU와 우리나라의 종합인증우수업 체제도(AEO: Authorized Economic Operator), 싱가포르의 STP(Secure Trade Partnership) 등이 여기에 속한다.

[그림 11-2]는 보안 수준과 공급사슬 적용 범위에 따른 규제 프로그램의 계층 구조를 보여준다.

그림 11-2   보안의 수준에 따른 보안측정의 계층도와 네트워크 범위

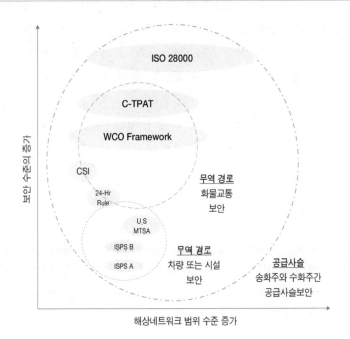

자료: Bichou, K., 2009.

1) 물류보안경영시스템

물류보안경영시스템(ISO   28000)은   국제표준기구(ISO)에서   제정한   인증제도

로 공급사슬 보안경영시스템(Specification for security management system for the supply chain)으로 기업이 보안환경을 지속적으로 평가하도록 하는 제도이다. 이 제도의 특징은 산업 전반의 어느 조직에 적용될 수 있도록 계획(plan)-실시(do)-점검(check)-조치(act)라는 PDCA 방법론에 기초한 보안경영시스템이라 할 수 있다. 즉 조직이 지속적으로 보안환경을 평가하고 충분한 보안조치가 행해지고 있는지의 여부와 법제도 및 강제적 요구사항이 조직에 끼칠 영향을 지속적으로 모니터링하면서 문제점을 개선하는 것이다.

2) WCO Framework

이 제도는 2005년 6월 세계관세기구(World Customs Organization)에 의해 공포되었으며 물류보안과 무역 간소화에 관한 국제기준이다. 이 제도의 특징은 국제수준의 공급사슬 보안확보 및 국제무역을 촉진하는 표준제공, 운송수단에 대한 통합공급사슬관리, 세관의 역할과 공조체제 강화, 고위험 화물 적발 능력의 제고, 세관과 민간기업간 협력체제 강화, 보안 확보를 통한 막힘없는 화물의 이동촉진 등이다. 특히 세관간 협정과 세관-민간기업 협력이라는 두 가지 기능을 기초로 보안 기준들이 국내외적으로 상호·연계되도록 하였다. WCO Framework 기준에 따라 인증을 획득한 조직을 AEO라고 하며, 이들에게 제공되는 혜택은 신속한 화물 반출입, 위기상황시 화물통관에 특별한 혜택 등이다.

3) ISPS Code

이 협약은 화물의 해상운송에 대한 보안을 확보하기 위한 국제협약으로 적용대상은 국제항해에 종사하는 선박 및 선박이 이용하는 항만이며, 선박, 여객, 선원, 화물, 항만시설 등에 대한 테러행위를 예방하기 위해 정부, 선사 및 항만당국이 행하여야 할 의무를 규정하고 있다.

4) 미국의 C-TPAT

2001년 9.11 테러사건으로 미국의 안전보장환경은 근본적으로 변화되었는데, 국토의 안전보장과 원활한 무역간 균형을 도모하는 데 초점을 맞추고 있다. 세관 부문에서의 변화로는 2002년 미국으로의 수입화물과 수입경로의 보안을 위한 프로그램으로서 C-TPAT와 컨테이너안전보호협정(CSI: Container Security

Initiative)을 발효하였다. 이어 미국향 화물이 수출항에서 선적되기 전까지 적하목록을 미국세관에 신고하도록 하는 조치를 발표하였다.

C-TPAT(Customs-Trade Partnership against Terrorism Program)은 미국에서 테러발생을 미연에 예방하는 동시에 국제화물 및 운송수단의 흐름을 촉진하기 위해, 테러방지 프로그램에 따라 해당업체가 안전한 제품을 제작하는지를 확인하여 해당업체를 인증하는 제도이다.

인증의 요건은 운송업체, 통관 중개업자 및 혼재업자, 항만터미널 운영자, 해외 제조업자 등이 사내의 보안관리 이행 프로그램을 실시할 것에 서명하고, 세관공무원의 현장 확인 검사를 실시하여, C-TPAT 프로그램에서 정한 공급사슬 보안지침의 준수 여부를 확인하여 인증시 증명서를 발급한다. 인증기업에게는 간소한 통관을 실시하며, 저위험 수입자로 취급을 받을 수 있으며, 관세지불 유예와 같은 혜택을 제공하고 있다.

5) 종합인증 우수업체제도

물류보안 인증제도에는 생산자가 제품을 생산하여 최종소비자에게 전달하는 과정에 참여하는 다양한 주체들인 운송업자, 창고운영자, 3PL, 은행, 관세사 등의 민간기업뿐만 아니라 세관, 항만당국, 출입국관리국 등의 정부기관도 참여하게 된다. 이러한 물류보안이 갖는 역할은 궁극적으로 운송물의 안전성을 담보하는 것이다. 만약 물류에 참여하는 관계자들이 물류보안 인증을 받게 되면, 원활한 물류흐름을 통해 운송물의 인도 및 인수의 지연이나, 운송물의 멸실·훼손의 발생을 사전에 예방하는 효과가 크다.

유럽연합은 WCO에 기반을 둔 AEO 제도를 입법화하고, 2008년부터 본격적으로 시행하고 있으며, 싱가포르와 뉴질랜드도 안전한 교역 프로그램(STP) 등을 제정하고, 국제 교역에 종사하는 화주를 대상으로 물류보안 인증제도를 시행하고 있다.

우리나라도 2008년 관세청에 의해 AEO 제도가 도입되었는데 세관에서 수출기업이 일정 수준 이상의 기준을 충족할 경우 통관절차 등을 간소화시켜 주는 제도이다. 관세청에서 법규준수, 내부통제시스템, 재무건전성, 안전관리의 공인기준에 따라 적정성 여부를 심사하여 우수업체를 공인해 주고 있다.

제12장

물류의 지속가능성과 환경물류

제1절 지속가능 물류관리

1. 지속가능 물류의 개념

1) 지속가능 경영

지속가능 경영(sustainable management)은 기업의 경제적 이윤뿐 아니라, 기업의 환경경영과 사회적 책임을 함께 중시하는 새로운 경영 패러다임이다. 1980년대 이후 기업들은 글로벌화 심화되면서 경쟁우위를 선점하기 위해 적시배송체제(JIT), SCM 등 다양한 경영철학을 도입하였다. 그러나 최근에 소비자들은 품질, 가격 등의 전통적인 소비가치 외에도 기업의 환경적, 사회적 역할 등의 지속가능 역량을 고려하기 시작하였다.

'지속가능성'(sustainability)이라는 말은 1972년 로마클럽이 '성장의 한계(The Limits to Growth)'란 보고서에서 처음 언급된 이래 최근에 이르러 기업의 화두가 되고 있다. 지속가능성은 세계환경개발위원회(WCED: World Commission on Environment and Development)가 1987년 '우리 공통의 미래(Our Common Future)'라는 선언문에서 사용한 이후 1992년 리우선언을 통해 지속가능한 발전이라는 용어가 국제적으로 자리 잡으면서 환경과 개발에 관하여 본격적인 논의가 시작되었다.

'지속가능성'이란 '미래 세대가 그들의 필요를 충족시킬 수 있는 능력을 훼손하지 않고 현재 세대의 필요를 충족시키는 발전에 대한 요구'라고 정의하고(WCED, 1987), 우리나라 지속가능 교통물류발전법 제2조에서도 "'지속가능성'이란 현재 세대의 필요를 충족시키기 위하여 미래 세대가 사용할 경제·사회·환경·교통 등의 자원을 낭비하거나 여건을 저하시키지 아니하고 서로 조화와 균형을 이루는 것을 말한다"로 동일한 의미로 정의하고 있다. 지속가능성(sustainability)은 '경제, 환경, 사회'의 세 가지 차원에서 '현재 세대와 미래 세대'를 모두 고려하며 '장기적'으로 지속가능한 발전을 추구하는 것이다. 결국 지속가능성은 인간의 경제활동에 미치는 경제, 환경, 사회적 가치가 지속가능성의 핵심 내용이다.

한편 '지속가능경영'이란 "사회적·환경적으로 부정적인 영향을 줄이고 지속가능한 발전에 기여 하는 것을 목표로 하는 경영활동"이다. Mayer(2017)는 지속가능성에 대하여 환경보호, 경제발전 그리고 사회발전, 이 세 가지 기본 축(TBL: Tripple Bottom Line)의 교집합적 요소로 보고 경제적, 사회적 그리고 환경적 기회와 위기를 고려하여 단·장기적 이익 사이의 균형을 유지하는 것을 강조했다. 결국 지속가능경영은 경제, 사회, 환경을 중심으로 기업이 창조적 방법을 통해 지속적인 성과를 창출해 내며, 이를 통해 궁극적으로 기업의 지속가능성을 추구하도록 가치를 증진시키는 경영활동이다. 이 세 가지 기본 축은 다음에서 설명할 ESG(환경·사회·지배구조(ESG: Environmental, Social, Governance)) 철학의 중요한 이론적 토대가 되었다.

지속가능성은 경제(economy), 사회(society), 환경(environment)이라는 세 가지 축(pillar)으로 구성된다. 이러한 원칙은 흔히 "3Ps"(Profit(이익), People(사람), Planet(지구))로 불리기도 한다. 이 3가지 사이에서 균형을 맞춤으로써 기업은 보다 의식적인 자원 사용을 시행하고 보장하면서 최상의 서비스를 제공할 수 있다.

| 그림 12-1 | 지속가능성의 세 가지 기본 축 |

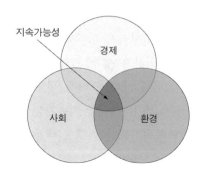

자료: Grant et al., 2015.

2) 지속가능 물류

'지속가능 물류(Sustainable logistics)'는 원자재 조달−생산−판매의 전 과정에서 경제적, 환경적, 사회적 측면에 중점을 두고 물류의 장기적인 발전을 추구하는 것이다. 지속가능한 물류는 물류업무를 수행하면서 자원을 효율적으로 사용하고, 환경적인 영향을 줄이는 동시에 사회적 가치를 증진하고 경제적으로 효율적인 방식으로 운영하려는 노력을 모두 고려하는 것이다.

지속가능한 물류는 제품의 생산, 보관, 유통, 배달하는 물류활동 과정에서 환경, 사회와 경제에 미치는 영향을 줄이는 것을 목표로 한다. 지속 가능한 물류는 환경에 미치는 영향을 줄이고 비용을 절감하며 브랜드 평판을 개선하는 데 도움이 되고 고객과 투자자 유치에도 기여할 수 있다. 그 외에도 기업은 지속가능한 물류 관행을 채택함으로써 온실가스 배출량을 줄이고 에너지를 절약하고 폐기물을 줄일 수 있다.

지속 가능한 물류는 그의 중요성을 세 가지 기본 축인 경제, 환경, 사회적 가치 측면에서 고려할 수 있다(이상근, 2023.5.22.).

(1) 환경

선진 기업들은 자신의 이익만을 추구하는 것이 아니라 지속가능한 미래를 위한 환경적 책임을 부담하고 있다. 그 결과, '지속가능한 물류'라는 개념이 중요한 역할을 하게 되었는데 이는 환경적 요소를 중점적으로 고려한 물류 관리 방식을 의미한다. 지속가능한 물류는 생산부터 소비, 폐기에 이르는 제품의 전체 생명 주기에서 발생하는 환경적 영향을 최소화하려는 노력을 포함한다. 이는 공급망의 탄소 발자국을 줄이는 것, 물류를 효율적으로 관리하는 것, 지속 가능한 물류 방법(예, 전기, 하이브리드 트럭 운송)을 사용하는 것, 에너지 효율적인 운송 수단을 선택하는 것, 그리고 재활용 포장재를 사용하는 것과 같은 다양한 전략을 구사하고 있다.

지속 가능한 물류의 환경적 이점은 여러 요인이 있지만 〈표 12-1〉과 같이 정리할 수 있다.

표 12-1 지속가능한 물류의 환경적 이점

요인	설명
온실가스 배출 저감	배송 차량의 효율성을 개선하고 전기 및 수소와 같은 재생 에너지원을 사용하여 탄소배출량 저감
에너지 사용량 절감	운송 장비에 청정 에너지원(전기, 수소 등)을 채택함으로써 지속 가능한 물류는 전반적인 에너지 소비 저감
폐기물 감소	물류 과정에서 재활용 및 재사용을 장려하여 폐기물 발생을 최소화함으로써 토양 및 수질 오염 축소
환경오염 저감	배출가스 저감 장치 설치 및 차량 효율성 향상으로 환경오염 저감

(2) 사회

지속가능한 물류는 단순히 환경적 측면 뿐만 아니라 사회적 측면에서도 중요한 역할을 한다. 사회적 지속가능성은 물류 작업이 고객, 직원, 커뮤니티와 이해관계자들에게 가치를 제공하며 공정하고 존중하는 환경에서 이루어져야 함을 의미한다. 이는 안전한 작업 환경을 유지하고 공정한 노동 표준을 준수하며 다양성과 포괄성을 촉진하는 것을 포함한다.

결국 사회적 지속가능성은 지속가능한 물류의 핵심적인 부분이다. 이는 근로자의 건강과 안전, 교육과 훈련, 다양성과 포괄성, 그리고 공급망 협력업체와의 상생, 지역 사회와의 협력 등을 통해 달성될 수 있다. 이를 통해 기업은 사회적 측면에서의 지속가능성을 실현하고 우리 사회가 더욱 공정하고 포괄적인 방향으로 성장하는 데 기여할 수 있다.

| 표 12-2 | 지속가능한 물류의 사회적 이점 |

요인	설명
일자리 창출	재활용 및 재사용과 같은 지속 가능한 물류 관행으로 물류에서 일자리 창출
지역사회 지원 및 협력	지역 기업과 협력하고, 일자리를 창출하고, 지역 자선단체 기부 등을 통해 지역사회와 조화로운 성장
사회 정의 증진	다양한 인력의 고용, 공정한 임금과 혜택, 다양성과 포용성의 조성
노동기준	직원의 효율성과 복지에 기여하는 공정한 노동 관행, 적절한 보상, 안전한 작업 환경 보장
교육 및 훈련	기업은 직원들이 물류 업무를 보다 효율적으로 수행하고 기술을 향상을 위한 교육과 훈련 제공
다양성과 포용성	다양한 배경의 인력채용을 통해 다양한 관점에서의 의사결정

(3) 경제

경제적 지속가능성은 물류 작업이 장기적으로 경제적으로 이익을 가져오는 방식으로 수행돼야 함을 의미한다. 이는 기업이 물류 활동을 통해 경제적 이익을 얻으면서도 환경적, 사회적 책임을 다하는 것을 의미한다. 이는 효율적인 물류 시스템을 개발하고 물류비용을 최소화하며 경쟁력을 유지하는 것을 포함한다.

결론적으로 지속가능한 물류는 환경적, 사회적 측면 뿐 아니라 경제적 측면에서도 중요한 역할을 한다. 이는 기업이 물류 활동을 통해 경제적 이익을 얻으면서도 환경적, 사회적 책임을 다하는 것을 가능하게 한다. 이런 방식으로 지속가능한 물류는 기업에 경제적 이점을 제공하며 동시에 환경과 사회에 대한 그들의 책임을 강화한다.

| 표 12-3 | 지속가능한 물류의 경제적 이점 |

요인	설명
비용 절감	에너지 사용을 줄이고 폐기물을 최소화하며 프로세스 효율성을 향상시켜 비용 절감. 예) 에너지 효율적인 운송 및 재활용 가능한 포장재 사용
생산성 향상	재고 수준의 축소, 운송 시간의 단축, 배송 정확도 향상으로 기업의 생산성 향상

투자 수익	지속 가능한 물류 전략에 투자하면 비용 절감과 고수익의 장기적인 투자 수익 보장
수익 창출	'친환경' 제품 및 서비스에 대한 고객 요구를 충족과 수익 창출

2. 지속가능 물류관리 전략

1) 지속가능 물류전략의 의의

'지속가능 물류'(sustainable logistics)는 제품의 생산에서 소비자에게 제품을 전달하는 물류활동의 전 과정에서 자원을 보다 합리적이고, 효과적으로 활용하기 위한 물류전략, 구조, 프로세스 및 시스템의 통합적인 물류전략으로 진화한 개념이다. 원자재의 조달부터 운송, 보관, 포장, 유통 및 제품 수명주기 종료 관리에 이르기까지 지속 가능성을 개선하기 위한 관행과 핵심 프로세스를 의미한다. 지속가능한 물류는 선형 경제 모델(linear economic model)(조달-제조-유통-소비순환 주기 기반)에서 제품수명을 연장하고 자원 사용을 합리화하는 것이 주요 목표인 순환 경제 모델로 전환하는 과정에서 시간이 지남에 따라 점점 더 중요성이 강조되고 있다. 지속가능 물류 전략은 환경, 사회, 경제적인 측면에서 기업의 책임이 강조되고 있다.

지속 가능한 물류 전략은 환경, 사회, 경제적인 측면에서의 영향을 최소화하면서도 효율성을 극대화하고 물류의 지속 가능성을 확보하는 것을 목표로 하는 전략이다.

2) 지속 가능한 물류의 중요성

(1) 환경적 측면

환경적 측면에서 지속 가능한 물류는 기업이 환경부담을 최소화하고 친환경적인 경영을 추구하는 것이다. 이를 위해 탄소 배출 감소, 친환경 운송 수단의 도입, 에너지 효율화, 재활용 및 폐기물 관리, 온실가스 감소 등이 필요하다.

(2) 사회적 측면

물류는 사회적 가치를 창출하는 중요한 요소로서, 지역사회와의 협력을 강화하고 노동 조건을 개선하는 데 주력해야 한다. 공정한 노동 조건과 사회적 책임을 다하는 기업은 소비자와의 긍정적인 관계를 형성할 수 있다. 기업은 지역사회와의 상생 관계를 구축하고 유연한 노동 정책, 고용 기회 제공 등을 통해 사회적 책임을 다할 필요가 있다.

(3) 경제적 측면

지속가능한 물류는 비용 효율성을 향상시키는 동시에 새로운 비즈니스 기회를 창출한다. 재활용을 통한 비용 절감, 친환경 제품과 서비스에 대한 수요 증가로 인한 매출 증가 등이 이에 해당하고, 또한 친환경 제품에 대한 수요가 증가함에 따라 신 시장을 개척할 수 있다.

3) 지속가능 물류전략의 핵심요소

지속 가능한 물류는 기업이 미래에 걸쳐서 경쟁력을 유지하고 성장하는 핵심적인 요소이다. 물류기업이 환경, 사회, 경제적 측면에서 책임을 다하며 높은 수준의 효율성과 혁신을 통해 지속 가능한 미래를 위한 기반을 마련하는 계기가 될 수 있을 것이다. 지속가능 물류를 추진하기 위한 방안은 다양하며 기업의 특성에 따라 중점적인 실행전략을 달리할 수 있다. 〈표 12-4〉는 지속가능 물류전략의 실천요인을 나타내고 있다.

표 12-4	지속가능 물류전략의 실천요인
요인	**설명**
친환경 교통 및 에너지 효율화	화물운송 시 탄소배출을 최소화하기 위해 전기차, 그린수소, 태양광 발전 활용
지능형 물류 네트워크 및 기술	빅데이터, AI, IoT를 활용해 실시간 데이터 분석, 수요 예측, 재고 최적화를 위한 지능형 네트워크 구축
재활용 및 순환경제 촉진	소재와 제품의 재활용을 장려하고, 재활용 가능한 자원과 지속가능한 비즈니스 모델을 통해 순환경제 지향
사회적 책임 및 근로 조건	임직원의 안전과 권리를 보장하고, 지역사회에 긍정적인 영향을 미치는 물류활동을 기획하여 사회적 책임 완수
탄소 중립 및 탄소 상쇄	물류 활동으로 인한 배출량을 모니터링하고 최소화하며, 손실가스 감소, 환경 기금 투자 등 탄소 상쇄 프로젝트를 통해 탄소 중립 목표
공급망 파트너와의 파트너십 구축	공통의 지속 가능성 목표와 규정 준수 요구 사항에 동의하여 공급망 이해관계자와의 협력 강화

법률 및 규정 준수	법적 문제를 방지하고 브랜드 평판을 유지하려면 환경 및 노동법의 엄격한 준수
교육 및 인식 제고	지속 가능한 물류 전략에서 지속 가능성에 대한 인식과 참여를 촉진하기 위해 직원과 파트너 위한 교육 프로그램
지속 가능한 혁신	지속 가능성을 운영 및 기술 혁신의 기반으로 활용하여 수익 증대, 비용 절감 및 새로운 비즈니스 기회 창출

　　지속 가능한 물류 전략의 성과를 측정하기 위해서는 정량적 및 정성적인 성과지표를 설정해야 한다. 예를 들어, 탄소 발자국 감소율, 재활용 비율, 지역사회 지원 활동 등이 이에 해당한다. 이러한 성과지표를 토대로 지속적인 개선 계획을 수립하고 실행함으로써 전략의 효과를 꾸준히 향상시킬 수 있을 것이다.

　　지속 가능성에 대한 성과지표는 산업별 기업별 다양하게 나타날 수 있으나 물류기업들의 지속가능성 성과지표를 달성하려는 전략수립이 필요하다. 지속가능성 성과지표를 세부항목을 제시하면 [그림 12-2]와 같다.

그림 12-2　지속가능성 성과지표

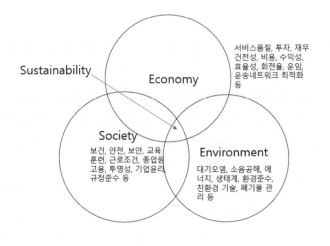

3. 물류기업의 ESG

1) 물류기업의 ESG 의의

기업에 대한 지속가능성, 사회적 책임, 윤리적 요구가 점점 커지면서 ESG 경영이 주목받고 있다. 'ESG'는 환경(Environment)·사회(Social)·지배구조(Governance)의 영문 첫 글자를 조합한 단어이다. ESG는 기업이 '지속가능한' 비즈니스를 달성하기 위한 세 가지 핵심 요소이며, 중장기 기업 가치에 직간접으로 큰 영향을 미치는 환경, 사회, 지배구조 측면에서 비재무적인 지표이다. 기업이 경영이나 투자를 할 때 매출 같은 재무적 요소에 더해 ESG 같은 사회적, 윤리적 가치를 반영해 장기적이고 거시적인 관점에서 기업의 가치에 영향을 주는 비재무적 요소들로 기업을 평가하고 투자하는 방식이 ESG 경영이다.

이후 ESG라는 용어는 2004년 UN Global Compact(UNGC)에 의해 처음 사용되었고 기업의 비재무적인 요소를 의미한다. ESG는 이미 2000년 영국을 시작으로 스웨덴, 독일, 캐나다, 벨기에, 프랑스 등 여러 나라에서 연기금을 중심으로 ESG 정보공시 의무 제도를 도입했으며, UN은 2006년 출범한 유엔책임투자원칙(UNPRI)을 통해 ESG 이슈를 고려한 사회책임투자를 장려할 만큼 전 세계적으로 빠르게 확산되었다.

글로벌 자금시장에서는 이미 기업의 가치평가에 대하여 ESG 평가를 새로운 기준으로 보고 있다. 이처럼 ESG 경영은 글로벌 핵심 이슈이기 때문에 국내 물류기업들 역시 이를 부응하지 않고서는 글로벌 투자와 거래에 대응할 수 없을 것이다

국내에서도 주요 대기업은 ESG 위원회를 구성하고 2025년 정보공시에 대비하면서 ESG 경영체제에 돌입하였다. 이에 따라 대한통운, 한진, 현대글로비스 등 국내 물류기업도 지속가능 보고서를 발간하면서 공시준비를 하고 있으나 중소물류기업들은 아직 적극적으로 나서지 못하는 실정이다. 특히 금융, 화주, 보험 등 이해관계자들로부터 ESG에 대한 요구와 압박을 받고 있는 상황에서 국내 중소물류기업들의 적극적인 노력이 필요한 시점이다.

ESG는 기업의 장기적인 지속 가능성을 위한 3가지 핵심요소로써 비재무적인 평가기준이 되는 환경, 사회, 지배구조를 통하여 세부지표를 설정하여 목표를 실현하려는 것이다.

표 12-5	ESG 하위 세부 주요 항목

E	제품 탄소 발자국, 녹색건물, 에너지 사용량, 포장재와 폐기물, 환경 법규위반, 전자폐기물, 환경 경영시스템 인증, 물 사용량, 화학물질관리, 친환경 기술, 유해물질 배출 등
S	노사관리, 건강/안전, 상생협력, 인적자원개발, 제품안전 및 품질, 소비자 만족 경영, 공급망관리, 산업재해, 부패방지, 평등 및 다양성, 품질관리, 지역사회와의 관계 등
G	경영권 보호장치, 이사회의 구성, 공시위반, 윤리경영, 주주총회, 이사회의 활동, 회계 투명성, 주주가치 환원, 이사의 선임, 공정공시, 지속가능 경영보고, 감사와 감사위원회 등

자료: MSCI, 증권거래소, 서스텐베스트, 한국기업지배구조원 평가기준을 바탕으로 구성

2) 물류기업의 ESG도입 배경

지속가능한 경영이 중요해지면서 물류기업들에게 ESG성과가 기업의 경쟁력을 좌우하는 경영 평가지표로 작용하고 있다. 기업이 이제 지속가능한 성장을 위해 ESG에 대한 체계적인 대응이 필요한 가운데 물류기업이 ESG를 도입하는 이유는 다음과 같이 4가지로 정리할 수 있다.

첫째, 국내외 기관이 기업의 ESG 정보 공시의무를 도입하고 있다. 2006년 UN 책임투자원칙(PRI: Principles for Responsible Investment)과 TCFD[1] 권고안에 따라 우리나라는 금융위원회, 금융감독원, 한국거래소 주도로 2021년 1월 '기업공시제도 종합 개선안'을 발표하여 ESG 정보 공시제도를 발표하였다. 우리나라도 2030년부터 모든 코스피 상장사에 ESG 정보를 반드시 공시하도록 했다. 2023년부터 2025년까지 지속가능경영 보고서의 자율 공시를 활성화하고 2025년부터 2030년까지는 자산 2조원 이상의 코스피 상장사에, 2030년부터는 모든 코스피 상장사에 적용한다는 것이다.

---

1) TCFD는 'Task Force on Climate-related Financial Disclosures'의 약자로 기후변화 관련 재무정보 공개 협의체이다. 2015년 G20 산하에 국제 금융규제감독 역할을 하는 금융안정위원회(Financial Stability Board)에서 설립하였다. 이 협의체는 기업에 영향을 끼칠 수 있는 기후변화의 리스크와 기회 요인을 정량적으로 수치화하고 이를 재무적으로 통합해 공개하는 것을 주목적으로 한다. 세부 영역은 거버넌스, 전략, 리스크 관리, 지표 및 목표 등 총11개 세부공시항목이 있다. 처음 TCFD 권고안이 발표된 것은 2017년인데 그 이후 매년 산업별 공시가 증가하고 있다.

둘째, 탄소 배출에 대한 규제가 강화되고 있다. 파리기후 변화 협정에 따라 참가국 스스로 정하는 국가온실 가스 감축을 목표하여 2050년 전 지구적 탄소중립을 결의하였고, 참가국들은 자율적으로 2030년까지 목표치(Nationally Determined Contributions)를 정하여 추진하고 있다. 우리나라는 2018년 대비 40%를 감축하고, 미국은 50~52%(05년 대비) 감축, EU는 55%감축(90년 대비) 목표치를 정하고 있다.

셋째, 기업평가에 ESG 요소를 반영하고 있다. 그 동안 기업가치의 평가의 절대기준은 재무제표이었다. 매출이나 영업이익, 현금 흐름 등 '실적'이었다. 그러나 실적이 아무리 좋아도 환경영향, 사회적 책임, 지배구조의 건전성을 인정받지 못하면 기업가치는 제값을 인정받지 못하게 되는 것이다. 글로벌 연기금을 중심으로 ESG 투자 전략 및 원칙이 수립되어 가고 있다. 예를 들어 환경오염을 유발하는 기업이나 아동 착취하는 기업들을 배제하고 우수한 ESG성과를 보이는 기업에 선별해 투자하는 등의 환경 및 기업이 사회적 책임을 강조하여 ESG경영을 추구하도록 유도하고 있다. 그 외에도 글로벌 신용평가기관인 S&P나 Moody's에서 비재무적인 성과인 ESG평가결과를 신용등급에 반영하고 있다.

넷째, 공급사 및 최종 고객의 ESG에 대한 요구가 증대되고 있다. RE100(Renewable Energy 100%)[2] 가입 기업들이 자사와 거래하는 공급사에 대해서도 RE100을 요구하고, 2050년까지 필요한 전력의 100%를 태양광, 풍력 등 재생 에너지로만 충당하도록 하고 있다. 또한 소비자들은 제품의 품질이나 디자인에 관심을 가졌으나 최근에는 제품이 사회적으로 환경적으로 긍정적인 영향을 주는지 관심을 갖고 가치소비에 관심을 갖게되면서 중요성이 부상하고 있다.

3) 물류기업의 ESG의 핵심가치와 기업사례

(1) 물류기업의 ESG 핵심가치

최근 국내 물류산업에서 대기업을 중심으로 ESG 경영전략을 담은 지속가능 경영보고서나 ESG 보고서가 나오고 있지만 국내 전체 물류시장을 기준으로 보면 이제 준비하는 단계라고 할 수 있다. 〈표 12-6〉은 국내 주요 물류 및 해운기업의 ESG 경영보고서에 나타난 핵심가치, 전략방향을 제시한 키워드이다. 아래 국내기업

---

2) 기업이 사용하는 에너지를 약속한 시점까지 100% 재생에너지로 충당하겠다는 기업의 자발적 캠페인이다. 2022년 2월 기준 349개 기업, 단체가 국제적으로 참여중이며, 이들의 재생에너지 전환율이 45% 정도이다.

의 공통된 ESG경영 트렌드 키워드를 보면 당면한 현안 내용과 중점 추진 내용을 파악할 수 있을 것이다.

| 표 12-6 | 지속가능 경영보고서에 나타난 주요 물류기업의 핵심어 |

	환경	사회	지배구조
CJ대한통운	녹색물류, 기후변화 대응, 생물다양성 존중 및 환경영향 저감 노력	임직원 및 다양성 존중, 상생협력 및 동반성장, 인권 존중 문화, 안전보건 강화, 고객가치 제고, 나눔문화 확산	지배구조, 윤리경영 및 컴플라이언스, 리스크 관리
LX판토스	환경경영, 기후변화 대응	고객가치 경영, 협력사 상생경영, 사회공헌활동, 지역사회 공헌, 인적자원관리, 인권경영, 안전보건, 정보보안활동	지배구조, LX 정도경영
한진	친환경 물류체계, 환경영향 저감 활동강화	고객만족 경영, 고객중심의 활동, 정보보호 및 관리, 한진 인재상 및 육성, 일과 삶의 조화, 회사와 임직원의 소통, 인권존중 및 보호, 지속가능한 공급망 관리, 지역과 함께하는 공유가치 창출	투명한 기업지배구조, 선제적 리스크 관리, 공정거래 준수, 타협없는 윤리경영, 제보 및 신고제도 운영
현대글로비스	환경정책 및 관리시스템, 기후전략 및 배출	노동 실천지수, 인권, 인재개발, 재능개발 및 보유, 건강 및 안전, 고객관계관리, 사회위탁	기업지배구조, 위험 및 위기관리, 기업윤리, 공급망관리, 정보보안/사이버 보안 및 시스템 가용성
롯데글로벌로지스	환경경영추진, 기후 위기 대응, 친환경 운송수단 도입, 에너지 사용 및 관리, 지원 선순환	인재경영, 인권 및 다양성 존중, 안전한 일터보장, 고객만족도 제고, 개인정보보호 및 데이터보안, 지역사회 투자 및 공헌	건전한 지배구조, 주주권리 보호, 공급망 관리 및 동반성장, 준법 및 윤리경영, 리스크 관리

자료: 각사 홈페이지, 경영보고서, 기업별 ESG전략, 물류신문(2023. 10. 17)을 참고

(2) ESG 기업 사례

우리나라의 대표적인 글로벌 선사인 HMM은 2023년 네덜란드 서스테이널리틱스(sustainalytics)가 실시한 ESG 경영 평가에서 최고 등급을 취득하였으며 그 다음 2위가 머스크이었다. 〈표 12-7〉은 HMM이 추진하고 있는 주요 ESG경영 활동을 나타내고 있는데 기후변화 대응과 친환경 물류를 핵심 가치로 제시하고, 2030년까지 온실가스 배출량 50% 감축을 중단기 목표로 그리고 '2050년 탄소중립'을 중장기 목표로 선언하였다. 온실가스 배출량 관리와 친환경 선박 확보에 주력하여 2025년 컨테이너선의 온실가스 배출량을 2008년과 비교해 60% 감축을 목표로 하고 전체 선박의 80%를 친환경 선박(스크러버 탑재 또는 LNG 추진선)으로 교체하는 것을 목표로 하고 있다. 사회(S) 측면에서는 안전 보건 및 운항, 공급망 및 이해관계자(고객·임직원·지역사회) 관리를 핵심 가치로 제시하고 있다. 지배구조(G) 측면에서는 이사회 전문성 및 윤리경영 체계 강화를 핵심 가치로 이사회 평가 및 부수 체계를 구축하고 윤리경영 맞춤교육 프로그램을 시행하고 있다.

표 12-7   HMM의 ESG 경영 내용

ESG	핵심가치	주요 목표 및 활동 사항
환경	기후변화 대응	온실가스 배출량 2030년까지 2008년 대비 40% 감축
	친환경 물류	친환경 선박 확보(스크러버 탑재, LNG, Fueled ship)
	대기환경 관리	SOx 및 NOx 배출 최소화
	해양생태계 관리	Ballast Water Management System 시행 운항 루트 변경 통해 해양 생태계 회복 위해 멸종위기 향유고래와 충돌 방지를 막기 위해 선박 운행 루트 변경
	탄소중립	선박의 운항 감속 및 정속 운항 ESG (Energy Saving Device) 적용 CII 규제 충족 선박 도입 저탄소/무탄소 선박 전환 Scope 3도 관리해서 탄소감축
사회	안전보건 영향 관리	안전보건 영향 관리 - 중대재해 사고건수 (사망자) 0건 유지 - 근로손실률(LTIF, Lost Time Injury Frequency) 10건 이하 유지
	안전운항	해상오염 방지 및 화물안전 보장 - 중대 선박사고건수 지표 관리 예정

	가치사슬 전후방 업체와의 협력	공급업체 보고서 발행여부 및 CSR 실천현황 확인 – 2020년에 최초 시행
	고객 관계 및 고객감동 실현	Digitalized document (e–Booking 및 e–B/L) VOC(voice of customer) 처리율 향상
	인재양성 및 관리	인재개발 교육 투자비용 2025년 약 4.1억 목표
	사회공헌 수행 역량 확대	사회공헌 집행예산 확대
지배구조	이사회 전문성 강화	한국거래소 기업지배구조 보고서의 가이드라인 및 KCGS ESG 모범규준에 근거한 이사회 평가 및 보수 체계 구축
	리스크 관리	리스크 컨트롤 통해 신속 대응
	성실한 세금 납부	이윤을 내고있는 모든 국가에서 세금 규정 완전 준수
	윤리경영 강화	2020년 이후 100% 지속 유지 목표

자료: 각사 홈페이지, 경영보고서, 기업별 ESG전략, 물류신문(2023. 10. 17)을 참고

　　HMM과 머스크처럼 적극적 ESG경영전략을 수립하여 선도적으로 시행하는 기업도 있지만 대부분의 글로벌 선사들은 환경분야에서 아직 미비한 부분이 있다. 환경분야는 탄소중립 외에도 온실가스(scope 3)를 어떻게 관리하느냐에 따라 중요한 평가에 영향을 줄 것이다. 그리고 사회(S) 및 지배구조(G)에서도 양성평등, 임직원 교육 제공, 현장 작업내의 안전관리 등도 많은 관심이 있어야 할 분야이다.

　　글로벌 선사와 더불어 우리나라 물류업체들도 ESG 경영전략 도입에 적극적인 것으로 나타났다. 〈표 12–8〉에서 살펴보면, 국내의 대표적인 물류와 해운업체들은 대부분이 ESG 경영체제를 도입하고 있으며 일부는 도입을 준비하고 있는 것으로 나타났다. 규모가 적거나 비상장된 업체의 경우는 의무적인 요소가 적기 때문에 ESG경영 도입이 답보상태인 경우가 많다. 그러나 IMO 규제 또는 이해관계자와 금융권의 요구가 강해지고 있는 상황에서 ESG 경영은 선택이 아닌 필수가 될 것으로 예상된다.

표 12-8	국내 해운기업의 ESG 경영 준비상황			
		지속가능경영 보고서 발행여부	ESG 경영전략 공개 여부	ESG 위원회 유무	상장여부
물류회사	현대글로비스	O	O	O	O
	CJ대한통운	O	O	O	O
	LX판토스	O	O	O	O
	롯데글로지스	O	O	O	X
	지오영	X	X	X	X
	한진	O	O	O	O
해운회사	HMM	O	O	O	O
	고려해운	X	X	X	X
	장금상선	X	X	X	X
	흥아해운	O	O	O	O
	팬오션	O	O	O	O
	대한해운	O	O	O	O
	KSS해운	O	O	O	O
	SM상선	X	X	O	X

자료: 각사 홈페이지, 경영보고서, 기업별 ESG전략, 물류신문(2023. 10. 17) 참고

제2절 환경물류

1. 환경물류의 개념과 현황

1) 환경물류의 개념

지구상의 모든 인간과 동물, 그리고 식물들은 환경을 벗어나 살 수 없다. 이렇게 인간 생활과 밀접한 관련이 있는 환경이 점차 사회가 발전하면서 훼손되고 있다. 또한 인간의 욕구충족 활동인 경제적, 기술적, 사회적 및 정책적 요인 등은 환경오염을 발생시키고 있다. 이러한 요인들은 산업화와 도시화에 따른 생산구조

의 변화, 인구팽창, 소비형태의 다양화 등 여러 가지 형태로 나타나 지구의 환경오염을 날로 심화시켜 나가고 있는 실정이다. 이러한 상황에서 환경과 개발에 관한 세계위원회(WCED: World Commission on Environment and Development, 1987)의 보고서는 환경 지속가능성의 구축을 국제행동의 목표로 삼으면서 정치적, 경제적 부문에서 환경문제의 중요성을 더욱 부각시켰다.

물류산업에서도 운송수단, 인프라, 교통, 포장 등을 통해 환경에 상당한 악영향을 미치고 있다. 구체적으로 수송기관에 의한 소음 및 교통체증, 배출가스에 포함된 유해물질, 과잉포장에 따른 환경오염물질 등이 있다. 따라서 물류활동에서 환경친화적 관리는 시급하며 더욱 강력하게 추진되어야 할 사항이다.

환경물류(Green Logistics)란 '원재료의 탐사에서부터 최종소비자에 이르는 과정과 사용 후 재활용, 재사용 또는 폐기에 이르기까지의 물류 전 과정을 통하여 환경유해 요소를 원천적으로 제거하거나 최소화 할 수 있는 활동'이라 정의하고 있다. 즉 환경물류는 물류 과정 상에서 자원과 물자의 절약과 재활용, 환경친화적 대체재 사용, 폐기물의 원료로의 재사용, 폐기자재의 순환시스템(waste logistics)의 정립을 통해 지속 가능한 개발(sustainable development)을 촉진시키는 물류활동이다.

2) 환경물류의 특징과 현황

(1) 환경물류의 특징

물류기업에 의해 제공되는 환경물류는 다음과 같은 특징을 가지고 있다.

첫째, 환경물류는 정부의 환경규제에 의해 강제화 된다. 즉 정부이 환경규제를 고려하여 화주기업이 환경물류 기준을 제시하여 전문물류기업이 이를 따르게 한다.

둘째, 환경물류의 기대이익이 불명확하다. 환경물류에 의해 기업이 얻는 이익을 명확히 정의하기가 어렵다.

셋째, 환경물류의 성과는 불명확하다. 녹색물류는 단순한 이산화탄소 배출량의 감소뿐만 아니라 공급사슬에 존재하는 환경문제를 해결하기 위한 대응 방안을 제시하는 것이다. 그러나 현재 환경물류의 성과는 불분명하며 이를 측정할 수 있는 기준 역시 불명확하다.

넷째, 환경물류 구현에서 성과와 비용간의 상충관계가 발생한다. 환경의 관점에서 물류의 고도화에서 중요한 문제로 지적되고 있는 것이 환경전략의 충실성과 물류

효율의 향상, 비용절감 사이에 상충관계(trade-off)가 발생하는 것이다. 친환경물류를 실현하려면 조달시간이 길어지거나 수송의 저효율성에 직면하는 반면 조달시간의 단축과 다빈도 소량배송으로 물류효율화을 높이면 환경부담이 증가된다.

　환경물류의 또 다른 특징은 역물류관리의 중요성, 환경의 외부효과, 정성적 효과를 고려해야 한다는 점이다. 환경물류활동에는 유통전략에 따른 환경 영향, 물류활동에서의 에너지 사용 감축, 폐기물 처리와 감소 등을 포함한다. 또한 물자의 재사용, 재활용, 폐기, 사용된 자재의 이동 등의 활동을 포함하는 역물류는 환경물류가 지향하는 물자의 절감, 재사용 및 재활용의 확대, 폐기물의 감소와 깊은 관련성을 가지고 있다(Seroka-Stolka, 2014). 따라서 환경물류에 대한 접근은 순방향뿐만 아니라 역물류에서의 환경 영향도 적극적으로 고려하여야 한다.

　환경물류는 환경의 외부효과(externalities)를 고려할 때 국가뿐만 아니라 기업, 일반 소비자들도 환경물류에 대한 지속적 관심과 노력이 이루어져야 한다. 국가 물류의 관점에서는 친환경 기업과 단체의 지원과 육성, 물류담당 수송도구의 성에너지화, 공해유발 저감 등의 정책 입안과 추진이 필요하다. 기업물류의 관점에서는 환경친화적 제품의 생산과 유통이 있으며, 소비단계 이후 폐기물에 대해 생산자가 책임을 지는 제도인 '생산자 책임재활용제(EPR: Extended Producer Responsibility)' 도입, 재활용 또는 재자원화 가능한 포장재의 이용 증대, 포장의 표준화와 감량화 확대, 공동물류 및 물류 표준화의 확대 등이 있다. 일반 소비자의 입장에서는 환경친화적인 물류기업에 대한 선호, 포장재의 재활용을 위한 분리수거 등이 있다.

　지금까지의 녹색물류전략에서는 환경부하를 저감시킴에 따라 사회적 이미지향상을 도모한다는 것이 강조되어 왔던 경향이 있다. 대부분의 기업에서는 녹색조달, 3R(Reduction, Reuse, Recycling) 등은 비용 상의 이점보다도 사회적 호감도의 향상을 위하여 추진되어 왔다.

(2) 환경물류의 현황

　2005년을 기준으로 해상운송을 포함한 화물운송은 전 세계 이산화탄소 배출량의 약 10퍼센트를 차지하며, 연소에 의한 탄소 배출의 약 30퍼센트를 차지하는 것으로 조사되었다(IEA, 2009). 또한 창고관리와 화물관리가 3퍼센트를 추가적으로 발생시키는 것으로 추정된다. 따라서 물류활동의 개선을 통해 물류의 환경비용을 줄일 수 있는 가능성이 상당히 존재하는데 이산화탄소 배출의 10~20퍼센트를 줄일 수 있다는 조사보고서도 있다(OECD, 2010).

2. 환경물류 실행과 정책

1) 환경물류의 실행

탄소의 배출을 저감할 수 있는 물류관리의 실행방안은 다양하지만 효과가 큰 분야는 탄소배출량의 비중이 높은 운송이 있다. 운송에서 탄소배출량의 감축 방안으로는 연료효율성이 높은 차량의 활용, 감속 운행, 물류네트워크의 최적화, 공동운항 등이 있다. 보관에서는 창고의 시설의 최적화, 포장에서의 포장 시행 감축 등이 있다. 그 외에도 조달 및 소싱, 정보기술의 활용을 통해서도 탄소배출량을 감소시킬 수 있다. [그림 12-3]은 각 방안의 실행 용이성과 효과의 정도를 나타내 주고 있다.

> **그림 12-3** 환경물류의 실행 용이성과 효과

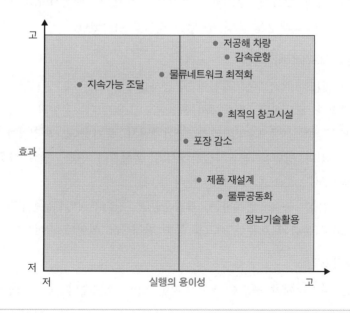

자료: Tata Consultancy Services, 2010을 수정·보완함.

(1) 저공해 차량 및 기기의 기술

기술의 발달과 더불어 연료효율성이 높은 운송수단 기술은 탄소배출량을 줄일 수 있는 가장 유효한 수단으로 평가되고 있다. 항공기, 선박, 육상차량, 하역기기의 건조 및 생산기술 발전으로 최근의 대형 항공기 또는 선박은 기존 운송기기에 비해 단위당 연료소모량을 획기적으로 줄이고 있다. 에코선박은 연료소모량을 줄이면서 적재량을 늘릴 수 있는 신형 선박을 말하는데 이러한 선박은 연료소모량과 선박의 대기오염물질인 CO_2, NOx, SOx 배출량을 획기적으로 줄여준다.

(2) 감속운행

감속운행(slow steaming)은 선박의 속도를 줄여 연료소모량을 줄임으로써 그린물류에 기여한다. 감속운항의 시도는 벙크씨유 가격이 급등한 2007년경에 적극적으로 이루어졌는데, 선사들은 연료의 절감을 통해 운항의 효율화를 도모하고자 하였다. 더구나 감속운행은 대기오염을 줄여주고 환경친화적인 운항을 가져오기 때문에 선사의 입장에서는 세계해사기구(IMO)의 탄소배출량 감축 규제에도 부합하여 그들의 중요한 운항전략이 되었다. 대형선박의 경우 감속운행으로 20%의 연료소모량을 줄일 수 있는 것으로 나타났다.

(3) 물류네트워크 최적화

물류네트워크 최적화는 기업의 공급사슬에서 비용과 탄소량을 감소시키는 운송의 최적화 모델이다. 운송에서 탄소의 배출은 과속운항과 차량의 경로변경이나 빈도의 증가 등으로 거리가 늘어나면서 증가한다. 환경물류경로를 통한 네트워크 최적화 방안은 공급사슬상에서의 운행거리 단축, 연료의 효율성 제고, 탄소발자국(carbon footprint)의 축소 등이 있다.

해상과 육상 등을 연계하는 복합운송과 친환경적인 운송수단으로의 전환(modal shift)도 운송의 효율성 제고를 통해 환경물류 실현에 기여한다.

(4) 포장의 감소

포장은 마케팅에서 중요한 도구이지만 일반 소비재의 경우 공급사슬 비용의 12% 정도를 차지하므로 지속가능한 포장전략을 수립하여 브랜드 이미지 제고를 동시에 충족시키는 환경공급사슬관리(Environmental SCM)를 추진해 나갈 필요가 있다. 지속가능 포장은 공급사슬에서 탄소량을 감소시킬 수 있는데 포장의 제거, 경량화, 대체 자재의 선택과 같은 전략이 대표적이다.

환경포장은 환경보존을 고려한 제품의 개념화(concept)도 포함되는데 이것은 제품생애주기(product life cycle)의 모든 단계에서 환경에 영향을 미친다는 개념이다. 그러므로 초기단계에서 환경포장 기법을 적용하여야 한다는 것인데 포장시 재생가능하고 미생물 분해 물질을 사용하거나 회수 가능한 용기 또는 컨테이너를 취급하는 것 등이 여기에 속한다. 환경포장은 또한 자재량을 감소시킬 수 있는 기회를 제공한다.

(5) 창고건설과 시설

창고는 물류의 공간 활용에서 중요하다. 창고건설단계에서 환경을 고려할 수 있는 다양한 기술과 기법이 있는데 예를 들어 창고건설에 재활용 콘크리트, 철강, 아스팔트 등의 사용이나 현지 조달을 통해 운송거리를 줄여 탄소량 발생을 줄일 수 있다. 유통 또는 물류센터에 채광창과 통풍창을 설치하거나 태양광과 같은 자연광을 내부 조명으로 활용하여 전기사용량과 이산화탄소 배출을 감소시킬 수 있다.

(6) 지속가능 조달

그린조달은 환경에 부정적 영향을 최소화할 수 있는 재화와 서비스를 구매하는 것이다. 이를 위해 조직, 사람, 프로세스, 기술 등이 그린조달에 포함된다. 그린조달은 가치의 제공, 경제적 효과의 향상, 브랜드 이미지 개선, 환경 편익의 관점에서 취급되어야 한다. 다양한 지속가능 조달계획을 통해 비용의 12%까지를 줄일 수 있다.

(7) 물류활동의 공동화

물류공동화의 일환으로서 수·배송공동화, 보관공동화, 정보시설의 공동 활용 등이 있다. 수·배송공동화는 차량의 적재율 제고와 운행의 빈도를 낮추어 연료의 소비를 저감할 수 있다. 보관의 공동화는 창고 이용률의 제고를 통해 시설물의 추가 건설을 억제함으로써 환경물류에 기여할 수 있다. 정보시설의 공동활용 역시 정보시설의 활용도를 높여 연료소모량을 줄일 수 있다.

(8) 정보기술의 활용

정보기술은 조직이 새로운 계획을 수립하는 과정에서 중요한 역할을 한다. 정보기술의 활용은 정보부문에서 보다는 다른 물류기능 또는 전체 물류시스템에 IT의 적용을 통해 물류효율화를 증진시킴으로써 궁극적으로 그린물류에 기여한다.

(9) 기타

이외에도 운송수단의 전환, 교육 및 커뮤니케이션, 역물류 및 재활용, 근거리 소싱, 교통 혼잡 완화 등을 통해서도 탄소 배출량을 감축할 수 있다.

2) 물류기능별 환경물류의 역설

물류관리자들은 물류의 환경 영향에 대한 정부 규제에 대하여 강하게 반대해 왔다. 이는 환경물류의 실현이 추가적인 비용을 발생시켜 기업의 채산성을 악화시킨다는 데 근거를 두고 있다. 그러나 비용절감이 반드시 환경 영향을 축소시키지는 않는다는 점에서 물류의 다양한 기능에서 물류와 환경 사이에 역설적 관계가 발생한다(Rodrigue et al., 2014).

(1) 비용

물류관리의 목적에는 비용 특히 운송비용의 절감, 시간 단축, 유연성을 포함한 서비스의 신뢰성 개선도 포함된다. 경쟁 환경 하에서 운송업체의 비용절감은 가장 중요한 전략 중의 하나이며, 이를 위해 운송에서 규모의 경제와 높은 적재율을 실현하는데 이로 인해 연료소모량의 저감을 통한 환경 편익을 증가시킨다. 물류업체의 비용절감 전략은 때때로 외부효과(externalities)로 인해 환경에 대한 고려사항이 변화될 수 있다. 예를 들어 물류 편익은 이용자와 소비자에게 돌아가지만 환경부담은 공급사슬 내부의 비용이 된다. 또한 사회와 개인은 이러한 비용을 지불할 용의가 없기 때문에 환경부담은 결국 정부와 기업에게로 전이된다.

항공운송에서의 중심－지선(hub and spoke)전략은 혼재를 통해 비용 절감이 가능한 반면 해당 지역 내에는 소음, 대기오염, 교통체증 유발과 같은 환경문제를 야기시킨다. 또한 공·항만, 철도터미널과 같은 인프라의 확충은 물류네트워크 운영에는 커다란 장점을 가져오지만 환경에는 부정적인 영향을 미치게 된다.

(2) 시간/속도

물류에서 시간은 핵심적 요소인데, 운송 시간을 줄임으로써 유통시스템의 속도는 빨라져 결과적으로 효율성이 증대된다. 그러나 속도 증가는 대기 오염과 에너지 비효율적 운송수단의 활용을 통해 달성된다. 항공과 트럭운송이 증가하는 이유 중의 일부는 물류활동에서 시간 제약 때문인데, 이는 산업생산시스템과 소매유통부문에서 유연성을 증가시키고자 하기 때문이다.

물류는 문전운송서비스(DTD)를 제공하여 JIT 전략을 지원한다. 그러나 이것은 악순환으로 귀결되는데 DTD와 JIT 전략의 적용이 늘어날수록 그로 인해 발생한 교통량은 환경에 부정적 영향을 미치게 된다. 해운선사의 감속운항 전략은 연료소모량을 줄여 친환경적이지만 장거리 공급사슬 내의 시간관리에는 부정적 영향을 미치게 된다.

(3) 신뢰성

물류의 핵심요소로서 서비스의 신뢰성은 아주 중요하다. 신뢰성은 파손과 손상의 최소화와 정시 배송 능력이다. 물류서비스제공자(LSP)는 신뢰성이 높은 운송수단의 활용을 통해 신뢰성을 높이고자 한다. 그러나 오염을 적게 발생시키는 운송수단은 일반적으로 정시배송, 파손, 안전성 면에서 신뢰성이 가장 낮다. 선박과 철도에 대한 고객 만족도는 상당히 낮은 반면 항공과 트럭은 상대적으로 높은 만족도를 나타내지만 환경친화적인 운송수단과는 거리가 멀다. 예를 들어 컨테이너선박의 스케줄 신뢰도는 50%에 불과하다. 낮은 신뢰도는 자산 이용률의 저하와 높은 재고수준을 가져오므로 이는 낭비적 요소이며 또한 환경을 손상시킨다.

(4) 창고관리

물류는 글로벌화와 국제적 상업 활동을 촉진시키는 중요한 요소이다. 현대물류시스템은 신속한 배송 속도와 신뢰성으로 보관과 저장의 필요성을 제거하고 재고 감축을 도모한다. 결과적으로 창고의 수요 감소가 물류에는 큰 이점이 된다. 그러나 이러한 시스템에서 일정 규모의 재고는 운송시스템 특히 도로운송과 터미널로 이전된다. 이때 재고는 실제로는 이송 중의 과정이며 정체와 오염을 발생시킨다. 이는 물류운영자가 아닌 환경과 사회에 외부효과 비용으로 작용한다.

(5) 전자상거래

정보기술(IT)은 소매유통에 새로운 양상을 가져왔는데 대표적인 것이 전자상거래이다. IT는 공급자, 조립라인, 화물운송주선업자들간의 데이터 교환으로 공급사슬의 통합에 기여했다. 온라인 고객과 물품의 이동이 없는 거래가 나타나고 있는데 온라인 유통거래는 다른 소매활동보다 더 많은 에너지를 소모할 수 있다. 전자상거래의 가장 큰 수혜자는 UPS, FedEx 등의 특송업체들인데 이들은 주로 트럭킹과 항공운송으로 서비스를 제공한다. 전자상거래와 IT는 분명히 물류에 긍정적인 영향을 미친다.

표 12-9   환경물류의 역설

구분	성과	역설
비용	유통업자의 포장과 폐기물 감소로 비용절감의 편익 발생	환경비용은 종종 외부효과로 나타남
시간/유연성	공급사슬통합, JIT, 문전배송은 유연하고 효율적인 물적유통시스템 제공	생산, 유통, 소매의 구조 확장은 더 많은 공간, 에너지, 배출량(이산화탄소, 미세먼지, 질산화탄소 등)을 발생시킴
네트워크	네트워크 변화(hub-and-spoke 구조)를 통해 전체 시스템의 효율성 증진	주요 접점과 통로 옆에 환경영향이 집중되어 지역단체에 압력 강화
신뢰성	화물과 승객에 신뢰성 있고 정시의 유통서비스	트럭과 항공운송 수단은 환경효율성이 낮음
창고관리	영업용 창고시설의 감소	정체와 공간을 소비하는 공공도로(또는 컨테이너)로 재고의 부분적 이동
전자상거래	공급사슬의 비즈니스 기회 증가와 다원화	높은 에너지 감소와 물적유통시스템의 변화

자료: Rodrigue, et al., 2001.

3) 환경물류 정책과 사례

(1) 환경물류정책

국가 물류의 관점에서 그린 물류를 위해 친환경 기업과 단체의 지원과 육성, 물류 수송 도구의 탈에너지화, 공해유발 저감 등에 관한 정책의 입안과 추진이 필요하다. 구체적인 환경 보호를 위한 물류정책의 입안으로 대기 오염 등 환경파괴를 상대적으로 많이 유발하는 공로수송 위주에서 철도와 연안 해송으로의 점진적 전환, 화물의 공동 수·배송 체제 정비, 수송 연료 품질 기준의 강화, 저공해성 에너지와 수송 수단 개발, 종합물류정보체계의 전국적 구축 등의 친환경 물류 체계 구축과 그린 물류기업과 단체들의 지원 방안 등을 모색할 필요가 있다.

특히 국제적인 환경규제 증가, 좁은 국토면적, 폐기물의 지속적인 증가로 인한 매립지 부족 등의 이유로 친환경 물류시스템 구축의 필요성이 더욱 증가하고 있다. 친환경적인 정책을 실시하면 제한된 국내 자원 및 에너지 낭비의 최소화를 통한 원가와 물류비용이 감소하여 제품의 가격 경쟁력과 기업의 환경이미지 개선에 도움이 될 것이다.

환경 규제에 관한 규정의 제정으로 인해 재활용과 폐기 프로세스의 중요성이 증가하여 왔다. 유럽은 다양한 환경규제법을 통과시켰는데 여기에는 특정유해물질 사용제한 지침(RoHS: Restriction of Hazardous Substances)과 폐전기전자제품 처리지침(WEEE: Waste Electrical and Electronic Equipment)등이 있다.[3] IT는 환경관련 규제법에 대한 정보제공, 폐기물과 관련된 이력관리 및 추직을 가능하게 한다.

우리나라 정부에서는 녹색물류정책 확산을 위해서 녹색물류인증제도, 녹색물류파트너십, 친환경 수송수단 전환지원, 저공해 물류장비 공급, 화물자동차 운행횟수 감소 및 적재효율 향상, 환경오염 저감기술개발, 재활용 물류체계 도입 등을 실시하고 있다.

녹색물류인증제도란 물류기업 및 화주기업을 대상으로 온실가스 감축노력을 성실히 이행할 경우 인센티브로 세제혜택 및 보조금을 지급하는 것이다. 또

---

3) RoHS는 납, 수은, 카드뮴, 6가크롬, PBB 및 PBDE 등 총 6종의 물질이 포함된 전기·전자제품에 대해서 EU시장에서의 판매가 금지되는 조치다. WEEE는 폐전기 전자제품의 재활용 비용을 생산자가 부담하는 제도이다.

한 기업은 녹색물류인증을 통해서 환경마케팅에 활용과 기업이미지를 제고할 수 있다.

친환경 수송수단 전환지원은 일관성 있고 지속가능한 교통물류시스템 구축을 위해 만들어진 제도로 친환경수단에 대한 세금감면 및 할인, 친환경수단 이용자에 대한 자금 보조 및 융자 등 우대조치, 전환교통에 대한 보조금 지원 등을 포함한다. 또한 저공해 물류장비, 즉 LNG트럭이나 전력동력형 갠트리크레인의 도입 등에 지원금을 지원하고 있다.

(2) 물류업체의 환경물류의 사례: DHL

세계적인 특송업체인 DHL사는 그린 기술에 기초한 물류혁신을 추진하였다. 이는 SCM에 대한 지속가능하고 환경친화적인 접근으로 핵심활동들의 생태계 영향 감소, 비용절감, 품질, 신뢰성, 성과 그리고 에너지 효율성에 초점을 맞추고 있다. 'Go Green'이란 슬로건으로 적극적인 환경물류를 구현하고 있다. 이 프로젝트는 탄소회계, 감축기준적용, 서비스 및 생산의 그린화, 고용자 참여 등의 내용이 포함되어 있다. 이를 바탕으로 2007년 대비 탄소효율성을 30% 향상시킨다는 목표를 가지고 있다.

DHL은 항공과 해상운송에서의 탄소배출량 감축을 적극적으로 추진하고 있는데 우선 항공운송에서는 노후한 항공기를 연료효율이 높은 신형으로 교체하였고, 최적의 항공지원용 의사결정시스템을 개발 및 적용을 통해 항공노선을 재검토하고 불필요한 비행을 억제함으로써 연료비와 배출량을 감축하였다.

해상운송에서는 일부노선의 직송루트를 개발하여 운송거리를 단축시켰고, '청결화물 작업팀(Clean Cargo Working Group)'을 만들어 제3자 배출 탄소산출모형을 개발하여 투명한 계산이 이뤄지도록 하였다. 2010년에는 국제복합운송에서의 탄소배출 측정방법 개발에도 참여하였다. 또한 고객의 특성에 맞도록 설계한 '화주특화서비스'를 통해 물류관리의 효율성을 높였다.

도로운송에서는 수송전환(modal shift) 추진, 차량의 대형화로 운행대수 감소, 고효율·재생연료 사용이 가능한 차량으로의 교체, 그리고 에코드라이브 교육을 추진하고 있다. 또한 지하창고를 운영함으로써 지상창고와 비교하여 에너지를 65% 절감할 수 있었다. 화물차량에 단말기를 장착하여 화물의 이력 및 차량정보 등을 실시간으로 전송하여 효율적인 물류활동을 추진하였다. TMS의 구축으로 차량 이동 중 운전자, 차량, 물품의 정보가 무선통신으로 송·수신되어 배출량 및 연료소비량의 정보를 제공했다.

(3) 화주기업의 환경 물류사례: Caterpillar와 IKEA

건설용 기기를 생산하는 미국의 다국적 기업인 Caterpillar는 북미의 대형 광산용 트럭 시설을 중량, 포장, 경로, 스케줄에 기초하여 조달 운송에서의 합리화를 추진하여 공급사슬에서 탄소량을 절감하였다. 이 회사는 또한 부품운송에서 종래 사용하던 철제 컨테이너를 플라스틱으로 바꾸어 운송의 효율성 제고와 용기의 재활용률을 높였다.

스웨덴의 세계적인 가구 및 가정용품 소매상인 IKEA는 2,000여개 공급업자를 위한 행동강령을 실행해 왔다. 행동강령은 환경영향과 작업 환경에 초점을 맞추고 있다. 사외 기구가 공급업자가 제출한 정보를 입증해야 하는 데 만약 공급업자가 그 강령에 부합하지 않으면 수정을 요구하고 이를 어길 경우 공급업자 목록에서 제외시켰다. 이 강령에는 공급업자의 준수사항 예를 들어 폐기물과 배출량 감소, 하역, 보관과 위험물질의 처분, 재활용 등이 있고, 금지항목에는 IKEA가 금지 또는 제한하는 화학물질의 사용과 원목의 공급산지 등이 포함된다.

제3절 역물류

1. 역물류의 개념

1) 역물류 정의

물류시스템은 보통의 경우 자재나 제품을 제조업체 또는 최종소비자에게 전달하는 것이다. 그러나 때로는 공급사슬을 통해 상품이 고객에게서 반대방향으로 이동하는데 이를 역물류(reverse logistics)라 하며, 제품이 되돌아온다는 측면에서 회수, 반품, 반송물류 등으로 불린다. 역물류는 물품의 재사용(reuse), 재활용 및 재생(recycle), 폐기(disposal) 등을 위해 소비자에게서 생산자에게로 되돌아가는 것이다. 역물류에 관한 유럽실무그룹(European Working Group on Reverse Logistics, 2004)의 정의는 다음과 같다.

"생산, 유통 또는 사용지점에서 회수 또는 적절한 폐기지점까지 원자재, 공정 중의 재고, 완제품의 흐름을 계획, 실행, 통제하는 과정이다."

제품이 공급사슬 상에서 반대 방향으로 되돌아가는 원인은 〈표 12-10〉과 같이 다양하다.

표 12-10	역물류의 발생 원인
▪ 제조공정상의 반품 ▪ 상업적 반품(B2B와 B2C) ▪ 제품의 리콜 ▪ 보증 반품	▪ 서비스 반품 ▪ 사용이 끝난 제품의 회수 ▪ 수명이 다한 제품의 회수

역물류는 순방향 물류와는 물의 흐름이라는 측면에서 유사한 점도 있지만 차이도 있다. 즉 회수 지점이 많고, 제품의 포장도 문제가 있으며, 송화인의 협력이 필요하며, 가치가 상대적으로 낮다.

역물류는 규모의 증대, 환경에 대한 관심의 고조, 고객의 불만 증가 등으로 인해 기업의 관심사가 되기 시작했다. 마케팅 반품, 손상 또는 품질문제, 과도한 또는 계절적 재고, 개조 또는 재제조, 리콜, 재생(salvage)과 같은 문제로 기업들은 물품을 회수한다. 반품의 처리는 기업에게 커다란 도전이지만 많은 경우 고객 만족도의 유지 및 차별화를 통해 기회적 요소가 되기도 한다.

효율적 역물류 프로그램은 유입되는 반품, 제품 정보, 보수 물품, 원자재 수요를 상호 연결시켜 준다. 여기에서 속도, 가시성, 통제 활동은 반품관리 프로세스를 지원하는 역할을 한다.

2) 역물류의 중요성

Kokkinaki(2001)는 역물류의 중요성을 다음과 같이 제시했다. 첫째, 환경에 긍정적인 영향을 미친다. 둘째, 경쟁력 제고에 도움이 된다. 즉 반품의 효율적 관리는 비용절감,[4] 수익 증가, 고객서비스 개선을 가져온다. 셋째, 가치를 회복시켜 준다. 효율적 역물류는 제품의 재사용 또는 부품 또는 재활용 자재로부터 가치를 획

---

4) 제조업체는 평균적으로 전체 비용의 9~15%를 반송문제에 소요하고 있다.

득할 수 있다.

　물류의 흐름상에서 일반적으로 순방향보다 역방향으로 흘러가는 것이 더 어렵고, 복잡하고 또한 예측하기 어렵다. 또한 반환 정책, 제품의 재포장, 부품 관리, 재활용, 폐기처분 등의 많은 부분을 고려해야 한다. 보통 '반품'을 비용으로 인식하고 있기 때문에 이를 기피하는 경우가 많다. 그러나 평균 제조업체에서 전체 비용의 9~15%를 반품문제에 투입하고 있다는 점을 고려할 때 결코 등한시 할 수 없는 영역으로 볼 수 있다. 더구나 이를 방치하거나 소홀히 했을 경우 고객관계관리의 실패, 대외이미지 실추뿐만 아니라 비용의 증가 등이 발생한다. 따라서 반품물류의 체계적인 관리를 적극적으로 도모할 필요가 있다.

2. 역물류 흐름과 전자상거래

1) 역물류의 흐름

> 그림 12-4　　역물류 활동

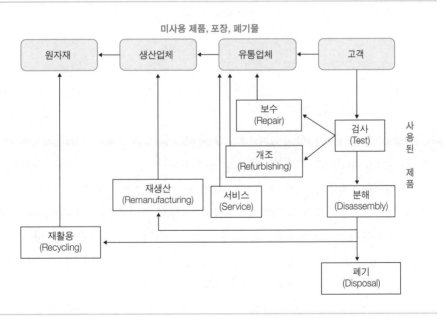

자료: Krumwiede and Sheu, 2002; Srivastava S. and Srivastava R., 2006에서 재인용.

[그림 12-4]는 역물류활동의 기본 흐름을 보여주고 있다. 역물류는 고객에게서 원자재 공급처로까지 역방향으로 흐르게 되는 데 이 과정에서 폐기, 분해, 보수, 개조, 재생산 등의 다양한 활동이 일어난다. 좌하에서 우상 방향으로 갈수록 운영이 복잡해지고 가치 회복은 증가될 수 있다.

공급사슬의 역물류의 활동에는 〈표 12-11〉에서 보듯이 재사용, 보수/재포장, 재활용, 수리, 재수선, 재제조 등이 있다.

표 12-11   역물류의 유형

구분	내용
재사용	포장의 재사용 또는 다른 고객에게 제품을 재판매한다.
보수/재포장	보수 또는 재포장된 일부 제품이 재사용된다.
재활용	손상된 제품에 재사용 또는 구성품의 재판매를 위해 채굴된다.
수리	제품의 기초적 부분까지 세척되어 재사용된다.
재수선	제품의 보수에 많은 작업이 포함된 것을 제외하고는 수리와 유사하다.
재제조	수리와 유사하지만 작업의 확장과 분해 등이 포함된다.

자료: Elmas and Erdoğmuş, 2011.

2) 역물류의 활동 단계

역물류 활동에는 다음과 같은 5가지 단계가 있다(Srivastava et al., 2006).

① 수집(collection)은 회복 과정의 시작이며 가장 중요한 단계이다. 이 단계에서는 제품의 유형에 따라 분류되고, 제품의 상태가 정해지고, 수집되며, 필요한 경우 재작업과 재생산 시설로 이동된다. 중고품들은 여러 곳에서부터 수집되어 제품의 복원시설로 옮겨져 융합과정을 거친다.

② 검사/분류(inspection and sorting)는 수집지점 또는 재작업 시설물에서 수행된다. 수집된 품목은 상태에 대한 검사와 분류 작업을 거친다.

③ 사전처리(pre-processing)는 분류, 분리, 부분/전체의 해체 또는 수리 및 수선 활동 등을 시행하는 것을 말한다. 이 작업은 기술적, 경제적 요소를 고려하여 수행된다.

④ 배치와 유통(location and distribution)은 네트워크를 설계하는 것으로 역 물류에서 가장 핵심적 영역이다. 대부분의 복원 네트워크는 일시적으로 독립되어 설치되는 것이 아니라 기존의 물류구조와 연결된다. 반품과 부품 및 구성품의 재이용을 가능하게 하는 물류네트워크의 재설계는 상당한 수익을 가져다 줄 수 있다.

⑤ 용량의 의사결정(capacity decisions)은 일반적으로 정확한 위치, 시간, 용량을 어떻게 제공할 것인가를 결정하는 것이다. 장기적 용량 규모는 시설물의 크기에 따라 결정된다. 일반적으로 시설에 대한 의사결정은 예상 반품량, 비용, 경쟁자의 활동 그리고 타 부문의 전략과 운영적 고려사항에 의해 영향을 받는다.

3) 전자상거래와 반품물류

전자상거래가 급증하면서 반품물류에 대한 관심이 높아지고 있다. 전자상거래 특히 인터넷 쇼핑몰의 장점은 오프라인에 비해 저렴한 가격과 다양한 상품구색에 있으나 오감에 의해 구입할 수 없다는 불편함이 있다. 이 때문에 주문제품이 자신이 원하는 제품이 아니거나 크기가 달라 반품을 요구하는 경우가 오프라인에 비해 훨씬 많다. 일반적으로 오프라인으로 판매된 제품의 반품률은 5~10%에 이르지만 카탈로그나 인터넷 판매의 경우 35%까지 상승하는 것으로 나타났다.

반품관리는 구매자, 판매자, 물류관리자 모두에게 관리상 문제와 어려움을 가져다준다. 먼저 구매자 입장에서 살펴보면 인터넷 쇼핑몰에서의 반품의 과정은 매우 복잡하다. 우선 반품을 위해서는 판매자와 연락을 하고 판매자가 반품 승인을 하면 판매자가 보내주는 택배사를 이용하거나 자신이 직접 택배사에 연락해 다시 판매자에게로 상품을 보내야 한다. 반품에는 상당한 시간이 소요되며 택배사에 전달하기 전에 상품을 잘 포장해야 하는 번거로움도 있다. 따라서 인터넷 쇼핑몰 이용자 입장에서는 물품 구매시 편리성, 신속성 등에 익숙해 있기 때문에 반품서비스의 불편함은 고객서비스 불만족으로 표출될 가능성이 높다.

판매자 입장에서는 반품의 회수과정에서 상품가치가 저하되어 중고품이 되어버리는 경우가 발생한다. 이러한 반품상품은 판매자의 재고 부담이 되어 원가 부담으로 돌아간다. 또한 반품과정에서 적지 않은 물류비가 발생하게 된다.

물류관리자 입장에서 볼 때 반품물류에 대한 수요는 간헐적이고, 다양하며, 상대적으로 적기 때문에 규모의 경제에 의한 효율적 물류관리를 어렵게 하는 요인이 된다. 따라서 효율적 반품물류시스템은 기업 경쟁력의 새로운 요소로서 추가적 비용절감과 고객 만족도의 향상 더 나아가 환경친화적 물류에도 기여한다는 관점에서 기업의 반품물류에 대한 인식 전환이 필요하다.

제13장

물류정보기술과 전자상거래

제1절 물류정보와 정보기술

1. 물류정보와 정보기술

1) 물류정보의 개념과 중요성

정보(information)란 '데이터를 이용자의 목적에 맞게 가공·처리한 형태'를 말한다. 물류정보는 '원자재의 조달에서 최종소비자에게까지 재화와 서비스의 흐름에서 발생하는 각종 데이터를 목적에 알맞게 처리·가공한 것'으로 정의할 수 있다.

물류 수행 과정에서 각 사업단위별로 물품의 주문, 보관, 하역 및 운송과 관련한 수많은 정보의 흐름이 수반되기 때문에 정보 없이는 물류 프로세스상의 업무를 계획적이고 효율적이고 신속하게 수행할 수 없게 된다. 특히 수출입 물류의 경우 수출자(송화인)와 수입자(수화인) 사이에는 구매에서부터 운송, 대금 지급 과정에서 수많은 정보가 생성되고 이동하게 된다([그림 13-1] 참조). 수출입 상품의 이동은 정보를 매개로 이루어지기 때문에 정보는 전체 물류 사이클에서 엔진과도 같다. 그러므로 효율적 물류관리를 위하여 물류관련 구성원간은 물론 공급사슬 구성원간 원활한 정보의 흐름은 필수적이다.

물류는 두 가지 파이프라인으로 구성되는 데 하나는 재화의 흐름이고 다른 하나는 정보의 흐름이다. 물류의 각 기능간에 정보의 이동이 있어야만 원활한 물류 흐름이 가능해지고 물류관련 의사결정도 정확하고 신속하게 이루어질 수 있다. 그러므로 정보활동은 물류의 각 기능간의 연계와 통합을 통해 전체적인 물류관리를 효율적으로 수행할 수 있도록 지원한다. 최근 비약적으로 발전하고 있는 정보통신기술(ICT: Information and Communication Technology)의 적용은 물류 기능뿐만 아니라 공급사슬 전체의 통합과 물류효율화를 촉진시키고 있다.

그림 13-1 수출입 물류와 정보의 흐름

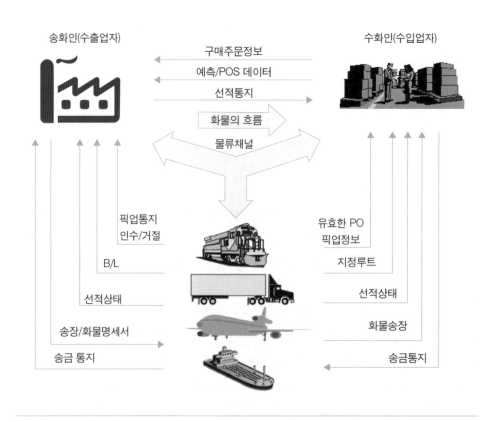

기업의 글로벌화가 진전되고 소비자의 니즈가 다원화되고 빠르게 변화하고 있고 제품수명주기가 짧아지면서 물류에 대한 수요가 지리적 광역화, 다양화 그리고 신속해지고 있다. 또한 e-비즈니스와 전자상거래의 활성화로 제조업체, 유통업체, 물류업체간의 정보 교환이 더욱 증가하고 있다. 이러한 변화에 효과적이고 신속하게 대응하기 위해 기업들은 정보기술(IT)에 더욱 의존하고 있다.

정보의 원활한 활용과 교환을 위해서는 관련 기업이 정보화를 추진하고, 상호간 정보를 교환할 수 있는 시스템 구축이 선행되어야 한다. ICT의 발전과 더불어 기업은 이를 활용하여 물류 프로세스를 효율화하고 유기적으로 통합함으로써 물류 및 공급사슬 전체의 효율성 제고를 도모하고 있다. IT의 활용은 기업의 물류 효율성 향상, 비용절감, 고객 대응성 개선에 커다란 효과를 보이는 것으로 나타났다. 특히 전사적 자원관리(ERP), 공급사슬관리(SCM), 제3자물류 등의 물류관리 기법들은 IT 활용없이는 불가능하기 때문에 기업들은 IT에 대한 투자를 더욱 증가시키고 있다.

표 13-1	물류정보의 종류	
구분		처리 내용
대상	화주정보	화주업체의 사명, 전화 및 팩스번호, 주요 취급화물, 중량, 용적, 도착지, 운송거리
	화물정보	화물집화, 개별창고화물, 화물터미널, 특정화물확인, 도로교통, 고속도로관리 정보 등의 종합교통정보와 항공화물운송정보
물류 활동	수주업무	수주처리(출하지시), 납기관리, 하역, 수·배송능력 체크, 납품관리, 납품서의 작성, 반품처리
	발주업무	발주처리(주문서의 작성), 납기관리, 수품관리
	재고관리	입출고처리, 재고조회의 응답, 현품재고정리, 결품처리, 비회전품관리
	창고관리	자동화창고의 운전지시, 입출고관리, 위치관리, 영업창고 보관료 계산처리
	하역·포장관리	하역작업지시, 검품조사, 팔레트관리, 컨테이너관리, 포장양식의 지시
	수·배송 관리	배차수배, 화물적재지시, 배송경로지시, 운임계신, 집화지시
국제 물류 활동	항만 및 공항정보	항만의 선석정보, 선박의 입출항 정보, 항만의 기상정보, 항만의 상태정보, 공항의 활주로, 기상, 상태정보
	하역정보	하역업체, 하역진척, 하역실적, 자동차 상·하차, 철도 상·하차, 선적정보 등
	보험정보	화물보험, 컨테이너보험, 자동차운송보험, 철도운송보험 등
	화물통관정보	수출·입 신고, 수출·입 면장획득, 관세환급, 항공화물통관 등
	수출화물검사정보	검량, 검수, 선적검량 등

물류정보는 〈표 13-1〉에 보듯이 주체에 따라 화주와, 화물 정보로, 물류활동에 따라 수발주, 재고, 창고, 하역·포장, 수·배송 정보로 구분된다. 그리고 국제물류활

동에는 공·항만, 하역, 보험, 통관, 수출입화물의 검사정보 등이 있다.

물류정보는 사용의 계층적 용도에 따라 다음의 세 가지로 분류할 수 있다. 첫 번째 전략적 정보는 기업의 통합전략을 결정하는 정보로써 새로운 사업의 창출과 경쟁우위의 원천이 된다.

두 번째 계층인 관리정보는 기업의 전략적 계획에 의해 결정된 범위 내에서 각각의 기업활동을 효과적으로 다루기 위한 관리정보로 일상적이고 반복적인 과업 수행을 위해 이용된다. 예를 들어 재고관리에 관한 정보는 서비스율, 평균 재고량, 금액, 발주방식의 종류, 조달시간, 조사기간 등으로 나타낸다. 또한 수· 배송관리에 관한 정보는 수송량 대비 비용분석(운송비, 인건비, 유지비), 수송루 트 비교(자가 운송 대 영업운송), 차량운용비율, 운송비율, 최적 운송경로 등이며, 예산 또는 목표수치와 비교·평가를 하여 새로운 의사결정을 하게 된다.

세 번째 계층정보는 업무활동정보로 계획이 실시되는 중 정상적인 기업활동 을 제어·관리하는 정보로 실제 의사결정에 도움을 제공하는 역할을 한다. 업무 활동 정보는 포장, 하역, 보관, 수송, 유통가공 등 물류활동의 지시확인 등의 기 능을 한다.

2. 물류정보시스템

1) 물류정보시스템의 정의

ICT의 발달로 인터넷을 통해 물류관리의 구성원간 정보 연계가 이루어지고 재고관리, 수·배송, 포장, 판매 등에서 발생하는 정보의 가공·처리와 본사, 공 장, 물류거점, 소비자 상호간의 정보교환이 가능하게 되었다. 이러한 물류정보 를 상호간 체계적으로 관리하고 교환하기 위해서는 틀(framework)이 필요한데 이 를 '물류정보시스템(LIS: Logistics Information System)'이라 한다. 이 시스템은 물류활 동과정에서 발생하는 정보를 처리, 가공, 전달하여 물류활동을 효과적으로 통제하 기 위해 구축된다.

기업이 물류를 전략적 무기로 활용할 수 있는 능력은 실시간으로 물류성과 를 측정하고 조정하는 능력에 달려있다. 이 능력은 고객의 요구사항, 생산요구 량, 재고수준을 점검하고, 제품의 품절을 예방하고, 고객과의 적절한 커뮤니케이 션을 유지하는 것을 말한다. 이를 위해서는 통합된 물류정보시스템이 필수적이다. 효과적인 물류정보시스템은 고객, 자재 및 서비스 공급업자 그리고 내부의 기능 부서에 대해 현재와 예측 상황에 대한 완전하고, 정확하고, 시의적절한 정보를 제공한다. 또한 정보시스템은 물류관련 의사결정을 지원하기 위해 정보를 상호 교환할 수 있도록 한다.

물류정보시스템은 수주정보에서 출발하여 통계자료를 활용하는 기획·통제 기능, 생산계획과 조달계획을 조정하는 조정기능, 부정기적이고 돌발적인 고객 주문시 적절한 반응 및 유연성으로 서비스 개선을 위한 고객서비스 및 커뮤니케이션 기능들로 구성되어 있다. 물류정보시스템은 대부분 SAP 모듈에서 생성되며 실시간 정보를 유지해야 한다.

물류정보시스템은 원료의 조달에서부터 완제품을 최종 수요자 인도까지의 수·배송, 창고관리, 수발주 등의 물류업무를 지원한다. 또한 기업의 구매, 생산, 판매 등의 기능과 상호 유기적으로 연계할 수 있도록 한다. 물류 업무지원과 기업의 타부서 기능 그리고 더 나아가 공급사슬 구성원들간의 정보교환 및 공유를 통해 물류비 절감과 고객서비스 향상을 도모하여 경쟁우위를 달성할 수 있도록 지원한다.

물류정보시스템은 물류의 효율성과 효과성을 높이는데 중요하며 이를 위해 다음과 같은 역할을 한다.

① 최소의 비용으로 고객만족을 제고하기 위해 물류의 기능적 운영을 프로세스로 변경시킨다.

② 주문이행과 관련된 물류활동의 계획과 통제를 용이하게 한다.

③ 기업과 고객의 편익을 위해 더 나은 전술적이고 전략적인 의사결정을 가능하게 한다.

④ 고객서비스 촉진을 위해 제품의 가용성, 주문의 상태, 배송스케줄에 관한 정보를 고객에게 전달한다.

⑤ 소요계획을 통해 재고와 인적자원의 소요량을 줄인다.

⑥ 마케팅, 재무, 생산정보를 상호 연계하며 최고경영자에게 정보를 제공하고, 전체 기업을 위한 전략적 의사결정의 공식화를 지원한다.

⑦ 정보기술의 활용은 과도한 예측에 신속히 대응하게 한다. 또한 JIT와 같은 풀 시스템의 적용을 가능하게 한다.

⑧ 생산과 유통과 같은 기업의 운영에서 공급자와 소비자와의 고객과의 연

계를 촉진시킨다.

물류정보시스템의 구축을 통해 구매, 생산, 판매의 조정, 적정 재고유지 등과 같은 효과를 가져 올 수 있는데 보다 구체적인 효과는 〈표 13-2〉와 같다.

표 13-2	물류정보시스템의 효과
▪ 구매, 생산, 판매의 조정 ▪ 적정 재고 유지 ▪ 물류 리드타임의 감소 ▪ 수발주 업무의 효율 향상	▪ 수 · 배송 효율의 향상 ▪ 하역 작업의 효율 향상 ▪ 물류비용의 절감 ▪ 고객서비스 수준 향상

2) 물류정보시스템의 기능과 구성요소

(1) 물류정보시스템의 기능

물류정보시스템은 물류관리를 기획·통제하고 각 부문간 조정의 역할을 할 뿐만 아니라 주문 또는 판매에서 공급자 또는 소비자와 원활한 커뮤니케이션을 가능하게 하는 기능을 수행하는데 보다 세부적인 기능은 다음과 같다.

첫째는 기획·통제 기능이다. 창고에 보관된 제품의 주문, 조달시간, 수요예측에 관한 정보를 제공하여 생산량의 예측, 재고량의 결정을 지원하고, 설비 및 시설활용, 서비스수준의 목표치와 실제 달성도를 비교함으로써 물류활동을 평가하고 통제한다.

둘째는 조정기능이다. 물류정보시스템을 통해 정보의 공유가 가능해짐으로써 생산계획과 조달계획을 조정할 수 있다.

셋째는 고객서비스 및 커뮤니케이션 기능이다. 인터넷 주문시에는 최초의 고객과 접촉, 정보시스템의 반응성, 신속성, 편리성이 필수적이다. 고객에 대한 커뮤니케이션 경로가 항상 적절하게 유지되고 있는지 점검하며, 주문이 쉽게 이루어지도록 유도하여야 한다.

(2) 물류정보시스템의 구성요소

물류정보시스템은 물류업무에서 인프라와 같은 필수적인 시스템이다. 물류정보시스템의 핵심은 주문, 보관, 하역, 운송 등과 관련한 정보를 통합·관리하여 데이터의 정확성과 일관성을 유지하고 이를 토대로 물류활동들을 유기적으로 연계하는 것이다. 이를 위해 물류정보시스템은 분야별 하위시스템을 상호 통합시켜 물류의 각 기능 그리고 기업의 다른 업무 영역 더 나아가 공급사슬상의 다른 기업과의 정보를 연계한다([그림 13-2] 참조).

그림 13-2 　기능별 물류정보시스템 구성도

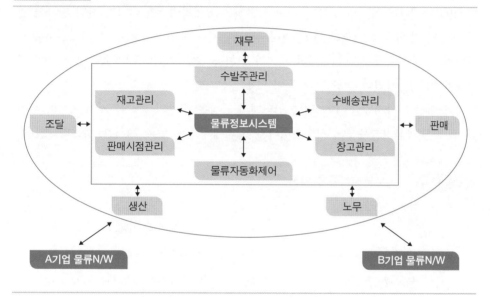

물류의 각 기능들과 지원 기능들은 각각의 정보시스템을 이루고 있는데 대표적인 하부시스템은 물류자동화제어시스템, 창고/재고관리시스템(WMS), 수배송관리시스템(TMS), 수발주관리시스템(EOS), 판매시점관리(POS), 차량관리시스템 등이 있다.

3. 물류정보기술과 네트워크

1) 물류정보기술의 개념과 발전

20세기 말부터 급속도로 발전하기 시작한 정보기술은 전 산업에 혁명적 변

화를 일으키고 있다. 흔히 제3의 산업혁명이라 할 수 있는 정보통신에 이어 이
제 제4의 산업혁명인 '네트워크 혁명'으로까지 진전되고 있다.

　　정보기술(IT: Information Technology)이란 '모든 형태의 전자데이터를 창출, 프로세
싱, 저장, 획득을 위한 컴퓨터, 저장장치, 네트워킹, 물리적 장치, 인프라, 프로세스들의
활용'을 말한다. 정보기술은 이러한 핵심적 기능을 수행하기 위해 유형의 장비(하드웨
어), 가상화, 관리 또는 자동화 도구, 운영시스템과 응용(소프트웨어) 등을 포함한다.

　　1950년대부터 등장한 컴퓨터 기술의 발전은 기업경영뿐만 아니라 사회 전반에 걸
쳐 엄청난 변화를 가져왔다. 1970년대 등장한 개인용 컴퓨터(PC), 응용 소프트웨어,
네트워크 기술은 경영관련 데이터 분석과 교환을 통해 기업업무의 효율성 제고에 결
정적인 역할을 하였다. 1980년대 들어 EDI 통신기술과 바코드의 도입은 물류와 유통
에서의 혁신을 가져왔다. 1990년대 인터넷의 등장은 정보의 확산을 가져왔으며, 무선
및 휴대용 응용기술은 공급사슬관리자와 고객에게 연중무휴 24시간 정보의 접근을

그림 13-3　정보통신기술의 발전

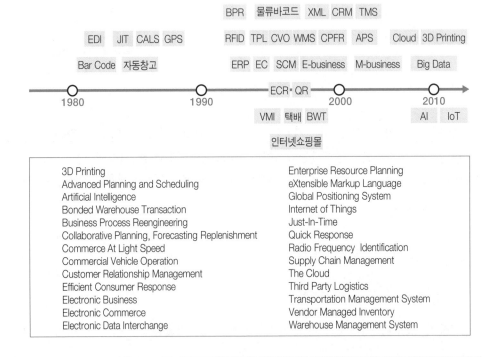

가능하게 하였다([그림 13-3] 참조). 그 결과 주문 주기는 월단위에서 주, 일 그리고 시간단위로 꾸준히 감소하였다. 또한 공급사슬에서의 반응에 대한 압력과 효율적 공급사슬관리의 전문성에 대한 요구가 지속적으로 증가되고 있다.

ICT의 발전은 물류관리에서 뿐만 아니라 소비자와 고객에게도 많은 영향을 미치고 있다. 대표적으로 소비자의 기호가 다양해지고, 소비 패턴에서도 빠른 변화가 나타나고 있다. 따라서 물류관리에서 정보기술의 활용은 필수적인 요인이 되고 있으며, 이를 어떻게 활용하느냐가 경영성과, 나아가 기업 경영의 성패를 가름하는 핵심적 역할을 하고 있다.

2) 물류정보기술의 역할

기업들은 ICT의 효과적 활용이 기업의 경쟁력과 수익성 제고에 큰 기여를 할 수 있다고 인식하고 있다. 물류부문에서도 기업들은 공급사슬을 통해 물류의 계획, 운영 및 통제를 지원하기 위한 ICT의 활용을 증대시키고 있다. ICT의 도입과 활용을 통해 효율성 제고뿐만 아니라 이에 따른 조직 구조의 변화로 경영과 물류성과를 향상시켜 나가고 있다.

ICT는 물류의 경쟁력을 개선하는 데 다음과 같은 중요한 역할을 한다. 첫째, 커뮤니케이션과 조정의 용이성을 높인다. ICT는 복합운송의 관련 당사자들간 그리고 더 나아가 글로벌공급사슬의 구성원들간 커뮤니케이션과 조정을 용이하게 한다. 물류의 목적은 최소의 총비용으로 고객 만족도를 최대화하는 데 있는데 이를 위해 ICT는 생산과 마케팅간의 조정 활동과 각 부문간 통합화를 촉진시킨다. 이를 통해 물류 기능 또는 기업 내 부서간의 상충관계를 완화시켜 물류 또는 공급사슬 전체의 효율을 도모하는 데 중요한 역할을 한다.

둘째는 내부적 통합을 실현할 뿐만 아니라 그들의 외부 파트너관계를 촉진시킬 수 있다. 예를 들어 만약 두 공급사슬구성원이 정보를 공유하고 전자자료교환(EDI)을 통해 정보를 교환하면 상호간 장기적인 관계로 발전하게 된다. 추가적으로 협업적 계획과 예측(CPFR: Collaborative Planning and Forecasting)에서는 주요 공급자들에게 고객요구의 정보 교환이 필요한데 이는 ICT를 통해 가능하다.

셋째는 최적화이다. 운송경로와 적재의 최적화 소프트웨어와 같은 도구의 개발을 통해 경로를 단축시킬 수 있고 팔레트, 컨테이너 또는 트럭 적재공간의 가용성을 높여주어 운송의 효율성을 제고할 수 있다.

넷째는 실시간 화물의 위치추적과 가시성의 확보이다. 위성을 통한 글로벌 위치추적시스템(GPS: Global Positioning System), 항법시스템(navigation system) 그리고 무선주파수인식시스템(RFID)은 차량관리시스템, 철도 운행 중 원격으로 재고통제시스템 개발이 가능해져 물류관리의 개선에 기여한다.

다섯째는 고객에 대한 반응성을 개선할 수 있다. 최근 상품의 출시시간 단축과 고객 취향에 얼마나 신속하게 대응하느냐가 제품경쟁력에 중요한 요소가 되고 있다. 정보의 공유 능력과 프로세스 정보의 신속한 교환은 기업의 고객 반응성 (responsiveness) 개선을 지원한다. 또한 고객의 행동에서 수집한 빅데이터를 분석하여 향후 고객의 취향에 대한 합리적 예측이 가능해져 재고 및 창고관리와 수·배송관리의 효율성을 제고할 수 있다.

여섯째는 ICT는 경영의 합리적 의사결정과 물류구조의 재평가를 지원한다. 물류관리에는 다양한 수준의 의사결정이 요구되는데 이때 ICT의 활용은 다양하고 최신의 정보를 바탕으로 최적의 의사결정을 내릴 수 있도록 지원한다.

3) 물류정보기술의 유형

최근 정보기술 도입이 경영에서 효과가 두드러지고 있는 가운데 물류기업 또는 부서에서도 ICT의 채용을 통해 효과적인 물류관리 및 차별화를 추구하고 있다. 다양한 형태의 첨단 정보기술의 활용은 총비용의 절감, 서비스 증대 그리고 공급사슬관리에 필요한 정보 제공을 가능하게 한다. 물류관리에서 많이 이용되고 있는 기술은 〈표 13-3〉과 같다.

표 13-3	물류관리 응용 정보기술	
구분	정보기술	물류응용 분야
데이터 분석/ 문서 교환	EDI	각 부서간, 사업간 표준화된 데이터(문서)의 교환
	Big Data	수요예측, 재고관리, 위험관리와 고객서비스와 경험 향상
	Cloud	대량의 데이터 저장과 처리를 통해 물류 소프트웨어의 통합과 공급사슬 구성원의 협업
수·배송시스템	ITS	정보기술을 인프라와 차량에 통합하여 안전성 향상과 혼잡을 줄여 생산성 향상
	CVO	ITS의 일부로 모니터링, 관리, 추적을 포함하여 상용차 운영을 개선하는 기술
창고 및 재고관리 시스템	WMS	재고 추적, 피킹, 수령, 배송 등 창고 내 작업을 관리하여 자원 사용과 효율성을 최적화하는 소프트웨어
	POS	소매 환경에서 판매 거래를 처리하고, 재고를 추적하고, 고객 구매를 기록하는 데 사용되는 시스템
	DPS	랙이나 보관구역에 신호장치가 설치되어 출고 화물의 보관 장소와 출고 수량까지 알려주는 시스템
	AI/전문가 시스템	다양한 물류 운영에서 복잡한 프로세스를 자동화하고, 데이터를 분석하고, 추세를 예측하고, 의사결정 강화에 활용
인식시스템	Bar-Code	제품의 분류, 입·출고시 자동으로 데이터 입력
	RFID	태그를 인식하고 추적해 재고관리 및 자산 추적
위치추적 및 조회시스템	GPS	차량 및 화물의 실시간 위치 추적에 사용되는 위성 기반 내비게이션 시스템
	GIS	화물의 장소를 시각적으로 보여줘 데이터의 해석 가능
기 타	TRS, Internet, ARS	

- EDI: Electronic Data Interchange(전자자료교환)
- ITS: Intelligent Transportation Sys(지능형운송시스템)
- CVO: Commercial Vehicle Operation(상업차량운영)
- WMS: Warehouse Management Sys(창고관리시스템)
- POS: Point of Sales(판매시점관리)
- DPS: Digital Picking System(디지털피킹시스템)
- AI: Artificial Intelligence(인공지능)
- ARS: Automatic Response Service(자동음성서비스)
- RFID: Radio Frequency Identification(무선주파수인식)
- GPS: Global Positioning System(위성 위치 확인시스템)
- GIS: Geographic Information System(지리정보시스템)
- TRS: Trunk Radio System(주파수공공통신 시스템)

(1) 전자문서교환(EDI)

전자문서교환(EDI)이란 전자문서를 사용해 서로 다른 조직간 정보를 교환하고 업무처리를 하는 것을 말한다. IDEA(International Data Exchange Association)는 EDI를 '구조화된 데이터(structured data)를 합의된 문서표준(agreed message standards)에 의해서 작성하여, 한 컴퓨터 시스템으로부터 다른 시스템으로(from computer to computer) 전자적 수단(electronic means)을 통하여 전달하는 것'이라고 정의하고 있다. 기존에 정보교환방식으로 사용하던 종이문서의 전달방법은 전달과정에서 많은 오류를 발생시키며, 정보시스템과의 연계에도 비효율성이 많았기 때문에 물류에서 EDI의 적용 및 확산은 빠르게 진행되었다.

그림 13-4   EDI 전송과정

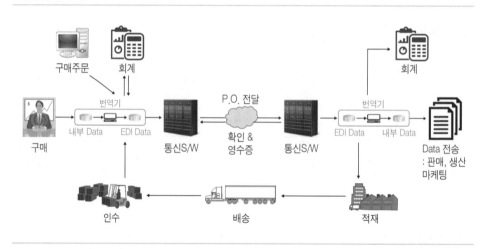

최근 물류가 산업과 국가경쟁력의 핵심요소로 부상하면서 국가단위의 정보통신망이 구축되어 EDI 방식의 정보교환이 원활하게 이루어졌다. 이러한 통신망을 통해 수출입업체, 관세청, 해양수산부, 은행, 상공회의소 등과 〈표 13-4〉와 같은 수출입 물류 관련 각종 서류들을 표준화된 방식(EDI)으로 상호 교환함으로써 신속한 물류 서비스와 비용의 절감 효과를 가져올 수 있다.

표 13-4	수출입물류 관련 EDI서비스 현황	
구 분	서비스 내역	비고
통관망	입출항, 적하목록, 하선 및 배정신고, 보세운송신고, 반출입신고, 관세환급, 수출입승인 등	KTNET
항공 및 해상운송	선적요청, 선하증권발급통지, 컨테이너 반출입, 기적요청AWB 통지, 화물부킹 등	
무역망	신용장 개설, 입출금통지, 수출입대금결제, 해외송금, 외화자금 국내이체, 수입화물선취보증 및 인도 승락, 원산지 증명	
Port-MIS	입출항신고, 항만시설사용허가 등	KL-Net
컨테이너터미널	본선적부도, 컨테이너선적예정목록 등	
철도운송	화물운송통지, 화물운송장 등	
ODCY	컨테이너운송통지, 선하증권발급통지	
육로운송	운송요청, 팔레트 운송 등	
육로운송	CVO(Commercial Vehicle Operation) 서비스 등	KT

현재 우리나라의 전자문서교환(EDI) 서비스는 상류부문에서는 KTNET(한국무역정보통신(주))이 그리고 물류부문은 KL-Net(한국물류정보통신(주))이 전담사업자가 되어 서비스를 제공하고 있다. 가입자는 주로 민간수출입업자, 해운관련업체, 관세청, 유통업체, 물류업체들이다.

EDI는 1970년대 미국의 물류업계에서 최초로 도입되었다. 다수의 화주기업으로부터 물류업무를 수탁하여 동업자끼리 보완·협력해 왔다. 이를 위해 물류업자는 거래처와 동일한 방식으로 정부를 교환할 수 있는 체계, 즉 EDI가 필요하였기 때문에 도입에 가장 적극적이었다.

EDI는 표준화가 중요하며 몇 가지 방식이 활용되고 있는데 먼저 유엔이 세계표준으로 협정하고 있는 'UN/EDIFACT'가 있다. 이것은 유럽을 중심으로 사용되고 있지만, 국제해상화물수송 분야에서는 아시아지역에서도 채용하고 있다. 미국에서는 초기에 'ANSI X·12'라는 표준이 많이 채용되었으나 이후 UN/EDIFACT로 통합되었다.

EDI의 서비스 방식에서도 많은 변화가 있었는데 초기 사용자들은 소프트웨어만을 이용한 단순한 서비스를 이용하였지만 인터넷 보급에 따라 Web-EDI가 도입되었으며, 이후 XML에 기반을 둔 EXL/EDI가 주로 활용되고 있다.

물류활동은 그 특성상 관련 기업들간에 상호 연계성이 높기 때문에 EDI의 도입으로 인한 파급효과는 상당히 크다. EDI를 도입하면 화물추적관리, 입출하지시, 수주관리, 발주관리, 대금청구관리, 수출입수속 등의 물류데이터를 사전에 표준화되어 있어 있어 타기업/타업종 간 컴퓨터로 정보교환이 가능해 진다. 구체적으로 그 효과는 〈표 13-5〉에서 보듯이 비용절감, 업무의 정확성과 효율성 제고, 신속한 주문처리 등을 들 수 있다.

표 13-5 EDI의 효과

구분	내용	구분	내용
비용절감	▪ 종이 작업 감소 ▪ 우편발송비 감소 ▪ 인건비 절감	가치공유	▪ 시의적이고 정확한 정보 ▪ 시스템적 업무로 파트너 간 신뢰 발전
신속성	▪ 컴퓨터 네트워크에 의한 문서와 정보 교환	정확성	▪ 직접 커뮤니케이션 ▪ 데이터의 반복 감속 ▪ 정시 정보교환
운영 효율성	▪ 오류 감소 ▪ 신속성 증대 ▪ 실시간 처리	가시성	▪ 실시간 정보 ▪ 단계별 성과 측정 ▪ 파트너간 활동의 가시성

(2) 빅데이터

ICT의 발달과 더불어 공급사슬상에서 방대한 데이터의 수집이 가능해지면서 이를 물류관리에 활용하는 기술이 등장했는데 이를 빅데이터 기반의 분석기법이라 한다. 빅데이터(Big Data)는 '통상적으로 사용되는 데이터 수집, 관리 및 처리 소프트웨어의 수용 한계를 넘어서는 크기의 데이터'를 말한다. 빅데이터가 주목을 받는 이유는 기업, 정부 또는 포털에서 수집된 방대한 데이터를 효과적으로 분석함으로써 미래를 예측해 최적의 대응방안을 찾고 이를 수익으로 연결하여 새로운 가치의 창출이 가능하기 때문이다. 물류에서의 빅데이터의 활용은 운송최적화, 고객서비스 품질의 제고, 물류의 효율화, 신규 비즈니스 모델 창출 등을 통해 물류기업의 경쟁력을 높일 수 있게 한다.

또한 가치(Value)의 관점에서 빅데이터의 활용은 다음과 같은 이점이 있다.

첫째, 운영 효율성을 높일 수 있다. 빅데이터를 활용함으로써 보다 정확한 수요예측, 공급사슬의 가시성과 투명성의 향상, 재고관리, 위험관리 등에 활용할 수 있다. 글로벌 수준의 예측 분석은 전체 공급사슬의 위험수준 평가와 탄력성 개선에도 기여한다. 클라우드 기반의 집하 및 배송의 실시간 일정 편성을 통한 최종 목적지 배송최적화, 예상 도착 시간(ETA: Expected Time of Arrival)의 실시간 예측, 전략적/운영적 수준에서의 예측형 네트워크 및 역량 계획 등을 예로 들 수 있다.

둘째, 빅데이터를 활용해 고객경험을 향상시키고 고객과의 상호작용 및 운영성과를 통합적으로 보여준다. 나아가 고객 충성도와 고객 유지 비율을 개선시켜주며, 세밀한 고객 분류 및 목표 설정을 가능하게 하고, 고객과의 상호작용 및 서비스를 최적화한다.

빅데이터의 공유를 통해 얻을 수 있는 혜택에는 운송 중 재고관리와 감축, 운송시간의 변동성 예측정보에 의한 안전재고와 품절의 감소, 선적노선의 최적화, 공컨테이너 재배치비용 절감, 운송시간과 변동성으로 인한 저성과 항만 파악 등이 있다(Ratliff, 2013).

(3) 클라우드 기술

클라우드 컴퓨팅(cloud computing)은 서버, 소프트웨어, 저장용량 등의 IT자원을 직접 설치할 필요 없이 '원격으로 빌려쓰는 서비스' 형태로 제공하는 새로운 컴퓨팅 기술이다. 즉 인터넷을 통하여 인터넷 기반 서버 공간인 클라우드에서 데이터를 공유하고 관리할 수 있는 시스템이다. 다양한 기능과 구성원으로 이루어져 있는 공급사슬에서 클라우드 컴퓨팅은 더욱 신속하고 용이하게 데이터의 교환과 공유를 가능하게 함으로써 공급사슬을 보다 혁신적이고 역동적으로 관리할 수 있도록 해준다.

현재 공급사슬 기능인 계획 및 예측, 소싱 및 조달, 물류, 재고관리, 협업 설계 및 개발, 서비스 및 예비부품관리, 고객관계관리(CRM), 인적자원 등의 활동에서 클라우드 기술이 활용되고 있다. 클라우드 컴퓨팅은 자본투자 절약, 운영의 간소화, 확장성, 실시간 가시성, 지속가능성과 같은 많은 편익을 가져올 수 있다(Schramm et al., 2011).

클라우드 기술은 컴퓨터에서 용량 또는 앱을 공유하기 때문에 클라우드 컴

퓨팅 기술이라고 한다. 이 기술은 공급사슬의 다양한 분야에서 활용되어 공급
사슬의 통합을 통한 효율화에 기여하고 있는데 대표적인 영역은 다음과 같다.

① 데이터 분석 및 예측: 클라우드 기반 플랫폼은 기업이 수요예측에 주도
적 역할을 담당하는 공급사슬 네트워크의 참여자(소매업자, 공급자, 유통업
체)를 상호 조정함으로써 서비스 수준의 개선을 지원한다. 이러한 플랫
폼은 인터넷을 통해 판매 데이터를 수집·분석하여 모든 공급사슬참여자
를 위한 정확한 통계적 수요예측을 수행한다. 이는 공급사슬에서 여러
단계를 거치면서 발생하는 정보의 왜곡현상인 채찍효과(bullwhip effect)
를 줄여 준다.

② 소싱과 조달: 소싱은 조달과정에서의 취득, 인수, 자재의 검사와 공급업
자를 통합시킨다. 이때 클라우드 기반 플랫폼은 데이터베이스로 활용되
어 공급자의 데이터를 제공함으로써 거래 기업에게 많은 혜택을 가져다
준다.

③ 물류: 클라우드 컴퓨팅은 복수의 공급사슬 구성원에게 화물의 추적 서비스와
공급망 가시성을 제공하며 재고, 창고(WMS) 및 운송관리(쓴)에도 유용하게
활용된다. 재고보충계획, 주문처리, 차량관리, 운송계획, 글로벌 무역의 준수
사항 이행과 같은 프로세스를 클라우드로 이전할 수 있다.

④ 고객서비스와 예비부품관리: 클라우드 컴퓨팅은 순방향과 역물류를 하
나의 폐쇄형 루프 공급사슬 모델로 통합할 수 있게 한다. RFID는 재고
위치를 추적하여 클라우드 애플리케이션에게 전달한다. 그 결과 재고의
경로는 모든 공급사슬 구성원들에게 가시화된다. 따라서 역물류, 반품,
발송 및 추적, 예비부품재고 및 유통 등이 클라우드 애플리케이션을 통
해 서비스가 이루어진다.

⑤ 협업 계획 및 실행: 클라우드 기반 공동작업 도구는 커뮤니케이션과 조정을
촉진한다. 이를 통해 공급사슬 이해관계자를 위한 실시간 업데이터 및 경고,
원활한 커뮤니케이션과 공급사슬 중단시 조정 기능을 제공한다.

⑥ 지속가능성: 클라우드 컴퓨팅은 운영의 효율성 개선, 에너지 비용과 환경영
향의 감소와 같은 기업의 '그린' 정보기술을 지원해 준다.

클라우드 기술은 제3자물류업체와 화주들에게 운송비의 절감, 가시성 개선, 재고관리, 규정의 준수 등의 활동에 기여한다. 클라우드는 여러 3PL업체들로부터의 솔루션 통합과 공급사슬에서의 다수의 서비스 제공업자가 참여할 경우 더 큰 효과가 있다. 그러나 클라우드 기술의 많은 장점에도 불구하고 이를 적극적으로 활용하는데 사생활, 기밀유지, 보안, 신뢰성 등과 같은 장벽이 존재하고 있다.

미국의 대표적 전자상거래업체인 아마존은 소비자의 요구에 맞추어 기능과 용량을 쉽게 변경할 수 있는 컴퓨팅 데이터 제공 서비스인 Amazon EC2(Amazon Elastic Computer Cloud)를 운영하고 있다. 서비스 요금은 시간당 실제 사용한 데이터 메모리 용량에 따라 지불하는 방식으로, 비용 절약에 매우 효과적이라는 호평과 함께 클라우딩 컴퓨터 서비스의 성공적인 사례로 손꼽히고 있다.

최대 컨테이너선사인 Maersk사는 마이크로소프트의 Azure 사용을 확대하여 클라우드 기술 접근 방식을 강화하고 있다. 이 플랫폼은 탄력적이고 고성능의 클라우드 서비스 포트폴리오를 제공할 뿐만 아니라 머스크가 혁신을 통해 확장성, 신뢰성 및 보안이 강화된 서비스를 고객에게 제공할 수 있게 한다.

(4) 첨단교통체계

첨단교통체계(ITS: Intelligent Transportation System)란 '도로, 차량, 신호시스템 등 기본 교통체계의 구성요소에 전자, 제어, 통신 등 첨단기술을 접목시켜 구성요소들이 상호 유기적으로 작동토록 하는 차세대 교통체계 기술'을 의미한다.

첨단교통체계는 첨단교통관리시스템(ATMS: Advanced Traveler Management System), 첨단교통정보시스템(ATIS: Advanced Traveler Information System), 첨단대중교통시스템(APTS: Advanced Public Transportation System), 첨단화물운송시스템(CVO: Commercial Vehicle Operations), 첨단차량관리시스템(AVCS: Advanced Vehicle Control System) 등의 5개의 하부시스템으로 구성된다.

(5) 첨단화물운송정보

첨단화물운송정보 서비스(CVO: Commercial Vehicle Operation)는 ITS의 하위 시스템 중의 하나이다. CVO는 위성위치정보와 휴대폰 등을 통해 화물 차량의 위치, 적재 화물의 종류, 운행 상태, 노선 상황, 화물 알선 정보 등을 자동으로 파악함으로써 통행료의 자동 징수, 안전 운행, 화물도착시간 파악, 귀로시 공차

(空車) 방지 등으로 화물차 운행을 최적화하고 관리의 효율화를 위한 교통물류관리시스템이다. 뿐만 아니라 차량의 상태를 자동으로 감지하여 운전자 및 관리자에게 사전 경고를 함으로써 주행 중의 차량 안전사고나 지체를 감소시키기 위한 시스템이다.

(6) 창고관리시스템

창고관리시스템(WMS: Warehouse management system)은 물류센터에서 화물을 관리하기 위한 모든 정보시스템을 총칭한다. WMS는 화물의 입출고관리, 재고관리, 보관위치관리시스템, 출고지시시스템과 피킹시스템 등으로 구성된다. 구축의 목적은 실시간 재고관리, 창고효율의 극대화, 창고업무의 자동화, 포장작업의 정확성 및 효율성 향상 그리고 다른 물류시스템과의 효율적인 연계 등이 있다.

(7) 판매시점관리

바코드를 활용하여 편의점 또는 소매점에서 신속한 데이터를 수집하여 이를 재고보충, 재주문 시점 및 수량 등에 적극적으로 활용하게 되는 데 이를 판매시점관리(POS: Point of Sales)라 한다. POS는 광학식 자동판독방식의 단위별 판매수집 정보를 상품운송과 구매단계의 점포나 매장의 운영에 사용될 수 있다.

POS는 전자식 금전등록기, 정찰판독장치, 크레디트 카드 자동판별장치의 기기를 컴퓨터에 연동시켜 상품 데이터를 관리한다. 미리 상품의 종류, 가격 등을 선으로 표시해 두고(barcode) 자동적으로 판독케 하여 판매시점에서 즉시 판매관리 정보를 수집할 수 있다.

(8) 디지털피킹시스템

디지털피킹시스템(DPS: Digital Picking System)은 디지털 표시기에 피킹 수량 등의 작업데이터를 표시하여 작업자가 신속·정확한 피킹작업을 할 수 있는 시스템이다. DPS는 피킹작업, 정보관리, 셀 관리에서 리스트 작성까지 효율적인 처리가 가능한 시스템이다.

(9) 인공지능

인공지능(AI: Artificial Intelligence)은 인간처럼 생각하고 학습하도록 프로그래밍된 기계에서 인간 지능을 시뮬레이션하는 것을 말한다. 기계와 인간의 상호작용과 협업, 로봇과 자동화, 자율주행자동차, 드론과 같은 분야는 미래 물류에 중대한 영향을 미칠 수 있는 영역이며 이를 실현하는데 인공지능은 핵심적인 역할을 하게 될 것이다. 특히 로봇과 AI의 결합을 통해 먼저 빅데이터를 기반으로 최적의 의사결정을 내리고 이를 로봇이 물류 현장에서 실행함으로써 창고관리, 운송루트 및 차량배치의 최적화를 도모함으로써 물류의 효율성을 제고할 수 있다. 이외에도 인공지능은 예측 분석과 수요 예측, 재고관리, 위험관리, 화물 매칭, 고객서비스 등에 활용되고 있다.

(10) 바코드

바코드(Bar Code)는 '다양한 폭을 가진 검은 바와 흰 바를 조합 배열하여 정보를 표현하는 부호 또는 체계'를 말한다. 바코드로 정보의 표현과 해독은 바코드 장비를 통해 이루어져 바의 조합은 ASCII 문자로 표현된다. 바코드는 많은 양의 데이터를 신속하고, 정확하고, 경제적으로 입력할 수 있는 능력을 제공하며, 자동식별 기술에 의해 바코드의 데이터를 인식하게 된다.

바코드의 종류는 세계적으로 수십 종류에 달하며, 국제적으로 통용되는 국제표준과 특정업체 또는 업종에서만 통용되는 비표준 바코드가 있다. 표준바코드로는 EVAN-13, EVAN-8, UPC, ITF-14, KAN(한국) 등이 있으며, 비표준 바코드로는 CODE39, NW7, CODE93, CODE11 등이 있다. 그러나 제품을 모든 공급체인(supply chain)에 걸쳐 효율적이고 효과적으로 이동시키기 위해서는 바코드 기술의 일관성과 인터페이스(interface)의 표준화가 중요하다.

상품의 제조, 검색, 입출하, 재고관리, 판매관리로부터 공장자동화에 이르기까지 모든 분야에서 요구되는 정확도와 신속성을 해결하는 데 바코드가 많이 활용되고 있다. 바코드를 활용하여 편의점 또는 소매점에서 신속한 데이터를 수집하여 이를 재고보충, 재주문 시점 및 수량 등에 적극적으로 활용하여 POS를 가능하게 한다.

(11) 무선주파수인식

바코드 기술은 유통 및 물류분야에 정보혁명을 가져왔으나 기술적으로 많은 문제점이 있다. 상품에 대한 표현능력의 한계, 일괄인식의 불가능, 물류량 급증시 대처능력의 저하, 가시성 문제로 인한 인식률 저하 등이다. 이러한 문제점을 해결해줄 수 있는 기술이 무선주파수인식(RFID: Radio Frequency IDentification)이다.

RFID는 바코드, 마그네틱(MSR), IC-CARD 등과 같은 자동인식의 한 분야로서 초단파(Mhz 또는 Ghz)나 장파(Khz)를 이용하여 기록된 정보를 무선으로 인식하는 최첨단 방식이다. RFID는 바코드와는 달리 일시에 다량의 태그(Tag) 판독이 가능하며 냉온, 습기, 먼지, 열 등의 열악한 판독환경에서도 판독률이 높다.

RFID의 인식과 기업의 물류정보시스템과의 연결과정을 [그림 13-5]를 통해 살펴보면 먼저 태그는 리더기가 전자적, 마그네틱 또는 전자마그네틱 형태로 방출하는 전파에 반응한다. 태그는 유도성 루프 또는 소형배터리로 전력을 제공받은 칩에 데이터를 저장하고, RFID리더기는 무선 주파수로 무선통신에 의해 태그로부터 데이터를 받는다. 수신된 데이터는 기업의 전사적자원관리(ERP) 시스템 또는 공급사슬관리시스템과 통합된다.

그림 13-5   RFID의 프로세스

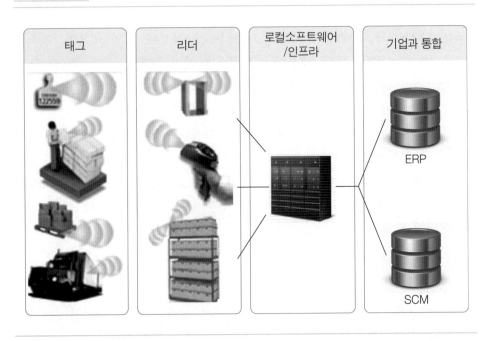

RFID는 정보통신부문은 물론이거니와 물류, 유통, 공급사슬(Supply Chain), 교통, 환경 등의 다양한 분야에 적용 가능한 차세대 핵심기술이다. 제조업체는

RFID 도입을 통해 화물의 실시간 위치추적(traceability)이 가능하고, 재고 현황의 실시간 확인을 통해 제조 및 공급사슬운영의 가시성(visibility)이 확보되는 효과를 기대할 수 있다.

월마트는 RFID의 활용을 통해 정보기술과 JIT, 그리고 공급자와 구매자간의 재고시스템의 통합을 통해 신속한 배송을 확보하였다(Tucci et al., 2015). 델, 질레트, 자라, P&G, 베네통 등의 글로벌 기업들도 유통 및 물류시스템의 비용절감과 효율성 제고를 위해 RFID를 적극적으로 도입해 나가고 있다.

(12) 위성위치확인시스템

위성위치확인시스템(GPS: Global Positioning System)이란 '인공위성에서 발사되는 전파를 수신하여 위치를 파악할 수 있는 위치측정시스템'을 말하며 차량위치 정보서비스의 기본이 된다. GPS의 특징은 먼저 자동차, 항공기, 선박 등의 이동체에 탑재하여 위치 측량에 활용된다. 지구 전체에 24개의 위성들이 돌고 있어 지구상 어디에서나 위치자료의 온라인 처리가 가능하다.

GPS는 물류에서 차량위치측정통보, 메시지 자동전송, 알람기능, 차량온도의 센서조정 운전기사관리, 자동배차, 경로최적화, 차량의 보안 등에 활용되고 있을 뿐만 아니라 고객이 주문한 제품의 현재 상태나 위치를 실시간으로 파악하여 그 정보를 고객에게 제공할 수 있다. 최근 대부분의 온라인 판매에서 고객들에게 제품의 위치 정보를 제공해주고 있는데 특히 물류과정 중 예측하지 못한 상황이 발생했을 경우 이에 대한 신속한 정보의 제공은 고객뿐 아니라 판매자에게도 매우 유용하게 활용될 수 있다.

(13) 지리정보시스템

지리정보시스템(GIS: Geographical Information System)은 '지리적 공간에 존재하고 있는 사물의 위치 정보와 속성 정보를 연계시켜 각종 계획 수립, 의사 결정과 산업 활동을 효율적으로 지원할 수 있는 정보시스템'을 말한다. 물류에서 GIS의 활용분야로는 경로계획, 최적화, 모델링, 네트워크 유지·보수, 차량관리와 배송 평가 등이 있다. 또한 GPS로부터 위치정보를 받아 지도와 연결함으로써 위치추적을 시각적으로 수행할 수 있게 하며, 또한 지리정보와 결합하여 보다 합리적인 물류의사결정을 하도록 지원한다. 예를 들어 GIS를 이용한 분석을 활용하면 최적의 창고 위치를 선정할 수 있는데, 이는 해당 지역에서 충분한 노동력, 적절한 비용 기반, 운송 경로 및 현지 특유의 장점을 두루 갖춘 장소를 GIS에서 구현해주기 때문이다.

(14) 기타 정보기술

인터넷(Internet)은 전 세계의 전산망을 통일된 통신규약(TCP/IP)으로 묶어서 각각의 통신망이 상호 통신할 수 있도록 한 거대한 통신망을 일컫는다. 물류업체에서는 인터넷을 이용해 서비스의 내용, 예컨대 선박 운행스케쥴, 요율 등을 제시하고, 화주들은 인터넷을 이용하여 물류서비스를 구매할 수 있다. 또한 화주는 화물의 위치추적정보를 인터넷을 통해 조회할 수 있으며, 불특정 다수의 화주와 트럭 수송업자의 차량 및 화주를 구하는 정보를 교환하는 수단으로 활용할 수 있다. 공급사슬의 구성원간의 정보교환과 공유를 통해 협업을 강화시킬 수 있고 공급사슬의 연계와 통합을 촉진시킬 수 있다.

TRS(Trunk Radio System)는 주파수 공용통신이라고 불리며, 하나의 단말기로 다양한 기능을 활용하거나 일대 다수의 그룹 통화가 가능한 기술을 가리킨다. 이 기술은 교통, 물류유통 등에서 콜센터, 알선, 배송 통신에 많이 활용된다.

ARS(Automatic Response Service)는 고객의 문의에 대해 응답하는 콜센터에서 활용도가 높고, OCR(Optical Character Recognition)은 아날로그 문자의 해독에 활용되고 있다.

4. 국가물류정보망

1) 물류정보망의 개념과 필요성

(1) 물류정보망의 개념

최근 들어 물류 부문의 경쟁력은 이제 한 국가와 산업의 경쟁력을 좌우하는 가장 중요한 요소로 취급되고 있다. 이는 물류경쟁력이 국내 제품의 대외경쟁력과 국가경쟁력을 결정하는 하나의 요인으로 작용하고 있기 때문이다. 이에 따라 세계 각국들은 물리적인 인프라의 확충, 기존 물류시설의 효율적인 활용, 물류정보의 원활한 유통, 신속한 업무처리, 국제 무역관련 업무의 자동화 등을 위하여 물류정보망 구축을 적극적으로 추진하고 있다.

물류정보망이란 '물류활동에 필요한 각종 데이터와 정보의 효율적 이동과 흐름을 가능하게 하는 정보네트워크'를 말한다. 우리나라는 물류정보망의 통합적 구축 및 운영을 위해 화물유통촉진법 제48조 2(종합물류정보전산망의 구축 등)에 근거하여 물류정보망을 수출입 물류와 민간의 물류활동을 효과적으로 지원하기 위한 국가기간전산망으로 정의하고 있다. 물류정보네트워크는 업무의 효율성을 개선하고 운영비용을 감소하기 위해 물류기업에게 아주 중요하다.

(2) 물류정보망의 필요성

기업의 세계화 및 소비자들의 니즈가 다원화되고 있고 제품의 수명주기가 짧아지면서 신속하고 다양하면서 지리적으로 광역화된 물류서비스 제공이 기업경쟁력에 필수적인 요소로 등장하고 있다. 또한 공급사슬의 확장성으로 보다 많은 공급업체와 연계되면서 물류프로세스에서 발생하는 정보의 수요자가 많아지고 또한 신속한 정보의 교환이 중요해지고 있다. 이러한 상황에서 물류활동에서 ICT를 이용하여 물류활동 과정을 효율화하고 유기적으로 결합하고 물류시스템과 정보망의 구축과 연계의 필요성이 증대되고 있다.

물류정보망의 구축은 물류관련 구성원들이 정보의 공유 및 교환을 위해 활용하는 기초 인프라이기 때문에 정부 또는 공공기관에 의해 추진되어야 하며 물류정보의 원활한 이동을 통해 물류합리화에 근간이 되기 때문에 물류선진국들이 역점을 두고 추진하고 있다.

우리나라는 국가기간전산망을 통합적이고 효율적 추진을 위해 국토교통부 산하에 국가물류통합정보센터를 설립하였다. 이 센터는 육상·해상·항공 등에서 물류정보의 공동 활용체계를 구축하여 기업의 원활한 물류활동 지원 및 물류경쟁력을 향상시키는 데 목적이 있다. 이들 국가정보망은 EDI 방식으로 서로 정보를 교환함으로써 국가물류비 및 수출입 거래비용을 절감하는 데 활용되고 있다.

2) 국가물류정보망 구축 현황

물류의 관리·운영을 위해서는 물류정보관리의 효율화가 필수적이다. 이를 위해서는 물류 관련 구성원의 정보화, 관련 구성원들의 연계를 위한 시스템 및 네트워크의 구축, 유·무선통합 기반 마련, 추진체계 및 법·제도의 정비, 물류업체의 정보시스템 구축 등이 추진되어야 한다.

물류업체와 관련 타 조직간에 물류정보의 교환 및 공유를 위해서는 정보망이 구축되어야 하는데 여기에는 단위물류정보망과 종합물류정보망으로 구분된다. 단위물류정보망은 기능별, 지역별, 물류기업 및 거래처를 연결하는 물류정보체계이며, 종합물류정보망은 단위물류정보망을 종합적으로 연계하여 구성한 물류정보체계이다.

종합물류정보망은 정보통신기술을 이용하여 육상, 해상, 항공을 통한 수·출입 및 국내화물 유통과 관련된 물류활동을 효과적으로 지원하기 위해 물류활동에 수반되는 정보흐름을 전산화, 자동화하는 국가기간망(Infra-VAN)이다. 1996년 종합물류정보망 사업을 위해 전담사업자로 한국물류정보통신(KL-Net)이 지정되어 추진되었다. 제1단계(1996~'97)는 서비스 제공체제 구축단계, 제2단계('98~'00)는 서비스 확산단계, 제3단계('01~'15)는 초고속화, 첨단화단계로 나누어 진행되었다.

종합물류정보망을 통해 제공되는 서비스로는 수출입물류 정보서비스, 첨단화물운송 정보서비스, 통합물류D/B 정보서비스, 물류 e-마켓플레이스 정보서비스, 물류거점시설 정보서비스 등이 있다. 현재 대표적인 국가기간전산망은 국토교통부의 종합물류정보전산망 이외에 산업통상자원부의 무역망(KT-NET), 관세청의 통관망(CAMIS), 해양수산부의 항만운영정보망(Port-MIS), 철도청의 철도운영정보망(KROIS) 등이 있다.

3) 국가물류정보망 종류

(1) 항만운영정보시스템

항만운영정보시스템(Port-MIS)은 '항만에서 발생하는 선박의 입출항과 화물의 반출입에 관련된 행정업무를 전자적으로 처리하는 운영시스템'으로서, 서류없는 행정의 실현 및 고객에게 통합 항만서비스를 제공할 목적으로 국내 모든 항만을 연계한 시스템이다. 선박 입출항, 항만설비 운영 및 의사결정에 필요한 실시간 정보를 사용자에게 제공하는데, 항만 정보관리 시스템과 전자문서를 사용하는 물류 EDI 네트워크로 구성되어 있으며, 365일 24시간 운영되고 업무중복의 최소화와 실시간 정보를 공유할 수 있다.

Port-MIS의 주요 기능을 요약하면 〈표 13-6〉과 같다.

표 13-6	Port-MIS의 주요 기능

구분	내용
선박운항 관리 (Vessel Control)	▪ 선박 입출항 관리(Vessel arrival/departure) ▪ 선박관제 관리(Vessel movement control) ▪ 선석 관리(Berth control) ▪ 예도선 관리(Pilot/Tugboat control)
화물 관리 (Cargo Operation)	▪ 화물 반출입 관리(Cargo Management) ▪ 위험물 관리(Dangerous Goods Management)
시설물 관리 (Warehouse Management)	▪ 체계적인 시설물 관리
세금 & 통계 (Billing & Statistics)	▪ 항만세 및 화물료의 자동 회계 처리 ▪ 항만운영전략 수립을 위한 의사결정의 과학적 기반 제공

(2) 컨테이너터미널 운영정보시스템

컨테이너터미널 운영정보시스템(ATOMS: Advanced Terminal Operation & Management System)은 컨테이너터미널의 업무를 자동화·정보화하여 터미널 운영 효율화 및 생산성의 극대화를 실현하는 통합정보시스템이다.

(3) 철도화물운송시스템

철도화물운송시스템은 철도공사의 철도운영정보시스템(KROIS: Korea Railroad Operating Information System)의 화물영업관리시스템이다. KL-Net와 연결하여 화물운송장, 화물운송통지서, 화차배분 등의 서류를 EDI방식으로 처리하는 서비스이다. 이 서비스를 통해 화물의 도착예정차량 정보를 터미널, ICD에 미리 전달함으로써 도착지의 상/하역작업의 사전계획 수립과 야드 관리의 효율성을 향상시킬 수 있다.

(4) 관세청 통관시스템

관세청의 통관시스템(CAMIS: Customs Administration and Management Information System)은 수출신고에서 출항까지의 수출업무 전 과정과 화물의 입항에서 보세운송 통관, 반출처리에 이르기까지의 수입업무 전 과정을 세관에서 일관성 있게 파악할 수 있도록 하는 수출입 통관정보시스템이다. 이 시스템은 통관과 관련된 모든 업무를 EDI로 처리함으로써 복잡한 세관업무의 효율화를 높인 서비스로 항만운영정보시스템(PORT-MIS)과 연계해 항만입출항과 통관 업무를 동시에 수행하도록 하는 ONE－STOP서비스를 제공하고 있다.

(5) 첨단화물운송정보시스템

첨단화물운송정보시스템(CVO: Commercial Vehicle Operation)은 GPS위성 및 휴대폰을 통해서 화물 및 차량을 실시간으로 추적하여 차량의 배차 및 운행관리, 화물의 상태 관리 등 화물운송에 필요한 제반업무를 전산화한 시스템이다. 이 시스템의 핵심은 화물운송의 정보를 공유함으로써 불필요한 공차운행과 이에 따른 공해 및 비효율성을 극복하는 데 있다.

(6) 항공물류정보시스템

항공물류정보시스템(AIRCIS: Air Cargo Information System)은 항공사, 터미널 조업사, 포워더, 운송사 등 항공물류 구성원들간의 물류업무처리기능을 지원하고 항공물류정보서비스를 제공하는 One-site, One-stop 집중형 시스템이다. 이 시스템은 인천공항에 취항하는 국내외 항공사의 화물 예약, 화물 추적, 스케줄 조회, e-Freight 서비스, 터미널 조업정보 조회 및 항공물류정보 서비스를 제공하고 있으며, 항공물류관련 물류업체와 VAN사업자 및 업무시스템 개발업체와 연계한 항공물류 커뮤니티를 형성하고 있다.

제2절 전자상거래와 물류

1. 전자상거래 현황과 발전

1) 전자상거래 개념과 특징

(1) 전자상거래의 정의

ICT의 발전과 더불어 전자적 방식의 정보교환이 가능해지면서 상거래에서도 많은 변화가 일어나고 있다. 특히 인터넷의 발전과 확산으로 전자공간에서의 상거래 활동이 급증하고 있다. 이런 상황에서 정보통신망은 기존의 통신수단으로의 의미를 넘어 하나의 시장, 즉 e－마켓플레이스로서 역할을 한다.

Kalakota & Whinston(1997)는 전자상거래를 '네트워크를 통한 상품의 구매와 판매'라고 하였는데 이를 확장하여 정의하면 '전자적 방식을 이용하여 전자공간(Cyberspace)상에서 이루어지는 거래행위'라고 할 수 있다. 전자상거래에는 전자문서교환(EDI), 이미지처리, 바코드사용, 전자우편, 업무흐름 관리체제, 전자화폐 및 전자자금이체, 인터넷, 스마트폰 등 전자적 기술과 수단이 모두 동원될 수 있다.

전자상거래는 쇼핑, 금융 등 인터넷 가상공간(cyberspace)을 통해 시간적, 공간적 한계를 뛰어 넘어 실현되기 때문에 실물 위주의 경제체제에 혁명적 변화를 불러 오고 있다. 유통과 물류부문에서도 커다란 변화를 가져오고 있는데, 예를 들어 유통에서 중개인의 역할이 감소되거나 없어지기도 하는 반면 또 다른 형태의 중개상이 나타나기도 한다.

(2) 전자상거래의 특징

전자상거래가 전통적인 상거래와 구별되는 다양한 특성을 가진다.

첫째는 상거래의 온라인화이다. 전자상거래는 디지털 채널, 주로 인터넷을 통해 운영되는데 기업은 고객이 제품이나 서비스를 찾아볼 수 있는 웹사이트, 모바일 앱, 온라인 플랫폼을 통해 온라인 입지를 구축한다.

둘째는 글로벌 접근이다. 전자상거래를 통해 기업은 전 세계 고객에게 다가갈 수 있다. 기업은 지리적 장벽을 허물고 전 세계 고객에게 제품이나 서비스를 홍보하고 판매할 수 있다.

셋째, 연중무휴 24시간 접근성 제공이다. 영업시간이 고정되어 있는 전통적인 오프라인 매장과 달리 전자상거래 플랫폼은 연중무휴 24시간 이용 가능하다. 고객은 편리한 시간에 쇼핑할 수 있어 기업과 소비자 모두에게 유연성을 제공한다.

넷째, 디지털 마케팅이 가능하다. 전자상거래는 고객을 유치하고 참여시키기 위해 디지털 마케팅 전략을 많이 활용한다. 여기에는 트래픽과 판매를 촉진하기 위한 온라인 광고, 검색 엔진 최적화(SEO), 소셜 미디어 마케팅, 이메일 마케팅이 포함된다.

다섯째, 제품 정보 및 고객리뷰 제공이다. 전자상거래 플랫폼에서는 상세한 제품 정보, 이미지, 고객 리뷰를 제공한다. 이러한 투명성을 통해 소비자는 다른 사람의 경험을 바탕으로 정보에 입각한 구매 결정을 내릴 수 있다.

여섯째, 공급사슬의 통합이다. 전자상거래 기업은 온라인 플랫폼을 공급망 관리 시스템과 통합한다. 이 통합은 재고 관리, 주문 이행 및 배송 프로세스의 효율적인 운영을 촉진시킨다.

일곱째, 모바일 상거래(m-커머스)의 확산이다. 스마트폰의 등장은 모바일 상거래의 성장으로 이어져 소비자가 모바일 기기를 이용해 구매를 할 수 있게 되었다. 모바일 앱과 모바일에 최적화된 웹사이트는 이동 중 쇼핑에 대한 사용자 경험을 향상시킨다.

(3) 전자상거래의 유형

전자상거래는 인터넷상에서 다양한 모델과 거래유형을 포함한다. 주체간의 거래유형은 기업간(B2B: Business to Business), 기업과 소비자간(B2C: Business to Customer), 기업과 정부간(B2G: Business to Government), 개인간(P2P: Peer to Peer)으로 구분된다. 수단으로 구분하면 온라인과 오프라인간(O2O: Online to Offline & Online to Online),[1] 소셜커머스, 모바일 전자상거래(M-Commerce)으로 구분되며, 글로벌 형태는 국경간 전자상거래(CBT: Cross-Border Transaction)가 있다. 경제규모 면에서 B2B의 규모는 압도적이며 B2C는 거래의 빈도가 아주 많다. 최근에는 O2O의 구조의 거래형태가 증가하는 추세에 있다.

2) 전자상거래 현황과 발전

전자상거래 시장은 전통적으로 경제규모가 크고 인터넷의 활용 환경이 잘 갖추어진 지역인 북미와 유럽을 중심으로 성장해 왔으나 최근 인터넷 사용이 저개발 지역인 아시아, 남미, 아프리카 지역으로 확산되고 있다. 국가별로는 그동안 세계 시장을 지배해 온 미국의 거래규모 증가속도가 둔화되고 있는 반면 중국, 인도, 인도네시아 등에서 급속도로 성장하고 있다. [그림 13-6]에서 보듯이 2013년 B2C 전자상거래의 비중 면에서 아·태지역이 36%, 북미 28%였으나 2022년에는 아·태지역 60%, 북미 21%로 나타났다.

〈표 13-7〉에서 보듯이 국가별로는 중국의 시장이 가장 크며 다음은 미국, 영

---

1) O2O는 온라인에서 오프라인 상품을 구입하거나 온라인 상품을 오프라인에서 할인하여 구매하는 전자상거래의 형태이다. 즉 상거래에서 온라인과 오프라인의 경계를 무너뜨린 상거래이다.

국, 일본 순이며 한국은 6위에 위치하고 있다.

그림 13-6 지역별 B2C 전자상거래 비중(2013, 2022)

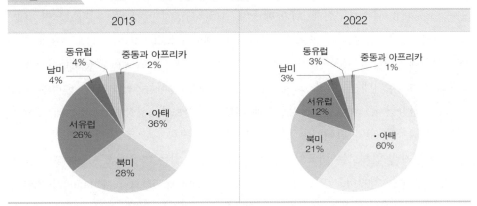

자료: eMarketer, 2014, 2022.

표 13-7 　주요 국가의 전자상거래 추이 및 전망

(단위: 10억 달러)

	2014	2016	2018	2022	2023(e)
중국	426.26	714.58	1,011.28	2,784.74	3,023.66
미국	305.65	394.43	493.89	1,065.19	1,163.49
영국	82	104.22	124.96	245.83	195.97
일본	70.83	88.06	106.07	168.70	193.42
독일	63.38	82.93	99.33	177.85	197.32
한국	33.11	40.43	47.82	142.92	147.43
인도	6.1	24.61	55.26	83.75	118.90
인도네시아	1.94	5.29	10.92	58.00	97.14

자료: eMarketer 각연도.

분야별로는 여전히 기업과 소비자(B2C)간 전자상거래가 가장 높은 신장세를 보이고 있는데 이는 최근 온라인 사용 인구의 증가와 소비자 구매행동의 변화에 따른 것이다. eMarketer(2022)에 따르면 2022년 기준으로 B2C 시장규모는 5조5천억 달러로 전체 소매매출의 1/5 이상인 것으로 나타났으며 매년 20%대의 높은 성장률을 보이고 있다. Insider Intelligence(2022)도 세계 소매 전자상거래 매출을 5조7천억 달러로 제시하였다. Forrester Research(2022)는 2022년 전자상거래는 미국 소매 매출의 15%에 달하는 1조6천억 달러에 이를 것으로 전망했다. 국경간 전자상거래(CBT)도 빠르게 성장하고 있는데 2022년 시장 규모는 9,900억 달러이며 향후 매년 25% 성장할 것으로 전망되고 있다.

전자상거래 업체로는 미국의 아마존이 주도하고 있는 가운데 e-Bay, Wal-Mart가 높은 비중을 차지하고 있으며, 아시아에서는 Alibaba, JD.com, Rakuten가 B2C 전자상거래 시장에서 대표적이며 빠르게 점유율을 높여가고 있다.

2. 전자상거래와 물류

1) 전자상거래에서 물류의 중요성

대형 물류창고를 갖추고서 온라인 쇼핑몰을 통한 판매량이 증가하는 추세에 있다. 물류에서도 다양한 변화가 나타나고 있는데 도·소매상의 대량 구매에 의한 배송의 비중이 줄어들고 있는 반면 소비자들이 온라인 업체를 통해 소량 낱개 구매가 증가하면서 이를 위한 택배 수요가 급증하고 있다.

전자상거래에서의 성공은 새로운 물류모델의 채택과 유통시설의 활용능력이 좌우한다. 물류모델은 저렴한 비용으로 고객에 대한 물류서비스 품질을 어떻게 제고할 것인가에 대한 방안이다. 그리고 이를 구현하기 위해서는 자체적 유통자산을 활용해야 하는 데 여기에는 e-풀필먼트 센터(e-fulfillment), 소화물의 허브와 배송센터, 신속한 주문 이행을 위한 지역 내 '도시물류' 센터, 반품처리센터 등이 포함된다.

전자상거래에서의 상류부문, 즉 거래 사이트, 주문과 결제 등에서는 정보기술의 발전으로 차별화하는 데 많은 한계가 드러나고 전자상거래 물동량이 급증하면서 물류는 전자상거래 기업 경쟁의 핵심요인으로 인식되고 있다.

전자상거래에서 물류서비스가 중요해진 요인은 다음과 같다.

첫째, 전자상거래가 활성화되면서 개인 또는 소형 쇼핑몰이 급증하였으며, 전국적이고 불특정 고객을 대상으로 한 전자상거래가 급속도로 성장하였다. 이러한 상거래에서 배송은 택배시스템에 의존하게 되어 배송비용과 서비스에 대한 중요성이 증가하게 되었다.

둘째, 인터넷 기반의 전자상거래는 상류의 편의성과 차별화가 상대적으로 어렵기 때문에 소비자 만족을 위해 물류서비스를 차별화하는 경향이 강해지고 있다. 문전수송이 기본이 되었고, 당일배송 서비스, 반품의 신속성 등에까지 물류차별화의 범위가 확대되고 있다. 결국 배송의 효율성과 우월한 고객경험이 소매유통업자의 브랜드 가치의 증대에서 핵심요소가 되고 있다.

셋째, 오프라인업체와의 경쟁에서 전자상거래업체들은 가격 경쟁우위를 통해 높은 판매 신장세를 이어오고 있다. 그러나 전자상거래업체들간에는 가격경쟁이 제한적이기 때문에 결국 물류서비스 경쟁이 중요시된다. 또한 매출 규모가 증가하면서 물류비 차이가 전자상거래업체의 수익성에 중대한 영향을 미치게 되었다.

전자상거래는 온라인 소매점에게 기회를 제공하고 있는데, 그 성공요인은 고객서비스의 품질과 고객 유지 능력에 달려있으며 물류는 이 부문에서 중요한 역할을 한다. 자체적으로 물류관리를 수행하는 업체들도 주문, 재고관리, 적재, 반품처리 등을 제3자물류서비스업체에게 아웃소싱하고 있다. 이에 비해 자가 물류관리를 통해 배송의 속도와 정확성을 향상시키는 업체들도 등장하고 있다.

e-유통업체에게 있어 배송의 속도와 정확성에 추가적으로 배송비용과 반품물류는 핵심 경쟁요인인데, 무료 또는 저렴한 배송비는 온라인 구매자에 대한 주요한 유인책이 될 수 있으며 반품관리 역시 비용과 고객서비스의 관점에서 중요하다.

전자상거래의 성장세에 힘입어 택배와 국제특송의 수요가 급증하고 있으며, 관련업체들은 이에 대비해 공급사슬의 효율성과 물류센터 보관 등의 물류관리 능력을 확충해 나가고 있다.

2) 전자상거래의 프로세스와 종단배송

(1) 전자상거래 프로세스

전자상거래 프로세스는 구매자와 판매자 간의 온라인 거래를 수행하는 데 관련된 일련의 단계를 말하며 일반적으로 〈표 13-8〉, [그림 13-7]과 같은 단계로 진행된다.

표 13-8	전자상거래의 프로세스
단계	세부 활동
제품 선택	온라인 상점을 방문하여 제품이나 서비스 탐색
결제요청	배송 및 청구 세부 정보를 입력하고 결제수단으로 결제완료
결제 승인	결제가 처리되고 거래 승인
재고 업데이트	구매한 품목을 반영하기 위해 재고 수준의 업데이트
주문 확인	구매 세부정보가 포함된 주문 확인
포장 및 배송	판매자는 주문한 상품을 준비하고 지정된 주소로 발송
상품 추적	배송 진행 상황을 모니터링하기 위해 추적 정보 확인
배송	배송 완료와 상품 수령
애프터 서비스	판매자는 문의, 문제 또는 반품에 대한 고객 지원
반품 및 교환	불만족하거나 문제 발생 시 반품 또는 교환 요청

그림 13-7	전자상거래 프로세스

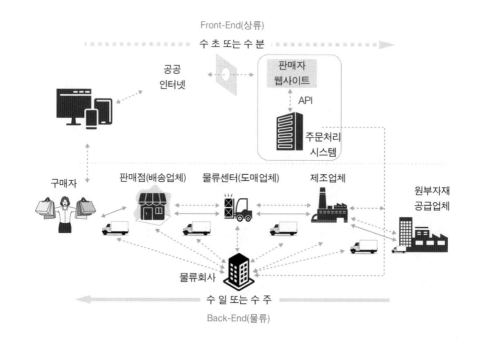

(2) 종단배송

종단배송(last mile delivery)은 물류업체가 상품을 개인 소비자에게 직접 전달하기 위한 배송의 마지막 구간을 말한다. 최근 소비자들이 스마트폰을 이용하여 언제 어디서든 손쉽게 상품을 구매하게 되면서 물류센터에 요구되는 역량은 속도로 변화되고 있다.

고객 서비스에 대응을 위한 풀필먼트(Fulfillment, 주문 후 이뤄지는 주문 이행과정) 센터로 변화하고 있다. 물류산업과 유통, 식품, IT, 제조 분야와의 융합이 일어나고 있으며, 대상 산업은 점차 다양해지고 있는 가운데 이커머스 기업들이 그 중심에 있다.

최근 들어 물류기업, 유통기업, 이커머스기업들까지 라스트마일 딜리버리 구간에 들어와 치열하게 경쟁하고 있다. 물류기업은 이 구간의 효율화를 추진하고 있는데 그 이유는 비용의 효율성과 복잡성 때문이다. 이 구간은 반송, 물건 파손 및 분실 등으로 이어지는데 여기서 전체 배송비의 53%가 발생할 뿐만 아니라 많은 시간이 소요되고 있는 것으로 나타났다. 따라서 라스트마일 배송의 효율성을 높이기 위해 물류센터, 배송 기기, 데이터 수집, 빅데이터, 위치추적 기술 등에 집중적으로 투자하고 있다.

3) 전자상거래에서 물류관리의 변화

(1) e-유통업체

소매물류의 진화를 살펴보면 1970년대는 대부분의 소매점들이 공급자 또는 도매상으로부터 직접 배송에 의해 재고보충이 이루어졌다. 1980년대에는 소매점들은 자가 유통센터를 통해 점포 배송을 집중화시키기 시작하였다. 1990년대에 글로벌 소싱(주로 비식품류)이 시작되었으며, 많은 소매상들이 컨테이너화된 수입품의 인수 및 가공을 위한 수입물류 센터를 설립하였다. 2000년대부터 전자상거래는 급속하게 확대되기 시작하면서 인터넷 소매점이 e-이행(e-fulfillment) 유통네트워크의 설립으로 이 시장을 주도해 나갔다([그림 13-8]).

| 그림 13-8 | 전자상거래에 따른 소매점 물류의 변화 |

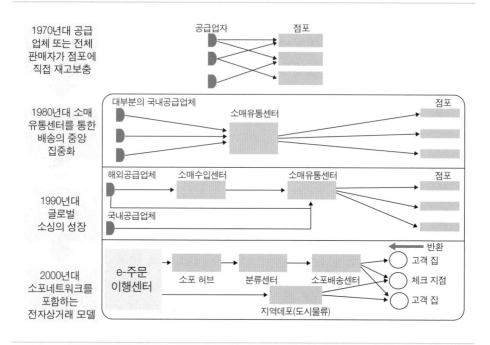

자료: JLL Report, 2013.

전자상거래업체들은 가격 차별화에 이어 물류 차별화를 가속화시키고 있는데 익일 배송과 점포에서의 신속 픽업 서비스를 진행하고 있다. 아마존의 프라임 나우 (prime now) 서비스는 프라임 회원에게 뉴욕 내에서는 1시간 배송서비스를 제공하고 있다. 기업들은 신속한 서비스를 위해 고객 주변에 물류센터의 설치와 반품시 물류비 면제도 적극적으로 추진하고 있다. 또한 Uber와 Lyft와 같은 공유운송서비스업체들도 신속한 물류서비스를 위한 네트워크 구축을 통해 전자상거래 물류사업에 진입하고 있다.

(2) 해외 직구업체

해외직구(Cross Border e-commerce)는 '소비자가 해외 인터넷 쇼핑을 통해 직접 구매하는 국제전자상거래'를 말한다. 이에 비해 해외소비자의 국내 인터넷 쇼핑을 통한 직구를 역직구라고 한다. 해외직구를 통해 구매하는 주요 품목은 건강식품, 화장품 및 핸드백, 의류, 신발, 전자제품, 서적 등과 같은 소형 제품이 주류를 이루고 있다.

해외직구는 주로 특송업체들을 이용해 물류서비스를 제공하는 데 배송대행 업체들은 해외에 물류센터를 설치하여, 국내 소비자가 현지 온라인 몰에서 주문한 상품을 대신 받아 한국으로 배달해주는 역할을 한다. 해외직구의 규모가 증가함에 따라 국내 특송업체들과 CJ대한통운, 롯데글로벌로지스, 한진 등 국내 대표 물류 기업들도 글로벌물류센터(GDC: Global Distribution Center) 등 인프라의 확충에 나서고 있다. 국내 물류기업들은 해외의 기존 네트워크를 활용하여 구매 및 배송대행의 효율성을 극대화하고, 국내 배송 및 통관 등 해외 구매대행 원스톱 서비스를 제공하는 등 해외직구를 새로운 물류 서비스 창출의 기회로 보고 대응해 나가고 있다. 또한 일부 물류기업들도 해외 직접구매 증가에 발 빠르게 대응하여 직구 물량 운송뿐만 아니라 배송대행 서비스를 제공하거나 구매대행사업에까지 사업영역을 확대하는 등 해외직접구매 시장의 주체가 되어가고 있다.

4) 전자상거래업체의 물류진출

(1) 전자상거래업체의 물류진출 이유

전자상거래업체들에게 있어 물류는 차별화의 대표적인 분야이다. 왜냐하면 온라인 상거래 시스템에서의 차별화는 기술 부문에서의 평준화로 인해 한계를 보여주고 있기 때문이다. 또한 대형 전자상거래업체들은 상거래 규모의 폭발적 증가로 물류비가 전체 수익에 미치는 영향이 증가하고 있는 점도 중요한 이유이다.

이러한 상황에서 미국의 아마존과 중국의 알리바바 그리고 우리나라의 대형 전자상거래업체들은 물류에서의 경쟁력을 가속화시켜 나가고 있다. 대부분의 전자상거래업체들은 기존에는 제3자물류업체들을 주로 활용하였으나 물동량이 증가하면서 일부 업체들은 물류사업에 직접 뛰어들고 있다. 이는 규모의 경제를 실현할 수 있을 뿐만 아니라 다른 전자상거래업체와의 물류부문에서의 차별화를 통해 경쟁 우위를 달성하고자 하기 때문이다. 동시에 물류사업의 확장을 통한 수익성도 확보할 수 있어 시너지를 가져올 수 있다는 계산 때문이다. 이로 인해 기존 전자상거래 물류 대행업체인 제3자물류업체와 치열한 경쟁관계를 유지하고 있다.

(2) 진출기업 사례

아마존(amazon.com)은 인터넷이 전 세계로 확산되기 시작한 1995년 창업한 온라인 유통업체이다. 처음 인터넷 서점에서 출발하여 점점 상품의 범주를 확대하여 최근에는 수천가지의 품목을 유통하는 세계적 온라인 유통업체로 발전하였을 뿐만 아니라 다른 영역으로의 사업을 확장하고 있다.

아마존은 창업과 동시에 판매품목의 확대와 동시에 물류에 대한 과감한 투자를 하였다. 초기 아마존은 웹 사이트만을 구축하고 주문이 들어오면 물류 전문업체에게 의뢰하여 주문배송을 완료하는 직송모델(drop ship model)을 운영하였다. 그러나 아마존은 온라인 유통의 핵심은 주문의 편의성과 더불어 물류시스템에 있다는 점을 간파하고는 신속한 배송서비스를 위해 기존 모델을 재고직접관리모델(inventory management model)로 전환하여 고객 만족도를 제고하였다.

아마존은 풀필먼트 서비스를 선도하고 있으며 FBA(Fullfilment By Amazon) 서비스를 통해 아마존 오픈마켓에 입점한 중소규모 판매자와 외부의 다양한 온라인 기업들에게 풀필먼트 서비스를 제공하고 있다. 2021년을 기준으로 아마존은 미국에 100개와 전세계적으로 185곳에 풀필먼트 센터를 운영하고 있다. 전 세계에 걸쳐 물류 인프라를 구축함으로써 아시아-미국-유럽을 잇는 대형 육상 물류운송 노선을 확보하였다. 아마존은 초기에는 웹사이트 고객의 구입상품을 배송하기 위해 물류 운송망을 구축했으나 이 시장의 잠재력을 깨닫고 이제는 전문물류업체로서 물류시장에 진출하고 있다.

중국의 알리바바(Alibaba.com)는 전자상거래 규모의 성장 속도가 빨라짐에 따라 소비자에게 정시 배송될 수 있도록 물류분야까지 진출하고 있다. 배송 문제를 해결하기 위해 알리바바 그룹은 순펑, 중국우정, 웬퉁 등 중국 유수의 택배사와 공동 출자해 설립한 챠이냐오인터넷과학기술유한공사를 통해 스마트 업에 진출하였다. 아울러 알리바바는 중국 가전업체인 하이얼 그룹에 투자를 통해 하이얼의 공급관리, 물류창고, 배송 및 전자제품의 설치 서비스 등을 이용할 수 있기 때문에 알리바바의 배송 효율성 제고가 가능해 졌다. 알리바바의 해외 배송은 물류기업인 차이냐오(菜鸟)가 맡고 있다. 차이냐오는 국가 급 대형 우편 회사 그리고 현지국의 대형 물류업체와 협력을 통해 전 세계 220여개 국가에 배송이 가능하다.

우리나라에서는 쿠팡이 2022년도 기준으로 이미 전국 30개 지역에 1,000 여개에 이르는 물류시설을 가동 중이다. 최근에는 센터의 직접 운영을 넘어서 배송까지 직접 하기 시작했다. 쿠팡은 앞으로도 전국에 물류센터를 지속적으로 확충하여 한국의 아마존이 되겠다는 원대한 꿈을 품고 있다. 티몬과 위메프 또한 정도의 차이는 있지만 각각 2개 이상의 물류센터를 운영 중에 있다.

전자상거래 산업의 성장은 기존 오프라인 유통업체들을 온라인으로 뛰어들게 하는 유인이 되고 있다. 오프라인 유통업체들은 전자상거래 산업 진출과 더불어 전용 물류센터를 구축함으로써 물류역량 강화를 위해 힘쓰고 있다. 대표적인 예로 신세계 그룹은 지난 2014년 초, 신세계몰, 신세계백화점몰, 이마트몰을 통합한 'SGG.COM'을 오픈하였고, 물류 서비스 고도화를 위해 전용 물류센터를 기반으로 전국 당일 배송 서비스를 제공하고 있다.

제14장

디지털 물류와 로지스틱스 4.0

제1절 디지털 물류와 플랫폼

1. 디지털 물류

1) 디지털 물류의 개념

기술의 발전과 더불어 기업들은 물류관리에서 첨단기술을 활용하여 프로세스를 최적화하고 가시성을 향상하며 효율성 제고를 추구하고 있다. 연결성과 데이터가 가장 중요한 인더스트리 4.0 시대에 디지털 기술을 물류에 통합하는 것은 경쟁력을 유지하고 진화하는 시장의 요구에 대응하기 위한 수단이 되고 있다.

디지털 물류란 기존의 아날로그 방식에서 벗어나 '물류 과정에서 발생하는 정보와 자료를 디지털화하여 객관화와 시각화하는 것'이라 정의할 수 있다. 즉 공급사슬 전반에 걸쳐 상품과 정보의 흐름에 있어 효율성, 가시성 그리고 전반적인 성능의 향상을 추진하는 프로세스이다. 이러한 과정에서 데이터가 축적되어 '빅데이터'가 되고, 방대한 형태의 빅데이터는 클라우드 기술을 통해 관리된다. 또한 빅데이터는 딥러닝과 머신러닝과 같은 인공지능 기술을 통해 데이터의 부가가치를 점차 높여나가는 구조이다.

공급사슬의 가시성과 투명성 향상부터 데이터 기반 의사결정 지원, 물류 프로세스의 모든 단계 최적화에 이르기까지 디지털 기술은 기업의 운영 관리 방

식을 바꾸고 있다. 물류에서 디지털 기술의 적용은 물류운영에서 발생하는 비효율
성을 줄이고 생산성 향상에 기여하고 있다.

아마존과 같은 대형 전자상거래 업체와 DHL, Maersk, Kuehne+Nagel과 같은
물류업체들은 클라우드 기반 자산 관리, 자산 추적 시스템, 창고 관리 시스템, 재고
데이터 관리 및 분석 시스템 등 물류의 모든 단계에서 디지털 전환(Digital
Transformation)을 실행하고 있다.

2) 디지털 물류의 활용

디지털 물류는 공급망과 물류 운영 관리방식의 패러다임 변화를 나타낸다. 디지
털 물류는 물류 프로세스의 최적화와 가시성을 높여 물류 효율성을 높이는데 활용되
고 있다. 이를 구체적으로 살펴보면 다음과 같다.

① 데이터 기반 의사결정: 물류의 디지털화는 공급망의 모든 단계에서 방대한 양
   의 데이터 즉 빅데이터를 생성한다. 빅데이터를 분석하고 인공지능을 적용하
   여 실행 가능한 통찰력과 패턴을 추출할 수 있다. 예를 들어, 예측 분석을 통
   해 예측적 의사 결정, 경로 최적화, 수요 변동 예측, 운영 개선에 활용한다.
   또한 인공지능과 머신러닝 알고리즘을 적용하여 운송경로, 수요예측, 재고관
   리 그리고 물류 프로세스를 최적화한다.

② 디지털 플랫폼 및 소프트웨어: ERP, WMS, TMS, SCM 소프트웨어와 같은 디
   지털 플랫폼 및 소프트웨어 솔루션을 구현한다. 이러한 시스템은 다양한 물류
   프로세스를 자동화하고 최적화할 수 있도록 한다.

③ 가시성 및 투명성: 디지털 물류는 이해관계자에게 전체 공급망에 대한 실시간
   가시성을 제공한다. 공급업체에서 제조업체, 유통업체, 최종 고객에 이르기까
   지 상품, 서비스, 정보의 흐름은 상호 연결된 디지털 시스템을 통해 원활하게
   추적된다. 가시성과 더불어 투명성은 정보에 입각한 의사 결정을 촉진할 뿐만
   아니라 공급망 중단에 대한 신속한 대응을 가능하게 하여 전반적인 공급망
   탄력성을 향상시킨다.

④ 창고 자동화: 디지털 물류에는 자동 보관 및 검색 시스템(AS/RS), 로봇 공학,
   사물 인터넷(IoT) 장치를 포함한 고급 창고 자동화 솔루션을 포함한다. 이러
   한 기술은 주문이행을 간소화하고 오류를 줄이며 재고 관리 효율성을 향상
   시킨다. 지능형 시스템에 의해 안내되는 자동화된 창고는 주문 처리 속도를

높이고 정확도를 높이는 데 크게 기여한다.

⑤ 라스트 마일 최적화: 배송의 마지막 단계는 공급망에서 가장 까다롭고 자원 집약적인 부분인 경우가 많다. 디지털 물류 솔루션은 경로 최적화 알고리즘, 지리공간 분석 및 동적 라우팅을 활용하여 최종 배송 효율성을 향상시켜 운영비용의 절감은 물론 연료소비와 탄소 배출을 최소화하여 지속 가능성 노력에도 기여한다.

⑥ 공급망 내 블록체인: 블록체인 기술은 신뢰, 추적성 및 보안 문제를 해결하기 위해 점점 더 디지털 물류에 통합되고 있다. 불변하고 투명한 거래 원장을 생성함으로써 블록체인은 공급망 데이터의 무결성을 강화하고 사기를 줄이며 원산지에서 목적지까지 서비스의 진위성을 보장한다.

⑦ 협력 플랫폼 및 생태계: 디지털 물류는 클라우드 기반 플랫폼과 생태계를 사용하여 이해관계자 간의 협업을 촉진한다. 이러한 플랫폼을 통해 공급사슬 구성원간의 원활한 커뮤니케이션과 정보공유가 가능해진다. 협업 물류 생태계는 보다 민첩하고 대응력이 뛰어난 공급망을 촉진하여 지연을 최소화하고 리드 타임을 단축한다.

⑧ 사이버 보안 조치: 물류가 점차 디지털화됨에 따라 강력한 사이버 보안 조치가 중요해지고 있다. 민감한 데이터를 보호하고 디지털 시스템의 무결성을 보장하는 것은 고객과 파트너의 신뢰를 유지하는 데 중요한데 디지털 물류 솔루션은 잠재적인 위협과 취약성으로부터 보호할 수 있는 기반을 제공한다.

2. 물류 플랫폼

1) 물류 플랫폼의 개념

글로벌 상거래의 역동적인 환경에서 디지털 전환에서 가장 핵심적인 요소는 물류 플랫폼의 구축이다. 물류 플랫폼 구축은 공급망 생태계 내에서 효율성, 연결성 및 협업을 가능하게 하는 중추적인 요소이다. 물류 플랫폼은 다양한 물류 및 공급망 프로세스의 원활한 조정, 커뮤니케이션 및 최적화를 촉진하는 디지털 인프라 역할을 한다. 물류 플랫폼은 공급망 관리 방식의 근본적인 변화를 나타내고 있는데 플랫폼의 발전과 더불어 공급망 효율성, 가시성 및 협업에 대한 영향은 더욱 커질 것이다. 물류 플랫폼의 수용은 단순히 운영상의 선택이 아니라 글로벌 공급망의 복잡성을 탐색하고 디지털 시대의 성공을 위해 자리매김하려는 조직에게 전략적 필수요소라 할 수 있다.

2) 물류 플랫폼의 특징

물류 플랫폼은 물류와 관련된 다양한 조직을 상호 연결시켜 주는데 여기에는 [그림 14-1]에서 보는 바와 같이 운송업체, 물류서비스 제공업체(LSP), 수출입업체, 생산업체, 공항과 항만, 관세사 등을 포함한다. 또한 전체 물류운영의 간소화, 거래 매칭, 풀필먼트, 커뮤니케이션, 가시성 및 위치추적 서비스 등의 다양한 서비스를 제공한다.

그림 14-1 물류 플랫폼의 구성도

물류 플랫폼 구축의 효과는 다음과 같다. 첫째, 운영의 간소화와 주문이행의 효율성을 제고하고 리드타임을 단축하며 재고관리 오류를 최소화한다. 둘째, 비용절감이다. 운송 경로 및 운송업체 선택을 최적화함으로써 비용이 절감된다. 또한 재고

부족 및 과잉 재고 감소는 자본 활용도 향상에 기여한다. 셋째, 고객 만족도를 향상
시킨다. 보다 빠른 주문이행, 정확한 배송, 향상된 커뮤니케이션은 고객 만족도 향
상에 기여하여 충성도 향상과 재구매로 이어진다. 넷째, 실시간 의사결정을 지원한
다. 통합 물류 플랫폼은 실시간 데이터와 통찰력을 제공하여 의사결정자가 변화하
는 시장 상황과 혼란에 신속하게 대응할 수 있도록 지원한다. 다섯째, 종단간 가시
성(End-to-end visibility)을 제공한다. 디지털 물류는 이해관계자는 원자재 조달
부터 완제품 배송까지 전체 공급망에 대한 가시성 확보를 가능하게 한다.

3. 물류 플랫폼의 유형과 사례

1) 물류 플랫폼의 유형

물류 플랫폼은 다양한 형태로 제공되며 공급망 내에서 다양한 목적을 수행
한다. 물류 플랫폼의 유형은 기능과 중점 영역에 따라 분류될 수 있다. 물류의
기능적인 측면에서는 운송, 보관, 역물류 등으로 구분되며 공급망 전체의 운영
적인 측면에서는 협업, 가시성, 전사적 경영활동, 투명성과 보안 등에서 활용되는
플랫폼을 포함한다. 〈표 14-1〉은 일반적인 유형의 물류 플랫폼의 활용을 나타내
주고 있다.

표 14-1	물류 분야별 플랫폼	
분야	플랫폼	기능
운송관리	교통 관리 시스템(TMS)	운송 관련 활동의 최적화와 관리, 차량 위치추적과 가시성 향상
창고관리	창고 관리 시스템(WMS)	창고운영의 최적화, 재고 추적, 주문이행, 피킹 및 포장 등
라스트 마일 배송	라스트 마일 배송 플랫폼	종단배송의 최적화
역물류	역물류 플랫폼	제품 반품과 수리, 재활용, 폐기 최적화
공급망	가시성 플랫폼	전체 공급망에 대한 종단간 가시성 제공
	블록체인 기반 물류플랫폼	공급망의 투명성, 추적성 및 보안 강화
협업	협업 플랫폼	공급업체, 제조업체, 물류서비스업체, 소매업체 간 커뮤니케이션과 협업
전사적 운영	통합 ERP 시스템	공급망 관리, 재무, 인사 등 다양한 비즈니스 프로세스를 통합하는 포괄적인 솔루션

2) 물류 플랫폼의 활용 사례

기업들은 다양한 분야에서 물류 플랫폼을 도입하여 활용하고 있다. 물류기업의 플랫폼 유형은 선사, 포워딩, 특송업체 등과 같이 물류업체가 고객과의 연계를 목적하는 경우와 이해당사자가 아닌 제3자의 입장에서 화주와 물류업체간 프로세스상의 업무를 연결시켜주는 형태가 있다. 플랫폼을 활성화하고 있는 대표적인 물류업체로는 Maersk, Keuhne+Nagel, DHL 등을 들 수 있으며 제3자의 형태로는 Flexport, Freightos, 삼성SDS 등을 들 수 있다. 물류 플랫폼업체들이 제공하는 서비스로는 견적, 스케줄, 온라인 마켓플레이스, 위치추적과 가시성, 결제, 커뮤니케이션, 리스크관리, 물류 및 화주기업 분석, 시장정보 등 다양하며 계속 진화해 나가고 있다.

(1) Maersk

글로벌 선사인 Maersk는 TradeLens라는 플랫폼을 개발하여 운영하였지만, COVID-19 팬데믹과 같은 내외부적 요인으로 독립적인 기업으로서 재정적 기대를 충족하는 데 실패하면서 2023년 3월 서비스를 중단하였다. 이 프로젝트는 선사, 프레이트 포워더, 항만 운영자, 세관 등 해운 물류 관련 모든 이해 관계자들이 참여하는 블록체인 기반으로 주목을 받았다. TradeLens는 문서화 비용을 줄이고 화물의 가시성을 확보하는 데 기여했지만, 전 세계 해운망을 하나의 플랫폼으로 통합하는 것이 얼마나 어려운지를 보여주었다.

(2) DHL

DHL의 디지털 플랫폼은 고객과 직원을 위한 정보, 서류, 위치추적 서비스에 최첨단 디지털 솔루션을 제공하고 있다. 이를 위해 API, 블록체인, IoT, 데이터 분석, AI, 자동화 기술을 활용한다. DHL은 창고 보관, 유통, 운송 서비스를 포함한 엔드투엔드 공급망 솔루션, 전자상거래 솔루션, DHL Global Forwarding 서비스, DHL Express, DHL SmartSensor 등의 서비스를 제공하고 있다. 또한 MyDHL+ 플랫폼을 통해 고객은 배송관리, 배송 추적, 세관 서류, 송장 발행 등을 할 수 있다.

(3) Kuehne+Nagel

세계 최대의 글로벌 포워딩업체인 Kuehne+Nagel은 글로벌 물류 파트너로 발전하였으며, 전 세계 고객과 물류를 연결하는 혁신적이고 지속 가능한 솔루션을 제공하고 있다. myKN 플랫폼을 통해 고객이 직접 견적, 예약, 추적을 할 수 있도록 개방형 물류 솔루션을 사용하고 있다. 다양한 정보채널을 통해 화물추적 서비스를 제공하고 있으며 또한 이상 징후 탐지에 따른 대응과 예방조치 실행 등을 가능하게 하고 있다.

(4) Samsung SDS

삼성 SDS는 4자 물류를 지향하고 있으며 2015년부터 Cello Square라는 물류 플랫폼을 운영하고 있다. Cello Square는 화주와 물류 서비스 제공업체가 만나는 공간으로, 물류 실행 및 상호 협업과 커뮤니케이션에 특화된 서비스를 제공한다. 삼성 SDS는 디지털 물류를 기반으로 데이터 분석 및 수요 예측 기술을 활용하여 다양한 글로벌 제품을 지속적으로 출시하고 있다. 전통적인 물류 방식을 디지털 솔루션으로 전환하여 문서 관리, 통합 커뮤니케이션, 전 구간 실시간 가시성을 제공할 수 있는 시스템을 구축하였다. 또한 AI 기술을 적극 활용하고 있는데 견적-운송예약-운송/통관-트럭킹-커뮤니케이션-정산에 이르는 공급사슬 전구간에 걸쳐 디지털화를 완성하였다.

(5) Flexport

Flexport는 2014년 미국에서 설립되었으며, 전통적인 포워더와 달리 고도화된 온라인 시스템을 통해 해상, 항공, 철도, 육상 운송 등의 구성원들을 연결하는 모델을 개발하였다. 이를 통해 고객들은 온라인에서 화물의 위치, 총 운송 비용, 경로변경, 배송방법 등에 대한 정보를 쉽게 취득할 수 있다. 온라인 플랫폼 구축으로 화물 영업정보의 폐쇄성, 화물정보의 비대칭성, 물류기업과 화주간의 복잡한 물류비 세부항목 등에서 투명성을 강화시켰다. Flexport는 지속적으로 공급망 관리 및 디지털 화물운송시스템을 개발하고 있으며, 전자 통관 서류 작성, 실시간 항공 및 해상 화물 추적 서비스를 제공하고 있다. 또한 빅데이터를 구축하여 시스템을 사용하는 화주기업들에게 각종 분석정보들을 제공하고 있다. 정보내역에는 물동량 변화, 수출지역의 운송 평균 소요기간, 운송 중이거나 종료된 화물 현황, 선적건, 제품별, 컨테이너별, 상업송장별 분석자료를 확인할 수 있다.

(6) Tradelinx

Tradelinx는 2015년에 설립되어 국내 중소 화주 및 프레이트 포워더를 대상으로 종합 물류 플랫폼 서비스를 제공하고 있다. Tradelinx는 설립 8년 만에 국내 최대 규모의 수출입 물류 플랫폼 회사로 성장하였으며, Lingo, Shipgo, Zimgo 등 다양한 서비스를 통해 수출입 업무를 혁신하고 있다. 이를 통해 고객은 물류비를 절감하고, AI와 빅데이터 기반의 SCM 솔루션을 통해 생산성을 증가시킬 수 있다. Tradelinx는 물류 전 구간의 통합 모니터링을 통해 수요-공급 리드타임 및 이상 상황을 조기 감지해 리스크 효율적인 리스크 관리와 고객 만족도 향상에 초점을 맞추고 있다.

〈표 14-2〉는 주요 물류업체들의 디지털 전환을 나타내주고 있다.

표 14-2	디지털 전환 주요 업체 현황	
기업	플랫폼 명칭	서비스 내용
Maersk	Tradelens	· 블록체인 기반으로 투명성과 협업 강화 · 항만운영, 통관업무, 금융서비스 대행 · 물류 프로세스 간소화와 실시간 가시성 제공
Evergreen Line	ShipmentLink	· 배송 예약, 추적 및 관리 서비스 · 고객 커뮤니케이션 개선과 물류프로세스 간소화
Flexport	Flexport	· 글로벌 운송프로세스 간소화 · 국제무역과 풀필먼트 서비스 · 글로벌 공급사슬의 종단간 가시성과 통제
DHL	myDHLi	· 물류와 공급망 운영관리 최적화를 위한 디지털 솔루션 · 실시간 배송 추적, 문서관리 및 공급망 전체의 가시성
	Saloodo!	· 운송차량 또는 창고의 적재공간 정보 제공
Spaces	Spaces	· 창고 스페이스 중개플랫폼(공유경제) · 견적 및 예약이 플랫폼을 통해 이뤄짐
DB Schenker	Connect	· 내륙 및 해외 운송 관련 견적과 예약 · 화물의 위치추적정보와 가시성 제공
Keuhne+Nagel	my KN	· 고객용 포털로 화물추적, 서류관리, 커뮤니케이션 · 운송, 보험, 통관 서비스 제공
	Sea Explorer	· 해상운송 관련 정보제공 플랫폼
	AirLOG	· 항공운송 프로세스 간소화와 전구간 가시성 제공
	e Truck now	· 화주와 운송업체간 화물 매치
Freightos	Freightos	· 개방형 물류 플랫폼으로 화주, 포워더, 운송업체 연계 · 견적, 예약, 스케줄 관리, 가시성과 위치추적

LX판토스	Pantos Now/View	· 운송 스케줄, 운임, 예약 · 위치추적, 가시성,기상정보, 항구상태 정보 제공
삼성 SDS	CELLO Square	· 물류서비스 업체를 연결해주는 미들웨어 플랫폼 · 블록체인, IoT, AI 등과 같은 기술의 접목 · 포워딩, 전자상거래 물류, 4PL 방식으로 서비스 제공
Tradelinx	LINGO & SHIPGO	· 온라인 수출입 물류서비스 · 물류비 견적, 선복예약, 스케줄관리 · 실시간 항만, 선박과 화물 위치 추적과 가시성 제공
e2open	INTTRA	· 디지털 해운네트워크 · 예약, 스케줄, 리스크 관리, 위치추적
KL－Net	Logis－view	· 통합물류 플랫폼(화물추적, 선적, 터미널 반출입 등) · 매칭서비스(포워더·운송사·선사·관세사)
KT－Net	유로지스	· 디지털 무역물류플랫폼(보험, 대금결제) · 운송의뢰, 화물추적 등 물류프로세스의 디지털 처리

자료: 각사 홈페이지

제2절　로지스틱스 4.0과 AI 활용

1. 로지스틱스 4.0

1) 로지스틱스 4.0의 개념

(1) 로지스틱스 4.0 정의

　　기술의 진화는 물류 4.0이라 불리는 물류의 새로운 시대가 열리고 있다. 독일의 컨설팅 회사인 Roland Berger는 2016년 4차 산업혁명과 물류산업 발전에 대한 비전으로 'Logistics 4.0'을 발표하였다. 현재 진행중인 로지스틱스 4.0은 공급망 전체의 물류기능을 연결함으로써 물류과정을 최적화하는 방안을 말한다. 디지털 기술, 데이터 분석 및 자동화를 융합하여 상품을 조달, 생산 및 배송하는 방식의 혁신을 포함한다. 로지스틱스 4.0은 인공지능(AI), IoT, 빅데이터, 로봇, 블록체인 등의 기술을 기반으로 한다.

　　로지스틱스 4.0은 물류의 무인화를 위해 창고에서의 로봇(Kiva)을 도입하고 있다. 배송에서의 자율주행기술을 활용하고, 물류 관련 다양한 기능과 정보를 상호연결해 운송경로 및 운송수단을 표준화·최적화함으로써 유연한 서비스를 제공한다. 또한 조달, 생산, 유통 및 배송에 이르는 전체 공급사슬의 통합을 통해 각 분야에서 실시간 모니터링을 가능하게 한다.

(2) 로지스틱스 4.0의 진화

물류는 문명의 진화와 더불어 발전해 왔고 물류 발전은 문명의 발전을 가속화시켰다는 점에서 상호작용한다고 할 수 있다. [그림 14-2]에서 보듯이 산업혁명과 더불어 물류의 발전은 혁명적인 변화를 거쳐왔는데 초기에는 철도와 트럭을 이용한 수배송의 발전이 이어 1950~'60년대 하역의 자동화와 컨테이너 도입으로 물류 효율화의 계기를 마련하였다. 1970년대 들어 물류관리의 첨단화시대를 맞게되는 데 창고관리시스템(WMS)과 운송관리시스템(TMS)이 도입되었다. 2010년대 들어 4차산업혁명 기술이 개발되어 물류산업에 적용되었다. 자율주행, 드론택배, 창고 로봇 등 사람의 업무를 기계가 대신하게 되었을 뿐만 아니라 공급사슬 전체적으로 물류 기능의 표준화가 실현되고 있는데 이러한 물류혁신을 로지스틱스 4.0이라 한다.

로지스틱스 4.0은 기존의 물류의 각 기능적인 발전에서 물류 전체 더 나아가 공급사슬로의 통합을 추진하는 동시에 생산과 유통부문까지를 융합하는 방향으로 발전되고 있다. 또한 IoT 장비와 빅데이터 분석으로 전세계에서의 재고를 파악하고, 창고 작업에 로봇을 투입하고, 드론과 자율주행 트럭 도입 등을 통해 공급사슬 전

그림 14-2   로지스틱스 4.0의 발전

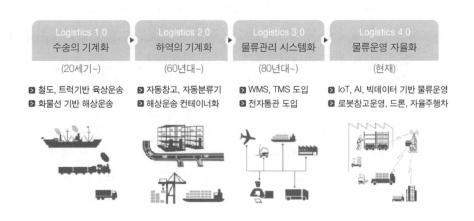

자료: Roland Berger, 2016

반에 걸쳐 효율성을 높이고 있다.

2) 로지스틱스 4.0 활용

로지스틱스 4.0은 기존의 물류혁신과는 다르게 공급사슬관리 전반에 걸쳐
혁신을 가져오고 있다.

① 공급망의 디지털화: 로지스틱스 4.0은 수동 및 종이 기반 프로세스를 디지털
프로세스로 대체하는 공급망의 디지털화를 수용한다. 여기에는 클라우드 컴
퓨팅, 사물 인터넷(IoT), 고급 소프트웨어 솔루션과 같은 기술을 사용하여
원활하고 상호 연결된 정보 흐름을 만드는 것이 포함된다.

② 물류 분야의 사물 인터넷(IoT): IoT 장치의 설치는 로지스틱스 4.0의 초석이
다. 센서와 연결된 장치는 트럭, 컨테이너, 심지어 개별 제품에도 내장되어
위치, 상태 및 상태에 대한 실시간 데이터를 제공한다. 이러한 수준의 가시
성은 추적 정확성을 향상시키고 지연을 줄이며 공급망 전체에서 더 나은
의사 결정을 가능하게 한다.

③ 빅데이터 분석: 로지스틱스 4.0은 빅데이터 분석을 활용하여 공급망에서 생
성된 방대한 양의 데이터에서 귀중한 통찰력을 추출한다. 예측 분석, 기계
학습, 데이터 기반 의사 결정은 경로 최적화, 수요 예측, 운영 개선 영역 식
별에 중요한 역할을 한다.

④ 자율주행 차량 및 드론: 로지스틱스 4.0 시대에는 자율주행차와 드론이 운송
시스템에 통합되는 시대가 도래했다. 무인운반차(AGV)와 자율주행 트럭은
창고 내 및 운송 네트워크 전반에 걸쳐 자재 이동을 간소화하고, 최종 배송,
재고 관리, 원격 모니터링에는 드론을 사용한다.

⑤ 블록체인 기술: 블록체인은 공급망 내 거래의 보안과 투명성을 보장함으로
써 로지스틱스 4.0에서 중요한 역할을 한다. 블록체인의 스마트 계약은 안
전하고 자동화된 계약 실행을 가능하게 하고, 사기를 줄이고, 신뢰를 강화하
며, 제조부터 배송까지 모든 거래에 대한 불변의 기록을 제공한다.

⑥ 협력 플랫폼 및 생태계: 로지스틱스 4.0은 공급망 전체의 이해관계자를 하나
로 모으는 협업 플랫폼에서 성공한다. 클라우드 기반 플랫폼은 공급업체,
제조업체, 물류 제공업체, 소매업체 간의 원활한 커뮤니케이션과 정보 공유
를 촉진하여 보다 민첩하고 대응력이 뛰어난 공급망 생태계를 조성한다.

⑦ 로봇공학 및 자동화: 로봇공학은 로지스틱스 4.0 자동화의 원동력이다. 로봇 팔, 자동 보관 및 검색 시스템(AS/RS) 및 기타 자동화 기술은 창고 운영을 최적화하여 수작업을 줄이고 정확성을 향상시키며 전반적인 효율성을 높인다.

로지스틱스 4.0을 활용하고 있는 기업 사례로는 Amazon Go 매장은 계산원 없는 쇼핑 경험을 만들기 위해 AI, 컴퓨터 비전 및 센서 융합 기술을 사용하는 Logistics 4.0을 사용하고 있다. DHL은 창고 주문 피킹을 위해 증강 현실(AR) 기술이 탑재된 스마트 안경을 사용한다. 창고 작업자는 스마트 안경을 착용하여 시야에 관련 정보와 내비게이션 신호를 표시한다. UPS My Choice는 고객이 배송 기본 설정을 실시간으로 맞춤 설정할 수 있는 플랫폼이다.

글로벌 해운 회사인 Maersk는 원격 컨테이너 관리 시스템을 통해 Logistics 4.0을 활용한다. 컨테이너에 내장된 IoT 센서는 온도, 습도, 위치와 같은 요소에 대한 실시간 데이터를 제공한다. 이 데이터는 배송된 상품의 무결성을 보장하고 잠재적인 문제를 방지하기 위한 사전 의사 결정을 가능하게 한다.

2. 물류산업에서 AI의 활용

1) 물류의 AI의 역할과 활용

인공지능(AI: Artificial Intelligence)이란 '인간의 지능이 필요한 작업을 수행할 수 있는 컴퓨터 시스템'을 말한다. AI는 알고리즘과 기계학습 등을 통해 문제 해결, 학습, 인식, 자연어 이해 및 의사 결정 등을 지원한다.

AI는 물류산업을 급속하게 디지털 전환시키고 있다. 물류 분야의 인공지능(AI)은 물류 및 공급망 산업 내 다양한 프로세스를 최적화하고 자동화하기 위해 고급 컴퓨팅 알고리즘과 기계 학습 기술을 적용하는 것을 의미한다. AI는 의사결정을 향상시키고, 효율성을 개선하며, 상품 이동, 재고 관리, 운송 및 전반적인 공급망 운영과 관련된 복잡한 문제를 해결하는 데 혁신적인 역할을 한다. 물류 분야에서 인공지능은 공급망 내에서 효율성, 정확성 및 혁신을 가능하게 하는 강력한 요소이다. 기업은 AI 기술을 활용하여 데이터 기반 의사결정을 내리고, 반복 작업을 자동화하고, 물류 운영의 전반적인 민첩성과 경쟁력을 향상할 수 있다.

AI의 급속한 발전과 더불어 물류기업들은 이를 활용하여 효율성과 경쟁력 우위를 확보하는 데 많은 투자와 노력을 기울이고 있다. 물류산업은 무수히 많은 네트워크로 구성되어 있기 때문에 AI를 통한 효율성을 증대시킬 수 있는 기회가 많다. 물류에서 AI를 활용할 수 있는 분야로는 〈표 14-3〉에서 보는 바와 같이 예측분석, 운송 및 경로의 최적화, 수요예측, 재고관리, 창고자동화, 고객서비스와 고객경험 향상 등 다양하다. AI의 활용을 통한 효과로는 정확한 정보의 제공, 원활한 커뮤니케이션, 반복적 작업을 자동화하고 광범위한 물류작업에 대한 통찰력 획득 등을 들 수 있다. 또한 AI의 적용을 통해 고객 만족도 제고, 비용의 절감, 배송시간의 개선, 신속한 화물처리, 정확성 그리고 안전성의 제고 등이다.

표 14-3   물류 부문별 AI 활용

분야	세부적 활용
예측분석	수요 예측, 재고 수준 최적화, 공급망 중단, 운송지연 예측
운송/경로 최적화	교통 상황, 날씨, 과거 데이터 등 다양한 요소를 고려하여 운송수단 및 경로의 최적화
수요예측	대규모 데이터 세트 분석으로 수요 예측해 재고수준 최적화
창고자동화	로봇공학과 자동 가이드 차량(AGV) 등으로 하역, 운반, 보관의 최적화
가격책정	실시간 시장 상황, 수요 변동 및 기타 관련 요인에 따라 가격 책정
향상된 고객경험	AI 기반 챗봇과 가상비서를 활용해 물류 분야의 고객 서비스와 커뮤니케이션 향상
주문처리	주문의 수취, 확인, 오류 검증
위험관리와 보안	지정학적 요인, 기상 현상, 운송, 생산 등의 데이터 분석을 통해 공급망의 보안위협이나 위험의 사전적 조치
콜드체인 모니터링	제약 및 식품과 같은 산업에서 콜드 체인의 모니터링과 관리
라스트 마일 배송 최적화	배송 경로, 교통 상황, 고객 선호도 등의 요소를 고려하여 라스트 마일 배송의 최적화

자료: ChatGPT 자료 수정

2) AI의 활용 기업사례

글로벌 물류업체를 중심으로 대부분의 물류업체들은 AI의 도입을 경쟁적으로 추진하고 있다. 대표적인 기업사례를 살펴보면 다음과 같다.

(1) Amazon

Amazon은 물류와 공급사슬 관리에 AI를 광범위하고 혁신적으로 사용하고 있다. 구체적인 영역으로는 첫째, 창고자동화 부문이다. 풀필먼트센터에는 로봇공학과 AI 시스템이 장착되어 있어 물품의 분류, 포장, 운반에 로봇을 사용하고 있다. 둘째는 재고관리 부문으로 AI 알고리즘을 사용하여 제품 수요를 예측하고, 재고 수준을 관리하고, 창고 내 재고 배치를 최적화하고 있다. 셋째, 배달물류부문으로 배달 차량 또는 직원이 도보로 이동할 때 가장 효율적인 경로 계획에 활용한다. 넷째, AI 시스템은 방대한 양의 데이터를 분석하여 공급업체 선택에서부터 최종 배송까지 전체 공급망을 최적화하고 있다. 이 외에도 AI 기반 챗봇으로 통한 고객 서비스 향상과 예측 배송 모델에서도 활용하고 있다.

(2) DHL

DHL은 물류에서 AI와 로봇을 통합적으로 운영하는 데 구체적으로 효율성과 생산성을 증대시키는데 인간과 AI의 협업에 초점을 맞추고 있다. 〈표 14-4〉에서 보듯이 경로 최적화, 창고 자동화, IoT와 실시간 추적 분야에서 AI 솔루션을 개발해 활용하고 있다. 이를 통해 운영의 효율성과 정확성, 비용 절감 그리고 고객 경험을 향상시켜 나가고 있다.

표 14-4   DHL의 AI 활용

분야	세부 내용	성과
경로 최적화	배송 경로의 최적화를 위해 AI 알고리즘. 역사적인 배송 데이터, 실시간 교통 상황 및 날씨 예보의 분석으로 차량에게 효율적인 경로 제시	연료 소비 감축, 배송 시간 단축, 배송 정확도 제고
창고 자동화와 재고관리	AI 기반의 로봇 및 자동화 통합. AI 알고리즘을 사용하여 재고관리를 최적화, 분류, 정렬 및 포장 작업의 자동화	전반적인 창고 효율성을 향상(분류 오류, 반복적 작업 효율성 증가)

| 인력난 해소 | 코로나19 팬더믹으로 인한 전자상거래 급증에 인력 대체 로봇 배치 | 전자상거래 운영 효율화, 인력 부족 완화 |
| IoT 및 실시간 추적 | 사물 인터넷 (IoT) 장치와 AI를 활용하여 배송물의 실시간 추적과 가시성 제공 | 배송물의 상태와 위치를 실시간으로 추적 |

자료: DHL

(3) Maersk

세계 최대 글로벌 선사인 Maersk의 AI 활용은 첫째, 컨테이너 내부의 온도, 습도 및 위치에 대한 정보를 제공하는 센서로부터 데이터를 분석하는 데 AI를 이용하여 실시간으로 냉장 컨테이너를 추적하고 모니터링하고 있다. 둘째, AI 알고리즘으로 공급망에서의 운송 시간과 잠재적 지연을 예측하여 배송 경로와 일정을 최적화하고 있다. 셋째, Maersk는 항만 터미널 운영에서 AI 기반 시스템을 통해 컨테이너의 효율적인 하역을 위한 자동유도차량(AGV)과 크레인의 움직임 제어한다. 넷째, Maersk는 시장 추세, 고객 수요 및 공급망 차질에 대한 통찰력을 포함하여 글로벌 무역 패턴을 분석하는 데 AI를 활용하고 있다. 다섯째, Maersk는 AI를 활용하여 선박의 상태를 모니터링하고 유지보수가 필요한 시기를 예측하고 있다.

3부-1 사례 해외 기업의 ESG 경영전략 - 머스크(Maersk)

덴마크에 본사가 있는 글로벌 해운기업 머스크는 2014년부터 이미 지속가능 보고서를 정기적으로 발간하면서 ESG 경영목표 및 활동사항을 공표하면서 선도적으로 대응해 왔다. 머스크는 2018년 해운선사 중 세계 최초로 IMO가 권고한 2050 탄소중립을 10년 앞당겨 2040 로드맵을 발표하여 2040년까지 탄소중립을 선언하는 등 ESG경영에 적극이다. ESG경영활동에서 가장 중요시 하는 부문은 환경(E)으로 기후변화 대응방안으로 물류 영역에서의 탈탄소화에 주력하고 있다. 2030년까지는 '과학기반 감축목표 이니셔티브' 준수와 공급망 전반에 걸친 업계 최고의 친환경 고객 제품을 제공해 머스크 오션 컨테이너 단위 배출량 50% 감소 및 터미널의 배출량 70%를 줄이는 것을 목표로 하고 있다. 이에 따라 머스크는 기존 선박들을 LNG추진선으로 교체하거나 스크러버 설치를 통해 탄소저감 선박의 비중을 높이고 있다.

사회(S)측면에서는 안전보건 및 직원 존중을 최우선으로 하고 있다. 분쟁가능성이 높은 사건에 대해 학습팀을 운영하여 머스크의 안정 및 보안원칙을 준수하는 글로벌 리더십 구축을 목표로 하고 있다. 경영진의 여성비율을 높이기 위해 2025년까지 30~40% 이상을 각각 여성으로 다양한 국적으로 구성하는 것을 목표로 하고 있다.

지배구조(G)측면에서는 책임감 있는 사업관행을 중시하기 위해 전 직원을 대상으로 데이터 윤리 및 머스크 행동강령 교육을 이수하게 하고 공급자에게는 2024년까지 공급자 행동강령을 준수하게 한다.

〈표 14-5〉 머스크의 ESG 경영 내용

ESG	핵심가치	주요 목표 및 활동 사항
환경 (E)	기후변화대응	−2030년 탄소배출 50% 감축, 2040년까지 탄소 중립 실현
	친환경 물류	−해상화물 25% 이상 친환경 연료 사용 −2030년까지 『컨』선 탄소배출 50%, 터미널 배출량 70% 감축
	대기환경 관리	−SOx, NOx 배출 최소화
	해양생태계 관리	−Ballast Water Management System(선박평형수 관리 시스템) 시행
	탄소중립	−2024~2025년 메탄올 연료의 16,000TEU 선박 운영 −2040년 전 비즈니스 영역에서 탄소중립 목표 −IMO 규정 준수
사회 (S)	임직원 안전 및 인권 관리	−물류현장 안전관리 통해 중대재해 사고 감축
	인적 자원 관리	−임직원 자발적인 참여를 통한 커리어 개발 독려
	차별 금지	−이사회 국석 2025년까지 다양화 비율 30% 증대
지배구조 (G)	경영윤리 준수	−2024년 임직원에게 행동강령 및 정보 100% 윤리 교육
	지속가능한 공급	−전 공급업체에게 공급업체 행동 강령 준수 −ESG 평가 받는 전략적 공급업체 비율 85% 이상 증대
	성실한 세금납부	−이윤을 내고 있는 모든 국가에서 세금 규정 완전 준수

자료: 각사 홈페이지, 경영보고서, 기업별 ESG전략, 물류신문(2023. 10. 17) 참고

3부-2 사례 국내기업의 ESG 경영전략 - 롯데글로벌로지스

'지속가능한 가치를 미래세대로 전달합니다'라는 비전을 제시하고 있는 롯데글로벌로지스는 이해관계자와 함께 지속가능 경영체계를 구축해가고 있다. 물류를 기반으로 친환경 물류역량강화, 사회적 책임 실천과 투명한 경영을 실천해 궁극적으로 ESG 비전을 달성해 갈 계획이다.

롯데글로벌로지스는 전략 목표 달성을 위해 2030년까지 ESG 역량 강화를 위한 기반/인프라 구축, DT기반 친환경 물류솔루션 개발, 폐기물 및 탄소배출 저감활동 전개, 안전/보건 중심의 업무환경 구축, 고객 및 사회 ESG 지원강화, 적극적 대외 소통활동 전개, 공급망 ESG 관리역량 구축이라는 7대 중점과제를 실행해나갈 계획이다.

Environment: 롯데글로벌로지스는 탄소중립을 달성하기 위해 'Green Logistics 2040'을 목표로 수립했다. 효율적인 환경 경영을 추진하기 위해 환경경영 조직을 구축하고 환경영경시스템(ISO14001) 인증 유지를 통해 지속적인 환경 개선활동을 수행하고 있다. 기후변화에 대응하기 위해 재생에너지 전환, 에너지 효율향상, 무공해차 전환을 3대 전략으로 선정하고 2030년까지 온실가스 배출량을 2018년 대비 35% 감축하고 2040년까지 탄소중립을 실현할 계획이다.

무공해차 전환 사업을 진행하고 있는 롯데글로벌로지스는 2021년 K-EV100에 참여해 2030년까지 회사가 보유하고 있는 화물차와 업무용 승용차 등 총 900대의 차량을 전기, 수소차로 전환할 계획이며 이를 위한 전기차 충전 인프라 구축에 지속적으로 투자를 이어가고 있다.

또한 에너지 효율화를 위해 물류센터에 전등제어 시스템을 활용하고 있으며 전 사업장의 조명을 LED로 전환 했다. 전기 사용량이 많은 저온물류센터의 경우 2022년 4월 전력절감기 효율성 테스트를 시행하고 효과가 확인대면 확대 도입할 예정이다. 자원 선순환 관리를 위해 물류센터 자원순환 플랫폼 및 관리체계를 구축 했으며 친환경 운송장 도입 등 폐기물 발생 저감 노력도 이어가고 있다.

Social: 성별, 학력, 연령, 출신지역, 장애 여부 등에 따른 차별이 발생하지 않도록 내부 채용 절차와 프로세스를 수시로 점검하고 관리하고 있는 롯데글로벌로지스는 '가나다채용'이라는 슬로건으로 공정채용 문화를 확립하고 있다. 또한 임직원, 파트너사, 고객 등을 포함 한 모든 이해관계자의 인권을 존중하고 보호하며 고객의 삶뿐만 아니라 우리 사회를 긍정적으로 변화 시킬 수 있는 '인권 경영'을 지향하고 있다.

이와 더불어 안전보건을 기업경영의 최우선 과제로 선정해 산업안전보건법 및 국제 안전 표준(ISO 45001)에 기반한 안전보건경영 시스템을 운영하고 있으며 '고객 중심의 경영정책으로 고객이 공감하고 감동하는 서비스 구현'이라는 비전 아래 고객 만족도 제고를 위한 다양한 노력을 이어가고 있다.

또한 정보보호 및 고객 데이터 보안을 위해 정보보호 관리 규정과 세부 11개 보안지침을 제정해 운영하고 있으며 디지털 보안환경에 맞춰 지속적으로 재정비하고 있다. 지역사회 투자 및 공헌을 위해 사회공헌 전담조직을 구성해 운영하고 있으며 취약계층 아동 대상 ICT 체험교육, 미혼모 가정 분유 지원, 취약계층 아동 대상 후원물품 지원 등 다양한 사회공헌 활동을 추진하고 있다.

Governance: 이사회는 건전하고 투명한 지배구조 확립을 위해 인종, 국적, 성별, 출신 지역, 종교 등을 한정하지 않고 다양한 시각에서 독립적으로 판단할 수 있는 후보를 고려하고 경영진에 대한 견제와 감독 기능을 위해 회사와 중대한 이해관계가 없는 사외이사를 선임하고 있다.

아울러 파트너사 선정에 있어서도 물류경쟁력 강화 및 공급망 관리 리스크 감소를 위해 파트너사와 SLA(Service Level Agreement)를 체결해 객관적 지표로 관리하고 있으며 2023년부터 신규 파트너사 선정시에는 비재무적 요소를 평가하여 공급망 내 ESG 관리를 강화하고 있다. 윤리 지향 생활화를 통해 투명하고 책임 있는 경영을 실현하고 있는 롯데글로벌로지스는 리스크에 대한 상시 모니터링을 통해 리스크 예방, 적시 대응에 나서고 있다.

출처 : 물류신문, 2023.10.17.

3부-3 사례 코 앞으로 다가온 물류의 '디지털 전환 시대'

디지털 전환(Digital Transformation, DX)은 미래의 성장, 경쟁력 강화를 위해 새로운 디지털 기술을 활용하여 새로운 비즈니스 모델을 창출하고 유연하게 개편하는 작업을 의미한다. 물류 네트워크를 근본적으로 대체하고 프로세스 가시성을 높이는 디지털 전환은 피할 수 없는 시대적 흐름으로 글로벌 물류기업을 중심으로 도입 사례가 늘고 있다.

물류 기업의 미래 경쟁력이 '디지털 전환(Digital Transformation, DX 혹은 DT)'에 달렸다는 사실을 보여주는 대표적인 사례가 바로 도이치 포스트 DHL 그룹의 행보다. 세계적 종합물류기업인 도이치 포스트 DHL 그룹은 2025년까지 디지털 전환을 위해 약 20억 유로를 투자한다는 새로운 그룹 전략 'Strategy 2025 – 디지털 환경 내 물류'(Strategy 2025 – Delivering Excellence in a Digital World)를 발표했다.

'Strategy 2025'의 주요 내용은 도이치 포스트 DHL 그룹이 장기적인 성장을 통해 높은 수익성을 낼 수 있는 핵심 물류 사업에 집중하겠다는 것과 모든 사업부의 디지털 전환을 가속화한다는 것이다. DHL 그룹은 2025년까지 디지털 전환에 약 20억 유로(EUR)를 투자할 예정이며, 이러한 투자는 최소 15억 유로의 연간 운영 이익을 가져올 것이라고 자체 분석했다. 도이치 포스트 DHL그룹 프랑크 아펠(Frank Appel) 회장은 "DHL은 앞으로도 수익성 있는 핵심 물류 사업에 집중해 지속적으로 성장을 이뤄낼 것이며, 이에 있어 디지털 전환은 가장 중요한 성장 동력이 될 것이라고 확신한다"며 디지털 전환에 대한 중요성을 강조했다.

DX는 물류 공급사슬 각 단계별 흐름을 가상공간에서 재현시키고, 블록체인 거래장부로 실시간 추적 가능한 시스템 구축을 가능케 한다. 글로벌 물류업계에서 DX의 선두주자로써 앞장서고 있는 DHL은 AI가 접목된 '레질리언스 360(Resilience 360)' 시스템을 통해 트럭 고장이나 창고 침수 등 예기치 못한 상황에 신속하게 대처할 수 있게 물류 각 단계별 공급사슬과 흐름을 가상공간에서 재현하고 있다. 이를 통해 만약의 경우를 상정한 플랜 B를 마련하는 것이다. 레질리언스 360 시스템은 가상공간에서 디지털 지도와 위성지도 및 교통 패턴 정보를 분석, 최적화된 배송 트럭 이동경로를 제시한다.

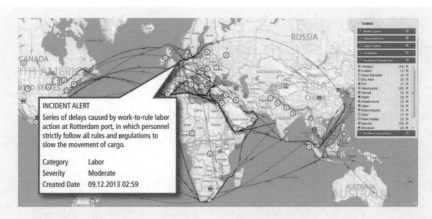

INCIDENT ALERT
Series of delays caused by work-to-rule labor
action at Rotterdam port, in which personnel
strictly follow all rules and regulations to
slow the movement of cargo.

Category   Labor
Severity   Moderate
Created Date   09.12.2013 02:59

 DHL 그룹의 사례에서 알 수 있듯이 물류산업에서 4차 산업 첨단기술을 바탕으로 한 '디지털 전환'은 시대적 대세로 자리잡고 있다. 글로벌 컨설팅 업체인 미국의 PTC 사는 <6 Digital Transformation Trends Shaping the Future of Industrial Companies in 2020> 보고서에서 '디지털 전환'이 물류 네트워크를 근본적으로 대체하면서 기업의 혁신 창출을 지원할 것이라고 전망했다.

 '디지털 전환'은 기업이 새로운 비즈니스 모델을 구축하거나 제품과 서비스를 창출하기 위해 사물인터넷(IoT)과 인공지능(AI) 같은 4차 산업 첨단기술을 이용, 고객 및 시장의 파괴적 변화에 적응하는 지속적인 활동을 의미한다. 물류산업처럼 급변하는 시장 환경에서 DX는 시대적 흐름이자 기업 생존과 성장의 열쇠가 되고 있다.

 PTC 사는 성공적 DX를 위해서는 비즈니스 모델의 전면적 수정이 아닌 4차 산업 첨단기술의 유연한 적용을 통해 새로운 방식으로 도입하는 전략이 요구된다고 조언한다. 그리고 그 사례로 스타트업을 꼽는다. PTC 사는 물류산업 DX의 특징은 '네트워크 대체'에 있다고 지적한다. 기술 스타트업들이 미국 페덱스와 독일 DHL 등 기존 대형 업체들이 지금까지 주도해 온 물류 네트워크를 근본적으로 변혁시키는 게 좋은 예다.

 전통적 물류에는 화주·포워더·트럭회사·관세사·창고업자 등의 참여자들이 페덱스와 DHL 같은 글로벌 기업을 중심으로 유기적 물류 네트워크를 형성하고 있다. 하지만 기술력으로 무장한 스타트업들은 화물 선적·운송·보관·추적 등 물류 각 분야에 진입해 기존 대기업보다 더 효율적이고 고객 취향에 맞는 서비스를 제공하면서 전통적 네트워크를 대체하고 있다.

 이들 스타트업은 요금 비교와 화물이동 분석, 마켓 플레이스 같은 신사업 모델을 제시하고 있다. 스타트업을 이용하는 화주는 마켓 플레이스 모델을 통해 각종 옵션을 비교하면서 자사의 여건에 맞는 화물운송 기업, 가격, 보험에 대한 직접 선택이 가능하다. 기존 물류산업 플랫폼은 대부분 기업간 거래(B2B) 용으로 일반 사용자에는 미공개로 운영된다. 하지만 물류와 소비·유통 분야의 경계가 불분명해지고, 옴니채널·O2O(offline to online)·라스트마일 배송 같은 소비자와의 직접 접점이 확대됨에 따라 소비자의 눈높이가 높아지고 욕구가 다양해지면서 변화에 대한 압력이 커지고 있다.

이런 트렌드 변화는 기술력을 보유한 스타트업들에게는 활동 공간을 넓힐 수 있는 우호적인 환경을 조성하는 한편, 물류시장 진입에 필요한 동력을 제공한다. 스타트업은 비용 부담이 큰 라스트마일 배송 분야를 세분화해 플랫폼이나 클라우드 공유 솔루션 같은 새로운 비즈니스 모델로 경쟁력을 강화하고 있다. 동시에, 기존 업체와 함께 소비자 편의를 증대시킨 배송 서비스를 실시하는 등 외부와의 협업도 중시하는 경향을 보이고 있다. 무인화는 물류 각 영역에서 인간 판단 과정을 단축시키고, 표준화는 물류 관련 기능과 정보를 상호 연결해 물류회사나 수송 루트/수단이 유연하게 교체될 수 있는 환경을 구축한다. 스타트업들은 오프라인 인프라를 보유하지 않은 상태에서도 무인화와 표준화를 통해 인터페이스만으로 각각의 서비스를 연계해 소비자에게 제공하는 게 가능하다. 이처럼 스타트업들은 기존 기업과는 전혀 다른 방식으로 경쟁력을 발휘한다.

자료: 물류신문, 2020.11.16

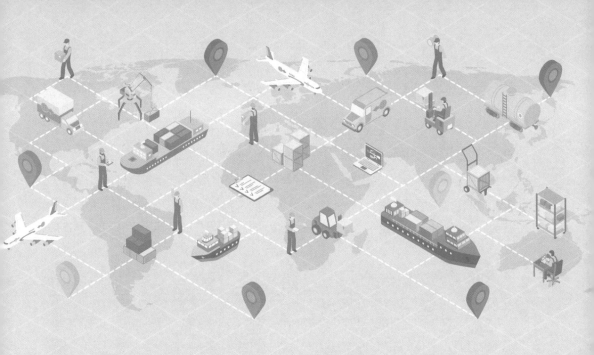

제 4 부

글로벌 물류전략

제15장

국제물류전략과 추진 프로세스

제1절 물류전략의 개념

1. 경영전략의 의의

1) 경영전략의 개념과 특징

(1) 경영전략의 정의

전략이란 개념은 군사 분야에서 나온 것이며 그리스어로 strategos, 즉 장수의 기술(the art of the general)에 어원을 두고 있다. 군사학에서 사용되던 용어가 경영에 도입된 배경은 기업의 규모가 커지고 경쟁이 치열해지자 경영활동의 무대를 전쟁터로 간주하여 기업의 생존을 위한 기술로 전략을 다루게 된 것이다.

전략의 개념을 기업경영에 처음으로 도입한 학자는 A. D. Chandler, Jr.(1962)이며 그는 전략을 '기업의 장기적 목적 및 목표의 결정, 그리고 그 목표를 달성하기 위해 취해야 할 행동양식과 자원배분에 관한 결정'으로 정의하였다. Andrews(1972)는 기업의 전략을 '환경의 기회와 위협 그리고 조직의 강점과 약점간의 최적의 연계'로 정의했다. Porter(1996)는 전략이란 '독특하고 가치 있는 포지션의 창조로서 자신만의 독특한 행위양식을 수반한다'고 주장하였다. Johnson & Scholes(1997)에 따르면 '경영전략이란 장기간 조직의 방향과 범위이며 이는 시장의 니즈와 주주들의 기대를 수렴하면서 변화하는 환경 하에서 기업의 자원 배치를 통해 조직을 위한 강점을 달성하는 것이다'라고 하였다.

이를 종합하면 결국 전략이란 경쟁에서 우위를 확보하기 위한 다양한 형태의 계획들을 수립해 나가는 것이다. 전략은 역동적이고 도전적인 경쟁환경하에서 기업이 목적을 달성하기 위해 핵심 자원을 개발하고 활용하기 위한 노력을 유도하는 역할을 한다(Fawcett et al., 1997).

전략의 목적은 대부분의 경우 수익 또는 시장점유율과 연결되어 있으나, 최근에는 기업의 기능과 전체 공급사슬에서 고객서비스 수준을 중요시 하고 있다.

(2) 경영전략의 특징

전략에 대한 정의가 다양하듯이 전략의 특징도 여러 가지가 있으며, 〈표 15-1〉은 이를 요약한 것이다(Hax, 1990).

표 15-1 전략의 특징
▪ 전략은 목표달성을 위해 장기적인 방향과 범위를 설정한다. ▪ 전략은 경쟁우위를 달성하기 위해 수립된다. ▪ 전략은 변화하는 환경에서 사업방향을 설정한다. ▪ 전략은 조직행동의 범위와 깊이를 포괄하는 전체적인 것이다. ▪ 전략은 시장에서 팀을 이루어 수행하고, 경쟁에서 승리하는 것이다. ▪ 전략은 이해관계자(stakeholders)의 기대를 충족시킨다.

2) 경영전략의 수준과 유형

일반적으로 경영전략은 [그림 15-1]에 보듯이 네 가지 수준 기업(corporate level), 사업단위(business unit level), 기능(function level), 네트워크(network level) 수준으로 구분된다. 기업수준전략은 사업의 종류 결정, 사업단위수준전략은 경쟁우위 확보 방안 수립, 예를 들어, 원가우위(cost leadership) 또는 차별화에 초점을 맞출 것인가를 다룬다. 기능수준전략은 사업단위 내 마케팅, 영업, R&D, 재무 등의 각 기능별 부서에서의 활동에 대한 전략, 네트워크수준 전략은 시장에서 보다 효과적으로 경쟁하기 위해 다른 기업과 전략적 제휴의 체결 또는 네트워크 구축을 위한 것이다.

그림 15-1 전략의 구조

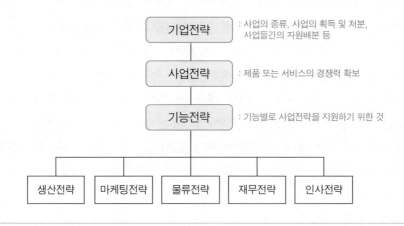

기업전략	: 사업의 종류, 사업의 획득 및 처분, 사업들간의 자원배분 등
사업전략	: 제품 또는 서비스의 경쟁력 확보
기능전략	: 기능별로 사업전략을 지원하기 위한 것

생산전략 / 마케팅전략 / 물류전략 / 재무전략 / 인사전략

(1) 기업전략

기업전략은 최고경영자가 조직 전체의 이익과 행동을 원하는 방향으로 유도하기 위해서 수립되며 새로운 사업으로 진입 또는 탈퇴 여부를 결정짓는 전략이다. Glueck(1976)은 기업수준 전략에는 다음과 같은 4가지가 있다고 주장하였다.

첫째, 성장전략으로 조직의 현재 업무의 확장으로써 기존 제품과 서비스의 확장뿐만 아니라 다양화 또는 신제품개발 형태로 나타날 수 있다.

둘째, 안정전략은 현재의 활동을 지속하는 것이다. 그러나 안정전략이 조직이나 관리자가 아무 것도 하지 않는 것이 아니고, 다만 환경이 안정적이기 때문에 기존의 활동을 계속 유지해 나간다는 것이다.

셋째, 방어전략은 해당 사업계열이 경쟁력 없이 운영되고 있는 기업에서 활용된다. 부실한 사업 분야를 매각하고 다른 분야를 강화시키는 전략이다.

넷째, 혼합전략은 두 가지 이상의 전략을 동시에 사용하는 것이다. 한 기업 전체는 안정전략을 추구하지만, 어떤 부문에서는 성장전략을 그리고 또 다른 부문에서는 방어전략을 추구하는 경우이다.

(2) 사업전략

사업전략은 기존의 사업 내에서 효과적으로 상대기업을 물리치기 위한 전략이며 기업이 나아가야 하는 전체적인 방향성을 말한다. 이를 위해 기업은 조직이 가진 핵심역량을 지렛대(leverage)로 활용한다. 사업전략에는 경쟁계획의 일환으로 무엇을 제공하고(예, 제품과 서비스), 언제 공급하며(예, 시점과 비즈니스 주기 등), 어디에 제공할 것인가(예, 시장과 세분화)에 대한 분석과 의사결정 과정을 포함한다.

기업이 다른 경쟁기업에 비해 경쟁우위를 확보하는 방법에는 크게 두 가지 방법이 있는데 하나는 동일한 제품을 훨씬 저렴한 비용으로 만들어 싸게 파는 것이고, 다른 하나는 다른 경쟁기업과 차별화된 제품을 제공함으로써 고객이 차별성을 느껴 원가 이상으로 구매하게 하는 것이다. 이러한 기업의 경쟁우위를 전략적으로 분석하여 체계화한 사람이 M. Porter이다. 그는 경쟁우위를 달성하기 위한 전략적 요소로서 다음과 같은 3가지의 기본적 또는 본원적 전략을 제안하고 있다.

첫째, 해당 산업에서 저가의 총비용 생산자(cost leadership), 둘째, 경쟁업체에 대한 제품의 차별화 추구(differentiation), 셋째, 저가 생산자 또는 차별화 중 어느 하나의 전략으로서 협소한 시장의 틈새에 집중화(niche market)하는 전략이다. 전략적 선택은 경쟁범위와 경쟁우위 요소를 고려하여 4사분 매트릭스에 잘 나타내 주고 있다([그림 15-2] 참조).

그림 15-2   경쟁우위전략의 매트릭스

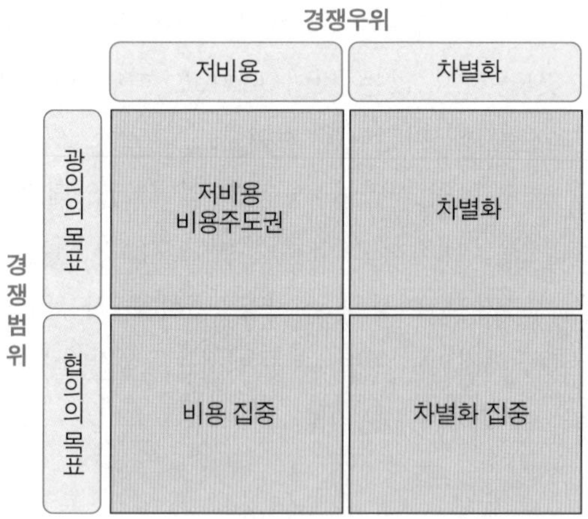

자료: Porter, 1985.

저비용전략(low-cost strategy)은 시장에서 다른 경쟁자보다 낮은 비용으로 제품 또는 서비스를 제공하는 전략을 말한다. 이 전략은 주로 후진국의 저렴한 인건비를 활용하여 원가를 낮추거나 또는 기업의 규모를 증대시켜 규모의 경제(economies of scale)를 실현함으로써 가능하다. 대기업들은 규모의 경제를 활용하여 또는 초기에 높은 시장점유율을 확보하기 위해 경쟁자보다 낮은 가격으로 판매한다. 시장점유율의 증가는 낮은 원가 또는 저렴한 가격전략을 강화시켜주는 규모의 경제를 위한 대규모 생산량에서 비롯되며, 이로 인해 기업은 규모의 경제를 통해 원가(가격)를 지속적으로 낮출 수 있게 된다. 그러나 저가격이라 해서 반드시 저 품질을 말하는 것은 아니며 낮은 가격이나 적당한 수준의 품질이 뒷받침되어야 한다. 그렇지 못할 경우 저품질로 인해 고객이 구매를 중단할 수 있다.

차별화전략(differential strategy)은 시장의 점유율을 높이기 위해 제품 또는 서비스를 차별화시키는 전략이다. 차별화의 기본은 고객이 추가적인 가격을 지불할 수 있도록 제품이나 서비스가 독특해야 한다는 것이다. 이 전략은 고객에게 낮은 가격으로 제공하기보다는 더 가치 있는 제품 또는 서비스를 제공하는 것이다. 고객이 높은 가격으로 구매하는 경우 그 가격의 적합성 또는 차별화된 가치에 대해 인식하기 때문이다.

물류의 전략적 관점에서 차별화는 고객에게 높은 품질의 고객서비스로서 우월한 물류서비스를 제공하는 것이다. 예를 들어 예약에 의한 배송서비스 제공 방식이 있는데, 이때 제품의 인수는 1주일에 7일간, 1일 24시간 서비스 체제, 또는 특수 팔레트 팩 등과 같은 기기의 제공 등을 들 수 있다.

집중화전략(focus strategy)은 전체 시장 또는 틈새시장의 조그만 영역으로 구분하여 실행하는 것이며, 여기에서는 저렴한 가격 또는 차별화를 활용한다. 많은 중소기업들은 기업이 가진 자원의 한계를 인식하여 틈새전략을 활용해 경쟁우위를 달성하고자 한다.

물류서비스 면에서 특정 지역의 물류업체가 고객의 문전까지 배달하거나 또는 24시간 운영서비스를 제공하는 경우를 예로 들 수 있다. 심지어 대형 업체들도 지역에 따라 낮은 원가로 또는 차별화된 서비스로 구분하여 경쟁전략을 구사하는 데 이 역시 집중화전략의 한 유형이다. 남아프리카공화국 선사인 Safmarine은 지리적으로 아프리카와 아시아간 노선에 운항서비스에 집중함으로써 대형 선사들과 경쟁을 피할 수 있는 전략을 추진한 것도 집중화전략이다.

(3) 기능전략

기능전략은 상위전략인 기업 또는 사업전략을 구체적으로 실천하기 위한 전략을 말한다. 보유자원을 최대한 활용하여 기업의 전략적 목적을 달성하는 것이 주된 역할이다. 기능전략은 기업과 사업전략의 틀 내에서 개별 기능의 다양한 활동과 경쟁역량이 종합적으로 성과 제고에 기여할 수 있도록 설정되어야 한다. 기능전략의 분야로는 생산, 마케팅, 물류, 재무, 연구개발, 인사관리 등이 있다.

3) 경영전략 이론

(1) 경영전략이론의 변천

경영전략 이론은 기업의 경쟁우위를 가져오게 하는 요인이 과연 무엇인지 또는 기업의 다양한 전략 요인이 기업의 성과에 어떤 영향을 미치는지에 대한 내용을 연구한다. 또한 기업의 주요 의사결정이 이루어지는 과정이나 전략의 수립 및 실행과정, 그리고 주요 요인간의 상호 작용에 대해 연구하는 과정을 의미한다(조동성, 2006).

경영전략 연구는 20세기 들어서면서부터 시작되었는데 초기 연구에서 사용한 전략의 소재는 경영 주체였다. 즉 기업이 다른 경쟁기업보다 앞서고 높은 이익을 올리기 위해서는 훌륭한 전문경영인(CEO)이 있어야 한다는 것이다. CEO의 능력에 따라 기업의 성과가 달라진다는 접근법으로 이를 '주체기반관점(SBV: Subject-Based View)'이라고 한다.

그러나 이러한 관점은 1973년의 석유위기를 거치면서 한계를 드러냈다. 에너지 가격이 폭등한 환경 속에서 기업은 해당 산업의 구조적 특성을 무시할 수 없었다. 즉 기업의 경영성과가 정치, 사회, 문화 등의 일반 경영환경, 비슷한 전략 집단의 분포와 밀도, 정부의 산업정책 등과 같이 기업을 둘러싼 환경요인에 의해 좌우된다는 것을 알게 된 것이다. 이런 상황에서 기업들은 유망한 산업을 선택하는 '포지셔닝 이론(positioning strategy)'에 입각한 전략을 구사하게 되었고, 이러한 흐름의 중심점에 마이클 포터 교수가 있었다.

그러나 포지셔닝 이론도 1980년대 중반에 새로운 한계에 부딪쳤다. 미국기업이 환경기반관점에 입각해서 전략적으로 새로운 산업을 찾아내면 몇 년 후에는 일본 기업이 따라와 모방과 개선이란 일본 특유의 무기로 선도기업들을 무너뜨리고 시장지배력을 구축하는 사례가 나타나게 된 것이다.

이에 따라 미국 기업들은 기업 내부에 존재하는 특유한 자원을 중심으로 전략을 수립하는 길만이 일본 기업의 도전을 막을 수 있다는 인식을 하기에 이르렀다. Wernerfelt(1984)가 제일 처음 주장했던 '자원기반관점(RBV: Resource-Based View)'은 Prahalad & Hamel(1990)에 의하여 핵심역량(Core Competence)이란 용어로 발전하여 체계화되었다.

(2) 포지셔닝과 자원기반관점의 비교

포지셔닝과 자원기반전략을 비교해 보면, 먼저 포지셔닝 접근법은 전략의 출발점을 기업을 둘러싼 외부환경에 두고 있기 때문에 '외부에서 내부로(outside-in)로의 관점'으로 볼 수 있다. 즉 기업의 성공은 환경에 의해 결정되기 때문에 환경에 얼마나 잘 대응하느냐가 중요하다. 포터의 산업조직론적 접근에 따르면 산업의 구조적 특징이 기업의 행동을 결정짓고, 그 기업의 행동이 기업의 성과를 결정짓는다는 논리이다. 이 관점에 따르면 기업이 경쟁력 혹은 성공에 가장 큰 영향을 미치는 요인은 기업이 위치한(position) 산업구조이기 때문에 경영전략의 초점은 산업의 구조적 특성을 분석해서 어떤 산업에 기업을 위치시킬 것인가(positioning)에 두어진다.

포지셔닝 접근법은 1980년대 기업환경에서 기업의 성공 원인을 제시하는 데 좋은 논리적 근거를 제공하였다. 그러나 그 자체로는 동일한 환경을 가진 두 조직이 유사한 목표를 지향하지만 왜 다른 속도로 발전하고 다른 형태의 성공으로 나아가는지를 설명하는 데 한계가 있다. 즉 내부 요인을 고려하지 않고 전략에 착수하는 것은 의미가 없다.

이에 비해 자원기반관점은 전략적 우위는 기업이 보유하고 있는 독특한 자원에 기반을 둔다는 관점에서 출발한다. 기업의 경쟁에서의 성공요인을 외부환경에 의존하기 보다는 내부의 재능과 기술이 어디에 있는지를 먼저 파악하고 이러한 자원을 얼마나 전략적으로 활용하느냐에 달려있다고 주장한다. 그러므로 이러한 접근법은 '내부에서 외부(inside-out)로의 관점'이라 부른다.

자원기반관점은 조직의 내부적 역량과 자원과 경쟁 수준을 밀접하게 연계시키고 있다. 기업이 경쟁우위를 확보하기 위해 내부 자원의 경쟁력을 어떻게 지렛대로 활용할 수 있는가에 초점을 맞추고 있다. 여기서 자원이란 기업이 보유하고 있는 유무형의 자원(예를 들어 프로세스 지식, 전문성)을 포함한다. Barney는 기업이 수월한 성과를 통해 경쟁우위를 확보하기 위해서는 희소한 자원과 가치있고, 대체 불가능하고 모방할 수 없는 역량을 보유하고 있어야 한다고 주장하였다.

이 두 가지 접근법을 〈표 15-2〉에서 상호 비교해 보면 가장 두드러진 것은 전략의 결정은 포지셔닝 접근에서는 외부 요인에 의해 그리고 자원기반관점은 기업 내부자원에 의해 이루어진다고 보았다. 따라서 기업의 성공을 위해 포지셔닝 접근에서는 환경변화를 빠르게 파악하여 이에 적합한 전략을 수립하는 것이 중요하다고 본 반면 자원기반관점에서는 수립된 전략의 실행이 더 중요하다고 보았다. 또한 전략을 성공적으로 실행하기 위해서는 이에 필요한 자원을 보유하고 있거나 창출해야만 한다고 주장하였다(조동성, 2006).

표 15-2	포지셔닝과 자원기반관점의 비교	
	포지셔닝 접근	자원기반관점
전략의 초점	산업/사업	기업
경쟁의 접근	outside-in	inside-out
경쟁우위 유형	저가 또는 차별화	자원, 능력, 핵심역량
경쟁우위의 기본단위	활동	핵심제품, 전략적 설계
전략요소	경쟁자	부동산

2. 물류전략의 개념과 특징

1) 물류전략의 개념

물류전략은 '물류 또는 공급사슬에 관한 장기적 계획의 공식화'에 관한 것이다. 보다 구체적으로 물류전략은 '물류 네트워크에서의 구성원간의 목적, 계획, 정책 등을 지원하는 원칙, 추진력, 자세의 집합체'로 정의된다.

일반 기업의 입장에서 물류전략은 기능전략의 한 분야이며 따라서 상위의 기업전략과 사업전략을 지원한다. 제조업체의 경우 기업은 원재료·반제품·부품 등을 조달하여 생산활동을 거쳐 완제품을 유통경로를 통해 소비자에게 전달한다. 여기에서 물류활동은 제품의 가용성을 확보하면서 정확한 재화를 적절한 비용, 시간, 장소, 정량으로 제공함으로써 고객의 니즈와 가치를 제고하는 것이다.

전략은 기업의 목적을 달성하기 위해 기업이 보유한 자원을 활용하여 어떻게 경쟁력을 높이느냐에 있기 때문에 물류전략도 물류 운영과 관련된 자원과 기능을 활용하여 고객에게 더 많은 가치를 제공할 수 있도록 하는 것이다. 즉 물류서비스의 차별화를 통해 서비스 품질을 제고하여야 하는데 여기서 제약 요건인 비용의 최소화를 동시에 고려해야 한다.

물류 또는 공급사슬전략은 공급사슬의 구성원인 공급자, 유통업자, 고객들이 서로 연결되어 있기 때문에 이들 전체를 아우르는 목적을 달성해야 하는 과제를 안고 있다. 이를 위해서는 개별 기능 또는 구성원의 목적보다는 전체 공급사슬의 효율화를 도모해야 할 뿐 아니라 구성원간의 협업적 관계를 발전시켜 나가야 한다(Bowersox, et al., 1989).

물류 및 공급사슬의 차별화전략을 통해 경쟁우위를 달성한 기업들이 많은데 대표적으로 Wal-Mart, Dell, Hewlett Packard 등이 있다. 이들은 경쟁자보다 탁월한 물류시스템을 발전시켜 차별화된 물류서비스를 제공하여 왔다(Friscia et al., 2009).

2) 물류전략의 특성과 전략적 도구의 활용

(1) 물류전략의 특성

물류전략을 고려할 때 다음의 두 가지 측면을 고려해야 한다. 첫째, 물류전략은 기업수준의 고려사항뿐만 아니라 생산, 제품-가격-판매촉진의 믹스와 관련된 기능전략도 동시에 고려해야만 한다(Reed and DeFillippi, 1990). 둘째, 물류전략은 핵심역량을 기반으로 지리적 시장과 사업 분야에 대한 결정이 기업전략의 틀 내에서 이루어져야 한다.

물류전략에는 기업의 다양한 기능이 서로 연계되어 있을 뿐만 아니라 물류정보의 이동과 다양한 위험이 산재되어 있기 때문에 ① 기능간 조화, ② 공급사슬의 통합, ③ 재고의 정보로의 대체, ④ 파트너 수의 축소, ⑤ 위험의 분산 등을 추진하여야 한다.

(2) 전략적 도구로서의 물류

글로벌 경영과 물류관리는 기업에게 커다란 도전적일 뿐만 아니라 기회요소가 되고 있다. 도전적인 측면은 물류에 영향을 미치는 다양한 요소들의 변동성과 위험요소가 있다. 생산과 소비부문에서의 변화, 시장과 제품 등의 변동성, 정치, 경제, 사회, 문화, 환경 등의 제반 사항들은 물류에 영향을 미치며, 그 외에도 각종 위험요소가 산재되어 있기 때문에 새로운 도전적 요소가 끊임없이 등장하게 된다. 기회적인 측면에서 볼 때 경영관리에서 생산 비용 절감은 거의 한계에 이른 만큼 물류의 전략적 기회는 높다. 그러므로 생산 및 마케팅과 같이 물류도 기업전략의 중요한 요소로 간주되고 있다.

물류전략은 곧 기업의 목적 달성을 위한 활동이며, 경쟁우위를 확보하기 위한 계획 과정이다. 물류는 기업 경영의 전반적 효율성과 고객서비스의 질적 우위를 확보해 줄 수 있는 전략적 요소로 활용되고 있다. Copocino(1997)는 경쟁우위 전략 요소로서 물류는 다음과 같이 5가지의 역할을 한다고 주장하였다.

첫째, 우월한 효율성을 통한 저비용이다. 물류는 시장점유율을 증가시키거나 수익을 향상시킬 수 있는 지렛대 역할로서 비용 절감을 가져온다. 저비용 요인은 특히 물류집중도가 높은 중량 벌크산업(예, 화학, 제지산업 등)에서 큰 역할을 한다.

둘째, 우월한 고객서비스이다. 고객서비스의 중요한 요소에는 짧은 주문조달시간과 재고의 가용성이 있으며, 그 외에도 주문과 송장의 정확성, 주문 상태 정보의 접근성, 고객 문의에 대한 대응성 등이 있다.

셋째, 부가가치 서비스이다. 이것은 고객의 경쟁 능력을 제고시켜 상품의 가격 책정, 조립, 생산자 직송, 점포직송, 신속 또는 지속적 재고보충과 고객에 대한 훈련 등이 여기에 포함된다.

넷째, 유연성이다. 물류시스템은 고객 세분화 또는 고객의 니즈에 대한 서비스와 비용의 맞춤화를 통해 경쟁력을 창출할 수 있다. 비용효과적인 방식으로 다양한 고객요구에 대응할 수 있는 유연성은 기업의 차별화를 이끌어내고 광범위한 고객층에게 서비스를 제공할 수 있게 한다.

다섯째, 혁신이다. 고객가치와 경쟁우위의 창출은 물류시스템에 의해 이루어질 수 있다. 이것은 시장에서 새로운 서비스 방식으로 혁신하고 개발할 수 있는 능력을 가진다는 의미이다. 혁신을 위해서 조직은 중요한 특성을 보유하고 있어야 하는데 여기에는 유연한 정보시스템, 변화의 필요성과 방향을 인식할 수 있는 비전, 그리고 변화를 주도해 가는 리더십 등이 있다.

제2절 물류전략의 구조와 실행

1. 물류전략의 구조

1) 물류전략 구조의 개념

물류전략 구조는 물류전략의 구성요소들이 어떻게 결합되어 있으며, 그리고 어떤 과정을 거쳐 기업의 전략적 목적과 목표를 달성하게 되는지를 제시해준다. 물류전략 구조에서는 최상위에 기업의 목적이 위치하고 이를 실현하기 위해 각 사업단위의 목표가 설정된다. 그리고 그 아래 사업단위의 목표 달성을 위한 전략이 배치된다. 물류전략의 핵심 목표는 고객서비스의 향상에 있으며 이때 비용의 최소화라는 제약 조건을 충족시켜야 한다.

2) 물류전략의 피라미드

일반적으로 전략의 구성은 피라미드의 형태로 되어 있으며 상위에는 전략적 요소가 위치하고, 위계적으로 아래로는 전략 실행을 위한 구조적, 기능적, 실행적 단계로 이루어져 있다(Copacino, 1997). [그림 15-3]은 물류전략의 구조를 4가지 단계의 피라미드를 보여주고 있다.

(1) 전략단계

전략수준에서는 물류가 고객에 대한 기업의 기본적 '가치 제안'에 어떻게 기여하는지를 이해하는 것이 중요하다. 전략단계에서의 핵심요소는 고객의 기본적인 서비스 니즈는 무엇인가?, 고객의 니즈에 부합하는 물류 서비스 제공을 위해 무엇을 해야 하는가?, 고객에게 특유의 서비스를 제공하기 위한 물류 역량을 활용할 수 있는가?를 결정하는 것이다.

(2) 구조단계

물류관리자가 가치 제안과 물류전략을 이해하고 나면 다음은 구조적인 사항을 다루게 되는데, 여기에는 특정 시장에 접근 방안으로 직·간접 서비스의 제공, 중개인 활용, 네트워크 설계, 제품 생산의 위치 선정, 창고의 개수와 위치, 창고시설의 기능 배치 등의 요소가 있다. 구조적 단계의 결정사항은 기업의 가치 창출과 경제적 성과의 기회를 제공한다. 다시 말해 이 단계의 결정 요소의 개선은 혁신적인 고객서비스의 제공과 비용 절감에 기여한다.

(3) 기능단계

기능단계에서는 기업의 효과적인 운영 방식을 결정해야 한다. 기능 상의 우월성 확보를 위해 운송관리, 창고운영, 자재관리(예측, 재고관리, 생산일정, 구매 등)를 위한 최적의 운영방안을 설계해야 한다. 또한 이들 활동들은 통합되고, 재고 보충과 주문 이행을 프로세스 관점에서 진행해야 한다.

(4) 실행단계

실행단계는 전략을 성공시키는데 필수적이며 조직과 정보시스템으로 구성된다. 조직은 전체 구조, 개별적 역할, 책임, 성과측정 시스템이 핵심이다. 정보시스템은 통합적 물류운영을 위한 도구이므로 물류전략을 잘 지원할 수 있도록 주의 깊게 설계되어야 한다. 물류관리자는 의사지원 도구, 응용 소프트웨어, 데이터 수집, 시스템의 전체 구조, 정보의 니즈 등을 고려하여야 한다.

물류전략 피라미드 내에서 이루어진 의사결정은 상호 의존적이다. 다시 말해 역량과 제약 요소가 물류의 기능과 실행의 의사결정에서 어떻게 영향을 미치는지?, 그리고 물류전략과 구조의 개발에서 어떤 요소를 고려해야 하는지 충분히 이해해야 한다.

그림 15-3 물류전략의 피라미드

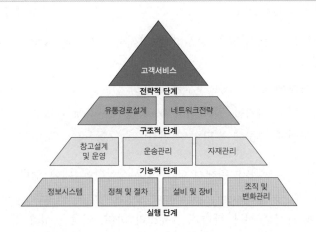

자료: Copacino, 1997.

표 15-3 물류전략의 단계별 구성요소

수준	부문	구성요소
전략	▪ 고객서비스	▪ 기업의 목적 및 전략 ▪ 마케팅 목적 및 전략 ▪ 고객서비스 요구사항
구조	▪ 유통경로 설계 ▪ 네트워크	▪ 자가 운영 또는 아웃소싱 ▪ 시설물의 개수, 위치, 규모 ▪ 운송수단 ▪ 자동화 ▪ 시설물의 배치와 디자인 ▪ 조직 ▪ 공급업자와 고객과의 관계
기능	▪ 창고설계 및 운영 ▪ 운송관리 ▪ 자재관리	▪ 위치 선정 ▪ 재고배치 ▪ 운송업체와 벤더 선정 ▪ 시스템 능력 ▪ 역할과 책임
운영	▪ 정보시스템 ▪ 정책 및 절차 ▪ 설비 및 장비 ▪ 조직 및 변화관리	▪ 운영정책 ▪ 운영통제규칙 ▪ 운영 프로세스 ▪ 운송경로와 스케줄

자료: Andersen Consulting.

2. 물류전략의 수립

1) 물류전략 수립의 개념

기업이 목표로 하는 성과를 달성하기 위해서는 다음과 같은 질문에 답할 수 있어야 한다.

① 우리는 어디에 있는가(Where are we)?

② 우리는 어디로 가기를 원하는가(Where do we want to go)?

③ 우리는 어떻게 그곳에 도달할 것인가(How can we get there)?

여기에 답하고 실천하기 위해서 기업은 시장상황에 대해 전략적 분석(strategic analysis) → 전략의 수립(strategy formulation) → 전략적 실행(strategic implementation)을 한다. 이러한 과정을 전략 관리 프로세스라 하며, 이들은 상호 유기적으로 연결되어 있기 때문에 통합적으로 관리되어야 한다.

물류의 관점에서 볼 때 물류가 지향하는 목표를 달성하기 위해 물류의 제반 기능들을 어떤 방식으로 실행할 것인가에 대한 방안을 수립·실행해 나가는 것이다. 물류는 [그림 15-4]에서 보는 바와 같이 운송, 보관, 하역, 포장, 정보활동 등 여러 가지 기능들로 구성되어 있으며, 외부 비즈니스 파트너와의 연계를 통한 공급사슬관리로까지 확대되어 있다. 이들 상호간의 조정 및 통합을 통해 물류의 효율성과 효과성을 증대시켜 나가는 것이 물류의 전략적 접근이다.

그림 15-4 물류기능의 전략적 결정요소

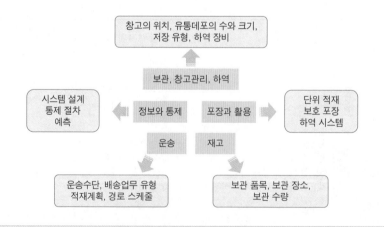

2) 물류전략의 구성요소

물류전략 수립에서 고려할 구성요소는 환경, 목표, 전략 및 실행, 지원 자원 등이 있다. 먼저 환경 요소는 정치, 경제, 법률, 관련 산업, 기술과 경쟁기업 등이 있다. 목표설정은 서비스, 비용, 재고, 리드 타임 등의 수준을 결정하는 것이다. 그리고 전략설정과 관련된 요소로는 상·물 분리, 운송관리, 거점통합, 재고관리, 정보관리 등이 있다. 마지막으로 이러한 전략 실행을 위한 지원 자원에는 인력, 자금, 설비, 정보 등이 포함된다.

표 15-4	물류전략 분석의 구성요소		
구분	구성요소		
환경분석	▪ 관련 산업 물류환경 ▪ 기술 환경	▪ 하드웨어 환경	▪ 경쟁사 물류환경
목표설정	▪ 서비스 수준 환경 ▪ 비용절감	▪ 생산성 향상 ▪ 리드타임 단축	▪ 재고삭감 ▪ 유통품질 보존
전략수립	▪ 물류거점 통합 ▪ 포장의 모듈화 ▪ 정보관리	▪ 운송관리 ▪ 납기관리	▪ 상·물 분리 ▪ 재고관리
기업의 자원	▪ 인력 ▪ 자금	▪ 설비 ▪ 정보	▪ 협력회사 ▪ 관리수준

3. 물류전략분석의 방법론

경영전략의 수립을 위해서는 먼저 전략적 분석이 선행되어야 한다. 전략분석을 위한 틀에는 거시적 측면에서 산업분석과 미시적 관점의 기업전략분석이 포함된다. 산업분석에는 일반적으로 5가지 힘 모델(Five-force)이 활용되며 기업전략분석에는 SWOT분석, 위상분석, 분포분석, 동태분석 등이 주로 이용된다.

1) 산업차원 분석 틀: Five-force 분석

Five-force 분석(Porter, 1980)은 해당 산업의 시장구조를 설명하고 비교할 수 있는 유용한 틀이다. [그림 15-5]에서 볼 수 있듯이, 이 모형은 산업 조직의 전체

구조와 상태는 5개의 핵심적 요소, 즉 내부적 경쟁자(internal rivalries), 잠재경쟁자 (potential entrants), 공급자(supplier), 수요자(buyer), 대체품(substitutes)으로 이루어져 있다. 이 요소들로 해당 산업(기업)의 미래 성장을 유도하는 정도와 현재의 수익성 을 위협하는 수준에 따라 그 산업조직의 위상과 특성을 파악할 수 있다. 나아가 이 틀에서 다른 산업과 비교하면, 산업간 상대적 위상과 상황을 알 수 있다.

그림 15-5 5가지 힘(Five-force) 분석 틀과 분석 요소

자료: Porter, 1980.

2) 기업차원 분석 틀

(1) SWOT 분석

SWOT는 기업의 내부적 강점(Strengths)과 약점(Weaknesses), 그리고 외부 적 기회(Opportunities) 및 위협(Threats)의 약자로 만들어진 명칭이다. 기업의 성과는 이러한 내·외부적인 요소들에 의해 결정된다고 한다. 즉 외부 전략적 요소는 기업의 전략적 향방을 좌우하며, 내부 전략적 요소는 전략의 실행에 결 정적인 영향을 미친다.

전략적 요소에는 내부 전략적 요소와 외부 전략적 요소로 나뉜다. 내부 전략적 요소는 기업의 강점과 약점을, 외부 전략적 요소는 기업 환경 측면에서의 기회와 위협을 가르킨다.

강점이란 경쟁기업에 비해 상대적으로 우위에 있는 자원이나 기술 등의 요소들을 일컫는다. 이러한 요소들이 기업에게 비교우위를 가져다주면 이를 차별적 경쟁역량이라 부른다. 기업의 강점은 재무자원, 기업 이미지, 시장에서의 리더십, 구매자 및 공급자와의 관계 등에서도 나타날 수 있다.

약점은 자원이나 기술 그리고 역량 등의 제약 또는 부족을 일컫는 것으로, 기업의 효과적인 성과 달성을 저해한다. 기업의 약점은 시장, 재무자원, 경영역량, 마케팅 기술, 상표 이미지 등에서 노출될 수 있다.

기회는 기업이 당면한 환경의 유리한 측면을 가리키는 것으로, 기업 입장에서는 도약의 발판으로 삼을 수 있다. 예를 들면, 종래에는 간과했던 시장의 발견, 경쟁 또는 규제환경의 변화, 기술의 변화, 구매자 및 공급자와의 관계개선 등이 기회요인으로 작용할 수 있다.

위협은 기업이 당면한 환경의 불리한 측면을 가리키는 것으로, 기업운영에 걸림돌이 된다. 그 예로는 새로운 경쟁기업의 진입, 시장성장의 둔화, 주요 구매자 및 공급자의 교섭력 증대, 기술의 변화, 규제의 신설 등이 있다.

기업은 내·외부의 전략적 요소들을 고려하여 다양한 전략을 구사하게 된다. 즉 〈표 15-5〉에서 보는 바와 같이 강점·기회전략(SO Analysis), 강점·위협전략(ST Strategy), 약점·기회전략(WO Strategy), 약점·위협전략(WT strategy)이 있다.

표 15-5	SWOT 분석에 따른 대응전략
전략유형	대응 전략
강점·기회전략 (SO)	자신의 강점을 발휘해 기회를 활용할 수 있도록, 내·외부적으로 유리한 상황을 활용하는 방안으로 성장 위주의 공격적 전략(aggressive strategy)을 추구한다.
강점·위협전략 (ST)	기업이 당면한 위협을 피하면서 자신의 강점을 이용할 수 있도록, 현재 종사하는 산업에서 치열한 경쟁을 피해 새로운 시장을 개척하는 다각화 전략(diversification strategy)을 추구한다.
약점·기회전략 (WO)	기업의 약점을 극복함으로써 기회를 활용할 수 있도록, 내부 약점을 보완해 좀 더 효과적으로 시장 기회를 추구하는 전략적 제휴(strategic alliance) 또

	는 우회전략(turnaround strategy)을 추구한다.
약점·위협전략 (WT)	약점을 최소화시켜 위협을 극복하는 데 주안점을 둔다. 따라서 내·외부적으로 불리한 상황을 극복하기 위해 기업은 사업을 축소하거나 기존 시장에서 철수하는 등 방어적 전략(defensive strategy)을 취하게 된다.

(2) 위상분석

기본분석인 SWOT 분석을 시행한 후 실시하는 위상분석(positioning analysis)은 분석과 조사의 대상이 되는 중요한 요인들에 대해서, 우리 기업이나 서비스 사업이 목표시장에서 어떤 위상을 차지하고, 어느 영역에 위치하는 지를 분석하는 것이다.

위상분석의 목적과 용도는 먼저, 목표시장에서 우리 기업의 상대적 경쟁력을 파악하는 일이다. 상대비교의 핵심이 되는 요인에 대하여, 여타 경쟁기업과 비교하여 우리 기업의 위치가 어디에 있느냐를 파악하는 것이 목적이다. 또한 최상위 기업과의 벤치마킹을 통해 앞으로 나아가야 할 방향을 결정하는 일이다.

(3) 분포분석

분포분석(portfolio analysis)이란 자원의 최적 배분을 결정을 위해 기업의 사업 또는 서비스 믹스 요소들을 분석하는 것이다. 분포분석의 목적과 용도는 먼저, 기업이 보유 내지 운영하고 있는 서비스 라인이나 서비스 비즈니스 내용이 얼마나 균형적으로 구성되어 있는가를 알 수 있는 분포도를 작성하는 일이다. 다음은 현재 포트폴리오를 개선 내지 조정할 수 있는 전략적 방향과 구체적 비율을 결정한다. 분포분석에서 가장 일반적인 측정요소는 시장 성장률과 상대적 시장 점유율이다.

분포분석에서 가장 많이 활용되고 있는 것이 BCG(Boston Consulting Group)분석이다. 이 분석에 사용되는 매트릭스는 [그림 15-6]에 나타나 있는 것처럼, 시장 성장률(성장성)과 시장 점유율(경쟁력)을 두 축으로 하는 매트릭스 위에 그 기업이 수행하고 있는 사업부들이 어떻게 분포되어 있는가를 분석하는데 이용된다.

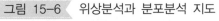

그림 15-6   위상분석과 분포분석 지도

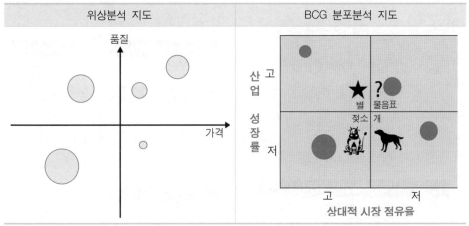

3) 동태분석

동태분석(dynamic analysis)은 시간의 흐름에 따라 요인의 상태가 어떻게 변화하는 지를 분석하는 것이다. 동태분석은 크게 두 가지 문제에 초점을 맞추는데 첫째는 분석대상 요인의 변화 방향과 변화율이고, 둘째는 분석대상 요인의 중장기적 성장성과 경쟁력이다. 현재의 추세가 지속될 경우, 미래 기업의 위상이 어떻게 변화할지를 예측해 기업전략에 반영하게 된다.

4. 물류전략 수립 프로세스와 전략적 의사결정

1) 물류전략의 수립과 실행과정

물류전략의 수립은 기업전략의 일부이며 또한 사업전략의 한 요소이다. 따라서 기업의 전략적 목표를 우선적으로 고려한 후 이를 충족시킬 수 있는 물류부서의 특성과 고려사항을 감안하여 전략을 수립하게 된다. 기업 전략 수립과 실행은 [그림 15-7]에서 보듯이 ① 상황분석 → ② 기업목표수립 → ③ 사업단위 목표 수립 → ④ 구조적 단계 전략 ⑤ 각 기능별 전략 수립 → ⑥ 운영전략 수립 → ⑦ 사업단위 성과평가 → ⑧ 기업 전체의 성과 평가의 단계로 진행된다.

그림 15-7 물류전략 수립 및 실행단계

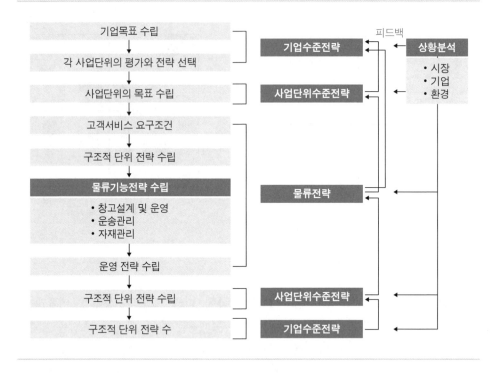

(1) 제1단계: 상황분석

전략 수립의 첫 단계는 상황분석으로 이것은 세 가지로 구분된다. 첫째, 시장분석은 기존의 제품시장 혹은 새롭게 고려되는 제품시장의 수요의 특징과 추이, 그리고 경쟁여건을 분석하는 것을 가르킨다. 둘째, 기업분석은 제품시장에서 경쟁기업과 비교하여 자사의 상대적 강점과 약점을 분석하는 것이다. 셋째, 환경분석은 사회문화적 변화나 법제도적 구조와 같은 거시적 환경과 각 제품시장에서 공급업자, 유통참여자, 기타 서비스 제공업자 등의 제도적·행태적 특징들을 분석한다.

(2) 제2단계: 기업과 사업목표 수립

환경분석에 맞추어 적절한 전략의 수립은 기업의 성과 달성에 결정적인 역할을 한다. 그러나 이러한 전략 수립 이전에 우선적으로 해야 할 일은 기업의 사업 목표를 설정하는 것이다. 기업목표는 기업이 달성하고자 하는 성과를 말한다. 기업이 달성하고자 하는 목적 및 목표가 있어야 기업조직의 존재이유가 있으며, 그것을 기반으로 전략의 수립과 실행에 참여하는 구성원들이 정체성과 자긍심을 갖고 조직에 몰입할 수 있다.

(3) 제3단계: 사업단위(물류) 목표 수립

기업의 전체의 목표가 설정되면 이에 맞추어 사업단위의 목표와 전략을 수립한다. 기업의 입장에서 사업단위의 목표는 그 기업이 대상으로 할 제품 또는 서비스 시장을 선택하는 것이다. 그러나 물류사업의 관점에서 볼 때 물류를 하나의 사업 단위로 간주하여 물류전략의 목표 및 전략수립을 설정하는 것이 된다. 물류전략에서 가장 중요한 것은 물류 고객서비스를 최대화하여 물류의 전략 목표를 달성할 수 있도록 설정하는 것이다. 고객서비스 수준은 물류시스템이 갖추어야 할 수준과 물류시스템의 성과 수준을 결정하기 때문에 물류전략 수립과정에서 최우선적으로 결정되어야 한다.

서비스의 수준 향상에는 많은 자금, 시설과 노력이 소요되기 때문에 이러한 요소를 고려하여 서비스 수준이 정해져야 한다. 여기서 중요한 것은 고객을 만족시킴과 동시에 기업의 이윤 목표를 달성할 수 있는 최적의 서비스 수준을 정하는 것이다. 이것은 고객서비스 수준의 증대는 엄청난 비용의 증대를 초래하기 때문이다. 그리고 가능하면 구매 집단간에 물류경로의 공유가능성을 모색하는 것이 필요하다.

(4) 제4단계: 구조적 전략

이 단계는 물류의 구조적 분야에서의 목표와 전략을 수립하는 것이다. 고객의 서비스 요구사항을 파악하여 고객서비스 수준을 결정한 후 이를 충족시키기 위한 방안으로 물류시스템의 구조를 결정하여야 한다. 여기에는 유통경로의 설계와 네트워크 전략이 있다. 즉 유통경로를 어떻게 가져갈 것인가와 이에 따른 네트워크 전략을 수립하게 된다.

유통경로설계는 어떤 경로로 물류서비스를 실행해 나갈 것인가를 설계하는 것이다. 이 과정에서 중요한 사항은 경로와 물류센터와의 관계를 설정하는 것이다. 장기적인 경로설계는 주로 완제품을 고객 혹은 최종소비자에게 전달하는 과정의 설계로 원자재 조달(구매)에서 발생하는 물류와는 다르다. 유통경로는 한번 구축되면 변경이 용이하지 않기 때문에 치밀한 사전계획 하에 이루어져야 한다. 또한 시대의 변화에 따라 고객의 요구사항이 변하기 때문에 경쟁상황에 맞게 유통경로를 재검토하여 재구축하여야 한다. 유통경로설계에서의 의사결정 요소로는 물류센터를 자가로 또는 아웃소싱할 것인가? 시설물의 개수, 규모 등과 더불어 어떤 운송수단을 선택할 것인가 등을 포함한다.

물류네트워크 전략은 원·부자재의 공급과정에서부터 생산과정을 거쳐 완제품의 유통과정까지의 흐름을 최적화하는 전략이다. 네트워크 전략은 경로전략과 개별적으로 수립되어서는 안 되며, 서로 통합하여 조화를 이루면서 수립되어야 한다.

(5) 제5단계: 기능별 전략

이 단계는 물류창고의 설계 및 운영, 운송관리, 자재관리 등의 기능적 요소에 관한 것이다. 물류창고 설계 및 운영은 서비스 수준의 목표를 고려하여 필요한 창고의 규모와 수, 위치, 운영시설 등을 결정하는 것이다. 창고운영에서는 재고를 어디에 또는 어느 수준으로 배치할 것인가를 결정하여야 한다. 운송관리는 운송업체의 선정을 포함한다. 취급상품에 맞는 운송전략을 세워야 하며, 장·단기적으로 운송비용을 감소시킬 수 있도록 하여야 한다. 자재관리는 예측에서부터 시작하여 재고계획, 생산계획, 생산일정 및 구매를 포함하는 전반적인 원부자재 및 완제품의 재고 보충과정에 관한 사항이다.

(6) 제6단계: 운영전략

운영단계에서는 기업의 자원, 즉 정보시스템, 정책, 조직 등을 고려하여 물류업무의 운영을 어떻게 효율적으로 실행해 나갈 것인가를 결정하는 것이다. 정보시스템 구축은 정보시스템에서 제공하는 정보는 회계·생산·재무·마케팅 등을 포함한 모든 기업활동과 서로 연계되어 있으며, 이 활동들을 서로 통합화시킴으로써 원가를 관리하고, 고객에게 양질의 서비스를 제공할 수 있다. 정책 및 절차 수립은 기업의 성과를 달성하기 위하여 필요한 각종 물류운영 정책과 이를 실행할 수 있는 업무 절차가 있어야 한다. 설비 및 장비 도입은 자사의 네트워크와 창고·수송·자재 관리 등의 기능적 단계를 실현할 수 있는 적합한 시설을 도입해야 한다. 이때 자사의 운영자금을 고려하여야 한다. 조직관리는 물류활동이 통합적으로 이루어지기 위해서는 효율적이고 통합적으로 구성된 물류조직이 필요하며, 또한 역동적인 환경 하에서 능동적으로 변화에 대처할 수 있는 조직형태를 갖추어야 한다.

(7) 제7단계: 평가

평가 단계에서 먼저 물류부문이 속해 있는 기능의 평가시스템을 설정하고, 이어 기업 전체의 평가 시스템을 구축해야 한다. 다음은 이러한 평가시스템을 통해 기존 설정된 전략을 변경하는 단계이다. 이 단계에서는 물류활동에서의 사명, 목표, 방향, 특정 목적을 명확히 할 필요가 있다.

2) 물류의 전략적 의사결정

(1) 물류전략의 고려사항

물류전략은 화주인 생산업체가 고객의 수요에 유연하게 대응할 수 있게 해 준다. 그러므로 물류전략에서 주요 관심사는 배송시간의 단축, 판매 후 서비스의 제공, 재고 손실의 감소, 가격경쟁의 우위 달성 등을 포함한다. 따라서 이를 달성하기 위해서는 〈표 15−6〉과 같은 질문사항을 고려하여야 한다.

표 15-6 물류전략의 결정 사항
▪ 생산거점은 몇 개, 어디에 입지시킬 것인가? ▪ 생산공정을 공장별로 어느 정도 수직 통합시킬 것인가? ▪ 어느 정도로 자체 생산을 하고 나머지는 외주할 것인가? ▪ 어디에 몇 개의 재고지점을 둘 것인가? ▪ 범세계적으로 어느 정도의 자재조달을 할 것인가? 아니면 현지조달을 할 것인가? ▪ 지역별・시장별로 분산시킬 것인가? 아니면 집중시킬 것인가?

(2) 물류 기능별 전략적 실행

물류전략은 물류의 각 기능별 전략의 총합이다. 물류전략의 실행은 물류가 지향하는 최종 목표인 최소 비용으로 고객서비스 수준을 제공하기 위한 것이지만 이를 달성하기 위해서는 개별 물류기능들의 효율성과 효과성을 최대화할 수 있도록 실행하는 것이다. 물류전략에 영향을 미치는 주요 요소로는 공급사슬관리, 서비스 수준, 운송관리, 재고관리, 주문관리, 구매관리, 창고관리, 물류시설의 배치, 정보처리, 조직관리 등이 있다.

공급사슬의 효율성과 효과성을 제고하기 위해서는 공급사슬의 각 구성원들의 프로세스를 목적에 일치(alignment)시켜야 한다. 개별 구성원의 성과보다는 공급사슬 전체의 성과를 우선적으로 고려해야 한다. 공급사슬 각 구성원간 또는 각 기능간에 트레이드 오프가 발생하기 때문에 기능간 조정과 통합적 접근이 필요하다. 파트너십과 정보교환 및 공유가 특히 중요한데 이는 공급사슬 프로세스를 통합시킬 뿐만 아니라 재고 축소, 조달시간 단축을 통해 공급사슬의 비용과 전체 주기시간의 단축과 유연성을 확대할 수 있기 때문이다.

서비스 수준은 물류의 효과성을 나타내주는 가장 중요한 지표이다. 물류서비스는 고객이 원하는 제품을 적절한 위치에 정확한 시간에 공급해 주는 것이다. 이러한 목표 달성을 위해서는 물류의 제 기능인 운송, 창고 및 재고관리, 유통가공, 하역, 포장, 정보활동 등이 물류서비스에 초점을 맞추어야 한다. 이러한 측면에서 물류서비스는 물류기능의 수행 능력의 총합으로 볼 수 있다.

기업의 물류 경쟁전략에서 운송의 역할은 고객의 요구에 얼마나 신속하게 대응하느냐를 결정짓게 한다. 화주 기업의 경쟁전략이 높은 수준의 대응성을 요구하는 고객을 목표로 하고 또한 고객이 이에 상응한 비용을 지불하려 한다면 기업의 전략 방향은 대응력을 최대화할 수 있는 운송관리에 초점을 맞추게 된다. 반대로 기업의 경쟁전략이 비용을 중시하는 고객을 대상으로 할 경우 대응성을 희생시켜 효율적 운송, 즉 저비용 운송 서비스를 제공해야 할 것이다. 그러나 대응성과 효율성을 증대시키는 데는 재고와 운송 기능을 동시에 활용할 수 있기 때문에 최적의 결정은 종종 두 기능 사이에서 정확한 균형을 찾는 것을 의미한다.

재고는 원자재에서부터 완제품까지 공급사슬 내의 공급자, 생산자, 유통업자 그리고 소매업자에게까지 넓게 퍼져있다. 재고는 공급사슬 내 비용의 중요한 발생 원천인데 재고를 많이 보유하면 그 만큼의 비용이 높아진다. 또한 재고는 고객에 대한 대응성에 중요한 영향을 미치는 데 만약 기업의 경쟁전략이 높은 수준의 대응성에 맞추어져 있다면 많은 재고를 고객 가까이에 위치시켜 고객이 원할 때 즉시 사용할 수 있도록 해야 한다. 반대로 기업이 높은 효율성을 추구한다면 재고를 중앙에 집중시켜 전체 재고를 줄여 비용을 줄일 수 있을 것이다.

물류의 시작은 고객의 주문에서 시작된다. 그러므로 잘못된 주문처리는 전체 물류프로세스에서 지연과 오송으로 귀결되기 때문에 물류서비스에서 중요한 역할을 한다. 또한 접수된 주문의 완벽하고 신속한 처리는 고객의 신뢰성 확보에도 기여한다. 만약 기업이 효율성을 중시한다면 주문 단위를 크게 가져감으로써 주문 횟수를 줄일 것이며, 대응성에 초점을 맞춘다면 주문 단위를 작게 하여 주문 횟수의 증가로 비용이 늘어난다.

구매관리는 생산에 필요한 자재를 거래처로부터 적정한 품질을 확보하여 정확한 시기에 적정 수량을 최소의 비용으로 구매하기 위한 일련의 활동들이다. 기업의 목적이 이윤 추구에 있다면 기업의 구매 목적도 동일하고 생산활동과 밀접히 관련되어 있다. 구매관리는 그 자체에 목적이 있는 것이 아니라 생산계획을 차질 없이 달성하는 것이다. 기업이 대응성에 초점을 맞추는 경우 근거리에서 그리고 소량으로의 구매하려 할 것이고 효율성을 중시한다면 전 세계를 대상으로 그리고 대량으로 구매하는 것이 유리할 것이다.

창고관리는 입고, 적치, 재고, 피킹, 출고 등 물류센터의 전체 프로세스를 통합적으로 관리하여 고객기업의 물류관리 및 운영능력을 향상시켜주는 것이다. 최근 창고에서의 물류활동이 증대되면서 그 중요성이 커지고 있다. 즉 지연전략과 부가가치 물류서비스를 수행하는 장소가 창고이기 때문에 창고를 어떻게 유용하게 활용하고 관리하느냐에 따라 재고비용, 부가가치 물류 수행, 시간의 단축 등이 가능하기 때문에 창고관리는 비용 절감과 서비스 품질 제고에 중대한 역할을 한다. 기업이 대응성에 초점을 맞출 경우 작은 규모의 창고를 많이 확보하여 고객에 보다 근접시키는 것이 유리하며, 효율성을 중시할 경우 소수의 대형 창고를 보유하여 관리하는 것이 유리하다.

물류설비(facilities)는 제품을 싣거나 내리는 데 사용되는 각종 기기와 공급업자와 제조업자 또는 제조업자와 소비자 사이에서 자재 및 물품을 보관하고 창고와 물류관련 인프라 등을 포괄한다. 최근 창고는 물류센터로서의 기능이 강화되면서 공급사슬전략의 요소에서 중요한 역할을 담당하기 때문에 더욱 많은 관심 영역이 되고 있다. 대부분의 기업들은 물류기기로 규격화된 박스(box)나 팔레트(pallet) 사용이 정착되어 보관, 하역, 운송의 효율성과 대응성 증대에 활용하고 있다. 특히 제품의 특성에 맞는 다양한 설비의 보유는 제품의 흐름을 원활하게 하여 대응성을 높일 것이다. 반면 비용 면에서 다양한 설비 보유에 따른 추가비용이 발생하므로 효율성은 저하된다. 설비의 가동률 또한 대응성과 효율성에 긍정적인 영향을 미친다.

정보관리는 경영환경 변화와 기술적 발달과 더불어 중요성이 더욱 커지고 있다. 정보관리는 정보시스템의 구축을 통해 효과적으로 관리될 수 있다. 물류의 각 기능을 연결시켜주고 고객 서비스의 품질을 제고하는 데 중요한 역할을 한다. 물류 또는 공급사슬 구성원들의 연계를 통해 협업을 추진함으로써 재고의 감축을 가져오며 WMS, TMS 등의 구축을 통해 물류의 효율성 증대에 기여하며, 또한 고객에게 위치추적 서비스, 클레임 처리 등에서 효과성을 높일 수 있다.

물류조직 관리는 물류의 성과에 커다란 영향을 미친다. 물류의 전략 수립에서부터 실행에 이르기까지 다양한 의사결정과 운영은 대부분 사람에 의해 이루어진다. 인력의 효율적 운용은 물류 운영 성과로 이어지기 때문에 조직관리는 물류전략 수행에 핵심적인 요소라고 할 수 있다. 기업이 대응성에 초점을 맞출 경우 물류기능 조직을 독립된 형태로 운영하는 것이 효과적이며, 효율성을 중시할 경우 물류기능을 관련 부서에 포함시켜 운영하는 것이 유리하다.

5. 물류전략의 평가

1) 물류전략 평가의 개념과 의의

물류전략평가는 조직의 물류전략과 실행이 그 조직의 목적에 부합하는지를 확인하는 것이다. 물류전략평가는 기업이 설정한 전략이 기대한 목표 또는 성과 달성에 얼마나 근접했는지를 평가하여 성과 개선에 활용되기 때문에 전략수립만큼 중요하다. 또한 이것은 성과의 통제를 통해 각 사업단위 또는 관리자가 수행한 업무를 조정하는 데 활용된다.

물류전략은 물류의 성과 개선을 통해 추구하는 목표를 달성하기 위한 도구로 활용되기 때문에 물류성과 평가와 유사하다고 할 수 있다. 즉 물류성과에 영향을 미치는 내·외부적 요인을 선택하여 달성하고자 하는 기준치를 설정하고, 물류전략을 실행함으로써 이러한 기준치에 얼마나 도달하였는지를 측정하고, 개선을 위한 조치를 통해 전략의 성과를 제고하는 데 활용된다.

2) 물류전략 평가 프로세스

물류전략평가의 프로세스는 다음과 같은 활동들로 구성되어 있다.

첫째, 성과의 벤치마크 설정이다. 성과 측정은 측정의 요인을 도출하여 기준을 설정하는데서 출발한다. 이를 위해 주로 다양한 산업, 기업, 부서 등에서 무엇을 벤치마킹하고, 기준을 설정하고, 이를 어떻게 표현할 지를 결정한다. 기업 또는 조직은 성과의 종합적 평가를 위해 정성적·정량적 기준을 사용할 수 있다. 정량적 기준에는 매출액, 순수익, 투자수익률, 비용, 시간 등이 포함되며, 정성적 요소에는 기술, 역량, 고객 대응성, 유연성, 정보 활용 등이 있다.

둘째, 성과의 측정이다. 성과의 기준은 주로 실제 성과와 비교될 벤치마킹을 실시한다. 보고와 커뮤니케이션 시스템은 성과를 측정하는데 도움이 된다. 만약 성과 측정을 위한 적절한 수단이 있고, 기준이 적절히 설정되면 전략의 평가는 용이해진다.

셋째, 변동성 분석이다. 실제 성과를 측정하고 성과의 기준과 비교할 때 분석할 변동성 요인이 있다. 전략의 성과를 설정하는 데는 실제치와 성과의 기준치간의 허용 수준을 제시 해야 한다.

넷째, 개선조치이다. 일단 성과에 변동이 있다는 것을 확인하면 개선 조치를 위한 계획을 수립하는 것이 중요하다. 만약 실제성과가 기대한 성과보다 지속적으로 낮다면 그러한 성과 변수의 구체적 분석을 수행하여 필요한 경우 기준을 조정해야 한다.

제16장

물류관리기법

제1절 물류관리기법과 유형

1. 경영관리기법의 의의와 변천

1) 경영관리기법의 의의

20세기 들어서 기업경영활동이 복잡해지고, 또한 기업의 경영을 둘러싼 환경이 변화되면서 기업들은 경쟁우위를 확보하기 위해 과학적인 접근을 통해 어떻게 경영 효율화를 달성하고 효과성으로 높일 수 있을 것인가가 중요한 과제가 되었다.

경영의 효율화 또는 효과성에 영향을 미치는 요소는 다양한데 기업의 전략, 조직, 종업원, 기업자원 등을 들 수 있다. 또한 외부적인 환경요인 예를 들어 경쟁관계, 기술, 정책, 제도적인 측면도 중요하다.

최근 정보통신기술을 포함한 다양한 기술의 비약적 발달은 기업의 경쟁환경에 많은 영향을 미치고 있을 뿐만 아니라 이를 경영에 활용함으로써 경영의 효율화를 도모하는 기업이 증가하고 있다.

경영관리기법은 기업의 경영활동을 효율화하기 위한 체계적인 방법 또는 기술로 정의될 수 있다. 경영효율화를 도모할 수 있는 방법으로는 경영구조의 개선, 경영자원의 효율적 활용, 정보기술의 활용, 경영자원의 외주화, 고객 대응력 강화 등 다양한 방법이 활용된다.

2) 물류관리기법의 변천

최초의 과학적 경영관리기법은 1900년대 테일러(F. Taylor)에 의해 고안된 과학적 관리법을 들 수 있다. 이 방법은 종전의 주먹구구식 경영에서 탈피하여 엄청난 생산성 향상이라는 변혁을 가져왔으며 자동차의 대량생산을 가능하게 하였다. 이후 수많은 경영관리기법들이 등장하였으며, 이러한 기법들은 생산, 품질, 마케팅, 조직 등에서의 혁신적인 변화를 가져와 산업 또는 기업의 성장과 성공에 커다란 기여를 해 왔다.

현대적 의미에서 새로운 경영관리기법의 발전은 1960년대 이후 이루어졌다. 초기 단계에서의 경영관리의 초점은 생산활동에 초점을 맞추고 있는데 전통적인 대량생산을 지원하기 위한 경영관리기법으로 자재소요계획(MRP: Material Requirements Planning)을 들 수 있다. 1970년대는 대량생산에 따른 과잉재고를 어떻게 줄여 비용을 절감해 나갈 것인가에 초점을 맞추었는데 대표적인 기법으로 적시생산체제(JIT)를 들 수 있다. 1980년대 들어 업무프로세스와 품질을 어떻게 개선할 것인가가 중요한 과제가 되었으며, 이를 위한 경영관리기법으로는 비즈니스 프로세스 리엔지니어링(BPR)과 전사적품질관리(TQM) 등을 들 수 있다. 1980년대 중반 이후에는 소비자의 요구에 어떻게 신속하고 효율적으로 대응할 것인가가 중요한 과제가 되었는데 대표적인 기법으로는 신속대응(QR)과 효율적 고객대응(ECR)이 널리 활용되었다. 1990년대는 수요와 공급을 동시에 관리할 수 있는 접근이 필요하다고 인식하게 되었으며 이를 대표하는 기법으로 공급사슬관리(SCM)이 있다. 이 시기 또 다른 접근으로 기업은 자사의 핵심역량에 집중하고 비핵심분야는 외부 전문업체에게 위탁하는 방식으로 경영효율화를 도모하고자 하였는데 대표적으로 아웃소싱(Outsoucing)을 들 수 있다.

2000년대 이후에도 통합적 물류관리기법이 대세를 이룬 가운데 기업의 핵심역량만을 자체적으로 관리하고 나머지 영역에 대하여는 외주를 통해 기업 조직의 슬림화, 핵심역량에의 집중화 등이 기업경영에서 중요한 대상이 되고 있다.

[그림 16-1]은 지난 60여 년간 경영관리기법의 변천사를 보여주고 있다.

그림 16–1　경영관리기법의 변천

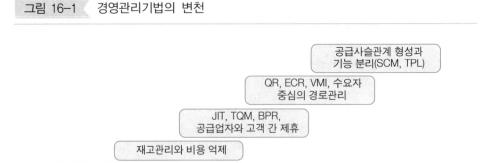

2. 물류관리기법 의의와 유형화

1) 물류관리기법의 의의

물류전략은 사업전략의 일부이기 때문에 물류사업의 경쟁우위 확보 방법이 결국 물류전략의 핵심이 된다. 물류전략의 구분은 다양한데 가장 기본적으로 M. 포터가 제시한 본원적 전략인 저비용, 차별화, 집중화로 구분하는 방법이 있다. 이 구분법은 대부분 사업단위의 경영전략에 적용되고 있다.

물류관리기법은 물류전략을 달성하고 실행하기 위한 수단이다. 따라서 물류의 개별 기능의 효율성을 제고하면서 전체 물류프로세스를 원활하게 운용함으로써 물류의 목적을 달성하는 데 초점을 맞추고 있다. 물류관리기법은 기본적으로 기업 경영의 일환이기 때문에 경영관리기법과 분리해 접근할 수 없다. 경영관리기법의 발전과 더불어 이를 활용하고 적용한 다양한 형태의 물류관리기법이 등장하였다. 최근에는 물류관리기법은 보다 광의적인 의미를 지닌 공급사슬관리로 통합하는 경향이 강하다.

2) 물류관리기법의 유형화

물류의 중요성과 물류관리가 진화되면서 물류전략을 실현하고 물류의 특성을 고려하여 물류관리에 집중화된 물류관리기법의 유형화가 시도되어왔다.

Coyle et al.(1996)은 물류의 기본적 기반 요소인 시간, 자산생산성, 기술, 관계로 4가지로 분류하였다. Bowersox & Daugherty(1987)는 물류 비즈니스의 경영방식, 환경 및 자원 등을 고려하여 3가지, 즉 프로세스 전략, 시장 전략, 정보 전략으로 구분하였다.

물류관리기법은 물류관리의 목적을 실현하기 위한 수단이기 때문에 지향하는 목적은 물류비용을 최소화하면서 물류성과, 즉 고객 서비스를 향상시키는 데 목적이 있다. 물류관리에는 다양한 기능이 상호 연계되어 있기 때문에 개별 기능을 중심으로 한 효율성과 효과성의 제고에 맞추어 구분할 수도 있다. 이 경우 전략은 물류의 핵심 기능인 수·배송, 보관(재고와 창고), 하역, 포장, 정보 등의 관리전략으로 구분된다. 그 외에도 다양한 방식에 의하여 전략기법을 구분할 수 있으나 전략적 요소가 매우 다양하고 특성이 다르기 때문에 체계화하는 데는 어려움이 있다.

제2절 물류관리기법

1. 공급지향 물류관리기법

1) 자재소요량계획

자재소요량계획(MRP: Material Requirements Planning)은 '제품생산의 일정, 부품 또는 반제품의 소요량 및 조달기간 등을 고려하여 언제, 얼마만큼의 부품 또는 반제품을 주문 또는 자체적으로 생산해 나갈 것인가를 계획하는 것'으로 정의할 수 있다. MRP는 판매물류(유통)와 조달물류(공급)에 영향을 미치는데 어떤 생산일정으로 무엇을, 얼마나 생산할 것인가에 대한 정보를 제공하며, 이에 맞추어 물류관리자는 원·부자재를 생산 일정에 맞추어 공급하여야 한다.

MRP는 전통적 재고산출 방식에서 발생하는 재고의 과부족을 최소화하고 정량을 적시에 주문하여 재고수준을 낮게 유지하며, 계획의 우선순위와 생산계획 수립에 필요한 정보를 제공한다. 그러므로 MRP는 재고관리 및 생산일정계획과 밀접한 연관성을 가진다.

MRP의 기본원리는 최종 생산일정을 기초로 하여 원자재와 부품의 소요량을 정확히 계산하고 가능한 한 적정재고수준에 맞추어 주문량, 생산량, 그리고 발주시기를 결정한다. 따라서 이러한 시스템 운영을 위해서는 제품의 생산시기, 원자재 소요량, 조달 시간 등에 대한 정확한 정보를 보유하고 있어야 한다.

MRP의 발전과정을 살펴보면 1950년대 도입 초기 컴퓨터에 의해 생산일정을 수립하는 데서 시작되었다. 이는 1세대 시스템, 즉 자재소요계획 또는 MRP Ⅰ이며, 주생산일정, 세부적 생산용량계획, 구매를 위한 자재소유계획을 개발하면서 수요예측의 프로세스에 초점을 맞추었다. 2세대인 생산자원계획 (Manufacturing Resource Planning) 또는 MRP Ⅱ는 데이터베이스 관리시스템으로 빠르고 강력한 컴퓨터를 이용했으며 통합 판매와 예측, 생산계획, 재고관리, 구매 활동을 통합하였다. 이 단계에서 공급사슬관리는 내부에 초점이 맞추어졌으며, 생산 지향적이었다. 또한 이 시스템은 물류, 제조, 마케팅 및 재무 등의 영역을 포함하였다.

2) 물류자원계획

물류자원계획(DRP: Distribution Resource Planning)은 물류관리에 MRP 원리를 적용한 것인데 유통에서 완제품 재고를 통제하는데 사용된다. DRP는 '재고보관 장소의 소요량을 결정하고 공급원(supply source)이 수요량에 부합하도록 관리해주는 절차'로 정의할 수 있다. 그러므로 DRP는 보관 장소의 규모를 근거로 재고보충을 위한 주문량과 주문시기를 결정하고 이를 근거로 한 운송 로트 및 시간을 결정하는 계획표이다. DRP 시스템의 목적은 고객의 요구에 대응하고 유통 네트워크상에서 불확실한 상황에 보다 민첩하게 대응하기 위해 제품의 배송스케줄 개선과 재고의 효과적 배치를 도모한다.

DRP는 운송 수단의 선정 예를 들어 생산지에서 유통센터까지 트럭 또는 철도의 조정, 다양한 경로 상에서의 재고통제, 물류자원의 효과적인 배분 등을 통합·관리한다. DRP 수립을 위해서는 생산일정관리와 생산량 관련 정보가 필수적이며 따라서 MRP와 DRP는 상호 밀접한 관계를 가진다.

DRP시스템은 먼저 경로 상 종착지점에서의 수요를 조사하고 반대로 창고 네트워크 상의 소요량을 합산함으로써 창고 네트워크 전체에 대한 물류자원의 소요량을 산정한다. 이를 통해 물류 소요량의 가시성 확보와 재고의 효율적 관리가 가능해진다.

DRP는 고객서비스 수준의 제고, 재고수준 감소, 유통비용 절감, 제품의 진부화(obsolescence) 감소 등의 효과가 있다.

2. 수요지향 물류관리기법

1) 적시공급체제

(1) JIT의 개념과 특징

적시생산시스템(JIT: Just-In-Time)의 개념은 1970년대 개발한 도요타 생산시스템의 간판시스템(Kanban System)을 미국에서 도입한 것이다. 간판은 소량의 필요한 원·부자재를 공장 내의 여러 장소에 조달하기 위해 카트(cart)에 부착된 일종의 표찰(signboard)을 말한다. 각 표찰은 필요한 보충량과 재공급 시간을 기재하고 있다. 간판시스템을 통해 필요량이 정확한 시간에 공급되면 무엇보다 불확실성에 대비한 재고를 보유할 필요가 없어진다.

JIT는 '모든 생산과정에서 필요할 시점에, 필요한 품목을 필요량만큼 생산하므로 생산시간을 단축하고 재고를 최소화하여 낭비를 없애는 시스템'으로 정의된다. 즉 낭비의 제거를 통해 생산과정을 간소화시킨다는 것이다. 여기서 낭비란 부가가치를 만들어 내지 못하는 모든 이동을 말하며 도요타는 낭비요소를 7가지로 분류하였는데 과잉생산, 대기, 운반, 가공, 재고, 동작, 불량 제작이다.

제조업에서 자재흐름은 두 방식 풀(pull)과 푸시(push)가 널리 사용되고 있다. JIT시스템은 풀 방식이며, 재고소요량과 생산량을 상호 긴밀하게 연계시켜 재고의 발생을 최소화한다. JIT는 비록 생산시스템에서 출발하였지만 생산에 투입되는 원재료, 부품, 반제품 등의 조달이 뒷받침되어야 할 뿐만 아니라 완제품 조립 후 유통경로로 연결되는 과정에서 판매물류가 발생하기 때문에 적시배송체계로도 불린다. 또한 JIT는 재고를 최소화한다는 점에서 무재고 생산 또는 적시 유통체제로도 부를 수 있다. 물류관리에서 JIT시스템은 조달기간(lead-time)과 낭비적 요소를 제거하기 위한 목적으로 계획되었기 때문에 특히 재고관리에 널리 활용된다.

JIT에서는 4가지, 즉 ① 무재고(Zero inventories), ② 짧은 조달시간(Short lead time), ③ 소량 다빈도 재고보충, ④ 고품질 또는 무결점의 실현이 중요하다. 또한 성공적인 JIT의 적용을 위해서는 공급자 배송과 생산 일정과의 조정, 제품의 품질과 배송의 신뢰성 측면에서 공급자로부터 높은 수준의 서비스가 필수적이다. JIT의 실현을 위해서는 물류 및 운송업자, 공급업자, 구매업자 및 제조업자간의 필요한 수요량이 밀접하게 조정 및 통합되어야 하고 이를 위해 상호간 정보통신 시스템의 구축이 필요하다.

〈표 16-1〉에서 보는 바와 같이 JIT는 생산 및 조달의 단축, 공급자와 협력적 관계 형성이 필요하기 때문에 전통적 방식과는 많은 차이가 있다.

표 16-1　전통적인 방식과 JIT 시스템의 차이

요소	전통적 방식	JIT 시스템
재고	자산	부채
안전재고	보유	없음
생산기간	장시간	단시간
준비기간	양도	최소화
로트의 크기	경제적 주문량	개별적
대기시간	제거	필요함
리드타임	가변적	단시간
품질검사	중요한 부분	100% 달성
공급업자/고객	적대적	협력자
공급처	다수	단일
노동자	지시	소속됨

자료: Colye et al., 1996.

JIT원리는 소매 및 식품부문에서 QR과 ECR과 같은 관리기법에 많은 영향을 미쳤다.

(2) JIT 프로세스와 효과

JIT 프로세스는 먼저 원자재는 생산 시점에 구매하고, 재공품(work-in-process) 재고는 다음 단계의 생산이 필요할 때 제공되며, 완성품은 생산완료 시점에 고객에게 전달된다. 다시 말해 JIT시스템에서 설정한 수요는 생산 프로세스의 각 단계별로 발생한다.

JIT 프로세스의 효과는 짧은 시간의 조달과 운반시간, 재고의 삭감, 고객서비스 품질의 제고 등이 있다. 특히 시장 수요에 대응하여 소량 다빈도 생산이 가능해져 다양한 제품을 신속하게 공급 및 출시할 수 있는 이점을 가지고 있다.

그러나 JIT 환경 하에서는 품질을 포함해 모든 것이 완전해야 하며 지연시키는 어떤 활동도 없어야 하기 때문에 어떠한 결함제품이나 생산의 오류도 허용되지 않는다. 따라서 만약 공정 중 어느 한 부분에서의 결함, 오류, 시간 지체가 발생하게 되면 전체 시스템에 엄청난 악영향을 미치게 된다.

대표적인 사례로 2011년 일본 구마모토 대지진으로 인해 자동차 공급사슬이 붕괴되면서 엄청난 생산 차질이 발생했는데, 이는 JIT를 근간으로 하는 도요타 생산시스템(TPS: Toyata Production System)의 한계를 잘 보여주었다. 즉 모든 생산단계가 JIT로 연결된 상황에서 일부 부품 공급선에 문제가 발생할 경우 대체 공급선 확보의 문제와 재고 부족 사태를 가져오게 된다는 것이다.

JIT 체제는 운송에도 부하를 가하는데 예를 들어 소량 다빈도 운송과 정시성이 강조되기 때문에 운송의 효율성을 저하시킬 뿐만 아니라 수배송의 지연이 발생할 경우 급송이 요구되기 때문에 운임이 증가할 수 있다. 또한 JIT 체제는 빈번한 운송과 공로운송에 대한 의존율이 높기 때문에 환경에도 부정적인 영향을 미친다.

(3) MRP와 JIT의 차이

MRP는 종속수요의 주문 처리를 위한 정보시스템으로서 공장 현장에서 개별적 주문, 소요자재, 후방의 스케줄과 생산능력계획에 사용하기 위하여 1950년대 말 미국에서 개발되었다. 이 계획절차는 고객주문에서 시작하여 완성품의 생산 완료시간과 수량을 나타내는 주 생산에 사용된다.

이에 반해 JIT는 1970년대 일본에서 개발되었으며, 그 목표는 모든 사업운영에서 발생되는 낭비요소를 제거하는 것이다. JIT 체제에서는 비교적 안정적인 스케줄이 요구되고 재고가 많이 발생되고 완충부분이 많고 반복적인 제조환경에서 그 기능이 최대로 발휘된다. JIT는 컴퓨터의 역할이 제한적인데 반해 MRP는 컴퓨터를 이용해 처리하는 것이 일반적이다. MRP와 JIT시스템은 서로 다른 환경에서 개발되었지만 제조계획과 통제의 관점에서 유사한 특성을 가지고 있기 때문에 통합적으로 사용할 수 있다.

표 16-2	MRP시스템과 JIT시스템의 차이	
비교내용	JIT시스템	MRP시스템
목적	필요한 물품을 필요한 시점에 정확하게 공급해 재고 최소화	생산 과정에서 필요한 재료와 부품의 구매 시기와 양을 계획
접근방식	풀 시스템(pull system): 수요에 따라 제조 및 공급	푸시 시스템(push system): 예측량을 산출하여 구매 및 생산
계획 및 일정	수요 변화에 신속히 대응	복잡한 계획에 따라 재고 관리
자재소요량 판단	간판	자재소요계획
재고수준	최소한의 재고	필요량 미리 구매하여 재고 유지
조달기간	단기	장기
로트크기	필요량만 충족하므로 소규모	로트크기는 대규모
공급자와의 관계	동일 조직과 같은 입장의 장기 거래와 긴밀한 협력	경제성 고려한 단기 거래는 적대적
품질관리	100% 고품질 추구	약간의 불량은 인정
위험 및 취약성	공급망의 중단이나 예기치 않은 수요 변화에 취약	재고유지로 수요 변화에 대한 대응력 있지만 과잉재고 부담

2) 신속대응

(1) 신속대응의 정의

1980년대 경쟁업체간의 경쟁심화, 고객욕구의 다양화, 유통업자의 협상력 증대, 정보기술의 발전 등 급변하는 기업의 경영환경으로 기업의 대응력 강화가 주요한 과제가 되었다. 특히 소비자의 기호가 급변하고 서비스 부문이 경쟁의 요체가 되면서 기업들은 시간압축 경쟁(time-compressed competition)에서 우위를 차지하기 위해 많은 노력을 기울이게 되었다.

1980년대 미국의 섬유업계를 중심으로 불기 시작한 신속대응(QR: Quick Response) 기법은 저가 외국산 제품의 시장점유율 증대, 제조업 공동화 현상, 섬유인력의 이직현상이라는 위기상황의 시점과 맥을 같이 한다. 이 상황에서 소비자 요구에 신속히 대응하고 시장변화에 민첩하게 대처하지 않고는 살아남을 수 없다는 인식이 고조되면서 QR이라는 신산업전략이 도입되었다.

신속대응(QR)은 '생산, 유통관련 거래 당사자가 협력하여 소비자에게 적절한 시기에 적절한 양을 적정한 가격으로 제공하기 위해 공급사슬 구성원간 공동으로 실시하는 리엔지니어링'이라고 정의될 수 있다. QR은 원자재공급자, 제조업자, 도소매업자가 전략적 제휴를 통하여 소비자의 선호도를 즉각 파악하여 시장변화에 신속하게 대응하는 체제이다. 이를 위해 소매업자와 납품업자는 판매시점관리(POS)의 정보를 공유하고, 제품 보충을 위해 미래 수요를 공동으로 예측하는 등의 파트너십 을 구축한다. 이로 인해 공급자들은 최상의 고객서비스 수준을 제공할 수 있게 되었는데 이는 고객(소매점)으로부터 구매 요청서 없이도 판매시점에서 필요한 재고를 보충하여 품절비용을 줄일 수 있다. 이는 정보기술인 EDI, 바코딩, POS 등 관련기술의 발달로 다양한 제조업 분야에서 실현되었다.

(2) QR의 구성요소와 기대효과

QR 시스템은 최종 소비자의 수요가 판매시점에서 즉시 공급망을 통하여 생산자로 환류(feedback)되고 생산자는 고객 수요에 신속하게 대응하는 체제를 말한다. 그러므로 QR 시스템의 운영에서는 무엇보다 판매시점정보의 획득과 공급사슬 구성원간의 정보교환 및 공유가 중요하다. 신속한 정보획득을 위해서는 공동상품코드에 의한 소스마킹(source marking), 이것을 지원하는 KAN코드, 정보데이터베이스가 갖추어져야 하고 상호간의 정보교환을 위한 EDI 체제가 갖추어져야 한다.

QR을 통해 얻을 수 있는 효과로는 고객서비스 제고, 신속·정확한 납품 및 생산 및 유통기간의 단축, 재고감축, 상품의 회전율 증가, 반품에 의한 손실감소 등이 있다. QR 시스템을 적극적으로 활용한 대표적 기업에는 Benetton, Haggar Apparel Company, Dillard's 백화점 등이 있다.

3) 효율적 고객대응

효율적 고객대응(ECR: Efficient Consumer Response)이란 소비자 만족에 초점을 둔 공급사슬의 효율을 극대화하기 위한 모델로서, 제품의 제조단계에서부터 도·소매에 이르기까지 전 과정을 일관된 흐름으로 보아 연관기업들의 공동참여를 통해 총체적으로 경영효율을 개선하는 경영기법이다. 즉 ECR은 기존의

SCM을 가치사슬(value chain)이라는 관점으로 글로벌화하여 공급자, 수요자 및 유통업자 모두의 가치를 최적화하는 것이다. ECR이 단순히 공급망 통합과 다른 점은 산업체내와 산업체간 표준 및 최적화를 포함한다는 데 있으며, 유통에서 QR과 차이점은 섬유뿐만 아니라 다른 산업부문에도 적용 가능하다는 것이다. 식료품에서의 ECR은 개별 구성원의 효율성보다도 전체 공급 시스템의 효율성에 초점을 맞춤으로써 고품질의 신선한 식품에 대한 소비자의 선택권을 제고하고, 전체시스템의 원가, 재고, 실물자산을 감소시킨다.

ECR은 소비자의 요구에 신속·정확하게 대응하는 것이며 공급망에서 도·소매점의 재고를 줄이며, 필요한 재고의 부족을 방지함으로써 전체 공급사슬 비용의 최소화뿐만 아니라 생산자의 측면에서는 소비자의 성향을 정확하게 파악하여 제품공급에 반영하는 데 목적이 있다. ECR은 어떤 상품을 고객에게 제공하는 데에서 한 기업의 범위를 넘어 생산지점에서 최종소비자에 이르기까지 전체 흐름을 대상으로 한 효율성 제고를 달성하는 데 있다. 이를 통해 소비자에게 높은 가치를 제공하는 것이다.

Wal-Mart와 P&G사는 파트너십을 통해 생산지점에서 최종 판매지점까지의 유통경로 상에서 양사는 제품의 흐름을 동시화(synchronize)하는 ECR 전략을 실행했으며, 이는 식료품 산업의 핵심 벤치마킹이 되었다. ECR을 통해 P&G사는 매출과 수익을 높였고 시장점유율도 확대할 수 있었던 반면 Wal-Mart는 안정적 재고보충을 통해 품절을 방지할 수 있었다.

4) 지속적 재고보충 프로그램

지속적 재고보충프로그램(CRP: Continuous Replenishment Program)은 QR의 수정된 경영기법으로 유통업자의 주문재보충의 필요성을 해소시켜주기 때문에 생산자 재고관리라고도 한다. CRP의 목적은 소매점의 재고가 연속적으로 재 보충될 수 있도록 탄력적이고 효과적인 공급사슬 관계를 수립하는 데 있다. 소매판매 또는 창고 출하량 관련 자료를 매일 전송받음으로써 공급자는 다양한 제품을 수량에 맞게 소매재고를 재 보충하는 책임을 진다.

CRP를 효율적으로 운영하기 위해서는 두 가지 기본적인 사항이 필요하다. 첫째, 제조업자와 소매업자 사이에 요구사항 및 효율적 화물운송 수단을 갖추고 있어야 한다. 둘째, 판매량은 수송에서 규모의 경제를 유지할 정도가 되어야 한다.

　CRP는 기존에 유통업체의 주문에 의한 전통적인 상품보충 프로세스에서 실질적인 상품수요와 예측수요를 근거로 상품을 보충하는 것이다. CRP를 구현하게 되면 다빈도 배송으로 재고수준과 운영비를 낮출 수 있다.

　5) 공급자주도형 재고관리

　공급자주도형 재고관리(VMI: Vendor Managed Inventory)는 '제조업체의 자재관리를 제조업체를 대신하여 자재공급업체가 그리고 소매업체의 제품관리를 소매업체를 대신해서 공급자인 제조업체, 도매업체 혹은 제3자 물류업자(포워더)가 관리해주는 방식'을 말한다.

　전통적인 재고의 보충 방식은 조달물류 부분에서는 제조업자가 재고량을 파악하여 납품업체(vendor)에게 재고보충을 의뢰하고, 판매물류 부분에서는 소매상이 제조업체 또는 도매업체에게 재고보충을 의뢰하는 방식이다. 그러나 VMI에서는 수요자가 아닌 공급자가 재고를 보충하는 방식이다. 판매물류의 VMI 운영방식을 예를 들면 소매점은 매장의 POS정보를 실시간으로 EDI를 통해 제조업자 또는 납품업체에게 제공하고, 이들은 이 정보를 기초로 매장에 재고를 보충한다. 이에 따라 제조업자는 채찍효과(bullwhip effect)에 의한 수요 왜곡의 영향을 받지 않고 수요예측과 판매계획, 생산계획의 조정이 가능해져 결과적으로 공급사슬내의 관련 당사자인 제조업자, 도매업자 그리고 소매업자 모두에게 재고 누적에 따른 경제적 손실을 최소화할 수 있다.

　[그림 16-2]에서 보는 바와 같이 VMI형태는 공급사슬의 생산을 위한 조달부분과 판매를 위한 유통영역에서 발생한다. 먼저 조달부분인 부품공급형 VMI는 공급업자와 제조사간의 EDI 또는 웹(Web)을 통하여 정보를 공유하고, 공급업자가 재고를 책임을 지고 물류서비스를 제공하는 방식이다. 유통부분인 제판동맹형 VMI는 제조업체와 소매점간에 POS를 사용하여 자동으로 재고보충량을 계산하고, 제조업체에서 소매점으로 발주업무를 대행하는 공급주도형 방식이다.

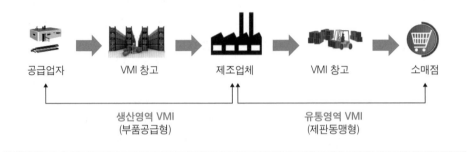

그림 16-2 ┃ VMI의 영역 및 형태

공급업자 → VMI 창고 → 제조업체 → VMI 창고 → 소매점

생산영역 VMI
(부품공급형)

유통영역 VMI
(제판동맹형)

현재 VMI를 가장 많이 이용하고 있는 업종 중의 하나인 컴퓨터 산업은 부품공급업자, 제조업자 그리고 VMI용 창고 관리자인 제3자물류업체가 VMI기법을 활용하고 있다. 그들은 실시간 정보를 교환하고 필요한 양의 부품을 필요한 시기에 창고에서 공장으로 운송해주고, 필요한 양만큼 다시 부품공급업자로부터 보충 받는 방식으로 진행되고 있다. 이 경우 VMI를 관리하는 주체는 대부분이 제조업체의 제3자물류업체이고 이들이 VMI 창고를 운영하면서 동시에 부품의 운송도 처리하고 있다.

VMI 효과는 다음과 같다. 첫째, 고객의 재고 감축이다. VMI에서 공급자는 제조업자보다 주문시점과 수량을 더 잘 통제할 수 있다. 더구나 공급업자 측에서의 안전재고량은 매우 축소된다. 둘째, 예측의 개선이다. 이는 수요정보의 공유로 발생하며 더욱 안정적인 수요분포를 나타낸다. 빈번한 주문과 함께 수요의 변동성은 줄어들게 된다. 셋째, 비용의 감소이다. 이는 공급사슬에서 일일 수요 변동성이 감소하기 때문이다. VMI는 재고량과 창고용량 사이의 버퍼를 줄여줄 뿐만 아니라 생산량의 변동성을 완화시켜 준다. 넷째, 서비스의 개선이다, VMI로 다수의 공급업자에 대한 보충주문과 배송의 조정은 서비스 수준을 개선시킨다. 이외에도 품절의 최소화와 조달시간의 단축을 통해 고객서비스의 질을 향상시킬 수 있다.

6) 협업적 계획, 예측 및 재고보충

협업적 계획·예측 및 재고보충(CPFR: Collaborative Planning, Forecasting & Replenishment)은 제조업체와 유통업체간의 협업전략을 통해 상품의 생산, 예측, 재고보충을 실행하는 방안이다. 즉 CPFR은 '장기적인 몰입, 품질에 대한 공동작업, 공급자의 관리적, 기술적, 역량의 개발에 대한 구매자에 의한 지원'이라고 정의된다. 이러한 관계는 기업이 현재의 신뢰성 있는 정보에 접근하고 낮은 재고수준을 유지하고 조달 시간을 단축하고 제품의 품질을 개선하고 예측 정확도를 개선하여 궁극적으로 고객 서비스와 전체 이익을 개선하는 것이다.

공급자는 또한 품질과 비용의 개선과 공유된 절감에 대한 제안으로부터 구매자의 투입증가를 통해 협력적 관계로부터 혜택을 입는다. 소비자도 또한 낮은 비용으로 제공된 고품질의 제품을 통해 혜택을 얻을 수 있다.

CPFR에서 구매자와 판매자는 양 당사자가 공동의 예측과 보충계획을 가질 수 있도록 예측치를 공유하고 주요 변동성을 탐지하고 아이디어를 교환하고 상호간 차이를 완화시키고 협력하기 위해 인터넷을 활용한다.

3. 통합형 물류관리기법

1) 통합형 물류전략기법의 개념

기업에는 다양한 부서들이 존재하며 이들 부서들의 각 기능들이 유기적으로 연계되어 기업 성과, 즉 매출증대, 수익창출 등을 이루어낸다. 정보통신기술의 발전과 더불어 조직 내에서 정보의 교환 및 공유가 가능해지면서 보다 나은 기업 성과를 달성하기 위해 기존 독립된 기능들을 상호 통합적으로 운영·관리하는 경영기법들이 등장하게 되었다.

1980년대 후반과 1990년대 초반 제조업체들은 생산, 유통, 마케팅 그리고 판매를 하나의 연속적인 프로세스로 바라보기 시작했다. 그들의 주요 관심사는 하류로는 마케팅과 물류 그리고 상류로는 생산과 물류로 연계된 공급사슬을 가능한 한 이음새 없이 연결하는 것이었다. 이를 위해 비즈니스 프로세스의 재구축이 필요했으며 여기에는 정보기술 프로젝트를 통해 기능적 부서간 정보관리가 핵심적인 요소였다.

1990년대 중반 공급사슬관리(SCM)는 상당히 다른 관점으로 진화되었는데 생산업체는 '생산 푸시방식'에서 다양한 가치사슬의 '고객 풀 방식'으로 이동하였다. 관리자들은 주문 이행 속도를 빠르게 하고 공급사슬 전체에서 재고비용을 줄이기 위해 실시간 고객 주문과 판매 대응에 초점을 맞추기 시작했다. 이를 위해 소프트웨어 응용 프로그램도 판매와 주문 이행을 유통과 물류, 재고관리, 생산계획 그리고 통제 및 공급자 관리와 통합하는 데 초점을 맞추었다. 기업들은 ERP 시스템을 기업 내부에서 공급사슬 구성원들간의 정보 교환으로 확대시켜 나갔다. 인터넷은 이러한 정보 시스템의 확장에 결정적인 역할을 하였다.

1980년대 후반 정보기술의 발달과 더불어 기업들은 이를 활용하여 업무를 프로세스 중심으로 변화시켜 나가고 또한 각 기능들간의 통합에 초점을 맞추어 경영혁신을 추진하였다. 통합의 영역도 기업 내부에서 외부로, 그리고 지리적 범위도 국내 중심에서 세계로 확장되어 갔다. 이러한 통합을 위한 대표적인 경영관리기법으로 BPR, TQM, ERP, SCM 등이 활용되었다.

2) 비즈니스 프로세스 리엔지니어링

비즈니스 프로세스 리엔지니어링(BPR: Business Process Reengineering)은 '기업의 업무 내용, 조직, 체질, 경영방식 등의 비즈니스 시스템을 혁신적으로 재구축하여 경쟁력을 확보하는 것'을 말한다. 그동안 기업에서도 생산성 향상을 위해 품질관리, 과학적 경영, 자동화 등 여러 가지 경영관리 기법을 도입해 왔으나, 이런 점진적인 경영개선 방법은 문제의 일부를 개선하는 것이어서 기업경영의 본질적인 문제들을 해결해 주지는 못했다. 그러나 리엔지니어링의 개념에서는 인원삭감, 권한이양, 노동자 재교육, 조직의 재편 등이 포함되어 있다.

Hammer(1993)는 리엔지니어링을 '비용, 서비스, 속도 등 핵심적 성과척도에서 극적 개선을 이루기 위해 경영 프로세스를 근본적으로 다시 생각하고, 과감하게 재설계하는 것'이라고 정의하였다. 구체적으로 말하면 정보기술을 활용하여 지금까지 조직도에서 표시되지 않았던 비즈니스 프로세스 업무의 흐름에 주목하여 이를 근본적으로 재조정함으로써 상품과 서비스의 흐름을 재설계하는 것이다. 이를 통해 BPR이 궁극적으로 지향하는 목표는 고객만족, 생산성 향상, 경쟁력 강화 및 기업이윤의 극대화에 있다.

BPR을 물류부문에 적용해 정의해 보면 '물류업무의 프로세스, 즉 원자재의 발주에서부터 주문품의 배송에 이르는 일련의 과정을 제로베이스에서 근본적으로 재설계하는 것'이다. 리엔지니어링 물류관리기법은 다음과 같은 특징을 가진다.

첫째, 기업의 외부환경 변화에 적절히 대응하도록 기존 관습이나 전제를 고려하지 않고 제로베이스의 관점에서 고객 지향적으로 물류업무의 프로세스를 재구축한다.

둘째, 비용 삭감만을 목표로 하는 것이 아니고 고객만족을 통해서 매출을 극대화할 수 있도록 업무의 프로세스를 재구축한다.

셋째, 물류활동의 일부 기능이나 부분적 생산성이 떨어져 손실이 발생한다고 해도 전체 물류프로세스 상 효율성을 극대화할 수 있는 방향으로 추진한다.

넷째, 물류 프로세스 재구축의 대상은 물류의 전 기능이며 프로세스의 효율화를 위해서는 일부 기능의 통폐합을 과단성 있게 추진해야 한다.

3) 전사적품질관리

전사적품질관리(TQM: Total Quality Management)란 '제품의 설계단계에서부터 원자재 구입, 공정설계, 생산출하, 판매 및 서비스까지 전 단계에 걸쳐 서비스와 제품의 품질에 영향을 주는 기업 내 모든 부서의 노력을 결집해 전사적으로 품질관리를 추진하는 활동'이다.

TQM은 1980년대 초반 미국을 중심으로 기업의 경쟁우위를 확보하고 품질 위주의 기업문화를 창출함으로써 조직구성원의 의식을 개혁하고, 궁극적으로 기업의 경쟁력을 키우고자 최고 경영자를 중심으로 기업경영을 고객위주의 관리시스템으로 변화시키는 새로운 경영운동이라 할 수 있다.

TQM은 품질의 지속적 개선(continuous improvement)이라는 목적을 위해 고객중심(customer focus), 공정개선(process improvement), 품질문화(quality culture)의 형성, 총체적 참여(total involvement)를 기본 원리로 한다. 이것은 TQM이 고객을 우선적으로 고려한 제품이나 서비스의 우월한 품질의 목표, 기업 전체의 조직 참여, 지속적 수행, 기업문화로의 정착으로 가능하다는 것을 의미한다.

TQM 실행에는 비전이 있는 최고 경영자의 강력한 리더십, 내부와 외부의 협력, 프로세스 관리, 지속적인 개선, 교육과 훈련, 종업원의 이행 의지와 만족도 등이 중요한 요소이다(Anderson et al., 1995). 이러한 요소는 지속적인 조직개선을 추구하는 대표적인 일련의 원칙들이다. 따라서 TQM적 접근은 시스템, 프로그램, 제품, 사람에 대한 지속적 개선을 통해 장기적으로 혜택을 가져올 수 있다.

4) 벤치마킹

벤치마킹(Benchmarking)이란 기업이 '어떤 목표달성을 위해 어느 특정분야에서 최상위 대상을 표적으로 삼아 자기 기업과의 실무와 성과의 차이를 비교하는 경영프로세스'이다. 벤치마킹은 상대방의 우수한 성과가 어떻게 도출되었는가 하는 방법론적 노하우까지도 비교대상으로 삼는다. 최상위에 있는 상대는 특정 산업 또는 다른 산업에서 확인 또는 발견될 수 있으며 그들의 결과를 자기 기업과 비교하여 그들의 경영실무를 학습하는 것이다. 벤치마킹을 최초로 실시한 기업은 제록스사로 경쟁우위를 확보하기 위한 대표적인 도구로 활용하였다.

벤치마킹은 다음과 같이 4가지 유형, 즉 내부, 외부, 타 산업, 글로벌 최상 기업 벤치마킹으로 구분할 수 있다. 벤치마킹기법을 활용한 경영혁신의 추진을 위해서는 적용분야, 상대, 성과측정지표, 운영프로세스라는 벤치마킹의 4가지 구성요소에 대한 명확한 이해가 필요하다. 일반적으로 벤치마킹 프로세스는 다음과 같은 단계로 진행된다([그림 16-3] 참조).

그림 16-3　벤치마킹 프로세스

1단계는 벤치마킹의 대상을 파악한다. 자사에서 어떤 분야를 벤치마킹할 것인가를 파악하는 단계이다.

2단계는 자사의 현재 성과를 분석한다. 자사가 현재 처한 상황 등을 다양한 분야에서 분석하여 어떤 분야를 벤치마킹 할 것인가를 결정하여야 한다. 즉 핵심 성공요인, 핵심 프로세스, 핵심 역량 등을 파악한다. 벤치마킹해야 할 중요한 프로세스는 반드시 문서화하고, 특성을 정확히 기술해야 한다.

3단계는 계획단계이다. 벤치마킹 대상 기업, 분야 등을 토대로 어떻게 벤치마킹 과정을 수행할 것인지를 설계한다. 그리고 벤치마킹 팀을 편성하고, 성과

측정단위를 설정하는 단계이다.

4단계는 벤치마킹 기업(분야)을 조사한다. 즉 벤치마킹 대상을 선정하는 단계이며, 벤치마킹의 대상은 기업내부, 동종기업, 타 산업, 해외기업 등 다양하기 때문에 자사의 상황을 면밀히 관찰하여 정해야 한다. 또한 벤치마킹 대상은 하나가 아니라 다수가 될 수도 있다.

5단계는 성과의 차이(GAP)를 분석한다. 이 단계에서는 데이터 분석, 근본원인 분석(root cause analysis), 결과 예측, 동인 판단 등의 업무를 수행한다.

6단계는 결과를 활용한다. 벤치마킹을 통해 얻은 결과물을 기업의 프로세스에 어떻게 적용하여 개선을 해 나갈 것인가를 심층적으로 분석한다.

5) 식스 시그마

6시그마(Six Sigma)는 '모든 비즈니스 활동에서 일어날 수 있는 자원의 낭비를 줄이고 고객의 만족도를 제고하기 위해 비즈니스를 설계하고 프로세스 산포를 줄여 역량을 최적화 하는 활동'이다. 식스 시그마에서는 고객을 만족시키기위한 많은 방법들 가운데 가장 적합한 제품이나 서비스에서 결함을 제거하고제공하는 것으로 본다. 결함 없는 제품이나 서비스를 제공하기 위해서는 높은수준의 품질관리프로세스가 필요하며, 이것이 식스 시그마 전략에서 제품보다도 프로세스 자체를 강조하는 이유이기도 하다. 높은 수준의 프로세스는 높은품질의 제품과 서비스를, 가능한 저렴한 비용으로, 그리고 적기에 공급해 줄 수있다.

시그마(Sigma: σ)는 모집단의 표준편차를 나타내는데 쓰이는 통계적 측정단위를 표현하는 그리스 문자이며, 데이터의 변동이나 퍼진 정도를 측정하는데쓰인다. 시그마는 기업이 도달할 수 있는 무결점에 가까우며, 제품이나 서비스에 백만 기회 당 3.4개의 불량이 있음을 의미한다. 따라서 식스 시그마에서 궁극적으로 추구하는 것은 '결함 없는 실행'이다.

식스 시그마 접근법(Six Sigma)은 DMAIC(정의, 측정, 분석, 개선, 통제: Define, Measure, Analysis, Improve, Control)의 전사적 품질 원리에서 기원되며, 1986년 모토롤라사에 의해 최초로 개발된 개선법이다. 시그마의 초점은 ① 결함 없는 실행을 통한 고객만족, ② 급격하고 혁신적인 개선, ③ 효과적인 고도의 혁신 도구, ④ 기업 문화의 긍정적이고 심도 있는 변화, 그리고 ⑤ 진실한 재무 성과로 요약될 수 있다.

식스 시그마의 성공을 위한 5대 요소로는 ① 최고경영자의 강력한 리더십, ② 직원들에 대한 교육과 훈련, ③ 정확한 데이터에 의한 관리, ④ 효율적인 시스템 구축, ⑤ 충분한 준비기간 등이 있다.

식스 시그마를 활용한 품질혁신을 실천한 사례로 삼성전자의 성공을 들 수 있다. 1993년 삼성그룹 회장은 '신경영(New Management)'이라 불리는 비즈니스 혁신의 채택을 선언했다. '신경영'은 생산과 기업운영에서의 품질지향관리를 추구한다는 것이다. 산업에서의 '품질개선운동'과 더불어 신경영은 초기에는 품질보장에서 출발하여 이후 전체 프로세스의 품질을 포함시켰으며, 그 이면에는 식스 시그마가 있었다. 성과는 높은 품질, 혁신적 제품개발이었다. 그 결과 고객 만족과 수익의 증가로 이어졌고 이는 세계 제일의 기술력으로 나타났다(Emerald Management First, 2007).

6) 전사적자원관리

(1) 전사적자원관리의 개념

전사적자원관리(ERP: Enterprise Resource Planning)는 최신 정보기술을 활용하여 '수주에서부터 출하까지의 일련의 공급사슬관리와 관리회계, 재무회계, 인사관리를 포함한 기업의 기본 업무를 지원하는 통합정보시스템'이다. ERP시스템은 기업의 각 업무에서 발생하는 데이터를 수집하고 상호간에 교환 및 공유하게 한다. 이를 통해 주문, 생산일정, 원자재 구입, 완제품 재고 등을 모니터링하게 하며 각 기능의 시스템이 통합되어 있기 때문에 실시간 업무의 통합이 가능하다. ERP시스템 구축으로 생산, 판매 및 마케팅, 관리업무 등에서 동시공학(concurrent engineering)의 원리를 추진할 수 있고 기업내부의 가치사슬을 최적화할 수 있을 뿐만 아니라 고객에게 가시성을 제공할 수 있는 기반을 제공해준다.

(2) ERP의 구성과 효과

ERP는 1990년대 초반 MRP Ⅱ를 계승하면서 도입되었다. ERP는 제조와 생산계획 시스템에 기원을 두고 있지만, 1990년대 중반에 영역이 확대되면서 주문관리, 재무관리, 생산통제, 품질관리, 자산관리, 인적자원관리 등을 포함하게 되었다. ERP 시스템은 최근 전자상거래, SCM, CRM과 같은 기능까지로 범위가 확장되고 있다. ERP는 기업이 운영하는 시스템을 일원화한 구조로 되어 있는데 [그림 16-4]에서 보는 바와 같이 크게 5가지 재무/회계, 생산, 인사, 고객관계, 공급사슬로 이루어져 있다.

그림 16-4　전사적자원관리

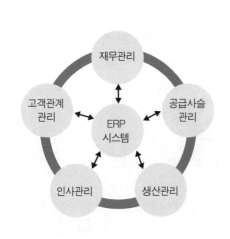

구분	내용
재무/회계	성과측정, 회계관리, 재무
생산관리	생산 능력의 계획, 자재 수급 계획 및 최적화
인사관리	전체 직원의 데이터베이스 유지 및 활용
고객관계관리	마케팅, 주문처리, 선적과 송장발행, 고객관계의 형성과 유지, 지식관리
공급사슬관리	재고관리, 창고프로세스 관리

　물류의 관점에서 ERP 시스템은 전체 공급사슬의 통합에 중요한 역할을 한다. 물류통합은 3단계로 진행되는데 내부적 통합, 외부적 통합 그리고 전체적 통합이다. 내부적 통합은 기업 내 기능의 통합단계이며, ERP 시스템은 각 부서간의 정보 공유를 통해 통합의 촉진자 역할을 한다. 또한 내부적 통합을 기초로 해서 외부적 통합, 즉 공급자와 유통업체와의 통합이 가능해지며, 마지막으로 전체적 통합은 공급사슬의 모든 참여자간의 정보 교환과 공유가 가능해 지는 단계이다. 물류 프로세스에서 ERP의 적용은 정보 시스템을 통한 공급사슬의 구성원인 공급업자, 제조업자 그리고 고객간의 협력을 강화시키는 역할을 한다.
　ERP 소프트웨어는 다양하지만 가장 대표적인 시스템은 SAP(Systems, Applications and Products in Data Processing)이다. 1972년 동명의 독일기업에 의해 개발되었으며, 업무용 애플리케이션 소프트웨어 분야 시장 점유율에서 가장 큰 비중을 차지하고 있다.
　ERP 시스템 구축의 효과로는 기업 내와 기업간 업무가 하나의 데이터베이스로 통합되어 데이터 공유가 원활해지고, 기업의 업무과정에서 발생하는 데이터를 일원화할 수 있다. 그러므로 ERP 시스템 도입은 기업의 업무 프로세스를 통합하게 되어 이를 통해 업무 생산성 증대, 비용의 절감, 신속한 의사결정, 고객서비스 개선, 투명성 및 신뢰도 증대로 기업가치 향상, 글로벌 경쟁력 강화 등의 효과를 기대할 수 있다.

(3) ERP, CRM, SCM의 관계

ERP는 인사, 재무/회계, 생산, 판매 및 마케팅, 고객관리, 물류 등의 기업 내 기능을 하나의 시스템으로 통합하여 기업 내 인적·물적 자원의 활용도를 극대화하기 위한 경영기법이다. ERP 시스템은 고객관계를 지원하는 고객관계관리(CRM: Customer Relationship Management)를 지원하는 시스템과 그리고 물류와 생산관리를 지원하는 공급사슬관리(SCM: Supply Chain Management)로 시스템이 확장되었다. 따라서 ERP는 외부로 연결의 근간(backbone)이 되는 시스템이라 할 수 있다.

CRM 시스템은 기업이 고객에게 더 나은 고객서비스와 적합한 제품을 제공할 수 있도록 총체적인 고객 데이터를 제공할 수 있는 시스템이며, 공급사슬관리는 최초의 공급지에서 최종 소비자에 걸쳐 상품, 정보, 자금의 이동을 원활하게 하는 공급사슬을 계획하고 관리하는 시스템이다. 따라서 이들 시스템은 고객에게 보다 나은 제품과 서비스를 제공할 수 있는 기본 인프라이며, 이를 위해 상호간 통합이 필수적이다.

(4) ERP시스템 도입 사례

Tieman Industries는 1953년 설립된 호주의 낙농제품용 탱커 제조업체로 기업내외간 통합의 부족과 공급사슬에서의 제한적 가시성을 해소하기 위해 ERP시스템을 도입하였다. 여러 가지 ERP 시스템을 평가한 후 Epicor ERP 시스템을 도입하였다. ERP 시스템은 재무에서부터 생산, 공정, 유통과 창고관리, 생산계획과 일정, 구매, 위치추적과 결제의 모든 영역을 통합하였다. 이로 인해 조달, 생산 공정, 마케팅과 판매, A/S 분야에 이르는 전 과정의 가시성을 확보할 수 있었다.

Tieman사는 고객의 구내와 현장지점까지 계획된 일정에 맞춰 서비스를 제공할 수 있을 뿐만 아니라 배송, 시간/비용의 추적, 결제의 효율성을 증대시킬 수 있었다. ERP 시스템은 Tieman사에게 생산과 계획, 마케팅과 판매, 소싱과 조달, 설치와 서비스, 재무 등을 포함한 전체 공급사슬에서의 더 향상된 가시성 확보를 가능하게 해 주고 있다. 이를 통해 Tieman사는 지속적으로 변화하는 고객 니즈의 영향을 보다 용이하게 관리할 수 있게 되었다.

4. 기타 물류전략 유형

1) Coyle et al.의 물류전략 유형

(1) 시간기반전략

시간기반전략(time-based strategies)은 시간을 활용하여 물류경쟁력을 높이는 전략으로 시간의 단축이 핵심이다. 시간은 기업간 치열한 경쟁 하에서의 중요한 변수이며, 또한 시간을 활용한 전략의 수립과 실행은 경영자에게 하나의 도전이 되고 있다. 제품의 디자인에서 생산, 조립, 결제 그리고 최종소비자에 대한 배송에 이르기까지 각 단계마다 시간이 소요된다. 이 과정에서 시간 단축은 궁극적으로 제품의 출시시간의 단축과 재고의 감소, 자금 회전율의 증가, 고객 서비스의 개선 등을 가져와 기업의 매출 증대와 수익성 향상에 기여하게 된다. 기업 관점에서 시간 단축의 핵심은 어떤 활동의 시작에서 종료시점까지 주기시간을 최소화하고 다음 단계로의 신속한 이행을 통해 전체 공급사슬의 소요시간, 즉 총주기시간(TCT: Total Cycle Time)을 단축시키는 것이다.

시간은 물류전략의 핵심요소이다(Eisenhardt and Martin, 2000). 물류에서 시간은 주로 고객의 주문시점에서 상품의 배송완료 또는 고객의 사용시점 사이의 시간(order-to-delivery time)을 말하며 조달시간(lead-time)과 유사하게 사용된다 (Willis & Jurkus, 2001). 조달시간의 단축은 3가지 요소, 즉 프로세스, 정보, 의사결정에 의해 좌우된다. 물류는 일련의 연속된 프로세스이기 때문에 이를 신속하게 수행하면 주기 시간을 단축시킬 수 있다. 또한 EDI 또는 인터넷을 통해 더 빠르고 더 효율적인 주문이 전달되면 거래 완료 시간을 상당히 단축시킬 수 있다. 마지막으로 의사결정에서 업무담당자에게 권한을 위임하는 것 역시 주기 시간의 단축에 중요한 방법이다.

물류관리기법의 측면에서도 물류의 시간을 단축할 수 있는 다양한 방법이 활용되고 있는데 대표적으로 푸시에서 풀 시스템으로 전환, JIT시스템 도입 등이 있다. 푸시(push)방식의 공급사슬에서 제품은 유통경로를 통해 생산에서 소매상에게로 밀어내기로 이동시키는 방법이며, 풀(pull) 방식의 공급사슬에서는 조달, 생산, 유통이 예측이 아닌 수요에 기반으로 한다. 풀 방식에서는 필요한 시점에 원자재, 부품, 완제품을 공급하기 때문에 소비자 대응시간을 줄일 수 있을 뿐만 아니라 전체 공급사슬에서의 재고도 감소시킬 수 있다. 크로스 도크(cross-docking), 적시배송체제(JIT), 공급자관리 재고방식(VMI), 지속재고보충계획(CRP) 등의 물류관리기법들은 물류 및 공급사슬시스템을 푸시(push)에서 풀(pull)로의 전환을 지원하는 물류관리기법 들이다. JIT 체제의 핵심은 사전 통지를 통해 필요한 시점에 필요한 소요량을 공급해 줌으로써 재고를 최소화하는 것이다. 이를 실현하기 위해서는 공정간 또는 공급사슬 구성원간에서 정확한 시간 내 정확한 수량을 공급할 수 있는 배송능력이 수반되어야 한다. 정시성을 준수하기 위해서는 조달시간의 단축이 중요하기 때문에 JIT는 시간단축을 위한 전략의 하나로 인식되고 있다.

물류관리에서 조달시간을 단축시켜 유연성을 확보하여 정시 인도를 가능하게 하는 것이 중요하다. 그 외에도 출시시간의 단축은 선점효과를 가져다주고, 재고량을 감축시키고, 첨단전자제품, 패션상품, 부패성 상품 등의 경우 제품의 품질에도 중요한 역할을 한다. 고객은 자신이 원하는 시간에 원하는 제품을 제공하는 기업을 선호하기 때문에 시간단축은 시장 점유율의 확대로 수익을 증대시킬 수 있으며, 또한 기업경쟁력을 강화할 수 있다. 대표적인 사례로 미국 최대의 소매유통업체인 월−마트를 들 수 있다. 월−마트는 총주기시간(TCT)의 축소로 재고투자비를 감소시키면서도 적정 서비스 수준을 유지하고, 재고회전율과 제품의 다양성을 개선시켰다. 이러한 전략은 월−마트가 재고에 대한 추가 투자 없이 고객의 제품 선택 폭을 증대시키는 효과를 가져왔다(Mason-Jones and Towill, 1998).

(2) 자산생산성 전략

자산생산성 전략(asset productivity strategies)이란 기업의 물류 자산 생산성을 높여 비용의 절감과 시간의 단축을 통해 고객서비스를 제고하는 것이다. 이를 위한 방안으로는 재고감축, 시설과 장비의 활용률 제고, 제3자물류의 활용 등을 들 수 있다.

재고감축(inventory reduction)전략은 기업의 자산인 재고를 어떻게 효율적으로 관리해 재고비용을 줄이면서 고객서비스의 중요한 요소인 상품의 가용성을 확보할 것인가에 초점을 맞추고 있다. 재고감축 방안으로 많이 활용되는 방법은 JIT, Cross-docking, QR, SCM 등이 있다.

시설이용률과 장비활용률을 높이는 것은 물류 자산대비 높은 성과를 가져오기 때문에 자산의 보유를 감소시킬 수 있으며 이는 결국 물류비용을 줄이는 효과를 가져온다. 시설과 장비이용률을 증대시키는 방법으로는 정보화, 자동화, 스마트화, 효율적 배치, 전문화 등이 있다. 제3자물류업체의 활용으로도 보유 자산을 줄이고 자산의 생산성을 높일 수 있다. 화주기업은 제3자물류업체가 보유한 자산 예를 들어 창고나 하역장비 등을 활용함으로써 유형 자산에 대한 투자를 줄일 수 있기 때문에 물류비 감소에 기여한다. 또한 비핵심 역량으로서의 물류를 아웃소싱함으로써 핵심역량과 관련된 자산에 집중적으로 투자하여 생산성 증대를 제고할 수 있다. DuPont, Nabisco, Proctor & Gamble, General Electric, General Motors 등의 많은 글로벌 기업들은 제3자물류 활용을 통해 3PL업체의 보유자산을 활용하고 물류서비스 관리에 초점을 맞추는 전략을 실행하고 있다.

(3) 기술기반전략

기술기반전략(technology-based strategies)은 물류 또는 정보기술을 활용해 물류경쟁력을 높이는 전략이다. 물류기술과 ICT의 비약적인 발전으로 기업의 경쟁전략 실행에 큰 변화가 일어나고 있다. 물류관련 정보기술 예를 들어 인터넷, GPS, 스마트 폰 활용 등은 이미 물류 경쟁력에 큰 영향을 미치고 있을 뿐만 아니라 미래의 물류와 공급사슬관리에도 중요한 경쟁요인이 될 것으로 예상된다. 또한 전자상거래의 전자조달, e-마켓플레이스의 활성화로 유통경로가 변화되고 소비자의 구매패턴이 변화되면서 더욱 신속한 물류의 대응이 필요하게 되었다. 전자상거래 시스템과 연계를 용이하게 하고 신속한 대응 물류를 위해서는 물류 및 정보기술의 역할이 중요하다.

물류기술은 물류 각 부문 예를 들어 인프라와 장비의 기술을 일컫는다. 인프라 기술은 공항, 항만, 물류센터, 창고 등의 시설물에 적용되는 기술이며, 물류의 각 기능에 적용되는 기술로는 운송, 보관, 하역, 정보, 물류시스템, 교통수단별 물류 운용기술, 표준화 기술 등이 있다. 최근 물류기술의 발전은 주로 물류기술과 ICT의 융합기술이 적용되어 공급사슬관리의 효율화를 도모하고 있다.

예를 들어 드론(drone) 기술을 운송부문에 활용하여 오지로 소화물을 배송함으로써 개별화·맞춤화된 물류서비스의 제공에서 획기적인 발전을 가져왔다. 드론은 특히 마감배송(last mile delivery)에서 혁신적인 기술로 평가받고 있으며, Amazon, DHL, SF Express 등이 선도해 나가고 있다. 아마존은 소형 무인 비행체인 '에어드론'을 이용해 배달하는 '아마존 프라임 에어' 시스템을 시범적으로 선보였다. 이 배송 시스템은 복잡한 도로를 이용하지 않고 무인 비행을 하는데, GPS 시스템을 이용해 30분 이내에 고객에게 물품 배송을 목표로 개발 중이다.

ICT는 공급사슬에서 더 많은 종류의 정보을 창출하고 또한 더 많은 구성원간 공유를 가능하게 한다. 또한 무선주파수 인식기술(RFID), 무선센서 네트워크(WSN: Wireless Sensor Networks), GPS 등의 정보기술은 공급사슬의 가시성(visibility) 확보로 제품에 대한 시급한 정보를 공유함으로써 '실시간 물류'의 실현에 기여한다. ICT의 활용은 고객 서비스와 공급사슬 구성원간 협업 강화에 크게 기여하고 있는데 예를 들어 전체 공급사슬에서의 정보의 원활한 흐름을 통해 고객에게 정확한 배송시간의 통지, 고객 불만 또는 클레임을 신속하게 처리해 준다.

(4) 관계기반전략

관계기반전략(relationship-based strategies)은 물류 및 공급사슬에서 구성원간의 관계를 강화하기 위한 전략이다. 공급사슬은 광범위한 기능적·지리적 범위를 가지고 있기 때문에 공급사슬 전체의 효율화를 달성하기 위해서는 공급사슬의 구성원 상호간의 협력 또는 협업이 필수적이다. 이상적인 공급사슬관계에서는 고객과 공급업자는 상호간에 정보, 수요 데이터, 상품의 상태 등에 대한 가시성을 확보할 수 있게 연결되어야 한다. 공급사슬의 구성원간 밀접한 관계는 상호간 수요와 전략에 관한 정보를 주고받고, 이를 통해 비용의 절감과 품질 개선을 위해 공동으로 작업할 수 있도록 한다.

〈표 16-3〉에서 보는 바와 같이 공급자, 생산 그리고 유통업체간의 관계의 유

형은 일반적으로 일상적, 협력적, 협업적, 파트너십의 4가지 관계 유형으로 구분될 수 있으며, 일상적은 가장 느슨한 관계이고 파트너십이 가장 밀접한 관계로 볼 수 있다.

협업에 포함되는 당사자들은 정보를 공유하고 상호 교환한다. 공급사슬 구성원들은 개별업체보다는 공급사슬 전체 그룹의 편익을 더 중시한다. 이러한 목적을 위해 공급사슬의 구성원들은 자신의 경영방식도 변경할 필요가 있다. 성공적인 공급사슬의 협업을 위해서는 목적에 대한 이해, 신뢰와 몰입, 커뮤니케이션, 상호 호환성, 전략적 계획 공유, 이익과 손실의 공유, 성과측정, 개별기업보다는 전체 편익의 우선시와 같은 다양한 요소들이 있다.

물류의 구성원간의 파트너십은 상호간의 이익을 위한 둘 이상 기업의 상호 협력관계를 말한다. 파트너십의 목적은 다양하지만 근본적으로 상호간의 이익을 위해 상호 의존관계를 형성하며, 공동자원뿐만 아니라 위험도 공유하게 된다. 파트너십은 물류의 성과인 재고의 감소, 신속성, 비용절감, 가시성 확보 등에 중요한 영향을 미친다.

표 16-3   공급사슬의 구성원간의 관계 유형

관계	공급 측면	방법
일상적 관계	다수의 소싱	경쟁적 입찰과 현장 구매
협력적 관계	소수의 공급업자	기본계약으로 협상하며, 선호 공급업체 있음
협업적 관계	가능한 단일 소싱	회계장부 공개방식(open book)
파트너십	단일 소싱	지속적 개선을 위해 공동 작업

2) Bowersox & Daugherty의 분류

Bowersox & Daugherty(1987)는 물류전략을 프로세스 전략, 시장 전략, 정보 전략 3가지로 분류하였다. 프로세스기반 물류전략(process-based logistics orientation)은 물류를 기업 내부에 집중된 부가가치 시스템으로 관리하며 주로 지속적 개선과 프로세스 관리를 통해 물류의 효율성을 극대화하는데 집중한다. 시장기반물류전략(market-based logistics orientation)은 통합된 물류 패키지인 물류기능간의 시너지와 조정을 활용하고 고객과의 접점에서의 복잡성을 감소시켜 외부효과성을 높이는 전략이다. 정보기반 또는 경로지향전략(information-based or channel orientation)은 물류계획에 대한 기업간 프로세스의 조정, 협업 그리고 기업에서의 다양한 물류관리 기능들을 동시에 관리하는 전략이다.

대부분의 기업들은 이러한 전략 중 하나 이상에 초점을 맞추어 경영활동과 고객 요구를 만족시키는 전략을 수행하고 있다.

표 16-4	Bowersox & Daugherty 분류에 의한 물류전략 유형
프로세스	프로세스기반전략은 부가가치 사슬로서 광범위한 물류기능을 관리하는 것이다. 구매관리, 생산, 스케줄링, 물류를 통합된 시스템으로 효율성 달성에 초점을 맞춘다.
시장	시장기반전략은 다양한 부서의 물류 기능을 관리하는 것이다. 물류조직은 상이한 제품그룹을 위해 고객에게 공동으로 제품의 선적, 단일 주문송장에 의한 판매와 물류의 조정하게 한다.
정보 또는 경로	경로기반전략은 대리점과 유통업자간 공동으로 수행하는 물류활동을 관리하는 것이다. 이 전략은 외부 통제를 강조를 한다. 전형적으로 완성품 재고가 유통경로상의 전방 또는 하방에서 유지된다.

자료: Bowersox et al., 1989.

3) 효율성과 효과성의 분류

(1) 린과 민첩 전략

린(lean) 개념은 1973년 도요타 생산방식(TPS: Toyota Production System)에서 시작되었다. 미국 자동차 업계에서 TPS 기법을 받아들여 JIT로 변형시켰다. 뒤이어 기업의 생산성에 관한 보다 전체적인 접근 방법으로 린 제조 기법이 탄생되었다.

린 전략(lean strategy)은 '낭비적 활동, 즉 과도한 재고, 사이클 시간의 변동성을 축소시켜 가치창출 프로세스를 보다 유연하고 신속하게 실행하는 것'을 말한다. 이를 통해 생산의 유연성을 높이고 시스템의 성과를 개선하는 데 목적이 있다.

린은 시장이 움직이면 공급도 그에 따라 신속히 변해야 한다는 접근 방법을 취하고 있다. 즉 린 패러다임은 시장의 현실에 대응하고 내부의 유연성 제고와 사이클 시간을 단축하는 것이 그 핵심이다. 시장의 변동은 어느 누구도 관리할 수 없는 반면, 유통 및 운영의 두 가지 구성요소는 기업이 관리할 수 있는 부분이다. 린은 실제 수요 또는 소비에 기초하여 재고를 보충한다는 개념으로 고객 주문품의 배송에 따라 '끌어 당기기(full)'식으로 재고를 보충한다는 것이다.

린 물류는 시스템에서 낭비와 비부가치 활동을 제거함으로써 짧은 납기시간과 높은 품질을 달성할 수 있는 물류시스템을 말한다. 린 물류 시스템은 전통적인 물류시스템과 동일한 시스템상의 각 요소를 활용하지만 이를 분리해 관리하기보다 전체 시스템으로 통합적으로 관리하는 것을 말한다. 린 물류가 성공하려면 비용 절감과 동시에 예측의 불확실성 문제를 해결해야 한다. 그러므로 린의 적용은 수요가 상대적으로 안정적이고 예측할 수 있는 제품에 적합하다.

민첩 전략(agility strategy)은 변동성이 높은 시장 환경에서 생존하기 위해 공급사슬에서 필수적이고 근본적인 특성 중의 하나로 간주되고 있다. 제품수명주기의 단축, 맞춤화된 상품과 서비스, 수요의 가시성 감소, 지속적 변화 등과 같은 환경이 일상화되면서 시장의 변화에 어떻게 대응할 것인가가 기업들에게 중요한 관심사항이 되었다. 민첩성은 예기치 못한 변화에 신속하고 효율적으로 대응할 수 있는 능력을 말한다. Dove(1999)는 보다 포괄적인 정의를 하고 있는데 빠르게 변화되는 시장 환경에서 고객이 주문한 상품과 서비스 제공을 위해 재구성된 자원과 선진업무 프로세스의 통합을 통해 경쟁기반(속도, 유연성, 혁신, 품질, 수익성)을 성공적으로 발굴해 내는 것으로 정의하고 있다. 따라서 민첩성은 기업의 지속적 발전에서 경쟁력의 핵심사항으로 인식되고 있다.

〈표 16-5〉를 통해 린과 민첩 관리를 상호 비교해 보면 다음과 같다. 린 관리에서 가장 중요한 것은 비용 절감이다. TPS에서는 린 관리를 신속한 배송과 운영사이에 재고도 버퍼도 없이 고객들의 세부적인 주문에 맞는 자동차를 생산하는 것이라고 한다. 린 관리는 운영에서의 낭비뿐만 아니라 작업 중인 재고와 제조상의 손실, 이동 낭비, 예측, 과도한 생산, 생산 부족과 같은 모든 낭비를 제거함으로써 고객 가치를 창출한다.

표 16-5	린과 민첩공급의 비교	
속성	린공급	민첩공급
전형적 상품	편의품/일상용품	패션/액세서리 제품
시장의 수요	예측 용이	예측 어려움
제품의 다양성	낮음	높음
제품 수명주기	장기	단기
고객 견인동기	비용	가용성
이익 마진	낮음	높음
비용	물리적 비용	시장 비용
구매 정책	상품 구매	역량에 따라 다름
정보의 풍부성	풍부함	상황에 따라 다름
예측 특성	규칙적	불규칙적

자료: Mason-Jones et al., 2000.

반면 민첩 관리에서 가장 중요한 것이 수요의 변동성 예를 들어 수량과 특성의 관점에서 고객의 새로운 니즈 변동에 신속히 반응하는 것을 목표로 한다. 이 전략의 핵심 요소는 민첩성과 시간 압축에 있다. 공급사슬의 민첩 전략은 수요의 변화에 맞추어 차별화된 제품의 생산에서 효과가 크다. 또한 이 전략은 전체 조달시간이 짧을 때 실행하기 적합하다. 만약 수요가 예측가능하고 총 조달시간이 길면 린 관리의 적용이 더 유리하다. 고객에게 제공하는 총 가치 면에서 린과 민첩성 간의 차이는 서비스는 민첩성이 가장 중요한 요소인 반면 비용과 판매 가격은 린과 깊은 관련성을 가진다.

레자일(legaile) 전략은 린과 민첩성을 동시에 추구하는 전략이며, 전제조건은 높은 수준의 품질이 보장되어야 한다는 것이다. 또한 고객의 주문에서 인수까지의 기간인 전체 납기시간(total lead-time)이 최소화되어야 한다.

(2) 효율성과 반응성 전략

효율적이란 성과의 내부적 기준이다. 공급사슬 상에서 비용의 절감과 비부가가치 활동에서 자원의 낭비를 제거하는 데 초점을 맞춘 것이다. 그러므로 효율적 공급사슬(efficient supply chain)은 기업이 재무적, 인적, 기술 또는 물리적 자원 등을 최선의 방법으로 활용하여 비용을 최소화하는 것이다. 공급사슬의 확장된 제조 프로세스에서 다른 구성원들과 잘 조정할 수 있는 방법을 모색하는 것이다.

반응성이란 '경쟁우위를 확보하기 위해 적절한 시간 내에 시장에서의 고객 수요 또는 변화에 의도적으로 반응하는 능력'으로 정의된다. 반응적 공급사슬 (responsive supply chain)은 불확실한 수요에 대하여 재고와 가용한 생산능력이 대응하도록 공급사슬 구성원들간에 정보의 흐름과 정책이 필요하다. 그러나 공급사슬에서 반응성은 두 가지의 주요 이유, 즉 과도한 버퍼 능력과 재고를 보유해야 하고, 조달시간의 축소를 위한 투자로 인해 비용이 발생한다.

적정한 반응성을 가지면서 동시에 효율적인 공급사슬을 유지하는 것은 상충 관계에 있는데, 즉 반응성의 증대는 효율성의 감소를 가져오고 반면 그 반대의 경우도 마찬가지이기 때문에 달성이 어려운 목표이다.

공급사슬전략의 두 가지 유형인 효율적 공급사슬과 반응적 공급사슬은 제품의 유형에 따라 서로 다른 전략을 구사해야 한다. 효율적 프로세스는 기능성 제품(functional product) 또는 대량생산 제품에 적합한 반면 반응성 공급사슬 프로세스는 혁신적인 제품(innovative product)에 더 적합하다.

기능성 제품이란 기본적 니즈를 충족시키며, 장기간 변하지 않으며, 안정적이고, 예측 가능한 수요와 수명주기가 긴 제품을 말하며 상대적으로 낮은 마진, 낮은 제품 다양성, 긴 주문조달시간을 가지고 있는 특징이 있다. 여기에 속하는 제품은 설탕, 밀가루 등이 있다. 반면 혁신적 제품은 짧은 제품수명주기, 높은 마진, 높은 제품 다양성, 불확실한 수요를 가지고 있으며 전자제품과 패션제품이 여기에 속한다.

상품의 특성을 반영한 공급사슬 프로세스 전략, 재고 전략, 조달시간 전략, 공급자 선택 접근 전략, 상품 디자인 전략을 수립해야 한다. 효율적 프로세스를 가진 상품 군에 대해서 유통업자는 재고를 최소화하고, 제조업자는 생산 리드타임을 짧게 가지고 가려는 현상이 나타난다. 이에 반해 반응성 프로세스에 해당하는 상품 군에 대해서는 상품의 원활한 보충을 위해 제조업자는 수요 대비 재고와 버퍼를 확보해야하고, 공격적인 투자를 통해 생산 리드타임을 단축시켜야 한다. 더불어 유통업자는 제품의 효율적 재보충을 위한 운영전략, 판매전략, 촉진전략을 수행해야 한다. 그러므로 제품/프로세스 특성은 공급사슬 전략의 선택에 커다란 영향을 미친다.

표 16-6	효율적·반응적 공급사슬 프로세스의 특징	
구분	효율적 프로세스	반응적 프로세스
주요 목적	가능한 적은 비용으로 공급에 따른 효과적인 수요 예측 가능	최소의 재고로 수요에 재빠르게 대응하고, 재고의 통제와 강제 가격인하가 가능
제조 전략	높은 수준의 상품 회전율 유지	항상 초과 버퍼를 유지
재고 전략	높은 수준의 재고회전율과 공급체인 전역에서 재고 극소화	최종상품 또는 일부분의 상품에 대한 충분한 재고 유지
리드타임 전략	비용이 증가되지 않는 범위 내에서 가능한 리드타임을 짧게 가지고 감	리드타임을 줄이기 위하여 공격적인 투자전략 활용
공급경로 선택 전략	비용과 품질을 우선적으로 고려해 선택	상품의 충원속도, 상품의 유연성, 상품 품질을 고려해 선택
상품 디자인 전략	비용을 최소화하고 성능을 최대화하는 디자인 전략 지향	가능한 상품의 차별화를 위하여 모듈화된 디자인 전략 추구

(3) 푸시와 풀 전략

푸시모델(push model)의 공급사슬은 예측된 수요가 어떤 프로세스 단계에 진입했는지 결정하는 것이다. 예를 들어 방한복은 여름이 끝나면 의류 소매점으로 밀어 내(push) 가을이나 겨울에 판매가 시작된다. 푸시 시스템 하에서 기업은 제품이 실제 도착하기 전에 정보를 알고 있기 때문에 공급사슬에서는 예견성을 가지고 있다. 그래서 수요에 대응한 계획생산이 가능하며 재고의 보관장소를 미리 준비할 시간 여유를 가진다. 이 전략은 수요의 불확실성이 낮은 제품이나 비용의 절감을 위한 높은 수준의 규모의 경제가 실현되는 제품에 적합하다(Harrison et al., 2003).

풀 전략(pull strategy)은 최종 배송에 초점을 맞추면서 보유재고를 최소화하는 JIT 재고관리와 깊은 관련이 있다. 이 전략 하에서 제품은 고객의 수요가 있을 때 공급사슬에 진입한다. 이 전략을 실시하는 컴퓨터 직판업자를 예로 들면 이들은 실제 주문이 들어올 때까지 컴퓨터의 제작을 보류한다. 풀 전략을 통해 기업은 팔리지 않을 재고보유비용을 피할 수 있는 반면 신속하게 제품을 생산하지 못하면 판매상실로 이어질 위험이 높다. 풀 기반 공급사슬전략은 수요의 불확실성이 높고 규모의 경제 효과가 적은 제품에 적합하다.

일반적으로 예측생산(make-to-stock)은 푸시 시스템을 주문생산(make-to-order)은 풀 시스템을 활용한다. 풀 방식 결정은 부패성과 배송시간과 연계되어 있다. 부패성 제품의 경우 기업은 진부화 위험성 때문에 완성품 재고를 많이 보유하지 않으려 한 다. 배송시간 면에서는 만약 배송시간이 짧다면 예측이 필요 없기 때문에 풀과 관 련이 있다.

표 16-7 ＜ 푸시와 풀 비즈니스 모델의 차이

	푸시 전략	풀 전략
주요 비즈니스 동인	자원, 원자재 또는 인프라를 최소 비용으로 극대화	불확실한 고객수요에 대응위해 반응성과 유연성으로 고수준 고객서비스
목표	비용 최소화	서비스 수준 최대화
공급사슬전략	▪ 수요의 예측에서 엄격한 프로세스 운영 ▪ 수요예측과 S&OP 강조 ▪ 지연전략 추구 ▪ 수요 풀 채널이 만들고 경영부분과 분리	▪ 고객의 요구에 반응해 운영 ▪ 린 원리 강조
조달시간	길다	짧다
가격전략	가격설정은 공급과 수요의 균형을 위한 주요 수단임	가격설정은 주로 단기 수요에는 영향을 미치지 못함
복잡성	높음	낮음
생산전략	▪ 장기적 생산기간 ▪ 공정개발에서 규모의 경제를 축소하고 풀 모델로 이동 초점	▪ 짧고 유연한 생산 기간
재고	▪ 기본적으로 높은 재고수준 ▪ 재고계획, 안전재고정책, ABC분류 강조 ▪ 가능한 고객에 근접해 푸시	▪ 기본적으로 낮은 재고수준 ▪ 가능한 고객으로부터 떨어져 풀
제3자와의 관계	▪ 공급자 관계가 가장 중요 ▪ 예측의 오류의 최소화를 위해 고객과 협업관계 설정	▪ 고객관계가 핵심임 ▪ 공급자 관계는 상황에 따라 변화됨
기술 응용	판매 예측, 재고관리, 네트워크 최적화, 첨단 계획, WMS	주문 이행, 전자상거래, 선진스케쥴링, POS 데이터 확보

전체 공급사슬은 대부분 푸시와 풀이 결합되어 있으며 두 영역이 분리되는 지점을 분리 지점(decoupling point)이라고 한다. 예를 들어 Dell의 주문생산 공

급사슬에서 개별적 구성품의 재고수준은 전체 수요의 예측에 의해 결정되지만 최종 조립은 특정 고객의 요구에 맞추어 이루어지는 형태이다.

Cross-docking, JIT, VMI, CRP 등은 푸시에서 풀로 물류시스템의 전환을 지원하는 기법들이다. 이러한 전략들은 공급자에서 고객으로의 전체 배송 시간을 단축하여 주문주기시간을 감소시켜 준다.

혼합 푸시-풀 전략은 푸시와 풀의 단점을 극복하기 위한 전략이다. 수요 불확실성이 높으면서 규모의 경제효과가 생산과 배송비용의 감소에 중요한 역할을 하는 제품에 적합하다. 이러한 전략의 사례로 가구산업을 들 수 있는데, 가구업체의 생산전략은 장기적인 예측을 기초로 생산 결정을 하기 불가능하기 때문에 생산전략은 풀 전략을 따른다. 반면 유통전략은 푸시기반 전략을 활용하여 운송비용을 절감하기 위해 규모의 경제 효과를 활용할 필요가 있다.

4) 집중화와 다각화 전략

집중화(concentration)란 '특정 사업 또는 지역에 초점을 맞추는 전략'을 말한다. 이 전략으로 규모의 경제 이점을 누릴 수 있다. 그러나 단점은 집중화된 사업영역 또는 지역에서 어려움이 발생하면 이를 피할 수 있는 여지가 없기 때문에 위험에 대한 노출도가 높다.

사업영역의 집중화는 물류 비즈니스 중 특정 영역에 집중하는 것이다. 넓게 보면 물류 전체의 영역을 포괄하여 사업을 진행하는 것을 말하는 반면 좁은 의미에서는 물류의 특정 기능 예를 들어 운송, 창고, 포장 영역만을 대상으로 사업을 전개해 나가는 것을 말한다. 이러한 사업전략은 사업 영역이 특정 분야에 집중화되기 때문에 규모의 경제 또는 경험효과로 인한 장점을 발휘할 수 있다.

지리적 집중화는 특정 지역에 초점을 맞추는 전략을 말한다. 즉 사업 영역을 지리적으로 특화하는 것이다. 우선적으로 국내에서 또는 해외에서 사업을 진행해 나갈 것이냐부터 시작해서 해외일 경우 권역별로 북미, 유럽, 아시아 등과 같은 광역 지역으로 전개할 수도 있고, 권역 중 일부 특정 국가단위 예를 들어 미국, 중국, 일본, 러시아와 같은 단위에 사업을 특정시킬 수 있다.

집중화와 대비되는 전략이 다각화 전략(diversification)이다. 일반적으로 기업이 다각화 수준을 증대시키는 것은 긍정적인 성과를 가져오는데 이는 규모와 범위의 경제, 시장역량효과, 위험감소효과, 학습효과 등에서 기인된다. 다각화 전략은 크게 사업 다각화와 지리적 다각화로 구분할 수 있다. 사업의 다각화는 사업의 범위를 넓혀나가는 것을 말하는데, 즉 사업을 여러 분야에 걸쳐 추진해 나가는 것을 말한다. 물류의 측면에서는 개별 물류 기능 전체에 걸쳐 진행해 나가는 것이다. 더 나아가 물류와 관련된 영역 예를 들어 유통 또는 마케팅까지 그 영역을 확대할 수도 있다. 최근 비즈니스의 경쟁이 물류에서 공급사슬관리로까지 확대되면서 물류의 통합, 공급사슬관리의 통합에서 오는 시너지 효과를 최대화하기 위해 다각화 경향이 높아지고 있다.

지리적 다각화는 사업 영역을 지리적으로 확대해 나가는 전략을 말한다. 예를 들어 국내에서 해외로 더 나아가 특정 해외국가에서 권역으로 범위를 넓혀 나가는 것을 말한다. 세계화와 더불어 다국적 기업들의 지리적 활동범위가 확대되면서 세계 곳곳에 서로 다른 기능을 배치하여 지역이 갖는 장점을 극대화하기 위한 전략을 시행하고 있기 때문에 물류서비스 제공업체들도 이들 지역을 포괄하여야 하기 때문에 물류기업의 다각화는 필수적인 요소가 되고 있다.

5. 물류전략 기업사례

1) 물류업체

(1) FedEx: 신속·정확한 배송 서비스

대표적인 국제 특송업체인 페덱스는 전 세계 220여개 국에 일일 평균 320만개의 소화물을 운송하고 있다. 치열한 운임 경쟁 속에서 신속한 배송 예를 들어 익일 배송(over-night delivery)으로 혁신적 차별화 전략을 실행하고 있다. 첨단 화물위치추적 정보시스템을 통해 고객은 화물의 위치추적뿐만 아니라 도착시간 정보를 확인할 수 있다. 또한 물류업무뿐 아니라 상품의 집·배송, 포장, 검사, 조립, 창고운영, 화물분류, 관세지급 등의 업무를 수행하고 있기 때문에 모든 소화물에 대해 고객의 배송 요청시점부터 최종목적지까지 일괄서비스의 제공과 더불어 모든 과정의 처리상황을 추적할 수 있다.

항공운송에서의 강점을 살려 가장 신속한 배송서비스를 제공해 주고 있을 뿐만 아니라 중심－지선운송방식(hub-and-spoke)을 채택하여 화물의 적재율을 높여 비용을 줄이는 전략을 시행하고 있다.

페덱스의 COSMOS(Customer Operations Service Master On-line System)을 통

해 중앙 허브에서 다수 정보를 접수 및 추적이 가능하고 고객에 관한 모든 정보를 한 곳에서 처리함으로써 수화물에 대한 철저한 통제와 고객과의 커뮤니케이션 능력이 탁월하며, 고객의 니즈와 서비스 제공을 충족시키고 있다.

(2) 인도 몸바이의 다바왈라: 정확한 도시락 배송

다바왈라(dabbawalla)는 '눈탄 뭄바이 도시락배달 조합(Nuntan Mumbai Tiffin Box Suppliers' Trust)'에 소속된 배달원이다. 약 5,000명의 배달원들은 가정 또는 음식 공급업체에서 당일 만들어진 40만개의 점심 도시락을 정시에 정확한 장소로 배달해준다. 밤이 되면 다바왈라들은 다비라고 불리는 색깔 코드가 부착된 도시락 통을 회수하여 원래 왔던 곳으로 돌아온다. 먼저 도시락은 색깔 코드에 따라 지역별로 분류되어 기차에 적재되어 해당지역으로 이동하고 그 곳에서 도시락은 현지 다바왈라에 의해 자전거, 기차, 손수레, 또는 도보를 통해 이동하는데 거리는 평균 60킬로미터이며, 이 과정에서 6명의 다바왈라의 손을 거친다.

몸바이의 소음, 교통 체증, 수많은 인파, 다단계 이전과 같은 복잡한 공급망에도 불구하고 다바왈라가 도시락을 잘못 배달할 확률은 600만 분의 1 미만이다. 이는 식스 시그마 품질 기준에 부합하는 수치로서 전 세계 물류 전문가들의 이목을 집중시켰다. 흰색 면 유니폼에 흰색 모자를 쓴 눈에 띄는 복장의 배달원들은 어떠한 혹독한 조건에서도 배달을 해낸다는 자부심을 가지고 있다.

모든 다바왈라들은 휴대폰을 소지하고 있는데, 이를 통해 배달 일정을 조율하거나 문제가 발생했을시 서로에게 연락을 취하는 수단으로 사용하고 있다. 이제 주문은 인터넷과 문자 메시지를 통해 가능하다. 조합은 온라인 고객 투표 방식을 통해 고객 만족도까지 추적하고 있다. 옛 것과 새로운 것을 조심스럽게 조화시킴으로써 조합은 지속적인 성공의 역사를 써내려가고 있다. 1890년에 설립된 이 조합은 뭄바이 음식 배달업계의 터줏대감으로 연간 약 5~10퍼센트의 수익 증가율을 기록하고 있다. 이 사례는 끊임없이 변화에 적응하는 동시에 지속적인 개선 역량을 강화해가는 반복 가능한 성공 공식을 단적으로 보여준다. 이러한 전략을 통해 조합은 향후 100년은 어느 경쟁업체도 넘볼 수 없는 경쟁우위를 확보하게 되었다.

2) 화주업체

(1) Dell: 고객 맞춤화 서비스

미국의 컴퓨터 제조업체인 델은 1984년에 설립되었다. 1994년에 델은 세계 시장 점유율이 2.4%에 불과하였으나 2004년에는 점유율 17.9%로 세계 최대의 컴퓨터 제조업체가 되었다. 이 놀라운 성장은 제품 혁신으로 이루어진 것이 아니라 부품 구매, 제품 제조 및 제품 판매 방식에서 생산 및 조직 혁신이 있었기에 가능했다. 델의 비즈니스 모델에는 3가지 특징적 요소가 있다. 첫째, 제품은 유통업자나 소매상을 거치지 않고 모든 고객에게 직접 판매한다. 둘째, 모든 제품은 고객의 요구에 맞추어 생산한다. 셋째, 인터넷은 직접 판매에만 사용하는 것이 아니라 대량 주문생산에 필요한 원자재 조달과 조립 라인 운영에도 사용한다. 요약하면, 델은 인터넷 인프라를 직접 판매와 부품 조달에 접목시킴으로써 원자재 조달에서부터 생산 및 유통에 이르기까지 가장 혁신적인 조직이 된 것이다(Fields, 2004).

델은 인터넷에 기반을 둔 적기 조달 체계를 갖추어 생산 시스템에서 재고 보관 기간을 획기적으로 줄여 나갔다. 또한 델은 미국뿐만 아니라 동남아시아, 중국, 남미 등지에 다양한 기능들을 분산 배치함으로써 생산비를 절감하는 한편 인터넷 기술을 집약적으로 이용함으로써 글로벌 고객 수요를 반영하기 위한 글로벌 사업 조직을 운영함으로써 글로벌 SCM을 적용하고 있다.

델의 비즈니스 모델인 맞춤화 서비스는 제품과 서비스를 통합하는 형태이다. 델은 표준화된 PC의 제조 및 판매 방식을 고객 개개인에게 맞춤형 서비스를 제공한다. 이 과정에서 소비자는 델의 웹사이트에 접속하여 자신이 원하는 부품을 하나씩 선택하여 개별적으로 차별화된 PC 사양을 구성하게 되고 델은 이러한 고객 요구사항에 맞는 컴퓨터를 주문 제작하는 것이다. 결국 모든 고객에게 동일 제품을 싸게 파는 개념에서 다양한 고객에게 각자가 원하는 맞춤형 서비스를 파는 개념으로 바뀐 것이다.

델에서의 물류관리는 경쟁력의 핵심 요소인데 최소량의 재고보유를 통한 재고비용의 절감과 진부화 비용을 줄일 수 있을 뿐만 아니라 국제특송업체를 통한 조달과 판매 물류의 시간 단축을 통해 고객 대응시간을 줄였다.

(2) Benetton: 지연전략

과감하고 다양한 색상의 사용으로 젊은 층에게 인기를 끌고 있는 유명 브랜드인 베네통은 이탈리아 의류업체이며 신속한 물류와 지연전략으로 세계적으로 성공한 의류업체이다. 베네통의 물류시스템은 판매가 이루어지고 있는 성수기 때에도 일주일이내에 전 세계에 퍼져 있는 판매망에게 부족물량을 공급할 수 있는 뛰어난 능력을 갖추고 있을 정도이다. 베네통 물류의 특징은 다음과 같다.

첫째, 신속공급체계(QR)이다. 의류는 유행의 변화를 많이 겪기 때문에 재고에 따른 유지비용과 진부화 비용이 높다. 베네통은 주문접수, 생산, 포장, 선적 및 개별 소매상으로 배송까지의 과정이 일주일 내에 완성된다.

둘째, 글로벌화이다. 베네통은 전 세계적인 생산, 판매, 유통망을 가지고 있으며 동일한 의류를 동일한 스타일의 매장과 기업의 판매 지침으로 판매된다. 글로벌 정보시스템이 이를 지원해 주는데 전 세계 매장의 판매를 기초로 해 소비자동향, 제품스타일, 가격 등의 데이터가 경신된다.

셋째, 자동화된 물류센터이다. 신속한 창고관리를 위해 자동화된 대형창고 시설을 갖추고 있다. 베네통의 물류창고 시스템의 작동은 정보처리기능, 행정과 문서화기능, 그리고 물리적인 생산기능으로 이루어진다. 정보처리기능은 전 세계 베네통 매장에서의 주문으로 시작하며 주문은 네트워크로 직접 연결돼 주문명세표에 자동 입력되면, 다음단계로 생산계획이 수립된다. 물리적인 생산기능은 공장에 원재료가 도착하는 것에서부터 생산, 그리고 모든 제품이 포장되고 상표가 붙여지는 작업까지의 일련의 활동이며, 생산된 제품은 포장단위별로 고객명과 매장표시가 바코드로 붙여지게 된다. 박스는 창고와 직접 연결된 컨베이어 벨트에 의해 창고로 이동하게 된다.

넷째, 표준화에 의한 재고관리이다. 베네통은 물류효율화를 위해 포장단위로 표준화 되어 있는데 이는 보관시 보관공간의 효율성 증대와 수송적재율 제고 등에 중요한 역할을 한다.

다섯째, 자회사를 통한 복합운송체계 실현이다. 베네통의 물류관리 효율화를 위해 Benlog라는 자회사를 설립하여 운영함으로써 기존에 분산된 수송 업무를 중앙에서 통제할 수 있다.

여섯째, 지연전략(postponement)이다. 전통적인 의류제작은 직조에 이어 염

색이 이루어졌다. 이로 인해 유행성 색상의 제품은 재고가 부족한데 비해 그렇지 못한 색상의 옷은 많은 재고를 남기게 되었다. 베네통은 프로세스의 혁신을 통해 이를 개선하였는데, 즉 표백된 실로 짠 옷을 선호하는 색상에 대한 정보가 EDI를 통해 도달할 때까지 염색작업을 지연시키는 전략을 실행하여 재고비용 절감과 판매 증대를 달성할 수 있었다.

제17장

공급사슬관리

1. 공급사슬관리의 개념

1) SCM 도입배경

1990년대 이전까지 대부분의 기업들은 수직적인 조직으로 이루어져 있었다. 기업 내 구성원들이 제품의 구상에서부터 제품의 생산 그리고 최종 판매와 배송에 이르는 전 기능을 수행했다. 1990년대 들어 수송비가 하락하면서 생산은 전 세계에서 가장 적합한 장소 예를 들어 가장 저렴한 곳에서 수행할 수 있게 되었으며, 이는 생산과 조립에서 외주활동을 촉진시켰다. 기업들은 어느 시점, 어느 장소에서건 디자인 및 생산활동을 아웃소싱하고, 경쟁력에 도움이 되는 가장 적합한 곳에 디자인, 생산, 마케팅, 유통 활동들을 전개해 나가고 있다. 지역적으로 특화된 세계 각 지역에서의 기업활동이 분산되어 수행되면서 이를 상호 연결시켜주는 통신과 물류의 기능이 중요해졌다.

기업들은 경쟁력 제고를 위해서 전 세계에 산재해 있는 기능들은 상호 연결되거나 통합시켜야 했다. 완제품 상태로 최종 고객에게 전달되어 고객의 가치를 창출하기 위해 최초의 공급처에서 최종 소비자에게 전달되는 각종 기능 또는 기업들을 상호 연결해 관리하는 것이 공급사슬관리(SCM: Supply Chain Management)이다. SCM이 중요한 이유는 공급사슬은 전 세계 또한 다양한 기업과 조직간의 연계성이 복잡하게 엮여 이루어지고 있기 때문에 경영활동의 경쟁력은 어떤 특정지역, 기업, 기능에 의해서가 아닌 전 세계적으로 전 구성원들에 의해 그리고 전체 기능의 총 역량에 의해 결정되기 때문이다.

글로벌화 확산, 제품 수명주기의 단축, 제품 차별화 증대 등과 같이 다양하고 급속하게 진행되는 환경 변화로 인해 기업간 경쟁이 치열해지면서 공급사슬이 더욱 복잡해지고 상호간 의존성이 점점 확대되고 있다. 예를 들어 애플의 IPhone은 전 세계 각지에서 구성품(components)을 공급하고, 하드웨어를 제조하고, 소프트웨어를 제작하고, 제품을 유통시키기 위해 많은 기업들에 크게 의존하고 있다. IPhone 원가의 90% 정도가 미국이 아닌 일본, 독일, 한국, 중국 등에서의 외부 공급자로부터 발생하는 것으로 나타났다. 이러한 상황에서 원자재 공급업체, 부품공급업체, 유통업체, 물류업체 나아가 고객들간에 보다 긴밀한 관계의 유지는 경쟁우위에 필수적인 요소가 되고 있다.

경영환경의 변화에 신속하고 적절하게 대응하면서 경쟁적 우위를 유지하기 위해서는 공급업체에서부터 고객에 이르기까지 일련의 과정을 분산된 기능중심이 아닌 통합된 프로세스 중심으로 인식하고 제품, 서비스, 정보를 관리하고 계획하는 시스템이 필요하게 되었다. 즉 경영은 네트워크간 경쟁의 시대에 접어들었으며, 기업의 궁극적 성공은 복잡하게 얽힌 비즈니스 관계의 네트워크를 통합할 수 있는 경영능력에 의해 좌우되게 되었다(Drucker, 1998).

이러한 관리체계를 확립하기 위해서는 기업 내부의 프로세스를 개선해 종래의 혁신방법에서 탈피하여 조달, 생산, 판매와 관련된 모든 조직, 즉 공급사슬의 통합적 관리를 위한 전체 프로세스를 혁신할 필요가 있다. 즉 기능중심의 공급사슬관리에서 프로세스 중심의 관리로 전환이 필요하게 되었다. 이는 경쟁의 양상이 단순히 기업 대 기업간 경쟁이 아닌 특정 공급사슬 대 다른 공급사슬의 혁신 경쟁으로 전환되었음을 의미한다.

2) SCM의 개념

공급사슬관리(SCM)는 1980년대 등장한 개념으로 공급자에서 최종소비자에게로 재화의 총체적 흐름을 관리하는 새로운 통합적 철학이며 비즈니스 프로세스의 광범위한 통합으로 인식되면서 진화해 왔다. SCM이란 용어는 1982년 컨설턴트인 Keith Oliver에 의해 명명되었으며 초기에는 재고와 고객서비스간의 상충관계를 조정하기 위한 통합적 재고관리의 개발에 국한되었으나 점차 전체 공급사슬의 활동으로 확장되었다.

물류 및 경영기법으로서의 SCM에 이르게 되는 변천사를 살펴보면, 1950년 대와 '60년대 미국의 제조업체들은 비용절감과 생산성 향상을 목표로 대량생산 방식을 채택하였다. 그에 따라 기계를 가동하고 자재의 원활한 흐름을 위해 다량의 재고를 보유하였다. 1960년대와 '70년대에는 새로운 컴퓨터 기술이 등장하여 제품개발을 이끌었는데, MRP는 재고관리를 조정하고 내부 커뮤니케이션을 개선하는 데 목적이 있었다.

1980년대와 '90년대 극심한 글로벌 경쟁과 더불어 생산업체들이 JIT, TQM, BPR 등의 기법들이 등장하여 시행되었다. 그리고 2000년대 이후 기업들은 구매와 공급관리를 개선하기 위해 제3자물류에 대한 의존성이 높아졌으며, 도·소매업체들은 운송과 물류에 더 많은 관심을 가지게 되어 신속대응, 서비스 반응물류, 통합물류 등의 기법들을 활용하고 있다.

물류의 공급사슬 구성원간의 통합 노력은 제3자물류 확산과 더불어 가속화되었고, 여기에 생산 일정의 조정, 자금의 이동까지 연계하여 SCM으로 발전되어 갔다. 이후 SCM적 접근은 환경적, 글로벌 그리고 전자상거래 활동까지 연결되어 다양한 형태의 SCM으로 적용되고 진화되어 갔다.

공급사슬(supply chain)이란 '최초의 공급자에서부터 최종 소비자에게 전달하기까지 재화의 창출과 판매에 관련되어 있는 개인, 조직, 자원, 활동과 기술들간의 네트워크'를 말한다. 공급사슬의 형태에는 단순히 광물질과 같이 채취한 그대로 소비되는 것이 있는 반면 대부분의 공산품들은 여러 단계의 가공과 유통과정을 거쳐 최종 소비자에게 전달된다. 여기에는 시스템 관리, 소싱과 조달, 재고관리, 운송, 창고관리, 고객서비스 등의 다양한 활동들로 부가가치를 창출한다([그림 17-1] 참조).

그림 17-1 | SCM의 체계

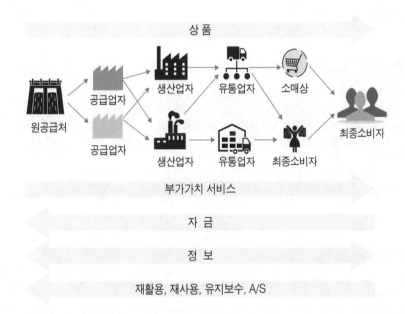

SCM의 정의는 다양한 기관, 연구자, 기업실무자들에 의해 제시되어 왔는데 글로벌 공급사슬포럼(Global Supply Chain Forum)은 다음과 같이 정의하고 있다.

"고객과 이해관계자들에게 부가가치를 창출할 수 있도록 최초의 공급자에서 최종사용자에 이르기까지 상품, 서비스 및 정보의 흐름이 이루어지도록 핵심 비즈니스 프로세스를 통합적으로 운영하는 것이다."

Lambert et al.(1998)은 SCM을 '고객과 이해당사자들의 가치를 증대시키기 위해 최초의 공급자에서 최종 이용자까지 상품, 서비스 그리고 정보를 제공하기 위한 주요 비즈니스 과정의 통합'으로 정의하였다.

SCM은 조직 내와 조직간 재화, 서비스, 정보, 자금의 이동 등의 관리를 말한다. 이를 위해 SCM은 소싱과 조달, 생산과 물류활동을 포함한 모든 활동을 계획하고 관리하는 것이며, 또한 SCM은 공급업자, 중개자, 제3자 서비스제공업자, 고객의 경로 구성원간의 조정, 협업과 통합을 포함한다. 그러므로 SCM은 공급사슬에서 한층 더 다양해지고 있는 구성원들간의 관계를 관리하는 것이며 그리고 기업내·외적으로 공급과 수요를 통합하는 것이다.

이러한 관점에서 SCM은 〈표 17-1〉과 같은 개념적 특성을 가진다 (Skjøtt-Larsen et al., 2007).

표 17-1	SCM의 개념적 특성

- 공급사슬은 재화와 서비스를 최종소비자에게 제공하는 완전한 프로세스이다.
- 공급사슬구성원은 최초의 공급자에서 최종 이용자, 중개자, 물류업자를 포함한다.
- 공급사슬운영의 범위는 조달, 생산, 유통을 포함한다.
- 공급사슬관리의 범위는 다른 조직에 대한 계획과 운영을 포함한 조직간 영역으로 확대된다.
- 모든 구성원에 대한 정보시스템의 접근은 조직간 조정을 가능하게 한다.
- 구성원 조직은 공급사슬의 전체적 성과를 통해 개별적 목적을 달성한다.

---

3) SCM의 특징

SCM이란 공급과 수요간을 균형을 맞추고 동시화하는 것이다. 그러나 공급 사슬에서의 조달시간의 고려사항, 복잡성, 변동성, 구성원간의 이해관계 등이 이를 어렵게 한다.

(1) 복잡성

공급사슬에서는 다양한 조직, 자원, 문화, 지리 등이 복잡하게 얽혀져 있다. 대기업의 공급사슬은 전 세계 수많은 시설물과 조직(소매상, 유통업자, 공장, 공급자), 부품, 완제품 등이 관련되어 있다. 예를 들어 한 자동차 회사는 1만 2천여 개의 공급업자, 70여개의 공장이 200여개 국가에서 운영되고 있으며, 연간 8백 6십만개의 자동차를 생산하고 있다(Veinott, 2005). 또한 최근 기업들의 아웃소싱이 활발해져 기업간 물류와 정보의 이동이 더욱 증가하는 추세에 있을 뿐만 아니라 글로벌화의 진전으로 지리적으로도 확장되어 공급사슬간의 상호관계가 복잡하게 형성되어 있다.

(2) 타 사슬과의 복잡한 연계성

공급사슬전략은 구성원간 서로를 분리해 결정될 수 없기 때문에 대부분 다른 사슬에 의해 직접적으로 영향을 받는다. 제품개발의 사슬은 신제품의 도입과 관련된 활동들을 포함하고 있다. 제품개발과 공급사슬은 생산 지점에서 서로 교차한다. 개발사슬의 특성과 결정사항은 공급사슬에 영향을 미칠 것이며, 공급사슬의 특성 또한 제품설계 전략과 개발 프로세스에 영향을 미치게 된다. 공급사슬에 속한 각 조직의 관리자가 서로 다르기 때문에 이들간의 전략을 상호 일치시키기는 현실적으로 어렵다. 더구나 다른 사슬의 역물류 사슬도 상호 겹치게 될 경우 공급사슬은 더욱 복잡해진다.

(3) 구성원간 목적의 불일치

SCM은 서로 다른 구성원의 목적간 불일치가 나타나지만 글로벌 최적화가 필요하다. 예를 들어 장기적이고 안정적인 생산활동을 위해서는 많은 재고를 보유해야 하나, 창고관리의 관점에서는 최소 재고량으로 가져가야 되기 때문에 상호간 목적을 일치시키는 데 어려움이 발생한다. 또한 고객서비스의 개선을 위해서는 많은 재고량을 보유하여야 하고 수송 횟수를 증가시켜야 하나, 이는 창고와 운송관리에서의 목적과 부합하지 않는다. 이와 같이 각 공급사슬의 구성원 상호간의 목적에는 [그림 17-2]와 같이 다양한 부문에서 불일치 현상이 발생하게 된다.

그림 17-2   SCM 구성원들의 목적간 불일치

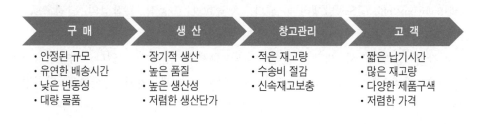

(4) 공급사슬 전체의 최적화

공급사슬은 총시스템의 비용이 최소화되고 적정 서비스 수준이 유지될 수 있도록 운영되어야 한다. 그러나 단일 시설을 운영하면서 비용을 최소화하고 적정 서비스 수준을 유지하기는 상당히 어렵다. 더구나 공급사슬 전체의 시스템을 고려할 경우 그 어려움은 기하급수적으로 증가하게 된다.

(5) 공급사슬상의 불확실성

모든 공급사슬에는 불확실성과 위험이 내재되어 있다. 예컨대 고객의 정확한 수요는 예측하기 어렵고 운송시간은 불확실하고 각종 기기와 차량의 고장이 발생하기도 한다. 기후, 자연재해, 전쟁, 현지국의 정치, 노동문제, 국경문제 등과 같은 문제도 불확실하다. 또한 공급사슬의 비용 최소화에 초점을 맞춘 외주, 역외생산, 린 생산과 같은 최근의 산업경향은 공급사슬에서의 위험수준을 더욱 증가시키고 있다. 특히 기업의 글로벌화로 인해 광범위한 지역에 다양한 시설들의 배치로 공급사슬 네트워크는 더욱 복잡해지고 있다.

(6) 공급사슬상의 변동성과 역동성

공급사슬은 동적 시스템이며 변동성이 크다. 공급사슬은 시간의 경과에 따라 진화하는데 대표적으로 소비자 수요, 공급업자의 능력, 공급사슬 관계 등이 있다. 이러한 요소들은 시간이 지나면서 변동성이 더욱 증가하게 된다. 수요량이 알려진 경우에도 수요와 비용 변수 등의 계절적·추세적 변동, 경쟁자의 가격전략 등으로 인해 계획된 프로세스는 변동하게 된다. 수요 정보의 왜곡이나 주문 규모 등으로 인해 수요와 공급의 불일치 현상이 빈번하게 발생하는 '채찍효과(bullwhip effect)'도 발생하게 된다. 채찍효과는 동적 복잡성의 환경으로 인한 SCM의 대표적인 결과라고 할 수 있다.

시간이 경과하면서 새로운 공급사슬의 문제도 등장하고 있다. 첨단기술산업의 경우 제품수명주기는 점점 짧아지고 있으며 이로 인해 생산자는 단기간에 생산과 주문이 이루어지는데 이 경우 역사적 데이터가 없기 때문에 고객의 수요량을 정확히 예측할 수 없다. 이와 동시에 이러한 산업에서 제품의 대량생산은 가격의 하락으로 이어지게 된다(Simchi-Levi et al., 2007).

SCM은 공급사슬 전체를 대상으로 한 조정, 통합, 최적화, 계획, 비용절감, 시간 단축, 위험관리, 관계 설정 등을 다루고 있다. 그러므로 SCM은 기존의 접근방식에 비해 기능 또는 개별 기업이 아닌 경로 전체를 대상으로 할 뿐만 아니라 공급사슬 구성원간의 협력적 관계, 정보 공유, 장기적인 관점에서 접근한다는 점에서 기존의 접근방식과는 차이가 있다.

4) SCM의 목적과 효과

기업간 치열한 경쟁에서 우위를 확보하기 위해 기업들은 파트너십과 해외에서의 시설을 확장시켜 나가고 있다. 이는 기업들의 경쟁력 강화 노력이 자체적 역량 강화에서 공급사슬 전체로 그리고 글로벌하게 확대해 나가고 있다는 것을 의미한다. 수평적으로는 해외 생산, 소매점, 해외 공급업체 그리고 고객으로 확장하는 동시에 수직적으로도 2차, 3차 협력계층(tier)을 포함한 조달업체로 협업 범위를 확대해 나가고 있다. 기업들은 이를 통해 공급사슬의 효율성(efficiency)과 반응성(responsiveness)을 높여 가격 및 품질 경쟁력 강화와 고객의 요구에 보다 유연하고 신속하게 반응하고자 한다.

공급사슬이 복잡해지고, 변동성이 높아지고, 글로벌해지고, 예측의 불확실성이 높아지고, 기업간 경쟁이 심화되고, 비용이 높아지고 또한 고객의 니즈가 높아지면서 공급사슬관리의 필요성이 증대되고 있다. 공급사슬의 효율성은 공급사슬에서의 재고 감축과 거래비용의 절감을 통해 전체 비용의 절감에 초점을 두고 있으며, 반응성은 제품 및 서비스의 효과적이고 신속한 배송시스템 구축에 집중한다.

SCM의 목적을 요약하면 공급사슬 전체의 비용을 최소화하면서 서비스의 품질을 제고함으로써 조직 전체의 성과와 고객 만족을 향상시키는 것이다. 이러한 목적을 달성하기 위한 세부적인 SCM 목적은 〈표 17-2〉에 나타나 있다.

| 표 17-2 | SCM의 목적 |

부문	효과
비용 및 재무성과	▪ 판매활성화를 통한 매출 증대 ▪ 공급사슬 최적화로 수익성 증대 ▪ 전체 물류비용의 최소화 ▪ 개별 포장을 통한 재고처리 비용의 감소
고객서비스	▪ 신속한 대응 ▪ 대량 맞춤화 ▪ 신속한 주문배송시간 ▪ 완전한 배송 ▪ 납기시간(lead time)의 감축 ▪ 배송의 신뢰성, 적절한 빈도, 품질과 신축성 확보 ▪ 신속한 보충서비스를 통한 품절 감소 ▪ 재고의 가시성과 재고의 속도를 증가
변화에 대한 적응력 (유연성과 민첩성)	▪ 유연성 제고 ▪ 민첩성 제고 ▪ 린 공급사슬 구축 ▪ 수요 불확실성에 대한 대응력 증대

SCM의 목적은 곧 지향하는 효과로 나타나게 되는데 이러한 효과는 공급사슬의 개별 구성원들에게서도 발생하지만 더 큰 효과는 전체 공급사슬의 성과로 나타나게 된다. SCM을 통해 얻을 수 있는 효과는 기본적으로 가치창출에 기여함으로써 제품의 경쟁력뿐만 아니라 고객서비스의 질적 향상을 도모할 수 있다는 점이다. 이는 〈표 17-3〉과 같이 SCM을 통해 각 부문에서의 개선을 통해 달성될 수 있다.

| 표 17-3 | SCM의 효과 |

▪ 자재비용 절감 ▪ 운영비용 절감 ▪ 제품의 품질 개선 ▪ 조달시간 감소 ▪ 조달시간의 정확성 향상 ▪ 정보의 가시성 확보	▪ 재고 회전율의 증가 ▪ 제품의 가용성 증대 ▪ 시의적절하고 정확한 포괄적 성과관리 ▪ 수요 창출과 관리(수요예측과 판매촉진) ▪ 탄력적 수용능력 ▪ 공급자와의 협업

2. 공급사슬관리의 주요 활동

공급사슬은 재화 또는 서비스의 원천(source)에서부터 최종 소비자에 이르는 전체 네트워크에 걸쳐 이루어지는 활동들로 구성되어 있다. 그러므로 공급사슬 영역은 아주 광범위하고 복잡하고 다수의 기능과 조직에 걸쳐 널리 퍼져 있으며 수많은 상호간 연계로 이루어진다.

SCM 활동은 공급사슬에서 각 구성원들의 기능적 활동을 포함하며 〈표 17−4〉에서 보는 바와 같이 크게 공급측면의 구매, 생산 측면의 운영, 유통 그리고 전체 프로세스의 통합 활동으로 구분된다.

표 17−4 부문별 SCM 요소

구분	구성 요소
구매	공급자와 제휴, 공급업체 관리, 전략적 소싱
생산/운영	용량계획, 수요관리, 자재소요계획, 재고관리, 품질관리
유통	창고보관, 운송관리, 크로스 도킹, 고객관계관리(CRM), 라스트 마일배송, 역물류
통합	조정/통합 활동, 글로벌 통합 문제, 성과측정

1) 구매

구매활동(purchasing)은 공급사로부터 필요한 원자재, 부품 등을 구입하는 활동이다. SCM의 관점에서 구매에서 중요한 요소는 전략적 소싱, 공급자관리, 제휴관계 등을 포함한다. 구매관리에서 핵심 요소는 공급자와의 긴밀한 관계를 유지함으로써 필요한 시점에 품질과 가격 조건에 맞는 물품을 구매할 수 있어야 한다. 이를 위해서는 장기적 상호관계를 유지하면서 긴밀한 의사소통을 유지하는 것이 중요하다.

(1) 공급자와 제휴

공급업체로부터 안정적인 공급을 확보하는 것은 공급사슬관리의 성공에 중요한 역할을 한다. 이를 위해 공급업체와의 상호 신뢰성에 기초한 파트십을 체결하여 협업계획과 예측, 위험 공유와 완화, 공동 제품개발 및 비용절감과 효율성 향상을 도모할 필요가 있다.

(2) 공급업체 관리

공급업체 관리는 회사와 공급업체 간의 관계를 전략적으로 관리하는 공급망 관리의 중요한 구성 요소이다. 효과적인 공급업체 관리의 목표는 협업, 위험 완화 및 지속적인 개선을 통해 공급망의 성능, 효율성 및 신뢰성을 최적화하는 것을 의미한다. 공급업체 선정과 평가, 협상 및 계약, 성과 측정과 지표, 지속적인 개선, 커뮤니케이션과 협업 등의 활동을 포함한다.

(3) 전략적 소싱

전략적 소싱은 전통적인 구매 활동을 뛰어넘는 조달에 대한 포괄적이고 장기적인 접근 방식이다. 여기에는 공급망의 전반적인 가치와 성과를 최적화하기 위해 체계적이고 사려 깊은 공급업체 평가와 선택을 포함한다. 전략적 소싱의 목표는 비용 절감 기회를 식별하고, 효율성을 개선하고, 위험을 완화하고, 공급업체와 강력하고 협력적인 관계를 구축하는 데 있다.

2) 운영

운영활동(operation)은 제조기업의 생산활동을 말하며 여기에 포함되는 활동으로 용량계획은 수요를 충족할 수 있도록 생산시설의 용량을 계획하고, 제품의 수요량을 예측 및 계획하며, 제품과 서비스에 대한 수요 생산량에 부합하는 자재소요계획을 수립한다. 또한 원자재와 완제품의 재고관리는 공급사슬에서 재고수준과 재고위치 등을 결정한다. 그리고 품질관리는 TQM방식을 채용하여 구매자와 공급자간 품질의 준수 수준을 향상시킬 수 있다.

(1) 용량계획

생산업체의 운영 관리자는 현재와 미래의 수요를 충족할 수 있도록 생산 시설의 용량을 계획해야 한다. 여기에는 수요를 예측하고 이에 따라 생산능력을 조정하는 것을 포함한다.

(2) 수요관리

수요관리(Demand Management)는 제품 및 서비스에 대한 수요예측, 계획 및 통제를 포함하는 공급망 관리 내의 일련의 활동 및 프로세스이다. 수요관리는 미래 고객 수요를 예측하는 것에서부터 시작한다. 예측에는 과거 데이터, 시장 분석 및 기타 관련 요소를 사용하여 제품 또는 서비스 수요의 수량과 시기를 추정하는 작업을 포함한다. 수요관리의 목표는 조직이 재고 수준, 생산 능력 및 전반적인 운영 효율성을 최적화하는 동시에 고객 요구를 충족하도록 하는 것이다. 효과적인 수요 관리는 고객 만족을 달성하고 비용을 최소화하며 수익성을 극대화하는 데 매우 중요하다.

(3) 자재소요계획

자재 소요량 계획(MRP: Materials Requirement Planning)은 생산에 필요한 자재 관리에 초점을 맞춘 공급망 관리의 핵심 구성 요소이다. MRP는 조직이 재고 비용을 최소화하는 동시에 생산 요구 사항을 충족하기 위해 적시에 적절한 자재를 적절한 수량으로 확보할 수 있도록 한다.

MRP는 종종 ERP(Enterprise Resource Planning) 시스템에 통합되어 전체 공급망에 대한 전체적인 보기를 제공한다. 이러한 통합을 통해 생산, 조달, 재고 관리 등 다양한 비즈니스 기능 간의 원활한 조정이 가능해진다.

(4) 재고관리

공급사슬에서의 재고관리는 재고수준과 재고위치가 중요한 요소이다. 효과적 재고관리는 고객 만족도를 높이고, 운송 비용을 줄이며, 전반적인 공급사슬의 성과를 향상시킬 수 있다. 재고수준은 시장의 변동성, 재주문 시점, 리드타임, 안전재고량, 재고 회전율 등 다양한 요인을 고려해야 한다. 이러한 요인들은 상호 연계되어 있기 때문에 조달거리, 불확실성, 복잡성 등과 깊은 상관관계를 가지고 있다(Bowersox & Calantone, 1998). 재고의 위치 선정은 공급업자, 창고, 소매점 중 어디가 가장 적절한지를 판단하는 활동이다.

(5) 품질관리

제품의 품질을 보장하는 것은 운영의 중요한 측면이다. 고객의 기대를 충족하거나 초과하기 위해 제조 공정의 결함이나 문제를 식별하고 수정하기 위해 품질관리 조치가 구현된다.

3) 유통

공급사슬관리에서 유통활동(distribution)은 제조업체가 완제품을 최종소비자에게 전달하는 프로세스를 말한다. 유통활동은 창고보관, 운송관리, 크로스 도킹, 고객관계관리(CRM), 라스트마일 배송, 역물류 등을 포함한다. 창고보관은 배송할 제품의 수령, 보관, 선별 등을 수행한다. 운송관리에서는 트럭, 철도, 해상과 항공을 통한 운송비용, 시간, 고객서비스간의 상충관계에 대한 의사결정이 중요하다. CRM은 배송의 보장, 불만 해결, 의사소통의 개선, 서비스 요구사항을 결정하는 전략이다. 라스트마일 배송은 유통 또는 물류센터에서 최종 목적지인 고객의 문앞까지 상품을 운송하는 것을 포함한다. 마지막으로 역물류는 반품이나 제품리콜 시 제품의 역류 관리도 포함한다.

(1) 창고보관

공급사슬관리에서 창고보관은 상품이 최종 목적지로 배송되기 전에 보관하는 것을 말한다. 유통센터와 창고는 창고는 유통 네트워크의 핵심 노드 역할을 하며, 적시에 정확한 주문 이행을 보장하는 동시에 공급망의 전반적인 효율성과 민첩성에 기여한다.

(2) 운송관리

운송은 공급사슬의 유통활동에서 핵심 요소이다. 운송관리에는 한 지점에서 다른 지점으로의 상품 이동을 계획, 최적화 및 실행하는 작업을 포함한다. 여기에는 제조 시설에서 유통 센터로, 유통 센터 간, 유통 센터에서 최종 고객으로 상품을 한 위치에서 다른 위치로 이동하는 작업이 포함한다. 운송관리에는 운송수단 선정, 경로계획 및 최적화, 운송업체 선정과 협상, 실시간 추적 및 가시성 등이 있다.

(3) 크로스 도킹(Cross-docking)

크로스도킹(Cross-docking)이란 상품을 물류센터에 입고 후 보관하지 않고 즉시 출고하는 공급사슬관리의 물류전략이다. 이는 창고 공간의 필요성을 줄이고 취급 및 보관 비용을 최소화하는 데 기여한다. 크로스 도킹을 성공적으로 구현하려면 운송관리시스템과의 긴밀한 통합이 필요하다. 또한 적시에 픽업 및 배송을 보장하려면 운송업체와의 효율적인 조정이 필수적이다.

(4) 고객관계관리(CRM)

CRM은 고객 정보와 상호 작용을 활용하여 공급사슬 프로세스의 효율성과 효과를 향상시키는 것이다. 공급망 전반에 걸쳐 고객의 요구와 선호도에 초점을 맞춤으로써 조직은 더욱 강력한 관계를 구축하고 충성도를 높이며 경쟁력을 확보할 수 있다. CRM 시스템은 조직 전체의 원활한 정보 흐름을 보장하기 위해 ERP(Enterprise Resource Planning) 및 기타 공급망 관리 시스템과 통합되는 경우가 많으며 이러한 통합으로 전반적인 가시성과 조정이 향상된다.

(5) 라스트마일 배송

라스트 마일 배송에는 유통 센터에서 최종 목적지, 종종 고객의 문앞까지 상품을 운송하는 것이다. 이는 고객 만족도와 배송 속도에 직접적인 영향을 미치기 때문에 유통 프로세스에서 중요하지만 종종 어려운 부분이다.

(6) 역물류관리

유통활동에는 반품이나 제품 리콜 시 제품의 역물류 관리도 포함한다. 역물류 관리는 제품 및 자재가 고객에게 배송된 후 반품, 수리, 재활용 또는 폐기 처리와 관련된 프로세스 및 활동을 의미한다. 효율적인 역물류 프로세스는 반품된 제품을 처리하고 재활용하거나 적절하게 폐기하는 데 도움이 된다.

4) 통합

SCM은 고객과 이해당사자에게 가치를 증대시키기 위한 상품, 서비스, 정보를 제공하기 위해 최초의 공급자에서 최종 소비자에게 이르는 주요 경영프로세스의 통합이다(Cooper et al., 1997). 이는 결국 효율적 공급사슬관리를 위해 공급사슬의 구성원간 통합이 필수적이란 것이다.

공급사슬통합(integration)은 공급사슬 구성원이 공동의 목적을 위해 조정하고 협업하는 것이며, 이는 곧 기업 내, 기능간 그리고 타 기업간의 운영을 긴밀하게 해 나가는 것이다. 공급사슬통합에는 조정/통합 활동, 글로벌 통합 문제, 성과측정 등의 활동을 포함한다. 잘 통합된 공급망은 원활한 정보 흐름을 촉진하고 의사소통을 개선하며 전반적인 효율성을 향상시켜준다.

(1) 조정/통합 활동

공급사슬내 이해관계자, 기능, 프로세스의 조정과 통합은 제조업체, 유통업체, 소매업체, 최종 소비자에 이르는 전체 공급망에 걸쳐 정보, 원자재 및 서비스의 원활하고 효과적인 흐름에 중요하다. 조정에는 공통 목표를 달성하기 위해 공급망 내 다양한 주체 또는 기능의 활동과 노력의 조정을 포함한다. 공급망 관리 조정에는 수요와 공급, 생산과 유통, 재고와 주문조정 등이 있다.

통합은 전체 공급망에 걸쳐 자재, 서비스, 정보 및 프로세스의 보다 원활하고 상호 연결된 흐름을 생성하는 것을 말한다. 여기에는 더 높은 수준의 통합을 달성하기 위해 공급망의 여러 단계 사이의 사일로와 장벽을 허무는 것을 말한다. 주요 통합분야에는 정보, 프로세스, 기술 등이 있다.

(2) 글로벌 통합 문제

기업이 국제적으로 사업을 확장함에 따라 다양한 환경에 대한 조정, 의사소통 및 적응과 관련된 다양한 문제에 직면하게 된다. 공급망 관리의 글로벌 통합문제는 전 세계적으로 상호 연결되고 상호 의존적인 공급망 활동을 관리할 때 발생하는 과제와 복잡성을 의미한다.

글로벌 공급사슬통합은 대규모 글로벌 시장의 특성을 활용하여 저비용, 고품질의 소싱을 가능하게 한다. 그러나 타국의 환경으로 인해 운영 위험에 대한 노출 가능성이 높기 때문에 이를 제거 또는 회피할 수 있는 방안을 수립해야 된다.

(3) 성과측정

공급사슬 성과측정은 기업의 업무절차가 잘 작동하고 있는지를 확인하는데 중요하다. 성과측정은 비용과 서비스 수준의 항목에서 기존과 현재 성과를 상호 비교하여 미래 목표 성과를 설정해야 한다. 또한 벤치마킹을 통해 현재 타 기업, 타 산업 등에서의 최상의 업무 프로세스를 참고하는 것도 필요하다.

제2절 **공급사슬관리 실무**

1. SCM의 의사결정

1) 공급사슬에서의 의사결정

공급사슬전략의 실행으로 SCM의 목적을 달성하기 위해서는 조직이 가진 핵심역량을 효과적으로 활용하는 한편 공급사슬상의 여러 부문 예를 들어 조달, 판매물류, 보관, 하역, 포장, 정보활동 등과 관련된 의사결정을 합리적으로 수행해야 한다. 그러나 대규모의 데이터, 수많은 의사결정 변수, 변수간의 상호 복잡한 연관성, 시스템 제약요건, 성과의 상충관계 등으로 인해 합리적인 의사결정을 내리는 것은 경영상 심각한 도전이 되고 있다.

2) 공급사슬에서의 의사결정 유형

공급사슬과 관련된 다양한 의사결정단계는 〈표 17-5〉에서 보는 바와 같이 전략적, 전술적 그리고 운영적 단계로 구분할 수 있다. 전략적 의사결정은 공급사슬의 가장 높은 단계의 의사결정으로 기업의 정책, 파트너 선정, 전반적인 설계, 공급사슬구조 등을 포함한다. 전술적 수준은 주로 각 기능의 계획을 그리고 운영적 의사결정은 일상적인 활동과 조직의 문제를 다룬다.

표 17-5 공급사슬의 단계별 의사결정 사항

유형	분야	활동
전략적	네트워크 설계	공장, 창고, 유통센터 등의 시설물의 개수, 위치, 처리능력
	생산과 조달	내부적으로 생산할 것인가 외부에서 조달할 것인가, 공급업자, 유통업자, 고객과 전략적 파트너십 구축
	정보기술	공급사슬운영을 지원하기 위한 정보기술 인프라
전술적	구매 의사결정	소싱 계획과 여타 제품 또는 서비스의 구매
	생산계획	계약체결, 위치, 스케줄, 계획수립 과정
	재고관리	재고의 수량, 위치, 품질
	운송	운송의 횟수, 경로, 계약체결

	유통	유통센터의 재고보충과 생산 스케줄간의 조정
	업무 프로세스	경쟁자 대상 운영 벤치마킹, 선진업무 프로세스(best practice) 실시
운영적		<ul><li>공급사슬에서 모든 경로를 포함한 일일 생산과 유통계획</li><li>공급사슬에서 각 생산시설당 생산 일정</li><li>고객의 수요계획, 예측, 조정과 다른 공급업자와 예측자료 공유</li><li>공급처와 협력하여 현재의 재고와 예측 수요를 포함한 소싱계획</li><li>공급업자로부터의 운송과 재고 유입을 포함한 조달물류 운영</li><li>자재의 소비와 완제품의 흐름을 포함한 생산 운영</li><li>고객에 대한 모든 이행 활동과 운송을 포함한 판매물류 운영</li><li>주문의 확약</li></ul>

2. SCM의 실행

1) 공급사슬 통합의 의의

(1) 공급사슬 통합의 필요성

SCM은 공급사슬에서의 조직간 통합, 조정, 협업을 포함한다. 성공적인 SCM의 핵심은 모든 프로세스가 전체 시스템의 목적에 일치해 사업의 기능과 경로 구성원간 효과적인 통합에 있다. 이런 관점에서 SCM을 공급사슬통합(SCI: supply chain integration)이라고도 한다.

기업의 통합된 공급사슬은 원자재, 운송, 제조, 유통, 창고관리, 소매서비스를 제공하는 경영 네트워크이다. 경영활동은 판매와 수익의 목표를 달성하면서 높은 수준의 고객서비스를 제공할 수 있느냐에 달려있는데 SCI는 이러한 목적 달성에 핵심적인 역할을 한다.

Ragatz et al.(1997)은 공급자, 제품의 가치, 공급사슬의 효과적인 통합은 생산자의 경쟁우위 확보에 필수적인 요소라고 주장하였다. SCI의 목적은 대부분의 경쟁자가 쉽게 모방할 수 없는 방식으로 공급사슬간 이음새 없는 생산 프로세스를 창조하고 조정하는 것이다(Anderson and Katz, 1998).

고객 요구, 글로벌 경쟁의 심화, 새로운 형태의 조직간 관계의 설정 등과 같은 환경변화로 인해 SCI의 필요성은 더욱 고조되고 있다. 많은 기업에서 도입하고 있는 ERP시스템, 인터넷, 클라우드 등과 같은 정보기술은 SCI을 촉진시키는 중요한 동인으로 작용하고 있다.

(2) SCI의 개념

SCI는 '공급사슬의 구성원인 공급업체, 제조업체, 유통업체 및 소매업체 그리고 고객을 서로 연결시키는 네트워크의 형성'을 말한다. SCI를 통해 정보의 투명성이 확보되고 기능과 기업들이 상호 연결되고, 구성원간 원활한 의사소통이 촉진된다. 또한 SCI는 기업의 의사결정을 보다 효과적으로 진행할 수 있게 하며, 공급사슬의 가시성 확보, 병목 부분의 확인 등이 가능해져 공급사슬의 목적 달성을 용이하게 한다. 공급사슬 통합은 정보, 기술, 프로세스, 공급업체 및 파트너간의 협력, 고객, 물류 및 운송, 금융 등의 분야를 포함한다.

모든 공급사슬은 어느 정도의 통합은 이루어져 있지만 이를 심화시키는 목적은 사슬의 전체성과를 최적화하며, 구성원들의 자원을 집중화시키고 조정하기 위한 것이다. 통합을 통해 기업은 새로운 아이디어의 창출 기회를 증대시킬 수 있으며, 기술의 전문성 확보와 보다 광범위하고 필수적인 정보를 획득하고 공유할 수 있다.

SCI는 비즈니스 프로세스의 내부적·외부적 통합과 같은 전략적 이슈이며, 제품과 정보 등이 조직간에 움직이기 때문에 경로 파트너간의 밀접한 연계를 강화할 수 있게 한다. SCI는 높은 수준의 협업관계로도 해석되지만 통합을 통해 구성원들이 확장된 조직 내에서 동일한 주체로 활동한다는 점에서 협업보다 광범위하고 장기적이며 보다 밀접한 관계를 유지하는 것이다.

SCI와 관련해 두 가지 유형이 있는데 첫 번째는 공급자, 생산자, 고객간 물리적 이동에 대한 조정과 통합이다. 이는 JIT의 개념과 일맥상통한다. 이러한 물리적 통합은 기업이 공급사슬을 시장의 변화에 반응하는 데 중요한 전략적 역할을 하는데 예를 들어 공급사슬에서 제품의 지연(postponement)과 대량 맞춤화(mass customization)에 기여한다.

두 번째 유형은 고객에게서 공급자로의 역방향으로 움직이는 정보의 조정과 통합이다. 정보기술(IT)은 다수의 조직이 공급사슬상에서 상호간 업무의 조정을 가능하게 한다. IT를 활용한 통합에는 EDI, 계획과 통제시스템에서의 데이터 공유를 포함한다(Frohlich and Westbrook, 2001).

(3) SCM의 통합 단계

공급사슬의 통합은 크게 조직 내 기능간, 조직 내부적 통합 그리고 공급사슬의 구성원간의 통합으로 구분할 수 있으며 통합의 범위는 기능간에서 공급사슬 전체로의 통합으로 발전되고 있다.

　Ross(2003)는 통합의 단계를 보다 세부적으로 5단계로 구분하여 설명하고 있다. 〈표 17-6〉에서 보는 바와 같이 1단계에서는 물류의 개별 기능인 창고 관리와 운송부문들이 조직 내에서 분리되어 있다. 2단계에서 물류 기능이 통합 되어 전체 비용의 최적화와 고객서비스의 개선에 집중한다. 3단계에서는 물류 계획을 포함한 보다 확장된 통합물류관리 단계로 진행될 뿐만 아니라 기업의 타 기능과 통합하는 단계이다. 4단계에서는 외부 구성원과 연계하는 진정한 의 미의 SCM 단계로 발전된다. 그리고 마지막 5단계에서는 인터넷 기술을 공급사 슬에 적용해 e-SCM 단계로 진행된다. 이러한 5단계 통합은 1, 2단계는 기능 간 통합, 3단계는 조직 내 통합, 4단계와 5단계는 SCM 통합으로 구분된다.

표 17-6　SCM의 통합 단계

단계	분야	관리의 초점	조직의 설계
1단계 (1960년대)	창고관리와 운송	▪ 운영성과 ▪ 판매/마케팅 지원 ▪ 창고관리 ▪ 재고관리 ▪ 운송효율성	▪ 물류기능의 분산화 ▪ 물류기능간 내부 연결결여 ▪ 물류관리권한이 제한적
2단계 (1980년대)	총비용관리	▪ 물류의 집중화 ▪ 총비용관리 ▪ 최적화 운영 ▪ 고객서비스 ▪ 경쟁우위로서의 물류	▪ 물류기능의 집중화 ▪ 물류관리권한의 강화 ▪ 컴퓨터 적용
3단계 (1990년대)	통합물류 관리	▪ 물류계획 ▪ 공급사슬전략 ▪ 기업기능과의 통합 ▪ 경로운영기능과 통합	▪ 물류기능의 확장 ▪ 공급사슬계획 ▪ TQM 지원 ▪ 물류관리기능의 확장
4단계 (2000년대)	SCM	▪ 공급사슬의 전략적 관점 ▪ 기업내부 네트워크 기술 활용 ▪ 공동경로제휴의 증가 ▪ 경로효율성을 지렛대로 활용하는 협업	▪ 교역 파트너 네트워킹 ▪ 가상 조직 ▪ 시장 공동진화 ▪ 벤치마킹과 재구축 ▪ 공급사슬 TQM 매트릭스
5단계 (2000년대 이후)	e-SCM	▪ SCM에 인터넷 적용 ▪ 모든 D/B의 동시 공유 ▪ 정보시스템 ▪ SCM의 동시화	▪ 네트워크화된 다중 기업공급사슬(닷컴, e-소매점, 마켓 익스체인지) ▪ 조직적 유연성과 규모경제

자료: Ross, 2003.

(4) SCI의 운용과 과제

공급사슬통합(SCI)을 위해서는 조직 내 또는 조직간 협력, 협업, 정보공유, 신뢰, 파트너십, 기술 공유가 이루어져야 한다. 또한 개별 기능적 프로세스 관리에서 공급사슬의 통합적 프로세스 관리 체제로 전환되어야 한다.

SCI는 기업과 이해당사자의 이익을 최대화하면서 고객의 수요에 효율적으로 대응하기 위해 기업, 고객, 공급자들간의 협업이다. 여기에는 기업이 고객의 수요에 대응할 필요가 있는 재공품(component)과 서비스를 제공하는 물류를 포함하며, 공급자와의 파트너십, 수평적·수직적 통합도 포함된다.

실제로 공급사슬의 문제와 비효율성으로 인한 자원과 자금의 손실이 크기 때문에 대부분의 기업들이 SCI를 추진하고 있지만 공급사슬의 복잡성과 구성원간 협력 또는 고려사항들이 많기 때문에 이를 실현하는 기업은 그리 많지 않다. 효율적인 SCI를 위해서는 먼저 공급사슬의 구성원간 기능간 목적과 목표를 상호 일치시켜야 한다. 또한 전략적 관점에서 SCI는 공급사슬의 구성원간 파트너십으로 보고 자원, 편익 그리고 위험도 서로 공유해야 하며, 조직간, 프로세스간 커뮤니케이션과 정보의 연결은 필수적이다.

SCI를 위해서는 공급사슬의 전체적인 통합이 되어야 하고, 안정적이고, 협업적이며, 탄력 회복력을 가지고, 린 공급사슬로 운영되어야 한다. SCI가 총체적이고, 선제적이고, 효율적으로 구축되었다 해도 예견치 못한 사태와 같은 반응적 요소가 발생할 수 있다. 그러므로 보다 유연하면서 반응적인 전략 계획을 수립해야 한다.

SCI를 위해서 기업은 먼저 내부 공급사슬에서의 어려운 이슈들을 검토해 보아야 한다. 그리고 목적과 목표가 서로 상이한 고객과 공급업자의 내부 공급사슬의 합리화를 추진해야 한다. 공급사슬의 핵심 구성원인 공급자, 생산자, 고객간의 연계는 사슬의 형태라기보다 실제로는 네트워크로 운영된다. 그러므로 SCI는 다수의 고객과 공급자들간 목적의 일치화(alignment)와 상호간 연계(linkage)를 추진해야 한다.

SCI는 각 구성원들간에 통합적 계획수립, 파트너십 또는 제휴, 성과 관리, 조직의 일체화, 정보기술의 활용 등을 통해 이루어질 수 있다. 이를 위한 세부적인 과제로는 〈표 17-7〉과 같은 사항이 있다(Carter et al., 2009). SCI의 달성은 역동성과 서로 다른 시설과 파트너들의 상충되는 목적 등으로 인해 상당히 어렵다. 이를 극복하기 위한 방안으로 공급사슬구성원간의 전략적 파트너십과 정보의 교환과 공유를 촉진시키는 것이다.

표 17-7	SCI의 과제
▪ 재무적, 비재무적 성과의 개선 비전 ▪ 공급사슬의 비전 위한 인력, 문화, 조직개발 ▪ 고객중심적 매트릭스 개발 ▪ 고객의 요구와 시장 세분화에 맞는 다양한 공급사슬 개발 ▪ 글로벌 기준에서 작업의 정확한 포지셔닝 설정 ▪ 제품과 서비스의 설계에 대한 통합 의사결정 ▪ 첫 단계의 우선순위는 소싱 ▪ 고객과 공급자와의 집중적이고 일관성 있는 관계 유지	▪ 효과적인 판매와 운영 프로세스 설정 ▪ 유효하고 신뢰성 있는 D/B, 데이터, 정보 개발 ▪ 복잡, 위험한 환경에서 효과적 의사결정을 위한 역량과 분석도구 개발 ▪ 공급사슬과 조직 내의 조직간 신뢰 구축 ▪ 공급사슬 파트너간 위험의 공유 ▪ 공급사슬 파트너간 보상의 공유

공급사슬의 최적화(optimization)는 공급사슬의 구성요소인 조달, 생산, 유통에서의 최적 운영을 위한 프로세스와 도구를 적용하는 것을 말한다. 최적화는 공급사슬 내에서의 재고의 위치 최적화, 운영비용의 최적화를 포함한다. 효율성과 최소 비용에서의 반응성간에는 상충관계가 존재하기 때문에 최적화의 핵심은 두 요소간의 균형을 추구하는 것이다. 최소의 비용으로 균형점을 유지하기 위해 모든 기능들은 서로 협업해야 한다. 즉 공급사슬의 구성원간의 데이터와 정보의 공유, 상호간 협력하여 작업해 나가야 한다.

(5) SCI의 편익

SCI는 단일 기업이 개별적으로 수행하는 것에 비해 신속한 업무 수행, 예측의 정확성, 비용의 감소, 유연성 확대, 공급사슬 구성원간의 파트너십의 강화 등 다양한 분야에서 편익을 가져올 수 있다.

첫째, SCI는 구성원간의 연결과정에서의 시간의 낭비를 최소화할 수 있기 때문에 시간의 단축 효과가 있다. 시간 단축은 정시 배송을 통해 고객서비스를 향상시킬 수 있고 시장수요의 변화에 신속한 대응을 가능하게 한다.

둘째, SCI는 정보 교환 및 공유의 촉진, POS를 통한 실시간 판매 정보의 수집, 재고정보, 위치추적 정보 등이 공급사슬상의 예측에 활용되어 보다 신속·정확한 예측을 가능하게 한다.

셋째, SCI는 공급사슬의 효율성과 유연성을 증대시켜 비용의 감소를 가져온다. 비용의 절감 요인은 복잡성의 감소와 자원의 효율적 배분, 낭비 요소와 재고의 감축, 전체 공급사슬에서 거래비용 감소 등을 통해 가능하다.

넷째, SCI는 외부적 상황 예를 들어 경쟁자의 행동이나 고객 수요의 변동 등에 신속하게 반응할 수 있는 운영적 유연성을 확대시켜준다. 이를 통해 기업은 공급사슬에 걸쳐 다양한 정보 수집을 통해 경쟁자의 계획을 사전에 파악할 수 있어 신제품의 도입, 마케팅 등에서 보다 선제적으로 대응할 수 있게 한다.

다섯째, SCI는 공급사슬 전체에서 정보가 통합적으로 관리되기 때문에 가시성 증대로 고객서비스를 향상시킬 수 있게 한다.

여섯째, SCI는 파트너십을 강화시켜 준다. 통합을 통해 정보 교환과 공유가 원활하게 이루어지면 상호간 신뢰 수준이 제고되며, 이는 더욱 밀접한 파트너십으로 발전하게 한다(Awad and Nassar, 2010).

2) 공급사슬상의 상호 관계

(1) 공급사슬에서 관계의 중요성

공급사슬관리 또는 통합은 공급사슬의 참여 기업간에 협력적, 조직적 긴밀한 관계의 구축 없이는 완성될 수 없다. 그러므로 SCM에서 조직간의 관계는 핵심적인 요소 중의 하나이다. Handfield and Nichols(1999)는 공급사슬의 효과적인 관리를 위해서 관계의 중요성을 다음과 같이 강조하였다

"공급사슬의 효과적인 조직관계 구축 없이 공급사슬에서 정보 또는 재화의 이동을 관리하는 어떠한 노력도 성공할 수 없을 것이다."

오래 전부터 공급사슬의 참여자들간의 협업과 파트너십 관계의 중요성에 대하여 인식되어 왔다. 그 이유는 공급사슬상 구성원과의 긴밀한 관계를 통해서 정확하고 시의적 정보의 교환, 가시성과 접근성의 개선을 이룰 수 있고, 이는 공급사슬의 동시화를 촉진시키며 또한 고객수요에 대한 대응성을 동시에 개선함으로써 재고를 축소시켜 주기 때문이다.

물류의 관점에서 볼 때 SCM은 가치사슬에서 물류활동의 조정과 통합이라 할 수 있다. 예측에 의해 공급사슬을 통한 재화의 밀어내기(push)보다 수요 패

턴에 대응하여 재화를 끌어당기는(pull) 것이 수요의 불확실성에 더욱 효과적으로 반응할 수 있으며, 공급사슬 내 흐름의 개선, 재고의 효율적 관리, 서비스 수준의 향상을 달성할 수 있다. 이것은 통합물류시스템의 개념인 공급사슬 기반의 합리화와 이음새 없는 흐름, 그리고 제품개발과 생산활동에서 공급자와의 통합과 유사하다.

공급사슬의 효과적·효율적 관리를 위해서는 초기단계에서 공급자의 참여를 통해 공급자 관리, 전략적 제휴, 공급자와 협력, 역량과 전문성을 활용할 수 있어야 한다. 이는 기업이 비핵심부문의 아웃소싱과 핵심역량에 대한 집중화를 통해 자원의 효율적 활용을 촉진시킬 뿐만 아니라 고객 니즈의 변화에 더 유연하고 반응적이 된다는 것을 의미한다(Kannana and Tan, 2005). 이러한 관점에서 볼 때 공급사슬관리의 성패는 결국 아웃소싱, 파트너십을 통한 협업체계 구축과 같은 공급사슬 구성원의 관계에 달려있다고 해도 과언은 아니다.

SCM에서 구성원간의 관계는 일상적 관계, 전략적 제휴, 협업, 파트너십, 합작투자, 수직적 통합 등 다양한 형태가 있다.

(2) 전략적 제휴

공급사슬의 구성원인 구매자, 공급자, 물류서비스제공업자, 고객간의 관계에서 제휴(alliance)는 가장 보편화적인 관계 형성을 의미하며, 기업의 중요한 경쟁전략의 하나로 인식되어 왔다. 물류와 SCM은 주문처리, 재고관리, 운송, 창고관리와 하역, 시설네트워크 관리 등과 관련한 재화, 서비스, 관련 정보의 지리적 이동을 관리하는 활동으로 간주되기 때문에 이들 요소들을 어떻게 조직적이고 체계적으로 관리하느냐가 중요하다. 공급사슬에서 다양한 기능과 활동들을 통합적으로 운영하기 위해서는 이들 조직간의 협력적 관계 설정이 선결되어야 하며, 이러한 관계의 설정은 결국 상호간의 몰입이 전제가 되어야 한다.

물류와 공급사슬에서의 제휴는 1980년대와 90년대 들어 물류아웃소싱의 활성화, 규제완화, 세계화의 진전과 더불어 증가하고 있다(Brekalo et al., 2013). 아웃소싱은 외부업체를 활용하는 것이지만 공급사슬관리의 관점에서 상호간 긴밀한 관계 유지가 필수적이다. 규제완화는 경영의 영역간 장벽을 제거해주기 때문에 다양한 연계를 촉진시켜 주었다. 또한 세계화는 전 세계 경영 기능들의 분산 배치를 촉진시키기 때문에 이들 기능과의 연결성이 필수적이다.

제휴(alliance)란 '두 조직이 어떤 목적을 위해 일시적으로 협력하는 관계'라고 정의할 수 있다. 제휴관계에서는 협업을 통한 편익을 제휴 당사자간에 어떻게 공유할 것인지의 결정과 SCM에서는 상호간 정보공유를 통해 공급사슬의 반응성과 효율성을 증대시켜 나가는 것이 중요하다. 제휴의 형태는 다양하지만 보다 공식적인 형태로 이루어질 경우 파트너십으로 발전되며, 비공식적인 연대로 이어지는 경우는 협업으로 볼 수 있다.

(3) 파트너십

Ellram and Krause(1994)는 파트너십(partnership)을 '장기간에 걸쳐 몰입과 관계에 따른 위험과 보상, 정보의 상호 공유를 포함하는 화주와 물류서비스제공업체(LSP)간의 약정'이라고 정의하였다. 그러므로 파트너십에는 장기적 관점, 공동의 이해, 정보공유, 신뢰성 등이 포함되어 있다.

파트너십 체결은 각 파트너가 지닌 특유의 기술과 전문성을 활용할 수 있고 경쟁자를 고립시키는 효과를 가져 온다. 또한 파트너십의 체결은 공급사슬 전체 또는 구성원 기업들에게 최상의 성과를 달성하여 지속가능한 경쟁우위를 제공할 수 있는 수단이며 상호간 '윈-윈'과 미래 지향적이라는 특징을 가지고 있다. 파트너십은 구매기업(화주)의 운영성과에 긍정적 영향을 미칠 뿐만 아니라 자산과 비용의 효율성(거래비용 감소), 대고객 서비스 제고, 마케팅 우위 선점, 이윤 증대, 안정성, 유연성 등에서 장점을 가져온다(Kannan and Tan, 2005). 그러므로 SCM에서는 공급사슬의 구성원인 공급업자, 계약자, 운송업자, 유통업자, 중개상 그리고 고객간에 파트너십 형성을 통해 높은 수준의 품질과 서비스, 신뢰, 개방성, 위험의 공유와 협력을 증대시킬 수 있다.

물류에서의 파트너십은 다양한 형태로 나타나는 데 예를 들어 물류서비스제공업체(LSP)인 소화물특송업체와 헬스케어 제품의 제조업체간의 전략적 제휴관계에서 LSP는 항공과 육상운송 서비스를 제공하는 반면 제조업체(화주)는 일정 물량을 보장하는 방식이다. 또 다른 예로 복사기 생산업체인 Xerox와 운송업체인 Ryder사간의 전략적 제휴에서는 Ryder의 운전기사는 Xerox사의 복사기를 배송, 설치, 검사와 설명 등의 서비스를 해줄 뿐만 아니라 초기의 고객에게 훈련을 시킨다든지 기존 장비의 회수까지의 서비스를 제공해주는 방식이다. 또한 Ryder사는 Xerox사에게 조달물류서비스를 제공해주며 JIT 체제에 부응하여 Xerox사의 조달물류 네트워크도 동시에 관리해 주고 있다(Lambert et al., 1996).

(4) 협업

공급사슬과 물류에서 협업(collaboration)이란 '둘 또는 그 이상의 독립적 기업이 공동으로 공급사슬의 운영을 계획·실행하여 단독으로 실행할 때보다 더 큰 성공을 달성할 때 일어나는 것'으로 정의된다. 상호간의 관계를 촉진한다는 의미에서 협업은 파트너십의 한 유형이라고 할 수 있다.

SCM에서 협업해야 하는 이유는 〈표 17-8〉과 같이 다양하다.

표 17-8	SCM에서 협업 이유
▪ 확대되고 복잡해진 전략적 결정	▪ 경쟁에서 시간의 중요성 증대
▪ 글로벌화의 촉진	▪ 선점효과의 장점 확대
▪ 통합화의 필요성 증대	▪ 기업 환경에서 불확실한 요소 증대
▪ 경쟁의 심화	▪ 기업 운영에서 실수로 인해 비용 발생

SCM은 개별 기업이 아닌 공급사슬 전체적으로 접근하는 것이 중요한데, 이를 위해 공급사슬 전체 구성원들간의 상호 협업을 통해 시너지를 일으킬 수 있도록 해야 한다. 즉 공급사슬 전체적 관점에서 계획, 운영, 실시간 정보교환 및 공유, 기술 공유, 신뢰성 확보 등을 시행하여야 한다.

공급사슬협업의 효과는 공급사슬의 동시화, 유연성 개선, 수요의 불확실성 감소, 자원 활용율의 향상, 지연 단축과 통제의 개선, 품질 개선, 역량의 개발 등 다양하며 이는 기업에게 저비용과 고수익을 가져오게 한다.

협업의 발상은 1990년대 초반 효율적 고객대응(ECR)을 도입한 식료품 산업에서 탄생되었다. ECR은 내부적인 정보의 보유 단계에서 상호간 전략적 정보의 공유와 신뢰구축 관계로 발전되어 향상된 고객가치 전달과 효율성 개선을 추구하게 한다. 이후 ECR은 타 산업으로 확산되었으며 보다 긴밀한 협력 방식인 VMI, CR, CPFR로 유행처럼 번져나갔다. 이러한 모든 협업방식은 보다 긴밀한 정보공유를 통해 SCI의 제고에 초점을 맞추고 있다.

협업은 3가지의 수준, 즉 전략적, 전술적, 전략적 수준으로 구분된다. 운영적 수준에서의 협업은 일상적이고 기계적인 유형, 즉 거래 활동을 포함한다. 전술적 수준에서 협업은 제품뿐만 아니라 다양한 정보의 흐름을 통제하고 조정하는 것이다. 이 단계의 협업은 공급사슬의 상류(up-stream)에서의 투명성과 가시적 수요 패턴을 창출함으로써 불확실성을 감소시킬 수 있다. 마지막으로 전략적 수준은 달성하기는 어렵지만, 주요 참가자들 사이에 책임을 공유하는 협업적 방식으로 미래의 공급사슬의 추진 방향이 될 것이다.

3) 공급사슬에서의 정보기술 활용

공급사슬 내 정보의 통합은 SCI에서 필수사항이다. 기업들은 공급사슬에서 재화, 자금, 정보의 흐름을 조정하기 위해 정확하고 시의적인 정보의 접근이 필요하다. 경영환경의 변화로 기업들은 더욱 복잡한 환경에 직면하면서 정확한 예측이 상당히 어려워지고 있다. 또한 기업활동의 영역이 넓어지고 거리가 연장되면서 의사결정과정에서 더 많은 요소들을 포함시켜야 한다. 이러한 환경에서 공급사슬의 효율적 운영을 위해서는 공급사슬과 연결된 모든 요소들에 대해 유효하고 시의성있는 인적, 물적, 재무적 정보가 제공되어야 한다.

SCI가 소비자의 실수요에 의해 추진되기 위해서는 정보공유가 중요하다. 정보공유는 공급사슬에서 수요 정보의 왜곡 문제인 채찍 효과(bullwhip effect)의 해결에 핵심적인 요소이다(Lee and Whang, 2001). 또한 풍부한 데이터와 분석은 공급사슬의 통합을 용이하게 함으로써 복잡성을 줄여주고 구성원간 관계를 증진시켜 줄 뿐만 아니라 효율적이고 정확한 의사결정을 내릴 수 있도록 지원한다. 공유 및 교환되는 정보에는 주문상태, 화물추적, 판매예측, 생산일정, 재고량, 제품설계와 명세, 제품의 명세와 가격, 판촉 기록 등이 있다.

SCM은 원자재 공급에서 제품 생산, 판매, 유통, 배송에 이르는 전 과정을 최적화하는 것이다. 이를 위해서는 공급사슬 상에서 재화와 정보의 원활한 이동이 필수적이다. 정보기술은 공급사슬의 광범위한 구성 기업들간 정보 교환과 공유를 통해 상호간 관계를 증진시켜 효율적·효과적인 SCM과 지리적 범위 확대에 기여한다.

정보교환을 위한 정보기술로는 e–메일, EDI, 인터넷, 클라우드 시스템과 같은 데이터의 수집용과 인식과 위치추적을 가능하게 하는 POS, RFID, GIS 기술 등이 활용된다. 그리고 정보시스템을 지원하기 위해서는 ERP시스템, 주문관리시스템, 수요계획시스템(demand planning systems), 재고관리(WMS), 운송관리

(TMS, APS: Advanced Planning and Scheduling Systems), 고객의 관리(CRM) 등이 활용되고 있다.

SCM의 효율성을 위해서 공급과 수요를 균형시키고 동시화가 필요하지만 조달시간 상 고려사항과 변동성으로 인해 어려움이 있다. 그러나 실시간 정보를 공유함으로써 이러한 변동성을 완화시킬 수 있다. 또한 공급사슬 구성원간의 공급사슬에서의 재고 파악과 고객에게 주문품 상태정보 제공 등은 비용 절감과 고객서비스의 제고에 중요하다. 이를 위해 공급사슬의 동시화, 가시성, 채찍효과의 최소화가 핵심적 요소이며 이는 서로 밀접한 연관성을 가지고 있다.

4) 공급사슬의 가시성

(1) 가시성의 개념과 중요성

공급사슬에서 가시성(visibility)이란 '공급사슬에서의 상품, 서비스, 자금 등의 흐름을 추적하고 정보시스템 상에서 볼 수 있는 것'을 의미한다. 가시성은 시장에서 신속하게 반응할 수 있는 물류 네트워크를 운영할 수 있게 한다. 가시성은 공급사슬의 시작에서 말단까지의 다중 계층간에 보유하고 있는 재고를 동시화하거나 채찍효과를 완화시키고 수요의 불확실성을 통제할 수 있게 한다 (McIntire, 2014).

가시성은 공급사슬에서의 효과는 상류와 하류 모두에서 발생하며 효율성과 효과성으로 나타난다. 상류(up-stream) 방향의 가시성은 주로 효율성에 초점을 맞추어 비용이나 자산의 소요량을 낮추는데 목적이 있다. 반면 하류(down-stream) 방향의 가시성은 효과적인 공급사슬을 추구하며, 민첩성과 회복성 개선과 같은 고객 만족도나 서비스 품질의 제고에 초점을 맞추고 있다 (Lehtonen et al., 2005).

위치추적기능의 개선으로 가시성이 확대되면 재고정보의 추적이 가능해져 효과적인 재고수준과 배치가 가능해진다. 이는 운영의 효율성, 재고관리, 시장변화에 대한 민첩성, 위험관리, 고객 만족도 등을 개선할 수 있게 한다.

(2) 가시성의 구성요소

가시성은 넓은 의미에서는 공급사슬 전체에서 발생하는 재화, 서비스, 정보 그리고 자금의 흐름에 대한 추적을 의미하지만 주로 제조업체에서 최종 소비자에 이르는 구간의 기능 또는 활동이 중요하며 구성 요소는 〈표 17-9〉와 같다.

표 17-9	공급사슬 가시성의 구성요소
요소	설명
조달 상태	공급업체에서 제조업체로 이동하는 원자재 및 부품의 원산지와 상태 파악
생산 공정 모니터링	일정, 수량, 품질 관리를 포함한 제조 프로세스 감독
운송 및 물류	경로, 운송 시간 및 잠재적인 지연을 포함한 제품 운송의 모니터링
재고관리	창고 및 소매점을 포함한 다양한 단계에서 재고수준 추적
수요공급계획	데이터 분석 및 예측 모델을 사용하여 미래 수요의 예측과 공급망 활동의 조정
리스크 관리	공급업체 신뢰성, 운송 중단, 수요 변화 등의 위험의 식별과 관리
고객 투명성	고객에게 제품의 원산지, 제조 공정, 재고, 예상 배송 기간과 시간에 대한 정보 제공

표에서 보듯이 공급사슬에서의 가시성의 구성요소에는 수요, 주문, 재고, 이동 중 화물의 실시간 정보, 도착예정시간 등의 정보를 제공해 줄 수 있다.

공급사슬의 양단간에서 가시성 확보 없이는 공급자, 주문이행센터, 유통센터, 점포 등의 위치에서 배송 경로, 품목에 따른 운송수단, 상품의 정시 배송 등에 대한 결정과 조정을 효과적으로 수행하기 어렵다. 또한 가시성 확보는 재고의 위치를 추적하고 관리하고, 반품의 지원, 제품의 인증과 품질을 확인할 수 있는 능력을 제고시킨다.

(3) 가시성의 활용 기업사례

글로벌 물류의 가시성 시스템에서 정보의 시의성과 정확성이 필수적이다. 글로벌 물류관리자는 해상운송업자와 EDI로 직접 통합, 웹 포탈로 다른 서비스 제공업체와 높은 수준의 실시간 가시성, 시의성과 정확성을 가진 데이터의 확보 등을 달성하기 위해 다양한 메커니즘을 사용하고 있다.

세계적인 정보네트워크 제조업체인 시스코(Cisco)사는 강력하고 실시간 가시성 관리시스템을 설치해 적은 인원으로 아웃소싱을 통한 글로벌 공급사슬을 관리하고 있으며, 공급사슬의 기능들이 모두 내부적으로 처리되는 것과 같이 성과 관리를 하고 있다.

월마트의 'Retail Link'는 IT를 활용한 공급사슬 가시성 관리시스템을 효과적으로 활용하여 소매점과 공급자간의 재고관리와 보충정책의 동시화를 지원하는 대표적인 사례이다. 품절된 재고의 신속한 보충을 위해 월마트는 Retail Link라는 전용정보시스템을 통해 공급업자와 판매시점 데이터를 공유한다. 가시성 확보는 소량의 재고수준과 높은 재고회전율을 지닌 풀 방식의 공급사슬에 적합하다.

5) 채찍효과

채찍효과(bullwhip effect)는 '공급사슬에서 나타나는 현상으로 하류단계에서의 수요변동성이 도매, 유통, 제조업체, 원자재 공급업체로 이어지는 상류 수준에서 점점 더 커지는 현상'을 의미한다. [그림 17−3]에서 보는 바와 같이 최종 소비자들이 주문을 약간 늘리면 소매상들의 주문은 더 커지고 이에 따라 도매상들은 더 많이 주문하게 되고 제조업체에서는 더 더욱 많은 양을 생산하게 된다는 것이다.

그림 17-3 채찍효과

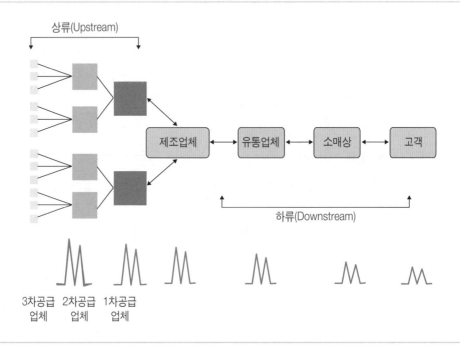

Lee et al.(1997)는 수요 예측의 갱신, 배치 주문, 할당, 게임에 의한 부족분, 가격 변동과 같은 정보를 왜곡시키고 지연시키는 사업관행과 요소임을 밝혀내었다. 그들에 따르면 채찍효과가 나타나는 원인으로 개별기업 관점에서의 주문, 불규칙적인 주문량과 판매량, 부정확한 수요, 주문단위의 문제, 유동적인 가격 정책, 합리적인 배분 문제 등을 들고 있다. Hill(2000)은 또 다른 하나의 관행으로 낮은 단가로 구매하기 위한 '선구매'를 들었다.

프로세스 통합, 상호의존적인 활동은 품질 개선, 정보의 정확성, 리드 타임 단축, 생산방식 개선, 수요예측 개선, 가격전략 수립, 안전재고 감소 등은 채찍효과를 줄이는 중요한 요소이다.

6) 공급사슬의 동기화

공급사슬의 동기화(synchronization)는 '원자재 조달부터 원제품의 배송까지 공급사슬의 다양한 요소를 전략적으로 긴밀하게 조정하는 것'이다. 공급사슬의 동시화에는 데이터, 거래, 물리적 프로세스, 활동 일정 등의 조정을 포함한다. 이를 통해 공급사슬 구성원 상호간에 유연하고 협력적으로 지원하고 이음새 없이 모든 파트너가 원활하게 운영할 수 있도록 하는 것이다. 다시 말해 공급사슬 상의 다수 기업이 운영 면에서 서로 통합하는 것이다.

동기화 프로세스는 역할과 책임의 정의에서 시작한다. 즉 공급사슬의 모든 구성원들은 자신들이 무엇(예, 제품의 보관, 변형, 재조립 수량, 가격 설정 등)을 실행해야 하는지, 언제(조달시간과 마감시간) 실행해야 하는지, 어떻게(운영 명세서) 실행해야 하는지 그리고 그 결과(판매량, 고객만족도)가 어떻게 예상되는지를 알고 있어야 한다.

수직적 경로에서 공급사슬의 계층간에 모호하고 서로간 역할과 책임의 충돌로 인해 갈등이 발생할 수 있다. 이로 인해 낮은 서비스 수준, 수동적 판매 노력, 마감시간 누락과 같은 현상이 일어나게 된다. 일상적 업무에서 많은 업무와 활동 예컨대 주문 입력, 스케줄 확인, 위치추적, 상태정보 전달, 송장발행, 결제, 반품, 분쟁해결 등에서 운영상의 동기화가 일어난다. 따라서 동기화는 전략적 수준에서부터 운영적 수준 전반에 걸쳐 공급사슬 구성원들의 기능간에 추진되며, 이러한 공급사슬의 동시화를 위해 공급사슬 구성원간 자재, 제품, 정보의 흐름을 조정하게 된다.

공급사슬의 동기화는 신속한 주문입력 완료와 함께 정시운송으로 운송비의 절감을 가져온다. 그리고 주문에 의한 반응적 생산으로 생산비용의 절감, 낭비와 진부화를 줄일 수 있고, 재고 감소의 효과가 있으며, 신속한 주문이행을 통해 매출이 증대된다.

3. SCM의 성과관리

1) SCM의 성과관리의 개념

경영환경이 치열해지면서 성과에 대한 데이터의 수집, 분석, 보고는 SCM과 고객 대응의 성공적 요인이 되고 있다. 성과 측정은 경영활동의 효과성과 효율성을 계량화하는 과정이다. 기업은 수익의 증대, 비용 절감, 자산회전율의 증대, 고객만족도 개선을 위해 노력한다. 기업들이 공급사슬관리를 통해 최종소비자의 가치를 증대시키기 위해 얼마나 노력하고 잘 수행하고 있는지에 초점을 맞추고 있으며, 이러한 노력의 결과가 성과로 나타난다.

성과 측정치는 내부적, 외부적, 재무적, 비재무적이거나 프로세스의 측정을 수치화한 것이다. 공급사슬의 주요 성과지표에는 비용, 시간, 신뢰성 등이 있다. 비용은 운송, 보관, 하역 등의 서비스 비용이며, 시간은 공급사슬간 재화를 이동시키는데 소요된 평균 조달시간이며, 신뢰성은 상품의 배송을 얼마나 스케줄에 맞게 수행하였는가를 말한다.

공급사슬의 성과 관리는 복잡하고 어려운 일인데 이는 공급사슬구성원의 목적간의 불일치, IT 지원의 부족, 신뢰의 부족 등의 여러 가지 장애요인이 있기 때문이다(Forslund and Jonsson, 2009).

2) 성과관리의 분석틀

다양한 그룹에서 개발되어 온 SCM 분석틀(framework)은 SCM 프로세스를 조직하고 표준화하는 프로세스 구조를 만들어내는 것이다. 이 분석틀은 또한 공급사슬 구성원들간의 의사소통을 용이하게 하는 표준을 제공한다.

공급사슬 분석틀은 아이디어, 개념, 방법 등을 상호 교환하고 공급사슬활동에 관해 토의하고 문서화하기 위한 공통된 언어를 선정한다. 또한 분석틀은 공급사슬을 모델링하고 벤치마킹과 선진 프로세스(best practice)의 비교·분석과 상호간 의사소통을 지원하는 구조가 설정되어 있다.

분석틀은 조직 내에서 SCM 전략의 적절성에 대하여 모든 구성원들이 의사소통하고 성과를 측정할 수 있는 상호 연계된 프로세스 틀을 설정한다. 만약 분석틀이 없다면 의사결정자가 기업전략과 관련된 활동이나 효과의 측정이 어려워 SCM 전략을 실행하는 데 어려움을 겪을 것이다. 공급사슬에서의 성과 측정틀에는 SCOR 모델, GSCF 모델, 균형성과평가지표 등이 있다.

(1) SCOR

공급사슬운영참조(SCOR: Supply Chain Operations Reference) 모델은 1997년 미국 공급사슬협회(SCC: Supply Chain Council)에 의해 만들어졌다. SCOR는 공급사슬성과의 효율성을 측정하기 위한 표준화된 방법을 제공하고 벤치마킹을 위한 공통된 매트릭스를 설정하기 위한 것이다.

SCOR은 [그림 17-4]에서 보는 바와 같이 공급업체로부터 고객에 이르는 과정에서 계획(plan), 조달(source), 생산(make), 배송(deliver), 회수(return)의 5가지 프로세스로 구성되며 공급사슬을 통합적으로 분석하고 설계하는데 초점을 맞추고 있다.

그림 17-4 SCOR 모델

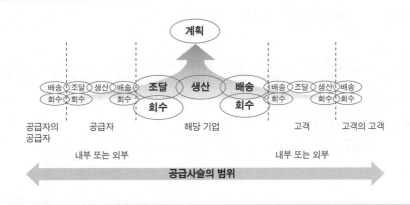

---

① 계획: 기업의 경영원칙에 부합하는 행동 방향을 개발하기 위해 전체 수요와 공급의 균형적 조정을 위한 프로세스이다. 계획에는 공급자원 평

가, 수요의 요구사항 통합과 우선순위 결정, 재고와 유통의 요구사항 계
획, 모든 제품과 경로에서의 생산, 자재, 용량의 평가 등이 있다. 또한
계획은 인프라 관리, 자체 생산과 구매의 의사결정, 장기적 용량과 자원
의 계획, 경영계획 등을 포함한다.

② 조달: 수요 계획과 실수요에 맞는 재화 및 서비스의 조달과정이며, 여기
에는 소싱 인프라인 유통업자의 자격, 환류(feedback), 구성품 공정, 유통
업자와의 계약과 지급 등을 관리한다.

③ 생산: 수요 계획과 실수요에 맞는 재화를 완성 단계로 전환하는 모든 프
로세스이다.

④ 운송: 수요 계획과 실수요에 부합하는 완성품과 서비스를 제공하는 모든 프
로세스를 통합한다. 운송에는 주문관리, 창고관리, 운송, 설치관리, 운송 인프
라, 채널관리규칙, 주문규칙, 배송 재고, 배송의 품질 등을 포함한다.

⑤ 회수: 컨테이너, 포장지, 결함 제품 등을 회수하여 처리하는 활동이다. 회
수에는 경영 원칙 관리, 회수 재고, 자산, 운송, 법령의 요구사항 등을 포
함한다.

SCOR 모델에서는 공급사슬의 성과 속성을 5가지로 구분하고 있는데 고객
지향 속성으로 3가지 배송의 신뢰성, 대응력, 유연성이 있으며, 내부 조직 지향
의 속성으로 2가지 비용과 자산관리가 있다.

(2) GSCF

GSCF 분석틀(Global Supply Chain Forum Framework)은 오하이오 대학에 있
는 글로벌 공급사슬 포럼의 연구진에 의해 개발되었다. 이 분석틀은 SCM을 기
업 외부의 물류 이상의 개념으로 인식시키는 데 있다. 이 모델은 SCM이 '기업
외부의 물류'보다 더 광범위하게 인식되고 있다는 사실을 부각시킨다. 이 모델
은 SCM이 8가지의 핵심 비즈니스 프로세스에 의해 공급사슬간 전체 프로세스
의 효율성과 효과성이 촉진된다는 점을 강조한다. 8가지의 핵심 경영 프로세스
는 고객관계관리(CRM), 고객서비스관리, 주문충족, 생산흐름관리, 공급자관계
관리(SRM: Supplier Relationship Management), 제품개발과 상업화, 반품관리이다.
이러한 프로세스는 최초 공급자에서 최종 소비자에게로 상품, 서비스, 정보를

제공하는 조직 전체의 네트워크에 걸쳐 적용된다.

8가지 프로세스는 개별 기능들과 기업들의 참여로 관리·통합되어야 한다. CRM과 SRM은 공급사슬 구성원의 통합을 위한 핵심 네트워크이다. 나머지 6가지 전통적인 프로세스인 구매, 생산, 물류, 마케팅과 판매, 재무, 연구개발은 CRM과 SRM의 연계를 통해 조정된다.

이 모델은 통합적이고 협력적인 공급사슬에서 상생 관계로 이어져 생산성 개선, 수요계획 개선, 재고수준 감소, 비용 감소, 높은 수익률을 가져올 수 있도록 지원한다.

(3) 균형성과지표

균형성과지표(BSC: Balanced Scorecard)는 재무적과 비재무적 측면을 고려하여 전체적인 방식으로 성과를 모니터링하고 측정할 수 있도록 한다. 즉 성과의 측정을 기존의 재무적 성과 외에 학습, 내부 프로세스, 고객의 관점을 포함시켜 내부적과 외부적 성과간 균형을 유지하며 성과 매트릭스와 프로세스를 서로 연계시키는 데 초점을 맞추고 있다(Kaplan & Norton, 1996). BSC는 재무와 비재무, 결과와 원인, 단기와 장기, 내부와 외부 관점의 성과지표를 통해 조직의 장단기 경영성과를 균형되게 관리할 수 있도록 한다. 이는 일상적인 운영 및 활동을 전반적인 전략적 목표에 맞추는 데 도움이 된다.

4. 공급사슬위험관리

1) 공급사슬위험의 개념과 특징

(1) 공급사슬위험의 개념

공급사슬이 글로벌화되고 효율성이 강조되면서 공급사슬은 위험에 더욱 노출되고 있다. 공급사슬에서 발생할 수 있는 위험은 매우 다양하고, 예고 없이 찾아오는 경우가 많다. 위험이 발생할 경우 기업에게 돌이킬 수 없는 치명적인 손실을 입힐 수 있다. 공급사슬은 어떠한 경우에도 중단 없이 상품과 정보가 연속적으로 흘러가야 하나 위험이 발생하면 공급사슬의 흐름이 중단되거나 붕괴되고 만다. 2004년 플루, 2008년 세계금융위기 그리고 2020년 코로나-19 등은 대표적인 위험요인들로 이에 대비하지 못한 많은 기업들의 실적의 하락뿐만 아니라 심지어 파산에 이르렀다.

위험(risk)이란 '기업의 목표 달성을 저해할 수 있는 모든 가능성'을 의미하며 기업의 목표에 직접적인 손실을 가져오는 사건은 물론이고 더 높은 성과를 얻을 수 있는 기회의 상실도 포함한다. 공급사슬위험은 다양한 사건과 조건이 공급망의 효과성(effectiveness)과 효율성(efficiency)을 방해하거나 영향을 미칠 가능성을 나타낸다. Laonde(1997)는 공급사슬의 위험을 '공급사슬내의 정보, 자재, 제품 흐름에 영향을 미치는 불확실한 변수와 혼란'으로 정의하였다.

아웃소싱, 린, JIT, 6시그마 도입 등과 같은 SCM을 위한 다양한 경영기법의 도입으로 공급사슬의 상호 의존성 및 복잡성 증대, 수요와 공급에 대한 불확실성 증가 등에 따른 위험 요인은 심각하게 노출되고 있다. 공급사슬의 한 부분에서 위험의 발생은 전체 공급사슬에 영향을 미치게 되어 엄청난 피해를 가져다 줄 수 있다. 따라서 공급사슬 효율 및 이익을 최대한 손상시키지 않고 위험요인들을 효과적으로 대비 및 관리할 수 있는 공급사슬위험관리(SCRM: Supply Chain Risk Management)가 필요하다.

(2) 공급사슬위험의 특징

공급사슬에 영향을 미치는 위험은 여러 가지 특징을 가지는 데 우선 내부뿐만 아니라 외부적인 다양한 요인이 있다. 규모나 심각성의 정도도 다양하며, 약간의 지연을 초래하는 사소한 중단부터 전체 공급망을 중단시킬 수 있는 주요 이벤트까지 다양하다.

위험은 발생 빈도도 여러 가지인데 일부 위험은 계절적 수요변동과 같이 예측 가능하고 정기적으로 발생하는 반면, 자연재해와 같은 다른 위험은 드물지만 큰 영향을 미친다. 또한 영향이 장기적으로 나타나는 경우도 있고 단기적 또는 일회성 위험도 있다. 특정 위험은 예상하고 계획할 수 있지만(예: 예정된 유지 관리 중단 시간), 다른 위험은 예측할 수 없다(예: 갑작스러운 정치적 격변).

상호 연관성적인 측면에서 한 영역의 위험이 공급망 전체에 연쇄적인 영향을 미칠 수 있다. 어떤 위험은 특정 지역이나 공급망의 일부에만 영향을 미치는 반면 그 영향이 광범위하여 전 세계 여러 공급망에 영향을 미칠 수 있다. 단순 위험에는 원인과 결과가 간단하지만, 복잡한 위험에는 여러 요소가 관련되어 예측 및 관리가 더 어려울 수 있다. 또한 일부 위험은 사전 전략을 통해 완화될 수 있지만 다른 위험은 조직의 통제 범위를 벗어날 수 있다.

이와 같이 위험요인은 발생하는 장소, 상황, 빈도, 심각도, 지리적 분포 등 다양하기 때문에 위험관리는 이러한 여러 가지 상황 또는 요인을 고려하여 접근할 필요가 있다.

2) 공급사슬위험의 유형

공급사슬위험에는 중심기업(focal firm) 내에서는 운영위험, 상류기업에서는 공급위험, 하류기업에서는 수요위험 그리고 공급사슬을 연결하는 네트워크위험 그리고 외부환경위험 등이 있다.

(1) 공급위험

공급위험은 원료 또는 자재를 중심기업인 제조업체에 공급하는 과정에서 발생하는 불확실성과 중단과 관련이 있다. 공급위험에는 공급업체 파산 또는 불안정성, 품질 문제, 공급 부족, 가격 변동성 등을 들 수 있다.

(2) 수요위험

고객 요구 예측 또는 충족과 관련된 불확실성과 관련이 있는 위험을 말한다. 제조기업과 하류부문의 기업간 불완전한 커뮤니케이션으로 생산과 소비자 수요간의 일치화의 실패로 발생한다. 수요위험의 예로는 시장수요변동, 고객 선호도 변경, 경기 침체, 시장점유율 상실 등을 들 수 있다.

(3) 운영위험

제조기업의 운영에서 파생되는 위험이며 프로세스 위험과 통제위험으로 구분되기도 한다. 프로세스 위험은 설계, 생산, 유통과 같은 중심기업의 일련의 부가가치 프로세스의 붕괴와 관련이 있다. 반면 통제위험은 프로세스 관장의 통제를 말한다. 예로는 장비 고장, 프로세스 비효율성, 인적 오류 등을 들 수 있다.

(4) 네트워크위험

공급사슬 내로부터 발생하는 환경위험과 구별된다. 그러나 운영, 공급, 수요 위험과는 달리 네트워크위험은 공급사슬의 일부 또는 전체에 이르는 시스템과 인프라로부터 기인된다. IT 시스템의 중단, 운송 물류의 지연 또는 장애 등이 포함된다.

(5) 외부환경위험

단순히 공급사슬의 경계를 뛰어넘는 곳에서 발생하는 위험을 말한다. 외부환경 위험의 예는 다양한데 지진, 쓰나미, 화재, 팬데믹 등과 같은 자연재해와 테러, 전쟁, 기업자산의 국유화, 노동분쟁 등과 같은 인위적 재해로 구분된다.

[그림 17-5]와 〈표 17-10〉은 공급사슬상에 발생하는 위험을 도식화하고 세부적으로 분류한 것이다.

그림 17-5   확장된 공급사슬위험

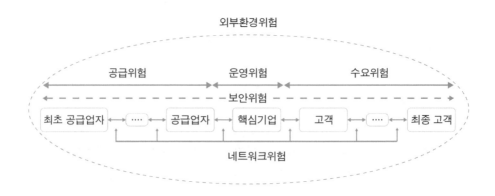

자료: .Manuj and Mentzer, 2008 수정보완

표 17-10   공급사슬의 위험 요인

구분	세부적 내용
공급	공급업체의 파산, 공급부족, 가격 변동성
수요	시장수요변동, 계절성, 유행의 변동성, 경기침체
운영	장비고장, 프로세스 비효율성, 인적오류
네트워크	상호조정 문제, 운송인프라 붕괴, IT 시스템의 실패
외부환경	쓰나미, 지진, 화재, 테러 공격, 노동 쟁의, 사회정치적 위기

공급사슬에서는 생산의 가용성, 출발지로부터의 거리, 노동시장, 산업능력, 수요 변동성 등과 같은 위험이 발생할 수 있다. 거리가 증가하면 긴 리드 타임과 잠재적 운송 붕괴로 이어질 가능성이 증가하며 이로 인해 안정적 공급에 대한 불확실성을 높여준다. 공급자 용량의 제약은 구매자의 주문 수요량에 따라 공급할 수 없게 한다. 만약 공급자가 기계와 노동자가 부족하여 충분한 능력을 가지지 못한다면 수요의 변동성은 공급업자에게 많은 부담을 줄 수 있다.

Braithwaite(2003)는 글로벌 공급사슬에는 국내 공급사슬상의 위험보다 훨씬 더 심각한 위험이 수반된다고 주장하면서 그 대표적인 예로는 신용, 대금결제, 환율 및 화폐, 국제법률과 규정 등을 들고 있다.

3) 공급사슬위험관리

(1) 공급사슬위험관리의 개념

공급사슬위험관리(SCRM: Supply Chain Risk Management)는 공급망의 원활한 기능을 잠재적으로 방해할 수 있는 위험을 식별, 평가 및 완화하는 프로세스이다. SCRM에는 공급사슬에서의 취약성을 줄여 공급망의 탄력성을 보장하기 위한 전략 및 계획의 구현을 포함한다.

Norrman and Lindroth(2002)는 '위험관리 프로세스 도구를 적용하여 물류 관련 활동 또는 자원으로 인해 발생하거나 영향을 미치는 위험 및 불확실성을 처리하기 위해 공급사슬의 파트너와 협업하는 것'이라고 정의하였다.

Handfield et al.(2008)은 '협력적 조직의 관계, 효과적인 비즈니스 프로세스, 높은 수준의 정보공유를 통해 위험을 최소화하고 충격의 가능성을 감소시키기 위한 공급사슬내 조직의 통합과 관리'로 정의하고 있다.

이러한 정의를 통해 볼 때 SCRM은 위험의 식별, 평가 그리고 이에 따른 효과적인 위험을 최소화하고 중단 가능성을 감소시키는 과정이며 이를 위해 정보공유와 협업 등이 중요한 요소라고 할 수 있다.

(2) 공급사슬위험관리 프로세스

SCRM의 프로세스는 공급사슬의 과정 즉 원자재 공급원에서 최종 소비자에 이르는 과정에서 내외부적으로 발생하는 위험을 식별하고 평가하여 이에 대한 우선순위를 결정한다. 우선순위는 위험의 발생가능성, 영향의 정도, 시급성 등을 고려하여

정한다. 이어 어떠한 조치 또는 전략을 통해 위험관리를 접근할 것인가를 결정한다.
조치 또는 전략은 주로 위험에 의한 영향을 최소화하는 방법이 활용된다. 실행방법
을 실시하고는 지속적인 모니터링을 통해 재발 방지을 위한 사전 조치 등을 고려할
수 있다([그림 17-6] 참조).

그림 17-6 SCRM의 프레임워크

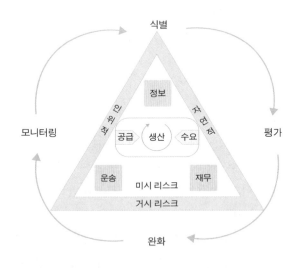

자료: Ho et al., 2015.

4) 공급사슬위험관리전략

(1) 공급사슬위험관리전략

공급사슬위험관리전략은 잠재적인 위험을 식별하고, 위험 가능성과 영향을 평가
하고, 이러한 위험을 완화, 이전 또는 수용하기 위한 행동과 결정을 말한다. 여기에
는 공급업체 다양화, 재고 버퍼 증가, 공급망 가시성 도구에 대한 투자, 비상 계획
개발 등이 포함될 수 있다.

공급사슬위험에 대처하기 위한 전략방안으로 3가지, 즉 투기전략, 헤지전략,
유연전략이 있다.

첫째, 투기전략(Speculative Strategies)에서는 기업이 단일 시나리오에 의존하게 되는데 만약 시나리오가 실현되면 엄청난 성과를 가져오는 반면 그렇지 못할 경우 아주 좋지 못한 결과로 이어진다.

둘째, 헤지전략(hedge strategies)에서는 기업이 공급사슬의 일부에서의 손실이 다른 부분에서의 이익으로 상쇄되는 방식으로 공급사슬을 설계하는 것이다.

셋째, 유연전략(flexible strategies)에서는 이를 적절하게 이용되면 기업은 상이한 시나리오를 활용할 수 있다. 전형적인 유연공급사슬은 다수의 공급처와 국가에서 생산 능력을 갖추는 것이다. 추가적으로 경제적 상황에 따라 제품의 생산비가 최소가 되는 지역으로 공장들을 이전할 수 있다.

또 다른 전략에 대한 분류로 Jütner et al.(2003)은 〈표 17-11〉과 같이 위험관리 전략을 회피, 조절, 협동, 유연성 4가지로 구분하여 제시하였다.

표 17-11 공급사슬위험관리전략 구분

구분	전략 요소
회피(Avoidance)	▪ 특정 상품/특정 지역 ▪ 시장, 공급자, 고객 제거
조절(Control)	▪ 수직통합 ▪ 재고량 증가/버퍼재고 ▪ 생산/보관/하역/운송 초과수용 ▪ 공급자의무 부여계약
협동(Cooperation)	▪ 공급사슬 가시화/이해 노력 ▪ 위험 관련 정보 공유 노력 ▪ 공급시슬 비상계획수립 노력
유연성(Flexibility)	▪ 지연 ▪ 공급망의 다양화 ▪ 현지 소싱

5) 코로나-19와 공급사슬위험관리

(1) 코로나-19의 발생과 경과

2019년 말 중국 우한에서 발생한 것으로 추정되는 코로나-19는 2000년 3월 이후 빠르게 확산되었다. 이에 2020년 3월 세계보건기구(WHO)는 세계적

그림 17-7 코로나-19가 경제에 미친 영향

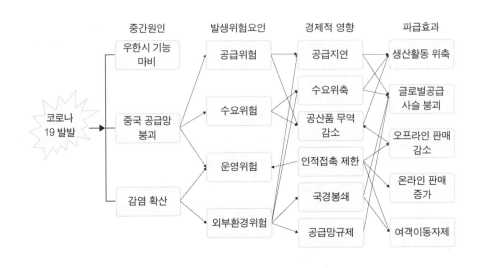

대유행을 뜻하는 팬더믹(Pandemic)을 선언하였다. 2022년 8월말까지 전 세계에서 약 6억 명의 코로나19 확진자가 발생하였으며 그 중 약 6백5십만 명이 사망하였다.

코로나-19와 같은 감염병은 세계 도처에서 발생하였다. 2000년대 이후 감염병이 발발한 사례는 2002년 사스(SARS: Severe Acute Respiratory Syndrome), 신종플루(pandemic influenza A), 2015년 메르스(MERS-CoV: Respiratory Syndrome Coronavirus) 등을 들 수 있다. 코로나-19를 제외한 이전의 감염병은 상대적으로 확산 속도 및 지역이 제한적이어서 세계경제에 미치는 영향은 크지 않았다. 그러나 코로나-19는 빠르게 퍼져나갔고 특정 지역이 아닌 전 세계적으로 확산되었다.

코로나-19는 정치, 사회, 경제, 문화, 생태계 등 거의 모든 영역에 영향을 미쳤으며 경제에 국한해 보면 세계경제 둔화, 공급사슬 중단, 소비자 행동의 변화, 고용변화, 디지털 혁신 가속화, 관광 및 여행산업, 국제무역 변화 등을 들 수 있다.

(2) 코로나-19의 공급사슬에 미친 영향

코로나-19 전염병의 대유행은 전 세계적으로 끊임없는 확산세를 보이며 수요와 공급을 동시에 위축시킴과 동시에 글로벌 공급사슬 붕괴로 인한 경제적 파급효과는 상당한 것으로 나타났다(Verma & Gustafsson, 2020). 코로나-19가 글로벌 공급사슬에 미치는 영향은 크게 공급(upstream), 수요 그리고 네트워크 부문(downstream)으로 구분할 수 있다.

먼저 원자재 및 부품 공급에서는 물류의 혼란으로 인해 정시 및 정량의 배송이 어려워지면서 생산에 차질을 가져왔다. 특히 코로나-19가 세계 원자재의 주공급원인 중국에서 발생하였기 때문에 공급망의 충격으로 인해 생산의 위축으로 이어졌다.

수요의 측면에서는 많은 국가들이 방역 봉쇄조치를 취하면서 오프라인상의 소비가 위축되면서 세계무역량이 감소되었으며 따라서 물류 활동의 위축을 가져왔다. 글로벌화와 더불어 역외조달(Off-shoring)에 의한 분업체계에서 오는 리스크가 증가하면서 기업들은 원거리 조달에서 근거리로 전환함으로써 전체 물류수요를 감소시켰다. 그러나 오프라인 유통소비를 위축시켰지만 온라인 거래가 활성화되면서 택배 물동량의 급격한 증가를 가져왔다.

표 17-12	코로나-19가 공급사슬에 대한 영향
요인	세부 내용
제조와 공급망 중단	중국과 같은 지역의 공장과 창고가 일시적으로 폐쇄되어 지연과 공급부족
운송 및 물류 과제	이동 제한과 화물 용량 감소로 인한 지연과 추가 운송비용
공급망 탄력성과 다각화	단일 소스 또는 지역에 의존으로 높은 취약성의 리스크 완화를 위해 공급망의 다양화. 리쇼어링이나 니어쇼어링 고려
재고 및 안전 재고 전략	수요의 변동성이 높아져 기업은 재고 전략을 재평가하고 안전 재고 증대
전자상거래로 전환	봉쇄와 사회적 거리두기로 인해 온라인 쇼핑의 증가와 이로 인한 라스트마일 배송에 대한 물류 압박
디지털 혁신 가속화	더 나은 물류 추적과 가시성, 예측 및 관리를 위해 AI, IoT 및 블록체인 활용 등 디지털 혁신의 가속화
인력관리	봉쇄로 인한 이동제한으로 노동력 부족. 공급망 근로자의 건강과 안전이 주요 관심사가 되었고 원격 근무 증가
위험관리 인식전환	혼란에 잘 대비하기 위한 비상계획 또는 시나리오 계획 등을 포함한 위험관리에 더 중점

공급사슬 네트워크 측면에서 물리적 연결부문인 정보시스템과 물류거점 또는 공·항만에서도 커다란 변화를 가져왔는데 이는 특히 인적·물적 이동의 통제로 인해 공급망 지연과 중단 등이 발생하였다. 코로나-19 팬더믹으로 인한 혼란과 오프라인상에서 커뮤니케이션의 어려움이 발생하였고, 소비자 수요의 예측치 못한 변동성과 적정 재고수준의 예측에 어려움이 가중되었다. 이를 관리하는 데 정보시스템은 중요한 역할을 수행하였다.

유통센터와 창고는 노동력 부족으로 인해 어려움을 겪었을 뿐만 아니라 국제무역에서는 통관, 항만하역, 국제운송 등 여러 분야에서 갑작스럽고 예상치 못한 변동상황이 발생하였다. 이러한 문제들은 공급사슬의 운용에 부정적인 영향을 미치게 되었다(〈표 17-12〉 참조).

(3) 코로나-19에 대한 공급사슬관리의 대응

코로나-19로 인한 공급사슬에서의 여러가지 문제가 발생함에 따라 공급사슬관리에서 많은 변화와 대응조치가 이루어졌다. 먼저 공급부문에서는 공급업체와 지역을 다양화하고, 오프 쇼링에서 니어쇼링 또는 내부화 등으로 대체하는 경향을 보이고 있다.

수요부문에서의 대응으로는 재고수준과 안전 재고량을 증대시켰다. 소비자가 온라인쇼핑으로 변화함에 따라 전자상거래 플랫폼과 풀필먼트 역량을 강화하였다. 공급사슬위험에 대한 비상계획, 시나리오 계획 등을 마련하는 동시에 자원과 정보를 공유하기 위해 공급사슬 파트너들과 전략적 파트너십을 구축하였다. 또한 공급사슬의 유연성을 향상키기 위해 위치추적과 가시성을 위해 IoT, AI, 블록체인과 같은 디지털 역량의 강화에 투자를 증대시키고 있다.

제3절 공급사슬관리의 유형과 사례

1. SCM의 유형

1) SCM, 물류, 가치사슬 관계

(1) 공급사슬 연계의 중요성

대부분의 산업에서 SCM이 중요한 요인으로 부상하고 있는 데 그 이유로 첫째, 생산라인의 확대로 인해 공급사슬이 더욱 복잡해지고 있다는 점이다. 경영활동의 글로벌화와 더불어 제품의 기능이 복잡해지면서 공급의 지리적 범위가 넓어지고 또한 공급처도 1차, 2차, 3차 협력업체로 늘어나면서 공급사슬의 구조가 더욱 복잡해져 통합적 관리의 필요성이 증대되었다. 둘째, 제품수명주기가 짧아지면서 신속한 출시가 경쟁의 필수요건 중의 하나가 되었으며, 이는 조달과 판매로의 신속한 배송을 필요로 했다. 셋째, 고객들의 니즈 및 유통경로의 다양화가 증대되고 있다. 고객들의 소비형태가 개성화되면서 고객 맞춤화의 필요성이 증가하고 있을 뿐만 아니라 온라인과 오프라인 유통 등으로 다양화된 유통구조를 충족시켜야 했다.

　이러한 환경변화에 대응하기 위해서는 공급사슬의 각 구성원들 간의 원활한 커뮤니케이션과 상호간 밀접한 관계를 통해 공급사슬에서의 시간과 재고 감축을 통해 공급사슬의 민첩성과 효율성을 높여 나가야 하기 때문에 기업들은 SCM에 더욱 집중하게 되었다.

(2) 물류와 SCM

　통합물류관리 기법의 하나로 인식되고 있는 SCM은 기존의 물류관리 접근방식과는 근본적인 차이가 있다. 1986년 물류관리위원회(CLM: Council of Logistics Management)에 따르면 물류관리를 '고객의 요구에 부응할 목적으로 원자재, 작업 재고, 완제품 및 관련 정보의 원산지에서 소비지로의 효율적이고 효과적인 흐름과 저장을 계획, 실행 및 통제하는 과정'이라고 정의하고 있으며, 많은 경우 SCM과 유사한 개념으로 사용하는 경우가 많다. 그러나 물류의 기능은 단지 공급사슬간의 물적 이동을 관리하는 데 맞추어져 있는 반면 SCM은 공급사슬 전체를 상호 연계하여 재화, 서비스, 정보, 자금 등의 다양한 요소의 흐름을 관리하는 것이다. 이러한 요소들의 원활한 흐름을 위해서는 공급사슬 각 부문이 연계·통합되어야 한다. SCM은 이를 위해 정보의 공유화, 비즈니스 프로세스의 근본적 변혁을 시도하는 기업간 BPR의 일종이라 할 수 있다.

　물류가 대체적으로 한 조직 내에서 발생하는 활동에 관한 것인데 반해 SCM은 상품을 시장에 배송하기 위해 기업간 협업하는 네트워크이다. 또한 전통적으로 물류는 구매, 유통, 유지보존과 재고관리에 초점을 맞추는 반면, SCM은 모든 전통적인 물류를 인정하는 동시에 마케팅, 신제품개발, 금융, 고객서비스와 같은 활동도 포함한다(Hugos, 2011).

표 17-13	물류, 로지스틱스 및 SCM의 비교		
구분	물류	로지스틱스	SCM
시기	1970년대	1980년대	1990년대 이후
영역	5대 영역(운송, 보관, 하역, 포장, 정보)	3대 영역 (조달, 생산, 판매)	공급사슬상 전 영역 (기업간 물류)
범위	SC의 하류	중심기업에서 상하류	공급사슬에서 상하류
목적	비용절감	수익성 향상 (매출증대, 이익확대)	고객 만족
흐름관리	완제품, 정보, 서비스	원자재, 완제품, 정보, 서비스	원자재, 완제품, 정보, 서비스, 자금
기능	수요충족기능	수요창조기능 수급조정 및 통합기능	모든 공급사슬의 연결 및 통합
특징	기업 내/Intranet (각각의 부문별 기능 수행에 관심)		기업간/Extranet (전체공급체인의 최적화)

〈표 17-13〉에서 보는 바와 같이 공급사슬 내 다양한 흐름을 관리하기 위한 노력은 계속되어 왔는데 초기에는 기업 내 완제품의 판매물류에 초점을 맞추었는데 이를 물적유통(physical distribution)이라 한다. 이후 판매물류에 조달물류를 포함하여 공급사슬 내의 물의 흐름을 통합적으로 관리·운영할 필요성이 대두되면서 로지스틱스(logistics)로 확대되었으며, 물의 흐름과 관련된 생산계획과 자금의 이동까지를 포괄하는 방식으로 확대된 개념인 SCM이 등장하였다.

물적유통과 로지스틱스 두 기능은 기업 내 기능의 활동간 조정과 기업에서 판매로의 이동에 초점을 맞추고 있는 반면 기업 내의 다른 기능과 또는 외부 경로 구성원간 조정과 협업은 다루고 있지 않다. SCM은 전체 공급사슬을 통해 조정, 통합, 관계 형성, 협업을 촉진시킨다.

(3) SCM과 가치사슬

SCM은 효율성 제고와 낭비 요소를 감축하면서 공급자와 생산자의 연결 과정인 상류(up-stream)에 초점을 맞추고 있는 반면 가치사슬은 고객의 입장에서 가치를 창출하는 부문인 하류(down-stream)에 초점을 맞추고 있다. 이러한 관점에서 두 개념 모두 고객이 원하는 재화 또는 서비스의 제공을 통해 가치를 창출하는 활동이란 측면에서 분리된 개념이 아닌 통합된 개념으로 이해할 수 있다. 즉 SCM과 가치사슬은 상호 보완적 관점을 지니고 있는 데 한쪽 방향은 재화와 서비스의 흐름을 그리고 다른 방향은 수요와 자금의 흐름을 관장한다. 이 두 사슬은 모두 기업의 동일한 네트워크를 활용해 재화와 서비스를 제공하기 위해 상호작용한다.

2) 글로벌 SCM

(1) 공급사슬의 글로벌화 추세 및 동인

경영활동의 글로벌화로 인해 SCM은 이제 더 이상 국내 또는 대기업을 위한 것이 아니다. 중소형 기업도 생존을 위해서 효율적으로 글로벌 SCM을 수행해야만 한다.

글로벌 공급사슬관리는 공급사슬관리의 범위가 국경을 넘어 글로벌하게 확대되어 이루어지는 형태를 말한다. 즉 상품, 서비스, 정보, 자금 제공과 관련된 상호 연결된 글로벌 비즈니스 네트워크 관리이다. 글로벌 공급사슬관리에서는 다국적 기업 및 조직에 중점을 둔다. 글로벌화 추세, 국제분업의 가속화, 해외직접투자 증대, 국제무역의 증대, 정보의 이동 가속화 등으로 글로벌 SCM은 더욱 중요해지고 있다. 이와 더불어 글로벌 SCM 역시 글로벌화, 국제무역, 해외직접투자, 정보이동을 촉진하고 있어 이들은 상호 작용을 하고 있다. 현재, 글로벌 공급사슬을 통해 세계 무역의 80%가 발생하고 있다.

글로벌 공급사슬의 추진 동인은 글로벌 시장, 기술, 글로벌 비용과 정치·경제적 요인 등이 있다. 첫째, 글로벌 시장의 동인은 현지시장에서의 글로벌 경쟁, 해외 수요 증가, 방어적 도구로서의 글로벌 진출, 경쟁기술과 제품의 개발기업 등이 있다. 둘째, 기술적 동인은 국경을 뛰어넘는 지식의 확산을 통해 경쟁적 기술의 공유, R&D 시설의 글로벌 배치 등이 있다. 셋째, 글로벌 비용요인은 저렴한 비용의 숙련 및 비숙련 노동의 가용성, 통합적 공급처의 인프라, 조세 등과 같은 자본집중 제도 등이 있다. 넷째, 정치·경제적 요인은 무역보호 장치 예를 들어 관세, 수량할당, 자율적 수출제한, 현지 부품의 사용 요구조건, 환경

규제, 정부 조달정책과 환율 변동성과 운영의 유연성 등이 있다.

(2) 글로벌 공급사슬의 중요성과 개념

오늘날 대부분의 글로벌 기업들은 글로벌 시장과 네트워크 경제에서 경쟁하기 위해 인건비와 원자재가 저렴한 생산지를 찾아나서야 하는 상황이다. 또한 글로벌화와 더불어 경영 활동은 더욱 복잡하고 광범위해지고 있다. 대기업들은 전 세계 여러 곳에 허브를 갖추고 있으며 한 허브에서 다른 허브로의 재화, 정보, 서비스 등이 이동하고 있다. 이러한 다양한 활동을 위한 조직들이 전 세계에 걸쳐 위치해 있으며, 서로 다른 장소로부터 원자재를 소싱하고, 완제품은 소매상, 유통업자, 최종소비자에 이르는 다양한 유통 네트워크를 활용하며, 전 세계를 잇는 정보시스템이 구축되어 있기 때문에 이들에 대한 전략적 관리가 필요하다.

글로벌 경제·경영 활동에서 재화, 정보, 서비스의 각 지역간 원활한 이동은 기업 경쟁에서 중요한 위치를 차지하고 있다. 운송에서의 비용과 위험의 감소는 제품의 가격 경쟁력을 제고시킬 수 있고, 시간의 단축은 고객에 대한 대응력을 강화시켜 준다. 또한 전 세계적으로 산재해 있는 기업의 기능들의 통합과 조정을 통해 종국적으로 고객이 원하는 시간과 장소에 재화를 공급함으로써 가치를 창출할 수 있다.

기업들이 제품의 생산과 판매활동을 전 세계로 확산시키는 것은 생산단계에서 생산요소의 집약도와 국가간 생산요소의 상대적 가격의 차이를 이용하고, 전 세계적인 판매를 통한 규모의 경제 실현을 위한 것이다. 특히 선진국과 개도국간의 요소 부존의 차이에 의한 비숙련 노동력의 절대적 차이로 인해 국가간 생산의 공유는 이익을 가져다 줄 수 있다. 요소 부존의 차이에서 오는 이점을 누리기 위해서는 지역간 요소의 결합을 위한 물류와 통신의 연계가 필수적이며 글로벌 공급사슬관리의 역할이 필수적이다.

Long(2003)은 글로벌 공급사슬은 전 세계 상품이나 서비스를 창출하고 최종소비자에게 제공하는 상호 관련된 조직, 자원, 프로세스로 이루어져 있다고 주장하였다. 글로벌 SCM은 통합된 프로세스이며, 공급자, 생산자, 유통업자, 소매상과 같은 경영 조직들이 자재, 부품, 완제품의 계획 및 조정 등을 공동으로 수행해 나가는 것이며, 이들 조직들은 다양한 국가에서 활동하고 있다.

[그림 17-8]에서 보는 바와 같이 전 세계적으로 기업활동을 전개하기 위해서는 다양하고 분산된 운송, 물류, 정보통신 활동들을 상호 조정하고 통합하여 글로벌 경영활동이 효율적으로 관리될 수 있도록 지원되어야 한다.

그림 17-8   제품 생산 및 선적의 글로벌로 확대

공급사슬의 글로벌화는 경영의 글로벌화를 촉진시켜 저렴한 자재와 노동력의 확보를 가능케 하고 전 세계 유통 판매 활동을 통해 기업의 글로벌 경쟁력을 증대시키고 매출 증대를 가져온다. 효과적인 글로벌 SCM은 기업에게 시장에서의 경쟁우위를 가져다 줄 뿐만 아니라 원자재의 조달과 제품 및 서비스의 이동과 관련된 위험을 감소시켜 준다. 구체적인 편익은 총비용의 감소, 재고의 감소, 주문이행 주기시간의 개선, 예측 정확성 증대, 생산성 증대, 품질 향상, 국제적 연계의 확대, 지적 자산의 증가, 배송 개선, 다변화된 경영과 무역활동, 새로운 시장 개척, 신속성과 효율성의 증대 등이 있다.

3) 그린 SCM

(1) 그린 공급사슬의 개념과 편익

그린 SCM(GSCM: Green Supply Chain Management)은 '제품의 설계, 부품 선택과 조달, 제품 생산과 포장, 배송 및 보관을 포함하는 전체 공급사슬 상에서 에너지 절감, 폐기물 회수 및 재활용 등 환경적 측면을 중점적으로 고려하여 관리하는 것'으로 정의된다.

자원의 채취, 생산, (재)사용, 최종 재활용 또는 폐기 등에 이르기까지의 전체 공급사슬과 제품 생애주기의 모든 단계가 공급사슬의 환경 부하에 영향을 미친다. 그러므로 그린 SCM은 이 모든 과정에서 과도한 에너지, 배출량, 화학물질에서 환경오염물질과 폐기물을 제거하는 데 초점을 맞춘다. 제품의 환경성과의 개선을 위해 기업들은 ISO14000의 자격, 청정생산, 환경관리 시스템, 에코 디자인과 같은 다양한 환경실무를 적용해 오고 있다.

그린 SCM의 중요성이 부상하는 동인은 에너지 가격의 상승, 온실가스 발생에 대한 경각심 고조, 기후변화, 정부와 환경보호기관 등의 규제, 사회적으로 환경보호에 대한 관심의 증가 등이 있다.

GSCM의 도입은 공급사슬상에서 많은 비용을 증가시키는 요인으로 인식되고 있지만 다음과 같이 광범위한 긍정적 영향을 미칠 수 있다. 첫째, 그린 SCM의 도입은 당장은 기업의 효율성 증대에 장애물로 여겨질 수 있으나 장기적으로는 친환경 솔루션을 도입함으로써 기업 운영을 개선할 수 있어 비용의 절감과 순이익과 자산 활용도를 증가시킬 수 있다. 또한 기업의 위험부담을 줄이는데 도움을 주며 기업의 혁신을 제고하는데도 이바지 할 수 있다.

둘째, 환경적 측면에서는 자원 소모를 줄임으로써 에너지 효율을 증대시킨다. 또한 폐기물 발생, 대기 및 수질 오염 물질 발생을 줄일 수 있다. 가령, 폐기물에서 다시 원재료로 재화의 흐름으로 정의하는 '역공급사슬관리'의 경우, 고객 반품 혹은 수명이 다한 제품 등을 최종 고객으로부터 회수하여 검사 후 안전하게 폐기하거나 제조업체의 재처리를 거쳐 재활용하는 것이다.

셋째, 사회적 측면에서는 교통 혼잡을 줄이며 소음 감소, 사회 구성원의 안전 및 복지 증대 등을 구현할 수 있다.

그린 SCM을 통해 운영적, 환경적 개선의 이익을 가져온 사례로 GM사는 공급업자와 재사용 컨테이너 프로그램을 구축하여 1천2백만 달러의 폐기비용을 줄였다. 이러한 프로젝트의 추진 동기는 비용을 줄이면서 GM사는 환경정화 노력이 대중과 정책당국자에게 실제로 시장에게 우호적인 메시지가 된다는 것을 발견했기 때문이다(Emmett and Sood, 2010).

(2) 그린 공급사슬의 실행 분야

GSCM은 설계과정에서부터 회수 물류에 이르는 모든 과정에서 환경의 부담을 최소화하는 데 목적을 두기 때문에 그린 조달, 그린 생산, 물류, 포장, 마케팅, 공급순환고리 등이 포함된다. 현재 수많은 글로벌 기업들이 GSCM 전략을 도입하여 에너지와 생산 자원의 투입량과 이산화탄소와 폐기물의 배출량 등을 면밀히 조사하여 공급 사슬 운영 조정과 제품 생산 과정 설계 및 각종 기업활동에 관한 의사 결정에 친환경 요소를 적극적으로 반영하고 있다.

그린 SCM 실무에는 포장과 폐기물의 감축, 환경성과에 기초한 공급자 평가, 환경친화제품의 개발, 운송과 관련된 이산화탄소의 감소 등의 활동이 있다.

① 그린조달: 환경에 대한 영향을 최소화할 수 있는 재화와 서비스를 선정하여 조달하는 것을 말한다. 그린조달을 통해 자원과 공급자의 효율적 관리는 생산비용을 줄이고, 원자재의 재활용과 재사용을 촉진시킬 수 있다. 또한 위험물질의 생산도 줄일 수 있어 기업이 환경규정을 위반해 부과되는 벌금도 절감할 수 있다.

② 그린생산: 에너지 효율성이 높은 기계류의 사용, 규모의 경제, 탄소 배출량이 적은 원재료 사용 등을 포함한다. 그린생산의 목적은 모든 단계에서 생산프로세스의 환경적 영향을 감소시키는 데 있으며, 구체적인 방법은 탄소배출, 위험요소, 방출물, 사고 등을 줄여나가고, 제품과 서비스의 생애주기비용을 축소하고, 신생 자재와 재생불능에너지 사용을 감소시키는 것이다.

③ 그린물류: 재화의 이동과 관련해 발생하는 환경 유해물질을 감소시키는 것을 의미한다. 물류에서 운송과 보관활동이 가장 큰 비중을 차지하고 있기 때문에 그린화의 노력도 이 부분에 집중되고 있다. 트럭 적재와 배

송 과정을 최적화하며 운송비용뿐만 아니라 연료 소비량을 최소화하여 배출 가스를 줄일 수 있다. JIT, 주문이행, 로트 크기관리, 품질관리 등의 활동도 그린물류와 밀접한 연관이 있다.

④ 그린포장: 포장으로 인한 환경 유해물질의 발생량을 감소시키는 활동을 말한다. 최적화된 두께와 재활용 재료로 포장을 디자인하며, 포장 재료의 재활용을 높이고 에너지 효율이 높은 소재를 활용하는 것이다.

⑤ 마케팅: 고객의 인식을 통한 새로운 시장과 제품의 수요를 창출하는 것이다. 그러므로 그린마케팅은 환경친화적인 제품 마케팅을 실행하는 것이다. 그린마케팅은 제품의 변형, 생산과정의 변화, 지속가능 포장, 홍보의 변화 등을 포함하는 광범위한 활동이다.

⑥ 공급순환고리: 재프로세스를 위해 제품수명의 종료(end of life)를 촉진시킨다. 재활용과 재사용을 공급사슬로 순환시켜 폐기물 관리를 한다. 여기에는 기업의 사회적 책임 강화, 높은 폐기물관리 비용, 역물류가 포함된다.

(3) 녹색공급사슬과 정보기술

정보기술(IT)은 GSCM의 추진에서 다음과 같은 영역에서 중요한 역할을 수행한다. IT는 운송 경로를 최적화하고 제품이 에너지 효율적이고 효과적으로 배송되었는지를 확인해 주는 데 중요한 역할을 한다. 운송관리자는 운송계획 프로세스를 자동화하여 예기치 못한 사태의 효과를 완화시킬 수 있다.

IT는 비즈니스 프로세스를 합리화하여 자원 활용의 감소를 가져올 수 있다. 예를 들어 가시성 솔루션은 물류업체의 자산을 추적하여 높은 서비스 수준을 유지하면서 자원의 소비를 줄일 수 있게 한다. 양단에 걸쳐 서류 없는 프로세스를 위한 자동화는 폐기물의 감소에 중요한 역할을 한다. 이를 위해서는 동태적 운송스케줄 업무와 실시간 추적이 필요하다.

RFID 기술은 GSCM 전략의 중요한 추진체가 될 수 있다. RFID를 활용한 에너지 발자국 데이터의 추적은 기업에게 공급사슬상에서 특정 단계에 도달한 제품의 '누가, 왜, 어떻게'에 대한 정보를 제공해 준다. RFID 태그를 이용해 탄소발자국과 관련된 정보활동을 수행할 수 있고, 조직이 환경적 관점에서 공급사슬을 분석하고 모니터할 수 있다.

공급사슬에서 모든 구성원의 참여를 가능케 하는 정보기술 솔루션은 기업이 운송자산을 더 효율적으로 활용할 수 있도록 한다. 더 중요한 것은 전체적으로 에너지 요구량을 줄이게 한다는 것이다. 협업적 예측·보충시스템(CPFR)은 IT 가 부가가치를 창출할 수 있는 또 다른 영역이다. 이러한 기법의 효과적인 활용 은 예측의 정확성을 높여 생산에서 소비되는 자원을 절감하는 결과를 가져와 환경에 긍정적인 역할을 한다.

4) e-SCM

e-SCM이란 '디지털 기술을 활용하여 공급자, 유통채널 소매업자 그리고 고객과 관련된 물자, 정보, 자금 등의 흐름 즉 공급사슬을 신속하고 효율적으로 관리하는 것'을 의미한다. 즉 e-SCM은 디지털 기술을 활용하여 공급자에서 고 객까지의 공급체인상의 물자, 정보 등을 총체적인 관점에서 통합하고 관리함으 로써 e-비즈니스 수행과 관련된 공급자, 고객, 그리고 기업 내부의 다양한 니 즈를 만족시키고 업무의 효율성을 극대화하려는 전략적 기법이다.

더욱 확장된 개념의 e-SCM은 공급사슬에서 제품과 서비스의 유통업자일 뿐만 아니라 수요를 촉진하고 운영적 효율성 수준과 시장에서의 리더십을 제공 하기 위해 전체 공급사슬상의 역량과 자원의 동시화를 이끄는 독립된 파트너들 의 네트워크로 규정될 수 있다.

e-SCM은 이전의 SCM의 개념에서 발전하여 IT와 인터넷에 의한 파트너간 의 협력으로 조직의 비즈니스 프로세스의 재구축 결과로 개발된 새로운 차원의 공급사슬관리 형태이다. 공급사슬과 전자상거래의 자연스런 결합을 의미하는 e-SCM은 과거 모델을 대체하거나 비즈니스 활동을 변형시키는 변화의 물결과 도 같다. 이것은 향후 시장이나 산업의 비즈니스 환경에서 지속적으로 지배적 인 영향력을 행사할 것이다. 즉 커뮤니케이션 시스템 구축, 고객이 원하는 제품 및 서비스의 성공적인 개발, 프로세스 효율의 개선, 낮은 재고수준 및 높은 충 족률 유지, 반품 축소 등의 문제들을 해결하는 데 핵심적인 역할을 할 것이다.

e-SCM의 목적은 고객에게 가치를 제공하기 위해 조직 내와 조직간의 활 동을 통합하는 것이다. 구체적으로 실시간 정보의 가용성과 가시성 확보, 단일 지점에서의 데이터 접근, 전체 공급사슬 정보에 기초한 의사결정 지원, 공급사슬 구 성원과의 협업 등이 있다(Simchi-Levi et al., 2003).

2. SCM 활용 사례

1) SCM 활용사례: IKEA

스웨덴의 세계적인 가구생산업체인 IKEA는 9,500여 종의 가구제품을 생산하고 있다. 기능적이고 좋은 외관에 가격도 저렴한 가구 생산으로 세계적인 경쟁력을 가지고 있다. 대부분의 가구 제품은 IKEA에 의해 디자인되고 개발되지만 55개국 이상에 1,220여개의 제3자 공급업체에서 생산·공급된다. 이는 유연성과 생산능력에 대한 투자를 제한하려는 전략 때문이다. 또한 판매를 위해 26개국에 31개의 유통서비스 센터를 보유하고 있으며 이를 통해 가구들이 각 매장으로 배송된다.

저렴한 가격과 좋은 품질을 실현하기 위해 IKEA에서 물류와 포장은 핵심적인 기능이다. 다양한 공급처로부터의 조달을 통해 제품의 가격을 낮출 수 있으며, 또한 전 세계에 소재한 트레이딩 사무소에서 공급업체에 대한 정기적인 검사와 협업체계를 통해 품질관리를 시행하고 있다. IKEA는 협력업체와 공동으로 원가절감과 공정개선, 품질관리는 물론 필요시 자금지원과 장비리스까지 지원하여 전략적인 파트너 관계를 유지한다.

IKEA는 제품의 60%는 도로로, 20%는 철도 그리고 나머지 20%는 해상으로 운송되며 항공운송은 1%도 되지 않으며 지속적으로 철도 운송비중을 확대해 나감으로써 운송비를 줄여나가고 있다. 평면포장(flat pack) 방식을 통해 적재 공간 면에서, 그리고 소단위로 분리해 컨테이너 적입율을 높여 운송과 창고 보관의 효율성을 높이고 있다.

배송네트워크는 생산업체 → 크로스도킹센터 → 물류센터 → 고객 물류센터 → 매장 → 고객에 이르는 전통적인 네트워크를 기반으로 지역과 제품에 맞춰 탄력적으로 5가지 유형의 배송네트워크를 변형하여 운영한다. 생산지에서 매장까지 직송하는 매장 직송네트워크, 생산지에서 CDC(Cross Docking Center)를 거쳐 매장으로 가는 환적네트워크, 생산지에서 고객물류센터로 바로 가는 방식과 고객에게 직송하는 네트워크를 상황에 따라 다양하게 운영한다.

그린물류를 실현하기 위해 초기 디자인단계에서부터 제품의 생애주기에 걸쳐 디자이너, 제품 개발자, 기술자들은 안전, 품질, 환경의 측면을 고려한다. 그결과 모든 가구제품의 71%가 재생자재이며 가능한 많은 재활용 제품을 사용한다. 이러한 환경친화적인 제품 생산에서 IKEA는 안전, 효율성, 지속가능성이 최상의 목적이 되도록 제조업체들과 공동으로 작업한다.

IKEA의 정보시스템은 두 가지로 구분되는 데 하나는 공급업체와 그리고 다른 하나는 유통센터와 매장과 연결되어 있다. 매장에는 MHS(Möobel Hus Systemet-Furniture House System)가 구축되어 소비자가 구매와 동시에 기존 재고량 정보가 다음 주문에 반영된다. 또한 매장에 주문 제품이 언제 도착할지에 대한 정보가 제공되어 고객의 문의에 대응할 수 있다. 창고에는 제품수요시스템(GRS: Goods Requirement System)이 구축되어 재고량과 수요예측을 비교하여 공급자에게 정확한 주문이 가능하도록 한다.

IKEA는 글로벌 SCM 체제를 구축하여 디자인, 조달, 물류, 유통 및 판매 등에 대한 상호간 협업체제를 구축하여 소비자에게 좋은 제품을 저렴한 비용으로 제공함으로써 세계 제1의 가구생산업체의 지위를 확고히 구축해 나가고 있다.

2) e-공급사슬 구축의 사례: Cisco

시스코(Cisco)사의 공급사슬은 다양하며 전 세계로 확장되어 있다. 300개의 상품군으로 다양한 고객 층을 대상으로 생산 및 판매를 하고 있다. 대부분의 시스코 제품은 주문구성(CTO: configure-to-order)에 의한 생산모델로 확정된 고객 주문에 따라 생산된다.

최근까지 시스코는 분리된 공급사슬 프로세스와 ERP시스템을 유지하고 있었다. 추가적으로 생산 파트너와 물류서비스제공업체(LSP)를 포함해 1,000여개 이상의 공급처로부터 제품과 서비스를 제공받고 있다.

다른 기업들과 마찬가지로 최근의 경쟁 환경으로 시스코는 경영규모의 확대와 민첩성을 증가시키기 위해 공급사슬을 최적화하고자 했다. 그러나 시스코는 고도의 맞춤화된 SCM 시스템으로 문제에 봉착해 있다. 서로 분리된 CTO와 예측생산(BTS: Build-to-stock), 다수의 ERP, 중복, 비표준화 프로세스는 규모의 경제를 불가능하게 할 뿐만 아니라 생산성과 고객 경험을 저해하고 있었다. 이로 인해 정보시스템이 공급사슬의 요구사항에 신속하게 반응할 수 없었으며, 또한 비즈니스는 시장의 변화와 기회에 신속하게 반응할 수 없는 시스템을 유지하고 있었다.

2012년 정보부서에서 공급사슬의 원활화를 위한 개선 작업으로 대규모 서비스를 간소화하라는 지시가 내려왔다. 이에 SCM, 인적자원관리, 고객서비스와 같은 기초 서비스를 대상으로 유연성이 필요한 경우 표준화된 프로세스, 공통의 실무, 맞춤화를 활용하도록 했다. 조직간 대규모 서비스 기능의 간소화는 새로운 비즈니스 모델의 대형화, 성장, 실행에서 시스코의 경쟁력을 높일 수 있는 능력 제고에 필수적이었다.

시스코의 공급사슬변경의 주 목적은 3가지인데 첫째, 특정 국가에서 제품, 서비스, 솔루션 판매를 진행할 수 있도록 한다. 둘째, 데이터 센터를 경영 위험이 낮은 곳으로 이전한다. 셋째, 비디오 기술 서비스 그룹을 통합한다.

시스템의 변경은 새로운 시스템과 프로세스의 도입보다는 높은 경영성과를 달성하는 데 있었다. 계획과 실행을 통해 시스코는 비즈니스 요구사항과 지원 역량에 초점을 맞추었다. 경영과 IT가 물리적으로 따로 작동하던 것을 일체화시켜 주기 계획의 향상을 가져왔다.

시스코는 Oracle R12를 주로 사용하면서 공급사슬 비즈니스 프로세스와 ERP시스템을 간소화하고 통합하였으며, 표준화되고, 자동화된 양단간 업무 흐름을 창출하였다. 이후 시스코는 매출액 430억불의 85%가 이 새로운 플랫폼으로 집중되었다. 공급사슬의 변경으로 인한 주요 편익은 〈표 17-14〉와 같다.

표 17-14 공급사슬변경으로 인한 주요 편익	
정량적 효과	정성적 효과
▪ 새로운 경로(공장)의 추가 시간이 18 → 6개월로 감소 ▪ 출시시간은 30~50% 감소 ▪ 75%의 주문주기시간 단축 ▪ 제품의 수작업 시간의 약 25% 감소 ▪ 서비스와 비용 비율 12% 감소로 수익증가 ▪ 지원 비용이 30~50% 감소	▪ 신시장과 신흥시장으로 유연한 확장 ▪ 신제품과 제안에 대한 출시시간 단축 ▪ 신속한 인수 통합 ▪ 제조 파트너와 B2B 모델 구축 ▪ 운임 절감 ▪ 지능형 스케줄링 ▪ 고객 및 파트너의 경험 개선

출처: Cisco, "How Cisco Transformed Its Supply Chain", May 2014.

제18장

물류협업과 제3자물류

1. 물류협업의 개념

1) 물류협업의 개념과 구성요소

(1) 물류협업의 개념

글로벌화와 전자상거래가 진전되면서 공급사슬관리가 더욱 중요해지고 있다. 물류와 공급사슬의 효율화를 위해 전 과정의 통합적 관리가 요구되고 있다. 물류협업(Logistics collaboration)은 현대 비즈니스 환경하에서 중요한 요소로 부상했으며, 공급망 운영의 최적화, 비용절감, 회복탄력성 강화 등에서 중심적인 역할을 한다. 상호 연결된 글로벌 경제에서 공급망의 다양한 이해관계자 간의 효과적인 조정과 협업은 고객 요구사항을 충족하고, 복잡성을 탐색하고, 역동적인 시장 상황에 대응하는 데 필수적이다.

물류협업은 물류의 효율성과 전반적인 공급망 성과를 향상시키기 위해 '공급사슬 내 여러 조직 또는 구성원 간에 공동으로 물류업무의 전략적 조정과 실행을 위해 긴밀히 협력하는 파트너십 프로세스'이다.

(2) 물류협업의 구성요소

물류협업은 공급업체, 제조업체, 유통업체, 소매업체 및 기타 파트너 간에 다양한 분야에서 통합, 협력, 조정해 나가는 것이다. 이러한 분야에는 〈표 18-1〉에서 보는 바와 같이 정보 공유, 공동기획 및 조정, 자원 공유, 위험의 공유, 성과지표 등을 포함한다(Cao & Zhang, 2011).

표 18-1	물류협업 분야
협업의 측면	설명
정보공유	물류 프로세스에 참여하는 주체는 재고 수준, 수요 예측, 생산 일정, 운송 계획의 데이터의 교환과 공유
공동기획 및 조정	운송 계획, 재고 관리, 수요 예측 등 물류 운영 관리를 위한 전략 및 절차의 공동 개발
기술 통합	원활한 데이터 교환 및 향상된 조정을 위한 ERP, TMS, WMS등의 공유기술 플랫폼 사용
공동 문제 해결	갑작스러운 수요 변화에 대한 대응이나 중단 관리 등 공급망의 위험과 병목 현상 해결을 위한 협력
비용 및 자원 공유	운송 또는 창고 시설과 같은 자원의 상호공유와 비용 분담
성과 측정	공동 작업의 성공 여부를 측정과 개선 영역의 식별을 위해 핵심 성과 지표(KPI) 설정
장기적인 관계 구축	이해관계자 간의 신뢰와 장기적인 파트너십 구축과 개발

물류협업의 필요성은 물류통합을 위한 것이며 따라서 이들 용어는 상호 교환해서 사용되기도 한다. 통합의 강도가 높으면 높을수록 물류의 성과는 높아지는 경향이 있기 때문에 협업은 물류 또는 공급사슬 경쟁력의 핵심적인 요소가 되고 있다. 보다 긴밀한 통합을 위해 물류 파트너간 실시간 가시성과 프로세스의 구축이 요구된다.

2) 물류협업의 효과

물류협업은 공급사슬의 통합적 관리에 필수적이며 이를 통해 얻을 수 있는 효과는 물류와 공급사슬 전반에 걸쳐 나타나게 된다. 첫째는 비용 절감효과이다. 물류협업의 주요 이점 중 하나는 중복 제거와 자원의 최적화이다. 운송, 창고 보관, 재고 관리를 공유 등을 통해 비용 절감을 달성할 수 있다.

둘째는 효율성 향상이다. 협업을 통해 활동을 더욱 효율적으로 동기화하여 프로세스를 간소화하고 리드 타임을 단축할 수 있다. 또한 파트너간 거래비용을 절감하고 보완자원의 공유 등을 통해 생산성, 효율성 그리고 대응력을 향상시킬 수 있다.

셋째는 유연성 개선이다. 물류업체(LSP: Logistics Service Provider)와 고객과의 밀접한 관계를 통해 물류업체는 고객의 내부적 운영과 문제에 대한 정보를 확보하여 물류 서비스에서 시급한 필요성과 특별한 요구사항을 더 잘 알 수 있게 된다.

넷째는 고객 만족도의 향상이다. 협업을 촉진함으로써 적시 배송을 보장하고 재고 부족을 줄이며 전반적인 서비스 수준을 향상시켜 고객 요구를 더 잘 충족할 수 있다.

다섯째는 위험의 완화이다. 파트너십을 통해 위험을 공유하고 공동 전략을 개발하여 자연재해, 지정학적 변화 또는 공급망 중단과 같은 예상치 못한 사건의 영향을 완화할 수 있다.

그 외에도 협업을 통해 기술 또는 제품 개발의 혁신과 친환경 관행을 통해 지속 가능성을 제고할 수 있다.

3) 물류협업의 장애요인

물류협업을 추진함에 있어 여러 가지 장애요인이 발생할 수 있다. 장애 제거 또는 완화를 위해 물류협업에서 가장 우선적으로 추진되어야 할 과제는 정보 공유이다. 그러나 조직에서는 데이터 보안 및 경쟁력에 대한 우려로 인해 수요 예측이나 생산계획과 같은 민감한 정보의 공유를 주저하게 되며 이로 인해 전체 공급사슬의 가시성 확보가 이루어지지 않아 문제가 발생한다. 조정 및 의사소통의 문제 또는 신뢰성 부족도 협업을 저해하는 요소이다. 글로벌 공급망에서는 협력 파트너 간의 문화적 차이로 인해 문제가 발생할 수 있다. 협업 기술을 구현하고 다양한 시스템 간의 호환성이 보장되지 않으면 정보의 상호 교환과 공유가 불가능해져 문제가 발생한다. 그 외에도 기업 고위층의 의지 또는 지원 부족, 전략과 정책의 상호 불일치, 보상과 위험의 공유부족, 직원의 변화에 대한 저항 등을 들 수 있다(Richey et al., 2012).

2. 물류협업의 유형과 협업전략

1) 물류협업의 유형

물류 또는 공급사슬의 지속가능성, 디지털화, 최적화 그리고 글로벌화 등에서 협업이 요구되고 있다(Cruijssen, 2020). 지속가능성은 협업을 통해 탄소배출량과 폐기물을 축소시키고, 디지털화는 정보 교환과 공유를 증대시키고 대량의 데이터를 확보할 수 있게 하며 이를 통해 보다 효율적이고 향상된 의사결정을 가능하게 한다. 최적화는 공급사슬에서 발생하는 상쇄관계를 최소화하는데 기여하며 글로벌화는 전세계적인 물류와 정보의 인적·물적 네트워크 구축을 가능하게 한다.

공급사슬 구성원간의 협업은 공급업체, 제조업체 또는 유통업체와 소매 파트너 간의 협력을 포함한다. 이러한 유형의 협업은 유통 센터에서 소매점까지의 제품 흐름을 개선하고 재고 수준을 관리하며 고객 만족도를 높이는 데 중점을 둔다. 또한 제3자 물류(3PL)와의 협업도 필요하다. 조직은 특정 물류 기능을 아웃소싱하기 위해 종종 제3자 물류 제공업체와 협력하는데 여기에는 운송, 창고 보관, 유통등이 포함될 수 있다.

기능간 협업으로 물류, 조달, 생산, 판매 등 조직 내의 다양한 기능에 걸친 협업이 필요하다. 조직 내의 사일로를 무너뜨리고 다양한 부서가 원활하게 협력하여 공통 공급망 목표의 달성을 지향한다.

물류협업의 또 다른 분류로 수평적 협업과 수직적 협업으로 구분한다. 수평적 협업은 공급망의 동일한 수준에서 운영되는 기업 간의 협업을 말한다. 예를 들어, 여러 제조업체 또는 유통업체가 협력하여 운송 자원, 창고 공간 또는 기타 물류 인프라를 공유하여 규모의 경제를 달성하고 비용을 절감할 수 있다. 수직적 협업은 공급망의 다양한 수준에서 운영되는 기업 간의 협업을 말한다. 예를 들어 제조업체는 공급업체 및 유통업체와 협력하여 전반적인 효율성과 대응력을 향상시키는 수직적으로 통합된 공급망을 만들 수 있다.

협업의 강도로 구분할 경우 전략적 제휴 및 파트너십을 들 수 있다. 조직은 주요 공급업체, 제조업체 또는 유통업체와 전략적 제휴 또는 파트너십을 형성하여 공통 목표를 달성하고 공급망의 전반적인 경쟁력을 향상시키기 위한 공유 목표, 공동 의사결정 및 상호 투자가 포함된다. 전략적 제휴는 파트너십에 비해 목표지향적이고 기간이 특정되며 통합의 정도가 느슨하여 보다 유연하고 법적으로도 구속력이 약한 측면이 있다.

2) 물류협업 전략

성공적인 물류협업을 성취하기 위해서는 협업에 대한 전략적 접근이 필요하다. 먼저 협업을 위한 파트너를 선정해야 하며 어떤 분야에서 어느 수준으로 협업을 해 나갈 것인가를 결정하여야 한다. 협업의 강도를 높이면 높일수록 협업에 따른 성과는 높아지는 경향이 있지만 협업에 따른 문제 또는 장애요인이 있기 때문에 이를 고려하여 전략을 수립 및 실천해 나가야 한다.

협업에서 가장 중요한 전략으로는 파트너 간의 신뢰 구축을 들 수 있는데 이를 위해 열린 커뮤니케이션 채널, 정기적인 회의, 투명성 제고 등의 협업 문화를 조성할 필요가 있다. 또한 명확한 거버넌스 구조와 지침을 개발하면 협업을 효과적으로 관리하는 데 도움이 된다. 즉 명확하게 정의된 역할, 책임, 의사결정 프로세스는 원활한 협업 환경 조성을 가능하게 한다.

협력 파트너의 인센티브를 조정하면 각 당사자가 협력의 성공에 기여하도록 동기를 부여하는 데 도움이 될 수 있다. 클라우드 기반 플랫폼 및 공급망 관리 시스템과 같은 협업 기술을 구현하면 실시간 정보 공유 및 조정이 용이해진다.

제2절 물류아웃소싱과 제3자물류

1. 물류아웃소싱의 개념과 특징

1) 아웃소싱의 개념

(1) 아웃소싱의 정의

치열해지는 경영환경 하에서 많은 기업들은 자사의 핵심 분야가 아닌 물류, 정보기술 등과 같은 업무를 외부 전문업체에게 위탁함으로써, 즉 외주를 통해 업무의 효율성을 높여 기업의 전략적 경쟁우위를 확보하려 하고 있다. 아웃소싱(외주: Outsourcing)이란 '외부업체로부터 재화나 서비스를 제공받는 것'을 말한다. 구체적으로 아웃소싱은 비핵심 기능을 외부 공급업체에게 위탁함으로써 그들의 자원을 활용하고, 위험을 분산시키고 생존과 미래 성장에 중요한 영역에 집중할 수 있기 때문에 유효한 비즈니스 전략이 되고 있다(Sink, 1997). 아웃소싱의 주 목적은 핵심역량 강화에 있으며 그 외에도 경영환경 변화에 따른 위험 분산의 효과, 비용의 절감, 유연성 확대, 전문성의 확보 등을 위해서도 아웃소싱하는 경향이 있다.

아웃소싱은 경영활동, 기술, 원부자재 등을 내부에서 자체 조달하는 형태인 인소싱(in-sourcing)과 대비되는 개념으로 생산부문에서 시작되었다. 그러나 최근에는 기업의 비핵심 또는 전문분야인 물류, 디자인, 정보기술, 전문서비스 등을 외부업체가 포괄적으로 관리·운영하는 추세로 발전하고 있다. 특히 물류는 외주에 가장 많은 활용되는 부문이다.

(2) 아웃소싱의 장단점

아웃소싱은 이를 통한 장점, 즉 기업의 경쟁력을 높이려는 동기에서 주로 추진된다. 외주의 세부적 장점은 〈표 18-2〉에서 보는 바와 같이 핵심역량(core competence) 강화, 비용절감, 위험 분산, 전문성 강화 등이 있다. 그러나 아웃소싱은 숨겨진 비용, 아웃소싱 업무에 대한 통제력의 상실, 중요한 능력에 대한 잠재적 손상의 영향, 민감한 정보의 유출, 의존성과 풀(Pool)의 위험 등의 단점을 가지고 있다.

표 18-2	아웃소싱의 장단점

장점	단점
<ul><li>운영비용의 감소와 통제</li><li>핵심활동과 역량에 집중</li><li>위험의 분산</li><li>문화적 문제 회피</li><li>전문성 강화</li></ul>	<ul><li>확인관련 비용</li><li>관계 유지</li><li>차별화된 역량 상실</li><li>통제력 약화</li><li>유연성 상실</li><li>정보 유출</li></ul>

자료: Beaumont and Sohal, 2004.

2) 물류아웃소싱의 개념

(1) 물류아웃소싱의 정의

물류업무의 아웃소싱은 물류환경의 변화와 기업의 물류비 절감노력 강화, 물류시설 및 장비의 투자위험 감소 그리고 기업별 전문화의 이점을 최대한 살리려는 동기에서 태동하였다. 물류아웃소싱은 고객을 위해 외부기업에 의해 수행되는 물류활동으로 복합적인 물류서비스를 관리해준다. 아웃소싱의 장점은 물류서비스 활동을 단일이 아닌 통합적 방식으로 제공될 수 있다는 데 있다 (European Commission, 2000).

물류아웃소싱을 단순히 정의하면 '제3자물류업체에게 조직의 물류업무의 일부 또는 전부를 위탁하는 것'이다. 물류아웃소싱은 물류전문기업과 화주기업이 물류비 절감과 물류서비스 향상을 공동 목표로 설정하고 이를 달성하기 위해 양자간의 계약으로 전략적 제휴 관계를 맺는 것이다. 포괄적인 물류아웃소싱인 제3자물류는 계약물류(contract logistics)의 형태를 띤다. 제3자물류는 효율적인 물류 시스템의 구축과 공급사슬 관리를 위하여 공급사슬 내의 다른 구성원과 일시적 또는 장기적인 파트너십의 형성과 전략적 제휴를 맺어 수행한다.

물류아웃소싱은 경쟁이론에 근거한 기업의 경영전략의 일부분이며, 이 밖에 유사개념으로 물류 제휴(logistics alliance), 계약물류(contract logistics), 혹은 제3자물류(TPL: Third Party Logistics) 등이 있다. 물류아웃소싱의 주체는 일반적으로 물류서비스가 필요한 화주기업인 제조업체에 의해 이루어지는 경우가 많지만 무역업체, 포워딩업체, 유통업체, 물류업체와 같은 서비스업체도 많이 활용하고 있다.

(2) 물류아웃소싱의 동인

물류아웃소싱을 하는 근본적인 동기는 다른 분야의 아웃소싱 동기와 유사하기 때문에 물류의 전략적 목표, 기능, 비용 등의 관점에서 살펴볼 필요가 있다. Bowersox(1995)에 따르면 아웃소싱의 동인을 큰 범주에서 경쟁적 우위, 고객만족도 향상, 서비스 품질의 개선 등을 들고 있다.

표 18-3	물류아웃소싱의 동인	
경쟁우위	고객만족 향상	서비스 품질 개선
• 리드타임 개선 • 공급의 안정성 • 능력의 제약 • 재고 감소 • 수익성 향상	• 국내시장 접근 • 수요 안정성 • 위험 회피/분담 • 자본 레버리징	• 글로벌 시장 접근성 • 기술 접근성 • 핵심역량 활용 • 비용절감

자료: Bowersox, 1995.

물류아웃소싱의 가장 중요한 요소는 비용과 서비스에 있으며, 그 외에도 핵심역량에 집중, 생산성 향상, 정보기술 능력의 향상, 규제환경변화 대응, 전문성의 필요성, 비즈니스 글로벌화, JIT 환경하의 운영의 복잡성, 물류활동의 성장과 제한적 자원 등을 들고 있다(Mello et al., 2008).

SCM은 물류아웃소싱 결정에 중요한 요인이 되는데 Bolumole(2003)은 아웃소싱 결정이 조직 내부의 운영과 공급사슬에 대한 가시성 확보를 위한 것이라고 주장하였다. 또한 공급사슬의 복잡성도 물류아웃소싱 결정에 영향을 미친다는 연구 결과도 제시되었다.

3) 물류아웃소싱의 효과와 성공요인

(1) 물류아웃소싱의 효과

물류아웃소싱은 긍정적인 효과와 더불어 부정적인 효과를 동시에 가지고 있다. 긍정적인 효과로는 첫째, 전문물류업체에게 물류아웃소싱으로 규모와 범위의 경제로 인한 생산성 향상과 서비스 품질을 제고할 수 있다. 둘째, 아웃소싱을 통한 물류서비스 제공업체의 활용으로 고객(화주업체)은 핵심역량에 보다 집중할 수 있게 된다. 셋째, 물류서비스 제공업체(LSP)의 투자나 기술혁신의 성과 그리고 전문능력을 최대한 활용할 수 있다. 만약 그러한 투자를 사내에서 실행하게 되면, 막대한 투자가 필요하고 그만큼의 성과를 얻기 어려울 수도 있다.

표 18-4	물류아웃소싱의 긍정적 효과	
직접효과	간접효과
▪ 물류부문의 자본 투자 불필요 ▪ 물류비용의 효율적 관리 ▪ 물류서비스의 균질화 ▪ 물류비용의 변동비 저하 가능	▪ 기업의 유연성 확보 ▪ 핵심사업에 집중 가능 ▪ 인사관리의 효율화 ▪ 생산성의 증대

부정적 효과로는 첫째, 통제와 유연성 문제인데 물류서비스가 타사에 의해 수행되기 때문에 스케줄에 대한 통제력이 감소할 수 있고 공급 또는 제조업체가 원하는 화주에 대한 물류서비스 제공에 한계가 있다. 둘째, 물류아웃소싱으로 자사의 타 기능과 조정 및 통합에서 어려움이 발생한다. 이와 더불어 물류서비스 제공업자와의 의사소통과 의견조정을 위한 물리적 시간이 증가하여 조정비용과 감독비용이 발생할 수 있다. 셋째, 비밀유지에 관한 문제도 발생하게 되는데, 물류기업이 특정 산업의 업무를 전문적으로 수행할 경우 화주의 정보가 물류회사를 통해 경쟁기업으로 흘러 들어갈 수 있다. 따라서 이를 원천적으로 방지할 수 있는 시스템을 구축해야 하는 제약이 있다. 이로 인하여 일부 화주기업은 아웃소싱을 계열사나 관계사 등을 통해 수행하기도 한다.

(2) 물류아웃소싱의 성공요인

물류아웃소싱이 성공적으로 발전하기 위한 요인으로는 주관적인 요인, 산업환경적인 요인 및 정부정책적인 요인으로 구분할 수 있다.

첫째, 주관적 요인에는 신속한 고객의 욕구 충족, 화주고객과의 상호 신뢰성 확보, 관련 기업간 SCM 전략화, 고객서비스 제고 및 배송 리드타임의 단축 등이 있다.

둘째, 산업환경적 요인은 경제성장으로 인한 제3자 물류시장의 물동량 증가, 전자 상거래 시장 발전 등 우호적인 산업환경, 제3자 물류시장의 지속적인 발전 가능성 등이 있다.

셋째, 정부정책적 요인은 제3자 물류기업 관련 법규의 정비, 물류센터 및 물류단지 개발지원정책, 물류산업 등 제3자 물류기업 관련 산업의 육성정책, 제3자 물류기업 신규시장진입 정책 등이 있다. 이러한 3가지의 성공요인은 상호작용하여 전반적으로 물류아웃소싱을 증대시키는 역할을 한다.

(3) 기업관점의 물류아웃소싱의 형태

물류아웃소싱의 형태는 기능적·계약관계 면에서 다양하게 구분할 수 있는데 어떤 형태의 아웃소싱이 가장 효과적인가는 산업 또는 기업이 처한 환경에 따라 달라질 수 있다. 예를 들어 자사가 충분한 물동량을 확보하고 있고 산업의 전문성 또는 특유성이 높은 경우 그 기업은 자체적으로 물류자산을 확보하여 독점적 물류서비스를 수행하고자 할 것이다. 또한 글로벌 환경 하에서 글로벌 공급사슬통합의 관점에서 볼 때 자체적으로 글로벌 네트워크를 구축할 필요가 있을 경우에도 계열사를 전체적으로 통합하는 것이 시너지효과가 더 클 것이다. 그러나 해당 산업 또는 기업이 물류에 집중할 자원이 충분치 않고 전문성의 한계가 있고, 가용할 물류업체의 전문성이 높을 경우 아웃소싱이 더 나은 대안이 될 수 있을 것이다.

2. 제3자물류의 개념과 유형

1) 제3자물류의 정의

제3자물류(TPL: Third Party Logistics)란 '화주기업이 고객서비스의 향상, 물류관련비용의 절감, 그리고 물류활동에 대한 운영효율의 향상 등을 목적으로 공급사슬의 전체 혹은 일부를 외부 전문물류업체에게 위탁(outsourcing)하는 것'을 말한다.

일반적으로 외주물류는 제3자물류로의 이행과정에 있는 중간단계로 볼 수 있는데, 외주물류와 제3자물류는 기업의 물류활동이 타 회사에 의해 운영된다는 점에서 차이는 없다. 그러나 외주물류는 주로 운영 측면에서 원가절감 효과를 확대하는데 초점을 두고 있다. 그러나 제3자물류는 전략적 관점에서 원가절감과 그 이상의 성과, 즉 경쟁우위의 획득을 위한 것이라는 점에서 상당한 차이가 있다.

Soinio et al.(2010)은 제3자물류를 전통적인 운송과 창고관리로부터 구분하면서, 복잡하고 개별적으로 설계된 혼합된 서비스, 적어도 통상 2~3년의 장기적 계약, 서비스 비용 면에서 상당한 규모를 외주하는 것으로 보았다.

제3자물류가 중요한 이유는 물류와 관련된 모든 활동을 제3자물류업체가 관리할 수 있게 함으로써 정보, 재고, 창고관리 그리고 운송서비스를 통합하여 전체 공급사슬의 효율성을 달성할 수 있기 때문이다. 따라서 SCM의 효율적 추진을 위해서는 제3자물류의 활용은 필수적인 요소이다.

2) 물류아웃소싱 유형

일반적으로 물류아웃소싱의 유형은 물류서비스의 주체 또는 물류서비스의 범위에 따라 제1자물류(1PL)에서 제4자물류(4PL)로 구분된다.

(1) 수행 주체별 유형

물류의 유형 구분에서 물류업무를 어느 주체가 수행하느냐의 기준으로 구분하는 형태이다.

① 제1자물류(1PL: First Party Logistics): 물류서비스의 주체가 화주기업 자신이며 물류업무를 자사가 보유한 자원, 즉 인력, 장비, 시설 등을 이용하여 직접 수행하는 형태이다. 이때 자사의 물류서비스 제공업체는 제조업체, 무역업체, 유통업체가 된다.

② 제2자물류(2PL: Second Party Logistics): 물류서비스의 수행 주체로 화주기업이 자사의 물류업무를 화주기업의 자회사, 계열사, 손자회사를 통해 수행할 때를 지칭한다.

③ 제3자물류(3PL: Third Party Logistics): 물류서비스의 수행 주체의 입장에서 볼 때 물류기업이 자사와 관련 없는 화주를 대상으로 서비스를 수행할 경우를 말한다.

④ 제4자물류(4PL, FPL: Fourth Party Logistics): 수행 주체적인 측면에서는 제3자물류의 연장선으로 화주기업과 별개의 전문업체를 통해 서비스를 수행한다.

(2) 제공서비스 범위별 유형

물류의 유형을 구분할 때 LSP가 제공하는 서비스가 물류 기능의 특정 부문에 한정되는지 아니면 포괄적인 부분으로 확대되는지를 기준으로 하는 것이다.

① 제1자물류: 화주 자신의 물류를 자사가 보유한 자원으로 직접 수행하는 형태를 말한다.

② 제2자물류: 운송사슬(transport chain)상 특정 영역에서 서비스를 제공하는 형태인데 예를 들어 유통센터에서 출발하여 항만터미널까지 화물을 자신의 수송수단으로 배송하는 형태이다. 제2자물류업체는 선박, 항공기, 트럭 등을 소유, 리스 또는 임대해 주는 선사, 항공사, 트럭킹 업체 등을 말한다. 제2자물류는 단일 물류서비스 제공이란 관점에서 제3자물류와 구분을 위해 이용되고 있지만, 이 용어는 우리나라를 제외한 다른 국가에서 사용하는 것은 극히 제한적이다.

③ 제3자물류: 수행하는 물류서비스는 수송, 창고, 배송, 재정적 서비스 등을 포함한다. 제3자물류는 화주기업(제조업·유통업)을 대신해서 고객서비스의 향상, 물류관련 비용절감, 물류활동의 효율성 향상 등을 목적으로 하며 주로 전략적인 측면에서 접근한다. 이러한 서비스제공업체로는 화물주선업체, 특송업체 또는 하청의 물류 및 운송서비스를 포함한 통합서비스 제공업체가 있다.

④ 제4자물류(4PL, FPL: Fourth Party Logistics): 제3자물류에 IT와 컨설팅 등의 필요한 분야와 제휴하여 물류업무를 수행하는 형태의 물류서비스를 말한다. 제4자물류의 특징은 보다 다양하고 전문화된 물류관리를 화주기업의 입장에서 제3자 물류기업 외에 필요에 따라 물류서비스업, 운송업, 물류시설업의 전문분야를 전략적 제휴내지 네트워킹하여 공급사슬상의 전체 물류업무를 수행한다는 점이다. 따라서 제4자 물류관리자의 구성은 경영컨설팅업체, 제3자물류업체, IT업체들로 구성되는 가상의 조직을 형성하여 한 번의 계약으로 공급체인 전반에 걸친 통합 서비스를 제공한다.

제4자물류업체는 공급사슬의 통합을 통해 매출액의 극대화, 운영비용 감소, 운영자금 감축, 고정자본 감소 등을 추구한다(Bade and Mueller,

1999). LSP가 자사의 부족한 부문을 보완할 수 있는 타사의 경영자원, 능력 및 기술과 연계하여 보다 완전한 공급사슬 솔루션을 제공하는 SCM 통합시스템이라고 할 수 있다. 진보된 형태의 물류서비스를 제공한다는 점에서 제4자물류는 '선도물류서비스 제공업자(LLP: Lead Logistics Provider)'라고도 한다.

표 18-5	물류아웃소싱의 형태 비교	
	제공 서비스 범위에 따른 분류	서비스 수행 주체에 따른 분류 (화주와의 관계)
1자물류 (1PL)	▪ 화주 자신의 물류를 자사 보유 자원으로 직접 수행	▪ 화주기업 자신
2자물류 (2PL)	▪ 운송사슬 특정영역에 대한 서비스를 제공하는 운송업자(예, 선사, 항공사, 트럭킹업체)	▪ 화주기업의 자회사, 계열사
3자물류 (3PL)	▪ 고객을 위해 복수의 물류서비스 제공 ▪ 화주를 대신해 고객서비스 향상, 물류비 절감, 물류효율성 향상을 목적으로 공급사슬 일부 또는 전체의 전략적 위탁	▪ 화주기업과 무관한 회사
4자물류 (4PL)	▪ 경쟁력 있는 자체 소유 무형자산, 즉 브랜드, 인지도, 경영노하우, 물류/정보시스템 등을 자산으로 필요에 따라 3PL업체, 물류시설회사, 컨설팅 회사, IT 회사 등과 네트워킹하여 포괄적인 SCM 솔루션 제공 ▪ 선도물류서비스 제공업자(LLP: Lead Logistics Provider)라고 함	

(3) 자산특유성에 따른 분류

Berglund et al.(1999)은 제3자 물류시장의 진입을 물류업자의 유형을 중심으로 3단계, 즉 자산기반 물류서비스업자, 네트워크 물류서비스업자, 기술기반 물류서비스업자로 분류하였다.

첫 단계로 1980년대 자산기반 물류서비스업자가 등장했다. 그들은 트럭, 항공기, 창고, 터미널, 컨테이너와 같은 물류 자산을 보유 또는 리스한 운영업체가 자신의 핵심 비즈니스의 연장선에서 제3자물류서비스를 제공한다. 예를 들어 운송과 포워딩 회사는 화주에게 트럭, 운송관리, 유통센터, 정보서비스를 제공할 수 있다. 또는 유통센터 운영업자는 기본적 창고관리 이외에 재고관리, 최종 조립서비스, 주문관리서비스를 제공한다. 전통적 운송시장에서의 수익성 하락과 치열한 경쟁 환경변화가 이들 업체들의 제3자 물류시장으로 진입하는 주요 동인이 되었다. 이들 업체들 중 일부는 기본적 서비스의 물량을 확보하기 위해 추가적인 물류서비스로 제3자 물류약정을 한다. 또 다른 업체들이 제3자물류에 진입하는 이유는 높은 수익과 고객의 충성심 때문이었다. 자산기반 물류서비스업체로는 유럽에서는 Panalpina, Penske Logistics, Geodis, Schenker 그리고 미국에서는 Cat Logistics, Schneider Logistics, Ryder Integrated Logistics 등이 있다.

네트워크 물류서비스 제공업자가 진입하는 제2의 물결은 1990년대 초반으로 거슬러 올라간다. 이들 제3자 물류업자들은 쿠리어와 특송업체로부터 시작되었으며 보다 신속하고 신뢰성이 있는 운송서비스를 제공할 수 있도록 글로벌 운송과 통신네트워크를 구축하였다. 이들은 추가적으로 송화인에게서 수화인에게로 전자배송확인, 위치추적 서비스 등의 IT 서비스를 제공하였다. DHL, Maersk Logistics, UPS, TNT, FedEx 등이 여기에 속한다. 최근 이들 업체들은 시간에 민감하고 고가치 화물의 물류시장 예를 들어 전자제품, 예비 부품, 패션제품, 의약품 시장으로 이동하였으며 이러한 고수익시장에서 전통적인 자산기반 물류서비스업체와 경쟁하고 있다. UPS는 위치추적, 화주접근정보서비스, 전자상거래, 금융서비스 등을 제공하고 있다.

기술기반 물류서비스 제공업자가 등장하는 제3의 물결은 1990년대 말에 시작되었다. 이들 업체들은 전형적으로 물리적 물류자산을 보유하고 있지 않으며 고객에게 컨설팅, 재무서비스, IT, 관리기술 등을 제공하는데 이들은 주로 물류업체의 자회사 또는 합작회사들이다. 이들 업체들은 이전 물결의 업체들을 합병하거나 하청 계약업체로 활용한다. 자산기반 물류서비스업체로는 Maersk 그룹의 자회사인 Maersk Logistics가 있는데 이 업체는 공급사슬관리, 창고관리와 유통, 해운과 항공운송서비스 등을 제공한다.

3) 제3자물류의 동기와 장단점

(1) 제3자물류의 동기

Dittmann and Vitasek(2016)에 의하면 비용절감은 제3자물류 활용에서 가장 중요한 동기이며, 이어 고객만족도 개선, 글로벌 전문성, 위험 감소 등도 여기에 포함된다(〈표 18-6〉 참조).

표 18-6 ◀ 제3자물류 활용 동기

요인	내용
비용절감	규모의 경제에 의한 비용, 재고비용, 고정물류비, 주문충족률의 개선
미래 비용절감	3PL의 전문성과 기술 활용, 린(lean) 도구 활용, 지속개선용 최신기술 활용, 최신 창고관리시스템(WMS), 운송관리시스템(TMS), 네트워크 최적화(창고위치, 옴니채널 흐름의 관리)
고객만족 개선	정확한 주문이행과 정시 배송, 실시간 추적과 지연이 발생할 때 실시간 경보 제공을 위한 상황관리시스템, 변경에 대한 신속하고 효율적 대응
글로벌 전문성 제공	서류작업, 통관, 프레이트 포워딩 서비스, 관세 최적화, 글로벌 화물운송 등
위험 감소	조합문제와 같은 인적 위험, 환경위험, 공급사슬성과의 위험
초기 단계 운영 편의성	인적자원과 자본의 확보 지원

자료: Dittmann and Vitasek, 2016.

활용 동기와 마찬가지로 제3자물류의 효과도 비슷한 요인을 포함하고 있다. Libe & Randall(1995)는 미국의 500대 제조기업들을 대상으로 한 조사에서 아웃소싱의 가장 큰 효과는 비용의 절감(80%)이며 이밖에도 시장에 대한 전문지식의 습득(24%), 운영효율의 향상(9%), 기업내부의 핵심 업무에 충실(7%), 유연성의 증가(5%) 등을 제시하였다.

(2) 제3자물류의 장단점

제3자물류를 이용함으로써 발생하는 장·단점을 살펴보면 〈표 18-7〉과 같다. 가장 큰 장점은 역시 비용의 절감이다. 물류업자의 입장에서는 다양한 화주로부터 대규모의 물량을 외주 받아 처리함으로써 규모의 경제 실현을 통해 비용을 줄일 수 있고, 이로써 화주에게는 저렴한 물류비를 제공할 수 있다. 이와 더불어 서비스의 질과 유연성 향상에 따라 고객서비스가 제고되는 장점도 있다.

반면 단점은 물류관리에 대한 통제력 상실, 물류와 관련된 핵심 부문의 역량에 대한 심각한 피해를 가져올 수 있으며, 고객의 요구에 즉각적인 대응이 불가능하고 기밀 누설의 위험성 등도 문제가 된다.

표 18-7	제3자물류 이용시 주체별 장단점	
장점	물류업자	▪ 규모의 경제를 이용한 효율성의 증대 ▪ 운송물량의 변동 폭 축소 ▪ 특정한 노하우에 투자 ▪ 서비스의 질과 유연성의 향상에 따른 고객서비스의 향상
	화주 (생산업자)	▪ 물류에 필요한 자본재 투입의 감소 ▪ 보관 장소에 유연성 제공 ▪ 잉여자원을 고부가가치 사업에 투자 ▪ 물류비의 예산할당 용이 ▪ 물류관리비용이 명확히 들어나 다른 물류관리 전략 비교 용이
	유통업자	▪ 물류담당 직원 선발 및 교육 부담과 비용절감 ▪ 운수업 면허나 운전시간 관련 규제 무관 ▪ 자신의 업무영역에 보다 더 집중
단점		▪ 물류 통제의 상실로 고객의 직접적인 접촉 불가능 ▪ 물류와 관련된 부문의 역량에 피해 ▪ 고객의 요구에 즉각적으로 대응 불가능 ▪ 기밀 정보 누수 ▪ 자사내부의 물류 노하우 축적 상실

자료: Van Damme & Amstel, 1996.

4) 물류아웃소싱의 진화

기업의 물류체계는 1980년대 이전에는 자가 물류(insourcing) 또는 제1자물류, 1990년대 중반까지의 자회사 물류 또는 제2자물류, 1990년대 후반부터의 물류대행 또는 제3자 물류체계(3PL)로 발전하였다. 2000년 이후, 화주의 물류관리 역량은 기업이 원하는 물류서비스인 IT 기술과 컨설팅 능력이 통합된

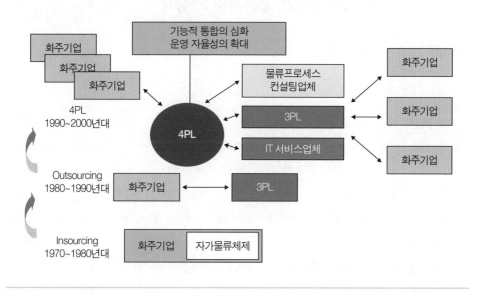

그림 18-1   물류서비스 외주의 발전

자료: Gattorna, 1998.

4PL로 발전하고 있다([그림 18-1] 참조).

　물류업무의 수행주체에 따른 물류관리형태는 수직적·수평적인 측면에서 그 범위를 넓혀가고 있다. 서비스의 수직적 형태는 운영·실행(1PL) → 관리·통제(2PL) → 계획·전략(3PL)으로 변화되어 가고 있으며 수평적 형태는 기능별 서비스 → 기능간 연계·통합서비스 → 기업간 연합·통합서비스로 진화하고 있다.

　보다 구체적으로는 외주 물류의 위탁 범위의 진화는 초기 1단계에서는 물류의 개별 기능에 대한 아웃소싱 형태를 띠게 된다. 즉 물류의 제 기능인 운송, 보관, 하역, 포장, 정보처리, 유통가공 등을 부문별로 외부의 물류업체에게 위탁하는 형태를 말한다. 두 번째 단계에서는 기능 통합적 아웃소싱으로 발전하게 되는 데 이 단계에서는 운송, 보관, 하역 등 여러 물류기능의 통합적 관리를 외부 전문업체에게 위탁하는 형태를 띤다. 3단계는 서비스 범위는 2단계와 거의 비슷하지만 운영·관리 측면뿐만 아니라 물류전략, 계획의 수립 및 실행 등을 포괄하는 형태의 아웃소싱으로 발전하게 된다.

제3절 제3자물류 현황과 물류서비스 유형

1. 세계 제3자물류 현황

1) 지역별 현황

2021년 기준으로 세계 물류비는 약 11조3천억 달러로 세계 GDP의 11.7%를 점유하고 있다. 지역별로 아·태지역 3.9조 달러(42.8%), 북미 2.0조 달러(20.3%), 유럽 1.8조 달러(18.0%)를 점유하고 있다(Amstrong & Associates, Inc., 2022). 수출입 물류비는 전체 수출입 금액의 10% 정도에 달한다. GDP대비 물류비 비중은 선진국일수록 낮은 데, 이는 인프라, 물류관리 기법, 인력 및 관리자들의 우수성에 기인된 바가 크다.

글로벌 제3자물류의 매출규모는 2020년 기준으로 약 1조4천억 달러에 달하는 것으로 추정되며 이 중 아·태지역은 41%, 북미지역이 28% 그리고 유럽이 18%를 차지한다. 2010년과 비교해 보면 북미와 유럽의 비중이 낮아지고 있는 반면 아·태지역의 비중은 증가하고 있다([그림 18-2] 참조).

그림 18-2 지역별 글로벌 3PL 매출액 추이(2010, 2020)

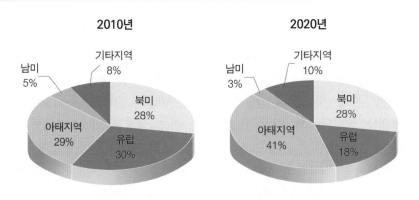

자료: Armstrong & Associates, 2011, 2021.

| 표 18-8 | 세계 지역별 물류산업 동향(2020) |

(단위: 십억 달러)

지역	국가	국내총생산(GDP)	물류비중(%)	물류비	3PL 수입(%)	3PL 매출액
북미	캐나다	1,643	9.0	148	10.6	15.7
	멕시코	1,076	12.0	129	10.8	13.9
	미국	20,933	8.0	1,675	13.8	231.5
	지역 소계	24,152	8.4	2,026	13.2	267.4
유럽	프랑스	2,599	8.8	228	10.5	23.8
	독일	3,803	8.1	309	10.5	32.4
	이탈리아	189	12.3	23	9.1	2.1
	네덜란드	910	7.4	68	14.6	9.9
	스페인	1,278	8.2	105	10.2	10.7
	영국	2,711	8.5	230	9.8	22.6
	기타	7,634	9.1	691	10.45	72.2
	지역 소계	19,124	8.6	1,654	10.5	173.8
아·태 지역	호주	1,359	8.6	117	10.6	12.4
	중국	14,723	14.5	2,135	10.6	227.4
	홍콩	349	8.5	30	11.5	3.4
	인도	2,709	13.0	352	7.4	26
	인도네시아	1,060	22.0	233	7.7	18
	일본	5,049	8.5	429	10.9	46.8
	말레이시아	338	13.0	44	7.5	3.3
	필리핀	362	13.0	47	7.4	3.5
	싱가포르	340	8.5	29	12	3.5
	한국	1,631	9.0	147	11.5	16.9
	타이완	669	9.0	60	11.3	6.8
	태국	502	15.0	75	7.7	5.8
	베트남	341	20.0	68	7.9	5.4
	기타	870	15.1	131	8.47	11.1
	지역 소계	30,302	12.9	3,897	10	389.9
남미	아르헨티나	388	12	47	9.3	4.3
	브라질	1,434	11.6	166	9.4	15.6
	칠레	253	11.5	29	9.8	2.8
	콜롬비아	272	12.5	34	8.6	2.9
	페루	204	12.5	26	8.8	2.2
	베네수엘라	47	11.9	6	7.4	0.4
	기타	236	15.6	37	8.3	3.0
	지역 소계	2,833	12.1	344	9.1	31.4
기타 지역/국가		8,164	14.4	1,172	8.5	99.2
총계		84,575	10.8	9,092	10.6	961.8

자료: Armstrong & Associates, 2021.

2) 제3자물류서비스 인식과 물류활용 분야

Capgemini Consulting(2016)의 미국기업 대상 조사에 따르면 전체 물류비의 약 50% 정도(2015년 36%)가 아웃소싱과 관련이 있는 것으로 나타났다. 제3자물류업체와 화주 상호간의 관계가 비즈니스 성공의 핵심인데, 화주(93%)와 3PL업체(94%)는 그들의 관계가 성공적이었다고 인식하고 있는 것으로 나타났다. 화주의 73%(2015년 68%)가 아웃소싱의 비중을 증가시키고 있으며, 57%는 물류서비스 제공업체들을 통합하고 외주업체의 수를 지속적으로 줄여나가고 있는 것으로 나타났다. 제3자물류 이용화주들의 70%는 제3자물류가 비용절감에 83%는 서비스 개선에 그리고 75%는 혁신적 방법의 제공을 통해 서비스의 효과성 증진에 기여했다고 응답하였다.

제3자물류서비스를 통해 얻을 수 있는 효과에서는 물류비용, 주문충족률, 주문의 정확성 등을 제고할 수 있는 것으로 인식하고 있었다. 그리고 아웃소싱의 활용 분야로는 국내운송(80%), 창고관리(66%), 국제운송(60%), 운송주선(48%)의 순으로 나타난 반면 아웃소싱의 이용도가 낮은 분야에는 전략적, 대면적, 정보기술 집중도가 높은 분야를 들고 있는데, 즉 정보기술 서비스(11%), 공급사슬컨설팅(11%), 고객서비스(7%)의 순으로 나타났다.

| 표 18-9 | 제3자물류서비스 분야 |

(응답 기업 비율)

아웃소싱 분야	비중	아웃소싱 분야	비중
국내운송	80%	재고관리	25%
창고관리	66%	제품라벨링, 포장, 조립, 키팅	22%
국제운송	60%	주문관리와 이행	19%
프레이트 포워딩	48%	부품 물류서비스	12%
통관 브로커	45%	차량관리	12%
역물류(결함, 수리, 반품)	34%	정보기술 서비스	11%
크로스 도킹	33%	공급사슬컨설팅	11%
운임영수증 감사와 지급	31%	고객서비스	7%
운송계획과 관리	28%	선도물류제공/4PL 서비스	6%

자료: Capegemini Consulting, 2016 20th Annual Third-Party Logistics Study, 2016.

 물류 경쟁력 제고에서 IT의 역할은 필수적인 사항이 되고 있다. 선도 LSP들은 IT를 활용하여 보다 나은 고객서비스를 제공하고 있을 뿐만 아니라 보다 혁신적인 물류 프로세스를 구축해 나가고 있다. 제3자물류업체가 가장 널리 활용하고 있는 기술은 물류운영과 거래기반 능력을 제공하는 기술 분야로 대표적인 예로 창고 및 유통센터 관리(WMS, 64%), 운송관리계획과 스케줄(TMS, 60%), 가시성(60%), EDI(54%) 등이다. 이러한 기술들은 이제 선택사항이 아니라 필수적이고 핵심적인 역량이 되고 있으며, 또한 이를 활용하여 공급사슬과 활동을 효과적으로 관리해 나가고 있다.

표 18-10 제3자물류에서의 기술 활용

기술	비중	기술	비중
창고/물류센터 관리	64%	운송 외주	36%
운송관리(계획)	60%	고객주문관리	35%
가시성	60%	공급사슬계획	29%
운송관리	60%	고객관계관리(CRM)	27%
전자문서교환(EDI)	54%	분산주문관리	24%
예약, 주문 위치추적, 재고관리 등을 위한 웹포털	48%	선진분석 도구와 데이터 마이닝 도구	22%
네트워크 모델링과 최적화	42%	클라우드기반 시스템	21%
바코드	41%	야드관리	17%
글로벌 무역관리 툴	39%	RFID	16%

자료: Capegemini Consulting, 2016 20th Annual Third-Party Logistics Study, 2016.

 화주가 직면하고 있는 도전적인 분야로는 운송비 절감(63%)이 가장 중요하다고 인식하고 있으며, 비즈니스 프로세스(32%), 고객서비스 개선(31%), 공급사슬 가시성(22%)도 중요성이 높은 반면 신시장과 기술적인 측면의 중요성은 상대적으로 비중이 낮은 것으로 나타났다.

2. 우리나라의 제3자물류 현황

1) 물류아웃소싱 현황

2009년도 조사를 통해 물류관련 분야의 아웃소싱 이용현황을 살펴보면 유럽이 80%로 가장 높고, 다음은 미국(78%), 일본(70%) 순인데 반해 한국의 이용률은 48%에 그치고 있다. 게다가 우리나라의 경우에는 주로 보관이나 운송 등 부분적인 물류기능의 아웃소싱에 치중해 있고 전체적이고 전략적인 아웃소싱인 제3자물류의 활용도는 아직 초보단계에 머물고 있다(대한상공회의소, 2009).

비록 2014년 조사에서 우리나라의 제3자물류 활용률은 66.4%로 전에 비해 증가하였으나 선진국과의 격차는 여전하다. 우리나라 물류 부문의 아웃소싱 수준이 선진국에 비해 뒤떨어져 있는 이유는 첫째, 수출입 물동량의 상당부분을 차지하고 있는 대기업들의 수직적 통합 개념인 인소싱(insourcing)에 집착하고 있다. 둘째, 고객 요구의 대응력이 곤란하다고 인식하고 있다. 셋째, 직접적인 통제력 약화이다. 그 외에도 물류비 절감의 확신 및 정보의 부족 등으로 나타났다(한국무역협회, 2014).

2) 물류아웃소싱 목적과 분야

대한상공회의소(2013)의 제3자물류서비스 활용 실태조사에 따르면, 제 3자물류서비스 이용시 만족하고 있는 부문으로는 물류관리 전문성이 36.4%로 가장 높았고, 이어 물류비 절감(24.4%), 문제발생시 신속한 대응(19.7%), 제품의 손상 및 파손율 감소(9.8%) 순으로 나타났다.

아웃소싱활용 분야의 비중은 국내운송 및 배송이 31.7%로 가장 높으며, 국제운송(20.4%), 통관(16%), 하역(14.6%), 창고보관 및 재고관리(6.2%), 포장·유통가공(5.0%), 물류정보시스템(4.2%), 물류기회(1.9%) 순으로 나타났다.

3. 제3자물류서비스의 유형과 부가가치 물류서비스

1) 제3자 물류서비스업자의 개념과 유형

(1) 제3자 물류서비스업자의 개념

물류서비스 제공업자(LSP: Logistics Service Provider) 또는 제3자 물류서비

스업자는 '고객인 화주의 의뢰로 물류서비스를 제공해 주는 업자'를 말한다. 물류아웃소싱의 확장과 더불어 많은 LSP가 새로이 등장하였으며, 물류산업의 발전 또한 LSP 수급의 증대를 가져왔다. 오늘날 LSP의 활동은 더욱 광범위해지고, 전문화되고 있다.

LSP는 공급사슬 전반에 걸쳐 원자재 수송, 보관, 제품의 보관 및 조립 등의 활동을 진행해 나가고 있다. 그들은 이제 고객의 활동의 중심부에 더욱 근접하기 위한 활동을 스스로 개발해 나가고 있다.

(2) 물류서비스업체의 유형

일반적으로 제3자 물류서비스제공업체가 제공하는 물류서비스의 형태는 초기에는 단순한 기능 중심에서 점차적으로 그 범위를 넓혀가고 있다. 이전에는 기능적 물류서비스인 운송, 보관, 하역, 포장, 정보 서비스 등을 독립적으로 아웃소싱 하였으나 점차 2가지 이상의 물류서비스를 묶어(bundle) 제공하였으며, 이후 점차 공급사슬 전체의 물류서비스를 제공하는 수준으로 발전해 나가고 있다.

Persson & Virum(2001)은 LSP를 서비스의 복잡성과 자산특유성에 따라 4가지 유형으로 나누고 있다. 자산특유성이 낮고 물류서비스의 복잡성 수준이 낮은 물류서비스 제공업자는 '기본 물류관리자'로 자산특유성이 높고 복잡한 물류서비스인 부가가치 물류서비스를 제공하는 업체를 '물류 통합관리자'로 그리고 그 외에도 '특화 물류관리자'와 '선진물류네트워크 관리자'로 구분하였다.

2) 제3자물류서비스의 발전

물류관리에 대한 화주들의 인식이 점차 높아지면서 물류를 통합적으로 관리하여야만 효율성 제고에 유리하다는 점을 깨닫게 되었다. ICT의 발달로 물류의 통합관리가 용이해지면서 물류의 개별적 기능보다는 통합적인 물류아웃소싱을 추진하려는 기업이 증가하고 있다. 이와 아울러 물류기능을 활용해 제품과 서비스에 부가가치를 높이려는 경향 또한 증가하고 있다. 이러한 화주들의 요구에 대응하여 LSP들은 초기의 개별적 물류서비스의 효율화에서 통합적 형태로 그리고 더 나아가 고객맞춤형 물류서비스 제공의 형태로 전환해 나가고 있다.

Delfmann et al.(2002)은 LSP의 클러스터를 기능과 서비스의 맞춤화 수준으로 분류하였다. [그림 18-3]에서 보듯이 첫 번째 그룹은 운송과 창고관리와 같은 표준화된 서비스를 제공하는 업체군(standardizing LSP)인데 이들은 특정 물류서비스에 특화한다. 표준 LSP들은 물류시스템을 직접 계획·조정해 나가며 고객에 대한 고려는 제한적이다. 여기에는 전통적 운송업체나 특송서비스업체가 있다.

두 번째 그룹은 고객이 원하는 바를 고려하여 서로 다른 표준화된 물류서비스를 혼합하는 업체군(Bundling LSP)이다. 혼합 LSP들은 물류의 핵심활동인 운송과 단순한 조립과 품질관리 등과 같은 부가가치 서비스를 혼합한 형태의 서비스를 제공한다. 이와 아울러 재무, 보험, 결제와 같은 표준화된 서비스도 제공한다. 이러한 형태의 서비스는 주로 화물운송주선업체들에 의해 수행된다.

세 번째 그룹은 고객의 선호도를 고려하여 설계하고, 주요 고객의 물류기능을 전적으로 책임지면서 개별적이고 완전한 물류 솔루션을 제공해 주는 맞춤형 물류서비스 업체군(customizing LSP)이다. 이들 LSP는 고객의 니즈에 일치하는 물류서비스의 요소를 결합하고 변형시키며 물류업무 외적인 부분 예를 들어 재무와 생산활동과 같은 서비스도 제공한다. 맞춤화 물류서비스를 제공하기 위해서는 다양한 형태의 물류서비스를 제공할 수 있는 역량이 필요하며 이를 위해서는 다양한 물류자원과 물류거점간 네트워크의 구축, 정보기술 능력, 컨설팅 능력 등을 갖추고 있어야 한다.

그림 18-3　고객맞춤형 물류서비스로 전환과정

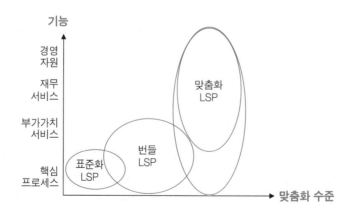

자료: Delfmann et al., 2002.

3) 부가가치 물류서비스

(1) 부가가치 물류서비스 개념

최근 고객들은 LSP로부터 더 많은 부가가치 물류서비스(VAL: Value Added Logistics)의 제공을 요구하고 있으며 고객과 LSP와의 관계도 더욱 협력적인 형태로 전환되고 있다. 이러한 현상의 동인은 제3자물류의 활용을 물류비용과 자산에 대한 투자 감소에만 두고 있지 않다는 것을 의미한다. 따라서 이제 LSP들은 시장의 범위 확대, 서비스 수준의 개선, 유연성 증대를 위해 고객과 더욱 전략적이고 장기적인 관계에 초점을 맞추어야 한다는 것이다. 더 나아가 물류업체들이 SCI에 직접 참여하여 물류 정보, 운영 지식, 부가가치 증대 등과 같은 보다 지능적인 서비스를 제공할 수 있어야 한다. 특히 VAL의 제공은 화주의 대고객 서비스 개선을 증진시키며 매출액의 신장과 재고의 감축을 통한 비용의 절감에 기여함으로써 상호간에 편익을 공유할 수 있기 때문에 더욱 중요해지고 있다.

부가가치란 최종 재화에 가치를 직접 부가하는 활동이다. VAL은 물류기업이 제공하는 전통적인 기초적인 활동인 운송과 창고관리의 일부가 아닌 모든 형태의 활동이라 할 수 있으며, 이는 기초 활동에 서비스의 특징, 형태, 기능을 추가한 서비스를 말한다(Berglund, 2000).

물류의 관점에서 대부분의 기업은 재고를 최소화하면서 동시에 출시 제품의 다양성을 증대시키고자 한다. 두 가지 목적의 상충관계(trade-off relation)를 개선하기 위한 방법으로 지연전략(postponement)이 있다. 즉 부품 또는 중간 조립품을 유통센디에 보관하여 주문이 들어오면 거기에 맞게 제품을 맞춤화하고, 개별 고객의 명세서에 맞게 신속하게 제품을 조립하여 배송한다.

VAL은 고객의 요구에 맞추어 간단한 조립에서부터 라벨링, (재)포장, 수리, 품질검사, 정시 배송 등의 활동을 포함한다. VAL은 고객이 주문품을 인수할 때까지 물류활동의 맞춤화와 지연을 통해 화주에게 재고의 유연성을 높여주는 비용효과적인 공급사슬전략이다. VAL 활동의 대부분이 유통센터에서 이루어지기 때문에 물류관리에서 유통센터의 역할이 더욱 중요해지고 있다.

(2) 부가가치 물류의 유형

제3자물류서비스 공급업자들은 전통적인 핵심부문에서 지연생산, 결제, 고객 관리와 같은 부가가치 서비스로 그 영역을 확장하여 왔다. 공급사슬과정에서 VAL의 유형은 [그림 18-4]와 같이 창고 또는 유통물류센터에서 이루어지는 활동과 지연생산 과정에서 발생하는 활동 그리고 판매 후 서비스 활동 등으로 구분된다.

이외에도 VAL의 종류에는 수송수단관리, 보관상품의 파렛트화, 벌크화물의 포장과 재포장, 화물혼재를 위한 시설 및 재포장, 주문집화에서 라벨링, 주문처리에서 검품과 검수, 고객 맞춤형 재고관리, 판매 서비스를 위한 집화와 포장, 컨설턴트 자문 등이 있다.

그림 18-4 공급사슬상의 부가가치 물류활동

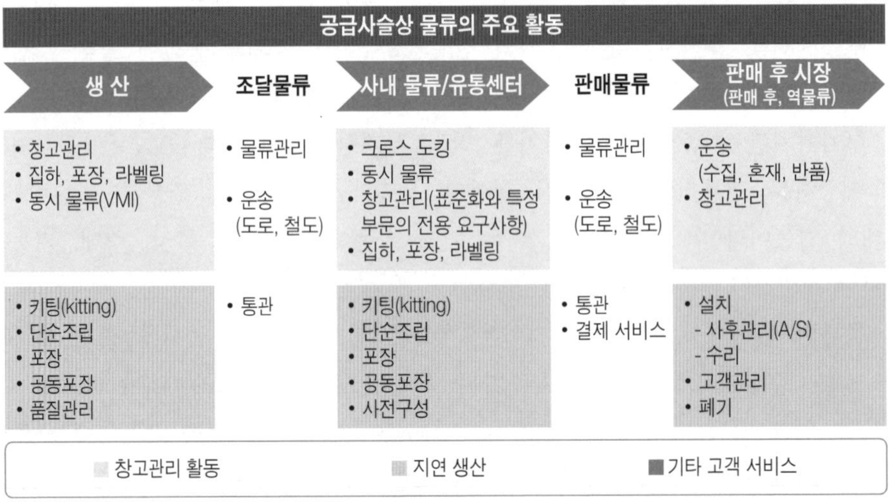

공급사슬상 물류의 주요 활동				
생 산	조달물류	사내 물류/유통센터	판매물류	판매 후 시장 (판매 후, 역물류)
• 창고관리 • 집하, 포장, 라벨링 • 동시 물류(VMI)	• 물류관리 • 운송 (도로, 철도)	• 크로스 도킹 • 동시 물류 • 창고관리(표준화와 특정 부문의 전용 요구사항) • 집하, 포장, 라벨링	• 물류관리 • 운송 (도로, 철도)	• 운송 (수집, 혼재, 반품) • 창고관리
• 키팅(kitting) • 단순조립 • 포장 • 공동포장 • 품질관리	• 통관	• 키팅(kitting) • 단순조립 • 포장 • 공동포장 • 사전구성	• 통관 • 결제 서비스	• 설치 - 사후관리(A/S) - 수리 • 고객관리 • 폐기

■ 창고관리 활동   ■ 지연 생산   ■ 기타 고객 서비스

자료: Rousseau et al., 2012.

Bowersox and Closs(1996)는 VAL을 5가지 주요 성과를 중심으로 구분하였는데 기본 서비스, 고객지향서비스, 촉진지향서비스, 생산지향서비스, 시간지향서비스이다.

기본 서비스에는 기업의 기본적 고객서비스의 일부 또는 전부를 제3자에게 아웃소싱하는 것이다. 여기에는 재고관리, 주문처리, 송장발행, 역물류 등이 포함된다. 고객지향서비스는 제3자전문가를 활용하여 제품을 유통시키는 방법인데 여기에는 수화인이 요구하는 특수한 형태로 표준제품을 유통할 수 있도록 점포 또는 가정으로의 직송, 집화, (재)포장 등이 있다. 촉진지향서비스는 판매를 촉진하기 위한 판매시점관리의 시행과 다양한 서비스가 있다. 시간지향서비스는 제3자가 생산시설로 배송되기 전 재고를 분류, 혼합, 순서결정을 활용하는 것인데 그 목적은 생산시설에서 하역과 검사를 최소화하기 위한 것이다.

4) 부가가치 물류 사례

미국 운송업체인 Ryder사는 부가가치 물류서비스를 위한 맞춤화 시스템을 개발하여 소매주문의 요구사항에 맞추어 완성품 재고를 포장함으로써 유통업체의 비용을 줄이고 고객 만족도를 높일 수 있도록 하였다. Ryder사의 부가가치 물류서비스에는 키팅(kitting), 번들링(bundling), 맞춤화(customization)가 있다.

키팅은 선반 작업을 가속화시키기 위해 완성품을 먼저 키트에 집어넣는다. Ryder사가 박스 적입과정을 통해 TV용 구성품의 사전 키팅 작업을 실행함으로써 맞춤형 주변장치가 장착된 최신형 TV를 배송할 수 있다.

Ryder사의 번들링 서비스는 선반에서 최종고객의 수요에 맞춘 구성품과 주변장치를 결합해 준다. 적재 마지막 순간까지 소매 주문은 지연되며 최신형 노트북이나 PC와 프린트 및 모니터를 한데 묶어 배송해 준다.

맞춤화 서비스를 제공하기 위해 Ryder사는 가공 프로세스를 구축하였다. 이는 오래된 재고를 없애기 위한 목적인데 판매가 저조한 제품의 판촉활동을 지원하기 위해 최종소비자의 수요변화에 맞추어 그들이 원하는 사양의 제품을 공급한다. 맞춤화 및 포장 프로세스는 첨단 전자제품의 공급자가 고객 수요의 변화에 적응하도록 하고 곧 진부화될 재고를 제거함으로써 라인의 최종 성과의 개선을 가져올 수 있도록 하였다(Inbound Logistics, July 2010).

제4절	**제3자물류 실무**

1. 제3자물류의 의사결정

1) 물류아웃소싱 의사결정 모델

아웃소싱에 대한 의사결정 모델은 먼저 특정 업무, 프로세스 또는 기능을 조직 내부에서 수행해야 하는지 아니면 타사 공급업체에게 위탁해야 하는지를 평가하기 위한 프레임워크이다. 조직은 다양한 요소를 고려하여 의사결정을 내리게 되는 데 주요 구성요소는 첫 번째 단계에서는 업무 또는 기능이 조직의 핵심역량인지 여부를 결정하는 핵심역량분석을 실시한다. 만약 핵심역량인 경우 일반적으로 사내에서 유지된다. 두 번째는 내부 작업시와 아웃소싱 시 비용을 비교한다. 세 번째는 아웃소싱시 예상되는 프로세스에 대한 통제력 상실, 잠재적인 품질, 데이터 보안, 공급업체에 대한 의존도 등 다양한 위험이 초래할 수 있기 때문에 이러한 위험을 평가해야 한다. 네 번째는 아웃소싱 결정이 조직의 전반적인 전략적 목적과 목표와 일치하는 지를 평가하는 전략적 조정이 필요하다. 다섯 번째 단계에서는 공급업체 평가와 선정을 하는데 이때 공급업체의 역량, 재정적 안정성, 평판, 품질평가 등이 고려된다. 그 외에도 계약 및 법적 측면, 교육, 지식 이전, 커뮤니케이션 등도 모델 프레임에 포함하여야 한다.

이와 같이 아웃소싱과 관련된 다양한 요소가 있지만 Vitasek et al.(2010)가 지적하듯이 해당 분야의 전문성 즉 역량이 가장 중요하다고 할 수 있다. 기업은 해당 분야의 전문성이 낮은 경우 아웃소싱 하는데 잠재적 가치가 낮은 경우에는 단순한 거래적 아웃소싱을 그리고 잠재적 가치가 높은 분야에서는 파트너십을 통한 아웃소싱을 실행한다. 따라서 조직 내 물류부문의 전문성과 잠재력이 높다고 판단될 경우 파트너십을 통해 아웃소싱할 가능성이 높다.

2) 제3자물류 활용에 관한 결정 이론

물류아웃소싱 또는 제3자물류의 활용은 기업이 자체적으로 서비스를 계속 수행할 것인가 아니면 제3자 업체에게 위탁할 것인가에 대한 결정에서 출발한다. 이러한 결정은 주로 경제적 또는 전략적 분석을 통해 이루어진다.

아웃소싱 결정의 동기를 규명하는 데 활용되는 대표적인 이론에는 거래비용이론(TCE: Transaction Cost Economics)과 자원기반이론(RBV: Resource-based View) 등이 있다. TCE이론에서는 기업이 자체적으로 개발하지 않고 시장에서 해결책을 구하려는 것은 기업의 거래비용 때문이라고 설명한다. 즉 기업은 거래비용을 최소화하기 위해 아웃소싱 계약을 체결한다는 것이다. 이때 서비스 제공업체의 가용성은 아웃소싱 선택에 큰 영향을 미친다.

RBV이론에서는 기업은 자원기반관점에서 아웃소싱 결정을 위해서 자신의 역량 특유성을 활용한다. 이 이론에 따르면 지속가능한 경쟁우위는 다른 기업에 의해 쉽게 모방될 수 없는 자산의 불균형의 분포 때문에 발생한다는 것이다. 그러므로 아웃소싱 결정에서 기업은 경쟁우위의 원천이 되는 자산은 보유하고 그렇지 않는 자산을 구매하게 된다. 다시 말해 기업은 자신이 보유한 물류자산이 경쟁우위의 원천이 아닐 경우 이를 아웃소싱을 통해 시장에서 구매를 선택한다.

2. 제3자물류업체 선정과정과 요인

1) 제3자물류업체 선정 과정

(1) 제3자물류업체 선정의 의의

물류아웃소싱의 결정은 먼저 아웃소싱을 실행할 것인지에 대한 여부에서 출발한다. 이를 위해서는 내부적으로 아웃소싱을 추진할 부문과 범위를 정의하고 자가 서비스와 아웃소싱시의 비용과 기회 요인을 상호 비교·분석한다. 특히 기존에 자가 운영에서 제3자물류업체로의 이전시 전환비용(switching cost)을 반드시 고려하여야 한다. 또한 아웃소싱을 통해 프로세스의 현재 상황(As-Is)과 프로세스의 미래 개선(To-Be)과의 차이를 비교·분석할 필요가 있다.

아웃소싱을 결정한 후 다음 단계로 제3자물류업체를 선정하는 절차를 진행한다. 제3자물류업체의 선정은 물류비용과 서비스 수준에 결정적인 영향을 미칠 뿐만 아니라 자사의 다른 기능과의 관계에도 변화를 가져올 수 있기 때문에 신중하고 면밀한 검토가 이루어져야 한다.

(2) 제3자물류업체 선정 과정

제3자물류업체의 선정은 다음과 같은 단계를 거친다.

① 현재와 미래에서 제3자물류 활용의 필요성에 대한 내부 평가를 실시한다.

② 제3자물류 선정과정을 위한 세부 계획을 수립한다. 이때 가능한 대안(자가 /아웃소싱)의 분석, 제3자물류서비스의 특징, 아웃소싱 비용 등을 산정한 다. 검토사항에는 준수사항, 관심도, 경험도, 계약조건, 자원, 고객층 등이 포함된다.

③ 제안서 개발을 위한 제3자물류업체의 역량 체크리스트를 검토한다. 자사 의 요구사항을 고려하여 서비스 제공업체의 역량을 평가한다. 그리고 가 격을 상호 비교하는데 이때 서비스 실패와 신뢰성의 위험 요소를 고려하 여 제안 업체들의 가격을 평가하여야 한다.

④ 평가와 면접 등을 통해 제3자물류업체를 선정한다.

⑤ 제3자물류서비스를 실행한다.

⑥ 제3자물류업체와의 관계를 발전시켜 나가고, 지속적으로 서비스를 평가 하여 서비스를 개선시켜 나간다. 이를 위해 물류서비스의 파트너와 자유 롭고 효과적인 커뮤니케이션이 이루어질 수 있는 시스템을 구축하여야 한다. 또한 핵심성과지표(KPI)와 성과측정을 위한 시스템을 구축하고 성 과측정 결과에 대하여 상시적으로 소통하여야 한다.

2) 물류서비스업체 선정요인

물류전문업체를 선정할 때는 먼저 기업의 요구사항을 명확히 제시하고 평가 기준을 정하여 데이터에 의한 객관적 평가가 이루어지도록 노력하여야 한다. 평 가지표의 설정시 자사의 특성과 요구사항을 고려하여 항목을 결정한다. 평가시 자사 물류 비전과의 적합성, 자사의 상품특성, 고객특성, 시장 및 영업특성, 물류특성 을 잘 이해하고 물류 비전에 맞추어 협력할 수 있는지를 고려한다. 세부적인 항목은 다음과 같다.

표 18-11	제3자물류업체 평가항목		
구분	요인	구분	요인
재무	▪ 재무적 안정성, 평판	보조 서비스	▪ 지게차 서비스 ▪ 유지보수 서비스 ▪ 무균처리 서비스 ▪ 콜드체인 서비스 역량 ▪ 고가품 전문성
효율적 고품질 DC 운영	▪ WMS, Lean, Six sigma, ISO ▪ 사전선적/출하통지(ASN) ▪ 야드관리 능력 ▪ 재난회복 계획 ▪ 양호한 인적자원 ▪ 경험 ▪ 역량의 유지, 개발, 보유 능력	선진정보 기술	▪ WMS, TMS 전용 소프트웨어 ▪ 영업시 기술지원 가용성 ▪ 위치추적 역량 ▪ CRM ▪ EDI, 웹포털, 클라우드 서비스
특수한 DC 운영	▪ 크로스 도크 역량 ▪ 집화 능력 ▪ 키팅, 조립가공	첨단 기술	▪ 로봇 기술 ▪ 야드관리용 드론 ▪ 3D 프린팅
효율적 국내운송	▪ 자가, 공공운송차량 보유 ▪ 운송자산 보유 ▪ TMS와 차량과의 연계 ▪ 용량과 운전사 부족 처리 여부	전략적 전문성	▪ 네트워크 모델링과 최적화 서비스 ▪ 창고배치, 공간 최적화 역량 ▪ 공급사슬 컨설팅 제공 ▪ 직접고객 주문이행서비스
효율적 글로벌 운영	▪ 프레이트 포워딩 서비스 ▪ 통관 전문성 ▪ 수입업무 역량 ▪ 특정 국가에서의 경험 ▪ C-TPA 전문성	혁신성	▪ 혁신을 위한 지적 역량과 분석능력 ▪ 성과 수준 보장 ▪ 위험/보상의 공유
안전 보안 환경	▪ 환경의 전문성 ▪ LEED 자격증 ▪ CSA 자격증 ▪ HazMat 역량 ▪ 특정 산업영역에서 보안 전문성	문화의 조화	▪ 조직과 문화적 호환과 조화

• ASN: Advance Shipping Notice(사전 선적통지)
• LEED: Leadership in Energy and Environmental Design(친환경 건축물 인증제도)
• CSA: Compliance, Safety, Accountability(준법, 보안, 책임)
• HazMat: Hazardous materials and items(위험물질)
자료: Dittmann and Vitasek, 2016.

① 운영과 경험: 물류 운영능력, 관리능력, 물류센터 및 차량운영능력, 유사 사업의 경험, 물류관리의 전문성

② 서비스와 비용: 서비스 품질, 고객 만족도, 총물류비의 경쟁력, 자사의 기대 수준과의 일치성

③ 물류서비스 역량: 물류 전문인력, 물류정보시스템 수준, 물류시설, 입지, 부가가치 서비스, 첨단기술수준, 시장 환경과 고객 니즈(Needs)의 변화에 대한 대응력, 장기적 파트너십 가능성

④ 기업의 재무 및 평판도: 재무구조의 건전성과 수익성, 기업 신용도, 기업의 평판

그러나 〈표 18-11〉에서 보는 바와 같이 평가항목들은 아웃소싱 목적에 따라 보다 세부적으로 정해질 수 있다. 특히 최근에는 최신 물류관리기법과 다양한 첨단 기술의 가용성이 중요한 요인으로 대두되고 있다.

3) 물류서비스 제공자와 관계

(1) LSP와 관계 관리의 중요성

LSP와의 관계 관리는 물류아웃소싱의 성과에 중대한 영향을 미친다. 상호 간의 관계에 문제가 있으면 신뢰성, 업무 협업, 정보의 교환 등 여러 부문에서 어려움을 겪게 된다. 주로 당사자간 관계에서의 문제는 주로 고객의 공급사슬 니즈에 대한 이해 부족, 서비스와 서비스 수준의 부적절한 설명, 고객의 물류비용 인식부족, 물류혁신의 부족 등에서 기인된다. 이러한 문제의 대응방법은 확실한 계약체결, 상호간 업무의 이해와 관심의 일체화, 정보의 공유, 성과의 관리 등이 있다.

(2) LSP와 관계 유형

아웃소싱 계약을 체결한 후 화주기업과 LSP는 그들의 관계를 어떻게 설정하여 발전시켜 나갈 것인가를 결정해야 한다. 두 당사자가 아웃소싱 계약을 체결하면 일반적으로 기존의 단순한 거래관계에서 보다 장기적이고 긴밀한 관계로 발전하게 된다.

Sanders et al.(2007)는 [그림 18-5]에서 보는 바와 같이 아웃소싱의 관계를 두 가지 측면, 즉 외주 과업의 범위와 외주 활동의 중요도를 기준으로 구분

하였다. 외주 과업의 범위는 LSP가 지원하는 활동의 특성과 개수를 말하며 따라서 LSP의 책임수준이 결정된다. 외주 활동의 중요성은 해당 화주기업에서의 외주 활동에 대한 중요도를 반영한다. 과업의 개수와 중요성으로 인해 LSP의 책임수준이 높으면 높을수록 외주관계는 당사자간 단순한 계약관계(비전략적)에서 제휴 또는 파트너십으로 전환될 것이다.

　　LSP와 화주간 관계의 긴밀성에 따라 아웃소싱은 제휴(alliance), 협업(collaborative), 파트너십(partnership) 등의 형태로 구분될 수 있다. 일반적으로 파트너십은 상호간 공동의 권리와 책임을 공유하는 공식적인 관계인데 비해 제휴와 협업은 구속력이 없는 비공식적 협력관계이다. 대부분의 아웃소싱의 계약관계는 파트너십 형태를 띤다. 파트너십은 당사자간 관계가 장기적으로 지속되고 전략적으로 이루진다는 특징을 가지고 있다. 파트너십을 통해 화주기업은 물류비용의 절감, 고객 만족도의 개선, 운영의 효율화를 기대할 수 있는 반면 LSP는 규모의 경제 효과를 높일 수 있기 때문에 상생관계(win-win)가 형성된다.

그림 18-5 　물류아웃소싱의 관계

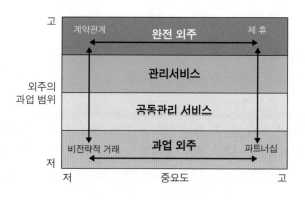

자료: Sanders et al., 2007.

　　Lambert et al.(1996)이 언급했듯이 파트너십은 상호 신뢰, 개방성, 위험과 보상의 공유로 맞춤화 비즈니스 관계가 형성되어 개별 기업에서 보다 더 높은 성과를 가져와 경쟁우위를 달성할 수 있다. 그러므로 파트너십은 제3자물류의 성공에 중요한 요소이다.

(3) 물류아웃소싱의 파트너십 성공요인

Hofer et al.(2009)은 성공적이고 지속가능한 아웃소싱 관계로의 발전을 위한 요소로 정보공유, 위험과 보상공유, 물류운영의 계획, 관련 통제시스템의 확립을 들고 있다. 이외에도 신뢰성, 몰입, 만족도 등이 포함된다.

파트너십이 성공하기 위한 세부적 요인은 〈표 18-12〉와 같다.

표 18-12	파트너십 성공요인
▪ 서비스 품질 ▪ 요청에 대한 반응성 ▪ 유연성과 신뢰성 ▪ 재무적 건전성 ▪ 공급업자의 명성 ▪ 고객의 참고사항과 정보요구에 대응 ▪ 최고 경영자의 지원 ▪ 고객의 공급사슬 요구에 대한 이해 ▪ 목표의 공유	▪ 조직의 문화와 일상 업무의 호환성 ▪ 고객 지향성 ▪ 프로세스, 제품, 특정시장의 전문가 지식 ▪ 제3자물류 관계 관리 ▪ 계약당사자간 힘의 균형 ▪ 분쟁해결 장치 ▪ 서비스 제공자의 신기술의 경신 능력 ▪ 위험, 보너스, 보상의 공유

자료: Rattanawiboonsom, 2014.

4) 서비스 공급업체의 관리와 성과 측정

(1) 서비스 공급업체 관리

아웃소싱한 LSP를 관리·통제하는 방법은 우선 신뢰관계를 구축하는 것이다. 이를 위해 직원을 파견하여 LSP팀과 합류시키거나, 계약대로 철저히 실행되도록 하며, 공급업체를 자주 방문하여 관리를 해야 한다. 이러한 관리를 통해 지속적으로 핵심역량을 강화시키는 동시에 LSP와 동반자적 신뢰관계를 구축해야 한다. 경우에 따라서는 복수의 공급업체와 계약을 맺어 업체간 경쟁환경을 조성하고, 아웃소싱 대상 업무의 일정 부문의 계약을 보류함으로써 잠재적 계약체결을 아웃소싱 관리의 지렛대로 활용해야 한다. 또한 LSP업체 평가를 위한 내부 전문가를 양성하거나 내부 인력과 LSP와 공동팀을 만드는 것도 고려할 수 있다. 이러한 접근을 통해 LSP의 신기술과 신기능을 배울 수 있고 LSP의 능력도 평가할 수 있어 공급자의 통제수단으로 활용할 수 있다.

LSP와의 관계를 통해 목적에 근거한 적절한 측정지표를 선정하고 채점표

(scorecard)를 개발하여야 한다. 전술적 관계로 서비스수준협정(SLA: Service Level Agreement)을 활용하고 전략적 관계에서는 상호간에 바람직한 성과를 얻기 위해 보다 협업적 방식으로 핵심성과지표(KPI: Key Performance Indicator)를 개발하여 공급업자의 평가 및 관리에 활용할 수 있다.

(2) 서비스 공급업체 성과측정

LSP의 성과를 측정하기 위해서 물류성과지표가 주로 활용된다. 이러한 성과지표의 작성과 측정은 LSP와 화주업체간에 협업적 프로세스를 통해 이루어져야 한다. 이를 위해 먼저 서비스수준협정(SLA)을 체결하여야 한다. 이 협정에 근거해 KPI가 작성될 수 있는데 SLA는 문서화된 계약서이며 LSP가 통제할 수 있는 매트릭스인데 반해 KPI지표는 특성상 보다 전략적이고 광범위한 측면이 있다.

KPI에는 다양한 지표들이 있는데 크게 비용, 서비스, 준수사항 등이 포함될 수 있으며, 효과성에 초점을 맞춘 정성적 측정치와 자원의 효율적 이용을 평가하는 정량적 측정치로 구분된다. 〈표 18-13〉은 보편적으로 활용되는 성과지표들을 나타내주고 있다.

표 18-13 제3자물류의 성과지표

구분	핵심지표(KPI)
생산성/비용	▪ 유통센터의 생산성 ▪ 단위당 부피, 중량당 운송비용 ▪ 총배송비용 ▪ 도크에서 보관 장소까지의 이송시간
정확성	▪ 재고기록의 정확성 ▪ 주문이행의 정확성 ▪ 출하 정확성 ▪ 영수증 발행의 정확성
정시/서비스	▪ 정시 출하 ▪ 정시 배송 ▪ 배송지연의 원인 ▪ 유통센터 서비스의 고객 만족도
품질	▪ 손상/분실
안전성	▪ 결근 일수 ▪ CSA(Compliance, Safety, Accountability) 점수

	▪ 내부 평가
혁신과 반응성	▪ 3PL업체가 제안한 아이디어 개수와 가치 ▪ 문제에 대한 반응성 ▪ 문제에 대한 혁신성
경영활동의 용이성	▪ 주관적 순위 ▪ 제3자물류업체의 임원에 대한 접근성
준수사항	▪ 환경 ▪ EDI, ASNs

자료: Dittmann and Vitasek, 2016.

어떤 지표를 측정하든 채점표는 명확해야 하고 각 측정치의 산정방법과 어떤 데이터가 사용되어야 하는지 또는 목표치가 무엇인지를 분명하게 정의해야 한다. 이는 상호간의 혼돈과 논란을 줄여주어 상호 신뢰성을 높이고 시간을 감소시킨다. 매트릭스가 일단 정의되면 채점표(scorecard)를 개발해야 한다. 채점표는 SLA와 KPI를 결합한 형태가 된다.

4부-1 사례 대한항공, 화물전용기로 개조한 여객기 운항 나서

대한항공은 2020년 9월 8일(화) 화물 수송을 위해 개조 작업을 완료한 보잉 777-300ER 기종을 처음으로 화물 노선에 투입하며, 적극적으로 공급 확대에 나섰다. 코로나19 이후 일부 외국 항공사들이 여객기를 개조해 화물을 수송하고 있지만 국내에서는 대한항공이 처음이다.

지난 8일 밤 10시 인천공항을 출발한 대한항공 화물 전용 항공기(KE9037편)는 현지시간으로 같은날 밤 10시 미국 콜럼버스 리켄베커 공항에 도착한다. 목적지인 콜럼버스는 미국 오하이오주에 위치한 도시. 특히 미국 내 의류기업과 유통기업의 물류센터가 집중돼있는 새로운 화물 거점으로, 여러 글로벌 항공사들이 항공화물 수요 확보를 위해 각축을 벌이는 곳이기도 하다. 대한항공은 향후 동남아시아 화물 노선망 등과 연계해 자동차 부품, 전자 부품, 의류 등의 화물 수요를 확보해 나간다는 계획이다. 대한항공은 이번 화물 전용 항공편 투입을 위해 코로나19로 멈춰선 여객기 중 2대를 화물 수송이 가능한 항공기로 변모시켰다. 이를 위해 대한항공은 지난 8월 20일 국토교통부에 여객기 좌석을 제거하고 객실 바닥에 화물을 탑재할 수 있도록 하는 개조작업 승인을 신청했으며, 국토교통부도 제작사인 보잉의 사전 기술검토 및 항공안전감독관의 적합성·안전성 검사를 거쳐 9월 1일 개조작업을 승인한 바 있다.

보잉777−300ER 여객기의 경우 항공기 하단(Lower Deck)의 화물적재 공간에 약 22톤의 화물을 실을 수 있다. 여기에 기존 승객들이 탑승하던 항공기 상단의 객실좌석(프레스티지 42석, 이코노미 227석)을 제거해 약 10.8톤의 화물을 추가로 실을 수 있게 됐다.

여객기에 화물을 실을 수 있도록 하는 개조 작업은 상당한 수준의 기술적 검토와 역량을 필요로 한다. 단순히 좌석을 장탈하는 것만이 아닌, 복잡한 기내 전기배선도 제거 작업도 필요하고, 화물이 움직이지 않게 고정할 수 있도록 바닥에 규격화된 잠금 장치도 설치해야 하기 때문이다. 이미 대한항공은 코로나19로 운휴 중인 보잉 777−300, 보잉787−9, A330−300 등 여객기의 벨리(Belly, 여객기 하부 화물칸) 수송을 적극 활용해 항공 화물시장 수요에 대응해왔다. 지난 4월부터 9월까지 승객 없이 화물만 수송한 여객기 운항 횟수는 월 평균 420회, 월 평균 수송량은 1만2000 여톤에 달한다.

한편 대한항공은 수십년간 쌓아온 화물사업 노하우와 글로벌 네트워크 등을 토대로 한 차별화된 경쟁력을 바탕으로 코로나19 팬데믹 위기를 슬기롭게 헤쳐오고 있다. 대한항공은 지난 6월부터 여객기 좌석 위에 안전장치인 카고 시트 백(Cargo Seat Bag)을 설치해 화물을 수송해 화물 공급도 늘리고 공항 주기료도 줄이는 일석이조의 역발상 전략을 펼친 바 있다. 또한 코로나19 팬데믹 이후 고효율 대형 화물 기단의 강점을 활용해 화물 수익 극대화를 꾀해왔다. 그 결과 2분기 세계 유수의 항공사들이 사상 최악의 적자 실적을 발표하는 가운데 대한항공은 1,485억원의 영업이익을 거두는 성과를 거둔 바 있다.

출처: 대한항공 뉴스, 2020.09.09.

4부-2 사례 Amazon의 디지털화에 따른 공급망 혁신의 역할 모델

Amazon이 빠르고 마찰 없는 배송에 중점을 둔 전자 상거래 회사라는 점을 감안할 때 Amazon의 디지털화와 공급망을 조사하는 것이 가장 좋은 방법이 될 것이다. Amazon은 소비자가 제기하는 두 가지 질문 "내가 원하는 것을 가지고 있습니까? 필요할 때 나에게 가져다 줄 수 있습니까?"에 긍정적으로 대답하는 데에 중점을 두고 있다. Amazon은 디지털화와 공급망은 회사의 성공에 결정적인 역할하고 있을 뿐만 아니라 회사의 핵심 가치 제안의 원천으로 취급하고 있다.

Amazon은 공급망 혁신을 위한 3가지 주요 주제, 즉 디지털과 오프라인의 상호 작용, 데이터 분석, 이행 자동화(Fulfillment automation)에 중점을 두고 있다. 디지털과 오프라인의 상호 작용에 대한 Amazon의 초점은 그들이 테스트 또는 구축하고 있는 수많은 오프라인 개념을 통해 분명해졌다. 아마존이 오프라인 시장으로 진출의 중대한 움직임은 2017년 Whole Foods를 인수한 것이다. 또한 아마존은 고객들이 매장에서 물건을 직접 고르고 계산 없이 나갈 수 있는 혁신적인 소매 경험을 제공하는 식료품점인 "아마존 고(Amazon Go)"를 도입하였다. 다른 개념으로는 "Amazon Books"와 "Amazon Treasure Truck"이 있다. 이러한 모든 오프라인 사업은 소비자가 배송을 기다리지 않고도 제품에 즉시 접근할 수 있게 하고, 소비자가 Amazon 제품을 만지고 느낄 수 있는 공간을 만들고, 소비자 쇼핑 행동에 대한 귀중한 데이터를 Amazon에 제공한다.

Amazon은 공급망에 정보를 제공하기 위해 데이터 분석에 집중해 왔으며 앞으로도 계속해서 집중할 것이다. Amazon의 디지털 플랫폼을 통해 Amazon은 고객의 쇼핑 습관에 대한 풍부한 데이터를 수집할 수 있다. Amazon의 목표는 고객이 원하는 것이 무엇인지 아는 것뿐만 아니라 그 필요성을 미리 예측하는 것이다. 예를 들어, Amazon은 제품이 더 빨리 배송될 수 있도록 고객의 예상되는 주문에 신속하게 대응하기 위해 구매가 예상되는 제품을 물류창고로 미리 보내는 예측 배송 시스템을 구현하고 있다. 또한 Amazon 수익의 25% 이상이 과거 고객 탐색 및 구매 내역을 기반으로 한 교차 판매 또는 상향 판매 기술에서 발생한다. 더 많은 소비자가 Amazon.com과 기타 채널(Alexa, 대시 버튼, 새로운 오프라인 매장)을 통해 쇼핑함에 따라 더 정확한 데이터를 공급망에 제공하여 올바른 제품을 고객에게 더 빠르게 제공할 수 있다.

아마존은 공급망 최적화를 위한 자동화에도 주력하고 있다. 일례로 아마존이 드론을 사용해 30분 이내에 5파운드 미만의 패키지를 배송할 수 있는 배송 시스템인 Amazon Prime Air가 있다. 지금까지 제한된 제품 구색으로 일부 지역에 있었던 Amazon Prime Now를 구축하는 것이 더 확장 가능한 방법이 될 수 있다.

Amazon은 공급망 혁신의 경계를 넓혀 왔으며 디지털화 메가트렌드를 정면으로 받아들였다. 디지털화에 따라 현지화(localization)가 더욱 중요해졌다. 고객의 쇼핑 행동과 마켓플레이스 기능에 초점을 맞춘 Amazon은 이러한 추세의 흐름을 잘 탈 수 있는 위치에 있다. 아마존은 현지 품목을 판매하고 소비자가 시장을 통해 이러한 품목을 발견할 수 있도록 할 수 있다. 데이터 분석을 통해 이러한 품목에 대한 고객 요구에 신속하게 대응하고, 잘 구축된 주문 처리 네트워크를 사용하여 고객에게 제품을 배송할 수 있다.

Amazon이 미래를 대비해 좋은 위치를 점하고 있는 것처럼 보이지만 Amazon이 오프라인 매장을 얼마나 광범위하게 확장할 것인지, 그리고 디지털과 실제 쇼핑 세계를 얼마나 성공적으로 통합할 것인지는 아직 알 수 없다. 다른 오프라인 소매업체가 직면하는 것과 동일한 어려움을 겪을 것인가, 아니면 원활한 고객 경험을 위해 디지털 채널과 물리적 채널의 장점을 결합할 만큼 능숙할 것인가? Amazon의 지속적인 성공은 현재 환경에 대한 경쟁적인 소매업체의 대응에도 영향을 받을 것이다.

출처: Technology and Operations Management, MBA Course, 2017.11.15.

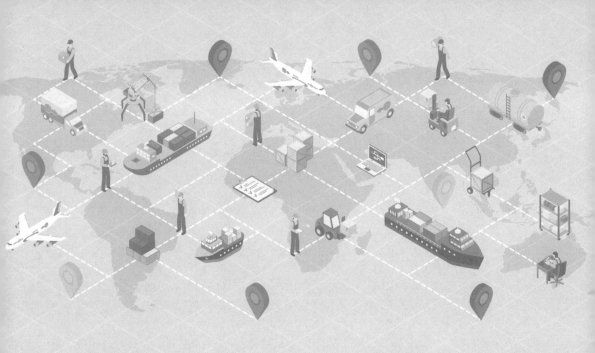

제 5 부

물류성과와 정책

제19장

국제물류조직과 물류성과

1. 국제물류조직의 의의

1) 물류조직의 정의

물류관리란 운송, 보관, 하역, 포장, 정보, 유통가공 등의 제 활동을 시스템적이고 유기적으로 조정·통합하여 재화와 관련 정보의 원활한 흐름을 기획, 조정, 통제하는 활동이며 이를 위해서는 물류를 전문적으로 관리·담당하는 조직이 필요하다.

물류관리조직이란 '기업 내 물류관리 및 관련 업무를 수행하기 위해 책임과 권한을 체계화시킨 구성체'이며, 이 조직을 통해서 기업의 물류활동은 효율화·체계화·통합화가 이루어진다. 조직구조를 통해 서로 커뮤니케이션하고, 책임을 배분하며, 변화에 적응해나가게 된다. 물류조직은 전략경영 과정에서 핵심적인 역할을 하여, 기업의 경쟁우위 확보에 중요한 변수이다. 또한 물류조직을 통해 고객서비스의 개선 및 경영활동의 고도화를 달성할 수 있다.

종래의 물류조직은 생산이나 판매부서에 종속되어 지원부서의 역할만을 해왔으며, 물류활동의 특성상 기존 조직과의 업무영역과 기능을 구분하기가 용이하지 않았다. 그러나 물류조직이 생산, 판매부서로부터 독립·통합되어, 전문성을 갖춘 전사적인 조직으로 발전해야만 물류혁신이 가능하다는 인식 변화에 따라 조직 구조도 변화하고 발전해 왔다.

경영활동의 글로벌화, 기업 내 자원의 통합적 관리, 공급사슬의 통합화, 신속한 고객 대응 등과 같은 환경변화에 보다 효과적으로 대응하기 위해 기업의 대·내외적 통합을 가능하게 하는 매개의 역할을 수행하는 물류기능이 통합적으로 운용되어야 한다. 또한 이를 지원하기 위한 인재 및 조직의 지원이 효율적으로 이루어져야 한다. 따라서 조직의 형태 및 운영 방식에서도 점진적 변화가 이루어지고 있다.

2) 조직환경의 변화

최근 경영환경은 제도적 환경에서 경쟁적 환경으로 변화하고 있다. 물류조직을 구성할 때 경영자는 환경 변화를 적극적으로 수용할 수 있는 조직을 구성해야 한다. 다양한 환경 변화에 대응하기 위해 조직의 특성도 자율성, 유연성, 정보의 공유, 조직간 네트워크, 지속적 학습능력 등을 갖춘 조직형태로 변모하고 있다. 물류조직은 기업의 목표와 성과의 달성을 위한 기업의 물류전략과 모순되지 않고 일관성이 있어야 한다.

2. 물류조직의 변천과 유형

1) 물류조직의 변천

효율적 물류관리를 위한 조직 구조는 물류의 기능이 기업에서 어떤 역할을 하느냐에 따라 분산 또는 집중화되는 과정을 거치며 발전해 왔다([그림 19-1] 참조). 전통적으로 물류기능과 관련된 부서는 조직 내에 흩어져 있는 경우가 많았다. 물류를 전담하는 부서는 거의 없었고 마케팅, 생산, 재무 부서에서 물류기능을 부분적으로 수행하는 경우가 대부분이었다.

1960년대 이후 기업에서의 물류의 중요성이 부각되고 또한 물류의 효율화를 위해 통합적으로 운영할 필요성이 증대되면서 물류 기능 역시 통합적으로 운영될 필요성이 제기되었다. 이에 따라 물류부서의 책임자는 물류의 제 기능인 수송, 창고관리, 재고관리, 주문처리, 포장, 자재관리, 예측 및 계획, 구매 및 조달 등을 책임지게 되었고 물류조직도 통합적 기능을 갖추게 되었다.

이후 물류관리의 전문성이 중요해지면서 물류는 기업 내의 다른 부서와 독립적인 형태로 조직되었으며, 재무적인 부문에서도 독립되어 독립채산형태로 발전되어 갔다. 이러한 독립은 더욱더 가속화되어 분사를 통해 자회사형태로 운영되었다. 제3자물류의 활성화와 더불어 최근 물류의 독립이 더욱 강조되면서 물류의 아웃소싱 사례가 증가하고 있다.

그림 19-1　물류조직의 변천

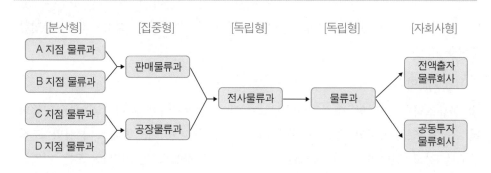

자료: 이상윤, 물류개론, 강의자료, 2010.

그림 19-2　전통적/통합형 물류조직

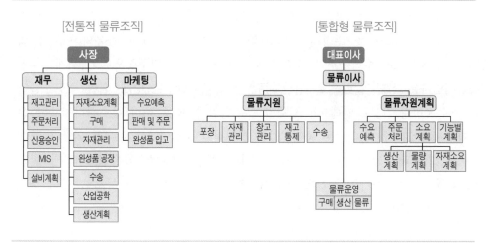

자료: Bowersox and Closs, 1996.

2) 물류조직구조에 영향을 미치는 변수

(1) 기업전략

기업전략은 물류조직구조와 성과간의 관계를 설명하는데 중요하다. 예를 들면, 만약 기업의 단위전략이 주로 원가절감에 맞추어져 있다면 공식화와 집중화된 물류조직이 도움이 될 수 있다. 반대로 기업이 양호한 서비스 제공 등의 차별화 전략을 추구한다면, 분산화와 비공식적인 접근이 더욱 효과적일 수 있다. 그러므로 기업전략은 기업의 공급사슬 내에 존재하는 물류조직에 특별한 영향을 미친다.

(2) 기업의 특성

물류조직은 기업의 조직구조와 모순 없이 일관되어야 한다. 기업이 집중화된 조직구조를 가지고 있으면 물류부문도 그러할 것이며, 반대로 분산화 조직구조를 갖고 있다면 그와 동일한 특성이 물류조직에도 반영된다. 또한 기업규모의 특징은 조직구조에 중요한 결정적인 영향을 미치게 된다. 즉 기업의 규모가 클수록 통제의 정도가 커지고, 물류기능의 계층 수가 많아지는 특징이 있다.

(3) 물류정보기술

정보기술(IT)의 발전은 물류조직의 변화에 많은 영향을 미친다. IT의 발전은 일반적으로 조직을 수직에서 수평구조로 전환시키고 정보 공유의 범위가 넓어져 물류조직도 수직구조인 권위형에서 수평구조인 민주형으로 바뀌게 된다. 물류책임자는 상당 수준으로 일선부문까지를 지휘할 수 있게 되어 공급사슬관리에 유용하다. 이로 인해 전 세계적으로 단일의 통제 조직체는 사라지고 넓은 통제범위와 권한을 위임받은 종업원들이 평면적인 조직구조를 이루게 되었다.

생산기술과 고객의 수요도 물류조직에 영향을 미친다. 물류정보기술의 발달로 고객의 수요 증가와 생산의 합리화 예를 들면, 주문 생산 등으로 인해 조직이 변화하고 있다.

(4) 책임의 범위 및 통제의 정도

조직의 책임범위는 어느 물류활동이 어느 조직 내에 포함되어야 하는가에 관한 문제와 직결된다. 또한 통제의 정도(span of control)는 범위의 개념과 밀접하게 관련되어 있다.

(5) 통합

통합(Integration)은 기업 내에서 물류활동의 조정을 뜻하나 기업 내 마케팅 등 다른 활동과 물류의 통합은 다른 형태의 통합을 의미한다. 기업은 자재관리와 경로상의 물류활동을 통합하는데 관심이 커지고 있으며, 따라서 통합은 공급사슬상의 활동들이 조정된 형태로 관리되는 것을 의미한다.

3) 집중화와 분권화 물류조직

한 조직에서 의사결정의 집중화(centralization)는 기업경영에서 의사결정 구조에 중요한 요소이다. 집중화는 집중적 물류활동을 통해 동질적 시장에 고객서비스를 제공하거나 유사한 제품을 판매하는 기업에게는 규모의 경제 실현을 가능하게 한다.

그와 반대로 분권화된 조직은 중간 혹은 하위 관리자에게 의사결정의 권한을 위임하는 경향이 있다. 분권화 조직은 다른 분야와 상호 협력 및 정보 교환을 통해 협업하는 경향이 강하다. 또한 고객 요구의 대응 측면에서 분권화는 집중화보다 유리하며, 특히 시장이나 제품이 매우 이질적일 때 분권화는 고객의 요구에 맞춘 물류 서비스를 제공하는 데 용이하다. 그러나 현실적으로 대부분의 기업들은 순수한 집중형 또는 분권형 조직을 구성하고 있지는 않다.

4) 조직특성별 조직 유형

소식의 특성에 따라 기업조직은 크게 라인(line)과 스탭(staff)으로 구분된다. 라인활동은 제품 또는 서비스의 생산과 판매에 직접적으로 관련이 있고, 스탭활동은 기본적으로 계획, 조정, 통제 등의 성격을 가져 라인을 지원하는 서비스를 제공한다. 조직을 어떤 형태로 가져갈 것인지는 기업의 경영방침과 경영환경에 따라 결정된다.

물류조직은 기업의 물류성과 목표와 특성을 고려하여 적합하도록 구성해야 한다. 이때 유의할 점은 기업조직과 물류조직의 관계를 어떻게 정립할 것인가이다. 물류조직은 기본적으로 발전형태에 따라 직능형 물류조직, 라인과 스탭형 물류조직, 사업부형 물류조직, 그리드(grid)형 물류조직의 4가지로 구분되며, 일반적으로 물류조직의 형태의 발전 과정은 [그림 19-3]과 같다.

그림 19-3 ◀ 물류조직의 발전 형태

| 직능형 | ➡ | 라인·스탭형 | ➡ | 사업부제형 | ➡ | 그리드형 |

(1) 직능형 조직

라인부문과 스탭부문이 분리되지 않은 형태로 1960년대 초까지의 조직형태로 물류부문이 다른 조직 내에 포함되어 있는 형태이다. 제조공장의 부서에 자재과, 제조과, 생산관리, 발송과 등이 있고, 판매부에는 영업과, 창고과 등의 조직이 배치되어 있는 형태이다.

직능형 물류조직은 조직에 필요한 특정 활동의 전문성과 부서별 전문적 작업환경을 제공해 주는 장점이 있다. 그러나 단점으로 전사적 물류 전략 수립과 다른 부서와의 통합을 통한 전체 최적화를 이루기 어렵다.

그림 19-4 ◀ 직능형 조직

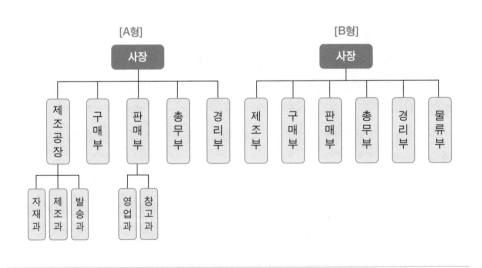

(2) 라인·스탭형 조직

직능형 조직의 단점을 보완하여 라인부문의 실행과 스탭 부문의 지원기능을 분리한 조직형태가 라인·스탭형 조직이며 대부분의 기업에서 적용하고 있다. 라인활동(실행)에는 창고 및 보관, 재고관리, 주문처리, 수송, 하역, 포장, 유통가공 등의 기능이 있으며, 스탭부문(지원)에서는 물류시스템 구축, 재고분석, 창고배치, 예산산정, 전략수립, 자재관리공학, 지역화 계획 등의 계획과 분석 활동을 수행한다.

이 조직은 라인과 스탭 기능의 분리를 통해 실시와 지원 기능이 명확하기 때문에 전문성 및 생산증대를 통해 효율성을 향상시킬 수 있는 장점이 있다. 그러나 단점은 스탭들이 라인을 지원하는 고유의 기능을 상실하고 현장의 이해나 현실파악이 부족한 상태에서 계획의 수립과 실행으로 문제가 발생하고, 기업의 실질적인 힘이 라인보다는 스탭에 집중되는 경향이 강하다.

그림 19-5   라인·스탭형 조직

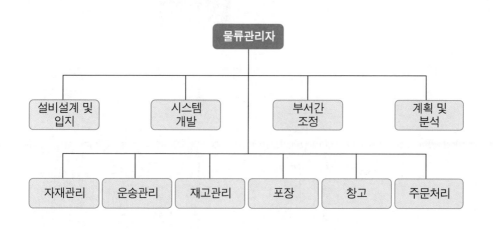

(3) 사업부제형 조직

기업의 경영규모가 커져 최고 경영자가 모든 업무를 관리하기 어려워짐에 따라 전사적으로 분산되어 있는 물류기능을 한 곳으로 집약해서 만든 조직형태가 사업부제형 조직이다. 사업부제형 조직은 한 개의 사업부가 한 개의 소기업과 비슷하기 때문에 외부 환경에 대한 유연성이 높고, 사업부의 성과와 책임이 명확할 뿐만 아니라 물류전문가의 육성이 용이하다는 장점이 있다. 그러나 사업부별로 나누어져 있기 때문에 중복현상과 규모의 경제의 한계 그리고 사업부간 협조 부족 등의 단점이 있다. 사업부형 물류조직의 장단점은 〈표 19-1〉과 같다.

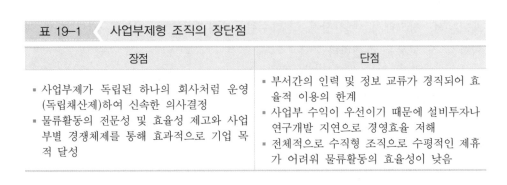

표 19-1 사업부제형 조직의 장단점

장점	단점
▪ 사업부제가 독립된 하나의 회사처럼 운영 (독립채산제)하여 신속한 의사결정 ▪ 물류활동의 전문성 및 효율성 제고와 사업부별 경쟁체제를 통해 효과적으로 기업 목적 달성	▪ 부서간의 인력 및 정보 교류가 경직되어 효율적 이용의 한계 ▪ 사업부 수익이 우선이기 때문에 설비투자나 연구개발 지연으로 경영효율 저해 ▪ 전체적으로 수직형 조직으로 수평적인 제휴가 어려워 물류활동의 효율성이 낮음

그림 19-6 사업부형 조직

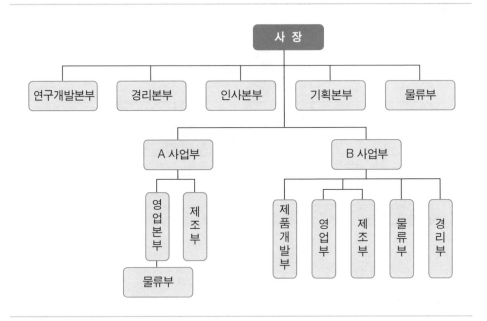

(4) 그리드형 조직

그리드형 조직(grid organization)은 대부분 다국적 기업에서 많이 볼 수 있는 모회사(본사)와 자회사(지사)간의 조직형태이다. 모회사의 스탭부문이 물류기능을 지원하면서 자회사의 해당 물류부문을 관리·지원하는 이중적 물류조직이다. 자회사의 물류부문은 자사의 최고경영자와 모회사 물류본부의 지시도 받게 되는 이중 구조로 되어 있어 국제적인 물류전략을 일원화하고 관리수준을 한층 효율적으로 향상시킬 수 있는 장점이 있다.

그리드형 물류조직의 특징은 자회사의 사장으로부터 지시를 받으며, 모회사의 스탭으로부터 지시를 받는다. 모회사의 사장 → 해당 사업부의 장 → 자회사의 사장 → 자회사의 담당 부사장의 명령 체계 형태로 운영되면서 자회사의 특정 부서는 모회사의 동일 혹은 유사 부서의 업무관리 및 지시를 받는 이중적인 구조로 인해 스트레스가 많다.

그림 19-7 ◢ 그리드형 조직

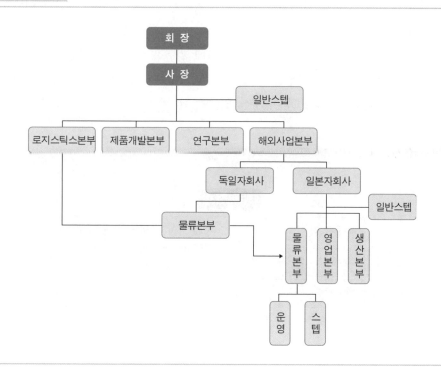

5) 기능특성별 조직 유형

기능의 특성에 따라 조직을 구분할 때 조직을 기능형, 프로그램형, 매트릭스형으로 나눌 수 있다.

① 기능형 조직: 물류활동을 하나의 기능으로 보아 물류를 조직하는 것이다. 이 경우 타 기능과의 연계가 원활히 가져가기 힘들어 최적화 달성에 어려움이 있다. 물류는 교차기능적인 성격을 지니고 있기 때문에 단일 기능으로서의 조직형태는 바람직하지 않다.

② 프로그램형 조직: 물류의 기능을 하나의 프로그램으로 보는 관점의 물류조직이다. 이 경우 물류는 기업 전체가 참여하는 역할을 수행하며, 마케팅, 제조, 재무 등의 다른 경영활동 기능들은 물류에 종속된다.

③ 매트릭스형 조직(matrix organization): 기능별 조직 면에서 가장 보편화된 물류조직이다. 이 조직은 부서단위를 한 번은 사업별 또는 제품별로 나누고 이를 다시 기능별(생산, 판매, 재무 등)로 묶어서 두 구조를 포개어 놓은 형태이다. 이 조직은 사업부 관리자와 기능별 관리자가 동등한 권한을 가지고 있기 때문에 한 개인이 두 상급자의 지시를 받고 보고하게 된다. 그러므로 조직구조가 상당히 복잡하고, 물류관련 조직간에 갈등을 조장하는 경향이 있으며 물류비용이 중복으로 발생할 수 있다. 그러므로 부서간 통합을 위해 빈번한 상호접촉과 협조, 의사소통이 항상 있어야 한다.

그림 19-8   매트릭스형 조직

자료: Lambert and Stock, 1992.

6) 기업형 물류관리조직

기업경영에서 물류조직은 기업의 특수성을 고려하여 다양한 형태가 있는데 대표적으로 영업부형과 독립형 물류조직이 있다.

(1) 영업부형 물류조직

물류기능이 영업부에 속해있는 형태로서 상물 혼재형, 스탭형, 상물 분리형으로 구분되는데 먼저 상물 혼재형 조직은 물류전략이 영업전략의 일부로 수행되는 형태로서 물류전략이 현장에서 반영이 어려우며 물류의 전문화나 효율화 추진이 어려운 조직형태이다.

스탭형 조직은 영업부문의 관장 하에 물류활동이 이루어지는 형태이며, 상물 분리형 조직은 영업부 내에 물류와 영업기능을 구분하여 책임 소재를 명확히 하는 조직의 형태이다. 이 조직형태의 장점은 영업정책을 물류부문에서 제안이 영업에 반영하기 쉬울 뿐만 아니라 영업이나 물류활동의 일체화 및 유통 전체의 적합성 유지가 가능하다. 그러나 물류부문이 영업부에 속해 독립성 확보가 어려워 재고관리 또는 수·배송 책임과 권한이 부재할 뿐만 아니라 물류의 추진력 약화와 체계적 관리가 어렵다는 단점을 지니고 있다.

(2) 독립형 물류조직

물류부문이 영업부에 속해있지 않고 독립적인 조직형태로 구성되며 스탭형과 종합형으로 구분된다. 스탭형은 영업소 또는 지방 영업부에 소속되어 지원하는 형태이며, 종합형은 독립된 단독 조직으로서 조직 내에 물류부문의 라인과 스탭이 구성되어 있는 형태이다. 이 물류조직의 장점은 물류부문의 라인과 스탭이 분리되어 전사적 관점에서 물류관리를 추진할 수 있고, 생산, 판매의 효율적 조정이 용이하다는 데 있다. 단점은 영업이나 현업부서에 대해 영향력이 적으며 의사결정이나 지시, 명령의 권한은 없으며 조언이나 제안에 대한 기능만 있고 또한 비용, 서비스 등 물류업무의 책임만 있고 권한은 없다는 점이다.

(3) 국제 물류관리조직

기업의 글로벌화가 진전되면서 조직 또한 이에 맞추어 변화하고 있다. 국제 물류조직 역시 일반적인 조직구조의 형태를 가지고 있다. 본사에서 국제사업부

조직을 운영하면서 제품별 또는 지역별 사업부제 형태로 가져가는 경우가 대부분이다. 그러나 이러한 구조는 제품별, 지역별로 분리되어 있기 때문에 최선의 조직이 될 수 없으므로 글로벌 매트릭스 형태로 운영하는 경우도 있다. 즉 미국, 프랑스, 중국, 브라질 등의 각 지역별 조직과 각 사업 또는 제품별 운영조직을 서로 연결하여 운영하는 것이다.

7) 물류조직의 구축

조직은 항상 변화하고 진화한다. 시간이 지나면서 조직은 대내외의 환경변화에 적응하기 위해 조직의 구조는 변화하게 된다. 효과적인 조직의 구축은 전략의 실행에 핵심적인 역할을 할 뿐만 아니라 기업의 성과에도 중대한 영향을 미친다.

기업에 적합한 조직은 효율성과 효과성 증대에 기여하지만 잘못 설정된 조직 구조는 수많은 갈등을 일으켜 역할간의 혼란, 기능간 조정 약화, 아이디어 공유의 실패 등을 가져올 뿐만 아니라 의사결정의 지연으로 관리자의 불필요한 복잡성, 스트레스, 갈등을 일으키게 된다.

새로운 물류조직을 도입하거나 기존의 조직을 재구축할 경우 고려 요인은 기업의 목표, 기업 구조, 통합 기능, 관리 스타일, 유연성, 지원시스템, 인적자원 등이 있다. 물류조직은 크게는 기업의 목표 그리고 보다 협의적으로는 물류가 지향하는 목표를 잘 실현시킬 수 있도록 구축되어야 한다. 또한 물류의 다양한 기능을 고려할 때 물류업무 전체를 통합시킬 수 있는 구조가 되어야 한다. 또한 물류관리의 유연성을 가질 수 있도록 조직 또한 보다 유연하게 변화할 수 있도록 설계되어야 한다.

8) 물류인력

(1) 물류인력의 필요성

상거래 활동의 증가, 유통채널의 다원화, 고객들의 서비스 수요의 다양화 등으로 물류관리의 수요가 증가함에 따라 물류인력 수요 역시 커지고 있다. 또한 물류서비스의 고품질화와 첨단 물류관리기법의 등장으로 전문적이고 실무 중심적인 물류인재의 필요성이 증대되고 있다. 그러나 기업과 산업 전체적으로 변화된 물류 수요에 맞는 인력의 공급은 부족할 뿐만 아니라 전문화되고 고급화된 인력의 공급은 더욱 제한적이다.

과거 물류활동은 기능이 획일화되어 있고 단순히 현장 중심적인 기능 인력에 의존하는 경향이 강했다. 그러나 물류활동이 기계화, 첨단화, 정보화, 복합화, 다원화되고 SCM적 접근이 강조되면서 이에 적합한 전문물류 인력의 수요가 증가하고 있지만 인력의 양성과 공급은 한계를 지니고 있다.

우리나라는 국제무역에 대한 의존도가 높을 뿐만 아니라 대륙으로의 육상운송이 제한되어 있기 때문에 국제복합운송의 수요가 많고, 기업들의 글로벌 SCM 체제로의 전환으로 이를 관리할 수 있는 인력의 양성과 배출이 중요하다. 그러나 글로벌 물류전문인력은 단기간에 배출될 수 없기 때문에 장기적인 안목에서 산·학연계를 통해 인력을 배출할 수 있는 체제를 구축하여야 할 것이다.

(2) 전문인력의 수요 전망

물류인력은 크게 전문 관리직과 단순 사무기능직으로 구분한다. 전문 관리직은 물류 각 부문에 대한 이론적인 전문지식과 관리기법을 갖추고 물류활동의 계획, 실시, 통제 혹은 평가업무를 수행하는 인력이고, 단순한 기능에서의 현장 인력과 사무기능직은 간단한 교육이나 기술 습득을 통하여 각 부문에서의 단순·반복적인 사무처리나 기기 및 설비를 운용하는 인력이다.

단순 사무직의 경우 우리나라는 전체 인력 수급이 노동 시장에 반영되기 때문에 수급 조절이 용이한 반면 물류 전문인력의 경우 역량, 전문성 등이 수요에 맞아야 하기 때문에 수급에 어려움이 있다.

물류전문인력의 부족 현상은 향후 제조업에서 더 심각하게 나타날 것으로 예상된다. SCM의 운영은 제조업체가 핵심이 되어 추진되기 때문에 제조업 부문을 알면서 전체 공급사슬을 주도해 나가야 하기 때문에 고도의 전문성이 필수적이다. 최근 제조업에서의 물류시설의 기계화, 자동화, 물류활동의 공동화 혹은 물류아웃소싱이 활발하게 추진되고 있을 뿐만 아니라 물류관리 기법의 고도화, 물류정보 시스템의 구축 등을 통해 공급사슬의 통합화가 필수적인 요인이 되었다. 이에 따라 적합한 전문인력의 공급은 우리나라 제조업의 경쟁력뿐만 아니라 물류산업의 경쟁력에 핵심요소이므로 계획에 의거 지속적으로 추진되어야 할 과제이다.

(3) 물류인력의 소양

물류인력은 크게 3가지로 분류할 수 있는데 단순한 물류작업인력, 물류관리자, 물류기획가이다. 단순 물류인력은 제품의 조립, 송장관리, 라벨링, 재고의 추적, 고객서비스, 주문, 데이터 입력 등의 업무를 진행하는 인력이다. 관리자급 물류인력은 소매구매자, 물류관리자, 비용분석가, 계약관리자, 조달관리자, 글로벌 유통관리자, 재고통제 전문가, 생산의 조정자로 역할을 하는 인력을 말한다. 그리고 물류기획가는 기획과 전략을 다룰 수 있는 전문물류인력으로 글로벌 시장에서의 수요와 공급을 관리하기 위한 전략의 계획, 개발 및 적용을 다룬다.

현장중심적 단순 사무직은 물류기능, 시설, 기기의 조작과 같은 단순한 업무가 부과되기 때문에 이에 맞는 실무적, 현장중심적 기능을 익혀 현장에 투입된다. 이에 비해 전문물류인력은 기업의 물류와 공급사슬을 분석하고 조정할 수 있는 능력을 갖추어야 한다. 물류인은 제품의 전체 생애주기를 관리하며, 이는 제품의 조달, 보관, 유통, 배분, 배송 등을 관리하는 것을 말한다. 보다 구체적인 업무는 〈표 19-2〉와 같다.

표 19-2	물류전문인력의 업무
▪ 공급자와 고객과의 비즈니스 관계 개발	▪ 물류의 기능을 효율화하고 개선 영역의 확인
▪ 고객의 니즈와 이에 대응한 업무 진행	▪ 물류 성과 측정 및 관리
▪ 원·부자재 및 완제품의 배송 지시	▪ 물류관리와 고객서비스 향상 방안 제안
▪ 재화의 이동시간과 비용 최소화 전략 설계	▪ 기존 물류기술의 발전과 새로운 기술의 적용

제2절 물류성과관리

1. 물류성과관리의 개념과 프로세스

1) 물류성과관리의 개념

물류성과(logistics performance)란 기업성과 및 조직성과의 부분집합이다. 물류성과는 '기업의 물류활동과 관련하여 발생한 성과 또는 업적'을 말하며 비용과 서비스 측면으로 대별할 수 있다. 비용의 측면, 즉 물류비란 물류활동에 소요되는 비용으로 구체적으로 운송, 보관, 하역, 포장 및 정보 등의 제 물류활동에 소요되는 비용을 의미한다. 물류서비스는 물류활동이 고객의 만족을 위하여 실행해야 할 제 활동으로 주문접수, 주문처리, 클레임처리, 정시배송 등을 포함한다.

물류성과는 물류비용을 감소시키고 고객서비스를 얼마나 향상시켰느냐가 핵심을 이룬다. 물류성과에는 물류업무를 통해 얻고자 하는 다양한 요소 예를 들어 판매성장, 수익, 사회적 책임, 고객만족, 정시배송, 고객과의 약속준수, 유연성 등이 포함되어 있다. 이러한 요소들은 상호 의존적이며 또한 대립적이기도 하다. 예를 들어 종업원들의 만족도와 고객서비스의 품질 그리고 수익성 등과 같은 요소들은 상호 의존적인 요소들이다. 단기적인 재무적 성과를 위해 임금인상을 지연시킨다면, 종업원들의 업무능력이 감소할 가능성이 있으며 이는 고객서비스를 충분히 제공하지 못해 장기적으로는 기업의 이익 감소로 연결될 수 있다.

물류성과관리는 물류의 제반 활동을 측정하고 통제하는 것뿐만 아니라 조직의 전략적 목표에 부합하도록 이러한 활동을 지속적으로 모니터하고 개선하는 것을 말한다. 여기에는 조달에서부터 배송까지 전체 물류 프로세스를 관리하고 비용 효율성과 고객 만족을 보장하는 전체적인 접근 방식이 요구된다.

2) 물류성과관리 프로세스

물류성과관리 프로세스는 조직 내 물류 운영의 효율성과 효과성을 평가하고 개선하기 위한 구조화된 접근 방식이다. 여기에는 기업이 물류 활동을 전반적인 목적과 목표의 달성을 위한 일련의 단계가 포함된다. 일반적으로 기업의 물류성과관리는 [그림 19-9]와 같은 프로세스로 진행된다.

그림 19-9 물류성과관리 프로세스

① 성과 목표 설정: 첫 번째 단계는 물류 운영에 대한 명확하고 측정 가능한 목표를 설정한다. 이러한 목표는 조직의 광의적 목표 즉 비즈니스 전략과 일치해야 한다. 성과 목표에는 배송 시간 단축, 비용 최소화, 고객 만족도 향상 또는 공급망 가시성 향상이 포함될 수 있다. 또한 비용, 속도, 품질, 유연성 간의 상쇄관계와 상호의존성을 고려해야 한다.

② 핵심성과지표(KPI: Key Performance Indicator) 식별: 다음 단계는 관련 KPI를 식별하여 이러한 목표에 대한 성과를 측정한다. 이러한 지표로는 배송 정확도, 재고 회전율, 주문 이행 시간, 배송당 비용 등이 있을 수 있다.

③ 데이터 수집 및 분석: 이 단계에는 식별된 KPI와 관련된 데이터를 수집한다. 이 데이터는 운송 관리 시스템, 창고 관리 시스템, 고객 피드백, 재무 보고서 등 다양한 소스에서 발생한다. 또한 센서, 스캐너, 바코드, RFID, GPS 등의 기술을 활용할 수 있다. 수집된 데이터를 분석하여 현재 성과 수준을 이해하고 개선이 필요한 영역을 식별한다.

④ 성과의 검토 및 평가: 데이터 분석은 실제 성과를 설정된 목표와 비교하는 성과 검토로 이어진다. 다음의 평가는 물류 프로세스의 격차, 병목 현상 및 개선 기회를 식별할 수 있도록 한다.

⑤ 개선 전략 실행: 평가를 바탕으로 확인된 문제를 해결하기 위한 전략과 실행 계획을 개발한다. 여기에는 프로세스 리엔지니어링, 신기술 투자, 직원 교육, 정책 및 절차 개정 등이 포함될 수 있다.

⑥ 모니터링 및 지속적인 개선: 물류성과 개선을 위한 변경 사항을 구현한 후에는 변경 사항이 물류 성과에 미치는 영향을 지속적으로 모니터링한다. 여기에는 정기적으로 KPI를 검토하고 필요에 따라 조정하는 작업이 포함된다. 조직은 목표 달성을 위해 지속적인 피드백과 개선의 순환(loop)을 만드는 것이 중요하다.

⑦ 피드백 및 커뮤니케이션: 프로세스 전반에 걸쳐 효과적인 커뮤니케이션과 피드백 메커니즘이 필수적이다. 공급망과 물류의 이해관계자는 성과 목표, 프로세스 변경, 목표를 향한 진행 상황에 대한 정보를 지속적으로 교환한다.

2. 물류성과 측정

1) 물류성과 측정의 개념과 의의

물류성과(logistics performance) 측정은 '물류활동에 대한 효과성(effectiveness)과 효율성(efficiency)을 계량화하는 과정'이다. 물류의 성과측정 목적은 물류성과 파악, 업계 내에서의 벤치마킹, 업적 평가, 의사결정, 원인 분석, 종합적 관리를 위한 것이다.

공급사슬에서는 최종 고객의 가치를 창출하기, 해당 또는 관련 기업군들의 공급사슬 상에서 매출 증대, 비용, 자산 이용률, 고객 만족도 등을 얼마나 잘 수행하였는지의 성과를 측정한다. 물류성과 측정이 중요한 이유는 수익성이나 시장점유율과 같은 경영활동의 결과와 직접 관련되기 때문이다. 성과측정은 단순히 의사결정 및 자원분배의 차원을 넘어 기업이 동태적인 환경 속에서 경쟁하기 위한 전략의 개발과 통제에 필수적인 수단이다.

물류성과 측정은 화주의 성과와 물류서비스 제공업체(LSP)의 성과측정으로 구분할 수 있다. 물류업무를 기업 자체적으로 실시하는 기업의 경우는 스스로의 물류성과를 측정하는 반면 LSP를 이용할 경우 외주 수행기업 또는 제3자물류업체의 물류수행 성과를 평가하게 된다.

화주업체는 물류성과를 측정함으로써 상충관계분석(trade-off analysis)이 가능하며(Tyndall and Busher, 1985), 반면 LSP의 성과측정은 경쟁물류업체와 구별할 수 있는 요소를 발견할 수 있다(Tian et al., 2010).

기업에서 물류관련 성과의 정기적인 평가는 모든 기능을 계획·관리하는 데 매우 유용하다. 평가는 포괄적인 자료이 수집과 확인 그리고 다양한 분석방법 등으로 구성되어 있다. 물류성과 측정은 개념적으로 쉽게 보이지만 실제적으로 평가에 많은 어려움이 있다. 따라서 기업에서 내부적 물류성과 측정은 반드시 정기적으로 수행되어야 할 과제이다.

2) 물류성과 측정 방법

물류성과를 측정하기 위한 방법은 크게 비용 면을 고려한 총비용(total cost) 방식과 고객서비스와의 관계를 고려한 상충관계(trade-off) 방식으로 나누어진다. 이러한 두 가지의 전통적인 방식은 1970년대를 기점으로 하여 개별적 비용으로 인식하여 각 비용간 상충관계의 효과를 총비용의 개념으로 전환되었고,

근래 와서는 공급사슬관리(SCM) 개념으로까지 확장하여 측정하고 있다.

(1) 총비용 방식

총비용(total cost)이란 '전체 물류시스템에서 발생하는 모든 비용'을 의미한다. 총비용 방식은 물류개선에 필요한 비용을 개별 기능별 비용의 부분적인 절감이 아닌 총비용의 절감에 목적을 두고 실행한다. 그러므로 개별적 물류활동의 운영 및 조정보다는 전체적인 비용의 최소화를 위해 조정한다. 이는 개별적 물류비용의 절감 노력이 오히려 전체 물류비용의 상승을 초래할 수도 있기 때문에, 물류활동에 따르는 비용을 종합적으로 분석·조정해야 한다.

또한 총비용분석은 물류의사결정에서 발생하는 비용 상의 변화를 파악하는 것을 목적으로 하는데 여기서 비용은 시스템의 변화에 따른 총비용의 변화를 말한다. 예를 들면, 수·배송 네트워크 상에서 창고를 하나 더 추가하면 수송비, 재고비, 주문처리비, 통신비 등이 달라지는데 이 경우에 발생하는 비용의 증가분을 총비용분석의 관점에서 접근해야 한다.

(2) 상충관계 방식

물류관리에서 상충관계란 물류전략 수립시 고객서비스와 물류비용 사이에서 발생하는 이해관계의 충돌 현상을 말한다. 예를 들어, 고객서비스의 질을 향상시키기 위하여 제품을 고객에게까지 직접 수·배송한다면, 고객 만족도는 향상되겠지만 인건비, 관리비 등의 상승에 따른 수·배송비의 상승을 초래하여 매출에 부정적인 영향을 미치게 된다. 이와 같이 물류비와 물류서비스는 상충관계가 있으므로, 최소의 물류비를 투입하여 최대의 고객서비스를 제공할 수 있도록 두 요소의 균형점을 찾는 것이 중요하다. 그 균형점은 고객이 원하는 서비스의 수준과 이에 수반되는 비용을 적절히 조정하여 비용과 고객서비스가 가장 높은 유효성을 가지는 지점에 맞추어 물류서비스를 제공하는 것이다.

비용과 고객서비스의 최고 균형점을 산출하는데 있어 고려할 점은 고객서비스 수준이 어느 지점에서는 효용이 체감하기 때문에 고객의 구매행동에 미치는 영향도 한계가 있다. 따라서 적절한 고객서비스 수준을 설정한 다음 이에 따른 비용을 산출하여 고객서비스 수준과 비용 모두가 상대기업과 비교하여 우위를 점유하는 전략이 필요하며 이를 위해서는 기업의 물류성과에 관한 정확한 진단이 무엇보다 중요하다.

3) 공급사슬성과 측정 방법

공급사슬의 성과측정 분석틀에서 대표적으로 3가지가 있는데 첫째는 균형 성과표(balanced scorecard)이며, 여기에는 재무적과 비재무적 성과측정이 포함 되어 있다. 이 방법은 내부와 외부 성과가 균형을 이루면서 성과 매트릭스와 프 로세스를 상호 연계한다. 이 방법은 Brewer and Speh(2001)에 의해 공급사슬 환경에 적용되었다. 두 번째 분석틀은 공급사슬운영참조(SCOR: Supply Chain Operation Reference)이다. 이 분석틀은 다섯 가지의 표준 공급 프로세스인 계획, 소싱, 생산, 배송, 회수에서 용어와 표준 프로세스의 성과 매트릭스로 개발된 것이다. SCOR 모델은 공급사슬을 다섯 가지 측면, 즉 신뢰성(reliability), 반응 성(responsiveness), 유연성(flexibility), 비용(cost), 자산 활용의 효율성 (efficiency)으로 기술하고 있다. 세 번째 분석틀은 Krajewski et al.(2007)에 의 해 제시된 것으로 재고, 프로세스, 재무의 측정치를 구분하여 분석하는 것이다.

4) 기업의 물류성과지표

물류성과의 측정은 기업의 물류활동과 관련된 다양하고 복잡한 활동들을 총 체적으로 평가하는 것을 의미한다. 물류성과를 측정하는 기준은 크게 경제적인 측면의 이익인 물류비 절감정도와 비경제적인 측면의 이익인 고객서비스 향상 정도가 있다.

또한 물류성과는 측정영역의 차원과 전략적 차원으로 분류하기도 하는데 측 정영역 차원은 기업 자체적으로 성과를 측정하는 내부성과 측정과 자사의 성과 를 주요 경쟁자와 비교하는 외부성과 측정으로 구분한다. 전략적 차원의 성과측정 은 포터의 원가절감 및 차별화 전략을 바탕으로 한 것이다.

표 19-3 물류성과의 유형분류

측정영역 차원 / 전략적 차원	내부성과	외부성과
비용	물류비, 투자수익률과 같은 재무적 지표	내부성과 측정기준, 매출액, 시장 점유율
차별화	고객서비스의 품질	고객서비스의 품질

자료: Germain, 1989.

(1) 물류비용

기업에서 물류비란 물류활동에 소요되는 비용으로 재화의 흐름과 관련된 모든 비용을 의미한다. 미국 관리회계사협회(IMA: Institute of Management Account)에 의하면 물류비란 '원재료와 제품의 가장 능률적인 흐름을 제공하기 위한 구매, 운송, 보관의 기능을 통합하는 물류에서 조달물류, 사내물류 및 판매물류의 전 과정을 계획하고, 실시하며, 통제하는데 발생하는 비용'이다.

물류비는 활동의 실태를 그대로 반영하여, 그 활동이 합리적이지 못하면 비용이 커지게 되고, 반대로 활동이 합리적이면 그 비용이 적게 나타난다. 또한 여러 가지 활동을 동일한 기준 위에 올려놓고 비용이라는 통일된 척도로 파악할 수 있어 이질적 활동을 비교·분석할 수 있게 해준다. 따라서 물류활동을 비용으로 바꾸어 놓는 것은 객관적이고 효과적인 지표를 제공하기 때문에 비용을 통한 물류관리는 중요하다. 그리고 물류비는 물류관리활동의 여러 부분에서 발생하며 다양하게 측정되므로 최근 물류비 증감현황 또는 물류기능별 소요비용 등을 통해 절감정도의 측정을 용이하게 한다.

(2) 고객서비스

물류관리에서의 고객서비스는 처음에는 '물적 유통서비스(physical distribution service)'라는 용어로 널리 사용되어 왔으나, 점차 고객서비스라는 용어로서 물류서비스와 병용되고 있다. 물류서비스가 고객서비스를 구성하는 일부분임에도 불구하고 같은 의미로 병용되는 것은 일반적으로 고객서비스의 향상 정도가 물류서비스를 중심으로 측정되기 때문이다. 물류성과 중 비경제적 이익을 의미하는 고객서비스는 마케팅과 물류관리를 연결해 주는 요소로서, 고객의 욕구에 부합하여 시간과 장소적 효용을 제공하는 물류관리활동의 산출결과 또는 최종제품이 된다. 따라서 물류관리의 과정은 고객의 욕구에 따른 서비스를 제공하는 과정이라고 할 수 있다.

(3) 기능별 물류성과지표

물류관리는 과거에는 운송이나 보관 등을 중심으로 기능별, 개별적으로 이루어져 왔으나 최근 전체시스템으로 관리되어야 한다는 인식이 높아지게 되었다. 전사적, 종합적 물류관리로 인해 개별 물류부문에서의 성과측정과 효율화는 어려워지게 되었으며, 이로 인해 물류성과지표의 개발이 중요해지게 되었다.

물류성과지표의 개발 목표는 물류관리의 수준을 향상시키는 데 있다. 물류관리자는 물류관리의 전 과정이 어떻게 관리되는지 파악하고 있어야 하는 데 이에 대한 정확한 정보를 제공할 수 있는 것이 성과지표라 할 수 있다. 이러한 성과지표는 또한 물류관리자 또는 현장의 물류담당자에게 책임을 부과함으로써 정확한 물류활동의 상태 파악은 물론 활동에 대한 책임을 명확히 하여 개선의욕을 높이는 데 목적이 있다.

물류성과지표는 화주에게는 물류비를 종합적이고 객관적으로 분석·평가할 수 있게 할 뿐만 아니라 물류시스템 개선과 합리화 기회를 제공해 줄 수 있다. 물류업자에게는 평가의 공평성 확보, 물류문제 소재의 명확화, 화주와의 교섭수단 및 자료를 제공해 준다. 그러나 물류관리는 기업 또는 조직에 따라 상이한 조건과 환경을 가지고 있기 때문에 성과지표의 개발 및 적용에 신중을 기할 필요가 있다.

표 19-4   속성별 성과지표 사례

비용관리	고객서비스	품질	생산성	자산관리

▪ 총물류비
▪ 단위물류비
  매출액대비
▪ 물류비
▪ 조달원가
▪ 출고원가
▪ 관리비용
▪ 창고주문처리비용
▪ 직접인건비
▪ 예산대비원가비율
▪ 비용추이분석
▪ 직접재료비
▪ 수익성
▪ 고객별수익성
▪ 재고유지비용
▪ 회수비용
▪ 서비스실패비용
▪ 백오더비용
	▪ 충족률
	▪ 결품률
	▪ 오배송률
	▪ 정시배송률
	▪ 백오더 비율
	▪ 주기시간
	▪ 배송안정성
	▪ 대응시간
	▪ 대응정확성
	▪ 완전주문충족
	▪ 고객클레임률
	▪ 영업사원
	  불만율
	▪ 전반적 신뢰도
	▪ 전반적 만족도
		▪ 화물손상빈도
		▪ 주문처리정확도
		▪ 피킹/선적정확도
		▪ 문서화 및 연구
		  정확도
		▪ 정보가용성
		▪ 정보정확도
		▪ 신용클레임건수
		▪ 고객반품건수
			▪ 인당배송건수
			▪ 단위인건비당
			▪ 처리건수(재고수)
			▪ 거래처별주문
			  건수
			▪ 과거기준대비
			  실적
			▪ 목표대비 실적
			▪ 생산성 지표
			▪ 장비가동률
			▪ 주문처리생산성
			▪ 창고노동생산성
			▪ 수송노동생산성
				▪ 재고회전율
				▪ 재고수준
				▪ 재고일수
				▪ 재고진부화
				  금액
				▪ 순자산
				  이익률
				▪ 자본이익률
				▪ 재고분류
				▪ 경제적
				  부가가치

자료: Bowersox et al., 2007.

물류성과지표는 다양하기 때문에 이를 체계화시켜 상호관계를 명확히 하는 것이 중요하다. 〈표 19-4〉에서 보는 바와 같이 Bowersox et al.(2007)는 물류의 속성별 성과지표를 발표하였는데 5가지 속성으로 비용관리, 고객서비스, 품질, 생산성, 자산관리를 들고 있다.

제20장

물류정책과 동북아 물류시스템

1. 물류정책의 의의

1) 물류정책의 개념

물류정책이란 '경제정책의 일환으로써 어떤 국가가 물류가 지향하는 목적을 달성하기 위하여 정부가 국내외 경제활동을 규제 또는 진흥시키는 기본원칙'을 말한다. 물류정책은 물류가 국가 경제활동에 기여할 수 있도록 물류활동에 직·간접적으로 개입하는 정책수단을 의미하며, 정책범위는 해운 및 항공, 항만, 철도 및 도로 운송 등이 포함된다. 물류관리에서 가장 중요도가 높은 부문은 운송기능인 것과 마찬가지로 물류정책에서도 운송정책이 가장 중요하게 다루어진다.

물류정책은 여러 가지 경제목적을 달성하기 위하여 다른 정책과도 밀접한 관계를 맺으면서 그 동태적 효과를 발생시키게 된다. 예를 들면 정부가 물류활동을 촉진시킬 목적으로 해운, 항공, 공항 또는 항만산업에 투자를 할 경우, 이를 통해 물류산업뿐만 아니라 국내산업의 생산활동이 활발해지고, 고용이 증대되며, 수출입의 증대도 이룰 수 있게 된다.

2) 물류정책의 특성 및 유형

물류에서 정책적 영향은 지대한데 이는 대부분의 교통 인프라가 국가소유로 되어 있다는 점에서도 확연히 드러난다. 또한 정치적 이유로 비경제적인 서비스를 제공하는 경우에서도 나타나는데, 예를 들어 일부 국가에서는 경쟁이 치열한 국제항공서비스 시장에서 국위 제고를 이유로 항공서비스를 국가가 소유하는 경우이다. 해운에서의 국기차별(flag discrimination) 정책과 같이 자국선대를 유지하기 위해 수입화물의 적취시 자국선박을 이용하도록 강제화하는 경우도 있다.

물류관리에는 공공재적인 측면에서 관리되어야 할 것과 기업 또는 개인에 의해 관리되는 분야가 있는데, 전자는 항만, 공항, 도로, 철도, 공공물류센터 등과 같은 시설물이 있고 후자는 기업 또는 개인의 물류활동에 필요한 물류시설인 물류센터, 각종차량, 기타 물류기기 등이 있다.

정부의 물류정책에는 크게 인프라와 같은 시설물을 제공하는 역할과 물류효율화를 위한 정책, 그리고 공공의 이익 실현을 위한 각종 법률 및 제도의 정비 등이 있다. 또한 물류의 영역을 중심으로 정책을 구분할 때 해운정책, 항만정책, 항공정책 그리고 육상운송정책 등으로 나눌 수 있으며, 국내외로 구분할 경우 국내물류정책과 국제물류정책으로 나눌 수 있다.

국제물류정책에서는 국가간 물류의 효율화를 촉진시키는 부분과 공공의 질서에 필요한 국제적 규칙을 제정하고 이를 이행하도록 제도화하는 것들을 포함한다. 우리나라 물류정책은 '물류정책기본법'(2012)에 잘 나타나 있는데 물류정책의 목적을 '물류체계의 효율화, 물류산업의 경쟁력 강화 및 물류의 선진화·국제화를 위한 정책'으로 정의하고 있다.

2. 해운정책

1) 해운정책의 개념과 목표

해운정책(maritime policy)은 해운산업에 관한 정책의 일환으로서 국민경제 전반에 걸쳐 중대한 영향을 미친다. 해운정책은 수출촉진, 중요산업의 진흥, 제3국간 취항을 통한 외화수입 등 국민경제에 미치는 영향이 크며, 유사시 국방력의 일환으로 전쟁수행능력을 제고하여 국가보안에도 영향을 미친다. 또한 해운정책은 외항해운에 의한 공해 상에서의 자유경쟁과 국제규칙과 조약에 의한 규제를 받는 국제성의 측면에서도 중대하다.

해운정책은 그 자체가 전 세계 경제정책에 영향을 미치는 특정국의 교통정책의 일부분이며, 동시에 그 나라가 국민경제 및 국제해운시장에서의 국적선의 지위에 영향을 미치는 수단으로 경제적·법적·정부조치 등의 총체적인 것으로 정의될 수 있다. 또는 간단히 '해운정책의 구성원이 되는 국가가 또 다른 중요한 객체가 되는 자국해운업에 대하여 행하는 시책'이라고 할 수도 있다.

일반적인 해운정책 목표는 ① 해상수송서비스 비용을 국민경제적 측면에서 최소화, ② 자국무역화물을 자체 수송하여 국제수지개선에 기여, ③ 해상수송선대의 적절한 공급과 고용창출, ④ 해운산업과 조선산업의 연계발전 도모, ⑤ 수출입화물의 국내연계 수송의 적절화, ⑥ 국내외 거래질서의 정립과 자국해운사의 국제적 지위향상에 기여, ⑦ 해운산업의 기술발전에 적절한 대응 등으로 정리할 수 있다(Frankel, 1982).

그러나 해운정책의 수립과 시행은 자국의 이해관계와 타 국가와의 관계 등을 동시에 고려하여야 하며 이는 상호 작용을 하게 된다. 예를 들어, 한 국가의 국제경쟁력 강화를 위한 선복증강책이나 적취율 제고 정책 등은 곧 경쟁국의 해운시장에서의 점유율 축소를 비롯한 경쟁력의 약화를 가져오는 소위 대립성의 문제를 야기하여 국제적 반발을 수반할 수 있다. 그러므로 해운정책은 국제적 성격을 강하게 띠고 있다고 할 수 있다.

국제해운은 국내해운과 여러 가지 면에서 그 성격을 달리하는데 국제해운시장에서는 거의 완전자유경쟁이 이루어진다. 즉 해운시장에 나타난 각국 상선대는 기반이 다름에도 불구하고 동일시장에서 경쟁하지 않으면 안 되는 것이다. 국내해운에도 많은 재정적 지원과 보호가 필요하지만 국제해운에서도 각국은 자국선의 경쟁우위 확보를 위해 각종 보조정책을 실시하고 있다.

2) 해운정책의 유형

(1) 자유주의정책과 보호주의정책

전통적으로 자국 상선에 대한 해운정책은 크게 자유주의 정책이냐 보호주의 정책이냐의 두 갈래로 구분된다. 해운자유정책은 상선운항이 운임시장 원리에 입각하여 정부의 불개입 정책이 기본적이다. 즉 공공단체, 정부 또는 대리자의 개입 없이 상선운항이 운임시장 원리에 의해 결정되는 것이다. 해운자유주의 정책 하에서 화주는 국적선이든 외국적선이든 간에 운송인 선정에 관한 자유권을 갖는다.

해운자유주의는 1849년 영국의 항해조례가 폐지되면서 구축되었다. 제1차 세계대전 후 자국의 이익을 추구하기 위해서는 자국선대를 보호해야 한다는 인식을 같이하여 세계 각국은 해운자유주의를 표방하면서도 해운의 자국우선주의(nationalism)로 바뀌었으며, 그 후 완전한 해운자유주의는 찾아보기 힘들게 되었다. 그 대표적인 예가 영국이 마련한 1935년의 영국해운법(British Shipping Act)이며, 그 주요 내용은 부정기선에 대한 보조금 지급, 정기선, 부정기선에 대한 선질개량 장려금 대부제도를 마련하고 노후선 해체조건으로 선박의 신·개조에 대한 저리융자금 지원 등으로 해운자유주의는 실질적으로 사라졌다. 미국도 1936년 상선법(Merchant Marine Act)을 만들어 건조비 차액보조금제도를 마련하고 자국 선에 대한 화물우선제도(cargo preference)를 도입하여 해운자유 원칙이란 표방을 내세우면서도 보호주의 성격이 강한 자국우선주의가 강화되었다. 이러한 점에서 해운자유주의를 공언하는 국가들조차도 어떤 형태로든 자국 해운에 대한 직·간접적인 여러 형태의 지원을 하고 있기 때문에 순수한 해운자유주의 국가는 존재하지 않는다고 볼 수 있다.

해운보호주의 정책은 크게 개별선주를 위해서 국가가 직·간접적으로 제공하는 금융지원 및 보조금, 선주에 대한 행정적·법적 지원, 해운국가통제 등의 형태로 구분된다.

(2) 금융적 지원

해운정책에서 금융적 지원은 개별 선주에 대한 직접적 또는 간접적 보조금 지원의 형태를 띠며 해운보조금은 직접보조금과 간접보조금으로 구분된다. 전자에는 건조보조금, 운항보조금, 폐선 및 건조지원금 등이 있으며, 후자에는 관세감면, 조선산업의 보조금 등이 있다.

(3) 행정적·법적 지원

국기차별(flag discrimination)정책은 외국선으로 운송되는 화물에 대해서 높은 관세를 부과하거나 보다 복잡한 서류, 위생시설, 검사절차, 항구이용에 관한 외국선박에 대하여 불리한 대우를 하는 반면, 자국선에 대하여는 좋은 조건의 서비스를 제공해 주는 것이다. 그러나 이러한 정책은 단기적으로는 유리한 점이 있을지 모르지만 장기적으로는 상대국가에서 보복조치가 취해질 수도 있기 때문에 결과적으로 불리한 정책이 된다. 따라서 그런 조치를 채택하고자 하는 나라는 그와 같은 정책에 대한 조사를 면밀히 실시해야 한다.

화물유보(cargo reservation)정책은 국기차별정책과는 달리 화물의 일정비율을 자국선에 적취토록 규정하여 자국 해운산업의 보호와 상선대의 확대를 목적하는 해운보호정책을 말한다. 화물유보정책은 해운산업의 경쟁력이 부족한 나라에서 자국 무역 화물의 공평한 적취를 목적으로 시행되고 있지만 화물시장에서 자유경쟁을 제한하는 조치이기 때문에 제3국 항로를 취항하는 해운국가로부터 비판의 대상이 되고 있다.

(4) 외환통제

일국은 일반통화정책을 통해 해상운송거래나 외환의 가용성을 제한하여 화물수송경쟁에서 성공적으로 해외선박을 배제시킬 수 있다. 외환의 유효성을 제한하거나 또는 수출입허가제를 도입함으로써 국가는 수출입업자들의 화물수송시 자국선 만을 이용하게 할 수 있다.

3) 우리나라의 주요 해운정책

(1) 국제선박등록제도와 국가필수국제선박제도

우리나라 정부는 국적선대의 고비용 구조를 개선하여 국제해운시장에서 외국 상선대와 경쟁 여건을 조성함과 동시에 해외이적을 방지하기 위하여 국제선박등록제도(international ship register system)를 1998년부터 시행하고 있다.

국가필수국제선박제도란 국가비상시 주요 전략물자의 안정적 수송확보와 국적선원의 유지 및 해운기업의 국제경쟁력 강화를 위해 주요 전략물자 운송 지정 선박에 대하여 정부가 한국선원의 고용으로 인한 선사의 손실보상금을 지원하는 제도이다.

(2) 톤세제도

해운기업의 실제 창출한 영업이익이 아니라 해운기업이 운항한 선박의 순톤수를 기준으로 산출한 간주이익(notional profit)을 과세대상으로 하는 것을 말한다.

(3) 선박투자회사제도

선박투자회사제도란 일반 및 기관투자자로부터 자금을 모아 선박투자회사 (일종의 mutual fund)를 설립하고, 그 자본금과 금융기관으로부터 차입한 자금을 합하여 선박을 건조(신조선의 경우) 또는 매입(중고선의 경우)한 후, 해운선사에 대선(임대)하고 선사로부터 받는 용선료 중 차입금에 대한 원리금을 상환하고 나머지를 투자자에게 배당하는 제도를 말한다.

3. 항만정책

1) 항만정책의 의의 및 특성

항만정책은 일반적으로 화물처리량의 극대화, 항만운영 이익의 극대화, 항만서비스 비용의 최소화, 국가 또는 지역경제에 대한 기여도의 극대화 등을 목표로 한다. 항만정책의 입안에서는 소유 주체와 관계없이 항만의 특성을 고려하여 보통 중앙 또는 지방정부가 관여하게 된다.

각국의 항만정책은 그 나라의 사회 및 경제정책의 목표에 따라 결정되는데, 항만은 국가경제에 영향을 미치는 사회간접자본이므로 국가가 관리하여야 한다는 논지가 팽배하여 항만시설을 기간산업으로 간주하여 공공개념으로 정책이 집중되었다. 그러나 최근에는 항만관리에 상업성을 부가하여 항만관리 주체가 중앙정부에서 지방정부로, 지방정부에서 민간으로 전환되어 가는 정책을 펼치고 있다.

2) 우리나라의 항만정책

항만은 해상, 육상, 항공운송을 연계할 수 있는 종합화물 유통기능을 확보해야 한다. 따라서 장래 물동량 증가에 능동적으로 대처하기 위해서는 적재적소에 충분한 시설을 확충하여야 한다. 2000년대 초반까지 우리나라의 항만정책은 항만물류관리의 입장에서 급증하는 수출입 물량증가에 대처하기 위한 화물 처리시설의 확충에 집중하였다.

그러나 항만 인프라의 구축이 어느 정도 진전된 상황에서 최근 들어서 세계적인 추세를 감안하여 항만관리의 효율화를 통한 항만의 관리운영, 나아가서는 제도의 개선을 통하여 생산성의 증대와 고객서비스의 향상은 물론 사회경제적으로 이익증대를 도모하는 방법을 강구하고 있다. 특히 항만의 개발과 운영분야에서 중앙정부의 주도로 이루어졌던 정책방향을 민간기업, 지역주민, 지방자치단체를 참여시키는 형태로 전환해야 한다는 논리가 설득력을 얻고 있다.

　항만은 해운과 밀접한 연관을 가지고 있기 때문에 해운산업의 안정적 성장의 지원, 그리고 항만이 가지는 경제성장 거점으로서의 역할을 고려한 정책이 추진되고 있다.

4. 항공정책

1) 항공자유화 정책

　항공운송의 발전은 안전하고, 효율적이고, 효과적인 수단으로 항공수요를 충족시킬 수 있도록 공항 및 항공교통서비스의 제공과 직접적으로 연계되어 있다. 공항과 항공교통통제의 사유화는 비용적인 측면을 제외하면 만병통치약은 아니다. 공공서비스를 사유화하고 규제완화를 통한 독점체제를 막는 것이 더욱 효과적이다.

　전통적으로 항공시장은 영공주권의 원칙에 입각하여 엄격한 정부규제와 통제의 대상으로 인식되어 왔다. 이에 따라 국제선 노선은 국가간 양자협정의 체결을 통해 항공사 지정, 노선 설정, 운항횟수, 항공운임 등 국제항공 서비스의 허용범위와 조건 등이 엄격히 규제되어 왔다. 그러나 최근 들어 항공운송산업의 효율성 증대, 소비자 권익 보호, 자유무역주의 확대에 대한 대응 등의 측면에서 항공운송시장의 자유화를 추진하고 있다. 이는 전통적인 항공협정에서 엄격히 제한하고 있던 운항횟수, 운항지점 등 운항에 관한 제반 조건을 항공사가 시장상황에 따라 자유롭게 결정하도록 하는 항공자유화 정책(open skies policy)이다.

　미국은 양자간 항공자유화 정책을 지속적으로 추진하여 많은 나라들과 항공자유화협정을 체결하였고, 유럽에서는 오랜 논의를 통해 단일항공시장을 형성하여 '규모의 경제(economies of scale)'와 '범위의 경제(economies of scope)'를 활용하여 항공산업의 효율성을 크게 증가시킬 수 있었다. 우리나라 정부도 항공부문의 동북아 지역주의를 창설하는 것이 역내 항공산업의 발전 및 역외 교섭력 면에서 시급함을 인식하고 있다. 한·중·일 3국이 중심이 되는 지역항공블록을 형성할 경우, 동북아시아의 거대한 항공잠재력을 고려할 때 미국, EU에 버금가는 규모의 단일항공 시장이 형성되고, 이로 인한 역내 항공산업 발전 및 역외 교섭력 제고에 미치는 긍정적 효과는 매우 클 것으로 예상하고 있다.

2) 항공인프라의 제공

공항과 같은 항공인프라를 제공하는 것은 국가정책의 중요한 과제이다. 왜냐하면 항공교통이 원활하게 운영되기 위해서는 항공기의 이착륙을 가능하게 하는 공항이 필수적으로 갖추어져 있어야 하기 때문이다. 항공인프라에 대한 정책은 항공의 장기적 발전이 예상되는 사회적 순이익(expected net benefits)이 최대가 될 수 있도록 하는 것이 목적이다.

항공은 환경에 부과되는 비용을 고려해야 한다. 항공은 수많은 환경적 영향을 가져온다. 지구대기에 대한 가장 큰 영향은 이산화탄소의 배출이며, 지역적으로는 소음과 대기오염문제와 연결된다.

5. 우리나라의 물류정책

물류의 중요성이 고조되면서 국토교통부/해양수산부는 매년 주요 물류정책을 발표하고 그에 대한 핵심적 분야를 전략적으로 추진하고 있다. 우리나라 물류정책은 주로 물류관련법과 제도의 개선과 인프라의 확충에 맞추어져 왔으나 2000년대 이후부터는 '물류 효율화'와 '환경'을 중심으로 발전하여 왔다. 이를 위해 물류정책의 기본 틀인 관련 법률은 1990년대 '화물유통촉진법'에서 2000년대에는 '물류정책기본법'으로 바뀌었다. 이는 2000년대 이후부터 단순한 화물의 운송이 아닌 물류 시스템적인 측면을 고려하여 법률 제정이 이루어졌다는 의미이다.

1) 물류정책 목표

'국가물류기본계획(2001~2020)'은 효과적인 국가물류체계의 구축을 위한 20년 단위의 국가계획으로 우리나라가 지향하는 물류의 미래상을 제시하고, 공동목표 설정과 유관기관간 역할분담방안을 종합조정하기 위한 장기계획이다. 2001년에 발표된 '국가물류기본계획(2001~2020)'은 당시 '화물유통촉진법' 제3

조에 근거하여 수립되었다. 당시 설정된 '국가물류기본계획(2001~2020)'의 5대 목표는 다음과 같다.

① 물류강국을 지향하는 물류간선네트워크 구축
② 물류부문의 하드웨어와 소프트웨어의 유기적 조화를 위한 물류기술의 고도화
③ 물류산업의 체질개선을 통한 국제경쟁력 강화
④ 환경친화형 물류환경의 조성
⑤ 세계를 지향하는 국제 물류네트워크의 구축

2006년에는 본 계획의 1차 수정계획(2006~2020)이 만들어졌으며, 이어 2011년에는 2차 수정계획(2011~2020)이 수립되었으며, 여기서 물류정책의 목적을 '21세기 녹색성장을 선도하는 글로벌 물류강국'으로 제시하였다. 2016년 4차 수정계획에서는 '물류혁신과 신산업 창출을 통한 글로벌 물류강국 실현'으로 설정하였고 2021년 5차 계획에서는 '물류산업 스마트·디지털 혁신 성장과 상생 생태계 조성을 통한 글로벌 물류 선도국가 도약'이었다. 이를 위해 첨단화 및 디지털화, 공유·연계 융복합 인프라, 지속가능한 환경, 사람중심/좋은 일자리, 산업 미래 대응력 확보, 글로벌 경쟁력 확보를 목표로 하고 있다(국토교통부, 2021).

표 20-1		국가물류기본계획 비전 및 목표
연도	비전	목표
2001 ~'20	21세기 초우량 물류선진국가 건설	• 물류강국을 지향하는 물류 간선 네트워크의 구축 • 물류부문의 하드웨어와 소프트웨어의 유기적 조화를 위한 물류기술의 고도화 • 물류산업의 체질개선을 통한 국제경쟁력 강화 • 안전과 환경을 고려한 환경친화형 물류환경의 조성 • 세계를 지향하는 국제 물류네트워크의 구축
2006~ '20	2020 글로벌 물류강국의 실현	• 물류를 통한 국부창출 • 국가물류체계 효율성 강화
2011~ '20	21세기 녹색성장을 선도하는 글로벌 물류강국	• 지속적 경제성장을 지원 • 저탄소 녹색성장 견인 • 물류산업의 고부가가치화
2016~ '25	물류혁신과 신산업 창출을 통한 글로벌 물류강국 실현	• 물류산업 일자리 70만개 • 국제 물류경쟁력지수 10위 • 물류산업 매출액 150조원
2021~ '30	물류산업 스마트·디지털 혁신 성장과 상생 생태계 조성을 통한 글로벌 물류 선도국가 도약	• 첨단화 및 디지털화 • 공유·연계 융복합 인프라 • 지속가능한 환경 • 사람중심/좋은 일자리 • 산업 미래 대응력 확보 • 글로벌 경쟁력 확보

자료: 물류신문, 2023.11.2

2) 시기별 물류기본계획 수정계획

(1) 1차 수정계획(2006~2020)

2006년 수정계획은 국내에서는 동북아물류중심추진로드맵과 국가물류체계 개선대책, 물류전문기업 육성방안의 필요성이 제기되면서 이를 반영한 계획이 발표되었다. 또한 중국의 급격한 경제성장과 중국, 일본, 홍콩, 대만 등이 동북 아 물류시장의 점유율을 높이기 위한 추진전략을 수립할 필요성이 있었다.

이 시기의 성과로는 인천공항과 부산항의 실적 및 위상이 높아지고 내륙화 물기지의 개발이 추진되었고 제3자물류도 점차 활성화되면서 전반적으로 물류 성과 높아지고 있었다. 그러나 여전히 공·항만 개발에 있어 중국과 일본과의 치열한 경쟁과 영세한 물류산업, 물류전문인력의 부족과 같은 후진적인 구조를 가지고 있었다. 따라서 1차 수정계획에서는 물류산업의 육성과 국가물류체계 효율성을 강화하기 위한 전략이 포함되었다.

(2) 2차 수정계획(2011~2020)

2008년 건설교통부와 해양수산부가 통합해 국토해양부로 출범해 육·해·공의 통합적인 관점에서 수립된 기본계획이다. 기존 계획이 물동량 위주의 동북아 물류중심국 구축이라는 전략의 한계가 나타난 상황에서 새로운 글로벌 물류전략 수립이 필요하게 되었다. 대외환경적인 측면에서 글로벌 경제위기 대응, 녹색성장, 물류보안 등의 새로운 이슈에 대응을 위한 전략 변화가 필요하였다.

공항과 항만 등 물류 인프라 확충 면에서는 성공적이었지만 부가가치 창출에서는 기대에 미치지 못했다. 소프트인프라 확충과 관련해서는 정보화 사업의 추진 지연 등의 문제, 물류기업의 대형화·국제화, 해외부가가치 창출도 부진했다.

이에 국토부는 수정계획을 통해 '21세기 녹색성장을 선도하는 글로벌 물류강국'이라는 비전을 설정하였으며 지속적 경제성장 지원, 저탄소 녹색성장 견인, 물류산업의 고부가가치화라는 목표를 세웠다.

추진전략으로는 다음과 같은 5가지를 제시하였다.

육해공 통합물류체계 구축을 통해 물류효율화 구현

- 고품질 물류서비스 제공을 위한 소프트인프라 확보
- 녹색물류체계 구축과 물류 보안 강화로 선진물류체계 구현
- 글로벌 물류시장 진출을 위한 물류산업 경쟁력 강화
- 시장기능 회복을 통한 물류산업의 경쟁력 제고

(3) 3차 수정계획(2016~2025)

2016년 3차 수정계획이 수립되었는데 이는 2025년을 목표연도로 설정되었다. 물류에 대한 성과는 인천공항과 부산항의 약진을 높이 평가할 수 있다. 이에 비해 2차 수정계획에서 제시된 기업의 글로벌화는 부진해 급성장하고 있는 물류의 부가가치를 획득하는 데 한계가 있었다. 또한 녹색물류의 추진도 기대치만큼 만족스러운 수준에 이르지 못하고 있었다.

이에 수정계획에서의 비전은 '물류혁신과 신산업 창출을 통한 글로벌 물류강국 실현'을 설정하고 물류 일자리, 매출액 증진과 물류경쟁력 제고를 목표로 하였다.

(4) 제5차 국가물류기본계획(2021~2030)

제5차 국가물류기본계획은 2021년 국토교통부와 해양수산부가 공동으로 수립하였다. 지금까지의 성과로는 인천공항과 부산항은 글로벌 시장에서 상위를 유지하고 있어 목표를 달성하고 있다. 그러나 코로나-19로 인한 운송 및 물류산업의 커다란 변화로 인해 향후 새로운 전략이 필요한 시점이다. 특히 생활물류의 확대와 디지털 혁신의 가속화를 반영할 필요성이 커지고 있다. 이에 5차 기본계획에서는 '물류산업 스마트·디지털 혁신 성장과 상생 생태계 조성을 통한 글로벌 물류선도국가 도약'이라는 비전을 제시하고 첨단화 및 디지털화, 공유·연계 융복합인프라, 지속가능한 환경, 사람중심/좋은 일자리, 산업 미래 대응력 확보, 글로벌 경쟁력 확보라는 목표를 제시했다.

제2절 동북아 물류 현황과 허브 경쟁

동북아 지역에서는 경제활동이 촉진되면서 물류활동이 활성화되고 있다. 이러한 환경 하에서 각국들은 권역 내 물류활동의 중심지로 성장을 위한 정책들을 적극적으로 수립·실행해 나가고 있다. 동북아 국가들은 인프라 시설의 확충, 원활한 물류흐름을 위한 경제특구 제도의 도입, 정보통신기술 등에 대한 대규모 투자에 집중하고 있다.

1. 동북아 물류 현황

1) 동북아 경제의 위상

동북아시아는 광의적으로 한국을 중심으로 북한, 중국, 일본, 타이완, 몽골, 러시아 극동 등을 포함한 지역을 말한다. 그러나 경제적 중요성을 고려할 때 한국, 중국, 일본, 타이완을 포함한 협의의 개념으로도 정의할 수 있다. 협의의 동북아 지역의 면적은 세계 육지 전체면적의 7.6% 정도에 불과하지만 인구 규모로는 세계 인구의 약 1/4을 차지하는 잠재력이 큰 시장을 형성하고 있다.

동북아 지역은 세계 2위인 중국과 3위인 일본을 포함한 세계 경제 중심지역이다. 〈표 20-2〉는 4개국의 주요 경제지표를 나타내고 있는데, 2022년 기준으로 역내총생산은 약 24조 6천달러로 세계 경제의 약 24.4%를 차지하였으며, 수출은 19.7%, 수입은 15.9%를 차지하였다. 이는 2007년과 비교할 때 국내총생산은 약 8% 증가하여 세계 경제에서의 위상이 높아지고 있는 것을 보여주고 있다.

표 20-2 　동북아 국가의 주요 경제지표(2022)

(단위: 백만 달러)

구분	인구 (백만명)	면적 (㎢)	GDP (10억 달러)	1인당GDP (달러)	수출	수입	FDI (유입)	FDI (유출)
중국	1,412	9,388,211	17,963	12,720	3,604,498	2,715,537	180,166	149,692
일본	125	364,560	1,665	33,815	98,186	118,164	47,522	175,401
한국	52	97,466	4,231	32,401	683,585	731,370	17,996	66,408
타이완	23	35,413	716	32,756	477,868	435,855	13,300	16,280
4개국	1,612	9,885,650	24,576	-	4,864,137	4,000,925	258,984	407,781
전 세계	7,951	129,736,436	100,562	12,647	24,655,530	25,173,089	1,740,220	2,012,568
4개국 비중 (%)	20.27	7.62	24.44	-	19.73	15.89	14.88	20.26

자료: The World Bank, Database.

2) 동북아 수출입 물동량

(1) 동북아 수출입 현황

동북아는 유럽(EU), 북미(NAFTA) 지역과 더불어 세계 3대 경제권의 하나로 자리 매김하고 있으며 경제적 위상은 계속 높아지고 있다. 연평균 GDP 성장률 면에서 2015~2022년 동안 동북아는 5.0%로 유럽의 2.9%와 북미지역의 4.8%에 비해 높은 성장세를 유지하고 있다.

〈표 20-3〉에서 보듯이 동북아 지역의 교역량을 살펴보면, 2015~2022년 동안 동북아 지역의 연평균 수출입의 증가율은 7.0%로 세계 성장률 4.0%, 유럽연합 5.4%에 비해 성장세를 나타내었다. 그러나 이는 2005~2015년의 실적에 비해 상대적으로 낮아진 것을 알 수 있다.

표 20-3	세계 주요 권역의 연평균 경제 및 무역 증가율 추세(2005~2022)			
	경제성장률		무역성장률	
	2005~2015	2015~2022	2005~2015	2015~2022
세계	4.5%	4.24%	4.5%	4.01%
유럽연합(EU)	1.2%	2.98%	2.6%	5.48%
북미자유무역협정(NAFTA)	3.2%	4.77%	3.8%	7.65%
동북아4개국	7.6%	4.96%	6.7%	7.04%
중국	17.0%	7.17%	10.6%	7.21%
일본	−1.0%	−0.70%	1.4%	4.97%
한국	4.4%	1.84%	5.8%	5.65%
타이완	3.4%	4.27%	2.9%	8.84%

자료: IMF, International Trade Database, 타이완 관세청 통계 D/B.

〈표 20-4〉는 동북아 4개국의 상호 수출규모를 나타내주고 있는데, 이들 국가들의 역내 수출 비중은 2005년 약 26%에 달하였다가 2015년에는 20%로 다소 하락하였으며 2022년도 20.6%로 비슷한 수준이지만, 여전히 상호간의 무역은 중요하다. 특히 중국을 제외한 국가들의 대 중국 수출의존 비중은 압도적이어서 2015년 기준으로 일본의 전체 수출에서 중국이 차지하는 비중은 17.5%, 한국은 26.0% 그리고 타이완은 25.4%에 이르고 있다. 2022년의 경우 중국의 비중은 한국 22.8%, 일본 19.4%, 타이완 33.0%로 가장 중요한 교역 파트너인 것으로 나타났다.

| 표 20-4 | 동북아 국가간 수출규모 추이(2005~2022) |

(단위: 백만 달러)

		2005	2011	2015	2018	2022	비중 (%)
중국 →	일본	84,097	147,290	135,897	147,565	173,096	4.8
	한국	35,117	82,925	101,429	109,524	164,078	4.6
	타이완	20,094	43,597	44,184	48,650	81,296	2.3
	세계	762,347	1,899,280	2,280,540	2,501,334	3,604,481	11.6
일본 →	중국	80,005	161,818	109,216	143,998	144,618	19.4
	한국	46,678	66,007	44,030	52,507	54,224	7.3
	타이완	46,053	52,200	38,701	42,388	52,256	7.0
	세계	594,896	822,564	624,801	737,941	746,720	33.6
한국 →	중국	61,915	134,205	137,124	162,168	155,789	22.8
	일본	24,027	39,712	25,576	30,595	30,606	4.5
	타이완	13,239	17,860	13,027	20,773	26,198	3.8
	세계	284,343	555,400	526,744	605,708	683,584	31.1
타이완 →	중국	43,644	83,960	71,210	177,130	240,239	33.0
	일본	15,111	18,228	19,275	27,114	38,510	5.3
	한국	5,877	12,378	12,563	16,720	28,275	3.9
	세계	198,432	308,257	280,388	468,213	726,964	42.2

주: FOB 기준 수출, 타이완의 수출은 국별 수출통계, 다른 국가에서 타이완 수출은 타이완의 수입금액
자료: IMF, Direction of Trade Database, 타이완 관세청 통계 D/B.

(2) 동북아 수출입 물동량

동북아 지역 국가들의 무역규모와 증가세에 힘입어 이 지역 국가들의 수출입 물동량 역시 빠른 속도로 증가하고 있다. 일본과 타이완이 섬나라이고 한국은 정치·군사적인 이유로 육로를 통한 접근이 차단되어 있기 때문에 대부분의 교역은 해상운송에 의해 이루어지고 있으며, 항공으로의 교역은 고가품과 경량화물에 국한되어 있다.

〈표 20-5〉에서 보는 바와 같이 동북아 국가들의 컨테이너 화물 처리량은 2021년 기준으로 약 3억 1,800만TEU로 세계 전체 물동량의 37.4%를 차지하고 있으며 이는 2010년에 비해 1.5% 증가한 것이다. 또한 이는 이 지역의 금액기준 수출입 비중(약 18%)에 비해 압도적으로 높은 수치이다.

표 20-5 동북아 컨테이너 항만물동량 추이(2010~'21)

(단위: 천 TEU)

	2010	2012	2014	2016	2018	2020	2021
중국	140,552	170,058	192,334	207,161	234,619	246,040	262,606
일본	23,699	23,126	22,300	19,580	19,641	17,953	17,772
한국	12,737	13,879	15,051	14,865	15,322	14,594	15,453
타이완	19,940	21,168	21,663	21,678	23,424	21,557	22,204
동북아4개국	196,928	228,231	251,348	263,284	293,006	300,144	318,035
세계	547,855	622,205	674,689	701,389	784,332	795,534	851,112
비중(%)	35.9	36.7	37.3	37.5	37.4	37.7	37.4

자료: UNCTAD Database.

역내 외 교역의 활성화와 항공운송부문의 자유화에 따라 동북아 항공화물 운송시장 역시 지난 20여년간 괄목할 만한 성장을 거두었다. 1992년 기준으로 세계 항공화물 시장에서 북미지역이 차지하는 비중은 35%로 압도적이었으나, 1990년대 이후 중국이 주도한 아시아 시장의 점유율은 1992년 28%에서 2010년 38%로 크게 증가하였다. 물량과 거리 면에서는 2017년 기준으로 동북아 항공화물량은 544억톤-km로 전 세계에서 차지하는 비중은 24.0%였다.

표 20-6	동북아 항공화물량 추이(2005~'17)

(단위: 백만 톤-km)

	중국	일본	한국	타이완	동북아	전 세계	비중(%)
2005	4,385	7,755	7,311	n.a	19,451	118,480	–
2007	7,234	7,616	8,942	11,146	34,938	132,410	26.39
2009	7,020	6,171	8,480	8,604	30,275	117,055	25.86
2011	11,628	5,709	12,162	10,590	40,089	155,451	25.79
2013	10,416	6,494	11,728	9,196	37,834	159,456	23.73
2014	11,874	7,697	10,997	9,078	39,646	167,289	23.70
2017	23,324	10,685	11,002	9,392	54,403	223,730	24.31

자료: 항공정보포탈시스템(http://www.airportal.go.kr), 타이완 교통통신부 D/B.

(3) 남북한 경제교류와 운송시스템

남북한 경제협력사업은 정치적 관계와 밀접하게 연계되어 많은 변화를 거치면서 진행되어 왔다. 1990년대 말부터 2000년대 후반까지 남북관계의 호전은 개성공단사업, 금강산관광사업, 철도연결사업 등 3대 경협사업을 순조롭게 이끌었다. 남북정상회담에서 합의한 각종 경협사업 추진을 위한 경제회계과 군사회담이 개최되어 남북경협의 새로운 지평을 열게 되었다. 2007년 남북정상회담에서 남과 북은 해주지역과 주변해역을 포괄하는 '서해안평화협력특별지대'를 설치하고 공동어로구역과 평화수역 설정, 경제특구 건설과 해주항 활용, 민간선박의 해주직항로 통과, 한강하구 공동이용 등을 적극 추진해 나가기로 합의하였다.

〈표 20-7〉에서 보는 바와 같이 남북경협은 1988년 '7.7선언' 이후 남북관계에 긴장이 조성된 2004년을 제외하고 지속적으로 증가하여 2008년도 18억 달러 그리고 2015년에는 27억 달러 규모로 성장하였다. 그러나 2008년 이후 남북한간의 정치·군사적 문제 특히 북한의 핵문제가 주요 이슈가 되면서 남북한간 교류는 급속히 냉각되었다. 특히 2016년 2월 북한의 핵실험에 이은 정부의 재제조치로 지난 20여년간 이어져 온 개성공단사업이 중단되면서 남북한 경제교류는 거의 중단되다시피 하였으며 양국간 교역도 거의 이루어지지 못했다.

| 표 20-7 | 남북한 교역 추이(1989~2016) |

(단위: 천 달러, %)

구분	1989~'02	2004	2006	2008	2010	2012	2014	2016
반입	2,066	258	520	932	1,044	1,074	1,206	185
반출	1,505	439	830	888	868	897	1,136	147
계	3,571	697	1,350	1,820	1,912	1,971	2,343	332

자료: 통일부, 2017.

1990년대 후반에서 2000년대 초반까지 남북한 경제협력이 활성화되는 시점에서 남북한은 단절된 철도 노선의 복원을 추진했다. 남북한 철도연결 사업의 일환으로 경의선(서울-신의주)의 경우, 1985년에 실시설계를 시작으로 2007년 개성공단사업이 완료되면서 연결이 이루어졌다. 경의선 복원은 북한의 교통 네트워크를 활용하여 한국과 대륙을 잇는 새로운 방법을 만들기 위한 시도로 남북경협의 핵심사업 중의 하나였다.

북한은 도로, 철도 등 기반시설이 부족할 뿐만 아니라 대외 폐쇄정책으로 인하여 육로운송이 제한되어 있다. 북한의 사회간접시설이 개선되고 개방이 확대되면 해상운송보다 육상운송에 대한 의존도가 높아질 것으로 예상된다. 2007년 남북정상회담에서 개성~평양간 고속도로 및 개성~신의주 철도 개보수에 대한 합의가 이루어졌다.

남북간 해상운송 물동량은 1997년 61만톤에서 2006년에는 1,570만톤으로 그동안 연평균 43.4%의 높은 증가세를 기록했다. 수출은 연평균 10.5% 증가한데 비하여 수입은 57.4%의 높은 증가세를 나타냈다. 특히 2004년 이후부터는 수입 물동량이 폭발적으로 증가했는데, 이는 해주모래 등 원자재의 수입량이 급증한데 기인된 것이다.

남북한은 2005년 8월에 발효된 '남북해운합의서'에 의거하여 남북한 주요 항만간 해상항로가 개설되어 남북한간 국적선 운항이 이루어졌다. 〈표 20-8〉에서 보는 바와 같이 남북한 해상물동량은 남북관계가 급진전된 2007년 2천 5백만톤을 정점으로 기록한 이후 남북관계의 악화와 더불어 수직 하강하여 2011년 이후 물동량은 전무한 상태로 머물다가 2015년 약간 회복되었으나 이후 다시 전면 중단되는 상황으로 전개되었다.

표 20-8	남북한 해상운송 물동량 추이(2006~'15)

(단위: 천 톤)

	2001	2005	2007	2010	2012	2013	2014	2015
합계	641	6,795	25,111	1,068	1	1	41	2,545
남한 → 북한	402	947	1,347	34	1	0	0	–
북한 → 남한	239	5,848	23,764	1,034	0	1	41	2,545

자료: 해양수산부, 2016.

북한의 항만은 1980년대 들어서 대외무역 증대 방침에 따라 일제 시대부터 사용된 기존시설의 복구 및 정비 외에도 주요 무역항의 확장 공사를 추진하였다. 또한 나진, 선봉, 청진 등을 자유무역항으로 지정을 추진했지만 장기간에 걸친 경제위기로 인한 사회간접자본(SOC) 투자 미비로 항만 개발 및 외자 유치 활성화가 이루어지지 못했다.

북한의 무역항 관리 및 운영도 부실하여 항만의 효율적 활용이 제대로 이루어지지 않고 있다. 항만배후수송체계는 철도가 주축으로 되어 있어 철로부족 및 시설노후화로 내륙운송이 제약받고 있으며, 도로는 철도의 보조수단으로 수송 분담률이 낮은 상태에 있다.

남북한의 운송 연계는 남북한 정치·경제교류와 밀접한 연관성을 가진다. 우호적인 남북관계의 정점이었던 2000년대 후반기에는 철도, 도로, 해상운송의 연계망이 활성화되었다. 그러나 이후 남북관계가 경색 국면으로 접어들면서 대부분의 사업이 중단되었으나 개성공단을 연결하는 도로운송의 연결망만이 유지되었다. 2015년 한국 정부의 '유라시아 이니셔티브' 계획이 발표되어 북한의 북방 접경지역을 중심으로 한·중·러와 북한을 연계하는 해상, 도로, 철도의 연계가 활발히 추진되었다. 그러나 이러한 사업도 북한의 핵개발에 대한 제재조치로 개성공단이 폐쇄되고 중국과 러시아가 대 북한 제재에 공조하면서 사실상 남북한 경제교류 및 물류 네트워크 사업도 거의 중단되고 말았다.

3) 동북아 운송시스템과 물류협력

(1) 해상운송시스템

1990년대 후반 이후 동북아 지역의 무역량 증가와 더불어 동북아 지역 내

해상 물동량은 높은 증가세를 기록하고 있다. 이러한 물동량 변화는 동북아 지역의 해상운송시스템에 변화를 가져오고 있다.

2014년 기준으로 세계 항만물동량의 35.4%가 동북아 역내 항만에서 처리되어, 다른 지역에 비해 항만물동량 비중이 현저하게 높아졌다. 그리고 중국을 중심으로 대대적인 항만개발이 이루어져 다수의 중·대규모 항만들이 등장해 모선 직기항의 물리적 제약이 해소되고 있다. 또한 단거리 역내 교역의 비중이 상대적으로 높아 선박의 대형화 추세에도 불구하고 중·소형선의 지속적 투입으로 중심-지선체제보다는 직기항체제의 경제성을 높이는 요인으로 작용하고 있다. 이에 따라 동북아시아 지역의 경우는 중심-지선체제가 한계에 달하고 있는 반면, 직기항을 기반으로 하는 새로운 해상운송체제가 구축되고 있다.

동북아시아 지역에서는 육상보다는 해상운송으로의 교역이 많이 발생할 뿐만 아니라 중국의 경우 1990년대 이후 항만개발이 가속화되면서 비교적 규모가 큰 항만들로 구성되어 항만간 복잡한 네트워크를 형성하고 있다. 이로 인해 중심항-지선 체제(hub-and-spoke)보다는 다극항만체제로 해상 운송네트워크들이 연결되어 있다.

동북아 지역 내에서 국가간 해상운송네트워크는 역내 중심항, 예를 들어 상하이, 다롄, 칭다오, 홍콩, 부산, 인천, 카오슝, 도쿄, 요코하마 등을 중심으로 연결되어 있다.

해상운송량의 증대는 이를 처리하는 인프라인 항만의 발전을 가져오고 있다. 이 지역의 항만물동량은 다른 어떤 지역보다 빠른 성장세를 보여주고 있다. 동북아 지역은 증가하는 해상물동량을 처리하고, 환적물동량을 유치하기 위한 중심항으로의 발전을 위해 항만의 대형화를 적극적으로 추진하였다. 특히 중국의 항만개발은 급증하는 해상운송량과 더불어 가장 적극적으로 추진되어 현재 대형 항만이 다수 포진되어 있다.

(2) 항공운송시스템

세계적으로 경량 및 고가치 화물의 수출입 비중의 증대, JIT 생산체제로의 전환 등으로 인해 역내 항공화물에 대한 수송 수요의 화물의 증가세는 지속적으로 유지되고 있다. 특히 동북아 역내에서는 수출입 물동량 증가는 항공운송량의 가파른 증가를 가져왔다.

항공운송에서 중심-지선체제는 항만보다 더욱 잘 발달되어 있기 때문에 국제화물을 처리할 수 있는 공항의 화물집중도는 더욱 높아 공항의 대형화는 필수적인 현상으로 받아들여지고 있다. 중국 물동량의 급증과 더불어 중국 내에서 내륙 운송망의 한계로 중국 동북아 지역의 화물이 해상으로 인천항을 경유하여 인천공항에서 출발하는 해항복합운송(sea-air) 화물의 증가세가 두드러지고 있다.

항공운송량의 증대는 이를 처리하는 공항인프라의 확충을 가져오고 있다. 이 지역의 주요 공항으로는 홍콩, 상하이, 인천, 나리타 공항 등을 들 수 있는데 이들 공항의 물동량 처리량은 2015년 기준으로 세계 1위의 홍콩, 3위의 상하이, 5위의 인천을 포함하고 있다. 지난 10년간(2005~'15) 물동량 증가량은 33.6%에 달하는 것으로 나타났다.

(3) 동북아 복합운송시스템

동북아 복합운송시스템으로 널리 활용되고 있는 것은 해항 복합운송과 해륙 복합운송이다. 해항(sea & air) 복합운송은 해상운송의 저렴성과 항공운송의 신속성을 결합하여 비용 대비 운송시간을 단축하고 취급상의 문제점을 최소화하기 위한 국제복합운송 방식이다. 동북아 지역에서 해항 복합운송시스템이 활성화되는 복합운송의 대표적인 사례는 중국의 동북아 지역의 항만에서 인천항으로는 해상으로 그리고 인천공항을 통해 미주 또는 유럽으로 항공운송으로 연결되는 복합운송시스템이다.

해륙 복합운송(sea & land)은 해상운송의 저렴성과 육상운송의 신속성을 결합하는 방식이나 많은 경우 지리적인 요인으로 운송수단의 접근성이 제한적일 때 주로 활용된다. 동북아 지역에서의 이러한 복합운송이 적용되는 대표적인 예로는 한국 또는 일본의 화물이 해상으로 러시아 극동항만으로 그리고 이후 시베리아횡단철도(TSR: Trans-Siberia Railways)를 이용해 중앙러시아, 동유럽, 중앙아시아, 서유럽 지역으로 운송하는 시베리아내륙교(SLB: Siberian Land Bridge) 복합운송시스템을 들 수 있다.

또한 [그림 20-1]에서 보듯이 최근 개통된 한·중·러 복합운송시스템은 중국의 동북3성 지역 특히 하얼빈 지역에서 육상운송으로 러시아 극동항인 블라디보스톡항으로 그리고 이후 피더선으로 부산항까지 해상운송하고 환적을 통해 모선으로 미주 및 유럽으로 운송하는 시스템이다.

그림 20-1   동북아 복합운송 경로

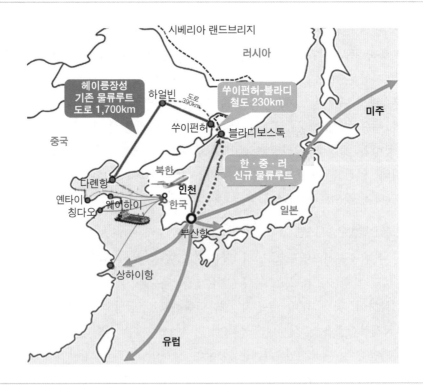

4) 동북아-유럽 운송루트

(1) 해상운송루트

동북아에서 유럽으로의 운송에서 주로 이용되는 노선은 수에즈 운하를 경유하여 유럽으로 향하는 해상운송루트이다. 대형 컨테이너선이 주로 투입되어 한 번에 많은 화물량을 적재하여 운송하기 때문에 운임이 상대적으로 저렴하다는 장점이 있으나 시간이 많이 소요된다는 단점이 있다. 최근 15,000TEU 이상의 컨테이너선의 투입으로 단위당 운송원가를 낮추어 운임에서의 경쟁력이 더욱 높아지고 있다.

(2) 시베리아랜드브리지

남북한이 분단된 이후 우리나라는 대륙으로의 교통망 연결을 통해 유라시아

그림 20-2	남북한 철도와 유라시아 철도의 연결

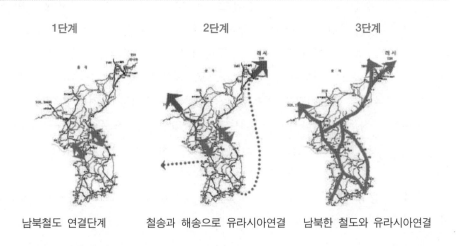

1단계	2단계	3단계
남북철도 연결단계	철송과 해송으로 유라시아연결	남북한 철도와 유라시아연결

자료: 나희승, "남북철도, 대륙을 품다 - 유라시아시대에 통합철도망의 발전 구상과 과제-", 「KoFC 북한개발」, 2013 통권 1호, 2013.

로 진출에 대한 많은 노력을 기울여 왔다. 특히 1990년대 초반 소련의 붕괴에 이어 러시아와 동유럽국가와 경제교류가 활성화되면서 대륙으로의 연계 수송망 활용의 기회를 맞이하였다. 이후 1990년대 후반과 2000년대 초반 남북관계가 개선되면서 남북한간 그리고 유라시아 철도의 연계를 통한 진출 가능성을 적극적으로 검토하였다.

유럽-아시아-태평양을 잇는 '철의 실크로드(iron silkroad)'가 연결되면 수송 시간 및 비용 절감 등으로 남북한 경제협력뿐만 아니라 유라시아 경제교류 확대에 크게 기여하게 된다. 따라서 기존의 해상운송과 철도를 연결하는 데에서 더 나아가 전체 철도망을 통해 유라시아와 연결할 수 있다. 이에 대한 구체적인 방안으로 [그림 20-2]에서 보듯이 1단계에서는 남북한 철도의 연결, 2단계에서는 북한의 철도를 현대화하는 한편 해양으로 러시아 극동지역 항만과의 연결을 통한 유라시아 접근 그리고 제3단계는 완전한 철도에 의한 남북한 지역과 유라시아 지역 간의 연결을 구상하였다.

이러한 방안은 2014년 '유라시아 구상(initiative)' 또는 '실크로드 익스프레스 (SRX: Silk Road Express)'로 명명되어 정부에 의해 강력하게 추진되었다. SRX가 연결될 경우 철도는 단절 구간 없이 유라시아와 연결되어 경쟁력 있는 운송수단으로 부상하면서 경제 통합을 가속화시킬 수 있다. 특히 중국의 동북3성으로 운송시 높은 경쟁력(운송시간 대비 운임)을 보여줄 것이다. 현재 러시아로 향하는 화물은 대부분 부산항과 속초항을 통해 해상으로 운송되고 있는데 철도로 북한을 통과하여 TSR과 연결하는 SRX가 구축되면 한국, 중국, 러시아가 육상으로 연결되고 추가적으로 일본항만과 부산항으로 해운과 철도가 연결되면 동북아와 유라시아 물류연결 네트워크는 경제교류에 획기적인 변화를 가져올 것이다.

2010년대 정부는 유라시아 이니셔티브 사업의 일환으로 '나진-블라디보스톡 구간 철도 현대화 사업'을 추진하였다. 이 사업은 중국의 '일대일로(一帶一路)정책 하에 추진되는 동북 지역의 '차항출해 전략(항만을 빌려 동해로 진출)'과 러시아의 '신동방 정책' 그리고 '광역두만개발계획(GTI: Greater Tumen Initiative)'과 아우러져 동북아 경제협력의 촉진에 기여할 것으로 예상되었다.[1]

(3) 북극해 항로

최근 기후변화로 인해 북극의 해빙이 가속화되면서 북극 연안 국가들을 비롯해 한국, 중국, 일본 등 주변 국가들의 북극항로에 대한 관심이 고조되고 있다. 부산항에서 네덜란드 로테르담까지 기존 수에즈운하를 통한 항로거리는 2만 1,000킬로미터에 달하지만, 북극해항로(NSR: Northern Sea Route)를 이용하면 1만 2,700킬로미터로 수송거리가 40% 줄고, 수송기간도 10일 이상 단축된다. 그러므로 북극해항로를 통한 유럽과 아시아간의 상업적인 수송이 본격적으로 이루어진다면 해운회사들의 물류비용이 대폭 절감되기 때문에 해상운송에서의 커다란 혁명을 초래하게 될 것이다.

우리나라는 2009년과 2011년에 각각 울산항과 여수항에서의 시범 운항을 실시하여 북극해 항로의 활용을 준비하여 왔다. 그러나 동 항로에 적합한 화물이 존재하여야 하며 또한 기술과 비용 등에 있어 관련 당사국의 필요한 조치가 선행되어야 하는 문제가 남아있는 상황이다.

---

1) GTI는 중국의 동북 3성과 내몽고, 몽골의 동부 전역, 러시아의 연해주, 한국의 동해안 도시 등 지역을 사업범위로 하고 있으며, 교통, 무역과 투자, 관광, 에너지, 환경 등 5대 분야의 우선 협력사업을 추진하기 위한 정부간 협력체이다.

그림 20-3	북극항로와 동북아-유럽 해상항로

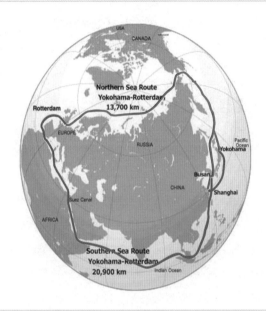

동북아 지역에서 유럽향 3가지 운송경로는 거리, 비용, 화물적합성 등에서 서로 다른 특징을 가지고 있다(<표 20-9> 참조).

표 20-9	부산-로테르담간 운송경로 비교

요인	수에즈 운하	TSR	북해항로(NSR)
거리	1만 9,800km	1만 2,200km	7,000km
운송시간	30~40일	20~30일	18-24일
비용	운하 요금, 높은 연료비, 해적보험료	높은 철도 비용과 러시아 항구까지의 해상 운송 비용 추가	쇄빙선 수수료, 특수 선박 비용, 높은 보험료.
환경 영향	거리가 길어져 탄소배출량이 많고 유류 유출 위험 높음	일반적으로 해상 운송보다 배출량이 적음	배출량은 낮지만 북극 환경 위험 심각
안전/접근성	연중무휴 접근 가능, 해적위험	철도 효율성과 지정학적 요인에서 안정적	제한된 접근성, 빙상 항해 위험

지정학적 고려사항	이집트와 중동의 정치 적 안정에 영향	러시아의 운송 정책과 국제 관계	러시아 북극 정책 및 국제 관계
화물 적합성	다양한 유형의 벌크 및 컨테이너 화물	고가치, 시간에 민감한 상품에 유리	계절에 따라 제한적

2. 동북아 물류허브 경쟁

1) 물류허브의 조건

(1) 물류허브의 개념

물류허브(logistics hub)란 '물류활동의 중심지'를 의미하며, 글로벌 경제시스템 하에서는 지역경제권들을 연결하고 주변지역에 물류관련 서비스를 제공하는 기지로 정의될 수 있다. 따라서 물류허브의 개념에는 항만, 공항, 물류단지 등이 필수적 구성요소이다. 동북아 물류허브화 또는 중심지화는 동북아 지역 내에서 세계 각 지역경제권으로 연결하는 물류시스템의 구축을 의미한다. 우리나라의 관점에서 동북아 물류중심지 구축은 곧 우리나라를 동북아의 물류센터 또는 동북아 관문으로 조성한다는 것을 의미한다.

(2) 물류허브의 조건

일반적으로 글로벌 혹은 지역 물류허브가 되기 위해서는 〈표 20-9〉에서 보듯이 기본적으로 자연적 조건과 사회·경제적 조건을 갖추고 있어야 하며, 물류허브가 원활한 기능을 할 수 있도록 하드웨어와 소프트웨어가 충분히 구비되어야 한다.

자연적 여건에는 지리적으로 간선운송루트(main trunk route)상에 위치해야 하며, 공·항만 건설에 적합한 자연적 조건 예를 들어 항만의 경우 충분한 수심과 안전성이 확보되어야 하며, 공항의 경우 이착륙에 장애가 없어야 하는 것 등이 있다. 사회·경제적 여건에는 허브를 조성하기 위한 충분한 부지 확보, 저렴한 토지 조성비용, 해당 지역 또는 배후권에 충분한 시장 등이 있다. 또한 물류허브를 운영할 수 있는 인적자원을 용이하게 확보할 수 있어야 한다.

물류허브의 기능적 요건으로 하드웨어 측면에서는 국제적 네트워크를 갖추고 있어야 하며 양호한 인프라가 제공되어야 한다. 소프트웨어 측면에서는 법률, 제도,

기술지원, 서비스 체제가 잘 갖추어져야 하며, 정보, 금융, 관리 등이 기초 인프라와 유기적으로 잘 결합되어 있어야만 고객이 원하는 다양한 물류서비스를 제공할 수 있어야 한다.

표 20-10	물류허브의 성공조건	
구분	세부적 조건	내용
기본적 조건	지리적 여건	간선운송로 상에 위치
	배후지 여건	대규모 생산지 또는 소비지 인근에 위치
	경제적 여건	저렴한 원가부담(물가, 임금, 세금, 임대료 등), 성장 지속 가능성, 시장규모
	자연적 여건	공·항만건설에 적합한 자연적 조건
	부지확보 여건	확장 가능한 배후부지 개발을 위한 충분한 부지
	인적자원 여건	물류허브 운영을 위한 전문인력
기능적 요건	하드웨어	국제 네트워크, 인프라 기능
	소프트웨어	양호한 법률, 제도, 기술지원, 서비스 체제

자료: 오용석, 2003.

2) 동북아 물류허브 경쟁

(1) 항만간 경쟁

동북아 지역의 경제성장과 더불어 물동량이 증가하면서 각국들의 물류허브 경쟁이 치열하게 전개되고 있다. 특히 한·중·일 3국은 중장기 계획을 수립하여 주요 공·항만의 확충을 경쟁적으로 진개하고 있다. 동북아 허브항만 경쟁에서는 상하이, 홍콩, 부산, 카오슝, 요코하마가 그리고 공항의 경쟁에서는 홍콩, 푸동, 인천, 나리타 등이 포함되어 있다.

동북아 해상운송망 및 항만구도 변화의 중심에는 상하이항 양산터미널의 개장이 위치하고 있다. 양산터미널은 내륙에서 32.7km 떨어진 대·소양산섬을 다리로 연결해 컨테이너 터미널을 건설하였다. 전체 4단계로 나누어 2020년에 완공되었으며 전체 처리능력은 약 2천4백만TEU에 달한다.

홍콩항은 동남아와 동아시아 지역의 화물을 처리하며, 중국 남부지역의 관문(gateway) 역할을 한다. 2007년까지는 세계 최대 컨테이너 처리 항만이었으나 상하이와 싱가포르에게 그 자리를 넘겨주고 2022년 기준으로 10위에 위치해 있다. 비록 중국 본토의 많은 화물이 본토 항만인 선전항으로 이전되었으나 여전히 아시아와 북미, 유럽을 연결하는 중심항로에 위치하고 있어 이를 연결하는 환적항으로서의 역할을 수행하고 있다.

부산항은 한국 최대의 컨테이너 항만이며 확충 사업으로 2001년부터 부산신항을 개발하여 2015년에 완공하였다. 부산신항은 총 25개 선석을 보유하고 있으며 2020년 기준으로 1천 6백만TEU의 처리능력을 갖추고 있다.

카오슝은 타이완 최대의 컨테이너 항만으로 북미와 동남아간 화물의 중계기지 역할을 하고 있다. 1997년 셔먼과 푸조우 항로의 개설과 더불어 남동부 중국 화물의 환적 화물로 유치하여 처리량을 증대시켜 왔다. 카오슝은 23개의 컨테이너 선석을 보유하고 있다.

(2) 공항간 경쟁

동북아 지역의 수출입 규모가 증가하면서 항공 화물의 수출입 규모도 증가하고 있다. 이 지역의 대표적인 공항으로는 홍콩, 푸동, 인천, 나리타, 베이징, 타오유안 등이 있다. 홍콩공항은 항만과 마찬가지로 동남아 및 중국에서 해외 공항으로의 환승 공항으로 널리 이용되면서 많은 항공 화물을 유치하였다. 2021년 기준으로 4백 2십만톤의 화물을 처리하여 세계 제1위의 화물 처리실적을 나타내고 있다. 푸동공항은 중국 본토에서 가장 많은 물동량을 처리하는 공항으로 급증하는 화물량에 맞춰 지속적으로 확장하여 왔다.

인천국제공항은 2001년 개항한 이래 동북아 지역의 항공 화물 중계지 역할을 하고 있다. 특히 중국의 북동부 지역의 지역 공항 또는 항만과 연계하여 환적 공항으로 또는 해항(sea-air) 복합운송의 허브공항 역할을 통해 많은 화물을 처리하고 있다. 나리타공항은 일본 최대 공항으로 일본 내 항공 화물을 주로 처리하고 있다. 일본의 경제성장이 정체되면서 나리타공항의 화물 증가도 속도를 내지 못하고 있다.

베이징공항은 중국의 수도권 항공 화물을 운송하는 데 활용되고 있다. 화물보다는 승객의 이용에 초점을 맞추고 있을 뿐만 아니라 터미널 규모가 제한적이고 화물운송의 노선이 한계가 있기 때문에 푸동공항에 비해 처리량도 낮은 수준에 머물고 있다. 타오유안공항은 타이완 제1의 공항으로 주변의 동남아 지역과 중국의 남동 지역에서의 환적 화물의 유치를 통해 화물 처리량이 꾸준히 증가해 나가고 있는 추세이다.

| 그림 20-4 | 동북아 주요 공항의 항공 화물 처리실적 추이(2002~'22) |

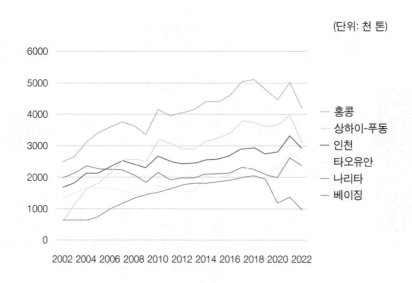

(단위: 천 톤)

홍콩
상하이-푸동
인천
타오유안
나리타
베이징

자료: Wikipedia, List of busiest airports by cargo traffic, 2022.

3) 우리나라의 동북아 물류중심화 정책

(1) 동북아 물류중심화의 개념과 의의

'동북아 물류중심'이란 동북아 경제권을 연결하는 글로벌 물류시스템에서 주변지역에 물류관련서비스를 제공하는 센터를 의미한다고 할 수 있다. 세계적 기업들이 우리나라 공·항만에 동북아 지역본부나 물류센터를 설립하고 국내외로부터 원자재, 부품 등을 조달하여 조립·가공, 포장, 라벨링 등의 부가가치 물류활동(VAL)을 통해 완제품을 만들어 동북아의 각 지역으로 공급하는 거점으로 역할을 하게 된다([그림 20-5] 참조).

그림 20-5   동북아 물류중심의 개념도

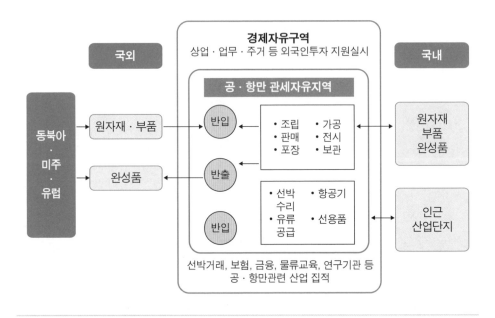

자료: 동북아경제중심추진위원회, 「동북아 물류중심 추진 로드맵」, 2003. 8. 27.

(2) 동북아 물류중심화 정책의 추진과정과 실천과제

　1990년대 중반 이후 동북아 국가들의 경제가 비약적으로 성장하면서 수출입 물동량이 급증하는 한편 컨테이너 운송이 세계 운송을 지배하면서 기존 항만의 능력으로는 증가하는 물동량에 대처할 수 없는 상황이 되었다. 이에 우리나라는 동북아 지역에서의 물류기회를 경제성장의 중요한 동력으로 육성하기 위한 정책적 방안을 수립하였다. 이 정책은 '동북아 물류중심항만'이라는 기치로 2003년 동북아 경제중심 추진위원회가 '동북아 경제중심정책'을 발표하면서 시작되었다. 이후 이 정책은 국정 과제의 최우선 과제가 되었으며, 이에 따라 동북아 물류중심정책은 시설, 제도, 전문인력 양성 등 도출된 세부과제들이 적극적으로 추진되었다.

　동북아 물류중심정책의 비전은 '세계의 화물·정보·사람이 모이는 동북아의 관문'으로 설정되었다. 그리고 이 비전을 달성하기 위해 다음의 2가지 목표, 즉 세계 최고수준의 공·항만 개발과 다국적 기업의 지역본부 유치에 두고 있었다.

표 20-11	동북아 물류중심화 정책의 목표와 실천과제
목표	▪ 세계 최고 수준의 공·항만 개발 ▪ 세계적 기업의 물류센터, 지역본부 유치
세부 추진과제	▪ 투자배분조정(항만·공항에 대한 투자배분 제고) ▪ 물류시설 확충 ▪ 물류제도 투명화 ▪ 물류제도 개선 ▪ 물류정보시스템 ▪ 투자인력 양성 ▪ 전문기업 육성

(3) 동북아 물류중심화 정책성과

동북아 물류중심화 정책(2003~'08)이 계획된 성과를 달성하는 데는 미흡점이 많았음에도 불구하고 물류의 중요성을 부각시키면서 우리나라 물류산업 전체 그리고 세부적으로는 국제물류 산업의 경쟁력 제고에 상당한 역할을 하였다고 할 수 있다. 이를 구체적으로 살펴보면 먼저 인프라의 구축에서는 부산신항 건설과 광양항 증설, 인천공항 건설 등과 같은 국가규모의 대형 인프라의 구축과 증설뿐만 아니라 항만과 공항의 배후지가 조성되었다.

제도적인 측면에서도 경제자유구역, 자유무역지대, 혁신도시와 같은 제도 도입을 통해 외국인 투자의 유치를 적극적으로 추진하였다. 인력 양성에서도 많은 지원이 이루어져 전문인력 양성을 위한 기반을 조성하였다고 할 수 있다. 그럼에도 불구하고 중국 대형항만의 건립으로 인한 동북아 물류 중심지로의 도약은 제한적인 성과를 기두는데 미몰렀다. 또한 항민배후딘지의 조성과 물류기업 유치, 그리고 환적물량의 유치 부문과 관련해서는 정책목표의 달성도가 다소 미진한 것으로 평가된다.

우리나라의 동북아 지역에서의 지정학적 위치를 고려할 때 물류산업의 육성은 지속되어야 할 과제이다. 비록 동북아 물류중심정책이 기대했던 성과를 거두는 데는 미흡하다 할지라도 물류산업의 경쟁기반 조성과 가능성을 고조시키는 데는 성공적이었다고 평가할 수 있다. 이제 과제는 향후 어떻게 이를 잘 활용하여 우리나라의 물류산업의 경쟁력을 제고할 수 있을 것이냐는 점이다. 물류산업은 무역의 파생수요이면서 국제무역을 지원하는 데 결정적인 요소라는 점에서 물류가 국가경제에 이바지하는 바가 지대하다고 할 수 있다.

우리나라 경제구조의 특징과 중국을 포함한 동북아 지역이 가지는 세계경제에서의 중요성 그리고 물류 환경의 동태적인 특징을 고려했을 때 물류산업에서의 경쟁력 확보를 위한 노력은 지속되어야 할 것이다. 구체적으로 기존의 인프라 및 시설, 제도, 기술 등을 한 차원 높여 나가 국가 또는 기업의 핵심역량으로 육성함으로써 다가오는 도전에 적극적으로 대응해 나갈 필요가 있다. 특히 글로벌 공급사슬에서의 국제물류는 국가 및 산업 경쟁력의 핵심 요소가 되고 있는 바 물류산업의 효율성과 효과성을 제고할 수 있는 정책적 지원과 전문인의 양성, 정보통신 및 물류기술의 발전을 위한 정부 및 기업의 투자는 지속적으로 이루어져야 할 것이다.

5부-1 사례 글로벌 공급사슬의 지정학적 리스크

코로나19 이후 지정학적 리스크의 발생이 빈번하게 발생하고 있다. 이러한 리스크에는 미중 패권경쟁에서부터 지역 분쟁과 무역통제 등 다양하며 이는 글로벌 경제와 수출입 물동량의 변동성을 높일 뿐만 아니라 글로벌 공급사슬과 국제물류에 커다란 영향을 미치고 있다.

(1) 미중 패권경쟁

2010년대 이후 중국의 급속한 경제적 부상과 더불어 미국의 대중국에 대한 견제 정책이 이루어져 왔는데 여기에는 무역, 기술과 보안, 공급망, 투자, 국제관계의 재정립, 지역무역협정 등이 포함된다. 2018년 미국의 중국으로부터 수입품에 대한 고율의 관세부과에 이어 중국의 보복관세 부과 등으로 양국간 교역관계는 악화되었다. 양국은 대체 공급업체를 구하거나 리쇼어링 촉진 정책의 추진 등으로 글로벌 공급망에 영향을 미쳤다.

미국의 대중국 견제에서 가장 중점을 두고 있는 분야는 과학기술이다. 이는 기술이 경제와 군사력의 발전에 핵심적인 동력이기 때문이다. 미국은 기술분에서 전방위적 견제로 중국이 패권국으로 성장하는 것을 억제하고자 하는 데 특히 첨단 반도체와 정보통신분야에 집중화하고 있다. 중국도 미국에 대항하여 기술자립에 적극 나서고 있는데 제조 2025를 정책 목표로 설정하는 한편 기술자립과 함께 M&A와 해외인재유치 등을 통해 기술 경쟁력을 확보하는 전략을 추진하고 있다.

중국은 2013년 '일대일로 이니셔티브(BRI: Belt and Road Initiative)'를 발표하여 대외 확장정책을 추진하고 있는데 육상과 해상 실크로드를 통해 아시아는 물론 아프리카와 유럽까지 교통 인프라를 구축하여 투자, 교역, 교류를 활성화를 추진하고 있다. 미국은 2021년 6월 '더 나은 세계의 재건(B3W: Build Back Better World) 이니셔티브' 발표를 통해 남미, 아프리카, 인도-태평양 지역 국가에서 인프라 투자를 통해 경제적 영향력 확대를 통해 BRI를 견제하고 있다.

미중 패권경쟁은 국가들이 전략적 이해관계, 경제 정책 및 지정학적 고려 사항을 기반으로 진양간 협력 또는 동맹체제의 형성을 유도면서 무역 블록과 공급망이 더욱 지역화되도록 하고 있다.

미중간 패권경쟁은 글로벌 공급망과 물류체제에 커다란 영향을 미칠 것으로 예상되는 데 구체적으로 글로벌 공급체제에서 지역화와 블록화로 이끌면서 세계 교역과 물동량의 위축으로 연결되는 동시에 공급망 체제의 일대 전환을 가져올 것으로 예상된다.

(2) 러시아-우크라이나 전쟁

우크라이나의 나토가입 움직임에 안보위협으로 인식한 러시아가 2022년 2월 우크라이나를 침공함으로써 벌어진 양국간 전쟁은 에너지 자원과 곡물류의 국제 교역에 지대한 영향을 미쳐 가격의 변동성을 높이는 결과를 가져왔다.

러시아는 전통적으로 유럽과의 정치·경제적으로 밀접한 관계를 유지해 왔다. 그러나 러-우전쟁 이후 미국을 비롯한 서방 국가들은 러시아에 대한 인적·물적 제재 조치를 추진하였다. 러시아의 에너지와 자원의 교역의 중심축이 중국과 인도로 향하고 있다. 운송에서도 커다란 변화가 일어나고 있는데 코로나19의 여파로 동북아-유럽간 철도운송이 증가되는 시점에서 러-우 전쟁으로 시베리아횡단철도(TSR)의 서유럽 구간이 중단되면서 러시아를 통한 물류공급망은 제 기능을 못하게 되었다. 또한 항공운송도 러시아 영공을 지나지 못하게 되면서 우회 운송으로 인해 시간적, 물리적으로 큰 손해가 발생하게 되었다.

한편 러시아에 각종 제재를 부과하자 트랜스 카스피안 국제운송루트(TITR: Trans-Caspian International Transport Route)를 이용한 화물량이 증가하고 있다. 이 운송루트는 시베리아가 아닌 아시아 대륙과 카스피해를 관통해 유럽으로 향하는 해운－철도－도로 복합 물류 노선이다(KIEP, 2023.02.28.).

(3) 중동의 분쟁

호르무즈 해협은 페르시아만과 오만만을 잇는 좁은 해협이다. 호즈무즈 해협은
대부분의 산유국이 둘러싸고 있는 지정학적으로 중요한 위치를 점하고 있다. 즉 사
우디아라비아, 이라크, 쿠웨이트, 카타르, UAE 등에서 생산하는 석유와 천연가스는
유조선에 선적되고, 호르무즈 해협을 통과하게 되는데 이는 전세계 에너지 수급의
30%나 되는 비중을 차지한다.

중동에서 분쟁은 주로 이스라엘과 아랍국가간 일어났으며 특히 대부분의 분쟁은
팔레스타인의 통치권을 두고 벌어졌다. 2023년 10월 팔레스타인 무장단체인 ‘하마
스’의 이스라엘 접경지역 공격으로 촉발된 분쟁은 확산의 위험을 보이면서 이 지역
에서 긴장을 고조시키고 있다. 이와 더불어 예멘에서는 정부군과 후티반군 세력간
의 끊임없는 내전으로 중동의 불안정은 지속되고 있다. 이스라엘과 하마스간 전쟁
와중에 하마스를 지원한다는 명분으로 후티반군이 홍해를 통과하는 컨테이너 선박
을 공격하면서 아시아－유럽 해상항로 운행선박을 위험에 빠뜨리면서 아프리카 대
륙을 우회하면서 운임의 급등과 추가적인 운항시간의 연장을 가져오기도 했다.

(4) 양안 긴장

하나의 중국을 표방하는 중국 정부의 통일을 위해 무력을 사용할 수 있다는 천명
과 더불어 대만해협 주변에 긴장이 고조되어왔다. 대만과 중국 본토 사이에 위치한
대만 해협은 남중국해와 동중국해를 연결하는 중요한 해상 경로이다. 전략적 위치
로 인해 국제 운송, 특히 주요 동아시아 경제와 나머지 세계 간 화물 운송에 중요
한 통로이다. 이 해협을 통해 전자제품부터 에너지 공급품까지 다양한 상품을 운송
하는 수천 척의 선박이 매년 이동하는 세계적으로 가장 분주한 해상운송로 중의 하
나이다.

중국과 대만을 포함하여 일본, 한국 및 동남아시아 국가의 경제는 무역에서 대만
해협에 크게 의존하고 있으며, 이 분야의 혼란은 심각한 경제적 그리고 글로벌 공
급망과 무역 흐름에 영향을 미칠 수 있다.

이 지역이 가지는 지정학적 중요성으로 인해 양안간의 분쟁 발생시 미국, 한국, 일
본을 포함하여 해협 근처에 있는 주변국가들에게도 지대한 영향을 미칠 것이다. 한곳

에서의 분쟁이 다른 곳으로 이어지는 도미노 현상이 발생할 것으로 예상되고 있다.

이 지역에서의 불안정은 동아시아-태평양 지역 공급망과 물류에 광범위하게 영향을 미칠 것이다. 이러한 예가 실제적으로 현실화된 것이 2022년 7월경 인민해방군이 해상훈련을 명분으로 대만을 사실상 봉쇄하면서, 수많은 항공기들이 대만을 우회하여, 동북아시아-동남아시아간 운송시간이 1시간 이상 증가하는 사태가 발생하였다.

대만해협 유사시 발생할 수 있는 공급망 불안은 주로 우리나라의 수출입 운송에도 지대한 영향을 미치게 되는데 이는 이 해협을 통과하는 해상 운송량이 66%를 차지하고 있기 때문이다. 더 큰 문제는 대만해협이 막히면 우리나라와 동남아시아, 유럽, 남미(동부) 지역과의 해상운송로 모두 문제가 발생하게 된다는데 있다.

(5) 한반도의 긴장상태

대한민국과 북한을 포함하는 한반도는 지역적 및 세계적 지정학적 긴장의 초점이며, 미국, 중국, 러시아, 일본과 같은 주요 강대국들과 관련되어 있다. 1945년 일본으로부터 해방되고 남북한이 분리된 이래 이 지역은 동서관계의 변화에 따라 긴장관계도 변화되어 왔다. 남북한 사이의 비무장지대(DMZ)는 세계에서 가장 강력하게 요새화된 국경 중 하나로 국경 간 물적·인적 이동과 무역을 심각하게 제한하여 왔다.

항만, 공항, 철도와 도로 등의 운송 및 물류 인프라에서의 남북한 차이는 두 국가간 협력관계에서도 장애적 요인이 되었다. 두 국가간 물류협력은 해상운송에 의존하게 되었으며 철도의 연결과 개성공단과 같은 사업을 추진하였다. 그러나 지속되는 북한의 핵 프로그램과 미사일 시험은 긴장을 고조시키고 남북한간 협력의 중단을 가져왔을 뿐만 아니라 국제 제재로 이어졌다.

미중 패권경쟁과 러-우 전쟁 등은 한반도에도 영향을 미치고 있으며 이 지역에서의 새로운 냉전체제가 도래하고 있다. 즉 사회주의 체제의 중국, 러시아, 북한과 자본주의 체제의 미국, 한국, 일본이 상호 대립하는 양상으로 변화되면서 이 지역을 중심으로 한 물류와 공급망의 축소와 단절을 가져오고 있다.

자료: 코로나 이후의 세계물류를 흔드는 지정학적 리스크, 진짜오베트남, 2023. 5. 30 참조

참고문헌
Reference

QR코드를 스캔하시면,
국제물류론의 참고문헌을 참고하실 수 있습니다.

찾아보기

공/저/자/약/력

이 충 배

[주요 약력]
- 중앙대학교 경영대학, 대학원 무역학과 졸업(경영학 학사, 경영학 석사)
- University of Cardiff(UK), 해운경영학 석사
- University of Birmingham(UK), 경제지리 박사
- 한국항만경제학회 회장, 한국무역학회, 한국국제상학회, 한국통상정보학회, 한국로지스틱스학회 부회장
- 해양수산부 항만심의위원, 우수 선화주기업 인증 심사위원
- 경기도, 전라북도 항만자문위원
- 국토해양부 물류관리사 시험출제위원 및 선정위원
- BK21, Post-BK21 사업단장
- 현) 중앙대학교 경영경제대학 국제물류학과 교수
- 전자메일: cblee@cau.ac.kr

[주요 저서]
- 정보시스템을 기초로 한 전자상거래 이해와 활용, 두남, 1999
- 무역실무, 방송통신대학출판사, 2004
- 무역개론, 청람, 2005
- 물류관리사 국제물류론, 범한, 2007

김 종 칠

[주요 약력]
- 중앙대학교 대학원 무역학과 졸업(경영학 석사, 경영학 박사)
- Michigan State University E-trade 교수연수과정 수료
- University of North Carolina at Greensboro 객원교수
- 중앙대학교, 한양대학교, 단국대학교 무역학과 강사
- 한진그룹 경영조정실 종합물류팀 선임연구원
- 한국국제상학회 회장 및 편집위원장 엮임
- 한국무역학회, 한국통상정보학회, 한국관세학회, 한국항만경제학회 부회장
- 대한상사중재원 중재인, 부산광역시 물류정책위원
- 무역영어, 관세사, 공인물류관리사 출제위원 및 선정위원
- 부산여자대학교 무역학과 교수
- 신라대학교 상경대학장, 기획처장
- 현) 신라대학교 무역학과 교수
- 전자메일: jckim@silla.ac.kr

[주요 저서]
- 무역학개론(공저), 동성사, 2002
- 핵심무역영어(공저), 명경사, 2003
- 기본무역영어(공저), 명경사, 2003
- 무역결제론(공저), 도서출판 표민, 2004
- 무역실무, 두남출판사, 2015

윤 영 길

[주요 약력]
- 중앙대학교 대학원 무역물류학과 졸업(경영학 박사, 국제상학전공)
- 중앙대학교 GHRD대학원 해운물류학과 졸업(국제물류학 석사)
- University of Washington, USA, Executive MBA 과정 수료
- 경희대학교 화학공학과 졸업(화공 학사)
- 한국국제물류협회 강사, 한국기업경영학회 이사, 한국건설생활환경시험연구원 자문위원
- SK종합화학(주) 근무(18년)
- 국토해양부 장관상, 과학기술부 장관상, SK그룹 SUPEX최우수상 수상
- 현) 배화여자대학교 국제무역과 겸임교수, 마린브릿지해운항공(주) 대표이사
- 전자메일: ykyoon@baewha.ac.kr, ykyoon@marinebridge.co.kr

[주요 연구논문]
- 울산항의 액체화물클러스터 구축방안에 관한 연구
- 한국화주기업의 물류아웃소싱 요인이 아웃소싱 수준과 기업성과에 미치는 영향에 관한 연구

제 3 판
국제물류론

초판발행	2009년 2월 28일
제2판발행	2017년 2월 23일
제3판발행	2024년 3월 8일

공저자	이충배 · 김종칠 · 윤영길
펴낸이	안종만 · 안상준

편 집	배근하
기획/마케팅	김민규
표지디자인	BEN STORY
제 작	고철민 · 조영환

펴낸곳	(주) **박영사**
	서울특별시 금천구 가산디지털2로 53 한라시그마밸리 210호(가산동)
	등록 1959. 3. 11. 제300-1959-1호(倫)
전 화	02)733-6771
f a x	02)736-4818
e-mail	pys@pybook.co.kr
homepage	www.pybook.co.kr
ISBN	979-11-303-1954-4 93320

정 가   39,000원